Jahrbuch für Rechtssoziologie und Rechtstheorie XV

Jahrbuch für Rechtssoziologie und Rechtstheorie

Herausgegeben in Verbindung mit
Erich Fechner, Arthur Kaufmann, Ulrich Klug,
Niklas Luhmann, Peter Noll (†), Heinrich Popitz,
Manfred Rehbinder, Rüdiger Schott, Paul Trappe

von Werner Maihofer und Helmut Schelsky (†)

Band XV

Westdeutscher Verlag

Strafrecht, soziale Kontrolle, soziale Disziplinierung

Herausgegeben von
Detlev Frehsee, Gabi Löschper und Karl F. Schumann

Westdeutscher Verlag

ISBN 978-3-531-12377-6   ISBN 978-3-322-94179-4 (eBook)
DOI 10.1007/978-3-322-94179-4

Inhalt

II Von der äußeren Kontrolle zur Selbstdisziplinierung

1. Moral und Strafrecht

2. Macht und Strafrecht

Vorwort der HerausgeberIn

Die interdisziplinäre Diskussion über Strafrecht hat sich in den letzten Jahren gewandelt. Sie orientiert sich nicht länger an der Frage, welche Disziplinen Wissensbestände bereithalten, die zur Modernisierung des Strafrechts beitragen könnten. Nicht mehr im Vordergrund stehen etwa Fragen nach der Therapeutisierung der Strafe oder der Begrenzung von sozialer Stigmatisierung durch Strafverfolgung. Der interdisziplinäre Diskurs bemüht sich neuerdings, den *Stellenwert des Strafrechts im Rahmen des gesamten Ensembles gesellschaftlicher Mechanismen der Integration und Kontrolle* zu bestimmen.

Zu dieser Ortsbestimmung des Strafrechts in modernen Gesellschaften eine Zwischenbilanz zu erstellen, war das Anliegen einer im Dezember 1991 im Zentrum für interdisziplinäre Forschung der Universität Bielefeld (ZIF) durchgeführten Tagung. Der vorliegende Band dokumentiert die Beiträge zu dieser Tagung.

Mit den drei Begriffen "Strafrecht, soziale Kontrolle, soziale Disziplinierung" ist punktuell und exemplarisch die Einbettung der durch Straftatbestände und Strafverfolgung konturierten formalen, justizförmigen Kontrolle in eine Fülle von sozialen, informellen Kontrollen beschrieben, die als verdichtete Erwartungsstruktur den Individuen gegenübertritt und von diesen, gelungene Identifikationsprozesse vorausgesetzt, zur Selbstdisziplinierung eingesetzt werden kann.

Strafrecht und Selbstdisziplinierung markieren die beiden Endpole einer Skala von Mechanismen, die dazu beitragen, daß - in der alten Hobbes'schen Formulierung ausgedrückt - "Gesellschaft möglich wird". Die Skala stuft die Rolle des Subjekts in bezug auf die Ordnungsschemata ab. Sie beginnt an dem einen Pol damit, daß das Strafrecht alle Forderungen ohne Beachtung der Subjekte formuliert, gewissermaßen in Abstraktion von den Subjekten. Sie erstreckt sich bis zum anderen Pol der Selbstdisziplin, bei der das Subjekt zur obersten Instanz der Lenkung seines eigenen Verhaltens wird. Die verschiedenen Schichten sozialer Kontrolle sowie ihr jeweiliges Verhältnis zu den genannten zwei Polen beleuchten die hier vorliegenden Beiträge aus verschiedenen disziplinären Blickwinkeln.

Strafrecht will präventiv wirken, indem es abschreckt. Die so bewirkte Zügelung potentiell abweichenden Verhaltens stellt die archaischste Form von Selbstdisziplinierung dar. Moderne Gesellschaften haben durch ihre hochentwickelten Kommunikationsstrukturen einschließlich der mediengestützten Popularisierung von Leitbildern der Normalität einerseits, durch gewachsene Psychologisierung des Alltags andererseits, subtilere Mechanismen der Selbstdisziplinierung entwickelt. Die soziale Kontrolle hat sich diesen Entwicklungen nicht verschlossen.

So beschreibt Foucault (1976) die Entwicklung strafrechtlicher Kontrolle als eine Verfeinerung der Macht und ihrer Techniken der Sozialdisziplinierung, die in ihrer unspektakulären Subtilität um so verfänglicher sind. Die Entdramatisierung und Entformalisierung sozialer Kontrolle bewirkt eine alle gesellschaftlichen Winkel durchdringende Gegenwärtigkeit sanfter Disziplinierung (Cohen 1985). Es geht gar nicht mehr um Unterdrückung kriminellen Verhaltens, sondern um die allgemeine gesellschaftliche Nützlichkeit, um die Fabrikation des zuverlässigen Menschen

7

(Treiber/Steinert 1980). Im Gegensatz dazu bewertet Elias (1976) aus zivilisationstheoretischer Perspektive die zunehmende Befähigung zur Selbstdisziplinierung als Befreiung von Fremdkontrolle. Infolge der gewachsenen Sensibilität für gewalttätige Interaktionsformen müsse nun auch der Staat zu sanfteren Formen sozialer Kontrolle greifen (v. Dijk 1989).

Fritz Sack stellt in seinem begriffssystematischen und -historischen Beitrag (s. S. 16-45) das soziologische Konzept der sozialen Kontrolle dem historischen Konzept der Sozialdisziplinierung gegenüber. Dabei erweist sich deren Verhältnis zueinander keineswegs als theoretisch und real evolutionär-sukzessiv, sondern eher als komplementär und einander bedingend und voraussetzend. Die "Fundamentaldemokratisierung" rechtsstaatlicher Gesellschaften ist nicht als Überwindung der "Fundamentaldisziplinierung" des Absolutismus zu lesen, sondern letztere hat jene zur Voraussetzung. Zugleich ist sein Beitrag ein nachhaltiges Plädoyer für die Einbeziehung der historischen Dimension in die kriminologische Analyse.

Eine der These der Verlagerung sozialer Kontrolle von außen nach innen entgegengesetzte Annahme vertritt Heinz Steinert. Er geht in seinem Beitrag "Die Widersprüche zwischen Disziplin und Strafe" (s. S. 238-256) davon aus, daß die Entwicklung von einem Vorherrschen der Selbstdisziplin zu einer stärkeren Formalisierung durch das Strafrecht verläuft. Eine nähere Analyse könnte Aufschluß darüber bringen, ob die von Steinert formulierte These sich in ihrer Geltung lediglich auf gesellschaftliche Eliten bezieht.

Den dem Strafrecht entgegengesetzten Pol, die Selbstdisziplinierung, betrachtet Heiner Keupp in seinem Beitrag "Von der Fremd- zur Selbstvergesellschaftung" (s. S. 194-208). Keupp wirft die interessante Frage auf, wie in der Postmoderne, wo das Individuum sein eigener Agent sozialer Kontrolle geworden sei, die angebotenen ideologischen Orientierungsmuster in das "Cockpit der Person" gelangen. Für den von ihm untersuchten Aspekt Gesundheit, gewissermaßen Existenzbasis per se, lassen sich Gründe nachvollziehen, daß angebotene Wissenssysteme (z.B. Ratgeber-Literatur) im Alltagsdiskurs aufgegriffen werden können: Die Individualisierung hängt davon ab, Leib und Gefühle nicht nur bewußt wahrzunehmen, sondern auch als Orientierungsmaßstab zu beschützen. Dieser Zwang besteht allerdings nicht, wenn es um den moralischen Charakter allein geht. Insofern ist wichtig herauszuarbeiten, wie geschickt Gesundheit und Moral miteinander verknüpft werden, wie also Wissenssysteme beide Aspekte integrieren (vgl. die Beispiele bei Keupp).

Die *Vielgestaltigkeit der Diskurse strafrechtlicher Kontrolle* beschreibt Stanley Cohen (s. S. 209-237). Das von Cohen gezeichnete "Walt Disney Land" sozialer Kontrolle ist facettenreich genug, um den Diskurs total zu binden und an die immanente Fragestellung nach der richtigen Strategie sozialer Kontrolle zu fesseln, statt die gesellschaftlichen und auf den Staat bezogenen legitimatorischen Implikationen zu begreifen. Sie geraten erst in den Blick, wenn dieser Diskurs auf Länder übertragen wird, die in Staatsform und Wirtschaftsordnung krassen Wandel erleben. Dann zeigt die Projektion von kriminologischen bzw. kritisch-kriminologischen Entwürfen, die in westeuropäischen Wohlfahrtsstaaten der Mechanik sozialer Kontrolle im jeweiligen gesellschaftlichen Kontext gerecht werden, daß sie für sich hinsichtlich ihrer Staatsform neu konstituierende Gesellschaften nicht gut passen.

Die selbstkritische Analyse solchen Deutungstransfers könnte sich als Weg erweisen, die historisch kulturell spezifische Dimensionierung der sozialen Kontrolle sichtbar zu machen. Das ist eine sehr viel anspruchsvollere Variante jener in den vergangenen Jahren häufig gestellten Frage, ob abolitionistische Modelle, die in kleinen "toleranten" Ländern (wie den Niederlanden und Norwegen) legitimierbar erscheinen, auch auf zentralstaatlich organisierte Länder wie die Bundesrepublik übertragbar sind. Eine abschließende Beantwortung steht noch aus. Wahrscheinlich sind solche Transferversuche aber gerade wegen ihres Scheiterns so instruktiv, weil sie die gesellschaftlichen Voraussetzungen bestimmter Diskurse ähnlich aufzudecken erlauben, wie es die historische Perspektive gestattet.

1. Strafrecht im System sozialer Kontrolle

Recht ist ein Regelungsinstrument gesellschaftlicher Handlungsstrukturen neben anderen, z.B. Marktmechanismen, öffentlicher Kommunikation, Machtstrukturen, Gefühlen als Basis sozialer Solidarität usw. In welchem *Verhältnis* stehen diese *Steuerungsmedien* zueinander? Für das Strafrecht ist diese Frage selten gestellt worden. Überhaupt ist die Rechtstheorie bezogen auf das Strafrecht relativ wenig entwickelt (s.a. Nelken 1987). Erst in jüngster Zeit wurde die rechtssoziologische Taxonomie für Beschreibung von Rechtsentwicklungen (interventionistisch, reflexiv, exekutivisch) auf strafrechtliche Reformtendenzen angewendet (Voß 1989). Eine theoretische Analyse des Zusammenhangs zwischen Strafrecht und anderen Instrumenten sozialer Steuerung ist ebenso wichtig (Sumner 1990) wie eine Einschätzung der Verschränkungen zwischen Strafrecht und anderen Rechtsgebieten bei der Steuerung von Verhalten (Naucke 1984).

Den (auch von Cohen erwähnten) Diskurstyp des Marktes illustriert Michael Voß am Beispiel der "Privatisierung öffentlicher Sicherheit" (s. S. 81-102) und erfaßt damit die Flexibilität und Wandelbarkeit des Strafjustizsystems in einer wichtigen Dimension. Die von Reinhard Kreissl (s. S. 66-80) in seinem Beitrag "Strafrechtliche Kontrolle gesellschaftlicher Kommunikation" vorgenommene Analyse der strafrechtlichen Einwirkung auf öffentliche Kommunikation rekonstruiert die Entwicklung des politischen Strafrechts im demokratischen Rechtsstaat als paradoxen Prozeß: mit zunehmendem Ausbau demokratischer Herrschaftsordnung sinken die demokratischen Partizipationschancen. Dadurch entstehen neue (unkonventionelle) Formen politischer Kommunikation, die im Interesse der Aufrechterhaltung des institutionellen Status quo kontrolliert werden müssen; das politische Strafrecht entwickelt sich, um "den demokratisch gedachten Volkssouverän vor sich selbst zu schützen". In seinem Beitrag über die "Steuerung familiärer Binnenkonflikte durch Recht" geht Detlev Frehse (s. S. 103-119) von dem (scheinbaren) Widerspruch aus, daß das Recht seinen allgemeinen Persönlichkeitsgüterschutz gerade innerhalb der Familie einschränkt, obwohl die Familie zunehmend als besonders riskanter und gewalthaltiger Sozialverband erkannt wird. Dies erklärt sich aus dem staatlichen Interesse an der Familie als Garant der Zurichtung und Disziplinierung von Kindern und Frauen. Wo Machtverhältnisse ungleich sind, kann deshalb auch Zurückhaltung des (Straf-)Rechts der Absicherung von Herrschaftsinteressen dienen. Es sind daher Neukonstruktionen des familienrechtlichen Status von Kindern und Frauen und die Entwicklung flexibler rechtlicher Schutzinstrumente für Konfliktfälle erforderlich.

2. Soziale Kontrolle und Geschlechterverhältnis

Die sozialwissenschaftliche Forschung hat zunehmend herausgearbeitet, wie die Struktur der Beziehungen zwischen Männern und Frauen, d.h. die *patriarchalischen* Selbstverständlichkeiten des gesellschaftlichen Alltags, sich als Zwänge, d.h. soziale Kontrollmechanismen, auf die Existenz der Frau auswirken. Vor diesem Hintergrund stellt sich die Tatsache, daß die Kriminalitätsrate von Frauen soviel geringer ist als die der Männer, nicht mehr als ein ätiologisches Problem ("Wesensunterschiede"), sondern eher als eine Frage selektiver Sanktionierung (Smart 1976, Smaus 1990) dar. Es ist aber in Rechnung zu stellen, daß die Kontrolle der Frauen anderen Kontrollagenten (Familie, Medizinsystem) zusätzlich unterliegt, so daß in dieser Verdichtung der Kontrolle auf abweichendes Verhalten zunächst von anderen Agenten reagiert wird.

Ähnlich wie auf dem Arbeitsmarkt wirkt sich die *soziale* Kategorie Geschlecht ("gender") hinsichtlich der sozialen Kontrolle aus: Wie dort kann man durchaus von einem gespaltenen, zweigeschlechtlichen Kontrollsystem sprechen. Gerlinda Smaus (s. S. 122-137) weist insbesondere auf die Arbeitsteilung zwischen Psychiatrie und Strafvollzug für die Kontrolle von Frauen und Männern hin. Loraine Gelsthorpe (s. S. 46-63) zeigt in ihrem Beitrag "Geschlecht und soziale Kontrolle" für die Strafzumessung, wie die Prämisse geringerer Verantwortlichkeit von Frauen zu größerer Milde führt, andererseits aber Brüche der Erwartungen an die weibliche Rolle, d.h. Haushaltsführung und verantwortliche Mutterschaft, zu Verschärfungen der Strafe führen können. Gelsthorpe schließt mit dem Fazit, das Justizsystem setze in der unterschiedlichen Strafzumessung Stereotype von Weiblichkeit durch. In ihrer Untersuchung eines spezifischen Typus sozialer Kontrolle (im Anschluß an C. Wright Mills "Motivvokabulare" genannt) arbeitet Helga Cremer-Schäfer (s. S. 138-150) ein insbesondere auf Frauen abzielendes Erwartungs- und Begründungsmuster für Handeln heraus und zeigt, daß das Ideal der Selbstlosigkeit, die Modellfigur der "Goldmarie", bei Konjunkturabschwüngen als Motiv über die Printmedien popularisiert wird.

Die vorgeführte Absicherung der Kontrollfunktion des Stereotyps der traditionellen Frauenrolle durch das Strafjustizsystem nimmt in gewisser Weise die in den 70er Jahren geführte Diskussion über den "second code" in der Strafzumessung, der für Männer in der Bewertung des Arbeitsverhaltens gesehen wurde (Peters 1973), wieder auf. Der "gender"-Ansatz verspricht, bezogen auf die Konstitution der Männerrolle, eine ähnlich fruchtbare Analyseebene der geschlechtsspezifischen sozialen Kontrolle zu liefern. Einen Schritt in diese Richtung unternimmt Stephan Quensel, der in seinem Beitrag "Kontrollierte Identität oder wie Abweichungsroutinen im Machtspiel funktionieren" (s. S. 298-306) einige Stereotype von Maskulinität in Varianten von Devianz wiederfand.

Die Frage des Verhältnisses der sozialen Kategorien Geschlecht und Klasse wird, bezogen auf Akteure sozialer Kontrolle, auch in dem Beitrag von Ursula Nienhaus (s. S. 151-156) berührt, die über die Tätigkeit der weiblichen Polizei in den letzten Jahren der Weimarer Republik und das Verhältnis des Selbstbildes fürsorgerischer Tätigkeit im Interesse der weiblichen Klientel zur faktischen Kontrollposition berichtet.

Insgesamt weisen die verschiedenen Beiträge den gesellschaftlichen Entwurf von Männlichkeit und Weiblichkeit als ein wirksames Instrument sozialer Kontrolle aus; die Prozesse, die den Stereotypen ihre Steuerungswirkung vermitteln, bedürfen noch weiterer Analysen. Hier liegt offenkundig ein vielversprechendes Forschungsfeld vor uns.

3. Moral und Strafrecht

Die Frage nach den Beziehungen zwischen *Moral und Strafrecht* ist jüngst durch die Debatte über einen strafrechtlichen Beitrag zur AIDS-Prävention zu neuer Aktualität gekommen. Auch der vehemente Streit über die Legalisierung von Drogen hat die Frage, ob strafrechtlich "coercion to virtue" (Skolnick 1967) bzw. ein Zwang zur Tugend (Lautmann 1984) ausgeübt werden sollte, wieder auf die Tagesordnung gesetzt. Moral (als Sittenordnung verstanden) ist - auf hedonistische Lebensformen und Sexualität bezogen - unter dem Gesichtspunkt zu diskutieren, wo das Recht auf verschiedene Daseins- und Lebensformen dem strafrechtlichen Zugriff eine Grenze setzt.

Rüdiger Lautmann weist in seiner Untersuchung "Moral und wissenschaftlicher Denkstil im Zusammenspiel beim Sexualstrafrecht" die Verquickung von Moral und medizinischer Wissenschaft am Beispiel der Genese des Sexualstrafrechts als sehr funktional für die Strafrechtsbegründung aus (s. S. 258-270). Die historische Betrachtung von Angela Taeger und Michael Schetsche (s. S. 281-295) zeigt Pönalisierung der Unmoral als eine der Wurzeln und zugleich Begründungsfiguren des Strafrechts auf. Lorenz Böllinger (s. S. 271-280) untersucht die Bedingungen für die Kriminalisierung von Drogengebrauch auf der Herstellungs-, nicht der Darstellungsebene, und zeigt auf, wie bestimmte Verdrängungsmechanismen den Diskurs auf der konventionellen Moralstufe (Kohlberg) festhalten.

4. Macht und Strafrecht

Die Erörterung des Zusammenhangs zwischen Macht und Strafrecht setzt bei der Frage an, inwieweit gesellschaftliche Machtgruppen das Strafrecht als Ressource nutzen, um ihre Macht zu sichern. Dabei steht in den vorliegenden Beiträgen weniger eine gesamtgesellschaftliche Strukturanalyse im Zentrum des Interesses; vielmehr geht es um den Alltag, die kleinräumigen Machtstrukturen, in denen Strafrecht durchaus schmaldimensioniert eingesetzt werden kann (Naucke 1990). Kernfrage dieses Themenbereichs ist, wie durch Benutzung einerseits, Verzicht auf Benutzung des Strafrechts andererseits, Macht ausgeübt werden kann.

Günter Heiland (s. S. 307-327) untersucht diese Zusammenhänge an der Korrespondenz von Entwicklungen des Strafprozesses einerseits und gesellschaftlichen Interaktionsmustern andererseits. An Elias anknüpfend fragt er nach dem Zusammenhang zwischen der Voraussetzung des staatlichen Gewaltmonopols im Strafverfahren und dem Interdependenzgeflecht der Menschen untereinander. Falco Werkentin (s. S. 328-351) verdeutlicht an den Prozessen der Mittel-standsenteignung, der landwirtschaftlichen Zwangskollektivierung sowie des Gesetzes zum Schutz des Volkseigentums in der frühen DDR, wie das Strafrecht genutzt wurde, um die Sozialisierung von Unternehmen und Betrieben voranzutreiben und der Arbeiterklasse ein neues Wertebewußt-sein aufzuoktroyieren, weil dies mit politischen Mitteln nicht durchsetzbar war. Indem der Ent-eignungs- und Transformationsprozeß hinter strafrechtlichen Deliktfabrikaten versteckt wurde, sollte der politische Konflikt in einen (Straf-)Rechtskonflikt umdefiniert und damit entpolitisiert werden. Knuth Thiel (s. S. 352-368) untersucht die Reorganisation der Instanzen strafrechtlicher Sozialkontrolle im Zuge des deutschen Einigungsprozesses und enthüllt dabei, daß diese vorran-gig der Zielsetzung folgt, Strukturen zur Erweiterung des bundesdeutschen Herrschaftssystems zu installieren, ohne dabei zunächst die Problem- und Konfliktlagen in den neuen Bundesländern in ihrer Komplexität verarbeiten zu können.

5. Risiken von Interdisziplinarität - Strafrecht im Wissenschaftssystem

Wissenssysteme sind wichtige Steuerungsinstrumente. Strafrechtliche Grundpositionen eignen sich zur Gestaltung dieser Wissenssysteme, genauer gesagt zur Beschneidung ihres universellen Auf-klärungspotentials. Franziska Lamott zeichnet für die Forensik in der Juristenausbildung nach, wie "Inter-Disziplinierung durch Ausbildung" (s. S. 158-166) ausgeübt und die Einübung des psychiatrischen Blickes die individualistische Orientierung des Strafrechtes noch absichert. Gabi Löschper (s. S. 167-180) geht auf "Psychologische Theorien der Rechtsanwendung" ein und zeigt, wie die Prämissen des strafrechtlichen Zugriffs auf gesellschaftliche Probleme, nämlich das Verantwortlichmachen einer konkreten Person unter Ausblendung struktureller und sozialer Zu-sammenhänge, unhinterfragt nicht nur bei der Analyse abweichenden Verhaltens, sondern auch für die der richterlichen Urteilstätigkeit übernommen werden. Am Beispiel des Gutachtens der Gewaltkommission weist Albrecht Funk (s. S. 181-191) nach, wie sehr sich das Konzept der In-terdisziplinarität als Aushängeschild und Legitimationsfigur für eine Analyse eignet, die das in Frage stehende gesellschaftliche Problem schlicht in die Sphäre des abweichenden Individuums verschiebt.

Strafrechtswissenschaft hat sich seit jeher andere wissenschaftliche Disziplinen nutzbar ge-macht; prototypisch ist die dienende Rolle der Kriminologie, von der sich das Fach erst allmäh-lich emanzipiert (Schumann 1987). Aber die vorliegenden Beiträge zeigen, daß auch andere Wis-senschaftsdisziplinen sich bei der Kooperation mit dem Strafrecht nur als eingeschränkt fähig er-weisen, den Erkenntnishorizont jener normativen Wissenschaft zu transzendieren, und die Prä-missen des Strafrechts, die Konstitution von und den Umgang mit Wissen präjudizieren. Interdis-ziplinarität bedarf also, gerade in einem interdisziplinären Band, einer kritischen Würdigung, um die Rolle des Strafrechts im Wissenschaftssystem besser zu verstehen. Die Problemanalysen der Interdisziplinarität ergeben übereinstimmend, daß es nicht um die Addition von Theorien und Forschungsergebnissen aus unterschiedlichen Wissenschaftsbereichen geht (Löschper/Manke/Sack 1986) und daß vielmehr auf der Basis einer konsentierten Gesellschaftstheorie und mit gemeinsamen Grundfragen die verschiedensten Aspekte der Prozesse von Abweichung und sozialer Kontrolle bearbeitet werden sollten (Kreissl 1989).

Die Herausgeber haben Dank abzustatten zunächst dem Zentrum für interdisziplinäre Forschung in Bielefeld, das die diesem Band zugrundeliegende Tagung durch finanzielle Förderung möglich gemacht und ihr in seinen Tagungsräumen einen idealen Rahmen geboten hat. Unser Dank gilt ferner den Herausgebern des Jahrbuches und dem Verlag für die freundliche Aufnahme dieses Bandes. Nicht zuletzt danken wir Frau wiss. Mitarbeiterin Christa-M. Theunißen sowie Frau Gudrun Grützmacher, beide Universität Bielefeld, die die Beiträge in eine einheitliche Form gebracht und die druckreife Endfassung des Bandes erstellt haben.

Detlev Frehsee, Gabi Löschper, Karl F. Schumann

Literatur

COHEN, St., Visions of social control, Cambridge 1985

DIJK, v., J. J. M, Strafsanktionen und Zivilisationsprozeß, Monatsschrift für Kriminologie und Strafrechtsreform 72, 1989, S. 437 - 450

ELIAS, N., Über den Prozeß der Zivilisation, 2 Bde, Frankfurt/M. 1976

FOUCAULT, M., Überwachen und Strafen. Die Geburt des Gefängnisses, Frankfurt/M. 1976

KREISSL, R., Neue Perspektiven kritischer Kriminologie? Kriminologisches Journal 21, 1989, S. 249 - 259

LAUTMANN, R., Der Zwang zur Tugend. Die gesellschaftliche Kontrolle der Sexualität, Frankfurt 1984

LÖSCHPER, G./MANKE, G./SACK, F., Kriminologie als selbständiges interdisziplinäres Hochschulstudium, Pfaffenweiler 1986

NAUCKE, W., Über deklaratorische, scheinbare und wirkliche Entkriminalisierung, Goldtammer's Archiv für Strafrecht 1984, S. 199 - 217

NAUCKE, W., Über die Zerbrechlichkeit des rechtsstaatlichen Strafrechts, Kritische Vierteljahresschrift für Gesetzgebung 5, 1990, S. 244 - 259

NELKEN, D., Critical criminal law, Journal of Law and Society 14, 1987, S. 105 - 117

PETERS, D., Richter im Dienste der Macht, Stuttgart 1973

SCHUMANN, K. F., Kriminologie als Wissenschaft vom Strafrecht und seinen Alternativen, Monatsschrift für Kriminologie und Strafrechtsreform 70, 1987, S. 81 - 88

SKOLNICK, J., Coercion to virtue, Southern California Law Review, 1967, p. 588

SMART, C., Women, crime, criminology: A feminist critique, London u.a. 1976

SMAUS, G., Das Strafrecht und die Frauenkriminalität, Kriminologisches Journal 22, 1990, S. 266 - 283

SUMNER, C., Censure, politics and criminal justice, Philadelphia 1990

TREIBER, H./STEINERT, H., Die Fabrikation des zuverlässigen Menschen, München 1980

VOß, M., Jugendstrafrechtsreform: Forschungsbedarf und Forschungslücken, in: Bundesminister der Justiz (Hrsg.), Jugendstrafrechtsreform durch die Praxis, Bonn 1989, S. 311 - 324.

13

I

Strafrecht und
gesellschaftliche Strukturen

Strafrechtliche Kontrolle und Sozialdisziplinierung[1]

Fritz Sack

1. Vorbemerkung: Für eine Kriminologie mit neuem Antlitz

Mit dieser Publikation und der ihr zugrundeliegenden Tagung tritt knapp zwei Jahre nach Ihrer Gründung die Gesellschaft für interdisziplinäre wissenschaftliche Kriminologie (GIWK) in das Rampenlicht der wissenschaftlichen Öffentlichkeit. Damit unternimmt sie den Versuch, gestaltend Struktur und Inhalt ihres Konzepts einer wissenschaftlichen Analyse von Kriminalität und Strafrecht vorzuführen und zur Diskussion zu stellen.

Die Besonderheiten, an denen sich das Selbstverständnis der GIWK darstellen und erläutern läßt, lassen sich am schärfsten an ihrem Verständnis interdisziplinärer Struktur und Arbeit herausstellen. Bekanntlich wird der Anspruch der Interdisziplinarität über sämtliche Lager und Positionen der Kriminologie hinweg einhellig geteilt. Das ist indessen nicht mehr als ein sprachlicher Schleier, unter dem sich nicht unerhebliche Differenzen und Kontroversen verbergen. Im wesentlichen handelt es sich dabei um zwei Gesichtspunkte, an denen sich Dissens und Dissonanz zwischen verschiedenen wissenschaftlichen Zugriffen auf den Gegenstand der Kriminologie aufweisen und deutlich machen lassen. Der eine betrifft die Frage nach den Disziplinen, denen eine Zugriffslizenz für das kriminologische Forum eingeräumt wird. Der zweite Aspekt, nach dem sich zwei unterschiedliche Konzepte interdisziplinärer Arbeit unterscheiden lassen, hat mit der näheren inhaltlichen und begrifflichen Bestimmung der Ziele von Interdisziplinarität zu tun. Beide Aspekte gehörten zu den Gestaltungsprinzipien des Organisationskomitees der diesem Band zugrundeliegenden Tagung.

Die Interdisziplinarität der bisherigen Kriminologie, insbesondere derjenigen des individualistischen Positivismus[2], erstreckte sich auf jene Disziplinen - oder Teile von ihnen - in den Sozial- und Verhaltenswissenschaften, deren begriffliches oder normatives Zentrum das einzelne Individuum ist. Das Oberflächenergebnis dieser Interdisziplinarität läßt sich an der Existenz einer beschränkten Anzahl von Bindestrich-Kriminologien ablesen: Kriminalanthropologie, -biologie, -psychologie, -psychiatrie und -soziologie, um nur die wichtigsten und bekanntesten unter ihnen zu nennen.

Dagegen ist ein Konzept von Interdisziplinarität zu setzen, das davon Kenntnis nimmt, daß sich seit der paradigmatischen Krise und Wende der Kriminologie seit Beginn der 60er Jahre Disziplinen in die Angelegenheiten der Kriminalität und des Strafrechts eingemischt haben, von denen bis dahin in dieser Disziplin kaum etwas zu vernehmen war. Mit der empirischen und theoretischen Einbeziehung der Kontrollseite in die kriminologische Analyse sind zwangsläufig jene sozialwissenschaftlichen Disziplinen in den Interessenhorizont der Kriminologie getreten, deren

Instrumentarium sich zur Analyse institutioneller und aggregierter sozialer Phänomene eignet. Im einzelnen handelt es sich dabei etwa um die Politologie, die Geschichtswissenschaft und um die Teile verschiedener Disziplinen, die das Recht - damit auch den Staat - als Institution zum Gegenstand ihres wissenschaftlichen Interesses machen. Und auch die Ökonomie hat sich in ihren durchaus unterschiedlichen Richtungen auf dem Felde kriminologischer Analyse bewährt. In der Tat: nur schwer ist zu begreifen, wie wenig die Kriminologie insgesamt sich bislang in ihrem Selbstverständnis, in ihrem Theorieanspruch, in ihrem Methodenzugriff und in ihren Fragestellungen von der Fülle historischer, institutioneller und rechtssoziologischer Forschung auf ihrem Gebiet hat beeindrucken, geschweige denn stimulieren lassen.

Schwerer noch wiegt das Argument der inhaltlichen Auffassung und der Werkstattwirklichkeit kriminologischer Interdisziplinarität. Sie gelangen in ihrer bisherigen Praxis gewöhnlich nicht über ein rein additives Nebeneinander verschiedener disziplinärer Aspekte und Zugänge zum Gegenstand hinaus. Seite an Seite pflegen die biologische, psychologische, soziologische etc. Sicht auf die Kriminalität zu stehen, wobei es dem Leser und dem Gegenstand überlassen bleibt, diese verschiedenen "Blicke" aufeinander zu beziehen, gegeneinander abzuwägen, in eine Ordnung oder Hierarchie zu überführen, um der Wirklichkeit einen "Sinn" abzugewinnen, den ihr die Vielfalt der wissenschaftlichen Perspektiven vorenthält und zerredet. Die bisherige Kriminologie hat sich dem Anspruch nach einer Integration der diversen disziplinären "Sprachspiele" zur Kriminalität und ihrer Kontrolle schlicht entzogen, sich auf das Ritual der "multifaktoriellen Analyse" berufen und sich durchschaubar eher darauf kapriziert, die verschiedenen Disziplinen gegeneinander auszuspielen.

Gegen diese Übung ist eine Forderung zu stellen, die Interdisziplinarität nicht passiv nach Maßgabe und Autorität der Ausgangsdisziplinen hinnimmt, sondern sich um die Schaffung und Begründung einer Argumentationsebene bemüht, die es ermöglicht, verschiedene wissenschaftliche Aspekte auf den gleichen Gegenstand in ein theoretisches Verhältnis zueinander zu setzen. Eine Kriminologie, die sich dieser Aufgabe nicht stellt, wird zum bespöttelten Spielball der Moden und Gespreiztheiten disziplinärer Ansprüche und Eitelkeiten, der sie sich nicht erwehren kann. Dies ist keine leichte Aufgabe, indessen ist sie unerläßlich, wenn die Kriminologie ihren Zustand theoretischer und methodischer Fremdbestimmtheit endlich hinter sich lassen will.

Die Wege, die dieses Ziels wegen zu beschreiten sind, lassen sich hier nicht genau bezeichnen, wenn auch ihre Richtung nicht völlig unbestimmt ist. Weitgehenden Konsens wird man etwa darüber konstatieren können, daß die Kriminologie aus dem Bannkreis des Strafrechts heraustreten muß, um nicht selbst in dessen Strudel fortschreitender Delegitimierung und Funktionsverlusts zu geraten. Dabei geht es nicht um eine blinde und wütige Polemik gegen das Strafrecht, aber sehr entschieden darum, das affirmative Verhältnis der Kriminologie gegenüber diesem macht- und gewaltverbürgten Instrument der sozialen Kontrolle aufzukündigen. Damit meine ich, daß die Kriminologie zum Strafrecht in zweierlei Weise auf Distanz zu gehen hat. Zum einen in kognitiver, zum anderen in korrektiver Hinsicht. Der kognitive Aspekt meint die Herstellung einer Distanz zum Strafrecht, die es erlaubt, dieses als eine kontingente, historisch bedingte, gesellschaftlich relative - und damit vergängliche - Institution zu begreifen und zu analysieren. Die korrektive Distanz zielt zunächst auf den Anspruch des Strafrechts eine - im Kleinen wie im Großen - "friedensstiftende" Einrichtung zu sein, in dessen Dienst sich die Kriminologie auch stets wähnte und sonnte. Darüber hinaus täte die Kriminologie generell gut daran, sich von ihrer Neigung und ihrem Selbstverständnis etwas zu befreien, eine Besserungs- oder Reformdisziplin sein zu wollen oder zu müssen.

Meine nachstehenden Überlegungen haben zum Ziel, einen Beitrag zu einer solchen "Lockerung" der Beziehung zwischen der Kriminologie und dem Strafrecht zu leisten. Dies möchte ich in der Weise versuchen, daß ich einerseits einige begriffliche und theoretische Überlegungen anstellen werde, die die Kriminologie zurückbinden und einbetten in disziplinäre "Diskurse", auf die sie sich zwar interdisziplinär oft bezieht, ohne sie jedoch ernsthaft zu adaptieren oder fruchtbar zu machen. Andererseits möchte ich die Kriminologie dadurch etwas zu "entgrenzen" mich bemühen, daß ich ihren gegenständlichen Bezugspunkt, nämlich das Strafrecht, in eine historische Perspektive rücke, die durch den Begriff der "Sozialdisziplinierung" angezeigt ist.

2. Vom Strafrecht zur "Sozialen Kontrolle" - und zurück

2.1. Unterschiede in Herkunft und Bedeutung beider Konzepte: einige Ausgangsbemerkungen

Das Strafrecht versteht sich nicht ohne weiteres und nur mit Zögern als ein Instrument oder Mechanismus der sozialen Kontrolle. Insbesondere in der europäischen Tradition, und hier in nochmals gesteigerter Weise im deutschen Verständnis, liegen zwischen beiden Konzepten Unvereinbarkeiten und Diskontinuitäten.

Die Differenz zwischen beiden Konzepten und den durch sie erfaßten Bereichen der Realität läßt sich auf mehrfache Weise erschließen und deutlich machen. Zunächst springt ihre historische Differenz ins Auge: gegenüber dem jahrhundertealten Konzept des "Strafrechts" hat die Karriere des Begriffs der "sozialen Kontrolle" gerade erst um die Jahrhundertwende seinen Anfang genommen. Zur zeitlichen Koordinate ist sogleich ihre geographische hinzuzusetzen: während das Strafrecht fest in der europäischen Tradition und Geschichte verankert ist, hat der Begriff der sozialen Kontrolle seinen ebenso eindeutigen Ursprung und seine Konturen im amerikanischen Denken erfahren. Historische wie geographische Differenz beider Konzepte sind schließlich im ersten Zugriff um einen dritten wesentlichen Unterschied zu ergänzen: beide Konzepte gehören je eigenen disziplinären Denktraditionen an, der normativen des Rechts in einem Falle, der empirischen der Sozialwissenschaften, genauer noch: der Soziologie im anderen Falle.[3]

Aus diesen unterschiedlichen Entstehungs- und Herkunftsbedingungen beider Konzepte leiten sich eine Reihe von Merkmalen ab, die zu sehr divergierenden Vorstellungen über Struktur und Wirkungsweise beider sozialer Mechanismen führen. Der Bezugspunkt der strukturellen Diskrepanz zwischen beiden Konzepten ist dabei ganz offensichtlich das "Recht".

Ohne hier in eine erschöpfende Bestimmung dessen, was Recht ausmacht, eintreten zu können - Rechtsphilosophie, Rechtstheorie und Rechtssoziologie haben sich damit endlos abgemüht -, möchte ich doch auf einige Aspekte aufmerksam machen, die mir für den gegebenen Zusammenhang bedeutsam erscheinen. Zu allererst erscheint mir der moralische Charakter des Rechts Betonung zu verdienen. Dieser drückt sich zum einen in seinem universalistischen Anspruch aus, in seiner Absolutheit und seiner Unverbrüchlichkeit. Zum anderen spiegelt sich seine moralische Qualität darin wider, daß Recht grundlos befolgt und beachtet werden will, um seiner selbst willen und nicht als Mittel zu einem ihm äußeren Zweck. Obwohl sein historischer Charakter, seine gesellschaftliche Gebundenheit, seine politische "Verfügbarkeit" - in der Terminologie Luhmanns seine "Positivierung" - und seine Instrumentalisierbarkeit längst aufgewiesen, akzeptiert und praktiziert werden, verweisen seine Sprache, seine Inszenierung und seine Durchsetzung nach wie vor auf diesen moralischen und dem unmittelbaren gesellschaftlichen Zugriff entzogenen Anspruch des Strafrechts.

Besonders deutlich wird dies in dem "unpersönlichem" Charakter des Rechts. Die Sprache, in der das Recht seinem Adressaten gegenüber tritt, ist die der dritten Person; der Anspruch, den das Recht erhebt und durchsetzt, formuliert es im Namen einer abstrakten Instanz - im Namen Gottes, im Namen der Idee der Gerechtigkeit, im Namen des Volkes; die Personen, die das Recht "repräsentieren" und es ins Werk setzen, sind seine "Sprachrohre" und durch Äußeres wie durch Haltung und Habitus entindividualisiert und entpersönlicht wie kaum eine andere Berufsgruppe in der Gesellschaft. Das Recht hat, kurz gesagt, nicht die Gestalt und Form einer sozialen Beziehung zwischen den einzelnen Mitgliedern und Gruppen einer Gesellschaft, sondern ist in seiner bis auf den heutigen Tag fortwirkenden Tradition nach Auftreten und Anspruch etwas der Gesellschaft und seinen Mitgliedern von außen Aufgegebenes.

Besonders deutlich sind diese allgemeinen Merkmale des Rechts ablesbar an dem Rechtsgebiet, um das es hier geht, dem Strafrecht, dem Ort des staatlichen oder öffentlichen "Strafanspruchs" und der Institutionen der staatlichen "Strafrechtspflege". Schon diese beiden zentralen Begriffe verweisen auf ein Grundverständnis des Strafrechts, das weit weg liegt vom Bedeutungshorizont dessen, was soziale Kontrolle meint. Dem Strafrecht geht es - neben seinen instrumentellen Sanktionen - vor allem um den "sozialethischen Makel", den es dem Rechtsbrecher gegenüber ausspricht - in der soziologischen Terminologie um die "moralische Degradierung" des überführten Angeklagten.

Diese moralische Dimension des Strafrechts unterscheidet es etwa vom Verwaltungs- oder "Polizei"recht, das in seinen Sanktionen - insbesondere in ökonomischer Hinsicht - zum Teil noch empfindlichere Eingriffe gegenüber den Rechtsadressaten vorsieht als das Strafrecht. Einem solchen Rechtsverständnis ist auch eine Rechtspraxis zuwider und unvereinbar, die Recht zum Gegenstand der "Aushandlung" und der Vereinbarung macht, wie dies in den letzten Jahren zunehmend zutage getreten ist.[4] Moral läßt sich nicht kompromittieren und ablassen. Auch die in den letzten Jahren intensiv geführte Debatte um den "symbolischen" Charakter des Strafrechts, mit dem Zweckauffassungen des Strafrechts nur schwerlich umgehen können, zielt meines Erachtens auf seinen moralischen Kern.

Der moralische Anspruch des Rechts ist indessen nur einer seiner zentralen Aspekte. Ebenso bedeutsam, für die Chancen seiner Durchsetzung noch elementarer, ist die konstitutive Verknüpfung des Rechts mit der modernen Staatlichkeit. Heutige und neuzeitliche Staaten verstehen sich bekanntlich als Rechtsstaaten, was bedeutet, daß staatliches Handeln nur in der Form und auf der Grundlage des Rechts gedacht wird. Der moderne Staat ist darüber hinaus ebenso bekanntlich - in der berühmten Formulierung von M. Weber - durch den Anspruch auf das "*Monopol legitimen physischen Zwanges* für die Durchführung der Ordnungen"⁵ bestimmt. Auf diese Weise gehen Recht und Gewalt eine unauflösliche Verbindung ein, wird der moralische Anspruch des Rechts zu einem gewaltbestimmten und -bewehrten.

Die spezifische Distinktion, die Strafrecht und soziale Kontrolle voneinander trennt, ist in der Tat das Merkmal der Staatlichkeit. Darauf ist deshalb noch ein besonderes Augenmerk zu legen. Der heutige Staat ist ein Produkt der europäischen Geschichte. Seine uns geläufigen Strukturen haben sich in einem jahrhundertelangen, mühseligen, konflikthaften und kriegerischen Prozeß herausgebildet, dessen institutionelles Gefüge seine Form zu Ende des 18. Jahrhunderts und im 19. Jahrhundert gefunden hat. Die Kräfte und Faktoren, die ihn hervorgebracht haben, sind vielfältig und in ihren nationalen und historischen Besonderheiten und Gewichtungen gewiß nicht auf einen Nenner zu bringen. Was jedoch Betonung verdient, insbesondere mit Blick auf die deutsche Situation, ist der politische und philosophische Akzent, den Staat und Staatlichkeit in der deutschen Tradition erfahren hat.

Die geradezu metaphysische Überhöhung, die symbolische und emotionale Aufladung, die das Konzept des Staates in politischer und philosophischer Hinsicht in der deutschen Diskussion und Wirklichkeit erfahren hat, ist im Vergleich zu den übrigen europäischen Gesellschaften einmalig. Anstelle einer bloßen Kategorie der politischen Organisation ist das Konzept des Staates zum Vehikel und zum Gefäß kultureller Identität und Anbetung geworden. Der Staat als eine moralische Anstalt, erhaben und erhoben über den Pragmatismus und den mundanen Interessen des Alltags, der Staat als Ort und Stätte von Ausgleich, Harmonie und Erlösung, der Staat als die Transportinstitution von Geschichte und Fortschritt.

An diesem hoheitlichen Bild hat das Recht und auch das Strafrecht partizipiert, mitsamt seinen Institutionen und Funktionsträgern. In dieses Bild paßt nicht die Vorstellung von "sozialer Kontrolle" und den ihr zugehörigen Erscheinungen. Der Staat und sein Recht sind nicht dafür geschaffen und dafür da, soziale Kontrolle auszuüben, sondern ihre Existenz dient der Verwirklichung einer höheren und jenseitigen Sittlichkeit und Existenz. Die Sprache kennt feine Unterschiede, die diese Differenzen deutlich markieren. Recht wird angewandt, durch- oder umgesetzt, soziale Kontrolle wird ausgeübt oder vollzogen: deutlich spiegelt sich in diesen sprachlichen Unterschieden, was in der philosophischen und theoretischen Sprache "Reifizierung", "Objektivierung" genannt wird. Auch die weithin passivische Fassung und Formulierung der Rechtssprache markiert eine wichtige Differenz zwischen Strafrecht und sozialer Kontrolle: Recht "existiert" auch ohne seine Durchsetzung und Anwendung, soziale Kontrolle konstituiert sich durch seinen Vollzug und durch seine Praxis. Strafrecht ist manifest, soziale Kontrolle latent.

Das zuvor gezeichnete Bild von Struktur, Arbeitsweise und Selbstverständnis des Rechts ist zugegeben eine idealtypische und auch "essentialistische" Beschreibung seiner Strukturen. Ich habe diese Beschreibung natürlich in Kenntnis jener vornehmlich soziologischen und (sozial)-historischen Diskussion gewählt, deren objektive, oft auch intendierte Konsequenz darin liegt, dieses Selbstverständnis des Rechts in Frage zu stellen, zu delegitimieren und zu "entmystifizieren". Es ist hier nicht der Ort, diesen "Diskurs der Entweihung des Rechts" in seinen einzelnen Etappen und disziplinären Unterkonten nachzuzeichnen und auszubreiten. Er nährt sich aus vielen theoretischen und empirischen, auch literarischen, essayistischen, zeitdiagnostischen und tagespolitischen Reflexionen, Forschungen und Betrachtungen, und er hat auch längst - dies sei zur Entlastung von Soziologen wie von Juristen schnell hinzugefügt - die Reihen derjenigen erreicht, die das Recht in Wissenschaft und Praxis "hüten" und verwalten. Ich werde im nächsten Abschnitt etwas ausführlicher auf einen dieser Teildiskurse in den letzten beiden Jahrzehnten eingehen.

Die von mir gewählte Betrachtungsweise hat auch nicht nur den Zweck einer didaktischen oder heuristischen Strohpuppe, um Distinktionen zwischen und Profile von Strafrecht und sozialer Kontrolle besser markieren zu können. Dieses Ziel verfolgt sie auch, wie gleich deutlich werden wird. Indessen liegt mir auch daran, darauf zu insistieren, daß die identifizierten Strukturen des Strafrechts nach wie vor durchaus präsente Elemente der Wirklichkeit und der "Repräsentationen" dieser Wirklichkeit darstellen, und das nicht nur im Sinne von ideologischen, verspäteten oder überholten Rückzugspositionen, wie es viele theoretische und politische Kritiker des Rechts so gerne sehen möchten.[6]

Ich sage dies auch und gerade mit Blick auf die einschlägige Diskussion innerhalb der (kritischen) Kriminologie und Rechtssoziologie. Mit Blick auf die Kriminologie möchte ich in diesem Zusammenhang nur anmerken, daß vielleicht kein anderer Einzelsachverhalt so sehr das Fortwirken eines traditionellen Rechtsverständnisses auch auf dem Gebiet einschneidendster staatlicher Interventions- und Ausschlußmacht dokumentiert wie die Verweigerung jeglicher akademischen institutionellen Autonomie für die Kriminologie. Diese steht als Lehr- und Lernfach nach wie vor unter der fast unbeschränkten Tutel des Strafrechts.[7]

2.2. Soziale Kontrolle: ihre spezifisch amerikanische konzeptionelle Prägung

Ich möchte mich jetzt etwas näher mit dem Konzept der sozialen Kontrolle beschäftigen. Ich habe diesen Begriff in meiner Argumentation stillschweigend, gelegentlich auch explizit mitgeführt und herangezogen. Wiederaufnehmen möchte ich vor allem die anfängliche historische, geographische und disziplinäre Herkunftsbestimmung dieses Konzepts: sein relativ junges Alter, seine kulturelle Verankerung im amerikanischen Denken, seine begriffliche Profilierung in der Soziologie.

Vorausschicken möchte ich weiter einen literarischen Verweis, den ich für meine Überlegungen außerordentlich hilfreich gefunden habe. D. Melossi, ein italo-amerikanischer soziologischer Kriminologe, hat in einer kürzlich erschienenen Monographie mit dem Titel "The State of Social Control" (1990) die Karriere dieses Konzepts nachgezeichnet. Dabei hat er eine Perspektive zugrunde gelegt, die sich nicht auf eine innerwissenschaftliche Gegenüberstellung beider Konzepte beschränkt, sondern die die Einbettung beider Begriffe in einen weiteren gesellschaftlichen und politischen Zusammenhang anstrebt und leistet. Im Untertitel seiner Untersuchung wird dieser Bezugsrahmen treffend benannt: "A Sociological Study of Concepts of State and Social Control in the Making of Democracy".

Den Begriff der sozialen Kontrolle zeichnet in seiner fast hundertjährigen Geschichte eine wechselvolle und keineswegs geradlinige Entwicklung aus. Während sich schnell und eindrucksvoll literarische Belege beibringen lassen, die seinen zentralen Stellenwert im theoretischen und konzeptionellen Köcher der Soziologie reklamieren, begründen und konstatieren[8], häufen sich in jüngster Zeit die Stimmen, die das Fehlen seiner analytischen Trennschärfe beklagen und mehr oder weniger seine Unbrauchbarkeit behaupten.[9]

Die konstitutive und zentrale Bedeutung des Konzepts der sozialen Kontrolle für die Soziologie erschließt sich über einen anderen ebenso elementaren, ja: epistemologisch fundamentalen Begriff für die Soziologie, der den Gegenstand dieser Disziplin nach einem gleichermaßen unbestrittenen Urteil erst begründet: dem der Norm. Ohne soziale Norm keine soziale Kontrolle, und ohne soziale Kontrolle keine Norm - dieses Selbstverständnis der Soziologie hat niemand anderes auf seinen prägnanten Nenner gebracht als der französische Soziologe der Jahrhundertwende E. Durkheim, den folglich auch die orthodoxe Soziologie zu ihrem eigentlichen Gründungsvater gemacht hat.

Die normative Fundiertheit von Gesellschaft in ihrer Mikrowelt und in ihren Makrostrukturen, vom Individuum und der Einzelperson über die "intermediären" face-to-face-Gruppen von Gesellschaft und Sozialität bis hin zu den kollektiven "Personen" komplexester Art, impliziert gleichzeitig und notwendig ihre Anfälligkeit und ihr Bestandsrisiko, macht die prinzipielle "Kontingenz" (N. Luhmann) und den existentiellen "Zufall" von Gesellschaft und sozialem Verhalten aus - jedes konkrete Einzelereignis und jedes soziale Handeln steht unter dem kategorischen Prinzip seines Andersseins. In diesem weiten und grundsätzlichen Sinne gehören zur Bedingung der Möglichkeit von Gesellschaft und sozialem Verhalten Prozesse, Einrichtungen und Institutionen der Normierung und der Kontrolle.

Anerkennt man diesen sozialen und gesellschaftlichen Grundtatbestand, ist die Schlußfolgerung plausibel, Gesellschaft nicht über ihre Normen zu begreifen, sondern sie als ein permanent aktives Geflecht sozialer Normierung und Kontrolle zu begreifen. Es ist diese Perspektive, die Durkheim die Einsicht von der Normalität der Abweichung und der Funktionalität des Verbrechens hat formulieren lassen. Und in diesem allumfassenden Sinne hat um die Jahrhundertwende das Konzept der sozialen Kontrolle in der amerikanischen Soziologie seine Karriere angetreten - Gesellschaft als Inbegriff und Produkt ständiger, ineinander greifender, wechselseitig sich bedingender und stützender Prozesse sozialer Kontrolle.

Dabei ist "Gesellschaft" nicht in irgendeinem Sinne gemeint, sondern genauer müßte es heißen: die "Ordnung von Gesellschaft". Das Hobbessche Problem der sozialen Ordnung war nämlich der realgeschichtliche Hintergrund, vor dem sich diese soziologische Begrifflichkeit und der öffentlich-politische Diskurs der sozialen Kontrolle entfaltete. Und dieser realgeschichtliche Hintergrund meinte im einzelnen die "sozialen Probleme" - ein weiterer Schlüsselbegriff der Begründungsphase der amerikanischen Soziologie -, denen sich das Amerika jener Tage durch das wilde Wachstum seiner Städte, durch ungebremste Prozesse von Industrialisierung, durch bis dahin nicht gekannte Migrationsschübe im Inneren und von außen ausgesetzt war: Chicago stand als weltweites Symbol dieser gesellschaftlichen "Unordnung", wie es bekanntlich auch bis in die zwanziger und dreißiger Jahre machtvoller Kristallisationspunkt der jungen Wissenschaft der Soziologie gewesen ist.

Ein weiteres ist anzufügen zu diesem amerikanisch-soziologischen Ausgangsverständnis des Begriffs der sozialen Kontrolle. Entgegen der negativen Konnotation, die dieses Konzept in seiner heutigen - und man muß nach wie vor hinzufügen: insbesondere seiner europäischen - Verwendung aufweist, wurde soziale Kontrolle nicht als Ausdruck von Zwang, Repression, Unterdrückung verstanden, sondern als ein produktives, schöpferisches und gestalterisches Potential begriffen, als Triebkraft von gesellschaftlichem Wandel und sozialem Fortschritt. Es war in einem optimistischer Ausdruck der prinzipiellen Überzeugung der menschlichen und sozialen Fähigkeit zur Gestalt- und Machbarkeit sozialer Ordnung und sozialen Wandels sowie - gleichzeitig - Aufgabe und Programm, diese Fähigkeit systematisch zu erfassen, zu erforschen und für ihre gesellschaftliche Nutzung verfügbar zu machen.

Ein letzter Gesichtspunkt, dessen Pointierung der oben erwähnten Arbeit von D. Melossi (1990) in besonderer Weise gelingt, kommt zur Bestimmung des begrifflichen Ausgangsinventars der sozialen Kontrolle hinzu. Die Richtung der Wirkungsweise sozialer Kontrolle im geschichteten und hierarchischen Gefüge der Gesellschaft wurde als eine solche von unten nach oben gedacht. Die Gesellschaft und ihre Ordnung stellen sich über ihre mikrosozialen Einheiten her, über die Sozialität des Alltags in Familie, Beruf, Nachbarschaft, in einem Wort: über die "community", diesem nur schwer zu übersetzenden Inbegriff für das gedankliche und kulturelle "Atom" amerikanischen Gesellschaftsverständnisses. Die hier verankerte soziale Kontrolle macht den Mörtel aus, der Gesellschaft ermöglicht, sie zusammenhält und ihre "Integration" herstellt.

Indessen wird aus diesen vielen dezentralen sozialen Orten der Interaktion und Kommunikation nicht schon automatisch und im Selbstvollzug der gesellschaftliche Zusammenhang und Konsensus hergestellt. Vielmehr bildet sich dieser heraus und aggregiert sich über eine gesellschaftliche "Institution", die wie keine andere und bis auf den heutigen Tag seine Prägung, Gestalt und Bedeutung auf amerikanischem Boden erfahren hat: die "public opinion". In diesem Zusammenhang erinnert D. Melossi (1990, p. 102) daran, daß einer der sensibelsten europäischen Beobachter der amerikanischen Gesellschaft im 19. Jahrhundert, der Franzose A. de Tocqueville, bereits vor 150 Jahren feststellte, daß die Formung der und der Zugriff auf die öffentliche Meinung statt über Zensur - die fixe Idee vieler europäischer Staatsrepräsentanten - sicherer und effizienter über die Pressefreiheit zu erreichen sei.

Soziale Kontrolle von unten mit dem Ziel gesellschaftlicher Ordnung und Integration, die sich in einem über "die öffentliche Meinung" herstellt und sich in ihr niederschlägt - das reflektiert im Kern das amerikanische Demokratie-Modell. Unnötig zu sagen, daß es nicht nur einen Gegenentwurf zum Staats- und Rechtsmodell sozialer Ordnung darstellt, sondern auch als solcher gedacht und geschrieben wurde. In diesem Sinne entstammen - bei aller funktionalen Affinität und Äquivalenz - die Konzepte "Strafrecht" und "soziale Kontrolle" zwei sehr unterschiedlichen historischen, politischen, sozialen und wissenschaftlichen Kontexten. Was die wissenschaftliche Kluft und Spannung zwischen ihnen angeht, verweist D. Melossi (1990, p. 108) zu Recht darauf, daß die Soziologie, deren Grammatik das Konzept der sozialen Kontrolle entnommen ist, "had emerged from the failure of political and legal controls".[10]

2.3. Soziale Kontrolle: ihre begriffliche Architektur auf normativer Basis

Kommen wir genauer zur begrifflichen Architektur sozialer Kontrolle. Dazu ist zum einen eine Differenzierung vorzunehmen, die sich aus der elementaren Prämisse der normativen Fundierung von Gesellschaft ergibt, zum anderen eine Abgrenzung zu markieren, die soziale Kontrolle von einer anderen Gruppe sozialer Funktionen und Institutionen absetzt.

Was die erste Frage angeht, hat die Soziologie in der Tat eine Vielfalt von Konzepten, Begriffen und Wortschöpfungen zur Verfügung und entwickelt, die die verschiedenen Formen, Grade, Reichweiten und Intensitäten normativer Systeme und Strukturen bezeichnen und auseinanderhalten sollen. In einer gewissen Weise könnte man die Soziologie ineinssetzen mit der Erforschung, Systematisierung und Gliederung dieser normativen Teilsysteme und ihrer Beziehungen zueinander, umfassender noch: mit der Analyse der "normativen Konstruktion von Gesellschaft", wie H. Popitz (1980) seine wichtige Monographie genannt hat, in der er ein solches Programm in bewußter Anlehnung und Absetzung von dem weit bekannteren Projekt aus dem Jahre 1966 der beiden Soziologen P. Berger und Th. Luckmann zur "gesellschaftlichen Konstruktion der Wirklichkeit" (1969) entfaltet.

Ohne diese normative Vielfalt und Vielschichtigkeit der Wirklichkeit sowie der Repräsentation dieser Wirklichkeit in Alltags- und Wissenschaftssprache ausbreiten zu wollen, soll mit Bezug auf unsere Argumentation indessen auf zwei Richtungen in der soziologischen Diskussion aufmerksam gemacht werden. Sie beziehen sich beide auf die uns interessierende Frage der Stellung des Rechts im Gesamtzusammenhang der normativen Struktur der Gesellschaft. Für die "orthodoxe" Orientierung innerhalb der Soziologie, die auf einschlägigen Argumentationen und Analysen von E. Durkheim, M. Weber, H. Geiger, dem Großteil der amerikanischen Soziologie basiert, mag dabei R. Königs Synthese "Das Recht im Zusammenhang der sozialen Normensysteme" (1967) stehen. Diese Position geht von der Vorstellung eines normativen Kontinuums aus, dessen beiden Extrempunkte der tatsächlich geübte soziale Brauch an einem Ende, der rein zweckrationale Standard am anderen Ende der Skala darstellen. Die Zwischenglieder dieses Kontinuums werden durch "Sitte", "Konvention" und "Recht" gebildet.

Als organisierendes Prinzip dieses Modells fungiert der Grad der Bewußtheit der Normativität des Handelns durch den Akteur, in anderen Worten das Ausmaß, in dem menschliches Verhalten und sein normatives Gerüst auseinandertreten und sich im Erleben der Handelnden als zwei verschiedene Dimensionen von Sozialität darstellen. Das Recht, insbesondere in seiner modernen, positiven, "gesatzten" Form, kann dabei als Prototyp für die autonome Ausgestaltung und Konstruktivität eines Systems von Erwartungsregeln stehen, das nicht nur die Verhaltensnormen selbst bestimmt, sondern gleichzeitig Regeln darüber enthält, in welcher Weise Verletzungen der Normen sanktioniert und kontrolliert werden sollen. Insoweit es indessen, in vielfältiger Weise vermittelt, angebunden und rückbezogen bleibt auf andere, vorrechtliche Normensysteme, erreicht es (noch) nicht jenen anderen Grenztypus der puren Zweckrationalität.

Die zweite Konzeption entspricht einem Modell der Diskontinuität der normativen Struktur von Gesellschaft. Seine prägnanteste und differenzierteste Ausarbeitung hat es durch N. Luhmann erfahren (1972). Auf der gleichen Prämisse der kulturellen Bestimmtheit von Verhalten und Gesellschaft aufbauend, räumt es dem Recht eine von allen anderen normativen Systemen separate Struktur und Funktion ein. Dabei ist zunächst zu unterstreichen, daß Luhmann seine Analyse auf der Ebene der Interaktion - und nicht der des individuellen oder "sozialen" Handelns - ansetzt, als Grundannahme also von der "sozialen Beziehung" ausgeht, einer Annahme, die er übrigens als ebenso "vorsoziologisch" wie "vorpsychologisch" charakterisiert und die den Fluchtpunkt aller seiner weiteren begrifflichen und analytischen Überlegungen abgibt.[11]

Als elementaren Grundbegriff seiner Theoriekonstruktion wählt Luhmann nicht den der Norm, sondern den der Erwartung. Luhmanns zentrale These bezüglich der Stabilität und der "Ordnung" sozialer Interaktionen und sozialer Systeme geht nun dahin, daß jene nicht so sehr das Verhalten selbst betreffen, sondern sich auf die Erwartbarkeit des Verhaltens beziehen:

"Denn Sicherheit im Erwarten von Erwartungen, sei sie mit Hilfe psychischer Strategien, sei sie mit Hilfe sozialer Normen erreicht, ist eine unentbehrliche Grundlage aller Interaktion und sehr viel bedeutsamer als die Sicherheit der Erfüllung von Erwartungen" (a.a.O., S. 39).

Der permanenten Anfälligkeit von Erwartungen, ihrem ständigen Risiko der Enttäuschung, d.h. ihrer Verletzung, entspricht die Bedeutung der Mechanismen zur "Abwicklung" dieser Enttäuschungen, der Reaktion auf abweichendes oder kriminelles Verhalten. Aus dieser Perspektive gewinnt Luhmann seine Differenzierung von "Recht" und nichtrechtlichen Erwartungssystemen, die Unterscheidung von "kognitiven und normativen Erwartungen" (a.a.O., S. 40ff.):

"Kognitive Erwartungen sind mithin durch eine nicht notwendig bewußte Lernbereitschaft ausgezeichnet, normative Erwartungen dagegen durch die Entschlossenheit, aus Enttäuschungen nicht zu lernen" (a.a.O., S. 43).

Hieraus ergibt sich Luhmanns berühmte, auf das Recht gemünzte Definition:

"Normen sind demnach *kontrafaktisch stabilisierte Verhaltenserwartungen*" (a.a.O., S. 43 Hervorh. i. Orig.).

Im Begriffsgebäude Luhmanns spielt das Konzept der "sozialen Kontrolle" keine Rolle - es kommt nicht vor. An seine Stelle tritt das der Enttäuschungsabwicklung, das sich im lernbereiten Fall auf die Erwartung richtet, im lernresistenten Fall gegen das Verhalten wendet. Dabei ist das Recht der Prototyp von Mechanismen der Enttäuschungsabwicklung, die zum vorrangigen Ziel haben, Erwartungen zu schützen, zu sichern, an ihnen gegen alle (Verhaltens)Anfechtungen festzuhalten. Recht will an erster Stelle Erwartungen sichern und nicht Verhalten steuern. Diese Funktion vor allem zeichnet Recht gegenüber allen anderen Formen von Erwartungssystemen aus

- es stellt den kompromißlosesten Typ von Erwartungen dar, der sich seine Geltung durch nichts abhandeln läßt, selbst nicht durch die Realität. Kants berühmte Parabel von der Gesellschaft, die vor ihrer beschlossenen Auflösung erst noch ihren letzten Mörder zu hängen habe, drückt diese Erwartungsfestigkeit des Rechts ebenso aus wie das weniger literarische Prinzip: "Was Recht ist, muß als Recht besteh'n - und sollt' die Welt in Stücke geh'n".

Luhmanns Analyse des Rechts, die von "kritischen" Kriminologen im allgemeinen rechts liegen gelassen zu werden pflegt[12], von Juristen und ihnen nahen Kriminologen in der Regel - von Ausnahmen abgesehen - auch nicht gerade begeistert aufgenommen wird, korrigiert zu Recht eine vor allem unter Soziologen verbreitete Unterbetonung des Rechtssystems für die Gestaltung und Reproduktion moderner Gesellschaften.[13]
Insbesondere für die Kriminologie gibt er eine Richtung und Perspektive der Analyse vor, die das Strafrecht nicht an erster Stelle als reaktives Instrument zur Kontrolle von Kriminalität begreift, sondern als einen Mechanismus der Herstellung - und nicht der Wiederherstellung - von gesellschaftlicher Ordnung. Die Ordnung, die das Recht verteidigt, ist die durch es selbst geschaffene und gesetzte. Die zentrale theoretische Leistung liegt dabei gerade darin, daß Luhmann als Ebene der Analyse nicht das kriminelle Verhalten oder die kriminelle Handlung vorschlägt, sondern die Sicherung der Erwartung. Dieser Sicherung der Erwartung dient die Auszeichnung bestimmter Verhaltensweisen als eine Wirklichkeit "ohne Sollwert".

Hat im theoretischen Gebäude von Luhmann der Begriff der sozialen Kontrolle keinen systematischen Platz, so ist es auch aus einer anderen Überlegung in analytischen Mißkredit geraten. Damit komme ich zu dem zweiten Aspekt der Kritik - dem der notwendigen Abgrenzung zu einem anderen elementaren Typ sozialer Institutionen. Das Konzept der sozialen Kontrolle in seiner umfassenden Ausgangsbedeutung insbesondere der amerikanischen Soziologie hat Kritik insofern erfahren, als es auch jene Prozesse und Mechanismen erfaßt, die das Hineinwachsen des Menschen in seine Kultur und Gesellschaft betreffen. Sozialisation, die "soziokulturelle Zweitgeburt des Menschen" (R. König), die vielgestaltige und voraussetzungsvolle Bildung und Formung des jungen Menschen von seiner Geburt bis zu einem "handlungskompetenten" Mitglied seiner Gruppe, Gesellschaft und Kultur ist ein Vorgang, der nur in behavioristischer Verkürzung als Lernen am Mißerfolg, sprich: über "soziale Kontrolle" zutreffend und angemessen erfaßt werden kann. Prozesse der Sozialisation und solche der sozialen Kontrolle analytisch nicht voneinander zu trennen, unterschlägt Differenzen, die Erkenntnis behindern und Institutionen wie etwa die Familie und den Staat ineinssetzen.

Man hat dieser Differenzierung zwar dadurch Rechnung zu tragen versucht, daß man "äußere" von "innerer" sozialen Kontrolle zu trennen vorschlägt und etwa die staatliche Institution der Polizei als gleichsam funktionales Äquivalent zu den intrapersonalen "Instanzen" sozialer Kontrolle von Schuld und Scham betrachtet. Dabei herrscht nicht selten eine explizite oder implizite mechanistische Vorstellung eines Korrespondenzverhältnisses zwischen beiden Formen sozialer Kontrolle vor, die das Anwachsen des einen Typs durch den Rückgang des anderen Typs sozialer Kontrolle zu "erklären" versucht. Die Zivilisationstheorie von N. Elias (1978/1979) ist dafür ebenso als Beispiel zu nennen wie D. Blacks (1984) rechtssoziologisch gewendete Theorie sozialer Kontrolle, und auch der kriminologischen Kontrolltheorie von T. Hirschi u.a. (1969; Gottfredson/Hirschi 1987) liegt ein solches Modell sozialer Kontrolle zugrunde.

2.4. Soziale Kontrolle: der kurze Weg von der Inflationierung zur Zurückweisung eines Konzepts

Es ist deshalb nicht überraschend, daß das Konzept der sozialen Kontrolle trotz seiner Beliebtheit und seiner weitverbreiteten Verwendung einer zunehmenden Skepsis und der Kritik analytischer Unbestimmtheit ausgesetzt ist. St. Cohen nennt in seiner ausgezeichneten Bilanz über Struktur und Leistung "geplanter Programme" zur Kontrolle von Abweichung und Kriminalität den Begriff der sozialen Kontrolle ein "Mickey Mouse concept" (1985, p. 2), Chunn und Gavigan geben ihrem begrifflichen Klärungsversuch zur sozialen Kontrolle - mit besonderem Blick auf seine Eignung für die Analyse der Stellung der Frau in der Gesellschaft - den Titel: "Social control: analytical tool or analytical quagmire?" (1988). Das sind nur zwei jüngere Beispiele aus einer Vielzahl von Stimmen, die den inflationären Gebrauch des Konzepts und damit seine zunehmende begriffliche Leere und wissenschaftliche Unbrauchbarkeit beklagen.[14]

Bemerkenswert an dieser Kritik ist zunächst der Zeitpunkt ihres Auftretens. Immerhin erscheint sie in historischer Hinsicht rund zwanzig Jahre nach der theoretischen Zäsur, die sich in der Soziologie durch die erfolgreiche Attacke auf den Funktionalismus Parsonsscher Prägung und in der Kriminologie durch den Einzug von Theoriepositionen des symbolischen Interaktionismus, der Ethnomethodologie, der Phänomenologie sowie der verschiedenen Varianten des Marxismus in kriminologisches Denken vollzogen hat. Diese Zäsur löste ja bekanntlich eine Stoßrichtung kriminologischer Analyse aus, die dem Konzept der "sozialen Kontrolle" sowohl in der theoretischen Interpretation wie in der empirischen Forschung zu einer Konjunktur verhalf, die allenfalls derjenigen bereits erwähnten aus der Gründerphase der amerikanischen Soziologie um die Jahrhundertwende vergleichbar war.

Zu erinnern ist in diesem Zusammenhang insbesondere daran, daß die theoretische Zäsur in der Kriminologie, die insbesondere in der deutschen Rezeption unter dem Titel des "Labeling-Ansatzes" figurierte, in seinem Herkunftsland, den USA, seine Hauptimpulse aus der theoretischen und empirischen Neubestimmung der Prozesse und Mechanismen der sozialen Kontrolle bezog. Vornehmlich die Arbeiten von E. M. Lemert - anders als die von H. S. Becker, dem theoriegeschichtlich vielleicht etwas zu Unrecht das Hauptverdienst für den Siegeszug des neuen Denkens in der Kriminologie zugerechnet wird - haben diese Stoßrichtung betont. In einem Aufsatz aus dem Jahre 1964, dem schon deshalb die Bedeutung eines alternativen Manifests wissenschaftlicher Analyse von Abweichung und Kriminalität zukommt, weil er es in kontrapunktischer Auseinandersetzung mit und Kritik an der damals dominanten Anomietheorie von R. K. Merton entwickelt, zielt Lemert ausdrücklich auf die Entwicklung "of the social-control conception of deviance" (1964, p. 58).

Die an gleicher Stelle entwickelte Präzisierung dieser Position verdient für unseren Zusammenhang betont zu werden:

"We can move now from a kind of revisionist critique of Merton's paradigm to the major theoretical issue between a purely structural conception of deviation and the view of deviation as a consequence of the extent and form of social control. The latter rests upon the assumption that social control must be taken as an independent variable, rather than as a constant, or merely reciprocal, societal reaction to deviation. Thus conceived, social control becomes a 'cause' rather than an effect of the magnitude and variable forms of deviation" (p. 83).

Der zentrale Punkt in dieser Perspektive besteht ganz offensichtlich in der Umkehrung der bis dahin vorherrschenden Richtung in der Beziehung von Abweichung und Reaktion: soziale Kontrolle reagiert nicht auf Abweichung, sondern die Reaktion konstituiert zunächst die Abweichung als diejenige soziale Wirklichkeit, gegen die sie sich danach wendet.

Diesem Perspektivenwechsel verdankt die Kriminologie und verdanken eine Reihe anderer Disziplinen zweifellos einen enormen Aufschwung empirischer Forschung und eine Differenzierung theoretischer Argumentation. Diese theoretische Orientierung hat die reichhaltige und kaum mehr zu überblickende empirische Zuwendung zu den Instanzen der sozialen Kontrolle auf den Weg und zuwege gebracht. Für meine Argumentation möchte ich indessen auf eine Implikation dieser Perspektive aufmerksam machen, die erst in zweiter Linie eine empirische ist. Die Richtungsumkehrung in der Analyse der Beziehung zwischen Abweichung und Kontrolle zugunsten der letzteren hat den Blick in zuvor nicht gekannter Weise auf die Initiatoren und Träger sozialer Kontrolle und ihre Interessen gerichtet. Wenn soziale Kontrolle nicht als eine Reaktion auf Abweichung angemessen zu analysieren ist, sondern in ungleich stärkerem Maße als eingestanden ein aktives, gestalterisches und planendes Moment enthält, ist die Frage nach den Zielen, den Absichten, den Interessen sowie den "Funktionen" solcher Gestaltung unabweisbar.

Die Antwort auf diese Frage setzt zunächst eine genauere Bestimmung der Akteure auf dem Feld der sozialen Kontrolle voraus. Dies ist für den Bereich der Kriminalität in einem ersten Zugriff umstandslos ausgemacht: in modernen Gesellschaften konstituiert sich Kriminalität, unangesehen aller dazu sonst vorhandener Vorstellungen, Bestrebungen und Verwendungsweisen dieser Kategorie, über den Staat und seine Institutionen und Funktionsträger. Allein sie verfügen in verbindlicher Weise über die sozialen, politischen und machtbezogenen Ressourcen zur Auszeichnung eines Verhaltens als kriminell und zur Einweisung eines Mitglieds der Gesellschaft in den spezifischen "Mitglieds"status des Kriminellen.

Diese aktive und steuernde Komponente sozialer Kontrolle, die sich im Strafrecht die Form und die Rhetorik eines reaktiven sozialen Mechanismus, in seiner populären Version die einer staatlichen Serviceeinrichtung für die innerstaatliche Sicherheit des Bürgers gibt, hat gegenüber staatlichem Handeln gleichsam eine Generalvermutung sozialer Kontrolle in die Welt gesetzt. In den Sog dieses verallgemeinerten Verdachts und der einlinigen Interpretation staatlichen Handelns und staatlicher Intervention im Sinne der Steuerung und Kontrolle sind vor allem die Einrichtungen des Sozial- und Wohlfahrtsstaats und damit das gesamte Spektrum der Sozialpolitik und ihrer Einrichtungen auf den Feldern der Beschäftigung, der Jugend, der Gesundheit, der Familie, des Wohnens usw. geraten. Es ist nicht übertrieben zu sagen, daß die gesamte Geschichte und die

Pointe der staatlichen sozialen Einrichtungen moderner Gesellschaften umgeschrieben und -interpretiert worden ist als eine solche staatlicher sozialer Kontrolle.

"Sozialpolitik als Form sozialer Kontrolle" - unter dieser Fragestellung und Hypothese sind in den letzten zwanzig Jahren eine unendliche Fülle von empirischen Forschungen und theoretischen Interpretationen zur Geschichte und Funktion der Fürsorge, der Sozial- und Armenhilfe, der Sozialversicherung, der Sozialarbeit, der Gesundheitsversorgung, der Jugendfürsorge und -arbeit, der staatlichen Versicherungssysteme für die verschiedenen individuellen Notlagen, der Familienpolitik durchgeführt worden, die jeden Anspruch abweisen, hier genauer referiert zu werden.[15]

Diese Forschungen, die noch zu ergänzen sind um die an dieser Stelle aus systematischen Gründen ausgesparten historischen Studien, haben zu einer Totalisierung und Globalverwendung des Konzepts der sozialen Kontrolle geführt, die bei allem forscherischen Enthusiasmus, den es stimuliert und freigesetzt hat, seine bereits oben kurz erwähnte eigene Entwertung und seinen Verlust an analytischer Kraft mitbewirkt hat.

Diese konzeptuelle und theoretische Verallgemeinerung der Kontrollperspektive hat zwar einerseits - insbesondere in ihrer (neo)marxistischen Variante - die "Unschuld" staatlicher Intervention und Gestaltung nachhaltig bezweifelt und enttarnt. Sie hat diese Entmystifizierung indessen bis zu einem Punkt getrieben, der weder für die gedankliche noch für die praktische Möglichkeit Raum läßt, Staat und staatliches Handeln als ein Terrain zu betrachten, auf dem sich widerstreitende Interessen treffen, auf dem gesellschaftliche Konflikte ausgetragen werden, dessen "Spielregeln" - und wenn nur im Prinzip - auch die Möglichkeit einschließen, daß die Ausgänge des Spiels für die daran beteiligten Spieler und Akteure offen sind.

Mit anderen Worten: der Gewinn der Freisetzung des Kontrollierten aus seinem Status des persönlichkeitsgeschädigten Täters - des "Kriminellen" - oder des zu Dankbarkeit verpflichteten Empfängers von Hilfe und Wohltaten - des Benefiziars staatlicher Sorge und Sozialpolitik - ist im gleichen theoretischen Atemzuge durch die postulierte Unentrinnbarkeit dieses Status wieder kassiert worden. Die Theorie hat sich schlicht spiegelbildlich verkehrt, eine Volte der Inversion vollzogen - die Welt ist einfach anders interpretiert worden, ohne sie der gedanklichen oder widerständigen Herausforderung und Änderung auszusetzen.

Dieser theoretischen und praktisch-politischen Blockierung, der die inflationär-abstrakte Verwendung des Konzepts der sozialen Kontrolle sichtbar Vorschub geleistet hat, versuchen Kritiker zu begegnen, indem sie einem vollständigen Verzicht dieses Begriffs das Wort reden oder es in einer Weise in unterschiedliche Dimensionen und Aspekte auflösen, die seiner Dekonstruktion gleichkommen. Der theoriesystematische Schlüssel dieser Strategie besteht in der akteurorientierten Reformulierung des Konzepts, ihre methodologische und epistemologische Manifestation in der Historisierung soziologischer Analyse.

3. "Sozialdisziplinierung" - Begegnung von Geschichte und Soziologie

Neben dem Konzept der sozialen Kontrolle und der dazu geführten Diskussion, die, wie wir gesehen haben, bis in die Anfänge der (amerikanischen) Soziologie um die Jahrhundertwende zurückgeht und seit den sechziger Jahren seine repressiv-inflationäre Ausdehnung und Erweiterung erfahren hat, hat es einen teils parallelen, teils konkurrierenden Diskurs um ein Bündel von Begriffen gegeben, der sich weitgehend auf die gleichen sozialen Prozesse und Mechanismen bezieht, auf die die Theorie sozialer Kontrolle in ihrer ganzen Spannweite von Sozialisation bis Repression zielt. Ich meine damit Autoren und gesellschaftstheoretische Arbeiten und Ansätze, deren analytischer Fluchtpunkt der Begriff der "Disziplin" ist.

3.1. "Disziplin" als theoretische Schlüsselkategorie in Soziologie und Geschichtswissenschaft: drei Nachweise

Obwohl dieser Begriff in der Marxschen Gesellschaftstheorie, insbesondere in seiner Charakterisierung der industriellen Produktionsstätten ("Fabrikdisziplin") eine wichtige Rolle spielt, auch in Simmels Soziologie den Charakter eines evolutionistischen Schwellenbegriffs eingeräumt erhält, bei M. Weber ein zentrales begriffliches Element seiner These der globalen und epochalen okzidentalen Rationalisierung darstellt, ist er zu wissenschaftlicher Popularität erst in den letzten zwei bis drei Jahrzehnten avanciert.[16]

Den eigentlichen Durchbruch und seine Attraktivität verdankt dieses Konzept vor allem dem Denken und den Arbeiten von drei Wissenschaftlern, die geographisch und disziplinär unabhängig voneinander analogen Problemen und Fragestellungen nachgegangen sind und dabei auf durchaus unterschiedliche Weise analytischen Gebrauch vom semantischen Begriffsfeld der Disziplin gemacht haben. Diese drei Autoren lassen sich unter dem Gesichtspunkt ihrer Affinität und Nähe zur Kriminologie in eine gewisse Ordnung bringen, was indessen nicht heißt, daß sich dies auch in den Arbeiten, Fragen und Antworten der Kriminologie selbst niederschlägt.

An erster Stelle wäre dabei auf den französischen Forscher[17] M. Foucault zu verweisen. Dieser hat mit seiner Charakterisierung moderner Gesellschaften als "Disziplinargesellschaften" eine These in die Welt gesetzt[18], die zu einer Verabschiedung einer Reihe lieb gewordener Vorstellungen, Behauptungen, Befunden und "Wahrheiten" über Kriminalität, Strafrecht, Staat, Kontrolle, Macht, über ihre internen Beziehungen und ihre Verknüpfungen mit der Gesellschaft und ihren sonstigen Strukturen und Institutionen auffordert. Seine entscheidende Pointe liegt in der Zusammenschau zweier üblicherweise als antagonistisch begriffener Prozesse: das Verhältnis von Wissen und Macht begreift Foucault nicht als eine Überwindung der Macht durch Wissen, sondern als Steigerung und Gestaltwandel der Macht mittels des Wissens. Disziplinen sind Werkstätten der Disziplin und Disziplinierung, die Kriminologie ist ein besonders augenfälliger Kandidat in diesem Spiel. Foucaults These, die er in erst posthum zugänglich gewordenen Arbeiten zu einer Theorie der "governmentality"[19] fortgeschrieben hat, bereitet den Trägern, Entdeckern und Bewahrern der von ihm attackierten Positionen anhaltend Probleme, auch wenn die vorrangigste

Form der "Auseinandersetzung" mit Foucault in seiner Ignorierung und in seinem schlichten Ausschluß aus der "scientific community" besteht.[20]

Als nächsten Autor, dem die analytische Erschließung des semantischen Begriffsfeldes der Disziplin geschuldet ist, ist N. Elias zu nennen. Zwar bedient er sich in seinem zweibändigen Werk "Über den Prozeß der Zivilisation", das seinen - zumindest deutschen - wissenschaftlichen Siegeszug erst 30 Jahre nach seiner Erstpublikation im Jahre 1939 angetreten hat, keineswegs in strategischer Weise des Konzepts der "Disziplin", der Sache nach geht es bei ihm indessen um jenen säkularen Prozeß der Transformation äußerer Kontrolle in intrapersonale Disziplinierung, der gesellschaftlichen Verlegung äußerer in innere Kontrolle, um ein Thema also, das zum Fokus der Theorie sozialer Kontrolle gehört. Obwohl Elias weder im Selbst- noch im Fremdverständnis als Kriminologe zu betrachten ist, wird ihm eine ungleich häufigere und freundlichere Aufnahme durch einige Vertreter dieser Disziplin zuteil, läßt er sich doch als "Steinbruch" und Reservoir von Argumenten jener Erfolgsgeschichte des Strafrechts verwenden, an deren Konstruktion die Kriminologie selbst mitgewirkt hat und die sie bis heute in ihren dominanten Kapiteln teilt.[21]

Als dritter Autor schließlich, der nach herkömmlichem Verständnis den größten Abstand zur Kriminologie aufweist, ist auf den Historiker G. Oestreich zu verweisen.[22] Ihm kommt das Verdienst zu, den Begriff der "Sozialdisziplinierung" in die - zunächst - geschichtswissenschaftliche Debatte Ende der sechziger Jahre eingeführt zu haben. Von dort aus hat dies Konzept eine intensive, geradezu enthusiastische, wenn auch nicht unwidersprochen gebliebene Karriere erfahren[23], die sich bis heute in Form empirischer Forschungen und theoretischer Debatten hinzieht.[24]

Auch nicht annäherungsweise kann über diese grobe Skizzierung des Ausgangspunktes und der Verwendungszusammenhänge des Konzepts hinaus eine Nachzeichnung der durch die drei genannten Autoren ausgelösten je spezifischen Diskurse an dieser Stelle angestrebt werden. Abgesehen davon, daß insbesondere Elias und Foucault eine kaum mehr überschaubare wissenschaftliche Nachfolge- und Anhängerschaft aufweisen, deren theoretische Konturen und Verästelungen mir schlicht auch nicht zugänglich sind, geht es mir für meine Argumentation auch mehr um zwei spezifische Gesichtspunkte dieses Diskussionszusammenhanges. Der eine betrifft die alle drei Autoren umgreifende Problemstellung. Der zweite hier interessierende Aspekt richtet sich auf die genauere Verwendungsweise der "Sozialdisziplinierung" im engeren Sinne bei ihrem Urheber G. Oestreich und ihren möglichen Stellenwert für die kriminologische und strafrechtssoziologische Analyse.

Für einen begriffssystematischen Vergleich der Arbeiten der drei Autoren, den wir ansatzweise intendieren, ist anzumerken, daß die Bezugnahme der drei Autoren untereinander so gut wie inexistent ist, erst das Produkt der Nachfolgediskussion unter ihren Schülern, Anhängern und Kritikern darstellt. Die fehlende Kenntnisnahme zwischen Foucault einerseits sowie Oestreich und Elias andererseits erklärt sich sowohl aus der zeitlichen Fast-Parallelität ihrer Arbeiten bzw. deren Rezeption wie aus der relativen Abgeschlossenheit der deutschen und französischen Diskussion - und natürlich aus der souveränen Ignoranz eines Foucault gegenüber disziplinären Traditionen. Oestreich selbst entwickelt sein Konzept der Sozialdisziplinierung lediglich in expliziter Auseinandersetzung mit der Rationalisierungsthese von M. Weber; erst im Laufe der Rezeption und Ausarbeitung seines Konzepts findet sich eine intensivere Bezugnahme auf die Zivilisations these von Elias.[25]

Über alle epistemologischen und theoretischen Differenzen hinweg und jenseits der Unterschiede hinsichtlich der untersuchten empirischen Gegenstände eint die drei genannten Autoren ein Erkenntnisinteresse, das ein ersichtlich anderes ist als dasjenige, das im Brennpunkt jener oben erwähnten Arbeiten und Forscher zum Konzept der sozialen Kontrolle steht. Elias, Foucault und Oestreich geht es um Wandlungsprozesse großflächiger Art und historischen Zuschnitts. Sie machen damit eine Fragestellung wieder hoffähig, die die Soziologie in ihrem Aufbruch - und ihrem Ausbruch aus dem Gehäuse der Sozialphilosophie - im neunzehnten und bis ins zwanzigste Jahrhundert fast ausschließlich beschäftigt hat. Indessen tun sie es in charakteristischer Differenz zu jenen Anfängen: verflogen ist jener optimistische Zwillingsbruder des Evolutionismus im neunzehnten Jahrhundert, die Überzeugung nämlich, historischer und gesellschaftlicher Wandel habe die Richtung von Fortschritt und Vorwärtskommen. Foucault am deutlichsten und durchgängig, Oestreich behutsamer, aber ebenso unzweifelhaft, Elias eher unentschieden[26]: keiner dieser Autoren läßt sich umstandslos als eine weitere Variante oder Wiederholung jener "success story" lesen, an deren Kapiteln so viele Soziologen, Historiker, Philosophen, vor allem auch Rechtswissenschaftler mitgeschrieben haben.

Mit diesem (erneuerten) Zugriff auf die Geschichte durch die drei Autoren ist eine weitere Differenz zu der oben dargestellten theoriesystematischen Diskussion um das Konzept der sozialen Kontrolle verbunden, die mir zentral zu sein scheint. Diese Differenz hat eine methodologische und epistemologische Pointe. Anders als die Theoretiker der sozialen Kontrolle, die sich der Geschichte punktuell und steinbruchartig in der Absicht zuwenden, ihr analytische Konzepte und Begrifflichkeiten abstrakter und historisch übergreifender Art abzugewinnen, hat Geschichte bei der Diskussion um die Sozialdisziplinierung einen theoriekonstitutiven Stellenwert. Dies in dem doppelten Bourdieuschen Sinne einer institutionell repräsentierten und einer individuell inkorporierten (Habitus) Geschichte. Die gesellschaftliche Gegenwart kennt nicht nur historische Bedingungen ihrer Entstehung und die Stadien ihrer Entwicklung, sondern diese wirken in ihr fort und sind auf eine Weise präsent, die sich nur dem erschließt, der sich gezielt auf die Suche nach der Vergangenheit in der Gegenwart macht.

Das oben vorgestellte Unbehagen an der ausschweifenden und mehr und mehr nichtssagenden Weite des Konzepts der sozialen Kontrolle nach der Art eines soziologischen Passepartouts manifestiert sich deshalb auch am eindrucksvollsten und einsichtigsten in dem Vorwurf seiner Ahistorizität und dem Anspruch seiner universellen Anwendbarkeit. Besonders nachhaltig haben dies die bereits genannten Chunn und Gavigan (1988, p. 110), unter weiterer Bezugnahme auf viele kritische Stimmen, herausgearbeitet:

"... a 'social control' model is essentially ahistorical and determinist". "... fails to distinguish not only between different kinds of social formations but also between social formations of the same general type (for example, market societies)."

3.2. Eine theoretische Inspiration aus der Geschichtswissenschaft: G. Oestreichs Konzept der Sozialdisziplinierung

Im folgenden möchte ich mich nun dem Konzept der Sozialdisziplinierung bei dem Historiker G. Oestreich zuwenden, dem es, wie wir gesehen haben, seinen Ursprung und seine erfolgreiche Karriere zu allererst verdankt. Oestreichs historisches Interesse bezieht sich auf die Zeit des europäischen Absolutismus im umfassenden Sinne, auf jene Phase der europäischen Geschichte zwischen dem späten 16. bis zu Ende des 18. Jahrhunderts, "in der der frühmoderne, der postfeudale Staat der absoluten Monarchie gebildet worden ist und der moderne Staat seine vorrevolutionäre Gestalt erhalten hat" (Oestreich 1969, S. 179). Es handelt sich in anderen Worten um jene Periode der europäischen Geschichte, die den heutigen staatlich verfaßten Gesellschaften westlichen Typs unmittelbar vorausgeht, mehr noch: zu der sich die moderne "liberale" Gesellschaft als Gegenentwurf stilisiert und begreift.

Oestreich geht es nicht bloß darum, den Absolutismus in seinen politischen, gesellschaftlichen und philosophischen Aspekten und Tendenzen zu beschreiben, sondern ihn als einen "Fundamentalvorgang" (S. 187) zu fassen, der in seinem historischen Gehalt identisch ist mit dem Absolutismus und für den er den Begriff der "Sozialdisziplinierung" prägt.

> "Er (der Sozialdisziplinierungsbegriff - F.S.) ist zum Ersatz für den Absolutismusbegriff geworden", ist die "sozialgeschichtliche Version des Absolutismus", wie sein Schüler und Interpret W. Schulze notiert (1987, S. 294).

Damit wird der Absolutismus, der als Begriff

> "... ein relativ spätes Kunstwort (ist), das im zweiten Drittel des 19. Jahrhunderts in liberalen Kreisen auftauchte und im liberalen Staats- und Gesellschaftsdenken die negativen Begleiterscheinungen der Uneingeschränktheit und Machtvollkommenheiten eines Regenten bezeichnete" (Oestreich 1969, S. 179), "... heute weniger in seiner Bedeutung als distinkte historische Epoche gesehen ..., sondern vielmehr als Prototyp eines modernen Herrschaftsmechanismus, der seine eigentliche historische Existenz weit überdauerte ..." (Schulze 1987, S. 289).

Man kann sagen, daß es Oestreich mit seinen Forschungen zum Absolutismus und mit seiner Neuinterpretation dieser Epoche zentral darum ging, gegenwärtige Elemente moderner Gesellschaften sichtbar zu machen, die ihren historischen Ursprung in jener Zeit haben. Er wollte den Absolutismus nicht als einen längst abgehakten und abgeschlossenen, düsteren Teil unserer Geschichte stehen lassen, sondern ihn mit der Absicht vergegenwärtigen, auf sein modernes Fortwirken hinzuweisen.

Diese Absicht teilt er in dramaturgisch effektvoller Weise dadurch mit, daß er seinen Schlüsselaufsatz zum Konzept der Sozialdisziplinierung mit der folgenden längeren Passage enden läßt:

"Proudhon hat in einem Satz die Gesamtwirkung in der Sicht eines Anarchisten beschrieben: 'Regiert sein, das heißt unter polizeilicher Überwachung stehen, inspiziert, spioniert, dirigiert, mit Gesetzen überschüttet, reglementiert, eingepfercht, belehrt, bepredigt, kontrolliert, eingeschätzt, zensiert, kommandiert zu werden ..., bei jeder Handlung, bei jedem Geschäft, bei jeder Bewegung notiert, registriert, erfaßt, taxiert, gestempelt, vermessen, bewertet, versteuert, patentiert, lizensiert, autorisiert, befürwortet, ermahnt, verhindert, reformiert, ausgerichtet, bestraft zu werden'".

Der lapidare Schlußsatz von Oestreich im unmittelbaren Anschluß an dieses Zitat lautet:

"Das sind die negativen Resultate, mit denen wir auch heute noch nicht fertiggeworden sind" (1969, S. 195 f.).

Worin nun bestand dieser Prozeß der "Sozialdisziplinierung", besser noch: der "Fundamentaldisziplinierung", weil er gesellschaftliche Vorgänge bezeichnet, denen Oestreich eine Bedeutung beimißt, die zwar ähnlich grundlegend gemeint ist wie die der Rationalisierung bei M. Weber, die der Zivilisation bei Elias und auch die der Disziplingesellschaft bei Foucault, die bei ihm aber einen entscheidend anderen Akzent erhalten. Auf einen, freilich zu differenzierenden Nenner gebracht, möchte ich diesen spezifischen Akzent, um den es Oestreich - ausdrücklich gegen M. Weber (Oestreich 1969, S. 187f., S. 194) und Elias (Schulze 1987, S. 266f., 296f.) gerichtet - geht, zu allererst in der politischen Dimension sehen, die er dem Prozeß der Sozialdisziplinierung gibt.

Mit der politischen Dimension der Sozialdisziplinierung sind verschiedene Aspekte angesprochen. Zunächst ist damit ein umfassender Prozeß der Erweiterung und Ausdehnung der "öffentlichen" Angelegenheiten gemeint, d.h. der Politisierung bis dahin "privater" Lebensbereiche und Verhaltensweisen durch die Obrigkeit. Dies scheint mir das wichtigste Einzelelement in diesem historischen Vorgang zu sein, bedeutete es doch die Formulierung und Durchsetzung eines weit ausgreifenden staatlichen Regelungsanspruches gegenüber den alltäglichen Vollzügen, Sorgen, Nöten, Festen, Freuden, Problemen und Konflikten der "Untertanen". Damit war ein Tor aufgestoßen, das den Absolutismus dauerhaft überlebte und das politische Gegensatzpaar von und den bis heute fortwirkenden Antagonismus zwischen "Staat" und "Gesellschaft" schuf. Er spiegelt sich selbst noch im fernen kriminologisch-abolitionistischen Widerschein heutiger Tage -gb41 N. Christies "Conflict as Property" (1977) ist dafür eine(r) der beredtesten analytischen Formeln und kriminalpolitischen Ausgangspunkte.

Dieses Moment umfassender Ausweitung der Sphäre des Politischen erschließt sich Oestreich am eindrucksvollsten und in seinen Anfängen auf einer historisch der Sozialdisziplinierung vorangehenden und in ihr aufgehenden Stufe der Entwicklung, für die er den Begriff der "Sozialregulierung" vorschlägt.[27] Diese war im wesentlichen ein Vorgang, der sich in den spätmittelalterlichen bzw. frühneuzeitlichen Städten Europas im ausgehenden 16. Jahrhundert abspielte, der bei W. Schulze als "Urbanisierung der vorindustriellen Welt" (1987, S. 267) figuriert. Ein zentraler empirischer Anknüpfungspunkt sind ihm dabei die zu Ende des 16. und zu Beginn des 17. Jahrhunderts in den Städten entstehenden Policey-Ordnungen (u.a. 1476 in Würzburg, 1482 und 1485 in Nürnberg, 1628 in Straßburg) und die Entwicklung jenes uns heute fremden umfassenden Policey-Verständnisses als Inbegriff nicht staatlicher Intervention und Repression, sondern der Stiftung gesellschaftlicher Ordnung, der Beförderung allgemeiner Wohlfahrt und eines staatlichen Gestaltungsoptimismus. Die in den Policey-Ordnungen manifest gewordene "Vielregiererei" wies eine Regelungsweite und -tiefe aus, die später zur abschreckenden Karikatur und zum "pars pro toto" des Absolutismus geworden ist und deren interventionistische Spannweite durchaus realistisch in dem oben wiedergegebenen Zitat von Proudhon mit seinen rund 30 Vokabeln aktiver und passiver Kontrolle wiedergegeben ist.[28]

Diese Entwicklung der Policey zum Synonym für staatliche Ordnung und Wohlfahrt hatte ihren realgesellschaftlichen Hintergrund im bedrohlichen Anwachsen der Städte durch entwurzelte und aus den traditionellen Ordnungen herausgefallene, verarmte Menschen, die durch das Land vagabundierten und Zuflucht und Schutz in den Städten suchten. Diesen Veränderungen war die bestehende Infrastruktur kirchlicher und obrigkeitlicher Einrichtungen und waren die "zivilen" Verkehrsformen in keiner Weise gewachsen, und insbesondere war die Autorität der Kirche in einem Maße verfallen, das die weltliche Anstrengung geradezu herausforderte.

Diese Ausweitung des Politischen hatte natürlich auch ihre personelle Seite und Entsprechung. Sie umfaßte sämtliche Gruppen und Mitglieder der Gesellschaft und erweiterte damit den Raum des Politischen über die traditionellen, feudalen, ständischen Träger obrigkeitlicher Herrschaft und Macht hinaus. Wenn sie auch zunächst die Richtung der Disziplinierung, Einbindung, Kontrolle und Einübung des "Untertanen" hatte, bedeutete sie jedoch auch die Konstituierung eines neuen, personell um den "Bürger" erweiterten Herrschaftsverbandes, schuf sie gleichsam die Bedingung der Möglichkeit von erweiterter politischer Partizipation, von zunehmender politischer Auseinandersetzung und auch - von politischem Widerstand.

Weit bedeutender aber noch als diese Extension des Politischen über alle Räume und Schichten der Gesellschaft hinweg ist das Hineinreichen der Sozialdisziplinierung in eine Tiefenschicht von Gesellschaft und Sozialität, die das Präfix "Fundamental" vor "Disziplinierung" im Sinne von Oestreich rechtfertigt. Es ging dabei um die Schaffung und Erzeugung eines "neuen" Menschentypus, den des "Staatsbürgers", um "die geistig-moralische und psychologische Strukturveränderung des politischen, militärischen, wirtschaftlichen Menschen" (Oestreich 1969, S. 188). Dieser Transformationsprozeß ist nach Oestreich der eigentliche Vorgang und die zentrale "Leistung" der absolutistischen Monarchie. Es handelt sich um die Begründung, Einschleifung, Festigung, Insitutionalisierung einer Reihe von menschlichen und individuellen "Tugenden", im Sinne zeitgenössischer soziologischer Konzeptbildung um die Erzeugung eines - bereits oben erwähnten - spezifischen "Habitus" im Verständnis des französischen Soziologen P. Bourdieu.[29]

Der zentrale Begriff ist dabei der der "Disziplin", aber Oestreich und seine Interpreten (besonders W. Schulze) werden nicht müde, ihn aus einer allzu engen heutigen Konnotation herauszuführen, ihn vor allem über M. Webers religiöse und institutionelle Engführung und über N. Elias politisch-zentralistische und "zivilisatorische" Reduktion hinauszutreiben. Sie tun dies im wesentlichen auf dreierlei Weise. Zum einen lokalisieren sie die "Disziplin" in einen umfassenderen Bedeutungszusammenhang, nämlich den der spätrömischen "prudentia civilis" (Oestreich 1976)[30] mit ihrer wesentlich weltlich-politischen Orientierung.

Zum zweiten sehen sie als Initiatoren, Wegbereiter und Träger des Disziplinierungsdiskurses vorrangig nicht pragmatisch orientierte "politisch-institutionelle", staatliche oder religiöse Akteure und Institutionen, sondern solche aus der Welt des Geistes, der Philosophie und der "Wissenschaft":

> "Der Erfolg kam von einer ganz anderen Seite, von der Seite der reinen Politik, von einer Gruppe von Denkern und Staatsmännern, die die Politik über die Religion stellten, die auf die Enttheologisierung des öffentlichen Lebens drängten, auch auf die Enttheologisierung des politischen Denkens ..." (Oestreich 1969, S. 189).[31]

Zum dritten schließlich - um einen bereits angeführten Gedanken zu wiederholen - begegnet uns in der Diskussion um die Sozialdisziplinierung in unterschiedlichen Wendungen und Formulierungen immer wieder der Verweis auf die Weite des Adressatenkreises dieses fundamentalen Vorgangs der Sozialdisziplinierung:

> "Dieses andere betrifft eine fundamentale soziale Veränderung von Staat, Gesellschaft, Volk" (Oestreich 1969, S. 187).

Zusammenfassend läßt sich sagen, daß es Oestreich methodisch und methodologisch mit seinem Konzept der Sozialdisziplinierung um das Zusammenführen und das begriffliche Verknüpfen von gesellschaftlichen Vorgängen und sozialen Prozessen während der Epoche des Absolutismus geht, die er nicht neu entdeckt hat, sondern die in der historischen, politologischen und soziologischen Literatur und Forschung in disziplinärer Isolierung und "Borniertheit" gegeneinander abgegrenzt und verselbständigt werden. In inhaltlicher Hinsicht - und das erscheint mir das wichtigste Resultat seiner Forschungen - geht es ihm um die Bündelung und Fokussierung dieser unterschiedlichen Entwicklungsstränge auf ein politisches Modell von Sozialität, was abschließend in diesem Zitat von W. Schulze (1987, S. 301) treffend zum Ausdruck kommt:

> "... Sozialdisziplinierung als 'Disziplinierung aller Schichten für die politische Ordnung der korporativ-hierarchischen Ständegesellschaft wie der absolutistisch-hierarchischen Staatsgesellschaft' und als 'Disziplinierung des Einzelnen für die gesellschaftliche Ordnung' ...".

4. Drei Schlußbemerkungen zur historischen Kontinuität, kriminalpolitischen Aktualität und zur theoretischen Relevanz der "Sozialdisziplinierung"

(1) G. Oestreich macht - das sahen wir schon und darauf ist jetzt abschließend zurückzukommen - den Absolutismus in seinen elementaren gesellschaftlichen und politischen Prozessen für die Interpretation und Analyse auch der Gegenwart verfügbar. Den Zusammenhang, den Oestreich zwischen der Staatlichkeit des Absolutismus und unserem heutigen Staate sieht, kommt auf prägnante Weise im folgenden längeren Zitat zum Ausdruck:

36

"Der soziale Disziplinierungsprozeß im Zeitalter des Absolutismus kann vielleicht mit einem anderen großen Vorgang des modernen Staates, mit der Fundamentaldemokratisierung des 19. Jahrhunderts, verglichen werden. Gewiß ist dieser politische Prozeß gerade aus der Freiheitsbewegung im Gegenschlag zum Absolutismus hervorgegangen. Er ist weitgehend disziplinfremd und scheinbar disziplinfeindlich. Aber die Demokratie setzt neben der Diskussions- und Informationsfreiheit auch eine Disziplin der Staatsbürger voraus, eine Disziplin, die sich in den Dienst des Gemeinwohls stellt. Der wenig beachtete strukturgeschichtliche Vorgang der Fundamentaldisziplinierung in Staat und Kirche, in Wirtschaft und Kultur während der absolutistischen Ära und unter weitgehender Leitung der absoluten Monarchie bildet eine Voraussetzung für jene Fundamentaldemokratisierung des bürgerlich-demokratischen Gemeinwesens, für den modernen Staat und seine Gesellschaft" (1969, S. 195).

Einen Aspekt hebt Oestreich dabei besonders heraus:

"Die Verstaatlichung vieler Gebiete älterer 'staatsfreier' Herrschaftsbezirke und Rechte, die Erweiterung des äußeren Umfanges der staatlichen Herrschaftssphäre durch die Übernahme neu entstandener Aufgaben der sich erweiternden sozialen Kreise wurde dabei ergänzt durch den Wandel der Staatsgesinnung, eine neue politische Auffassung der Institutionen und ihrer Träger. Der geistige Prozeß war ebenso wichtig wie der materielle. So entstand die Andacht zum Staate und die Staatsbesessenheit, gegen die sich im Namen des Individuums und der persönlichen Freiheit die geistige, politische, die soziale und wirtschaftliche Revolution nach 1789 wandte" (ebd.).

(2) Fundamentaldemokratisierung - das ihr entsprechende institutionelle politische und staatliche Gefüge ist der Rechtsstaat mit seinem Instrumentarium zur Absteckung und Kontrolle der Grenzen zwischen Staat und Gesellschaft. Befragt man den Rechtsstaat nach seiner Leistungsfähigkeit und der Einlösung der versprochenen Domestizierung staatlicher Intervention und staatlichen Zugriffs, fällt die Antwort keineswegs mehr so eindeutig aus, wie seine Theorie und Ideologie es proklamieren. Man braucht dabei nicht so weit zu gehen wie M. Foucault, der das Recht und seine Regulierungskraft zunehmend unterlaufen und (z)ersetzt sieht durch jene dezentralen und allgegenwärtigen Prozesse, für die er den Begriff der "Disziplinargesellschaft" bereithält.[32] Der Zugriff auf's Recht ist weder von der Seite des Staates noch von der machtvoller gesellschaftlicher Interessen in einer Weise abgeschirmt, wie es die Kritiker des Absolutismus und die Theoretiker des Rechtsstaats auf ihr Panier geschrieben hatten.[33]

Prüfstein dieser Ambivalenz und dieses "absolutistischen" Hineinreichens in die gegenwärtige Staatlichkeit und Gesellschaft kann dabei jene Institution sein, die von Politik ebenso wie von der Seite der Wissenschaft gleichsam zum "Lackmustest" vormoderner und moderner Staatlichkeit gemacht wird: die Polizei. Rechtsstaatliche Argumentation verweist beharrlich auf die rechtliche und gesetzliche Gebundenheit, die erreichte Beschränkung der Polizei auf exekutivische Kompetenzen und Zuständigkeiten sowie auf die rechtliche Kontrolle der Polizei durch die dritte Gewalt.

Indessen stehen dazu im Widerspruch Tendenzen und Entwicklungen, die empirisch greifbarer sind und eine andere Sprache sprechen: Erweiterung polizeilicher Zuständigkeiten und Befugnisse, Stärkung der Polizei im System der strafrechtlichen Sozialkontrolle, Vorverlagerung der Anlässe polizeilicher Intervention, Umstellung der Kriminalpolitik auf Prävention, Vorrangigkeit polizeilicher Effizienz vor rechtsstaatlicher Gebundenheit und Kontrolle. In der deutschen Diskussion spricht W. Naucke (1986) beharrlich wie kaum ein anderer statt von rechtsstaatlicher Zähmung der Polizei von einer Tendenz der zunehmenden "Verpolizeilichung des Rechts".

Insgesamt läßt sich diese Entwicklung charakterisieren als ein Umschalten eines rechtsstaatlich orientierten "reaktiven" Modells staatlicher Kontrolle zugunsten eines "proaktiven" Modells, wie es in der Epoche des Absolutismus entwickelt worden ist.[34] Das gern gebrauchte Bild des staatlichen Sicherheitsapparates als einer Serviceeinrichtung, die gleichsam das öffentliche Gut "Sicherheit" den Mitgliedern und Bürgern der Gesellschaft nach Maßgabe ihrer Nachfrage anbietet, stimmt in vielerlei Hinsicht nicht oder nicht mehr. Es stimmt insofern nicht, als der Staat und seine Einrichtungen wichtige Hauptnachfrager auf dem "Sicherheitsmarkt" darstellen, und es stimmt weiter nicht angesichts der vielfältigen politischen Bemühungen, die staatlichen Sicherheitskräfte in größere Nähe und Sichtweite zur Gesellschaft zu bringen.

Ein näherer Blick auf das Politikfeld der inneren Sicherheit fördert in der Tat eine Überfülle von Anzeichen und Entwicklungen zutage, die sich in Parallelität zur "Policey" absolutistischen Zuschnitts im dargelegten Sinne lesen lassen. In der deutschen Diskussion ist diese Entwicklung, obwohl durchaus vorhanden, noch nicht recht auf ihren politischen und theoretischen Begriff gebracht. Die deutsche Kriminologie hat sich ihrer bisher kaum angenommen. Blickt man jedoch über die deutschen Grenzen hinweg, so registriert man insbesondere in der angelsächsischen Welt, aber auch in Frankreich sowie in anderen kleineren europäischen Ländern eine intensive kriminalpolitische und theoretische Debatte über die strukturelle und funktionale Neubestimmung der Polizei, die weit über durch den gesellschaftlichen Wandel induzierte Reformen und Anpassungen hinausgeht.

Diese Tendenz bündelt sich in dem Modell des "community policing" bzw. der "police de proximité", ein Konzept, das weit über das deutsche Pendant einer "bürgernahen Polizei" hinausgeht. Die Diskussion darüber ist kaum mehr zu überblicken, geschweige denn hier in wenigen Worten zu referieren. Die oben gegebenen Stichworte kennzeichnen diese Entwicklung, die längst in operative Konkretisierungen verlängert ist. Eine vorzügliche und detaillierte "theoretische" Formulierung dieser Entwicklung findet sich bei einem der bekanntesten amerikanischen Polizeiwissenschaftler H. Goldstein (1990).

(3) Eine letzte Bemerkung knüpft an unsere konzeptuellen Überlegungen zum Begriff der sozialen Kontrolle an. Wie verhalten sich "soziale Kontrolle" und "Sozialdisziplinierung" zueinander? Auf der Hand liegt eine erste Beobachtung, die sich auf die Reichweite beider Konzepte bezieht. Zu Recht weist St. Breuer darauf hin, daß

"Sozialdisziplinierung auf einen Vorgang zielt, der weit über das hinausgeht, was in der soziologischen Diskussion gewöhnlich unter 'sozialer Kontrolle' verstanden wird" und daß sie "deshalb der 'Sozialisation' sehr nahe" sei (1986, S. 62).

Ist der Begriff damit mehr oder weniger deckungsgleich mit jenem weiten Konzept der sozialen Kontrolle, das wir aus der Anfangszeit der amerikanischen Soziologie kennengelernt haben? Auch dies läßt sich wohl verneinen, auch wenn Teilaspekte der "Sozialdisziplinierung" die soziologisch gemeinten und gefaßten Mechanismen und Vorgänge sowohl der sozialen Kontrolle wie der Sozialisation umgreifen.

Von daher ist Sozialdisziplinierung umfassender als die beiden konkurrierenden Begriffe aus der Soziologie. Zugleich ist sie jedoch spezifischer und "gegenständlicher". Sie ist es einmal durch die politische Komponente, mit der sie begrifflich aufgeladen ist. Sie gewinnt zum zweiten ihre Spezifität durch den konkreten historischen Bezug, auf den sie ausgerichtet ist. Dies ist freilich keine nur mehr begriffsvergleichende Feststellung, sondern eine epistemologische und methodologische Aussage. Sozialdisziplinierung ist ein Konzept aus dem Arsenal einer historischen Soziologie oder einer soziologischen Historiographie.

Eine zweite Beobachtung wendet sich direkter an die Kriminologie und die Strafrechtssoziologie. Die Kriminologie als die Wissenschaft, die sich mit den Mechanismen und Feldern der staatlich-formalisierten sozialen Kontrolle beschäftigt, wird mit der Sozialdisziplinierung nachhaltig daran erinnert, daß der von ihr reklamierte Gegenstand zum einen ein durch und durch politisch und sozial konstituierter ist, der zum anderen mit einem gesellschaftlichen Fundament mehr oder weniger eng verknüpft ist. Das eine ist ohne das andere nicht zu denken - theoretisch nicht und politisch nicht. Die Theorie sozialer Kontrolle mit ihrer Unterscheidung etwa von formeller und informeller Kontrolle vermag diesen Zusammenhang nicht angemessen sichtbar zu machen bzw. das Verhältnis beider Formen zueinander nur mechanistisch oder im Sinne funktionaler Äquivalente zu fassen.

Eine dritte Anmerkung schließlich soll diesen Zusammenhang theoretisch noch prinzipieller wenden. "Soziale Kontrolle" ist ein Konzept, das in seiner formalisierten wie informellen Variante den Begriff der Abweichung mitsetzt und impliziert. Die Sozialdisziplinierung verweist indessen auf Schichten des Verhaltens und Mechanismen der Einprägung, Einübung und Formung dieses Verhaltens, die sich angemessen nicht in diese beiden begrifflichen Komponenten zerlegen lassen. Hier handelt es sich nicht so sehr um die "Befolgung" von Regeln, die dem Verhalten prinzipiell äußerlich und von ihm distanzierbar sind. Es geht um jene regelhaften Verhaltensbereiche und Handlungsabläufe, deren Regeln der Handelnde selbst nicht zu formulieren weiß, die er handelnd vollzieht und realisiert.

Niemand hat sich - nach Wittgenstein - theoretisch damit derart intensiv auseinandergesetzt wie der bereits erwähnte P. Bourdieu. Ein Zitat von ihm, das auf diese Differenz eingeht, soll deshalb unsere Überlegungen abschließen:

"Man weiß nie genau, ob unter 'Regel' ein juristisches oder quasi juristisches Prinzip zu verstehen ist, das von den Akteuren mehr oder minder bewußt hervorgebracht und gehandhabt wird, oder eine Gesamtheit von objektiven Regelmäßigkeiten, die sich jedem aufzwingen, der in ein Spiel eintritt. Auf eine der beiden Bedeutungen bezieht sich, wer von 'Spielregel' spricht .... Ich glaube, indem man diese Unterscheidungen eskamotiert, setzt man sich der Gefahr aus, einem der unheilvollsten Fehlschlüsse in den Humanwissenschaften zum Opfer zu fallen, nämlich in Marx' Worten: 'die Sache der Logik für die Logik der Sache' auszugeben" (1992a, S. 81).

Diesem Fehlschluß des "Juridismus" (1992b, S. 110) - wie Bourdieu an anderer Stelle die Tendenz bezeichnet, menschliches Handeln als die Befolgung expliziter und ge- wie bewußter Regeln zu beschreiben - ist die Kriminologie wie wohl keine andere Disziplin erlegen. Der Begriff der Sozialdisziplinierung ist geeignet, diesen Irrtum zu korrigieren.

Anmerkungen

1 Den gleichnamigen Vortrag auf der ZiF-Tagung habe ich frei nach Stichworten und Notizen gehalten. Dieser Text ist deshalb mehr als die redigierte und edierte Fassung eines Manuskripts.

2 Als Klassiker der Dechiffrierung der Tiefenstruktur dieser Periode der Kriminologie können nach wie vor die beiden Arbeiten von D. Matza (1964, 1969) gelten. Aufschlußreich und unter Rezeption Foucaultscher methodischer und theoretischer Befunde ist die historische Rekonstruktion dieser Kriminologie bei D. Garland (1985).

3 Dem amerikanischen Soziologen E. A. Ross (1901) kommt das Verdienst zu, diesen Begriff erstmalig ausgearbeitet zu haben.

4 Vgl. hierzu die Monographien von K.-D. Bussmann und Ch. Lüdemann (1991).

5 M. Weber 1960, S. 43 - Hervorhebung im Original.

6 Zweifellos gehört zu den eindeutigsten Indikatoren und Folgen der anhaltenden Wirkmächtigkeit des skizzierten Rechtsverständnisses die politische "Kassierung" des in den siebziger Jahren für ein Jahrzehnt erprobten Versuchs einer Reform der Juristenausbildung. Diese ist am nachhaltigen Widerstand und der nahezu ungebrochenen Gestaltungsmacht der Anhänger einer Rechtsauffassung gescheitert, die schon die Nachfrage nach dem Zusammenhang von Recht und Politik, den Zweifel nur an der Autonomie des Rechts fürchten wie der Teufel das Weihwasser.

7 Vgl. hierzu den soeben erschienenen Tagungsband der Kriminologischen Zentralstelle e.V., Wiesbaden, u.a. meinen darin publizierten Beitrag zur "Kriminologischen Ausbildung in der Soziologie" (Sack 1992).

8 Jedes soziologische Lexikon, Wörter- und Handbuch zeugt nicht nur von der ungebrochenen Popularität dieses Konzepts, sondern auch von der Überzeugung seiner theoretischen Unverzichtbarkeit. Dafür stehen z.B. das eher szientistische "Fischer-Lexikon Soziologie" aus dem Jahre 1958 ebenso wie das nach der Paradigmakrise der Soziologie im Jahre 1984 bei Rowohlt erschienene "Handbuch Soziologie". Systematische und begriffsgeschichtliche Abhandlungen zur sozialen Kontrolle liefern u.a. D. E. Chunn/Sh. A. M. Gavigan (1988), A. P. Clark/J. P. Gibbs (1975), M. Janowitz (1973), um nur einige Beispiele aus beliebig vermehrbaren herauszugreifen.

9 Vgl. Abschnitt 2.4.

10 Diese Feststellung hat Melossi dem einflußreichen Lehrbuch der Soziologie der beiden überragenden Chicagoer Soziologen aus den zwanziger Jahren, R. E. Park und E. W. Burgess, entnommen.

11 Vgl. Luhmann 1972, S. 29/30; an gleicher Stelle erteilt Luhmann konsequenterweise auch jeglichem "psychologischem Reduktionismus ... in den Sozialwissenschaften" (S. 28) und - so ist hinzuzufügen - methodologischem Individualismus eine deutliche und prinzipielle Abfuhr: "Unbeirrt in dieser Richtung argumentieren noch George C. Homans ...; Hans Albert ...; Hans J. Hummell/Karl-Dieter Opp ..." (S. 28, Fn.5).

12 Ob dies der für die traditionelle Kriminologie so notorischen - jetzt auch die kritische Kriminologie erfaßte? - Abneigung gegen Theoriebildung, dem fast schon zur Attitüde geronnenen Widerwillen gegen die Systemtheorie im besonderen zuzurechnen ist, mag dahingestellt sein. Als "Waffe der Kritik" - und wenn schon gegen den Verfasser - insbesondere gegen eine Kriminologie, die "vom Täter nicht loskommt", vermag ich in der deutschsprachigen Diskussion keine - übrigens kriminologisch informierte - soziologische Theorieposition auszumachen, die ähnlich überzeugend nach wie vor bestehende "Rätsel" kriminologischer Analyse - wie etwa das kriminelle Dunkelfeld, die weithin "kontrafaktische" Struktur der Kriminalpolitik, die strukturelle Verknüpfung von Kriminalität und Strafrecht - zu interpretieren vermag.

13 Unter deutschsprachigen Autoren ist von dieser Kritik vor allem T. v. Trotha (1982, 1987) auszunehmen.

14 Chunn und Gavigan (1988) geben einen guten Überblick über die hier nicht zu reproduzierende Reichhaltigkeit und Vielgestaltigkeit der kontroversen Diskussion zur Theoriegeschichte und zur wechselvollen Karriere des Konzepts der sozialen Kontrolle - unter Einschluß auch der Stimmen aus nicht-soziologischen Disziplinen, in denen sich, wie etwa in der Historie, der Sozialpolitik, der Politikwissenschaft, der Rechtswissenschaft, das Konzept einer zunehmenden Beliebtheit erfreut. Sie versammeln in ihrem Beitrag fast vollständig die einschlägigen Autoren und Arbeiten, die sich hierzu geäußert haben. Freilich würde eine - lohnenswerte - monographische Ausweitung der Untersuchung theoretische Zwischentöne und Differenzierungen notwendig machen, die im Rahmen eines 30seitigen Aufsatzes nicht unterzubringen sind. Für die Begründungsphase der Karriere dieses Konzepts während der ersten vier Jahrzehnte der amerikanischen Soziologie sei auf die detaillierte Monographie von H. und J. R. Schwendinger (1974), insbes. Kapitel 7, verwiesen.

15 Die eh nur selektiv zu gebenden Hinweise verzichten auf ausländische Literatur, obwohl gerade die USA etwa und auch England hinsichtlich dieser kontrolltheoretischen Umschreibung sozial- und wohlfahrtsstaatlicher Programme und Projekte - ähnlich wie auf dem Gebiet der Kriminologie - in bezug auf die deutsche Situation eher eine Geber- als Nehmerrolle gespielt haben. Eine der ersten kompakten und ausgearbeiteten Versuche, "Sozialpolitik als soziale Kontrolle" zu entschlüsseln und freizulegen, entstammt den Forschungserträgen des allzu kurzlebigen Starnberger "Max-Planck-Institut zur Erforschung der Lebensbedingungen der wissenschaftlich-technischen Welt", das neben einer Theorieskizze mehrere Einzelfallstudien über sozialpolitische Systeme verschiedener europäischer Länder enthält (Starnberger Studien 2, 1978).- Einen Einblick in die theoretische Fortentwicklung und mittlerweile erreichte empirische Spannbreite dieser Forschungsrichtung vermittelt ein von Ch. Sachße und F. Tennstedt herausgegebener Sammelband aus dem Jahre 1986.- Aus konzeptionellen Gründen, die weiter unten noch gesondert zur Sprache kommen werden, sei als drittes auf eine ausgezeichnete Einzelfallstudie monographischen Zuschnitts von D. J. K. Peukert (1986) über die deutsche Jugendfürsorge von 1878 - 1932 verwiesen.

16 Vgl. hierzu die ausgezeichnete theoriesystematische und -historische Skizze von St. Breuer (1986), einem der scharfsinnigsten Weber-Interpreten deutscher Sprache.

17 Ich wähle den blaßen Ausdruck "Forscher", um damit sowohl der Tatsache Rechnung zu tragen, daß Foucault in den Augen der jeweiligen "Benennungsmächtigen" der Disziplin weder als Philosoph noch als Historiker noch als Soziologe noch als Psychiater noch als Kriminologe durchgeht, obwohl er allen diesen Disziplinen schwer im Magen liegt, als auch um damit Foucaults Arbeitsweise und Selbstverständnis zu charakterisieren, seine Forschungen unabhängig von vorgegebenen und institutionalisierten disziplinären "Epistemen" und Gegenständen zu betreiben, genauer noch: diese selbst in die Forschung als "Variable" einzubeziehen. In diesem spezifischen Sinne läßt sich eine präzisere disziplinäre Zuordnung von Foucault und seinen Arbeiten am besten durch eine jeweilige Voranstellung des Epithetons "Anti" vor der Disziplinbezeichnung gewinnen: er ist Philosoph, Historiker, Soziologe etc. jeweils außerhalb der mehr oder weniger kanonisierten Grenzen des Fachs, und das heißt ein fehdeführender Wissenschaftler auf dem jeweiligen Terrain, der bis zu seinem frühzeitigen Tode im Jahre 1984 sich nicht anschickte, Urfehde zu schwören.

18 Bekanntlich entwickelt Foucault diese These in einem seiner Hauptwerke, seinem 1975 erschienenen "Surveiller et punir. La naissance de la prison" (dt.: 1976a), dessen eines seiner vier Kapitel den Titel "Disziplin" trägt. In pointierender, teilweise aphoristischer Kürze, dabei auch andere "disziplinierende" Institutionen wie die Psychiatrie und die Medizin für seine These heranziehend, findet der Leser Foucaults Argumentation in der Aufsatz- und Gesprächssammlung "Mikrophysik der Macht" (1976b).

19 Der von Foucault geprägte Neologismus "governmentality" ist aus "governmental rationality" gebildet und zielt auf die Analyse verschiedener "Stile" der "Regierungskunst"; vgl. dazu die Zusammenstellung von Texten und Arbeiten von Foucault selbst und einer Reihe seiner Schüler, die G. Burchell u.a. (1991) besorgt haben; darin befindet sich auch eine ausgezeichnete Synthese von C. Gordon (1991).

20 Obwohl sich auch andere betroffene Disziplinen schwer tun, Foucault ernst und aufzunehmen, fällt die Kriminologie durch eine besondere Hartnäckigkeit seiner Abweisung oder Leugnung auf. Jedenfalls wird bislang die mahnende Einsicht St. Cohens, die Kriminologie könne hinter Foucault nicht mehr zurückfallen ("... it is now simply not possible to think of criminology in the same way", 1988, S. 10f.) von kaum einem ihrer Vertreter geteilt, geschweige denn, daß ihr handelnd, forschend oder theoretisch sichtbar Gehör verschafft würde.

21 Der niederländische Kriminologe J. van Dijk hat auf dem internationalen Kriminologenkongreß in Hamburg 1988 die Zivilisationstheorie von Elias als "soziologischen" Beleg der fortschreitenden "Entkarzerierung" und Humanisierung des Strafrechts zu belegen versucht (1989); der bei Foucault ansetzende Edinburger Kriminologe D. Garland, dem wir eine ausgezeichnete Analyse des Strukturwandels des Strafrechts von seiner klassischen zu seiner wohlfahrtsstaatlichen Form verdanken (1986), hat sich von diesem Ausgangspunkt insbesondere auch unter Berufung auf Elias, wieder entfernt (1990).

22 Seinen literarischen Ausgangspunkt hat das Konzept der Sozialdisziplinierung in einem 1968 erschienenen Aufsatz "Strukturprobleme des europäischen Absolutismus" genommen, der ein Jahr später über eine Aufsatzsammlung Oestreichs (1969) über "Geist und Gestalt des frühmodernen Staates. Ausgewählte Aufsätze" eine breitere, auch nicht-historische Öffentlichkeit erreichte.

23 Über Brauchbarkeit, Reichweite, Präzisierung und Kontroverse zu diesem Begriff sei stellvertretend und zusammenfassend auf eine Auseinandersetzung in der führenden deutschen (sozial)historischen Zeitschrift "Geschichte und Gesellschaft" zwischen den beiden Historikern M. Dinges (1991) und R. Jütte (1991) über die spezifische Eignung des Konzepts zur Analyse der Armutskontrolle in der frühen Neuzeit verwiesen.

24 Die Genese, theoriesystematische Verwendung und Rezeption des Konzepts der Sozialdisziplinierung in seinen ersten zwei Jahrzehnten zeichnet W. Schulz (1987) vorzüglich nach. Dieser Aufsatz - aus der Feder eines Historikers - stellt eine wichtige Ergänzung zu der oben bereits erwähnten begriffsvergleichenden Studie von St. Breuer - einem Soziologen - (vgl. Anm. 16) dar.

25 Vgl. hierzu insbesondere den Beitrag von W. Schulze (1987), dessen erster Teil in einer Rekonstruktion des Sozialdisziplinierungskonzepts aus veröffentlichten und nachgelassenen Texten durch G. Oestreich besteht; weiter sei erneut auf St. Breuers begriffsvergleichende Analyse (Anm. 16) sowie auf die in Anm. 22 erwähnte Kontroverse zwischen R. Jütte und M. Dinges verwiesen.

26 Obwohl sich die Zivilisationstheorie keinesfalls über den Leisten eines fortschrittstrunkenen historischen und gesellschaftlichen Optimismus schlagen läßt, eignet er sich, wie wir bereits sahen (Anm. 20), zu einer derart selektiven Lesart. Hieraus vor allem bezieht das anspruchsvolle und ehrgeizige, auf vier Bände angelegte - von denen drei bislang erschienen sind - Projekt eines "Anti-Elias" des deutschen Anthropologen H. P. Duerr seine Intention sowie auch ein großes Stück seiner Legitimation (1988, 1990, 1992).

27 Die Unterscheidung dieser beiden Konzepte und ihr Verhältnis zueinander entwickelt Oestreich in einer Arbeit aus dem Jahre 1976 unter dem Titel: "Policey und Prudentia civilis in der barocken Gesellschaft von Staat und Stadt". Dort formuliert er unter Bezugnahme auf seinen, acht Jahre zuvor erschienenen Schlüsselaufsatz: "In der Entwicklung der Städte möchte ich eher von einer Sozialregulierung sprechen" (1976, S. 13).

28 Vgl. zum begrifflichen Verständnis und zur institutionell-realgeschichtlichen Bedeutung der Policey für den Gestaltungsvorgang moderner Staatlichkeit neben G. Oestreich (1976) und W. Schulze (1987) auch die ausgezeichnete begriffsgeschichtliche Skizze zur "Polizei" von F. L. Knemeyer (1978).

29 Das Konzept des "Habitus" spielt - neben dem des "Feldes" - in der Gesellschaftstheorie von Bourdieu, neben dem englischen Soziologen A. Giddens sicherlich einer der prominentesten außerdeutschen Theoretiker auf dem Gebiet der Soziologie, eine Schlüsselrolle. Es durchzieht sein gesamtes, umfangreiches theoretisches und empirisches Werk seit Ende der fünfziger Jahre. Es hat seither - einem soziologischen Grundverständnis von Bourdieu folgend - eine Reihe von Bearbeitungen, Präzisierungen und Veränderungen erfahren, so daß es schwerfällt, ihm eine bündige und statische "Definition" zu geben.

Mittlerweile ist Bourdieus Werk - mit charakteristischer Verzögerung und ebenso charakteristischem "Umweg" über eher an der Peripherie zur Soziologie angesiedelte Disziplinen, Autoren und "Medien" - auch in die deutsche soziologische Diskussion eingeführt und eingezogen. Für den deutschsprachigen Leser möchte ich zur Einführung in Bourdieus soziologisches Raisonnement auf zwei kurze Textsammlungen von Bourdieu verweisen: die eine (Bourdieu 1985) enthält neben seiner Antrittsrede als "Nachfolger" von M. Foucault am Collège de France im Jahre 1982 den zu einer Art Manifest gesellschaftstheoretischer Analyse ausgebauten Eröffnungsvortrag, den Bourdieu 1984 in Frankfurt im Rahmen der "Suhrkamp Vorlesungen für Sozial- und Geisteswissenschaften" gehalten hat; der andere Band (Bourdieu 1992) trägt eine Reihe von kürzeren zentralen Texten und Interviews zusammen.
Für den französischsprachigen Lesern ist eine Textauswahl und -kommentierung sehr hilfreich und informativ, die von seinen beiden Schülern A. Accordo und Ph. Corcuff (2 1989) besorgt worden ist. U.a. enthält diese Sammlung zehn kurze Texte zum Konzept des Habitus (S. 67 - 83). Ein längeres Zitat aus der Kommentierung der beiden Herausgeber sei zu einer Groborientierung wiedergegeben: "Le concept d'*habitus* occupe une position-charnière dans la construction théorique de Bourdieu, dans la mesure où il permet d'articuler l'individuel et le social, les structures internes de la subjectivité et les structures sociales externes et de comprendre que celles-ci comme celles-là, loin d'être étrangères par nature et de s'exclure réciproquement, sont au contraire deux états de la même réalité, de la même histoire collective qui se dispose et s'insrit à la fois et indissociablement dans les corps et dans les choses." "Système de dispositions à agir, percevoir, sentir et penser d'une certain façon, intériorisées et *incorporées* par les individus au cour de leur histoire, l'habitus se manifeste fondamentalement par le

sens pratique, c'est-à-dire l'aptitude à se mouvoir, à agir et à s'orienter selon la position occupée dans l'espace social, selon la logique du champ et de la situation dans lesquels on est impliqué, et cela sans recours à la réflexion consciente, grâce aux dispositions acquises fonctionnnant comme des automatismes" (A. Accordo/Ph. Corcuff 1969, S. 67/68).

30 "Prudentia civilis gibt die Erkenntnis vom nützlichen gesellschaftlichen und politischen Verhalten" (Oestreich 1976, S. 19).

31 Über die geistesgeschichtlichen und philosophischen Quellen und Einflüsse dieser Entwicklung des Späthumanismus und des Neustoizismus, insbesondere über das außerordentlich verbreitete Werk des Holländers Justus Lipsius (1547 - 1606), hat Oestreich ausführlich geforscht: "Der Geist des Machtstaates und die Antike", in: G. Oestreich 1969, S. 11 - 156.

32 Der Engländer A. Hunt (1992), einer der energischsten Erneuerer der Rechtssoziologie, hat Foucaults "Expulsion of Law" einer detaillierten Analyse unterzogen und für eine theoretische "Versöhnung" von Disziplinargesellschaft und Rechtsstaat plädiert.

33 Der kritische Diskurs zum Recht, der so alt ist wie das Recht selbst, hat eine machtvolle Erneuerung in einer im wesentlichen angelsächsischen "Bewegung" erfahren, die in Deutschland nur zögernd und herablassend zur Kenntnis genommen wird: in einer Art "neo-legal-realism", die als "Critical Legal Studies (CLS)" seit den siebziger Jahren von sich reden macht und dem Recht in radikaler Weise das Scheitern seines eigenen Anspruchs vorhält. Eine ausgezeichnete Skizze dieser Argumentation findet sich bei G. Frankenberg (1987).

34 Den "reaktiven" Charakter staatlicher und strafrechtlicher Kontrolle hat umfassend und detailliert A. J. jr. Reiss, (1977) herausgearbeitet.

Literatur

ACCARDO, A./CORCUFF, Ph. (éds.), La Sociologie de Bourdieu. Textes choisis et commentés, 2ème édition revue et augmentée, Bordeaux 1989 (zuerst 1986)

BERGER, P. L./LUCKMANN, Th., Die gesellschaftliche Konstruktion der Wirklichkeit, Frankfurt/M. 1969 (amerik. zuerst 1966)

BLACK, D. (ed.), Toward a General Theory of Social Control, 2 Bde., New York 1984

BOURDIEU, P., Sozialer Raum und >Klassen< - Leçon sur la leçon. Zwei Vorlesungen. Mit einer Bibliographie der Schriften Pierre Bourdieus von Yvette Delsaut, Frankfurt/M. 1985

BOURDIEU, P., Rede und Antwort, Frankfurt/M. 1992

BOURDIEU, P., Von der Regel zu den Strategien, in: ders., Rede und Antwort, Frankfurt/M. 1992a, S. 79 - 98

BOURDIEU, P., Die Kodifizierung, in: ders., Rede und Antwort, Frankfurt/M. 1992b, S. 99 -110

BREUER, St., Sozialdisziplinierung. Probleme und Problemverlagerungen eines Konzepts bei Max Weber, Gerhard Oestreich und Michel Foucault, in: Sachße, Ch./Tennstedt, F. (Hrsg.), Soziale Sicherheit und soziale Disziplinierung - Beiträge zu einer historischen Theorie der Sozialpolitik, Frankfurt/M. 1986, S. 45 - 69

BURCHELL, G./GORDON, C./MILLER, P. (eds.), The Foucault Effect. Studies in Governmentality, London u.a. 1991

BUSSMANN, K.-D./LÜDEMANN, Ch., "Klassenjustiz" oder "Verfahrensökonomie"? Über Aushandlungen in Strafverfahren, Pfaffenweiler 1991

CHRISTIE, N., Conflicts as Property, The British Journal of Criminology 17, 1977, p. 1 - 15, dt. in: ders., Grenzen des Leids, Bielefeld 1986, S. 125 - 145

CHUNN, D. E./GAVIGAN, Sh. A. M., Social control: analytical tool or analytical quagmire, Contemporary Crises 12, 1988, p. 107 - 124

CLARK, A. L./GIBBS, J. P., Soziale Kontrolle: eine Neuformulierung, in: Lüderssen, K./Sack, F. (Hrsg.), Seminar: Abweichendes Verhalten I. Die selektiven Normen der Gesellschaft, Frankfurt/M. 1975, S. 153 - 185 (amerik. zuerst 1964/65)

COHEN, St., Visions of Social Control. Crime, Punishment and Classification, Cambridge 1985

COHEN, St., Against Criminology, New Brunswick, Oxford 1988

DIJK, J. J. M. van , Strafsanktionen und Zivilisationsprozeß, Monatsschrift für Kriminologie und Strafrechtsreform 72 ,1989, S. 437 - 450

DINGES, M., Frühneuzeitliche Armenfürsorge als Sozialdisziplinierung? Probleme mit einem Konzept, Geschichte und Gesellschaft 17, 1991, S. 5 - 29

DUERR, H. P., Der Mythos vom Zivilisationsprozeß, Bd. I: Nacktheit und Scham, Frankfurt/M. 1988

DUERR, H. P., Der Mythos vom Zivilisationsprozeß, Bd. II: Intimität, Frankfurt/M. 1990

DUERR, H. P., Der Mythos vom Zivilisationsprozeß, Bd. III: Obszönität und Gewalt, Frankfurt/ M. 1992

ELIAS, N., Über den Prozeß der Zivilisation - Soziogenetische und psychogenetische Untersuchungen, 2 Bde., Frankfurt/M. 1978 u. 1979

FOUCAULT, M., Überwachen und Strafen. Die Geburt des Gefängnisses, Frankfurt/M. 1976a (frz. zuerst 1975)

FOUCAULT, M., Mikrophysik der Macht. Über Strafjustiz, Psychiatrie und Medizin, Berlin 1976b

FRANKENBERG, G., Der Ernst im Recht, Kritische Justiz 20, 1987, S. 281 - 307

GARLAND, D., Punishment and Welfare: A History of Penal Strategies, Aldershot 1985

GARLAND, D., Punishment and Modern Society. A Study in Social Theory, Oxford 1990

GORDON, C., Governmental Rationality: An Introduction, in: Burchell, G./Gordon, C./Miller, P. (eds.), The Foucault Effect. Studies in Governmentality, London u.a. 1991, p. 1 - 51

GOTTFREDSON, M. R./HIRSCHI, T. (Hrsg.), Positive Criminology, Newbury Park, Cal. 1987

GOLDSTEIN, H., Problem-Oriented Policing, Philadelphia 1990

HIRSCHI, T., Causes of Delinquency, Los Angeles 1969

HUNT, A., Foucault's Expulsion of Law: Toward a Retrieval, Law & Social Inquiry 17, 1992, p. 1 - 38

JANOWITZ, M., Wissenschaftshistorischer Überblick zur Entwicklung des Grundbegriffs »Soziale Kontrolle«, Kölner Zeitschrift für Soziologie und Sozialpsychologie 25, 1973, S. 499 - 514

JÜTTE, R., "Disziplin zu predigen ist eine Sache, sich ihr zu unterwerfen eine andere" (Cervantes). Prolegomena zu einer Sozialgeschichte der Armenfürsorge diesseits und jenseits des Fortschritts, Geschichte und Gesellschaft 17, 1991, S. 92 - 101

KNEMEYER, F.-L., Polizei, in: Brunner, O./Conze, W./Koselleck, A. (Hrsg.), Geschichtliche Grundbegriffe. Historisches Lexikon der politisch-sozialen Sprache in Deutschland, Bd. 4, Stuttgart 1978, S. 875 - 897

KÖNIG, R., Das Recht im Zusammenhang der sozialen Normensysteme, Sonderheft 11 der Kölner Zeitschrift für Soziologie und Sozialpsychologie: Studien und Materialien zur Rechtssoziologie, 1967, S. 36 - 53

LUHMANN, N., Rechtssoziologie, 2 Bde., Reinbek b.Hamburg 1972

MATZA, D., Delinquency and Drift, New York, London, Sydney 1964

MATZA, D., Becoming Deviant, Englewood Cliffs, N.J. 1969; dt.: Abweichendes Verhalten. Untersuchung zur Genese abweichender Identität, Heidelberg 1973

MELOSSI, D., The State of Social Control. A Sociological Study of Concepts of State and Social Control in the Making of Democracy, Cambridge 1990

NAUCKE, W., Vom Vordringen des Polizeigedankens im Recht; d.i.: vom Ende der Metaphysik im Recht, in: Dilcher, G./Diestelkamp, B. (Hrsg.), Recht, Gericht, Genossenschaft und Policey. Studien zu Grundbegriffen der germanischen Rechtstheorie. Symposium für Adalbert Erler, Berlin 1986, S. 177 - 187

OESTREICH, G., Strukturprobleme des europäischen Absolutismus, in: Oestreich, G., Geist und Gestalt des frühmodernen Staates. Ausgewählte Aufsätze, Berlin 1969, S. 179 - 197

OESTREICH, G., Der Geist des Machtstaates und die Antike, in: Oestreich, G., Geist und Gestalt des frühmodernen Staates. Ausgewählte Aufsätze, Berlin 1969, S. 11 - 156

OESTREICH, G., "Policey und Prudentia civilis in der barocken Gesellschaft von Staat und Stadt" in: Schöne, A. (Hrsg.), Barock-Symposium 1974. Stadt - Schule - Universität- Buchwesen und die deutsche Literatur im 17. Jahrhundert, München 1976, S. 10 - 21

PEUKERT, D. J. K., Grenzen der Sozialdisziplinierung - Aufstieg und Krise der deutschen Jugendfürsorge von 1878 bis 1932, Köln 1986

POPITZ, H., Die normative Konstruktion von Gesellschaft, Tübingen 1980

REISS, A. J. Jr., The Police and the Public, New Haven, London[6] 1977 (zuerst 1971)

ROSS, E. A., Social Control: A Survey of the Foundations of Order, New York 1901

SACHßE, CH./TENNSTEDT, F. (Hrsg.), Soziale Sicherheit und soziale Disziplinierung - Beiträge zu einer historischen Theorie der Sozialpolitik, Frankfurt/M. 1986

SACK, F., Kriminologische Ausbildung in der Soziologie, in: Jehle, J.-M. (Hrsg.), Kriminologie als Lehrgebiet. Kriminologische Aus-, Fort und Weiterbildung in verschiedenen Studienfächern und Berufsfeldern. "Kriminologie und Praxis (KUP)", Schriftenreihe der Kriminologischen Zentralstelle e.V. (KrimZ), Wiesbaden 1992, S. 123 - 148

SCHULZE, W., Gerhard Oestreichs Begriff "Sozialdisziplinierung in der Frühen Neuzeit", Zeitschrift für historische Forschung 14, 1987, S. 265 - 302

SCHWENDINGER, H./SCHWENDINGER, J. R., The Sociologists of the Chair - A Radical Analysis of the Formative Years of North American Sociology, New York 1974

STARNBERGER STUDIEN 2, Sozialpolitik als soziale Kontrolle, mit Beiträgen v. T. Guldimann, M. Rodenstein, U. Rödel, F. Stille, Frankfurt/M. 1978

TROTHA, T. von, Distanz und Nähe - Über Politik, Recht und Gesellschaft zwischen Selbsthilfe und Gewaltmonopol, Tübingen 1987

TROTHA, T. von, Recht und Kriminalität - Auf der Suche nach Bausteinen für eine rechtssoziologische Theorie des abweichenden Verhaltens und der sozialen Kontrolle, Tübingen 1982

WEBER, M., Soziologische Grundbegriffe, Tübingen 1960.

Geschlecht und soziale Kontrolle[*]

Loraine Gelsthorpe

Das Thema Frauen und Kriminalität war in den letzten beiden Jahrzehnten ein Schwerpunkt in der Forschung und geriet dabei auch mehr und mehr in den Blickpunkt der Öffentlichkeit. Die Befunde dieser Forschungen geben uns ein klares, wenn auch immer noch recht ausschnitthaftes Bild von kriminellen Frauen und Frauen als Opfer. Frühere Studien hatten stets psychologische Aspekte weiblichen abweichenden Verhaltens betont (Ferrero/Lombroso 1895; Thomas 1923; Konopka 1966; Cowie/Cowie/Slater 1968; Gibbens 1971). Die Diskussion zur weiblichen Kriminalität und ihrer Behandlung ist vor allem von einer Betonung individueller Psycho-Pathologie bestimmt gewesen.

Neuere Arbeiten sehen Frauen mehr in ihrem besonderen sozialen Kontext, nicht als isolierte Individuen, und sie analysieren die Problematik eher aus soziologischer als aus psychologischer Sicht. Die Anzahl solcher Arbeiten ist beachtlich, wobei drei Hauptbereiche unterschieden werden können:

(1) Weibliche Straftäter im Vergleich mit männlichen Straftätern.

(2) Weibliche und männliche Opfer von Verbrechen und ihre jeweilige Verbrechensfurcht.

(3) Weibliche und männliche Erfahrungen mit dem Strafjustizsystem.

Ich bin zwar gebeten worden, einen allgemeinen Forschungsüberblick zu geben, aber ich werde mich vor allem auf Erfahrungen mit dem Strafjustizsystem beschränken, da gerade in diesem Bereich viele Befunde nahelegen, daß Frauen und Mädchen nicht dafür bestraft werden, was sie getan haben, sondern dafür, was sie sind. Ihr Verhalten wird durch das Strafjustizsystem in einer Weise kontrolliert, die die formelle und informelle Kontrolle von Frauen überhaupt in der Gesellschaft widerspiegelt.

Man kann durchaus sagen, daß es ganz klare Übereinstimmungen gibt zwischen der Art und Weise, in der Frauen und Mädchen durch das Strafjustizsystem gemaßregelt und belehrt werden, und der Art und Weise, in der sie durch eine Reihe anderer Institutionen und Strukturen reglementiert werden.

Ich werde zunächst darlegen, wie Männer und Frauen vom Strafjustizsystem in England und Wales behandelt werden, und versuche dann, einige Erklärungen für die ganz offensichtlichen Unterschiede aufzuzeigen.

Die Kriminalstatistiken zeigen ganz deutlich, daß Männer und Frauen, Mädchen und Jungen, unterschiedlich behandelt werden. Tabelle 1 zeigt, daß mehr Frauen (alle Altersgruppen) als Männer verwarnt werden (d.h., sie bekommen eine informelle Verwarnung statt einer Strafverfolgung).

Tabelle 1:

Prozentanteil der Verwarnungen an allen Schuldsprüchen nach Geschlecht und Alter, 1989
(Kriminalstatistik für England und Wales 5.2)

	m	w
Gesamt der Altersgruppen	27	44
10 bis unter 14 Jahre	88	95
14 bis unter 17 Jahre	64	2
17 bis unter 21 Jahre	17	31
21 und älter	14	31

Ebenso legen die Verurteiltenstatistiken nahe, daß Männer und Frauen unterschiedlich behandelt werden.

Tabelle 2:

Prozentanteil der Verurteilungen aller Personen über 20 Jahre nach Geschlecht und Verurteilungsart
(Kriminalstatistik für England und Wales 7.13)

	m	w
Freispruch und bedingte Einstellung	12	28
Bewährungsaufsicht	8	17
Geldstrafe	42	34
Arbeitsauflage	6	3
Strafe ausgesetzt	11	9
Haft	18	6
Sonstige	2	2

Geldstrafen werden bei beiden Geschlechtern mit Abstand am häufigsten verhängt, aber nach den Statistiken sieht es so aus, daß Männer schwerere Strafen bekommen als Frauen. *Frauen* erhalten *mehr* Freisprüche und Bewährungen und *weniger* Freiheitsstrafen oder Arbeitsauflagen. Das gilt sowohl gleichermaßen für Crown Courts und Magistrate's Courts als auch für Straftaten, für die Frauen überwiegend verurteilt werden - z.B. Ladendiebstahl - und solche, für die Frauen selten verurteilt werden (z.B. Körperverletzung).

Was kann das bedeuten? Einige Autoren beziehen sich auf diese Statistiken und schließen daraus, daß Frauen milder behandelt werden als Männer. Sie sprechen vom sog. *Kavalierseffekt*, da die meisten Entscheidungsträger, Polizisten ebenso wie Richter, männlich sind (tatsächlich gibt es allerdings fast so viele weibliche wie männliche Magistrates).

Es wird angenommen, daß sie auf Straftäterinnen ähnlich reagieren wie auf ihre Frauen, Töchter und Mütter. Man nennt das auch *Paternalismus*. Oberflächlich betrachtet scheinen die

Statistiken diese These zu stützen. *Aber könnte es nicht vielleicht auch so sein, daß die Statistiken lediglich den Unterschied männlicher und weiblicher Kriminalitätsmuster reflektieren?* Einiges scheint dafür zu sprechen. Tabelle 3 zeigt solche Muster auf (Diebstahl: 41 % zu 68 %; Einbruch: 13 % zu 3 %).

Tabelle 3:

Prozentanteil aller Schuldsprüche und Verwarnungen nach Straftat, Alter und Geschlecht, 1989

	Gesamt		17 bis unter 21 Jahre		21 Jahre und älter	
	m	w	m	w	m	w
Gewalt gegen Personen	16	10	16	11	18	9
Sexualdelikte	3	x	2	x	3	x
Einbruch	13	3	17	4	9	1
Raub	1	x	2	1	x	x
Diebstahl und Hehlerei	41	68	39	64	37	68
Betrug und Fälschung	5	8	4	9	7	10
Sachbeschädigung	3	1	3	1	2	1
Drogen	8	5	9	5	10	6
Rund ums Auto	3	1	2	x	4	1
Sonstiges	7	3	7	4	8	4
	100	100	100	100	100	100

x = weniger als 0,5 Prozent

Überdies gibt es Gewichtsunterschiede innerhalb der Deliktsgruppen, beim Ladendiebstahl beispielsweise stehlen Frauen weniger und billigere Waren.

Es ist sicherlich richtig, daß Frauen mit der Kriminalität weniger Erfahrung haben als Männer; die meisten Frauen vor Gericht sind Ersttäterinnen, nur wenige sind Rückfalltäterinnen. Dennoch stimmt dies nicht ganz. Frauen kann man vielleicht am besten beschreiben als kleinere Schatten ihrer männlichen Gegenspieler. Sie begehen ähnliche Straftaten, aber in einem viel kleineren Ausmaß. Nur 15 % aller schweren Straftaten in England und Wales werden von Frauen begangen. Frauen finden sich bei allen Arten von Straftaten, aber ihr Anteil ist eher bescheiden, vor allem bei Gewalttaten.

Es ist interessant, daß ein durchschnittlicher Mann im Laufe seines Lebens mit weitaus größerer Wahrscheinlichkeit wegen einer Straftat verurteilt wird als eine Frau. David Farrington (1981) hat geschätzt, daß die Wahrscheinlichkeit, während ihres Lebens wegen einer Straftat verurteilt zu werden, für Männer 43 % beträgt, für Frauen aber weniger als 15 %.

Danach scheint es einzuleuchten, daß die unterschiedliche Behandlung durch Polizei und Gerichte lediglich unterschiedliche Kriminalitätsmuster und unterschiedliche Kriminalitätserfahrungen widerspiegelt.

So einfach ist es allerdings nicht. Die Verurteilungspraxis ist vielschichtiger, und unterschiedliche Studien zeigen unterschiedliche Befunde. Andreas Kapardis und David Farrington (1981) führten ein Experiment durch, bei dem sie Richtern ein hypothetisch konstruiertes Diebstahlsdelikt und einen Straftäter vorlegten und ein Urteil erbaten, das diese für angemessen hielten. Dabei variierten sie den Wert der gestohlenen Ware und das Geschlecht des Straftäters - alle anderen Faktoren hielten sie konstant -, um sowohl den Effekt des Geschlechts als auch der Schwere der Straftat auf die Entscheidungsfindung zu messen. Die Urteile wurden nach einer Rating-Skala ausgewertet und *die Befunde zeigten, daß die Urteile sich bei leichten Straftaten zwischen Männern und Frauen nicht unterschieden, daß die Frauen jedoch bei den schwereren Straftaten milder behandelt wurden als die Männer.*

Eine weitere Studie von David Farrington und Allison Morris (1983) verließ sich nicht auf fiktive Fälle, stützte sich vielmehr auf eine multivariate Analyse von Akten eines Magistrate's Court über Diebstahlsdelikte. Die Daten bezogen sich auf etwa 300 Männer und auf etwas über 100 Frauen. Dabei wurden alle Variablen außer dem Geschlecht konstant gehalten, und es wurde die gleiche Rating-Skala wie bei Kapardis und Farrington (1981) benutzt. Zunächst sah es so aus, als ob wieder Frauen milder behandelt wurden als Männer. 15 % aller Männer der Stichprobe wurden zu Freiheitsstrafen verurteilt im Gegensatz zu lediglich 3 % der Frauen; 11 % der Frauen erhielten Bewährung im Gegensatz zu lediglich 5 % der Männer. Diese Unterschiede verschwanden jedoch, wenn Vorstrafen und Art der Straftat berücksichtigt wurden. Es zeigte sich kein von anderen Faktoren unabhängiger Zusammenhang zwischen Geschlecht und Schwere der Verurteilung. Frauen bekamen nur deshalb *mildere* Strafen, weil ihre Straftaten weniger schwerwiegend waren und weil sie weniger Vorstrafen hatten.

Eine gewisse Unterstützung erfahren die Schlußfolgerungen von Farrington und Morris (1983) durch die Befunde von George Mair und Nicola Brockington (1988). Ihre Untersuchung richtete sich auf einen Vergleich der Anwendungen von Bewährungen und Arbeitsauflagen. Dazu sammelten sie Daten von 949 Männern und 224 Frauen, die als Angeklagte vor den Gerichten in West Yorkshire standen und die während 1983 und 1984 wegen einer schwerwiegenden Straftat angeklagt waren. In ihrer Studie ordneten sie im Wege des Paarvergleichs jeweils Männer und Frauen einander zu; sie bezogen allerdings weniger Variablen ein als Farrington und Morris (1983) und wendeten auch keine multivariate Analyse an. Obwohl die Gruppe der Täterinnen zunächst insgesamt weniger Arbeitsauflagen und mehr Bewährungen zu erhalten schien als die der Täter, änderte sich die Situation auf der Grundlage des Paarvergleichs. Bezüglich der Bewährungsanordnung blieb der Unterschied zwar erhalten, hinsichtlich der Arbeitsauflagen verringerte er sich jedoch erheblich. Im Paarvergleich zeigte sich auch, daß die Verfahren gegen Frauen öfter bedingt eingestellt wurden und daß Frauen weniger Geldstrafen erhielten als Männer. Auf der anderen Seite verringerten sich die Unterschiede in der Verhängung von Gefängnisstrafen durch den Paarvergleich.

Insgesamt sind die Befunde dieser Forschungen uneinheitlich. Klare Schlüsse, ob Frauen milder behandelt werden als Männer, können nicht gezogen werden.

Bei Davin Moxon (1988) scheinen die Hinweise, daß Frauen milder behandelt werden, etwas schlüssiger zu sein. Er untersuchte die Verurteilungspraxis in Crown Courts. Er verglich Diebstahls- und Betrugsdelikte (ausgenommen Autodiebstahl, der nur von Männern begangen wurde) bei ErsttäterInnen mit bis zu drei solcher Delikte und bei RückfalltäterInnen mit mehr als drei solcher Delikte. Er konnte nachweisen, daß Frauen deutlich weniger Freiheitsstrafen erhielten, auch dann, wenn Vorstrafen und Schwere der Straftat berücksichtigt wurden.

Andere Studien dagegen zeigen wieder in die genau entgegengesetzte Richtung und legen nahe, daß Frauen strenger bestraft werden als Männer. Lena Dominelli (1984) z.B. ist der Ansicht, daß Frauen, die Arbeitsauflagen bekommen, oft weniger schwere Delikte begangen und auch eine leichtere kriminelle Vorgeschichte haben als Männer. Sie fand heraus, daß die Hälfte aller Frauen in West Yorkshire, die Arbeitsauflagen bekommen hatten, wegen Diebstahl und Betrug verurteilt worden waren, wogegen das nur auf ein Drittel aller Männer zutraf, und daß 21 % der Frauen Ersttäterinnen, dagegen aber nur 11 % der Männer Ersttäter waren.

Insgesamt sind die Befunde uneinheitlich. Das kann teilweise durch unterschiedliche Forschungsmethoden erklärt werden wie durch Schwächen bei solchen Methoden (z.B. kein perfektes matching). Möglicherweise liegt die Erklärung auch darin, daß statt im biologischen Geschlecht die Schlüsselvariable in der sozialen Geschlechterrolle gesehen werden muß. Faktoren, die sich auf allgemeine Rollenmuster beziehen, sind vielschichtiger. Es sind soziale Konstrukte für Männer und Frauen, die Vorstellungen und Erwartungen "richtigen" Verhaltens, "richtiger" Einstellungen, Fähigkeiten und sozialer Rollen enthalten. Danach müssen wir fragen, ob geschlechtsrollenspezifische Faktoren Entscheidungsfindungen feiner und unterschwelliger beeinflussen als man es zunächst annehmen mag, wenn man nur die Variable Geschlecht betrachtet und sie dabei überdies als eine isolierte und einfach beschreibbare Variable versteht.

Einige der genannten Forschungen haben in der Tat Geschlecht auch noch im Zusammenhang mit anderen Variablen als nur Schwere der Straftat und Vorstrafen betrachtet und fanden wichtige Unterschiede hinsichtlich der Faktoren heraus, die Einfluß auf die Urteilsfindung bei Männern und Frauen haben.

So fanden z.B. Farrington und Morris (1983), obwohl sie nicht ganz genau beschreiben konnten wie die Urteilsfindung wirklich funktioniert, daß einige Faktoren einen wichtigen Einfluß bei Männern und Frauen hatten, andere dagegen nur einen Einfluß bei einem Geschlecht zeigten.

Tabelle 4:

Faktoren, die die Urteilsfindung beeinflussen, aufgelistet nach der Bedeutung des Einflusses

(Farrington und Morris)

Gesamt	Männer	Frauen
Art der Straftat	Art der Straftat	gegenwärtige Lebensprobleme
gegenwärtige Lebensprobleme	gegenwärtige Lebensprobleme	Vorstrafen in den letzten beiden Jahren
Anzahl der Vorstrafen	Anzahl der Vorstrafen	Mittäter
mit oder ohne Anwalt[1]	mit oder ohne Anwalt	Diebstahlsanteil allgemein
Vorstrafen in den letzten beiden Jahren	Diebstahlsanteil allgemein	Familienstand[3]
Alter	Alter	familiärer Hintergrund
Schuldbekenntnis[2]	Schuldbekenntnis	Geschlechterverteilung bei den Richtern[4]

Erläuterungen zu Tabelle 4:
1 Diejenigen, die von einem Anwalt vertreten wurden, erhielten schwerere Strafen.
2 Ein Schuldbekenntnis führte zu schwereren Strafen.
3 Geschiedene und getrennt lebende Frauen erhielten schwerere Strafen.
4 Frauen, die von weiblichen Richtern verurteilt wurden, erhielten schwerere Strafen als solche, die von männlichen Richtern verurteilt wurden.

Den wichtigsten Einflußfaktor bei der Urteilsbildung gegenüber Frauen nannten sie: "aktuelle Probleme". Bei Männern hingegen war das die Art des Delikts. Genauer ausgedrückt, Familienstatus und Familienhintergrund waren für Frauen wichtiger als für Männer. Ebenso waren die Geschlechtsverteilung bei der Zusammensetzung der Richter und die Beteiligung von Mittätern wichtig bei der Urteilsfindung über Frauen. So wurden geschiedene und getrennt lebende Frauen sowie Frauen aus gestörten Familienverhältnissen schwerer bestraft als verheiratete Frauen. Ebenso wurden Frauen mit Mittätern schwerer bestraft als solche, die allein vor Gericht standen. Frauen, die durch ein Schöffengericht mit zwei Frauen verurteilt wurden, wurden schwerer bestraft als solche, bei denen die Schöffen Männer waren. Da jedoch die Studie von Farrington und Morris lediglich auf einer Analyse von Gerichtsakten basierte, konnten sie nur spekulieren, warum solche Faktoren bei Frauen einen größeren Effekt hatten als bei Männern. Hier vermuten sie, daß die Frauen, die schwerer verurteilt wurden, besonders von weiblichen Richtern deswegen schwerer verurteilt wurden, weil sie nicht dem allgemeinen Bild einer "anständigen" Frau entsprachen.

Obwohl uns statistische Analysen von Gerichtsakten in unserem Verständnis dafür, wie Männer und Frauen vom Kriminaljustizsystem behandelt werden, vielleicht weiterbringen, als wenn wir uns nur auf Offizialstatistiken verlassen, sind auch sie in ihrem Aussagegehalt begrenzt. Sie können nicht mehr erbringen als annäherungsweise Vermutungen - wie etwa in der Studie Farrington und Morris - warum die beobachteten Probleme entstehen. Dazu Farrington und Morris (1983, p. 246):

> "Andere Faktoren mögen ebenso wichtig sein, wie etwa das Aussehen des Angeklagten oder sein Verhalten vor Gericht, ein Versöhnungsversuch durch den Anwalt oder ein Rat an die Schöffen durch die Gerichtsangestellten. Wenn man Schöffenurteile studiert, sollte man viele verschiedene Methoden benutzen, die wohl eine Analyse von Gerichtsakten miteinschließen, aber auch Beobachtungen im Gericht, Interviews mit Schöffen und deren fachliche Ausbildung."

Ein anderer Gesichtspunkt muß noch berücksichtigt werden angesichts der Forschungen, die sich nur mit Urteilsfindungen beschäftigen, nämlich, daß die Urteile nur ein Endergebnis darstellen. Mary Eaton (1986; 1987) macht deutlich, daß man auch hinter das Ergebnis schauen muß, indem man sich den Prozeß ansieht, der zur endgültigen Entscheidung geführt hat. Man muß die Gerichtsroutine analysieren - Versuche zu Aussöhnung und Vergleich, Erhebungen von Sozialdaten in den Akten, Berichte über das Vorleben der Angeklagten, Kaution und Kautionsentscheidungen u.ä.m., um ein besseres Verständnis für die unterschiedliche Behandlung von Männern und Frauen zu bekommen. Dies seien, so argumentiert sie, die Kreuzpunkte, an denen Diskussionen stattfinden und Vermutungen und Annahmen enthüllt werden (1987, p. 102). Im folgenden werde ich nun über einige der Forschungen berichten, die eine Vielzahl von Forschungsmethoden benutzt haben, um diese Annahmen zu untersuchen. Rose Pearson (1976) führte eine kleine Beobachtungsstudie am Magistratsgericht von Cardiff durch. Ihr Nachweis ging dahin, daß die Behandlung von Frauen durch die Gerichte in weitem Umfang Verfahrenseinstellungen und außerjustitielle Maßnahmen einschloß, was auf einen sehr individualisierten Urteilsstil hinauslief; unterschwellig wurde damit jedoch geleugnet, daß Frauen für ihre Handlungen verantwortlich zu machen sind. Mit anderen Worten wurde ihnen ein quasi jugendlicher Status zugebilligt. Verminderte Verantwortung wurde dabei auf zweierlei Weise zugeschrieben: Entweder wurden Frauen als Sozialfall gesehen oder als geistig nicht ganz zurechnungsfähig. Beim Sozialfall - damit meint Pearson Sozialhilfeempfänger (oft alleinerziehende Mütter), wobei Armut das Hauptproblem ist - wurden die Straftaten von Frauen weniger als rationale Antwort auf Armut gewertet, als vielmehr als ein Symptom von Unfähigkeit, mit solchen Situationen fertigzuwerden. Im Falle der verminderten geistigen Zurechnungsfähigkeit waren Straftaten dann eher als das Ergebnis psychologischer Probleme angesehen worden, die z.B. von der Menopause herrührten. Im ersteren Fall kam es dann häufiger vor, daß Sozialarbeiter Berichte über solche Frauen anfertigen mußten, zuweilen noch während einer U-Haft, und danach wurde dann eine Proforma-Strafe verhängt. Im letzteren Fall dagegen wurden psychiatrische Gutachten gefordert, die dann auch zu nominalen Strafen führten. Eine Studie von Susan Edwards (1984) über weibliche Angeklagte vor Magistrats- und Krongerichten konnte nachweisen, daß Frauen nicht nur nach ihren Straftaten beurteilt wurden, sondern auch nach:

"... dem Maß, in welchem die Begehung der Tat und seine Art von angemessenem weiblichen Verhalten abweichen. Frauen stehen sowohl vor Gericht wegen ihres Rechtsbruches als auch wegen der Angemessenheit ihrer Weiblichkeit und Geschlechtsrolle" (1984, p. 213-216).

Nach den Studien von Susan Edwards gilt das besonders für Frauen, die wegen Gewalttaten angeklagt waren. Susan Edwards sagt:

"Es kommt ein anderes Gefüge von Regeln zur Anwendung, wenn der Gewalttäter eine Frau ist. Der allein angemessene Ausdruck weiblicher Gewalt ist ein leichter tätlicher Angriff, typischerweise kratzen, an den Haaren reißen und treten" (1984, p. 175).

Dieser Befund ist wichtig, aber nicht ganz unproblematisch. Das Hauptproblem der Studien von Pearson und Edwards ist, daß ihre Stichproben nicht auch Männer enthalten. Obwohl es so aussieht, daß Frauen anders behandelt werden als Männer - wie Kinder oder wegen der Verletzung von Geschlechtsrollenerwartungen - ist es ohne den Vergleich mit männlichen Angeklagten dennoch nicht möglich zu beurteilen, ob das in der Tat so ist oder ob die Urteile nicht doch nach traditionell üblichen Faktoren (z.B. nach der Schwere des Delikts) gefällt wurden. Eingedenk all dieser Vorbehalte ist es dennoch deutlich, daß Frauen, die die Erwartungen in die Geschlechterrollen nicht erfüllen, anders behandelt werden. Das zeigt die Literatur auch in anderen Zusammenhängen. Danach werden junge Frauen, geschiedene Frauen und alleinlebende Frauen, die Straftaten begehen, schlechter behandelt als andere. Die Befunde legen nahe, daß diese Art Frauen eine Bedrohung für das übliche Bild von Weiblichkeit darstellen, und sie werden genauso für die Abweichungen von den traditionellen Geschlechtsrollenerwartungen bestraft wie für ihre Straftat.

Eine Möglichkeit, die Beschränkungen der Untersuchungsansätze zu umgehen, besteht natürlich darin, Frauen und Männer zu untersuchen, um zu fragen, inwiefern dann noch Diskriminierungen und Stereotypisierungen feststellbar sind.

Hilary Allen (1987) hat genau das getan. Sie analysierte Sozialberichte und psychiatrische Gutachten über 100 Männer und Frauen und fand heraus, daß Frauen von den Gerichten sehr viel milder beurteilt wurden, nachdem in den Akten die Pathologie und die mangelhafte Verantwortlichkeit von Frauen betont wurde. So wurde z.B. in einem Fall eine Frau wegen Mordes angeklagt - der Berichterstatter hat geschrieben "es kann gut sein, daß sie sich nicht bewußt war, das Opfer zu töten, indem sie ihm eine Plastiktüte über den Kopf gezogen und mit einem Band um den Hals festgebunden hatte."

Im Gegensatz dazu ignorierten z.B. Bewährungshelfer in ihren Berichten merkwürdiges Verhalten bei Männern, da Männer ja stark sind, lächeln sollten und alles ertragen müssen. Frauen aber sind irrational und verantwortungslos.

Nach den Befunden scheint es so zu sein, daß gewalttätige Männer selbst dann ins Gefängnis müssen, wenn sie keine Gefahr für die Öffentlichkeit darstellen. Im Gegensatz dazu werden gewalttätige Frauen zu ihren Familien zurückgeschickt, auch wenn sie ihren Kindern gegenüber gewalttätig gewesen sind. In einem Bericht über eine Frau, die die Ehefrau ihres Liebhabers getötet, anschließend das Haus in Brand gesetzt und so den Tod seiner Kinder verursacht hatte, fanden sich Aussagen über ihren Geisteszustand wie "natürlich", "leicht zu erklären", "wohlbekannt und typisch". Der Bericht endete mit: "Sie ist in jeder Beziehung eine völlig normale Frau!"

Im Gegensatz dazu erhielt ein junger Mann, der sich selbst angezündet hatte, nachdem er zuvor Sachen zerstört und einen Selbstmordversuch begangen hatte, und der deprimiert war, weil ihn seine Frau verlassen hatte, eine ausgesetzte Gefängnisstrafe.

Berichte zum sozialen Hintergrund haben in englischen Gerichten einen sehr großen Einfluß und bestimmen oft das Urteil (Thorpe/Pease 1976). Aus diesem Grund sind sie eine reiche Quelle für Analysen. Etliche Forschungsbefunde legen nahe, daß solche Berichte auf dem Hintergrund stereotyper Vorstellungen erstellt werden. Allein die Tatsache, daß mehr solcher Berichte für Frauen in Auftrag gegeben werden als für Männer, zeigt, welchem Zweck sie dienen mögen. Während solche Berichte eigentlich dazu da sind, sich mit der gegenwärtigen Straftat zu beschäftigen, mögliche Ursachen herauszufinden und Vorschläge zu machen, wie eine Wiederholungsgefahr ausgeschlossen werden kann, wird es doch andererseits ganz deutlich, daß einige dieser Berichte über Frauen sich eher auf ihre sozialen und psychologischen Probleme beziehen. In meinen Forschungsunterlagen findet sich folgende Aussage:

"Als sie diese Straftaten beging, war sie sehr deprimiert, niedergeschlagen und isoliert. Die Kindersachen, die sie für ihre Tochter nahm ... ich habe keinen Zweifel, daß es eine Verbindung gibt zwischen dieser Tat und ihren frühen Kindheitserfahrungen" (Gelsthorpe 1991).

Die Angeklagte im vorliegenden Fall war 34 Jahre alt und hatte keine Vorstrafen.

Viele Berichte konzentrieren sich auf die Rolle der Frau als Ehefrau und Mutter, auch dann, wenn es klar ist, daß diese Rolle nichts mit der Straftat zu tun hat.

"Erkundigungen beim Kindesvater haben ergeben, daß die Angeklagte immer sehr gut für ihre Kinder gesorgt hat. Er glaubt, daß sie immer noch eine gute Mutter ist ..." (Henning 1991).

Aus einem anderen Bericht geht hervor, daß eine Frau als warmherzige und liebevolle Mutter und Großmutter auffiel (Gelsthorpe 1991). Und wieder ein anderer:

"Das ist ein schockierendes Verbrechen für eine Hausfrau und Mutter kleiner Kinder in einer Wohngegend, die eine stille Nachbarschaft sein sollte. Wenn so etwas passiert, verdient sie es nicht, Mutter zu sein" (Henning 1991).

Nachdem ich im Rahmen einer Diskriminierungsforschung 1200 Berichte analysiert habe, ist mein deutlicher Eindruck, daß sich Berichte über Frauen wesentlich mehr als Berichte über Männer mit solchen Ereignissen in ihrem Leben beschäftigen, die sie verletzbar gemacht und Streß ausgesetzt haben. Männer mögen wiederholte Erschütterungen und Gewalt in ihren Lebensläufen erlebt und darunter gelitten haben, indem sie etwa ihre Schulausbildung nicht abgeschlossen oder keinen Arbeitsplatz gefunden haben u.ä.m. Das wird aber völlig anders dargestellt als die Probleme von Frauen. Während Männer als Opfer von Umständen gesehen werden, werden Frauen üblicherweise als Opfer anderer Menschen dargestellt, z.B. als Opfer mütterlicher Zurückweisung oder elterlicher Scheidung oder Trennung mit anschließender emotionaler Vereinsamung, oder sie haben belastete Beziehungen mit Partnern und Freunden gehabt. So zeigen die Berichte über Frauen ganz deutlich die emotionalen Zusammenhänge und Schwierigkeiten, die ihr Leben ausmachen, und sie betonen die Depressionen, die folgen, wenn solche Beziehungen durch finanzielle und andere Nöte zerbrechen oder gefährdet werden.

Hilary Allen meint dazu:

"Anstatt daß das Verbrechen als etwas beschrieben wird, was die Frau "getan hat" nehmen die Berichte oft darauf Bezug im Sinne einer "Tragödie", die sich "ereignet" hat, oder als den Höhepunkt einer "Situation". Dementsprechend wird die Tat, anstatt sie der Täterin vorzuwerfen, tatsächlich der Summe unglücklicher Umstände hinzugerechnet, die die Täterin "erlitten" hat, und für die sie eher eine Entschädigung verdient als eine Bestrafung" (1987 b, p. 107).

Straftaten von Frauen werden üblicherweise als ein Symptom, z.B. für endogene Depression, gesehen, wofür - so argumentiert Allen - die Frau als Individuum nicht verantwortlich gemacht werden kann. Dagegen folgt die Betrachtung männlicher Straftaten einer anderen Logik. Im Gegensatz zu der "Passivität" der Frauen werden die Männer in den Berichten als von Natur aus verantwortlich für ihr Verhalten dargestellt: Sie sind aktive, zielgerichtete Wesen (1987 b, p. 109). Allen meint weiter:

"Selbst wenn ein Mann als geistesgestört eingeschätzt wird und eine direkte Verbindung zwischen der geistigen Störung und der Straftat gezogen wird, wird die Vermutung moralischer Verantwortlichkeit nicht ganz aufgegeben und das Verlangen nach Vergeltung bleibt wirksam" (1987 b, p. 110).

In der Tat ist sie der Meinung, daß Männer durch solche Beurteilungen eher verlieren und daß sie dann noch schlechter behandelt werden als Frauen.

Eines scheint klar zu sein, nämlich daß die unterschiedliche Wahrnehmung von männlichen und weiblichen Angeklagten weitgehend unabhängig ist von ihrem tatsächlichen Verhalten. Die unterschiedlichen Betonungen in den Gerichtsakten von Männern und Frauen ergeben sich möglicherweise auch deshalb, weil Frauen ganz allgemein und nicht nur als Straftäterinnen schnell in einem pathologischen Zusammenhang gesehen werden.

Wenn wir diese Sozialberichte einmal beiseite lassen, scheint ein weiterer zentraler Orientierungspunkt für die Urteilsbildung die Familienverantwortlichkeit zu sein, die Häuslichkeit und die darauf bezogene Rolle der Frau. Das zeigt eine Reihe von Studien, obwohl der Einfluß dieser Faktoren uneinheitlich ist. So fand z.B. Anne Worral (1990) in einer Interviewstudie mit Richtern, daß der häusliche Bereich in zweierlei Weise berücksichtigt wurde. Zum einen wurden familiäre Probleme berücksichtigt, um "weibliche Straftaten zu erklären und zu *entschuldigen*", und zum anderen war familiäre Verantwortlichkeit bedeutsam für eine Strafmilderung. Anne Worral konnte sogar Fälle nachweisen, in denen die Wirkung der Strafe auf die Familie oft als wichtiger betrachtet wurde als die Wirkung der Strafe auf die Frau selbst.

Die familiäre Verantwortung der Frau spielt sowohl bei schweren Straftaten (z.B. Gewaltkriminalität, Allen 1987 a, b und c) als auch bei leichten Straftaten (z.B. einfacher Diebstahl, Jackson/Smith 1987) eine Rolle. Familiäre Verantwortung spielt auch eine wichtige Rolle in den Studien von Mary Eaton (1987). Nach ihren Befunden wird jedoch deutlich, daß es nicht nur wichtig ist, Verantwortung für die Familie zu haben oder eine Mutter zu sein, es ist auch wichtig *wie* diese Funktionen ausgeführt werden. Ohne jeden Zweifel ist Mutterschaft ein wichtiger Faktor bei der Urteilsfindung, aber es wird eine klare Unterscheidung gemacht zwischen guten und schlechten Müttern und das wiederum weist auf deutliche Beziehungen zu Vorstellungen von einer normalen Familie hin. Dieser Befund bestätigt die früheren Arbeiten von Pat Carlen (1983), die Interviews mit Richtern und Schöffen in Schottland durchführte. Die Richter wollten wissen, ob eine Frau eine *gute* Mutter war, obwohl sie behaupteten, daß sie bei der Verurteilung von Männern und Frauen dieselben Faktoren berücksichtigen würden. Dabei ergab sich, daß, wenn Kinder in staatlichen Einrichtungen lebten, die Mütter eher eine Gefängnisstrafe erhielten als wenn die Kinder zu Hause lebten.

Die ganze Fragestellung ist aber noch viel komplizierter. Während die Tatsache, daß eine Frau eine gute oder schlechte Mutter ist, ihre Beurteilung mildern, entschuldigen oder verschlimmern kann, können Familieneinbindungen darüberhinaus als Mittel sozialer Kontrolle benutzt werden. Die traditionelle Rolle einer verheirateten Frau ist die eines ökonomisch abhängigen Menschen ohne eigenes Einkommen mit häuslichen Pflichten, die sie an das Haus binden.

Die Frauen, die außerhalb des Hauses arbeiten, befinden sich in der Regel in schlecht bezahlten Angestelltenverhältnissen und arbeiten meistens halbtags. Diese Art der Anstellung erleichtert nicht ihre häuslichen Pflichten und auch nicht die Anforderungen, die zu Hause von Ehemann und Kindern an sie gestellt werden. Neuere feministische Veröffentlichungen haben sehr deutlich den Grad der Kontrolle beschrieben, den Frauen durch ihre Familienbindungen erdulden müssen (Krutschnitt 1982; Heidensohn 1985). Diese Kontrolle wird sehr deutlich bei Anträgen auf vorläufige Entlassung aus der U-Haft gegen Kaution oder Auflagen.

Forschungsbefunde zeigen, daß es hier Vorurteile gegen Menschen gibt, die ohne Bindung leben (d.h., daß sie eher im Gefängnis warten müssen). Im Gegensatz dazu scheint es so zu sein, daß dort, wo eine Familie ist, diese auch verantwortlich gemacht wird für die soziale Kontrolle ihrer Mitglieder, speziell für die der strukturell Untergeordneten wie Frauen und Kinder. Mary Eatons Arbeiten (1984) über Haftverschonungsentscheidungen zeigen deutlich, wie die Existenz einer Familie dem Gericht signalisiert, daß die Frau ausreichend kontrolliert wird, wenn man sie entläßt, um auf ihren Prozeß zu warten. Diese Vorstellungen gelten ganz signifikant aber nur für "richtige" Familien (solche, in denen es einen Brotverdiener und Abhängige gibt), nicht für andere Familienformen, wie etwa eine alleinerziehende Mutter mit Kindern.

Kommen wir jetzt zum Thema Sexualität. Soweit weibliche Angeklagte mit Familienbindungen, die als gute Mütter bezeichnet werden, positiv gesehen werden, hat das auf der anderen Seite zur Folge, daß Frauen ohne Familienbindungen negativ gesehen werden. Dies ist, so scheint es, hauptsächlich deswegen so, weil sie keine "ordentlichen" Frauen sind. Junge alleinlebende Frauen, geschiedene Frauen und ältere Frauen in Führungspositionen scheinen anders behandelt zu werden als Frauen mit Familien. In solchen Fällen können die Straftaten nicht auf die Belastungen durch die Verantwortung für die Familie zurückgeführt werden. Von solchen Frauen wird dagegen behauptet, daß sie zuweilen wie Männer agieren. Dazu ein Richter:

> "Eine Frau in Führungsposition, die die Bücher kontrolliert, hat bei mir keine Sympathie, ich behandele sie wie einen Mann" (Worrall 1987, p. 116).

Das heißt doch wohl, daß eine Frau in einer Führungsposition "als in die Welt der Männer eingedrungen" gilt und deshalb wie ein Mann behandelt werden muß.

Es muß auch betont werden, daß Straftaten, die nichts mit Sexualität zu tun haben, dennoch, wenn sie von einer Frau begangen werden, mit weiblicher Sexualität oder deren Mangel in Verbindung gebracht werden. Gewisse Straftaten werden als Frauenkriminalität identifiziert, z.B. Betrug der Sozialversicherung oder Ladendiebstahl. Die Kommentare der Richter legen nahe, daß sie als Ausdruck von Rollenverhalten eingeschätzt werden. Andere Straftaten dagegen sind, wenn sie von Frauen begangen werden, weniger akzeptabel, insbesondere Gewaltstraftaten, wie ich bereits dargelegt habe.

Sexuelle Anklänge gibt es auch in den Studien über Mädchen und das Strafjustizsystem. Es würde den Rahmen sprengen, solche Befunde hier zu diskutieren, aber es gibt eine Fülle von Studien, die nachweisen, daß Mädchen und Jungen unterschiedlich behandelt werden. Selbst wenn Mädchen wegen ähnlicher Delikte angeklagt sind wie Jungen, werden sie von der Polizei und den Gerichten oft nach ihrem Sexualverhalten gefragt, um z.B. festzustellen, ob sie häufige Sexualkontakte haben oder nicht, oder ob sie ihren Müttern zu Hause helfen oder nicht (Casburn 1979; Gelsthorpe 1986, 1989).

Jungen dagegen stellt man solche Fragen nicht. Zuweilen hat man sogar den Eindruck, daß die Straftat in all diesen Diskussionen vergessen wird; der Grund, weswegen Mädchen vor Gericht erscheinen, gerät außer Sicht und das System kümmert sich nur um ihre vermeintlichen Bedürfnisse (nämlich vor ihrer eigenen Sexualität beschützt zu werden) statt um ihre Taten.

Wenn man darüber einmal nachdenkt, so ist eine Frau, die in das Strafjustizsystem hineingerät, dort fehl am Platz. Früher gab es nur sehr wenig Frauen vor Gericht. Seit das anders ist, scheint es so, als ob sich Richter und Politiker überlegen, wo das noch hinführen soll, und härtere Maßnahmen für erforderlich halten, wenn selbst Frauen zum Verbrechen greifen. Gleichzeitig werden aber Erklärungen für diese Frauenkriminalität gesucht: Menstruation, Geisteskrankheit, Sozialisationsdefizite, schlimme häusliche Verhältnisse usw. Das Wichtige dabei ist, daß Männer nicht fehl am Platze sind und ihr strafbares Verhalten folglich auch völlig anders erklärt wird. Es wird sehr viel rationaler gesehen und solchen Faktoren zugeschrieben wie Langeweile, Habgier und Gruppendruck. Diese vermuteten Unterschiede zwischen den Ursachen männlicher und weiblicher Kriminalität beeinflussen dann aber deren weitere Behandlung durch das System.

Die Befunde legen nahe, daß Frauen für das verurteilt werden, was sie sind und nicht für das, was sie getan haben. Es sind vielmehr ihre "versteckten Straftaten", z.b. eine schlechte Hausfrau, schlechte Mutter oder auch mit wechselnden Partnern sexuell aktiv zu sein, die ihre weitere Behandlung beeinflussen. Frauen, die dem stereotypen Bild von Weiblichkeit entsprechen, werden anders behandelt als Frauen, die das nicht tun. Das heißt jedoch nicht, daß Konformität zu einer milderen Bestrafung führt. So einfach ist es nicht. Wenn Konformität stereotypen Äußerungen von Reue und Einsicht entspricht, kann es sein, daß die Gerichte Bewährungsaufsicht verhängen, weil sie meinen, daß sie der Straftäterin helfen müssen. Dagegen kann ein Mann, der eine ähnliche Straftat begangen hat, sehr wohl eine mildere Strafe erhalten. Bei anderen Gelegenheiten kann dann die Bewährungsaufsicht für Frauen als Alternative für eine schwerwiegendere Bestrafung gelten. Die Mitarbeiter des Strafjustizsystems sehen sich einem schwierigen Dilemma gegenüber. Pat Carlen (1989) beschreibt z.B. den Fall eines Bewährungshelfers, der weiß, daß es für seine Klientin ein Vorteil ist, wenn sie nachweisen kann, daß sie eine gute Hausfrau und Mutter ist. Gleichzeitig ist aber auch klar, daß sie mit diesem Verhalten die Stereotype weiblicher Straftäter verfestigt, die keine guten Hausfrauen und Mütter sind, und die dadurch benachteiligt werden.

Ich habe versucht, herauszuarbeiten, daß die soziale Kontrolle von Frauen durch das Strafjustizsystem sehr komplex ist, und werde nochmal einige Punkte zusammenfassen:

(1) Befunde legen nahe, daß Männer und Frauen durch das Justizsystem unterschiedlich behandelt werden. Bei Frauen spielen Lebensumstände und Rollenerwartungen eine ebenso wichtige Rolle wie ihr straffälliges Verhalten.

Auf diese Weise verstärkt das Strafjustizsystem stereotype Vorstellungen von Weiblichkeit. Ich habe auf einige Studien Bezug genommen, die sich mit der Verurteilungspraxis bei Frauen beschäftigen. Die gleichen Schlußfolgerungen würden sich ergeben, wenn man die Behandlung von Mädchen und Frauen im Gefängnis untersuchen würde.

(2) Die Analyse der Verurteilungspraxis bei Frauen wird oft als eine einzige geschlossene Einheit gesehen, so als ob alle Frauen in der einen Weise und alle Männer in einer anderen behandelt werden. Wenn man sich den mächtigen Einfluß des Sozialverhaltens ansieht (im Gegensatz zum kriminellen Verhalten), das die Urteilsfindung mitbestimmt, muß man auch Faktoren ethnischer Herkunft und Schichtzugehörigkeit mitberücksichtigen. Es wäre ein Fehler anzunehmen, daß die Geschlechtsrolle allein ein kritischer Faktor ist. Die Kontrolle von Frauen kann durchaus auch eine Interaktion von Geschlecht, Rassen- und Schichtzugehörigkeit widerspiegeln.

(3) Ich möchte gern folgende Anmerkung hinzufügen: Wenn man davon spricht, daß Männer und Frauen unterschiedlich behandelt werden, wird oft unterstellt, daß die Behandlung von Männern "richtig" ist, so als ob die Verurteilung von Frauen von einer anzuerkennenden Norm

abweichen würde. Aber ist denn die Verurteilung von Männern die Norm, an der die Frauen gemessen werden sollten? Ist die Verurteilung von Männern und Jungen richtig? Selbst wenn wir die Vorstellung vom Sexismus gegenüber Frauen im Strafjustizsystem akzeptieren, gibt es ebenso einen Sexismus gegenüber Männern. In welchem Ausmaß wendet denn das Strafjustizsystem stereotype Vorstellungen von Männern an, als Väter, Brotverdiener usw.; was passiert, wenn Männer von diesem Stereotyp abweichen?

Schlußfolgerungen

Ich komme zu zwei Ergebnissen:

(1) Die Untersuchung sozialer Kontrolle von Frauen durch das Strafjustizsystem erfordert mehr als nur eine einfache Analyse von Verurteiltenstatistiken. Wir müssen uns die Prozesse ansehen, nach denen Frauen entweder als "anständige Frauen" oder "kriminelle Ungeheuer" gesehen werden. Sexistische Ideologie ist kein losgelöstes Phänomen, sondern eine Mischung aus persönlichen Ansichten, beruflichen Vorgaben und Praktiken, die beständig durch Notwendigkeiten der Praxis und organisatorische Zwänge geformt wird. In der Tat kann man manchmal nur schwer unterscheiden zwischen professioneller Ideologie, organisatorischer Zweckmäßigkeit und persönlicher Einstellung, wenn man versucht herauszufinden, wie das Strafjustizsystem stereotype Vorstellungen von Weiblichkeit verstärkt. Aus diesem Grund würde ich für einen ethnographischen Ansatz plädieren, um die Sozialkontrolle durch das Strafjustizsystem zu studieren. Insbesondere Feministinnen haben in ihren Untersuchungen aufgezeigt, daß Ethonographie eine Fülle von Daten liefern kann, die durch eine Analyse von Statistiken nicht erfaßt werden. Ein ethnographischer Ansatz würde auch eine gute Basis darstellen für das Verständnis zwischen Mikro- und Makroebenen unserer Analyse, auf das wir abzielen müssen, wenn wir die Sozialkontrolle von Frauen im Strafjustizsystem begreifen wollen. Es ist wichtig, zu verstehen, wie diese Sozialkontrolle in den täglichen Abläufen des Strafjustizsystems entsteht und wie ihre Beziehung zu weitergefaßten strukturellen Faktoren sozialer Kontrolle überhaupt zu sehen ist. Wir brauchen eine Ausgangsbasis in unserer Analyse, auf der wir aufbauen können, und die wir in einen weiteren theoretischen Zusammenhang stellen können.

(2) Die Problematik sozialer Kontrolle im Strafjustizsystem ist eng verbunden mit dem Thema Geschlecht und Gerechtigkeit im allgemeinen.

Sollen Männer und Frauen überhaupt in gleicher Weise be- und verurteilt werden?

Hilary Allen sieht die scheinbare Milde, die Frauen gewährt wird, kritisch. Sie sieht sie als eine Taktik patriarchalischer Unterdrückung und meint, daß sie beendet werden sollte. Frauen sollten der vollen Härte strafrechtlicher Sanktionen ausgesetzt werden. In ähnlicher Weise verwirft Mary Eaton ausdrücklich unterschiedliche Behandlung von Frauen mit Kindern. Auf der anderen Seite fordert Kathleen Daly (1989), daß die Gerichte Kinder und Abhängige von Straftätern nicht außer Acht lassen sollten. Was wollen wir eigentlich: "Gerechtigkeit auf dem Papier" oder "wirkliche Gerechtigkeit"?

Gerechtigkeit auf dem Papier oder gleiche Behandlung für gleiche Straftaten würde zu einer eher formalen als inhaltlichen Gerechtigkeit führen. Wirkliche Gerechtigkeit dagegen könnte heißen, daß man noch andere Faktoren in Rechnung stellt. Aber was genau sollte das sein?

Frauen haben in der Regel ein geringeres Einkommen als Männer (manchmal überhaupt kein eigenes Einkommen), und für bestimmte Straftaten gibt es Standardgeldbußen. Das bedeutet für Arme eine größere Härte als für Reiche, aber auch für Frauen mehr als für Männer. Frauen müssen für Kinder sorgen und deswegen sind sie für bestimmte Strafen nicht geeignet, z.B. für Arbeitsauflagen. Rein theoretisch sollte für Kinder in solchen Fällen gesorgt sein. In der Praxis kann aber das Fehlen solcher Versorgung eine Verurteilung beeinflussen. Ebenso wie die einfache Vorstellung, daß Frauen anders sind als Männer. Andererseits wissen wir aus den Studien, daß gerade das häufig dazu führt, daß Frauen strenger bestraft werden als Männer (s. dazu die Untersuchungen von Mair/Brockington über Bewährung für Frauen, aus denen hervorgeht, daß Frauen schon beim ersten Straffälligwerden Bewährungsauflagen erhalten usw.).

Ich erinnere ferner an den gesamten Bereich Frauen mit Kindern. Sollten die Gerichte Frauen in diesem Fall anders behandeln als Frauen ohne Kinder? Sollten Abhängige und Kinder mitberücksichtigt werden oder nicht?

Vielleicht sind solche Faktoren unwichtig für die Verurteilung (denn warum sollte eine alleinlebende Frau oder ein alleinlebender Mann im Gefängnis landen und verheiratete Männer und Frauen nicht - vorausgesetzt, daß wir Gefängnisse überhaupt brauchen), aber wichtig für die allgemeine Strafvollzugspolitik.

Ich meine damit, daß wir in den Konsequenzen der Verurteilung für spezielle Rahmenbedingungen sorgen müssen, d.h. z.B., daß wir in den Gefängnissen Mütter- und Kind-Abteilungen einrichten müssen (vielleicht aber auch Vater- und Kind-Abteilungen). Ferner, was würde es heißen, Frauen gegenüber fair, gerecht oder gleich zu sein?

Und in der Tat müßten wir fragen, ob es eine weibliche oder feministische Vorstellung von Gerechtigkeit gibt, die besser wäre als das System, das wir augenblicklich haben? Dazu äußert sich F. Heidensohn basierend auf der Arbeit von Carol Gilligan in Amerika. Sie beschreibt zwei Modelle von Gerechtigkeit: Das Portia und das Persephone Modell.

Portia, der in Shakespeares's Kaufmann von Venedig Shylock sein Pfund Fleisch abtrickst, repräsentiert ein moralisches Gerechtigkeitsmodell, das auf Recht, Fairneß, Gleichheit und Gegenseitigkeit basiert. Hier haben wir es mit einem formalen bürokratischen Kontrollsystem zu tun, einem rationalen Modell von Gerechtigkeit. Dieses Modell kritisieren und verurteilen viele Feministinnen. Es ist ein Modell, das sich nicht um die Bedürfnisse von Frauen kümmert, es ignoriert z.B. die Verantwortung für Kindererziehung usw. Es ist ein Vergeltungsmodell.

Dagegen steht das Modell Persephone. Persephone, die Göttin der Ernte, versinnbildlicht den Kreislauf von Fruchtbarkeit, Säen, Ernten, Empfangen und Geburt. Es ist ein Gerechtigkeitsmodell der Fürsorge, das eher emotionale Reifeprozesse mitberücksichtigt als nur strenge Vorstellungen von Schuld. Nach diesem Modell würde man informell vorgehen, beinahe beschützend. Das Ideal wäre Wiederherstellung und Wiedergutmachung statt Vergeltung. Zu diesen Modellen gibt es jedoch einiges anzumerken:

(1) Die gegenwärtigen Praktiken bestehen bereits zu einem großen Teil aus einer Mischung von Portia und Persephone, einer Mischung von Strafe und Fürsorge, und man kann sagen, daß dadurch viele Probleme entstehen.

(2) Wenn wir ein Persephone-Fürsorgemodell fordern, würde das nicht notwendigerweise heißen, daß wir mehr Gerechtigkeit hätten. Es wäre einem Sozialhilfemodell ähnlich, und wir kennen bereits die Ungerechtigkeiten, die in einem solchen Ansatz liegen. Wir wissen das aus vielen Studien zur Behandlung von Jugendlichen, die z.B. für relativ geringe Vergehen in Fürsorge genommen werden.

(3) Das Modell stereotypisiert auch Frauen als fürsorgende, kooperative, liebenswerte Wesen; aber wir wissen längst, daß nicht alle Frauen so sind. Ich erinnere an die zuweilen harte Behandlung von Frauen durch weibliche Richter und die Annahme, daß Frauen mit Frauen schlimmer umgehen als Männer mit Frauen. Eine Forderung dieses Modells wäre es, daß mehr Frauen im Bereich von Recht und Justiz mitarbeiten sollten, aber das würde Frauen nicht notwendigerweise helfen - vielleicht sogar im Gegenteil.

(4) Das Modell Persephone geht auch davon aus, daß Frauen bestimmte angeborene weibliche Charakteristika haben, daß sie sich von Männern unterscheiden und eine andere Behandlung brauchen.

(5) Beide Modelle konzentrieren sich ausschließlich auf Frauen. Was geschieht aber mit Männern? Sollten wir uns nicht auch um die gerechte Behandlung von Männern kümmern?

Darauf antwortet Kathleen Daly und fordert ein feministisches Konzept von Strafjustiz, das sowohl das Leben von Frauen und eine Wiedergutmachung von zugefügtem Unrecht im Mittelpunkt hat als auch jene Männer nicht ignoriert, die durch Bevormundung, Klassen- und Rassenverhältnisse mißhandelt werden (1989).

Am besten scheint es zu sein, ein Modell von Pat Carlen (1989) anzustreben, das sie als eine frauenorientierte Strafpolitik bezeichnet und nach der es zwei Zielvorstellungen gibt:

(1) Es muß sichergestellt werden, daß die Bestrafung von Frauen ihre allgemeine Unterdrückung der Gesellschaft nicht noch weiter verschärft.

(2) Es muß auch sichergestellt werden, daß die Bestrafung von Männern diese nicht so brutalisiert, daß sie physisch und ideologisch Frauen noch mehr unterdrücken.

Ein solcher Ansatz wäre eine Herausforderung für die schlimmsten Erscheinungsformen stereotyper Vorstellungen, und gleichzeitig würde er versuchen, eine "gerechte" Behandlung von Frauen zu garantieren.

Anmerkungen

* übersetzt von Uta Krüger.

Literatur

ALLEN, H., 'Rendering them harmless: the professional portrayal of Women charged with serious violent Crime', in: Carlen, P./Worrall, A. (Eds.), Gender, Crime and Justice, Milton Keynes 1987, p. 81 - 94

ALLEN, H., The logic of gender in psychiatric reports to the Courts', in: Pennington, D./Lloyd-Bostock, S. (Eds.), The Psychology of Sentencing, Oxford 1987 b

ALLEN, H., Justice Unbalanced, Milton Keynes 1987 c

CARLEN, P., Women's Imprisonment: a study in social Control, London 1983

CARLEN, P., 'Feminist jurisprudence or women-wise penology', Probation Journal, September 1989, p. 110 - 114

CASBURN, M., Girls will be girls, London 1979

COWIE, J./COWIE, V./SLATER, E., Delinquency in Girls, London 1968

DALY, K., 'Criminal Justice ideologies and practices in different voices: some feminist questions about justice', International Journal of the Sociology of Law, vol. 17, 1989, p. 1

DOMINELLI, L., 'Differential Justices: Domestic Labour, Community Service and Female offenders', Probation Journal, vol. 31, 1984, p. 100 - 103

EATON, M., 'Mitigating circumstances: familiar rhetoric', International Journal of the Sociology of Law, vol. 11, 1983, p. 385 - 400

EATON, M., Justice for Women? Family; Court and Social Control, Milton Keynes 1986

EATON, M., 'The question of bail: magistrates' responses to bail on behalf of men and women defendants', in: Carlen, P./Worrall, A. (Eds.), Gender, Crime and Justice, Milton Keynes 1987, p. 95 - 107

EDWARDS, S., Women on Trial, Manchester 1984

FARRINGTON, D.P., 'The prevalence of reconvictions', British Journal of Criminology, vol. 21, 1981, p. 173-175

FARRINGTON, D.P./MORRIS, A., 'Sex, sentencing and reconvictions', British Journal of Criminology, vol. 23, 1983, p. 229 - 248

GELSTHORPE, L.R., 'Towards a sceptical look at sexism', International Journal of the Sociology of Law, vol. 14, 1986, p. 125 - 152

GELSTHORPE, L.R., Sexism and the Female Offender, Aldershot 1989

GELSTHORPE, L.R., Race and Gender Considerations in Social Inquiry Reports. A Report for the Home Office, 1991

GIBBENS, T.C.N., 'Female Offenders', British Journal of Hospital Medicine, vol. 6, 1971, p. 279 - 286

HEIDENSOHN, F., Women and Crime, Basingstoke 1985

HENNING, T., Images of Female Offenders (Unpublished dissertation, University of Cambridge 1991)

JACKSON, H./SMITH, L., 'Female offenders in analyses of social inquiry reports', Home Office Research Bulletin no. 23, 1987

KAPARDIS, A./FARRINGTON, D.P., An experimental Study of sentencing by magistrates', Law and Human Behaviour, vol. 5, 1981, p. 107 - 121

KONOPKA, G., The Adolescent Girl in Conflict, New Jersey 1966

KRUTSCHNITT, C., 'Respectable Women and the Law', The Sociological Quarterly vol.23, 1982, p. 2

LOMBROSO, C./FERRERO, G., The Female Offender, London 1895

MAIR, G./BROCKINGTON, N., 'Female offenders and the probation service', Howard Journal of Criminal Justice, vol. 27, 1988, p. 117 - 126

MOXON, D., Sentencing Practice in the Crown Court, Home Office Research Study, No. 103, 1988

PEARSON, R., 'Women defendants in magistrates' courts', British Journal of Law and Society, vol. 3, 1976, p. 265 - 273

THOMAS, W.I., The Unadjusted Girl, Boston 1923

THORPE, J./PEASE, K., 'The relationship between recommendations made to the court and sentences passed', British Journal of Criminology, vol. 16, 1976, p. 393 - 394

WORRALL, A., Offending Women, London 1990.

1.

Strafrecht im System

sozialer Kontrolle

Die strafrechtliche Kontrolle gesellschaftlicher Kommunikation

Reinhard Kreissl

1. Einleitung

Im politischen Strafrecht kodifiziert eine existierende politische Herrschaftsordnung die rechtlichen Mittel, um ihren Bestand gegen Angriffe zu sichern. Dies geschieht durch die Benennung schützenswerter Kernbestandteile und der Verhaltensweisen, die als zu bestrafende Angriffe oder als Bedrohung dieser Ordnung gelten sollen.

In historischer Perspektive finden sich als strafrechtlich gegen Bedrohung und Angriffe zu schützende Elemente von Herrschaftsordnungen im wesentlichen die Person des Herrschers, der als Repräsentant und Verkörperung der politischen Ordnung vor physischen und symbolischen Angriffen zu schützen ist, der Staat als Garant der bürgerlichen Freiheiten, der durch die Person eines Monarchen nur mehr repräsentiert wird und schließlich die verfassungsmäßige Ordnung des modernen Rechtsstaats, die die Bedingungen der demokratischen Willensbildung und Selbstregierung regelt.

Betrachtet man die Entwicklung des politischen Strafrechts, so zeigt sich, daß zwar einerseits die zu schützenden Elemente der jeweiligen politischen Ordnungen zusehends sich von konkreten Personen ablösen und zunächst durch allgemeine Rechte bürgerlicher Freiheit (Eigentums-, Glaubens-, Gewissens- und Vertragsfreiheit) und dann durch prozeduralisierte Verfahrensregelungen demokratischer Willensbildung ersetzt werden, daß aber andererseits die Vorstellung eines gleichsam substantiell zu schützenden Gutes, eines unveränderlichen identitären Kerns politischer Ordnung, das sich nach dem Bild der Herrscherperson bildet, weitgehend erhalten bleibt. Die begrifflichen Schwierigkeiten, eine abstrakte Ordnung als schützenswertes Gut zu definieren, zeigen sich in der Debatte über politische Straftaten, wo auf anthropomorphisierende Beschreibungen des Staates zurückgegriffen wird. "Wenn überhaupt von Verbrechen gegen den Staat geredet werden soll, muß diesem nothwendig eine Persönlichkeit beigelegt werden." Hochverrat wird als "Tötung und Gesundheitsverletzung am Staate"[1] bezeichnet. Diese Beschreibungen aus dem 19. Jahrhundert erinnern an die Art der Bezugnahme auf die freiheitlich-demokratische Grundordnung durch die Anhänger einer Verschärfung des politischen Strafrechts in der Bundesrepublik. Wird eine quasi substantielle staatliche Ordnung selbst zum Schutzobjekt erklärt, so geht damit eine "Erweiterung und zugleich Systematisierung der politischen Deliktsphäre einher" (Blasius 1983, S. 19).

Speziell in der deutschen Rechtstradition setzt sich eine Sichtweise durch, die den Staat gleichsam als Person begreift, und ihm die Aufgabe zuspricht, über die Sitten und die staatstragende politische Tugend der Bürger zu wachen. Wird diese substantialistische Vorstellung einer unveränderlichen Identität der staatlichen Ordnung mit demokratischen Prozeduren gekoppelt, die die Verfaßtheit der politischen Herrschaftsordnung von den politischen Entscheidungen der Herrschaftsunterworfenen abhängig macht, so setzt eine paradoxe Entwicklung von Demokratisierung und Ausbau des politischen Strafrechts ein. Gemäß ihren eigenen normativen Idealen muß diese Herrschaftsordnung die demokratischen Partizipationsrechte ausbauen, gleichzeitig aber entsprechende Vorkehrungen treffen, daß von den demokratischen Freiheiten öffentlicher Meinungs- und Willensbildung nur 'angemessener' und staatstragender Gebrauch gemacht wird.

In den Vordergrund des politischen Strafrechts tritt im Verlauf der Entwicklung des modernen Staates dementsprechend die öffentliche politische Kommunikation der Herrschaftsunterworfenen.[2] Waren im 18. Jahrhundert vor allem geheime Verbindungen, die auf einen Umsturz durch Angriff auf die Person des Herrschers zielten, Gegenstand des Interesses des strafrechtlichen Herrschafts- bzw. Staatsschutzes, so rückten in der Folge zusehends die Sphäre politischer Öffentlichkeit, politische Äußerungen und Vereine, die das Ziel politischer Agitation und Aufklärung verfolgten, in den Mittelpunkt. Parallel zur Gewährung von demokratischen Partizipations- und Artikulationsrechten in den Verfassungen des Konstitutionalismus wuchsen die entsprechenden Regelungen des politischen Strafrechts, die die "ordnungsgemäße Wahrnehmung" dieser Rechte sichern sollten. Die Frage, was als Schutzobjekt des politischen Strafrechts zu gelten habe, wird damit zusehends umstrittener. Insbesondere da von einem Schutzobjekt nicht mehr sinnvoll geredet werden kann. Die zunächst vernunftrechtlich, später demokratisch begründete Konstruktion des modernen Rechtsstaats stellt das politische Strafrecht vor die konzeptuelle Alternative, entweder den demokratisch gedachten Volkssouverän vor sich selbst zu schützen oder die Rahmenbedingungen seiner Selbsttransformation zu sichern, damit aber auch den eigenen Bestand zur Disposition zu stellen. Demokratie wird zum riskanten Projekt, und das politische Strafrecht beginnt, beim Versuch, mit dem ihm zur Verfügung stehenden Mitteln diese Risiken zu minimieren, hypertroph zu wachsen.

Nun spielen politische Delikte quantitativ gesehen eine nur geringe Rolle im Rechtssystem.[3] Allerdings sind spektakuläre politische Prozesse oder allgemein die politische Justiz wichtige Ressourcen in der politischen Auseinandersetzung.[4] Die Konstruktion politischer Gegner durch strafrechtliche Verurteilung politischer Kritik dient der symbolischen Sichtbarmachung der politischen Ordnung, der Darstellung der Macht. Theoretisch ist eine Analyse des politischen Strafrechts von Interesse, da sich hier Veränderungen der demokratischen Rechtskultur beobachten lassen. Ferner liefert eine solche Analyse wichtige Hinweise auf die Art der Probleme der Herrschaftssicherung, mit denen sich eine Gesellschaft auseinandersetzen muß.

In der aktuellen Debatte über die Entwicklung des politischen Strafrechts in der BRD wird von den Kritikern häufig beklagt, daß eine Tendenz zur repressiven Verschärfung zu beobachten sei. In historischer Perspektive erscheine ein Stadium des Rechtsstaats erreicht, wo dieser sich allmählich in einen durch autoritären Legalismus gekennzeichneten Überwachungsstaat transformiert und das Strafrecht vom Bürger- zum Feindstrafrecht umgebaut wird (Dencker 1988).[5]

Dem halten Befürworter des Status quo und Anhänger der "wehrhaften Demokratie" entgegen, die Verfassung der BRD repräsentiere ein bisher nicht gekanntes Maß an bürgerlicher Freiheit, das zu schützen sei vor den Angriffen radikaler Kritiker der freiheitlich demokratischen Grundordnung.[6] Auf beiden Seiten wird mit dramatisierten Gefährdungsdiagnosen gearbeitet: die bürgerlich-demokratischen Freiheitsrechte seien in Gefahr. Nur werden konträre Ursachen vermutet. Die Kritiker sehen die Vertreter des politischen Systems, diese die Kritiker als Gefährdung der freiheitlichen Ordnung.

Bezogen auf die aktuelle politische Debatte stabilisieren sich beide, indem sie sich durch ihre radikale Rhetorik gegenseitig die Bestätigung für die jeweilige Diagnose liefern. In der Auseinandersetzung um die angemessene Interpretation der freiheitlich demokratischen Grundordnung erzeugen die Hüter zusammen mit den Kritikern der politischen Herrschaftsordnung die Luhmann'sche Figur der Einheit in der Differenz.

Historisch lassen sich Belege für beide Sichtweisen finden. Die Bismarck'schen Sozialistengesetze waren weit liberaler als viele Regelungen des politischen Strafrechts der Gegenwart, und die Gelassenheit absolutistischer Herrscher gegenüber ihren politischen Gegnern zeigt in jeder Hinsicht mehr Souveränität, als die manchmal stark übersteigert wirkende Ängstlichkeit der herrschenden Eliten der Bundesrepublik im Angesicht von moderatem politischen Protest.

Andererseits, die Geschichte des Rechtsstaats ist die Geschichte der Durchsetzung demokratischer Partizipations- und Artikulationsrechte, der rechtlichen Sicherung individueller Freiheiten gegenüber staatlichen Herrschaftsansprüchen, der staatlichen Garantie einer minimalen individuellen ökonomischen Sicherheit. Das institutionelle Gefüge der Bundesrepublik verkörpert also ohne Zweifel ein historisch respektables Maß an rechtlich formal garantierter Freiheitlichkeit.

Dieser offensichtliche Widerspruch läßt sich erklären, wenn man die Entwicklung politischer Herrschaftsordnungen hin zum demokratischen und sozialen Rechtsstaat in der Form der wohlfahrtsstaatlichen Massendemokratie als paradoxen Prozeß interpretiert. Dies soll im folgenden versucht werden. Die Ausgangsüberlegung dabei ist, daß in Demokratien die Stabilität der Herrschaftsordnung von der Zustimmung der Mehrzahl der Herrschaftsunterworfenen abhängt. Geht man davon aus, daß die herrschenden Eliten ein - verantwortungsethisch begründetes oder egoistisches - Interesse an der Aufrechterhaltung des institutionell-politischen status quo haben, daß aber gleichzeitig dieser Status quo im Prinzip zur Disposition der Herrschaftsunterworfenen steht, so muß deren Einfluß beschränkt werden. Dies kann auf zwei prinzipiell verschiedene Arten geschehen. Entweder kann der Einfluß durch Autonomisierung des politischen Systems gegenüber seiner gesellschaftlichen Umwelt gelockert werden. Oder es muß, mit zunehmender Demokratisierung, das politische Strafrecht schärfer werden, um folgenreiche Kritik der Herrschaftsunterworfenen an der Verfaßtheit der Herrschaftsordnung mit repressiven Mitteln zu unterbinden. Für beide Formen finden sich Belege.

Die Kopplung von Legitimität der Herrschaftsordnung an die Zustimmung der Herrschaftsunterworfenen bei gleichzeitiger Abkopplung des politischen Systems von der Gesellschaft macht die aktive Sicherung von Loyalität notwendig. Dies kann auf verschiedene Arten geschehen: durch Maßnahmen staatlicher Umverteilungspolitik, die entstehende Legitimationsprobleme durch fiskalische Zuteilung neutralisieren. Diese Strategie kommt in der fiskalischen Krise des Wohlfahrtsstaates an ihre Grenzen; oder durch Ideologieproduktion, also etwa durch die Positivierung eines unabänderlichen, der gesellschaftlichen Kommunikation entzogenen, materiellen Verfassungsgehalts, der zur gleichsam transzendentalen Quelle der Legitimität staatlicher Ordnung erklärt wird und dadurch die Kriminalisierung loyalitätsgefährdender Kritik mit den Mitteln des Strafrechts ermöglicht.

Als loyalitätsgefährdend - und damit als Hauptangriffspunkt für das politische Strafrecht - wird im folgenden die Entwicklung außerinstitutioneller politischer Kommunikation interpretiert, die kollektives politisches Handeln auf der Basis reziproker horizontaler Verpflichtung der Akteure begünstigt und damit eine der wesentlichen Voraussetzungen für das Funktionieren politischer Herrschaft erodiert: die Atomisierung der Staatsbürger als Untertanen bzw. Klienten von Organisationen korporatistischer Interessensvertretung.

Die paradoxe Entwicklung des demokratischen Rechtsstaats läßt sich in zwei Phasen darstellen: die Durchsetzung der Forderungen nach Freiheit, Gleichheit und Gerechtigkeit und ihre rechtlich-institutionelle Verankerung schafft einerseits die Voraussetzungen für demokratische Selbstregierung. Andererseits wird damit die Entwicklung gesellschaftlicher Bedingungen gefördert, die die Entstehung eines Typus von politischen Institutionen begünstigen, der der gehaltvollen Wahrnehmung demokratischer Teilhaberechte entgegenwirkt. Das heißt, die formal-rechtliche Gleichstellung und sozial-ökonomische Freisetzung der Individuen leistet der Entstehung eines oligarchischen Politiktypus in der repräsentativen Demokratie Vorschub (Michels 1959). Diese Politik wiederum fördert langfristig die Entwicklung von gesellschaftlichen Bedingungen, unter denen die außerinstitutionelle Kritik an der Verfaßtheit des politischen Systems im Namen der demokratischen Ideale der Selbstregierung zunimmt.

Anders formuliert, die institutionelle Form, die der für die Moderne kennzeichnende Legitimationstypus horizontaler Verpflichtung annimmt, scheitert an der Erfüllung der Anforderungen des evolutionär geforderten Rechtfertigungsniveaus für politische Herrschaft (vgl. Habermas 1976, S. 278 f.). Beim Versuch, auf die daraus entstehenden Konflikte zu reagieren, werden Bedingungen erzeugt, die dieses Problem nicht lösen, sondern verschärfen. Damit entwickelt sich genau jene paradoxe Kombination aus zunehmender politischer Freiheit und zunehmender Dichte politischer Repression, die für die gegenwärtige Situation in der BRD kennzeichnend ist.

2. Zur Phänomenologie der aktuellen Entwicklung des politischen Strafrechts in der BRD als Kommunikationsstrafrecht

Betrachtet man die Gesetzgebungspraxis zur repressiven Verrechtlichung politischen Protests seit den siebziger Jahren unter der Perspektive der Verrechtlichung politischer Kommunikationsprozesse, so zeigt sich, daß die Kontrolle der Kommunikation bis hin zur gezielten Zerschlagung der Kommunikationsstrukturen bzw. vermuteter Kommunikationsstrukturen innerhalb und an den Rändern der jeweils ins Auge gefaßten politischen Protestszenen eine zentrale Rolle einnimmt.

Die Kontrolle der Kommunikation vollzog und vollzieht sich auf mehreren Ebenen: Sie erfaßt zum einen die Kommunikation zwischen den Angehörigen der Protestgruppen, zum anderen die, soweit es zu Ermittlungsverfahren bzw. Strafverfahren kommt, zwischen Verteidigern und Beschuldigten und zum Dritten die zwischen Protestszene und unbeteiligter Öffentlichkeit. Sie betrifft die Grundrechte der Vereinigungsfreiheit, Versammlungsfreiheit, Demonstrationsfreiheit und Meinungsfreiheit. Sie setzt sowohl "im Vorfeld" behaupteter bzw. unterstellter abstrakter Gefahren, also mit dem Ziel der "Prävention" an, als auch im Rahmen der Strafverfolgung. Sie zieht sich sowohl durch das materielle Strafrecht als auch durch das Strafprozeßrecht und die strafrechtlichen Nebengesetze.

An diesen Regelungen läßt sich demonstrieren, daß hier mit der Vorstellung einer diffusen Gefährlichkeit kommunikativer Prozesse operiert wird. So heißt es z.B. in der amtlichen Begründung des Entwurfs zum Artikelgesetz, welches am 09.06.1989 in Kraft trat: "Die Gefährlichkeit und besondere Sozialschädlichkeit solcher Äußerungen steht außer Frage" (gemeint sind "gewaltbefürwortende" Äußerungen).

Zur Begründung für die Einführung des strafbewehrten Vermummungsverbotes gem. § 27 II VersammlG wurde auf "polizeiliche Erfahrungsberichte" abgestellt, wonach "Vermummung in aller Regel eine Vorstufe zum Gewaltausbruch darstellt". Daß eine öffentliche Veranstaltung generell als "Gefahr" empfunden wird, ergibt sich aus Formulierungen wie dieser: "Damit soll den Gefahren entgegengetreten werden, die auch bei nicht als Versammlungen oder Aufzügen zu qualifizierenden Veranstaltungen ... entstehen" (Begründung f. die Erweiterung des § 17 a I VersammlG auf "sonstige öffentliche Veranstaltungen").

Auch die Strafverteidiger erscheinen im Rahmen der entsprechenden Gesetzgebungspraxis nicht als ein eigenständiges, dem Gericht und der Staatsanwaltschaft gleichgeordnetes Organ der Rechtspflege, sondern als unmündig und politisch leicht beeinflußbar, unfähig, sich abzugrenzen, oder gar als Komplizen des "Staatsfeindes".

Zum Dritten wird unterstellt, daß auch eine als unbeteiligt interpretierte Öffentlichkeit leicht manipulierbar, verführbar ist, empfänglich für die Botschaften des politischen Widerstands, unmündig und nicht in der Lage, selbst zu entscheiden und deshalb geschützt werden muß. Dieser Gesichtspunkt kommt in den amtlichen Begründungen eindeutig zum Ausdruck. So ist in der amtlichen Begründung für die geplante Einführung des § 130 b StGB (Gewaltbefürwortung) von "dafür empfänglichen Personen" die Rede.

Betrachtet man die Gesetzgebungspraxis der jüngsten Vergangenheit von 1974 bis heute, so lassen sich drei große Schübe mit jeweils unterschiedlichen Schwerpunkten beobachten, die unter der Perspektive der repressiven Verrechtlichung politischer Kommunikation analysiert werden können. In den Jahren 1974 bis 1978 war das politische Strafrecht vorwiegend durch die Bekämpfung der Roten Armee Fraktion um Baader, Meinhof, Ensslin und Raspe bestimmt. Die Delikte, um die es während dieses Zeitraumes ging, konnten verfolgt werden, ohne daß Gesetzgebungsbedarf im Bereich des materiellen Strafrechts bestand. Der Schwerpunkt der gesetzgeberischen Tätigkeit lag dementsprechend im Bereich des Strafprozeßrechts. Die Verschärfungen zielten auf eine Verhinderung der Politisierung der rechtlichen Verarbeitung der Aktionen der RAF, indem sie etwa die Kontakte zwischen Verteidigern und Angeklagten im Rahmen des sog. Kontaktsperregesetzes restriktiv regelten.

In den 80er Jahren rückten die neuen sozialen Bewegungen in den Mittelpunkt des Verrechtlichungsprozesses. Für die Kriminalisierung dieser neuen Formen des politischen Protestes fehlten zum einen Straftatbestände, unter die dieser Protest hätte subsumiert werden können. Es wurden daher neue geschaffen, die ganz gezielt die kommunikativen Prozesse als solche betrafen (z.B. Anleitung zu Straftaten, § 130 a StGB; Änderung des Versammlungsgesetzes). Zum anderen beschränkte sich der politische Widerstand jetzt nicht mehr auf klar umgrenzte Gruppierungen, sondern es entstanden Bürgerinitiativen und mehr oder weniger lockere Bündnisse, die sich für den jeweiligen Einzelfall zusammenfanden, was für die Strafverfolgungsbehörden das Problem mit sich brachte, daß ein Delikt nicht mehr ohne weiteres einer Einzelperson oder klar definierten Organisation zugeordnet werden konnte. Dem wurde dadurch begegnet, daß der Katalog der in den sog. "Organisationsdelikten" (§§ 129, 129a StGB) enthaltenen Straftatbestände erweitert wurde.

Zwischenzeitlich hatten die Strafverfolgungsbehörden technisch aufgerüstet und machten von dem nun zur Verfügung stehenden technischen Instrumentarium auch regen Gebrauch, ohne daß hierfür die gesetzlichen Grundlagen bestanden hätten. Damit bestand und besteht noch Handlungsbedarf dahingehend, daß Gesetze geschaffen werden müssen, die die bereits geübte Praxis decken.

Dencker hat diese Entwicklung in einer Auseinandersetzung mit dem sog. "Artikelgesetz" unter strafrechtswissenschaftlichen Gesichtspunkten als die Umorientierung vom "Bürgerstrafrecht" zum "Feindstrafrecht" analysiert. Bürgerstrafrecht setzt "für die Strafbarkeit eines Bürgers eine Tat voraus. Eine Tat ... ist ein Verhalten, das - gesetzlich präzise umschrieben - ein äußerlich manifestes Stück Sozialschädlichkeit aufweist. Diese sozialschädliche Tat wird maßgeblich bestimmt durch ein äußeres, tatsächlich vorgenommenes, nicht nur geplantes Täterhandeln" (Dencker 1988, S. 47). Bezogen auf die Intervention des Staates heißt das, daß dieser "die Bürger bis zum Beweis des Gegenteils ... nicht als potentielle Gefahrenquelle versteht, sondern als zum Guten, zum Recht fähige Wesen" (Dencker 1988, S. 49).

Das Gegenmodell des Gefährlichkeits- oder Feindstrafrechts geht von der a priori Annahme der Gefährlichkeit, "des zum Bösen entschlossenen Feindes der Rechtsordnung" aus (Dencker 1988, S. 49). Auch dieses Strafrecht bedient sich gesetzestechnisch des Tatbestands. Allerdings wird die Strafbarkeit hier weit vor die manifeste Strafbarkeit vorverlagert.

"Technisch bieten sich dafür zwei Wege an: Zum einen Subjektivierung - die Begründung der Strafbarkeit von objektiv ungefährlichen Handlungen durch überschießende Pläne, Absichten, Vorsätze und böse Gesinnungen (etwa: 'Wer sich ein Messer kauft in der Absicht ...'). Zum anderen kann die Vorverlagerung auch durch rein objektiv formulierte Tatbestände erreicht werden, durch einen ganz bestimmten Typ abstrakter Gefährdungsdelikte, die eine objektiv mehrdeutige Verhaltensweise bereits ohne weiteres unter Strafe stellen, indem sie sie als unumstößlichen Beleg für böse innere Einstellungen ausgeben (Beispiel: 'Wer Diebeswerkzeug besitzt ...')" (Dencker 1988, S. 49).

Gewendet auf die Probleme politischer Kommunikation heißt das, daß bereits die - demokratisch legitimierten - Versuche, Kritik am politischen Status quo zu üben, unter das politische Strafrecht subsumiert werden können, indem den Beteiligten "staatsgefährdende Haltungen" unterstellt werden, oder indem die Ausübung "öffentlicher Freiheitsrechte" als abstrakter Gefährdungstatbestand deklariert wird. In beiden Fällen wird mit den Mitteln des Rechts die Möglichkeit der Wahrnehmung demokratischer Artikulations- und Partizipationsrechte beschnitten.

An der Entwicklung des politischen Strafrechts der jüngsten Vergangenheit läßt sich in diesem Zusammenhang eine interessante Beobachtung machen. Die Bedingungen für die Gestaltung einer öffentlichen Auseinandersetzung mit dieser Entwicklung werden selbst zum Gegenstand des Zugriffs repressiver Verrechtlichung. Der durch die Verschärfung des politischen Strafrechts ausgelöste soziale Protest liefert den Vorwand für neue Rechtsproduktion. Exemplarisch läßt sich dies an der Chronologie des Protests gegen die staatliche Reaktion auf die Aktionen der Roten Armee Fraktion studieren. Der Versuch, durch eine öffentliche Diskussionsveranstaltung auf die Problematik der Sonderhaftbedingungen, unter denen die inhaftierten Mitglieder dieser Organisation ihre Haftstrafe verbüßen, aufmerksam zu machen, kann durch Rückgriff auf § 129a StGB als Unterstützung einer terroristischen Vereinigung bzw. als Werben für eine solche verfolgt werden. Durch derartige reflexive Schleifen werden die Bedingungen der Kommunikation über Kommunikationsstrafrecht zunehmend repressiv geregelt. Diese Entwicklung markiert das Ende eines Prozesses, in dessen Verlauf die rechtlich zu schützenden Objekte staatlicher Herrschaft sich zusehends erweitert haben und der letztlich im autoritären Legalismus eines politischen Systems endet, das sich selbst zum rechtlich zu sichernden Schutzobjekt erklärt und sich gegen die Kritik an seiner Verfaßtheit mit den Mitteln des politischen Strafrechts zur Wehr setzt.

3. Die meinungsfreiheitliche Halbierung politischer Kommunikation in der wohlfahrtsstaatlichen Massendemokratie

Unter dem Gesichtspunkt der Rekonstruktion des politischen Strafrechts als Kommunikationsstrafrecht ist nun folgende Entwicklung von Interesse: Mit der formalen Durchsetzung von Teilhaberechten und der Kompensation der Folgen ungleicher Verteilung ökonomisch bedingter Risiken werden zwar einerseits die Voraussetzungen für die politische Partizipation im Rahmen einer demokratischen Herrschaftsordnung geschaffen. Gleichzeitig jedoch emanzipiert sich das politische System im Prozeß der Ausdifferenzierung gesellschaftlicher Subsysteme von den kommunikativen Prozessen der Herrschaftsunterworfenen einerseits und den gesellschaftlich zu regelnden Sphären andererseits (3.1.), und die gesellschaftlichen Kommunikationsbedingungen verändern sich, nicht zuletzt durch ihre zunehmende Verrechtlichung und entfernen sich von der idealisierten Vorstellung, die beim Entwurf einer selbstregierenden Gesellschaft Pate standen (3.2.).

3.1. Verselbständigung des politischen Systems gegenüber seiner gesellschaftlichen Umwelt

Parallel zur Entwicklung der bürgerlichen Freiheitsrechte läßt sich dieser Prozeß der Autonomisierung des parlamentarischen politischen Systems nachzeichnen, das sich in seinen Entscheidungen einerseits von spontanen, nicht organisierten gesellschaftlichen Meinungs- und Willensbildungsprozessen weitgehend abgekoppelt hat und andererseits nur mehr bedingt den Ansprüchen der gezielten gesellschaftlichen Selbstprogrammierung mit dem Mittel des allgemeinen Gesetzes gerecht wird.

Einerseits reduzieren sich die Rechte des Souveräns, von dem die Staatsgewalt ausgehen soll, im Verlauf des Ausbaus der wohlfahrtsstaatlichen Massendemokratie zusehends auf die periodische "Abgabe seiner Stimme", eine Formulierung, die in ihrer Doppeldeutigkeit das Problem der politischen Kommunikation zum Ausdruck bringt. Politisch motivierte Kritik wird entweder durch formelle Partizipationsmöglichkeiten und symbolische Politik abgefedert oder durch fiskalische Zuteilungen kompensiert. Legitimationsprobleme können so entweder monetarisiert oder symbolisch verarbeitet werden.

Es hat hier eine tendenzielle Umkehrung der Beziehung zwischen Legitimität und Zustimmung stattgefunden. Die rechtlich kodifizierten politischen Artikulationsrechte der Staatsbürger erscheinen unter diesen Bedingungen eher als staatlich gewährtes (und zumeist kaum wahrgenommenes) Privileg denn als Voraussetzung, die die staatliche Ordnung begründet.[7]

Andererseits fallen der Output des politischen Systems in Form von parlamentarischen Gesetzen, und sein Impact, das heißt die praktischen Folgen dieser gesetzlichen Regelungen in der Gesellschaft, auseinander. Der politische Wille des parlamentarischen Gesetzgebers nimmt in seinen gesellschaftlichen Wirkungen zunehmend weniger die erwartete Gestalt an. Die Vorstellung, parlamentarische Gremien betrieben folgenreich Politik, indem sie mit den Mitteln des allgemeinen Gesetzes, in dem der vereinigte Volkswille zum Ausdruck kommt, die Selbstprogrammierung der Gesellschaft betreiben, ist angesichts der Ausdifferenzierung und Autonomisierung unterschiedlicher gesellschaftlicher Subsysteme obsolet geworden.[8] Zwar wird diese Vorstellung als legitimitätsstiftende Fiktion aufrechterhalten, realistischer erscheint jedoch die Vorstellung, daß sich der Kreislauf der Selbsterzeugung legitimer politischer Herrschaft in zwei nur mehr sehr lose gekoppelte Kreisläufe geteilt hat: auf der einen Seite die Inszenierung parlamentarischer Politik im Kreislauf von Wahlen und der periodischen Zirkulation politischer Eliten. Auf der anderen Seite der Kreislauf politischen Handelns zwischen Exekutive und parlamentarischem Gesetzgeber, der an die öffentlichen parlamentarischen Debatten nur mehr sehr lose angekoppelt ist. Schließlich ist die Wirkung von allgemeinen Gesetzen im angesteuerten Regelungsbereich zunehmend fragwürdig geworden. Der politische Kreislauf der Selbstprogrammierung ist also mindestens an zwei Stellen unterbrochen: Zum einen hat sich der parlamentarische Gesetzgeber weitgehend von der vorparlamentarischen politischen Kommunikation abgekoppelt, und zum anderen sind die autonomisierten gesellschaftlichen Subsysteme mit dem Instrumentarium des Rechtsstaats nicht mehr steuerbar, sondern reagieren weitgehend nach den Regeln ihrer eigenen Rationalität.

Damit kommt die politische Herrschaftsordnung potentiell in eine doppelte Legitimitätsproblematik: Auf der einen Seite finden sich die Bürger durch ihre Repräsentanten nicht mehr repräsentiert, auf der anderen Seite wachsen die Zweifel an der politischen Leistungsfähigkeit des politischen Systems. Anhand dieser doppelten Problematik läßt sich eine Kategorisierung politischer Protestformen entwickeln. Man kann so unterscheiden zwischen außerparlamentarischen und nichtinstitutionellen Artikulationsformen wie zivilem Widerstand, Blockadeaktionen, Bauplatzbesetzungen. Diese Protestformen lassen sich interpretieren als Strategie der Selbstrepräsentation und als Versuch, für ein spezifisches Anliegen im Medium der Öffentlichkeit politisch folgenreiches "Gehör" zu finden. Auf der anderen Seite wären die sich zunehmend entwickelnden autonomen lokalen Projekte als Protestformen zu nennen, die, wie etwa die Hausbesetzer, auf eine Re-autonomisierung von Lebenszusammenhängen zielen, d.h. die versuchen, Bereiche zu entwikkeln, in denen die Defizite des politischen Systems durch Selbstorganisation der Betroffenen kompensiert werden sollen. Beide Formen lassen sich als kommunikativ strukturierte politische Artiklulations- und Aktionsformen interpretieren. Beide ziehen das Interesse des politischen Strafrechts auf sich. Ziviler Ungehorsam wird als Gewalt deklariert und gegen autonome Projekte wird mit dem Argument vorgegangen, es dürfe in einer rechtsstaatlich verfaßten Gesellschaft keine "rechtsfreien Räume" geben.

3.2. Verdrängung staatbürgerlicher Kommunikation in die Privatsphäre

Der Vorstellung eines demokratischen Gemeinwesens liegen bestimmte Annahmen über die Prozesse politischer Kommunikation zugrunde. Betrachtet man die demokratischen Ursprungsmythen der Moderne, d.h. die Beschreibungen der bürgerlichen Revolutionen, also etwa die Gründung der USA oder die französische Revolution, so lassen sich die zugrundeliegenden Vorstellungen über gesellschaftliche Kommunikationsverhältnisse studieren.[9] Die Idee des Zusammenhandelns der Bürger, die sich gegen die heteronome Herrschaft wenden und durch gegenseitige reziproke Verpflichtung eine neue Form von Herrschaft institutieren, indem sie die Verpflichtung übernehmen, für das Gemeinwesen einzustehen, sich gegenseitig anzuerkennen und nur den (jederzeit revidierbaren) Gesetzen zu folgen, denen sie selbst mit guten Gründen zugestimmt und die sie selbst mehrheitlich verabschiedet haben, steht am Ursprung demokratischer Herrschaft. Diese Idee ist in mehrfacher Hinsicht voraussetzungsvoll: Erstens wird mit der Fiktion von Freiheit und Gleichheit der Teilnehmer operiert. Zweitens wird der Entwurf einer politischen Ordnung als Gegenentwurf zu heteronomen Herrschaftsverhältnissen entwickelt. Drittens ist damit das Problem oder Thema der Kommunikation definiert: nämlich die Befreiung aus fremdbestimmter hin zu selbstbestimmter Herrschaft, die auf horizontalen Verpflichtungen der Beteiligten basiert. Dieses Thema ist viertens ausreichend erfahrungsgesättigt, d.h. die Teilnehmer wissen aus eigener Erfahrung worüber sie reden. Es ist fünftens ohne weiteres verallgemeinerungsfähig, d.h. das kollektive Interesse an Selbstregierung fällt zusammen mit den Interessen der einzelnen an Befreiung aus heteronomer Herrschaft. Sechstens ist eine weitgehende Unmittelbarkeit der kommunikativen Prozesse gegeben, d.h. zum einen, die Teilnehmer der Kommunikation sind im Hier und Jetzt präsent. Das bedeutet zum anderen aber auch, daß eine enge Kopplung von Reden und Handeln existiert. Der kommunikativ erzielte Konsens hat für alle Beteiligten verpflichtenden Charakter und unmittelbare handlungspraktische Folgen.

Historisch haben diese Idealisierungen ihren Niederschlag in den oben genannten rechtlichen Kodifikationen gefunden. Durch die rechtliche Sicherung politischer Kommunikationsrechte, also in erster Linie der Rede-, Presse- und Versammlungsfreiheit setzt jedoch ein doppelter Verrechtlichungsprozeß ein: Zum einen werden politische Freiheitsrechte i.S. von Kommunikationsrechten gewährt, zum anderen dreht sich damit aber zugleich das Verhältnis von Kommunikation und staatlicher Ordnung um. Dies ist u.a. die Folge der spezifischen Art, in der der Mechanismus der Verrechtlichung mit der Einführung binärer Schematisierungen operiert. Der Staat garantiert das Recht. Mit jeder Rechtssetzung wird jedoch zugleich Unrecht gesetzt. Das heißt, durch Verrechtlichung geht die Herrschaft über die Grenze zwischen legitimer politischer Artikulation und strafbarer politischer Kriminalität in die Hände des Staates über. Die Folgen dieser Entwicklung werden in der Verrechtlichungsdebatte als Zunahme der Regelungsdichte und Regelungstiefe beschrieben. Neues Recht erzeugt zugleich neuen Regelungsbedarf und so wächst Schicht auf Schicht das geschriebene Recht, bis alle gesellschaftlichen Bereiche mit einem dichten Netz von Regelungen überzogen und damit staatlicher Kontrolle unterworfen sind.

Mit der zunehmenden Verrechtlichung des demokratischen politischen Prozesses schrumpft nun gleichzeitig der rechtlich definierte Spielraum für kollektiven politischen Protest, der sich nicht in den rechtlich vorgegebenen Bahnen institutionalisierter Meinungsäußerung einordnet. Die Regelung der gesellschaftlichen Kommunikationsverhältnisse konstitutionalisiert alle Äußerungsformen und schließt den politischen Machtkreislauf durch das Verfahren demokratischer Wahlen kurz. Das heißt, jeder Protest kann auf den Dienstweg der demokratischen Politik verwiesen und zur Mehrheitsbeschaffung im Rahmen der institutionellen Ordnung aufgefordert werden. Damit werden zum einen die Freiräume für vor-, außer- oder nebenparlamentarische Kritik zunehmend geringer und zum anderen sinken die Chancen auf folgenreiches politisches Gehör für solche Protestformen, die an das vermachtete politische System nicht anschlußfähig sind. Gleichzeitig geraten solche Kritikformen schneller unter den Verdacht der Rechtswidrigkeit. Mit der zunehmenden Verrechtlichung politischer Kultur wachsen zugleich die Rechtsdurchsetzungs- und Überwachungsstäbe, d.h. kommunikative Prozesse können von seiten des Staates differenzierter, früher und intensiver überwacht und unterdrückt werden. Im kurzgeschlossenen Kreislauf von Exekutive und parlamentarischem Gesetzgeber wird zudem jener repressiven Verrechtlichung, die den Handlungsspielraum der Exekutive ausweitet, Vorschub geleistet.

Kennzeichnend für die Formen sozialen und politischen Protests der Gegenwart, auf die sich das politische Strafrecht bezieht, ist dementsprechend die Kritik an der spezifischen Institutionalisierung der existierenden Herrschaftsordnung durch Rekurs auf die Ideale der demokratischen politischen Kommunikation, auf die sich diese Ordnung beruft und in deren Namen sie gegen den Protest mit den Mitteln des Rechts vorgeht. Es handelt sich hier also auch um einen Streit über die angemessene Interpretation der Bedeutung demokratischer Herrschaft. Entsprechend läßt sich die Reaktion des politischen Strafrechts als Element im Kampf um die angemessene Deutung der

Prinzipien legitimer demokratischer Herrschaft verstehen. Gegenstand rechtlicher Regelung werden nicht nur bestimmte Inhalte von Kritik, sondern auch Formen ihrer (kollektiven) Äußerung. Dies läßt sich deutlich an den Wandlungen des Begriffs der demokratischen Öffentlichkeit zeigen. Öffentlichkeit war zunächst eine Form kommunikativen kollektiven Handelns, sei es in der von Habermas beschriebenen Form der bürgerlichen Öffentlichkeit oder in der etwa von E.P. Thompson, Charles Tilly, Rudé u.a. analysierten Form der collective action der sich entwikkelnden Arbeiterklasse. Das heißt, Öffentlichkeit war die Form, in der sich eine aus Traditionen befreite, oder Traditionen reflektierende Gesellschaft ihrer kollektiven Identität vergewisserte. Durch die Prozesse der Verrechtlichung und Institutionalisierung, durch Kommerzialisierung und Ökonomisierung wurde daraus eine medial vermittelte Arena der Zirkulation von Informationen, der gegenüber die unmittelbaren, d.h. intersubjektiven, kommunikativen Prozesse des Staatsbürgerpublikums als Privatsphäre erscheinen.

4. Formen und Funktionen politischer Kommunikation - Die Entstehung von politischem Protest

Der Ausgangspunkt der vorangehenden Überlegungen war die Annahme, daß die Entwicklung des politischen Strafrechts im demokratischen Rechtsstaat als paradoxer Prozeß rekonstruierbar ist, daß mit zunehmendem Ausbau der demokratischen Herrschaftsordnung die demokratischen Partizipationchancen sinken, daß dadurch neue Formen politischer Kommunikation entstehen, die im Interesse der Aufrechterhaltung des institutionellen status quo kontrolliert werden müssen, wodurch wiederum die Intensität der staatlichen Überwachung zunimmt. Für diesen Prozeß soll abschließend eine theoretische Deutung entwickelt werden.

Mit der Konstruktion des autonomen Rechtssubjekts, das mit anderen, die als Freie und Gleiche gedacht werden, vertragliche Bindungen eingeht, wird an der Wiege des Rechtsstaats der Handlungstyp des rationalen Egoisten zur normativen Schablone gesellschaftlicher Selbstbeschreibung. Die historische Durchsetzung dieses Habitus ist von Max Weber bis McPherson ausführlich analysiert worden. Bezogen auf die politische Ordnung entfaltet sich dieser Typus unter den Bedingungen des liberalen Nachtwächterstaats und einer Marktvergesellschaftung, die Systeme strategisch rationalen Handelns hervorbringt. Diese Form der Vergesellschaftung wiederum erzeugt ökonomische und soziale Nebenfolgen, die mit den legitimationsstiftenden Idealen von Freiheit und Gleichheit in Widerspruch geraten. Die Kompensation dieser Nebenfolgen bringt den interventionistischen Wohlfahrtsstaat und das regulative Recht hervor. Die Rationalität des Rechts wird umgepolt von Ausdifferenzierung autonomer Handlungssphären durch Rahmenbedingungen sichernde Konditionalprogramme auf Zweck-Mittel-Programme, die auf die Erreichung bestimmter gesellschaftlicher Zustände zielen (Verteilungsgerechtigkeit, Stabilisierung des ökonomischen Wachstums, Garantie sozialer Sicherheit, Chancengleichheit). Damit übernimmt der Staat zusätzliche Aufgaben, deren (Nicht)erfüllung zum Maßstab seiner Legitimität wird. Soziale Gerechtigkeit wird in Begriffen sozialer Sicherheit und wohlfahrtsstaatlicher Leistungen buchstabiert.

Interventionismus und Demokratisierung gehen im Rechtsstaat Hand in Hand. Durch die Universalisierung politischer Partizipations- und Artikulationsrechte, also durch Demokratisierung, erreichen jene Anliegen politisches Gewicht, die - unter Beibehaltung der rechtsstaatlich garantierten Eigentumsordnung - nur durch zunehmende kompensatorische Intervention befriedigt werden können. Auf der Ebene der verfassungsrechtlichen Auseinandersetzung wird diese Entwicklung als das Problem des Verhältnisses von Rechts- und Sozialstaat diskutiert, in der Politikwissenschaft ist die Rede von Problemen der Unregierbarkeit, in der Ökonomie von steigender Staatsquote und fiskalischer Krise.

Bezogen auf die Sicherung der Stabilität der politischen Herrschaftsordnung durch politisches Strafrecht ergibt sich hier folgendes Bild. Die Struktur der politischen Herrschaftsordnung basiert auf der Vereinzelung der Bürger als freie und gleiche Privatleute. Anspruch auf politisches Gewicht kommt ihren Handlungen als solchen nicht zu. Nur auf dem Umweg über die institutionell verfaßten Kanäle, in denen die Einzelwillen numerisch aggregiert werden, kann sich Politik in der Form von Gesetzen bilden. Die Bürger können sich als einzelne an den Staat wenden, aber sie können sich nicht kollektiv auf der Basis gegenseitiger horizontaler Vereinbarungen gegen ihn richten. Das institutionelle Arrangement der repräsentativen Demokratie, korporatistische Interessensvertretung und Parteienkonkurrenz, reproduziert sich relativ problemlos, solange die Herrschaftsunterworfenen sich auf die Rollen der Klienten staatlicher Bürokratien und der periodisch ihre Stimme abgebenden Wahlbürger beschränken, d.h. solange sie ihre Ziele individuell bzw. unter Verwendung der vorgesehenen institutionellen Kanäle verfolgen und nicht kollektiv und koordiniert politisch handeln.

Dies werden sie auch solange nicht tun, solange sie in der Mehrzahl als rationale Egoisten agieren. Das Problem ist nun, daß der Staat einerseits zusehends mehr Aufgaben im Rahmen der Daseinsvorsorge übernimmt, d.h. die private Existenz des einzelnen hängt in zunehmendem Ausmaß vom Staat ab, daß aber andererseits das politische System immer stärker eine eigenständige Rationalität entwickelt, die von den gesellschaftlichen Willensbildungsprozessen abgekoppelt ist. Staatliche Politik ist so gleichzeitig an gesellschaftliche Prozesse an- und von ihnen abgekoppelt. Subjektiv wird das als Ohnmacht, als Enteignung, als Kolonisierung der Lebenswelt erfahren.

Die Entstehung politisch motivierter kollektiver Protestformen läßt sich nun interpretieren als lokale und begrenzte Überwindung der dadurch entstehenden Kollektivgutproblematik. Diese Problematik besteht darin, daß es unter den Bedingungen einer demokratischen Herrschaftsordnung für alle Beteiligten vorteilhaft wäre, sich gegen eine Politik zu wenden, deren Folgen für die einzelnen negativ sind, daß dies aber andererseits nicht passieren wird, da es für jeden einzelnen aus seiner subjektiven Perspektive als einzelner vorteilhafter ist, sich nicht politisch zu engagieren. Voraussetzung für die Überwindung dieser Situation ist die Entwicklung egalitärer kommunikativer Handlungszusammenhänge, wie sie in den demokratischen Ursprungsmythen kulturell kodiert sind.

Wie entstehen nun die Bedingungen unter denen sich solche Zusammenhänge entwickeln? Was motiviert rationale Egoisten, sich auf kollektives Handeln in politischer Absicht einzulassen?

Die Entwicklung kollektiver Protestformen läßt sich rekonstruieren als Folge der Erosion jener kulturellen Traditionen, in denen die normativierten Selbstbeschreibungen rationaler Egoisten eingelassen sind. Um als rationale Egoisten agieren zu können, müssen die Akteure über ein gewisses Ausmaß an relativ stabilem Wissen über ihre Umwelt verfügen. Dieses Wissen ist die Voraussetzung, um individuelle Entscheidungskalküle entwickeln zu können. Sowohl Zwecke als auch Mittel, Kosten wie Nutzen können nur kalkuliert werden, wenn, phänomenologisch gesprochen, die Welt in der unmittelbaren Reichweite als fraglos gegeben angenommen werden kann. Diese sozio-kulturelle Sicherheit nimmt jedoch individuell und strukturell ab.[10] Mit dem Abbau institutioneller, normativer und kognitiver Sicherheiten, die als fraglos gegeben angenommen werden, steigt der Zwang zur andauernden individuellen und kollektiven Selbstorganisation.[11] Dies erfordert u.a. Prozesse kommunikativer Abstimmung. Mit der zunehmenden Komplexität der Lebenswelten, d.h. mit der Enttraditionalisierung von Lebensformen entsteht sowohl die Notwendigkeit individueller Konstruktionsarbeit zur Aufrechterhaltung einer stabilen personalen Identität als auch der Bedarf an alltäglicher intersubjektiver Handlungskoordination. Beides setzt verständigungsorientierte kommunikative Prozesse voraus. Ein wesentliches Kennzeichen solcher Kommunikationsprozesse ist ihr boot-strap-Charakter. Das heißt, kommunikative Prozesse sind rekursiv, selbsterzeugend und verlaufen von noise zu order, von Kontingenz zu erwartungsstabilisierender Kooperation. In diesen Prozessen werden zugleich mögliche kollektive Güter und neue Präferenzstrukturen konstruiert, die es für die Akteure rational erscheinen lassen, zu kooperieren und sich öffentlich gegen die Herrschaftsordnung zu wenden (Beispielsweise sind die Anliegen der Ökologiebewegung nicht gleichsam ein Reflex objektiver Verschlechterung der natürlichen Lebensbedingungen, sondern das Produkt kommunikativer Prozesse, die das kulturelle Objekt "Umweltgefährdung" hervorgebracht haben).

Diese Prozesse der Entstehung kommunikativer Zusammenhänge nun sind lediglich lokal produktiv und kaum institutionalisiert. Sie differenzieren in einer undurchsichtig und unsicher gewordenen gesellschaftlichen Umwelt gleichsam lokal und sozial überschaubare, kognitiv faßbare Lebenswelten aus und bilden damit diskursive Inseln in einer systemrational strukturierten und dem individuellen Zugriff entzogenen Welt.

Der politische Charakter dieser diskursiven Inseln ist gekennzeichnet durch die dramatisierende Moralisierung der Folgen und Nebenfolgen parlamentarischer Politik und den damit verbundenen Anspruch auf praktische politische Konsequenzen. Dabei entsteht das Problem, daß die Rationalität eines moralisierenden politischen Diskurses und die Rationalität einer als Verwaltung von gegebenen Sachzwängen konzipierten Politik inkompatibel sind. Die in den Protestbewegungen artikulierte Kritik ist zwar gemäß den universalistischen Normen einer diskursiven Ethik reziproker Verpflichtung vernünftig, aber sie ist politisch nicht anschlußfähig. Systemkomplexität ist durch Moralisierung nicht in den Griff zu bekommen (Vor diesem Hintergrund läßt sich auch die aktuelle Konjunktur sozialphilosophischer Ansätze des Kommunitarismus verstehen). Entsprechend vage fallen denn auch die Beschreibungen aus, wie diskursiv erzeugte, gute Gründe mit praktischer Politik verknüpft werden sollen. Habermas spricht in diesem Zusammenhang vom "Modus der Belagerung", in dem kommunikative Macht auf das politisch-administrative System einwirke (Habermas 1989, S. 475). Skandalisiert wird im Namen der normativen Grundlagen demokratischer Herrschaft, aber das politische System kann sich auf diese Kritik nicht einlassen, andererseits die thematisierten Probleme auch nicht dauerhaft leugnen. Entsprechend finden sich gemischte Reaktionen: symbolische Politik auf der einen Seite, Kriminalisierung auf der anderen.

Kommunikation wirkt so gesehen als Organisations- und Ordnungsressource zur Überwindung eines Gefangenendilemmas, in dem sich die Herrschaftsunterworfenen unter den Bedingungen einer repräsentativen Demokratie befinden. Der politische Anspruch, der in den Protestbewegungen erhoben wird, erschöpft sich nicht in der Registrierung am Schalter abzugebender Meinungen. Der im Begriff der politischen Kommunikation enthaltene Anspruch auf Selbsthandeln führt zur Konfrontation mit den Institutionen des politischen Systems, das für folgenreiches politisches Handeln ein Monopol erhebt und die Herrschaftsunterworfenen in politischen Angelegenheiten auf die Rolle der Abnehmer von administrativ produzierten Entscheidungen festlegt. In diesen Entscheidungen nun finden die "guten Gründe" selten ihren Niederschlag. Politische Kommunikation über solche guten Gründe in den institutionalisierten Kanälen und der medialen Öffentlichkeit läuft entgegen der normativierten Selbstbeschreibung des parlamentarischen Systems unter den gegebenen Bedingungen in aller Regel leer. Der Versuch, diesen Zustand lokal zu überwinden, läßt sich als Versuch der Einlösung des demokratischen Versprechens auf Selbstregierung interpretieren. Aus der Sicht der Herrschaftsordnung, die auf diesem Versprechen ihre Legitimität gründet, erscheint seine Einlösung jedoch als Bestandsgefährdung und wird mit den Mitteln des politischen Strafrechts verfolgt.

Anmerkungen

1 Zitiert nach Schroeder 1970, S. 62 f.

2 Vgl. die Darstellung bei Grässle-Münscher 1991.

3 Vgl. die quantitative Übersicht bei Lau/Mischau 1991.

4 Dies zeigt der materialreiche Überblick bei Kirchheimer 1981.

5 Siehe auch die Beiträge in Janssen/Schubert 1990.

6 Diese Position läßt sich studieren an den Einlassungen des ehemaligen Generalbundesanwalts Kurt Rebmann, z.B. Rebmann 1980, 1979.

7 Diesen Aspekt diskutiert ausführlich Maus 1991.

8 Siehe hierzu den Beitrag von Teubner 1985.

9 Eine demokratietheoretisch motivierte Rekonstruktion dieser Ereignisse findet sich in dem Essay von Rödel/Frankenberg/Dubiel 1989.

10 Dies ist das Thema des soziologischen Bestsellers von Beck, Risikogesellschaft - Auf dem Weg in eine andere Moderne, 1986.

11 Dies wirkt sich auch auf das Rechtssystem aus, das die Stabilität von normativen Erwartungen sichern soll. Vgl. hierzu den Beitrag von Preuß 1989.

Literatur

BECK, U., Risikogesellschaft - Auf dem Weg in eine andere Moderne, Frankfurt/M. 1986

BLASIUS, D., Geschichte der politischen Kriminalität in Deutschland 1800 - 1980, Frankfurt/M. 1983

DENCKER F., Gefährlichkeitsvermutung statt Tatschuld, in: "Artikelgesetz", Schriftenreihe der Strafverteidiger-vereinigungen, Köln 1988

GRÄSSLE-MÜNSCHER, J., Kriminelle Vereinigung, Hamburg 1991

HABERMAS, J., Zur Rekonstruktion des Historischen Materialismus, Frankfurt/M. 1976

HABERMAS, J., Volkssouveränität als Verfahren, Merkur 1989, S. 475

JANSSEN, H./SCHUBERT, M. (Hrsg.), Staatssicherheit, Bielefeld 1990

KIRCHHEIMER, O., Politische Justiz, Frankfurt/M. 1981

LAU, S./MISCHAU, A., Normgenese, Zielsetzung und Rechtswirklichkeit des § 129 (R)StGB und § 129 a StGB, Politisches Strafrecht und politische Kriminalität (3. Beiheft des Kriminologischen Journals) 1991, S. 65 - 82

MAUS, I., Sinn und Bedeutung von Volkssouveränität in der modernen Gesellschaft, Kritische Justiz 1991, S. 137-150

MICHELS, R., Political Parties, New York 1959

PREUß, U., Vorsicht Sicherheit, Merkur 1989, S. 487 - 498

REBMANN, K., Strafverfolgung im Bereich terroristischer Publikationen, ZRP 1979, S. 214 - 221

REBMANN, K., Terrorismus und Rechtsordnung, in: Deutscher Richterbund (Hrsg.), Kurskorrekturen im Recht, Köln 1980, S. 109 - 144

RÖDEL, U./FRANKENBERG, G./DUBIEL, H., Die demokratische Frage, Frankfurt/M. 1989

SCHROEDER, F.-CH., Der Schutz von Staat und Verfassung im Strafrecht, München 1970

TEUBNER, G., Verrechtlichung - Begriffe, Merkmale, Grenzen, Auswege, in: Kübler, F. (Hrsg.), Verrechtlichung von Wirtschaft, Arbeit und sozialer Solidarität, Frankfurt/M. 1985.

Privatisierung öffentlicher Sicherheit

Michael Voß

1. Gefahr für das Gewaltmonopol?

"Sicherheit", das kennen die Rechtskundigen in der Verbindung von "Sicherheit und Ordnung", genauer: als "öffentliche Sicherheit und Ordnung". Gesichert werden sollen die Unversehrtheit der Rechtsordnung und der staatlichen Einrichtungen sowie Freiheit, Gesundheit und Eigentum des Bürgers. Drohende oder akute Beeinträchtigungen der öffentlichen Sicherheit und Ordnung wendet ein staatliches Verwaltungsorgan ab, die Polizei. Ein sorgsam gepflegtes Szenarium der bedrohten "Inneren Sicherheit" hat der Polizei in den letzten Jahrzehnten einen viel beachteten Ausbau von Personal und materiellen Ressourcen beschert. Der drohende Verlust des staatlichen Gewaltmonopols, ob durch Terrorismus oder gemeine Kriminalität, wird dem Bürger als die Gefährdung seiner ureigenen Rechte vorgeführt. Im Schlußbericht der sog. "Gewaltkommission" der Bundesregierung wird der Zusammenhang zwischen Staatsschutz und Bürgerschutz nochmals exemplarisch deutlich: Die konsequente Durchsetzung des staatlichen Gewaltmonopols ist die Voraussetzung für dessen friedensstiftende Funktion; die Sicherung des Gewaltmonopols steht mithin im wohlverstandenen Interesse der friedliebenden Menschen (Schwind/Baumann 1990, S. 49, 135 f.). Staatsinteresse und Bürgerinteresse werden eins, so sahen es schon die klassischen Kontrakttheorien.

2. Gewaltenteilung zwischen privaten Sicherheitsorganen und Polizei?

Die besagte Kommission wendet im Anschluß an diese Feststellung ihre Aufmerksamkeit den Bürgern zu, die - insbesondere in Gestalt organisierter Zusammenschlüsse - das staatliche Gewaltmonopol mißachten. Auf der Suche nach Konkurrenten um das staatliche Gewaltmonopol hätten der Kommission eigentlich Organisationen auffallen müssen, deren Vertreter den legitimen Repräsentanten der staatlichen Gewalt in fataler Weise ähneln. Gemeint sind die privaten Sicherheitsunternehmen. Wir finden hier uniformierte Kräfte, die sich mit Hilfe von Schulterklappen und hoheitsähnlichen Abzeichen alle Mühe geben, von der Autorität der Staatsmacht zu profitieren. Wir finden ferner in unauffälliges Zivil gekleidete Sicherheitsdiener, deren Funktion ebenso geheim bleiben soll, wie die der staatstragenden Kollegen. Wir finden die privaten wie die öffentlichen Ordnungshüter auf unseren Straßen und Plätzen. Vor der Landeszentralbank steht ein bewaffneter und uniformierter Wachmann, der nur durch seinen großkalibrigen Revolver von seinem staatlichen Gegenüber zu unterscheiden ist. Beim weiteren Gang durch die Innenstadt treffen wir auf eine Fußstreife der Polizei im bekannten grünen Rock, beim Gang durch die Ladenpassage auf eine schwarz kostümierte Privatstreife. Wir finden hier wie dort Gummiknüppel, Handschellen oder Schußwaffen, bei den Privaten lediglich eine größere Aufgeschlossenheit für waffentechnische Neuerungen, bei den Behörden eher bürokratische Strenge und Normierung. Auf beiden Seiten ist technisches Detektionsgerät zu finden, auch hier erweisen sich die Privatunternehmen gegenüber dem technischen Fortschritt als aufgeschlossener. Die Zeitschrift "Wirtschaftsschutz und Sicherheitstechnik" liefert ein reichhaltiges Anschauungsmaterial, welch nützliche Dienste Restlichtkameras oder Körperschallmelder zu leisten vermögen.

3. Klassifizierung des privaten Sicherheitsangebots

Beim Versuch, private Sicherheitsanbieter, die definitionsgemäß ohne öffentlichen Status auskommen, deren Beschäftigung ausschließlich aus Sicherheitsdienstleistungen besteht und die der Privatwirtschaft angehören, nach Angebotsklassen zu ordnen, wird einem die ganze Vielfalt der Sicherheitsbranche leidvoll bewußt. Man kann zunächst zwei Angebotsgruppen unterscheiden:

(1) Personale Sicherheitsdienstleistungen, die wiederum zu differenzieren sind nach
- Angeboten, die auf Vertragsbasis anderen Unternehmen, Behörden oder Privatpersonen unterbreitet werden und
- Sicherheitsdienstleistungen, die innerhalb von Unternehmen oder Behörden von darauf spezialisierten Fachabteilungen zu hausinternen Zwecken ausgeführt werden, sowie
(2) technische Sicherheitsausrüstungen. Hierzu zählt die Herstellung, Verteilung und Aufstellung technopräventiver Einrichtungen.

Der Hallcrest-Report, eine kürzlich veröffentlichte Analyse über den US-Markt privater Sicherheit (zu Vorläufern vgl. Kakalik/Wildhorn 1971; LEAA 1977; Cunningham/Taylor 1985), erstellt von einem "Consulting"-Unternehmen der Branche, unterscheidet in einer Feingliederung die folgenden acht Bereiche (vgl. Cunningham u.a. 1991, p. 181 ff.; ähnlich: Timm/Christian 1991, p. 9):
- Innerbetriebliche Sicherheitsdienste
- Selbständige Bewachungs- und Streifendienste
- Alarmierungsdienste
- Private Ermittlungsdienste
- Werttransporte
- Schlüsseldienste
- Sicherheits-Beratungsdienste
- Technoprävention und Sicherheitstechnik

4. Größenordnungen

Nach ökonomischen Größenklassen geordnet dominiert im In- und Ausland die Herstellung von technischen Sicherheitsprodukten, gefolgt von innerbetrieblichen Sicherheitsabteilungen und den selbständigen Sicherheits- und Bewachungsunternehmen (vgl. Cunningham u.a. 1991, p. 194). Bezogen auf die Beschäftigtenzahl liegen im Jahr 1990 die innerbetrieblichen Sicherheitsdienste und die selbständigen Bewachungsunternehmen in den *USA* mit jeweils etwa 520.000 Beschäftigten gleichauf, gefolgt von den 120.000 Mitarbeitern von Alarmierungszentralen (ebd., p. 196). Die größten amerikanischen Sicherheitsunternehmen, Pinkerton und Burns, haben 55.000 bzw. 30.000 Beschäftigte und jährliche Einnahmen (1988) von 652 bzw. 435 Millionen Dollar aufzubieten (ebd., p. 217).

Zählen wir die Köpfe privater Sicherheits- und Ordnungskräfte zusammen, so bleibt deren Anzahl keineswegs hinter den Polizeikräften zurück. In zahlreichen westeuropäischen Ländern haben die Privaten der Polizei bereits den Rang abgelaufen. In der westlichen Modellnation, den *USA*, stehen nach den Erkenntnissen des "Hallcrest-Reports" im Jahr 1990 600.000 Polizeibeamte 1,5 Millionen privaten Sicherheitsbediensteten gegenüber (Cunningham u.a., 1991, p. 229).

Für *England* wird ein Zahlenverhältnis von 250.000 Mitarbeitern in privaten Sicherungsfirmen zu 120.000 Polizeibeamten angegeben. Etwa 1.000 Einzelunternehmen bewegen sich auf dem Markt, der allerdings von fünf Großanbietern dominiert wird, die 75 - 80 % der Nachfrage abdecken (vgl. South 1988, p. 25). Für *Frankreich* zeigen die berufsbezogenen Daten der Volkszählung von 1983 für den privaten Sicherheitssektor eine Personalstärke von 95.940 gegenüber 110.000 Beschäftigten bei der Police Nationale (vgl. Ocqueteau 1987, S. 39 f.).

Eine Zählung, die 1984 vom "European Committee on Crime Problems" (1984, p. 15) veröffentlicht wurde, weist für die *Bundesrepublik* auf 542 private Sicherheitsfirmen hin, die 66.000 Personen beschäftigen. Weitere 60.000 Bedienstete werden für die betriebseigenen Sicherheitsabteilungen angegeben. Aus dem Bereich der Technoprävention werden 400 Unternehmen mit 10.000 Beschäftigten genannt. Nicht erfaßt werden in diesen Zählungen die Detekteien (600 - 800, vgl. Jungfer 1989, S. 496) und die Unternehmensberatungsfirmen, die Sicherheitsdienstleistungen wie die folgende anbieten: "Unternehmensberatung für Geheimschutz und betriebliche Sicherheit: Einstellungsüberprüfungen von Arbeitsplatzbewerbern in geheimschutzbedürftigen Arbeitsbereichen, Erstellung von Geheimschutzkonzepten und Sabotageschutzplänen, Aufklärung von Wirtschaftsstraftaten" (vgl. Kriminalistik 1991, S. 417). Die Gesamtzahl der Polizeibeamten wird in der Europaratszählung für das Bezugsjahr mit 194.000 angegeben; darunter befinden sich etwa 111.000 Schutzpolizei- und 23.000 Kriminalpolizeibeamte (vgl. Feltes 1984, S.12).

Die Umsatzsteuerstatistik, in der Betriebe mit einem Jahresumsatz von mehr als 20.000 DM erfaßt werden, weist für 1988 bereits 798 Betriebe aus, die Grundstücks-, Gebäude und Fahrzeugbewachung zum Gegenstand haben, bei einem Jahresumsatz von 2,05 Milliarden DM (1960: 332 Betriebe, 109 Millionen Jahresumsatz; 1986: 721 Betriebe, 1,7 Milliarden Jahresumsatz; vgl. Statistisches Bundesamt 1960, 1986, 1988). Für das Jahr 1991 rechnet der Bundesverband Deutscher Wach- und Sicherheitsunternehmen mit einem Jahres-Gesamtumsatz der Branche von drei Milliarden DM (vgl. Der Spiegel, Nr. 42, 14.10.91, S. 34). Die Zahl der Beschäftigten im Sicherheitsgewerbe dürfte daher inzwischen deutlich höher liegen als in den Zählungen bis 1984 ausgewiesen. Vom Branchenumsatz des Jahres 1986 entfällt fast 1 Milliarde auf nur 35 Großbetriebe, deren Jahresumsatz jeweils jenseits der 10-Millionen-Grenze liegt (ebd. 1986, Tab. 3, S. 118). Das Bundesministerium des Innern ermittelt in einer Umfrage bei allen Bundesländern im Jahr 1981 einen Bestand von 1.000 privaten Wach- und Sicherheitsunternehmen, wobei hier eine Überhöhung durch Filialbetriebe vermutet wird (vgl. Bericht zur Lage 1982, S. 266; Stacharowsky 1985, S. 229). Von 1.000 registrierten Gewerbeerlaubnisinhabern in der Sicherheitsbranche spricht aber auch der "Sicherheitsreport". 500 dieser Betriebe erwirtschafteten jedoch nur Monatsumsätze von weniger als 1.000.- DM; die materiellen Voraussetzungen für die Gewerbeausübung seien hier im Grunde nicht gegeben (vgl. Musebrink 1983, S. 9).

Für Großunternehmen der Branche wie den "Zivilen Sicherheitsdienst" in München wurde bereits vor Jahren eine Beschäftigtenzahl von 900 genannt (Gelhausen/Spitzner 1978, S. 1125). Der "Niedersächsischen Wach- und Schließgesellschaft Eggeling & Schorling" wird im Jahre 1980 ein Mitarbeiterstab in "vierziffriger Größe" (Kusch 1980, S. 316) zugesprochen. Reinhard Ottens, Geschäftsführer der "Deutschen Sicherheits- und Werkschutz GmbH & Co." gibt für das von ihm vertretene Unternehmen, das zu den Marktführern in der Bundesrepublik zählt, 1.600 festangestellte Mitarbeiter an, von denen 250 berechtigt seien, Waffen zu tragen (Ottens 1987, S. 618).

5. Privatpolizei dank Privatautonomie

Weshalb ist die "Privatpolizei" trotz der offenkundigen Parallelität im Dienstleistungsangebot und in der Größenordnung kaum ein Thema für die Hüter des Gewaltmonopols? In einem Bericht des Bundesinnenministers zur Lage des Sicherheitsgewerbes, der sich auf eine Umfrage bei den Ländern bezieht, wird lapidar kommentiert, "daß mit der privaten Wahrnehmung von Wach- und Sicherheitsaufgaben im derzeitigen Umfang ein 'Verlust des staatlichen Gewaltmonopols' nicht verbunden ist ..." (Bericht zur Lage 1982, S. 326). Lediglich die Länder Hamburg und Nordrhein-Westfalen melden gewisse Bedenken an (vgl. ebd.). In einer Fortschreibung des Innenministeriumsberichts aus dem Jahre 1986 heißt es etwas zurückhaltender, eine Gefährdung des staatlichen Gewaltmonopols werde durch die Tätigkeit der privaten Bewachungsunternehmen "ganz überwiegend nicht gesehen" (Bundesminister des Innern 1986, S. 15). Und zwei Jahre später antwortet der Parlamentarische Staatssekretär beim Bundesminister des Innern auf eine entsprechende Parlamentsanfrage gleichlautend: "Eine Beeinträchtigung des staatlichen Gewaltmonopols durch die Tätigkeit der Wach- und Sicherheitsunternehmen wird ganz überwiegend nicht gesehen ..." (Deutscher Bundestag, 79. Sitzung, 18.5.88, S. 5335).

Diese Selbstgewißheit der Exekutive ist von der nur scheinbar antiquierten Vorstellung getragen, daß die Zuständigkeit des Staates auf den öffentlichen Bereich beschränkt ist und keinen Zugriff auf das private Leben hat. Aus dem Grundsatz der Limitierung staatlicher Macht und der Trennung zwischen öffentlicher und privater Sphäre folgt zugleich das Recht des privaten Bürgers, über sein Eigentum frei zu verfügen und Schutzinteressen selbst wahrzunehmen. Jenseits aller Erodierungen, die der interventionistische Staat der Privatsphäre und der Marktfreiheit zugefügt hat, lebt nicht nur die Idee des liberal-demokratischen Staates des 19. Jahrhunderts fort. Legitimiert durch verfassungs- und bürgerlich-rechtliche Schutz- und Verfügungsgarantien, hat die funktionale Ausdifferenzierung der Gesellschaft beachtliche Autonomiespielräume für gesellschaftliche Subsysteme zur Folge; die private Regulierung von Sicherheit und Ordnung, beispielsweise in ökonomischen Subsystemen der Gesellschaft, hat - durch Systemschranken geschieden - offenbar keine Berührung mit dem staatlichen Gewaltmonopol.

6. Rechtliche Legitimierung privater Kontrolle

Die das Eigentum und die Privatsphäre schützenden Rechtsgarantien sind es denn auch, an die gewerbliche Sicherheitsunternehmen oder betriebseigene Sicherheitsabteilungen ihre Überwachungs- und Interventionsbefugnisse anschließen. Sie nehmen delegierte Besitzrechte gemäß §§ 859, 860 BGB wahr. Betriebsinterne Sicherheits- oder Konfliktregelungsdienste greifen überdies auf kollektiv-vertragliche Regeln, auf Tarifvertrag und Betriebsvereinbarung, zurück. Als gesetzliche Grundlagen gelten dementsprechend § 1 Tarifvertragsgesetz (Tarifvertragsparteien sind zur Regelung betrieblicher Fragen zuständig) und § 87 I Nr. 1 Betriebsverfassungsgesetz (Betrieb hat Regelungskompetenz für die Ordnung im Betrieb und kann zu diesem Zweck eine Betriebsvereinbarung treffen). Ferner hat der Arbeitgeber gemäß § 120a Gewerbeordnung die Verpflichtung, Vorschriften über die Betriebssicherheit des Unternehmens zu erlassen. Schließlich enthalten die Arbeitsverträge mit den Betriebsangehörigen in aller Regel Einverständniserklärungen gegenüber Kontroll- und Durchsuchungsmaßnahmen, die auf die Arbeits- und Betriebsordnung bezogen sind.

Interventionsbefugnisse der privaten Sicherheitskräfte innerhalb oder außerhalb von Unternehmen sind aus Jedermann-Rechten abgeleitet, die mit der Notwendigkeit eines umfassenden Schutzes individueller Rechtsgüter (wie auch der Rechtsordnung) gegenüber ungerechtfertigten Eingriffen begründet werden.

Es sind dies die Regelungen zu Notwehr, Nothilfe (§§ 32, 33 StGB, § 15 OWiG, § 227 BGB), Notstand (§§ 34, 35 StGB, § 16 OWiG), defensiver bzw. aggressiver Notstand (§§ 228, 904 BGB), Selbsthilfe (§§ 229, 230 BGB), Hausrecht analog § 123 StGB, schließlich auch das Recht zur vorläufigen Festnahme gemäß § 127 Abs. 1 StPO (ähnlich: § 229 BGB) (zur Forderung nach einer rechtlichen Sonderregelung der professionell ausgeübten Nothilfe siehe Hoffmann-Riem 1977, S. 281, 283; ähnlich Roßnagel 1983, S. 62; Kirchhof 1978, S. 971; anders hingegen Schwabe 1978; Kunz 1983, S. 991; Mahlberg 1988, S. 146 ff., die eine Sonderregelung ablehnen).

Dort, wo privaten Sicherheitsorganen rechtliche Schranken gegenüber Eingriffen in die Rechte von Bürgern verbleiben, versichern sie sich der freiwilligen Unterwerfung der Betroffenen - die, wo immer sie privater Kontrolle begegnen, ein persönliches Anliegen verfolgen, sei es Gelderwerb, Einkauf oder Freizeitbedürfnisse. Diese Konstellation überbrückt die formalrechtliche Schlechterstellung der privaten gegenüber der öffentlichen Polizei und läßt die privaten Sicherheitskräfte auch in dieser Hinsicht als wettbewerbsfähig erscheinen (vgl. South 1989, p. 95).

Rechtliche Rahmenregelungen für private Sicherheits- und Bewachungsunternehmen (nicht jedoch für den betriebsinternen Werkschutz!) folgen aus § 34a Gewerbeordnung. Hier ist die Erlaubnispflichtigkeit des Sicherheitsgewerbes normiert. Die Erlaubnis kann versagt werden, wenn der Antragsteller die erforderliche Zuverlässigkeit oder die für den Gewerbebetrieb erforderlichen Mittel nicht besitzt (vgl. Landmann-Rohmer 1990; Lehmann 1980).

Die Einzelheiten regelt eine vom Bundesminister für Wirtschaft erlassene Bewachungsverordnung (vom 1.6.76, BGBl. I, S. 1341 (ursprünglich: 22.11.63), geändert durch Verordnung vom 28.11.79, BGBl I, S. 1986). Der Geschäftsbetrieb ist einer Überwachung (Nachschau) der zuständigen Behörden unterworfen. Will der Gewerbetreibende außerhalb des Bezirks der Erlaubnisbehörde tätig werden, so hat er dies der dort zuständigen Behörde anzuzeigen (§ 1 Abs. 2 der Bewachungsverordnung). Ferner wird in § 5 bestimmt, daß mit der Bewachung nur zuverlässige, der Aufsichtsbehörde vorab zu meldende und von dort zu überprüfende (in der Regel: Strafregisterauszug) Personen betraut werden dürfen. Eine besondere Ausbildung oder ein Befähigungsnachweis werden für den Betriebsinhaber oder die Bediensteten von Bewachungsunternehmen nicht verlangt. Für Werkschutzkräfte besteht allerdings bei einigen Industrie- und Handelskammern die Möglichkeit, eine Prüfung als Werkschutzfachkraft nach § 46 Abs. 1 Berufsbildungsgesetz abzulegen. Der Prüfung geht eine ein- bis zweijährige Ausbildung an einer Fachlehranstalt für Handels- und Industriesicherheit voraus (vgl. Ottens 1983, S. 10 ff.). Für Angehörige des Werkschutzes in kerntechnischen Einrichtungen der Sicherheitsstufe I ist diese Prüfung zwingend vorgeschrieben (vgl. "Anforderungen an den Objektsicherungsdienst und an Objektsicherungsbeauftragte in kerntechnischen Anlagen der Sicherungskategorie I", verabschiedet vom Länderausschuß Atomenergie, am 8.4.1986 vom Bundesminister des Innern bekannt gemacht, vgl. GMBl 1986, S. 242 ff.).

Einige Bundesländer haben überdies Allgemeine Verwaltungsvorschriften (AVV) zum Vollzug des für das Bewachungsgewerbe geltenden Gewerberechts erlassen, so Baden-Württemberg (23.5.67, GABl., S. 312), Bayern (6.7.67, WVMBl., S. 124, geändert am 8.4.71, WVMBl., S. 79), Berlin (18.8.76, Dienstblatt des Senats, Teil I, S. 172), Niedersachsen (20.6.66, MBl., S. 730, geändert am 22.11.71, MBl., S. 1431) und Nordrhein-Westfalen (VO vom 10.12.1974, GV NW, S. 1558). Demnach nehmen beispielsweise in NRW die Ordnungsbehörden die Gewerbeanzeigen für das private Sicherheitsgewerbe entgegen und erteilen die Betriebserlaubnis. Die Kreisordnungsbehörden sind für Entscheidungen über ein Verbot der Gewerbeausübung verantwortlich. Die Polizei wiederum ist zuständig für die Entgegennahme von Anzeigen, die im Zusammenhang mit Schußwaffengebrauch stehen, und für die Überwachung des Geschäftsbetriebes im Zusammenwirken mit den Ordnungsbehörden (vgl. Stüllenberg 1982, S. 53).

Den Waffenbesitz (Waffenbesitzkarte) und das Führen von Schußwaffen außerhalb des befriedeten Besitztums (Waffenschein) regeln das Waffengesetz und die einschlägigen Bestimmungen in der Verordnung über das Bewachungsgewerbe (Aufbewahrungs- und Meldepflichten). Dabei bewirkt § 35 Abs. 3 WaffG insoweit eine Privilegierung für das Sicherheitsgewerbe, als der dem Leiter des Bewachungsunternehmens zuerkannte Waffenschein mit einem Zusatz versehen werden kann, wonach dieser auch Mitarbeiter seines Unternehmens nach seinen Weisungen Schußwaffen führen lassen kann. Der Inhaber des Waffenscheins meldet allerdings vorab die Waffenträger den Behörden, die eine Zuverlässigkeitsprüfung vornehmen, die auch dem Sicherheitsunternehmer gemäß der Verordnung zu § 34a GewO obliegt.

7. Zur Bedarfsgeschichte privater Sicherheit

Ist das Gewaltmonopol des Staates dank der rechtlichen Legitimation des privaten Sicherheitsgewerbes und seiner Betätigung auf privatem Terrain demnach ungefährdet? In einem knappen Abriß zur Geschichte der Sicherheitsbranche soll zunächst der spezifische Kontroll- und Sicherheitsbedarf herausgearbeitet werden, der von privater Seite abgedeckt wird. Anschließend soll verdeutlicht werden, daß heute Verschmelzungsprozesse zwischen privaten und öffentlichen Räumen die Grenzen zwischen privater und staatlicher Gewalt stetig verschieben.

Geht man der Geschichte großer US-amerikanischer Sicherheitsfirmen wie Pinkerton oder Burns bis zu ihren Anfängen nach, wie das Spitzer/Scull (1977) und Weiss (1978; 1981) getan haben, so trifft man auf die Arbeiterkämpfe im letzten Viertel des 19. Jahrhunderts. Pinkerton und Burns erlebten ihren Aufschwung in der ökonomischen Krise der Primärindustrien, in der Dienstleistungen wie die Unterwanderung von Gewerkschaften oder die Niederschlagung von Streiks großflächig nachgefragt wurden und entsprechende öffentliche Kontrollkapazitäten nicht zur Verfügung standen (vgl. Spitzer/Scull 1977, p. 22; Weiss 1978, p. 38 ff.; Draper 1978, p. 14; Timm/Christian 1991, p. 36 f.). Das ökonomische Interesse an derartigen Interventionen galt der Kontrolle über den zu dieser Zeit wesentlichen Kostenfaktor der Produktion: Den Preis der Arbeitskraft. Die "Pinkerton Men" verhalfen dem unternehmerischen Markt-Diktat zur Durchsetzung, wenn eine ökonomische Krise durch Lohnkürzungen gegen den Widerstand der in ihrer Existenz bedrohten Arbeiter aufgefangen werden sollte. Zwischen 1869 und 1892 war allein das Pinkerton-Sicherheitsunternehmen an der Niederschlagung von 77 großen Streiks beteiligt. Die Privatpolizeien behielten diese ökonomische Funktion und damit ihren Gebrauchswert als Kampfmittel des Industriekapitals gegen die militante Arbeiterbewegung bis in die 30er Jahre (vgl. zu einer modernen Variante aber Störzer 1976; zur Rolle des Werkschutzes im Streikfalle Ebert 1984).

Ihr anschließender Bedeutungsverlust wird dem zwischenzeitlich erfolgten Aufbau entsprechender zentralstaatlicher Organe (US-Einwanderungsbehörde, FBI) zugeschrieben. Entscheidend dürften aber Veränderungen in der ökonomischen Struktur der Gesellschaft sein. Der Rückgang der zentralisierten Schwerindustrie zugunsten der eher dezentral organisierten Konsumgüterproduktion und das Wachstum des Dienstleistungssektors segregierten in räumlicher wie in ideologischer Hinsicht die Beschäftigten. Die Diversifizierung und die räumliche Dezentralisierung der Wirtschaft wie auch die wachsende Mobilität der Bevölkerung lösten die Fabrikstädte und in einem übertragenen Sinne auch die Arbeiterklasse auf und führten die nun spezialisierten Gewerkschaften an den Verhandlungstisch. Eine Disziplinierung der Arbeitskraft durch den Kapitaleigner verlor im Rahmen der staatlich bereitgestellten "sozialen Infrastruktur" und der sie flankierenden staatlichen Überwachungs- und Kontrollorgane ihre Bedeutung und - dank der ökonomischen Strukturveränderungen - gleichsam auch den Gegenstand lohnender Intervention. Wer heute hier und morgen dort arbeiten kann, der ist kein Objekt profitorientierter, von Einzelunternehmen bereitgestellter Disziplinierungsstrategien.

Für den heute wiedergewonnenen ökonomischen Bedarf an privaten Sicherheits- und Kontrolldienstleistungen dürfte maßgebend sein, daß Profitsicherung im "corporate capitalism" (Spitzer/Scull 1977, p. 23), in einer Ökonomie der Großkonzerne, bei weitem nicht mehr an die schlichten Kosten der Arbeitskraft geknüpft ist. Vielmehr multiplizieren sich im Verbund von hauseigener Technologieforschung, Finanzierung, Produktion, Vermarktung und Distribution die Risiken. Mit wachsender Automatisierung der Produktion trägt die einzelne Arbeitskraft die Verantwortung für immer größere Produktionsabschnitte. Personalauswahl und Personalüberwachung werden zu einem wesentlichen Teil des betriebsinternen Risikomanagements (vgl. Timm/ Christian 1991, p. 67 ff). Mit zunehmender Verwissenschaftlichung der Produktionsmethoden, verbunden mit wachsender Konkurrenz auf engen Märkten, wird Information, werden Daten zu einem wichtigen Produktivfaktor; Datenschutz wird zu einem Sicherheitsproblem (vgl. ebd., p. 95 ff.). Der Bedarf für hauseigene Sicherheits- und Kontrollorgane wächst ebenso wie der Markt für Spezialisten, die interventive oder präventive Dienstleistungen auf vertraglicher Basis anbieten, und für technopräventive Produkte (vgl. ebd., p. 25).

8. Profitsicherung durch Risikominderung

In der Literatur der Sicherheitsbetreiber werden mit Blick auf die in Unternehmen Beschäftigten beispielsweise die folgenden Formen von Produktivitätsgefährdungen genannt, die durch private Sicherungsdienste innerbetrieblich verhütet werden können:
- Materialverschwendung, technischer Ausschuß
- Unfälle
- Fehler und Irrtümer im Produktionsprozeß und bei der Weitergabe von Information
- Verstöße gegen ethische Prinzipien, z.B. Industriespionage und Bestechung, schließlich - und zuletzt genannt -
- Kriminalität (vgl. Cunningham u.a. 1991, p. 115).

Bei der Bezifferung der Kosten, die durch nicht begrenzte Risiken entstehen können, wird aus den Kreisen der Sicherheitsindustrie mit abenteuerlich anmutenden Rechenbeispielen für ihre Dienste geworben. So finden wir den Hinweis auf Risiken wie die folgenden:
- "lost worker productivity due to drug use" mit einem jährlichen Schaden in den USA von 130 Milliarden Dollar,
- "time theft", ein außerbetrieblich unbekannter Tatbestand (sick days, late arrivals, early departures etc.) mit einem jährlichen Schaden von 170 Milliarden Dollar oder
- "business property theft" mit einem Schaden von weiteren 100 Milliarden (ebd., p. 29).

Bemerkenswert sind die fließenden Übergänge, die im Bedrohungsszenarium zwischen strafrechtlich relevanten Delikten und solchen bestehen, die Verletzungen betriebsspezifischer Interessen erfassen.

Die betriebseigenen Sicherheitsabteilungen stellen angesichts der Zahl ihrer Beschäftigten in den USA heute die größte Gruppe innerhalb der Sicherheitsanbieter dar. Auch von den Bediensteten der selbständigen Sicherheits- und Bewachungsunternehmen dürfte ein beträchtlicher Anteil im Bereich privatrechtlicher Betriebe (in privater oder öffentlicher Hand) tätig sein. Die in der Fachliteratur (vgl. etwa Mahlberg 1988, S. 42) vorgenommene Trennung zwischen Aufgaben des Werkschutzes (nicht in der Öffentlichkeit tätig) und kommerziellen Sicherheitsdiensten (in der Öffentlichkeit tätig, eher Polizeiäquivalent) ist weitgehend hinfällig. Zum einen werden auch von Betrieben in wachsendem Maße externe Sicherheitskräfte auf vertraglicher Basis eingesetzt (vgl. Busch u.a. 1985, S. 44). Zum anderen, und wichtiger, ist der "abgeschlossene Bereich" des Privatunternehmens (Mahlberg 1988, S. 42) in vielfacher Weise in die Öffentlichkeit vorgedrungen, wie im folgenden gezeigt wird.

9. Privatisierung öffentlicher Räume

Nun könnte man den auf Profitsicherung im weitesten Sinne bezogenen Bereich privater Sicherheitsdienstleistung nach wie vor als innerbetriebliche Angelegenheit ansehen, die privatrechtlich legitimiert ist und mit der staatlichen Funktion öffentlicher Ordnungssicherung nicht kollidiert. Demgegenüber soll, wie oben angedeutet, die These vertreten werden, daß vormals getrennte private und öffentliche Räume in der postmodernen Gesellschaft Diffundierungsprozessen unterworfen sind. Privates Eigentum, daraus abgeleitete Rechte der Gefahrenabwehr, Hausrechte und an Profitsicherung orientierte Ordnungskonzepte erobern über ihr gleichsam angestammtes Terrain hinaus - das ist der Bereich der Produktion - die Sphäre des Konsums, der Freizeit, des Wohnens, der Bildung, der Gesundheitsfürsorge usw.: Es verläßt der Arbeitnehmer den privat überwachten Bereich der beruflichen Tätigkeit und trifft im Einkaufszentrum vor der Stadt, in der Ladenpassage der Innenstadt, im Freizeitpark, im Ärztehaus oder in der Wohnanlage auf Hausrechte von Eigentümergemeinschaften, die je spezifische Ordnungskonzepte von privaten Sicherheitskräften überwachen lassen - oder überwachen lassen können.

Shearing und Stenning (1983), zwei kanadische Sozialwissenschaftler, die sich mit dem Prozeß der Privatisierung öffentlicher Räume auseinandergesetzt haben, nennen diese Zusammenballung und Konzentration von Eigentümerinteressen "mass private property". In den USA oder in Kanada hat die örtliche Verdichtung von Privatbesitz bereits die Gestalt mehr oder weniger geschlossener Einkaufsstädte angenommen, die Hunderte von Einzelgeschäften, Kindergärten, Freizeiteinrichtungen, Restaurants etc. in der Hand weniger Eigentümer in gleichsam privatrechtlich umschlossenen Arealen konzentrieren. Diese Räume sind einerseits nach wie vor insoweit öffentlich, als sie ohne erkennbare Umwehrung auskommen und die breite Öffentlichkeit auch eingeladen ist und sich subjektiv frei fühlt, den Raum zu nutzen. Andererseits ist durchaus ein Szenarium denkbar, wo der Bürger im Bereich der Arbeit, des Konsums, der Freizeit, der Erholung und auch bei Nahverkehrsfahrten zwischen diesen in Großstädten zusammenwachsenden Ebenen nicht mehr aus wechselnden Hausrechtsbeziehungen heraustritt und die Öffentlichkeit im Sinne einer Rechtsbeziehung und eines Zuständigkeitsbereichs für Polizei und Strafjustiz verdrängt wird. Immer größere Teile der Städte geraten nach der benannten Untersuchung über kanadische Großstädte auf diese Weise unter privatwirtschaftliche Kontrolle - und in deren Folge verbreitet unter die Aufsicht privater Sicherheitsdienste (vgl. Stenning/Shearing 1980, p. 229; Shearing/Stenning 1981, p. 214; dies. 1983, p. 496). Die modernen Städte ähneln in dieser Hinsicht den Fabriksiedlungen des 19. Jahrhunderts, in denen der private Besitz eine autonome "Inselrepublik" ermöglichte, die sich eine "eigene Verfassung in der Form der Fabrikordnung" gab (Treiber/Steinert 1980, S. 29). Die spezifischen privaten Ordnungsinteressen färben auch auf die nicht privat besetzten öffentlichen Räume ab, wenn beispielsweise von den Kommunen gefordert wird, in der Umgebung von Ladenpassagen oder Einkaufszentren ein käuferfreundliches 'Umfeld' zu schaffen.

Damit nicht genug treffen wir im verbleibenden, vermeintlich öffentlichen Bereich auf das Gelände eines kommunalen Verkehrsbetriebes, eines Ministeriums, des Bundeskriminalamts, des Verfassungsschutzes, des öffentlich-rechtlichen Rundfunks oder Fernsehens, staatlicher Museen oder Schlösser, wo Aufgaben der Gefahrenabwehr oder die Wahrnehmung des Hausrechts ebenfalls in hohem Maße privaten Sicherheitsorganen übertragen werden. Zwar liegt die Rechtsgrundlage des öffentlich-rechtlichen Hausrechts, das dort zum tragen kommt, wo Räume dem öffentlichen Dienst oder Verkehr dienen, nicht im Eigentum, sondern im öffentlichen Recht, nämlich im Rechtsgrund der ungestörten, ordnungsgemäßen Verwaltungstätigkeit (vgl. Mahlberg 1988, S. 175, 180). Im Ergebnis ist die an private Dienste delegierte Wahrnehmung der Hausrechts- oder Notrechtsbefugnisse jedoch der privatrechtlichen Konstruktion vergleichbar (zur Abgrenzung siehe ebd., S. 181 ff.).

Privates Sicherheitspersonal wird zur Gefahrenabwehr ferner dort eingesetzt, wo Privaten per Gesetz Eigensicherungspflichten abverlangt werden, so bei der Bewachung von kerntechnischen Anlagen gemäß Atomgesetz oder von Flughafenanlagen gemäß Luftverkehrsgesetz (vgl. Bracher 1987, S. 47 ff.). Als Kunde einer Fluggesellschaft kann laut Beförderungsvertrag (und luftverkehrsgesetzlicher Legitimation) der Flugpassagier dazu verpflichtet sein, sich von privaten Sicherheitsbediensteten durchsuchen zu lassen (vgl. Pfennig 1981, S. 200). Bei der Bewachung von Bundeswehreinrichtungen geraten private Wächter gemäß "Gesetz über die Anwendung unmittelbaren Zwangs und die Ausübung besonderer Befugnisse durch Soldaten der Bundeswehr und zivile Wachpersonen" sogar in ein "öffentlich-rechtliches Amtsverhältnis" (Mahlberg 1988, S. 193). Auch werden private Sicherheitskräfte von Kommunen mit präventiven Sicherheitsaufgaben betraut, die nach herrschender Rechtsauffassung kein Gegenstand ausschließlicher Staatsverwaltung sind (vgl. Mahlberg 1988, S. 71). So patrouillieren in der Frankfurter Innenstadt seit Juli 1991 private "City-Streifen" im Auftrag der Kommune zwischen 11 Uhr vormittags und 2 Uhr nachts, um, so ein Sprecher der Frankfurter Polizei, "Werte zu schützen und Kriminalität zu bekämpfen" (Weisser Ring, Heft 4/1991, S. 16).

Schließlich sieht sich der Bürger des weiteren als Kunde von Versicherungsgesellschaften, Banken, Großversandhäusern etc. in vertragliche Rechtsbeziehungen eingebunden, die ihn im Konfliktfalle mit privaten Sicherheitsdiensten konfrontieren können. Eine der wenigen Untersuchungen über "insurance investigation units" zeigt, daß deren Tätigkeit eine große Nähe zu kriminalpolizeilichen Ermittlungen und ein hohes Maß an Zusammenarbeit mit der öffentlichen Polizei aufweist (vgl. Ghezzi 1983; siehe auch Reichman 1987).

Öffentliche Sicherheit ist in beträchtlichem Umfang ein Gegenstand privater Betätigung geworden. Selbst staatliche Einrichtungen nehmen verbreitet private Sicherheitsdienste in Anspruch. Der Zuständigkeitsbereich und die rechtlichen Zugriffsmöglichkeiten der öffentlichen Polizei werden deutlich eingeengt (vgl. South 1989, p. 88), was nicht ohne Auswirkungen auf Umfang und Zusammensetzung der registrierten Kriminalität bleibt. Denn die Verteilung von privaten und öffentlichen Räumen, wie sie etwa in den Städten und auf dem Land in jeweils spezifischer Weise gegeben ist, hat die Sichtbarkeit von Tat und Täter und damit das Bild der registrierten Kriminalität schon immer bestimmt (vgl. Stinchcombe 1963, p. 154). Die Interventionen der Polizei werden heute zunehmend durch die Interessen von Eigentümern gefiltert, die auf staatliche Strafverfolgung zurückgreifen oder dies unterlassen können (vgl. Shearing/Stenning 1983, p. 497). Am deutlichsten wird dies bei privaten Alarmierungszentralen, die eingehende Alarmmeldungen zunächst dahingehend prüfen, ob das Ereignis per Selbstregelung erledigt werden kann, oder einen hinreichenden Anlaß für die Einschaltung der Polizei liefert (vgl. etwa South 1989, p. 85 f.). Dem Legalitätsprinzip wird ein an spezifischen Interessen orientiertes Opportunitätsprinzip vorgeschaltet.

10. Das öffentlich gewordene Private wird durch die bürgerliche Freiheit legitimiert

Ironisch genug beanspruchen die Privaten die Ideen des Liberalismus und der Bürgerfreiheit, wenn sie unter Verweis auf ihre Rechte zur privaten Gefahrenabwehr Bürgerfreiheiten einschränken. Sie rekurrieren dabei auf bürgerliche Freiheitsrechte, die mit der nachhaltigen Durchdringung des öffentlichen Raumes durch Eigentum zu Kontrollformen führen, die dem einzelnen Bürger niemals zustanden, sondern heute gleichsam staatliche Natur angenommen haben (vgl. Shearing/Stenning 1983, p. 498). Insoweit ist die private Sphäre auch öffentlich geworden. Privatjurisdiktionen, die vormals über Interventionen des "Werkschutzes" nur Betriebsangehörige erfaßt haben, sind in den öffentlichen Raum vorgedrungen - und nun erst findet das Problem eine gewisse öffentliche Beachtung. Entsprechende Interventionen und Urteilssprüche am Arbeitsplatz blieben hingegen als 'Privatangelegenheit' weithin unbeachtet (Ausnahme etwa: Kaiser/Metzger-Pregizer 1976).

Besonders eigenartig wird es, wenn staatliche Verwaltungen in der Doppelrolle der öffentlichen Hand und des öffentlichen Hausherrn (so im Rahmen kommunaler Verkehrsbetriebe) auftreten, zur interessenspezifischen Erweiterung rechtlich gebundener Ordnungskonzepte auf das Recht zur Gefahrenabwehr und Hausrechte zurückgreifen und dies mit Hilfe privater Sicherheitskräfte durchsetzen.

11. Merkmale privater und öffentlicher Sicherheitsdienstleistungen

Was sind nun, im Vergleich zur polizeilichen Sicherheits- und Ordnungsdienstleistung, die Charakteristika privater Dienste, die uns als Bürger immer stärker erfassen?

11.1. Private vs. öffentliche Ordnungskonzepte

Aus der Bindung an den Klienten folgt für die privaten Sicherheitsbetreiber eine Orientierung an Regeln und Normen, die vom Auftraggeber nach dessen spezifischer Interessenlage gesetzt werden. Obgleich die Tätigkeitsmerkmale privater und öffentlicher Sicherheitsorgane Ähnlichkeiten aufweisen (Ermittlung, Überführung), sind die Bemühungen der Privaten an Partikularnormen, nicht an universellen öffentlichen Interessen orientiert (vgl. Shearing/Stenning 1981, p. 210). Die Polizei hingegen ist einerseits durch rechtliche Interventionsvoraussetzungen gebunden; ihr Handeln dient andererseits politisch - per Gesetz oder per exekutivischer Weisung - fixierten wechselnden staatlichen Steuerungsbedürfnissen instrumenteller oder symbolischer Art.

Der Schutz von privaten oder Firmeninteressen rangiert im privaten Sicherheitskonzept vor Kriminalitätsbekämpfungs- oder Strafverfolgungsinteressen. Die Diskretionsbedürfnisse des Unternehmens können öffentliche Strafverfolgung als durchaus kontraproduktiv erscheinen lassen. Die Instrumentalisierung des öffentlichen Strafverfolgungsapparats wird als unkontrollierbare und riskante Veranstaltung eingeschätzt, die möglichst durch interne, also kontrollierbare Erledigung vermieden werden soll (vgl. die Beispiele bei Müller/Wabnitz 1990, S. 430). Gleichwohl hat die öffentliche Strafverfolgung "Joker"-Funktionen für die interne Konfliktregelung. Die Möglichkeit der Strafanzeige erhöht im Falle prinzipiell kriminalisierbarer Devianzformen die Verhandlungsmacht der privaten Sicherheitsorgane beträchtlich und kann bei einer informellen Verständigung die 'freiwillige Akzeptanz' von innerbetrieblichen Maßnahmen auf seiten der Sanktionierten steigern (vgl. Ocqueteau 1990, p. 65; South 1989, p. 96). Im Alltag der privaten Sicherheitsdienste dürfte das Strafrecht jedoch sehr viel weniger relevant sein als für die Polizei. Als Maßstab der Ordnungssicherung sind innerbetriebliche Regularien und als Mittel der Ordnungsdurchsetzung eher zivilrechtliche Regeln von Bedeutung (vgl. South 1989, p. 90). Hier behält der Geschädigte in höherem Maße als bei der Strafjustiz die Kontrolle über das Verfahren und das Ermessen, zwischen Verfahrensalternativen zu wählen.

11.2. Strategien der Ordnungssicherung und Devianzbegriff

In der Fachliteratur wird die Präventionsorientierung der Privaten hervorgehoben und von der interventiven Schwerpunktsetzung polizeilichen Handelns abgesetzt (vgl. etwa Shearing/Stenning 1981, p. 210). Die Präventionsorientierung ist demnach mit dem Ziel der Profitsicherung auf den Eigentums- und Vermögensschutz gerichtet. Die Polizei hingegen definiert den Erfolg ihrer Tätigkeit eher über Aufklärungs- oder Festnahmeraten, ist trotz ihrer Bemühungen um die Aufwertung der präventiven Komponente stärker auf den interventiven Aspekt bezogen.

Die präventive Komponente polizeilicher Tätigkeit ist nur auf den ersten Blick auf die Verhinderung von Kriminalität gerichtet. Entscheidend ist, daß die Kriminalitätsbekämpfung in Prozesse einer symbolischen Strafrechtspflege eingebunden ist. Die Privaten sind hingegen nüchtern an der Vermeidung interessengebundener, vom Auftraggeber bestimmter Risiken interessiert. Damit sind für die privaten Sicherheitskräfte die Interessen des potentiellen Opfers leitend - und nicht öffentliche Rechtspflegebedürfnisse oder staatliche Interessen an symbolischer Politik. Diese sind darauf angewiesen, daß Devianz nicht nur als Tatbestand existiert, sondern auch als Sachverhalt öffentlich vorgeführt, strafjuristisch aufbereitet und exemplarisch sanktioniert werden kann. Die gesellschaftliche Funktion der Strafrechtspflege - wie auch der Erfolgsindikator polizeilichen Handelns - ist *nicht die Unterbindung, sondern die Präsentation von Devianz.*

Der Präventionserfolg der Privaten besteht hingegen in der Vermeidung von Schädigungen, in der Verminderung von Profitrisiken, im Fehlen von Verlusten. Daher wird der Devianzbegriff in den privaten Sicherheitskonzepten in devianzbegünstigendes Handeln vorverlagert, ist die Intervention bereits auf die Bekämpfung von Gelegenheitsstrukturen und Risikolagen gerichtet. Insofern sind Überwachung und Intervention eher nachrangig an Abweichungstatbeständen, vorrangig hingegen an Optimalentwürfen von Betriebssicherheit oder Verkaufsförderlichkeit orientiert. Konstrukte eines betriebsloyalen Normpersonals oder kaufkräftiger Normkunden werden zu einem positiven Normalitätsmaßstab, der einen höchst diffusen Devianzbegriff erzeugt. Im Gegensatz zu den universalistischen Normen des Strafrechts werden hier hoch variable Partikularnormen ausgebildet, die an eine je spezifische betriebswirtschaftliche Rationalität geknüpft sind.

Auf der programmatischen Ebene besteht selbstverständlich eine hohe Übereinstimmung zwischen privaten Sicherheitsstrategien und modernen polizeilichen Vorbeugekonzepten. Während bei den Privaten gegen potentielle Profitrisiken möglichst umfassende Überwachung und Aufklärung eingesetzt werden, ist für die Polizei zunehmend die potentielle Gefahr für den Staat oder das Recht leitend, die zu einer umfassenden "Strafverfolgungsvorsorge" (Preuß 1989, S. 489 ff.) führt. Sind es dort, auf privater Seite, komplexe Produktions- und Verteilungsprozesse, die das Risikopotential steigern, sind es in der "Risikogesellschaft" (Beck 1986) Diffundierungsprozesse zwischen Konformität und Devianz, zwischen Normalität und Auffälligkeit, die traditionelle polizeiliche Verdachtskriterien obsolet werden und die Gesellschaft selbst kriminogen erscheinen lassen (vgl. Preuß 1989, S. 493). Insoweit sind auch für die Polizei die wuchernden privaten Räume von öffentlichem Interesse, genauer gesagt: politisch geworden (vgl. Cohen 1985, p. 136). Informanten und V-Leute sind gegenüber einer privatisierten, auf rechtlich geschützter Autonomie beharrenden 'Öffentlichkeit' dann in der Tat die gebotenen Detektionsmittel (vgl. Stinchcombe 1963, p. 155). Dennoch ist auch der V-Mann offenkundig nicht auf Prävention im Sinne der Vermeidung von Kriminalität, sondern auf die Bereitstellung kontrollierter Gelegenheiten für Kriminalitätsbegehung in Tatbestandsbereichen gerichtet, die andernfalls einen polizeilichen Zugriff kaum ermöglichen (vgl. Lüderssen 1985, S. 17; Hund 1991, S. 466).

11.3. Verhältnis Kontrolleur/Kontrollierter

Private Sicherheitsorgane sind weniger sichtbar als öffentliche. Sie sind stärker in bestehende Funktionsbereiche der Organisation integriert. Ihre Kontroll- und Überwachungsstrategien sind in höherem Maße durch Technisierung gekennzeichnet (vgl. Nogala 1989, S. 156 ff). Sie operieren in der Regel ohne Zwang und Gewalt. Ihre Bemühungen sind stärker darauf gerichtet, das Personal für Sicherheitsfragen zu sensibilisieren und sie für Kontrollfunktionen zu aktivieren (Schulung von Verkaufspersonal in Sicherheitsfragen, wobei deren Verhalten wiederum durch Hausdetektive überwacht wird). Der Bewachte soll zugleich Wächter werden. Die spezialisierten Kontrolleure sehen ihre Funktion wesentlich darin, die Sicherheits- und Kontrollfunktionen des nicht-spezialisierten Personals zu überwachen - ein Ordnungskonzept, das Norbert Elias als "Zwang zum Selbstzwang" (1979, S. 312 ff., 336 ff.) oder Foucault als "Disziplinierung" (1977, S. 220 ff., 229) beschrieben hat (vgl. auch Shearing/Stenning 1983, p. 499 ff.). Das herausragende Präventionsmittel ist die *Überwachung*. Die Macht der privaten Sicherheitsdiener folgt aus kontinuierlicher Präsenz. Der Slogan des US-Marktführers in der Sicherheitsbranche lautet entsprechend: "the eye that never sleeps" (Shearing/Stenning 1981, p. 213). Während die polizeiliche Überwachungstätigkeit auf öffentliche Räume beschränkt ist und an der Grenze zum privaten Besitz ihre Schranke findet, setzt die Privatüberwachung hier ein. Mit der privaten Durchdringung des öffentlichen Raumes dehnt sich deren Reichweite kontinuierlich aus.

12. Weitere Erklärungen für die Wachstumschancen privater Sicherheit

Die vorliegende Analyse zur wachsenden Bedeutung des privaten Sicherheitsgewerbes bezieht sich vorrangig auf sozio-ökonomische Veränderungsprozesse. In der Fachliteratur werden überwiegend andere Erklärungen für die Expansion des privaten Sicherheitsgewerbes angeboten. Die Branche selbst, aber auch wissenschaftliche Untersuchungen, greifen auf eine generelle Privatisierungs- und Deregulierungsthese zurück.

Haushaltspolitische Überlegungen beziehen sich auf die Fiskalkrise des Staates, die aus wachsenden Belastungen der Staatshaushalte durch soziale und ökonomische Infrastrukturmaßnahmen, durch Produktionssubventionen und Produktionsfolgekosten hervorgeht. Unter dem Druck der hinter diesen stetig wachsenden Budgetanteilen stehenden organisations- und konfliktstarken gesellschaftlichen Interessen gewinnnen kostengünstige, auf privater Basis angebotene Dienstleistungen an Bedeutung, die mit dem Doppelversprechen von Kostensenkung und Effizienzsteigerung vormals staatlich bereitgestellte Leistungen übernehmen (vgl. etwa Scull 1980, p. 159 ff.).

Regulierungskritiker verweisen mit Hilfe *bürokratietheoretischer Überlegungen* auf die Ineffizienz oder auf die mangelnde Flexibilität staatlicher Verwaltungen angesichts hoher Variabilität der gesellschaftlichen Bezugsbereiche, wenn sie die Übertragung öffentlicher Dienstleistung auf Private fordern (vgl. etwa Rosenthal/Hoogenboom 1990, p. 32).

Schließlich zeigen *rechtssoziologische und rechtstheoretische Überlegungen* die Grenzen zentralstaatlicher Steuerung mit dem Medium des Rechts angesichts einer funktional ausdifferenzierten Gesellschaft. Demnach erfordert die Steuerung und Koordinierung weitgehend autonomer gesellschaftlicher Teilsysteme dezentral operierende, 'intelligente' rechtliche Steuerungsmechanismen. Das Recht, als ebenso geschlossenes System gedacht wie die gesellschaftlichen Bereiche, die es zu beeinflussen gilt, regelt nur noch das Regelungsverfahren, liefert jedoch keine Entscheidungsvorgabe in der Sache. Die oben beschriebenen Selbstregelungstendenzen ökonomischer Subsysteme, die an je spezifischen Rationalitätskriterien orientiert sind, finden hier ihre steuerungstheoretische Entsprechung (vgl. etwa Teubner 1989, S. 81 ff.; Willke 1983, S. 79 f.).

Derlei Positionen, die auch die amerikanische Diskussion beherrschen, wurden beispielsweise bei der letztjährigen Anhörung des Europarats zu "Privatisation of Crime Control" im European Committee on Crime Problems (1990) vorgetragen. Jung sieht den Aufschwung der privaten Sicherheitsbranche in der Schwäche des Wohlfahrtsstaates begründet, mit sozialen Problemen fertig zu werden, in ineffizienten Bürokratien, in den Steuerungsgrenzen und in der Finanzkrise des Zentralstaates, in der Kolonisierung der Lebenswelt in Folge staatlicher Intervention oder im Mißtrauen gegen den starken Staat, die - wenn auch mit unterschiedlicher Zielsetzung - die Suche nach dezentraler Selbstregelung angeregt hätten (Jung 1990, p. 8). Ocqueteau trägt bei der gleichen Veranstaltung vor, die Polizei habe mit der wachsenden Nachfrage nach Sicherheitsdienstleistungen in Folge der Kriminalitätszunahme nicht Schritt gehalten. Versicherungen verlangten vor dem Schadenersatz die Strafanzeige, Privaterledigungsalternativen fehlten in der anonymen Massengesellschaft, die Begehungsmöglichkeiten für Delikte seien durch öffentlich zur Schau und zum Kauf gestelltes Eigentum angewachsen, und all dies habe zu einem hohen Maß an unerfüllten Erwartungen an staatliche Kontrollorgane geführt. Diese drängten nun in Richtung des privaten Marktes (vgl. Ocqueteau 1990, p. 52 f.).

Hier wird eine *Defizittheorie* entfaltet, wie sie sich auch in den Krisenszenarien der Sicherheitsindustrie findet. Der Ruf nach der Privatpolizei wird als Antwort auf die Krise der öffentlichen Sicherheit erklärt. Vorausgesetzt ist dabei die Konvergenz in den Sicherheitsdienstleistungen der privaten und öffentlichen Polizei. Die Konvergenzannahme wird auch durch Verlautbarungen aus dem Bereich der Polizei und der Sicherheitsindustrie gestützt.

13. These von der Konvergenz öffentlicher und privater Sicherheitsdienste

Aus *polizeipraktischer Sicht* finden sich zahlreiche positive Stellungnahmen zur Aufgabenteilung zwischen privatem Sicherheitsgewerbe und Polizeidienststellen unter dem gemeinsamen Ziel der Kriminalitätsbekämpfung (vgl. etwa Stüllenberg 1982; deutlich kritischer hingegen Schuster 1989). Dem Frankfurter Polizeipräsidenten Gemmer zufolge "ist eine sinnvolle Kooperation und Arbeitsteilung zwischen Polizei und privatem Bewachungsgewerbe nicht nur zweckmäßig und vorteilhaft, sondern gerade auch im Interesse der Realisierung von Prioritäten für die Polizei nahezu lebensnotwendig" (Gemmer 1982, S. 14; ähnlich Stümper 1975, S. 194). Gemmer, wie auch andere Autoren, begründen dies mit der Belastung der Polizei, die weit über die Verbrechensbekämpfung hinausreiche. Er nennt in diesem Zusammenhang das Verkehrswesen oder den Personen- und Objektschutz, wodurch die Polizei ebenfalls stark in Anspruch genommen werde (vgl. Gemmer 1982, S. 14.). Nach der Auffassung Gemmers hat die Polizei keinen Anlaß, "den Sicherheitsunternehmen mit Skepsis oder Mißtrauen zu begegnen" (ebd., S. 15). Er regt eine weitergehende Zusammenarbeit bis hin zur Ausbildung an.

Der frühere Polizeipräsident Manfred Schreiber sieht das Sicherheitsgewerbe durch Sachzwänge begründet, wenn er darauf hinweist, daß allein für die Stadt München, wollte man alle schutzbedürftigen Objekte sichern, 8.000 Polizeibeamte zusätzlich eingesetzt werden müßten, um dem bestehenden Sicherheitsbedarf gerecht zu werden. In München seien aber bislang nur etwa 5.000 Polizeibeamte tätig (zitiert nach Schäfer 1979, S. 85). Die Schließung der 'Sicherheitslücke' wird dem privaten Bewachungsgewerbe zugedacht. Der innenpolitische Sprecher der CDU-Fraktion im Landtag Nordrhein-Westfalens, Paus, erkennt einen Zusammenhang zwischen der Entlastung der Polizei durch private Sicherheitskräfte beim Personen- und Objektschutz und einer Verlagerung polizeilicher Aufgaben auf die schwere Kriminalität (vgl. Kriminalistik 1989, S. 475).

Die vom *Sicherheitsgewerbe* gesehene Nähe ihrer Tätigkeit zu polizeilichen Aufgaben kann einem Rechtsgutachten entnommen werden, das vom Bundesverband deutscher Wach- und Sicherheitsunternehmen e.V. in Auftrag gegeben wurde, um die Notwendigkeit und die Zulässigkeit einer Fachkundeprüfung im Bewachungsgewerbe zu unterstreichen. Darin heißt es (zitiert nach Schuster 1989, S. 8):

- "Im Bereich der Bewachung von Sachen und Personen werden ebenfalls seit langem durch das Bewachungsgewerbe öffentliche Sicherheitsaufgaben wahrgenommen.
- Dem Bewachungsunternehmen stehen hierfür zwar keine polizeilichen Befugnisse, sondern nur die sogenannten Jedermanns-Rechte zu. Diese unterscheiden sich in ihrer tatsächlichen Wirkungsweise jedoch z.T. nur wenig von den polizeilichen Befugnissen.
- Dem Bewachungsgewerbe kommt daher im Verhältnis zur Polizei eine Entlastungs- und Ersatzfunktion zu. Das führt z.T. zu einer auch von der Polizei anerkannten Partnerschaft von Polizei und Bewachungsgewerbe. ...
- Die Zulässigkeit eines Fachkundenachweises für das Bewachungsgewerbe ergibt sich bereits aus dem Vergleich mit der Polizei, da eine weitgehende Ähnlichkeit von Aufgaben und Mitteln besteht."

14. Schwächen der Defizit- bzw. Konvergenzthese

Hier wie dort wird ganz offen eine sachliche und fachliche Konvergenz in der Tätigkeit von Polizeibeamten und gewerblichen Sicherheitsorganen unterstellt. Gleichwohl ist die Konvergenz- oder Defizitthese zu undifferenziert. Zwar übernehmen *private Unternehmen* auch Aufgaben, die als polizeitypisch zu gelten haben, etwa Kriminalprävention oder Kriminalitätsermittlung; diese Tätigkeiten stellen jedoch nur einen Teilaspekt privater Sicherheitsdienstleistungen dar, die überwiegend auf nicht kriminalrechtlich definierte Risiko- und Ordnungskonzepte privater Auftraggeber bezogen sind. Der *polizeiliche Aufgabenbereich* reicht ebenfalls weit über die traditionelle Kriminalitätsbekämpfung hinaus, betrifft hier aber im wesentlichen Regelungsfunktionen im Straßenverkehr und Hilfeleistungen im Alltag.

Selbst wenn im anschließenden Abschnitt die Annahme in Frage gestellt werden soll, wonach Polizei und private Sicherheitsdienste gleichartige Aufgaben erfüllen, so gibt es im sich überschneidenden Bereich der Kriminalitätsbekämpfung gleichwohl Beispiele für eine konkrete Zusammenarbeit privater und öffentlicher Kontrollinstitutionen. So hat der Präsident des Bundesnachrichtendienstes seinerzeit zur Terrorismusaufklärung im Ausland ein privates Detektivbüro beauftragt, das zum Großteil durch Mittel der privaten Wirtschaft finanziert wurde. Im Zuge der parlamentarischen Aufklärung der Affäre wurde überdies festgestellt, daß dieses private Ermittlungsbüro "seit Jahren auch Aufträge für das Bundeskriminalamt, für Landeskriminalämter und weitere Polizeidienststellen der Länder" erfüllt hat (Deutscher Bundestag, 10. Wahlperiode, 175. Sitzung, 15.11.85, S. 13138). Aus der Sicht leitender Polizeibeamter wird der Flexibilitätsgewinn beim Einsatz privater Sicherheitsorgane offen begrüßt. So vergleicht Alfred Stümper im Jahre 1975 die rechtlichen und organisatorischen Restriktionen polizeilicher Tätigkeit mit der Freiheit privater Sicherheitsdiener:

"Auch können private Maßnahmen oft wesentlich rascher und effektiver angepackt, gestaltet und durchgeführt werden. Sie bedürfen nicht zwingend einer bürokratischen Vorbereitung. Eine private Konzeption des Schutzes ist bewegungsfähiger, ideenreicher; sie unterliegt auch nicht einer vorsichtigen oder gar pragmatischen Beurteilung unter politischen Gesichtspunkten; sie ist deswegen ihrer Natur nach freier und auch leichter unmittelbar sachbezogen" (Stümper 1975, S. 194; vgl. auch Neumann 1980, S. 135).

Als Beispiel für den Flexibilitätsgewinn im Sicherheitsbereich nennt Stümper Ermittlungen im Ausland durch private Kräfte (ebd.). Und in den jährlichen Erfolgsrechnungen, die der Verband des Wach- und Sicherheitsgewerbes vorlegt, ist stets der Hinweis auf einige Tausend Festnahmen enthalten, die von privaten Sicherheitskräften selbst oder im Verein mit der Polizei vorgenommen werden: Im Jahr 1975 betraf dies beispielsweise "6.800 Einbrecher und andere verdächtige Personen" (Kusch 1977, S. 15); im Jahr 1979 weiß der Verband bereits von 7.300 Festnahmen zu berichten (vgl. Schriml 1980, S. 269).

Zur kritischen Einschätzung der Konvergenzthese seien gleichwohl zwei Überlegungen vorgetragen:

(1) Die polizeiliche Tätigkeit wird ganz wesentlich durch zwei Funktionen bestimmt, die auf seiten der Privatanbieter keine explizite Entsprechung finden. Zum einen weisen in- und ausländische Untersuchungen übereinstimmend darauf hin, daß der wesentliche Teil der Nachfrage nach schutzpolizeilichen Dienstleistungen keine kriminalrechtliche Relevanz besitzt, sondern mit der Regelung des Straßenverkehrs sowie allgemeinen Kriseninterventionen oder Hilfeleistungen im Alltag zu tun hat (vgl. etwa Becker 1974, p. 442 f.; Feltes 1984, S. 15 ff.). In diesem polizeilichen Tätigkeitsbereich ist *bislang* aber nur wenig Privatisierung erfolgt, wenngleich nicht verkannt werden soll, daß mit der privaten Vereinnahmung öffentlicher Räume hier Verschiebungen eintreten können. Auch bemüht sich das private Sicherheitsgewerbe durchaus um die Übernahme

polizeilicher Regelungs- und Hilfefunktionen und trifft hier, so zumindest Befragungsbefunde aus den USA, durchaus auf die Zustimmung der Polizei (vgl. Cunningham u.a. 1990, p. 271 f.).

Die Polizei ist zum zweiten mit der bereits angesprochenen Vorbereitung symbolischer Strafverfolgungsfunktionen befaßt. Die Polizei wendet sich dementsprechend, angespornt und legitimiert durch den Gesetzgeber, der Kriminalitätsverfolgung in ausgesuchten Deliktsbereichen wie Terrorismus, Drogen, Organisierter Kriminalität oder generell dem Staatsschutz zu und kontrolliert sozialen Protest. Hier geht es, wie bereits angesprochen, auch um eine symbolische staatliche Rechtspflegepolitik, die von privaten Sicherheitsdiensten nicht erbracht werden kann (vgl. auch South 1984, p. 191).

Die wachsende Nachfrage nach privaten Sicherheitsdienstleistungen bezieht sich auf partikulare, oben beschriebene Sicherheitsprobleme, deren Wachstum eher auf sozio-ökonomische Veränderungsprozesse zurückzuführen ist.

(2) Die zweite Überlegung, mit der das Fiskalargument relativiert werden kann, richtet sich auf den parallelen Ausbau des privaten Sicherheitsgewerbes und der Polizei. So finden wir in der Bundesrepublik zwischen 1960 und 1980 gleichermaßen ein Wachstum in der Beschäftigtenzahl bei den privaten Sicherheitsanbietern wie bei der Polizei (vgl. Kusch 1983, S. 131; Busch u.a. 1985, S. 80). South weist in seiner Untersuchung über die private Sicherheitsindustrie in England auf eine ähnliche Parallelentwicklung hin (1989, p. 81; vgl. zur Relativierung des angeblichen Kostenvorteils von Privatgefängnissen: Borna 1986, p. 328 ff.). Schlichte Einsparungsbemühungen können demnach für die Privatisierung vormals polizeilicher Aufgaben nur bedingt leitend gewesen sein. Auch hätte die Polizei die Kosten für Sicherheitsaufgaben, die heute von privater Seite abgedeckt werden, ebenfalls auf die privaten Nutznießer abwälzen können (vgl. Roßnagel 1983, S. 63 f.; Matthews 1989, p. 18). Die aus Entlastungsgründen von der Polizei an private Agenturen abgetretenen Funktionen (z.B. Bewachungsaufgaben) führten lediglich zur Umverteilung der Kräfte etwa in den Bereich öffentlich besonders beachteter Bedrohungen (Terrorismus, Drogen, Gewalt auf der Straße).

Eine spezifische Entwicklung in den USA zeigt im übrigen statt einer Entlastung der Polizei durch private Sicherheitsanbieter einen gegenläufigen, die personellen Ressourcen der Polizei belastenden Effekt. Gemeint ist das sog. "Moonlighting" von aktiven Polizeibeamten, die im Nebenerwerb, zum Teil in Polizeiuniform und mit Streifenwagen, bei privaten Sicherheitsfirmen tätig sind. Etwa 150.000 Polizeibeamte frönen nach den Feststellungen des Hallcrest-Reports diesem Nebenerwerb, durchschnittlich 15 Stunden in der Woche bei einem Verdienst von 15 bis 25 Dollar pro Stunde. Das entspricht, wie der Hallcrest-Report aus der Sicht der Professionalisierungsinteressen der Branche mit Bedauern feststellt, der Tätigkeit von 56.000 Vollzeitkräften (vgl. Cunningham u.a. 1991, p. 295). Die durchschnittliche Dauer der polizeilichen Nebentätigkeit gibt nicht zu erkennen, daß der lukrative Nebenerwerb in zahlreichen Polizeistationen zum Personalmangel führt, wie Albert Reiss in einer Untersuchung feststellt: "In many police departments the actual number of off-duty uniformed officers performing police duties exeeded by a substantial number those officially on duty" (zitiert nach Cunningham u.a. 1991, p. 294). Und der Nebenerwerb führt keineswegs in polizei-äquivalente Tätigkeitsbereiche, sondern dorthin, wo zahlungskräftige Auftraggeber ihre spezifischen Sicherheitsinteressen befriedigt sehen möchten.

15. Schlußbemerkungen

- Die rechtlichen Probleme der Privatisierung wesentlicher Teile formaler Sozialkontrolle wurden oben nur am Rande thematisiert. Klar erkennbar ist jedoch, daß das Recht, wenn es Restbestände seines emanzipatorischen Anspruchs bewahren und Bürgerfreiheiten schützen will, sich nicht schlicht von den privatisierten Kontrollkonzepten und Überwachungsmedien fernhalten kann (vgl. auch Pilgram 1991, S. 24). Möglicherweise zeigt eine staatliche Überwachung privater Kontrolle ja auch bessere Ergebnisse als die staatliche Überwachung staatlicher Kontrolle.

- Aus einer sozialwissenschaftlich-kriminologischen Sicht soll mit dem vorliegenden Beitrag die Aufmerksamkeit auf einen bislang wenig beachteten Bereich sozialer Kontrolle gelenkt werden, der sich anschickt, zu einem beherrschenden Medium alltäglicher Disziplinierung zu werden. Orientiert an der Funktionstüchtigkeit ökonomischer gesellschaftlicher Subsysteme hat sich ein Zweig sozialer Disziplinierung ausdifferenziert, der den Bürger als Produktivfaktor erfaßt und einer optimalen profitablen Verwertung zuführt, sei es im Bereich der Produktion, des Konsums, des Wohnens oder der Freizeitgestaltung. Wer den systemspezifischen Normalitätsvorstellungen nicht entspricht, wird sanktioniert - wenn auch in diskreter Weise. Wer an den systemrationalen Imperativen gemessen als nicht verwertungsfähig erscheint, wird nach Möglichkeit ausgegrenzt, der Arbeitsstätte oder der Ladenpassage verwiesen, und an den immer schmaleren Rand der ökonomischen Subsysteme gedrängt.

- In der funktional ausdifferenzierten Gesellschaft vervielfältigen sich offenbar die Organe der Devianzzuschreibung. Wenn sich die Kriminalsoziologie die Aufgabe setzt, das sozio-politische Konzept der Devianz zu analysieren (vgl. Sumner 1991, p. 249), dann kann sie sich nicht allein auf die symbolischen Paukenschläge des Kriminaljustizsystems konzentrieren, sondern muß auch den politischen Kontext aufarbeiten, der den so instrumentalistisch daherkommenden privaten Partikularordnungen unterliegt.

Literatur

BECK, U., Risikogesellschaft. Auf dem Weg in eine andere Moderne, Frankfurt/M. 1986

BECKER, T. M., The Place of Private Police in Society: An Area of Research for the Social Sciences, Social Problems 21, 1974, p. 438 - 453

BERICHT zur Lage der privaten Wahrnehmung von Wach- und Sicherheitsaufgaben. Bericht des Bundesministers des Innern an den Innen- und Haushaltsausschuß des Deutschen Bundestages, Wirtschaftsschutz und Sicherheitstechnik 1982, S. 265 - 269 und S. 326 - 332

BORNA, S., Free Enterprise goes to Prison, The British Journal of Criminology 4, 1986, p. 321 - 334

BRACHER, CHR.-D., Gefahrenabwehr durch Private, Berlin 1987

BUNDESMINISTER DES INNERN (Hrsg.), Fortschreibung des Berichts des Bundesministers des Innern an den Innenausschuß des Deutschen Bundestages zur Wahrnehmung von Wach- und Sicherheitsaufgaben, Bonn 1986

BUSCH, H. u.a., Die Polizei in der Bundesrepublik, Frankfurt 1985

COHEN, ST., Visions of Social Control. Crime, Punishment and Classification, Cambridge 1985

CUNNINGHAM, W. C./TAYLOR, T. H., Private Security and Police in America. The Hallcrest Report, Portland 1985

CUNNINGHAM, W. C./STRAUCHS, J. J./VAN METER, C. W., Private Security Trends 1970 - 2000. The Hallcrest Report II, Boston, London 1991

DRAPER, H., Private Police, Hassocks 1978

EBERT, F., Die rechtliche Situation des Werkschutzes im Streikfalle, Die Polizei 1984, S. 360 - 366

ELIAS, N., Über den Prozeß der Zivilisation, 2. Band. Wandlungen der Gesellschaft. Entwurf zu einer Theorie der Zivilisation, Frankfurt/M. 1979

EUROPEAN COMMITTEE on Crime Problems, Select Committee of Experts on the Organisation of Crime Prevention. Reply by the Federal Republic of Germany to the Select Committee's questionaire, Strasbourg, 1 March 1984 (PC-R-OP (84) 4)

EUROPEAN COMMITTEE on Crime Problems, Privatisation of Crime Control, Strasbourg 1990

FELTES, TH., Polizeiliches Alltagshandeln. Eine Analyse von Funkstreifeneinsätzen und Alarmierungen der Polizei durch die Bevölkerung, Bürgerrechte und Polizei, Heft 3/1984, S. 11 - 24

FOUCAULT, M., Überwachen und Strafen. Die Geburt des Gefängnisses, Frankfurt 1977

GELHAUSEN, U./SPITZNER, A., Privatisierung der "inneren Sicherheit"?, Blätter für Deutsche und Internationale Politik 23, 1978, S. 1123 - 1129

GEMMER, K.-H., Sicherheitsgewerbe und betrieblicher Werkschutz im Vorfeld polizeilichen Einschreitens, Sicherheitsreport, Heft 4/1982, S. 14 f.

GHEZZI, S. G., A Private Network of Social Control: Insurance Investigation Units, Social Problems 30, 1983, p. 521 - 531

HOFFMANN-RIEM, W., Übergang der Polizeigewalt auf Private? Zeitschrift für Rechtspolitik 1977, S. 277 - 284

HUND, H., Polizeiliches Effektivitätsdenken contra Rechtsstaat, Zeitschrift für Rechtspolitik 1991, S. 463 - 468

JUNG, H., Introductory Report, in: European Committee on Crime Problems, Privatisation of Crime Control, Strasbourg 1990, p. 7 - 14

JUNGFER, G., Strafverteidiger und Detektiv, Strafverteidiger 1989, S.495 - 505

KAISER, G./METZGER-PREGIZER, G. (Hrsg.), Betriebsjustiz. Untersuchungen über die soziale Kontrolle abweichenden Verhaltens in Industriebetrieben, Berlin 1976

KAKALIK, J./WILDHORN, S., Private Police in the United States (The Rand Report), Vols 1 - 5, U.S. Department of Justice, National Institute of Law Enforcement and Criminal Justice, Washington 1971

KIRCHHOF, P., Polizeiliche Eingriffsbefugnisse und private Nothilfe, Neue Juristische Wochenschrift 1978, S. 969 - 973

KUNZ, K.-L., Die organisierte Nothilfe, Zeitschrift für die gesamte Strafrechtswissenschaft 1983, S. 973 - 992

KUSCH, E.-G., Das Wach- und Sicherheitsgewerbe heute, Die Polizei 1977, S. 14 - 16

KUSCH, E.-G., Doch keine Nachtwächter... Das Wach- und Sicherheitsgewerbe von 1901 bis heute, Wirtschaftsschutz- und Sicherheitstechnik 1980, S. 316 - 319

KUSCH, E.-G., Milliardenumsätze. Die Wach- und Sicherheitsunternehmen in Zahlen, Wirtschaftsschutz und Sicherheitstechnik 1983, S. 130 f.

LANDMANN-ROHMER, Gewerbeordnung und ergänzende Vorschriften. Kommentar. Band I, Stand: 1.10.89, München 1990

LEAA (Law Enforcement Assistance Administration), U.S. Department of Justice, Law Enforcement and Private Security: Sources and Areas of Conflicts and Strategies for Conflict Resolution, Washington 1977

LEHMANN, H., Die rechtlichen Voraussetzungen zur Bewachung von Leben und Eigentum durch gewerbliche Unternehmer, Die neue Polizei 1980, S. 265 - 267

LÜDERSSEN, K., Zynismus, Borniertheit oder Sachzwang? in: ders. (Hrsg.), V-Leute. Die Falle im Rechtsstaat, Frankfurt/M. 1985, S. 1 - 51

MAHLBERG, L., Gefahrenabwehr durch gewerbliche Sicherheitsunternehmen, Berlin 1988

MATTHEWS, R., Privatization in Perspective, in: ders (ed.), Privatizing Criminal Justice, London 1989, p. 1 - 23

MÜLLER, R./WABNITZ, H.-B., Die veränderte Stellung des Staatsanwalts im heutigen Wirtschaftsleben, Zeitschrift für Rechtspolitik 1990, S. 429 - 434

MUSEBRINK, H., Struktur und Leistungsfähigkeit eines Sicherheitsunternehmens, Sicherheitsreport, Heft 1/1983, S. 9 - 13

NEUMANN, G., Privatdetektive, Archiv für Kriminologie 166, 1980, S. 129 - 139

NOGALA, D., Polizei, avancierte Technik und soziale Kontrolle. Funktion und Ideologie technikbesetzter Kontrollstrategien im Prozeß der Rationalisierung von Herrschaft, Pfaffenweiler 1989

OCQUETEAU, F., Frankreich: Private Sicherheitsdienste, Bürgerrechte und Polizei, Heft 1/1987, S. 37 - 46

OCQUETEAU, F., How far can Crime Prevention and Detection Services be Privatised?, in: European Committee on Crime Problems, Privatisation of Crime Control, Strasbourg 1990, p. 47 - 76

OTTENS, R., Konkurrenz? Nein, jedoch ein starker sicherheitspolitischer Faktor, Polizeiforum, Heft 10/1983, S. 9 - 13

OTTENS, R., Die Überprüfung ist katastrophal, Kriminalistik 1987, S. 618 - 619

PFENNIG, G., Die Wahrnehmung von Sicherheitsaufgaben durch private und öffentliche Einrichtungen, Wirtschaftsschutz und Sicherheitstechnik 1981, S. 197 - 201

PILGRAM, A., Private Perspektiven?, Neue Kriminalpolitik, Heft 4/1991, S. 22 - 25

PREUß, U. K., Vorsicht Sicherheit. Am Ende staatlicher Neutralisierung?, Merkur 1989, S. 487 - 498

REICHMANN, N., The Widening Webs of Surveillance: Private Police Unraveling Deceptive Claims, in: Shearing, C.D./Stenning, P. C. (eds.), Private Policing, Newbury Park 1987

ROSENTHAL, U./HOOGENBOOM, B., Some Fundamental Questions on Privatisation and Commercialisation of Crime Control, with Special Reference to Developments in the Netherlands, in: European Committee on Crime Problems, Privatisation of Crime Control, Strasbourg 1990, p. 17 - 43

ROßNAGEL, A., Zum Schutz kerntechnischer Anlagen von außen, Zeitschrift für Rechtspolitik 1983, S. 59 - 64

SCHÄFER, H., Das private Bewachungsgewerbe im Vorfeld der Kriminalitätsbekämpfung, Wirtschaftsschutz und Sicherheitstechnik 1979, S. 85 - 88

SCHRIML, G., Aus der Sicht der Sicherungsunternehmen: Private Sicherungseinrichtungen - Rechtsstellung und Befugnisse, Wirtschaftsschutz und Sicherheitstechnik 1980, S. 266 - 271

SCHUSTER, L., Privates Sicherheitsgewerbe - Bedrohung des staatlichen Gewaltmonopols oder Notwendigkeit?, Die Polizei 1989, S. 5 - 11

SCHWABE, J., Zum Status privater Sicherheitskräfte, Zeitschrift für Rechtspolitik 1978, S. 165 - 167

SCHWIND, H.-D./BAUMANN, J. u.a. (Hrsg), Ursachen, Prävention und Kontrolle von Gewalt, Band I, Endgutachten und Zwischengutachten der Arbeitsgruppen, Berlin 1990

SCULL, A. T., Die Anstalten öffnen? Decarceration der Irren und Häftlinge, Frankfurt/New York 1980

SHEARING, C. D./STENNING, P. C., Modern Private Security: Its Growth and Implications, in Tonry, M./Morris, N. (eds.), Crime and Justice. An Annual Review of Research, Vol. 3, Chicago 1981, p. 193 - 245

SHEARING, C. D./STENNING, P. C., Private Security: Implications for Social Control, Social Problems 30, 1983, p. 493 - 506

SOUTH, N., Private Security, the Division of Policing Labor and the Commercial Compromise of the State, Research in Law, Deviance and Social Control, Vol. 6, 1984, p. 171 - 198

SOUTH, N., Policing for Profit. The Private Security Sector, London u.a. 1988

SOUTH, N., Reconstructing Policing: Differentiation and Contradiction in Post-War Private and Public Policing, in: Matthews, R. (ed.), Privatizing Criminal Justice, London u.a. 1989, p. 76 - 104

101

SPITZER, St./SCULL, A. T., Privatization and Capitalist Development: The Case of the Private Police, Social Problems 25, 1977, p. 18 - 29

STACHAROWSKY, H., Private Sicherungsdienste: Polizeiersatz im Wartestand? Kriminologisches Journal 39, 1985, S. 228 - 234

STATISTISCHES BUNDESAMT, Fachserie 14, Finanzen und Steuern, Reihe 8, Umsatzsteuer, 1960, 1986, 1988

STENNING, P. C./SHEARING, C. D., The Quiet Revolution: The Nature, Development and General Legal Implications of Private Security in Canada, Criminal Law Quarterly 22, 1980, p. 220 - 248

STINCHCOMBE, A. L., Institutions of Privacy in the Determination of Police Administrative Practice, American Journal of Sociology 69, 1963, p. 150 - 160

STÖRZER, U., Selbstschutz und der Weg zur Betriebsmiliz, Kriminologisches Journal 30, 1976, S. 33 - 45

STÜLLENBERG, H., Sicherheit durch privates Bewachungsgewerbe - Chance oder Risiko, Polizei-Journal für Recht, Wirtschaft und Technik 1982, S. 52 - 58

STÜMPER, A., Verlust des staatlichen Gewaltmonopols?, Kriminalistik 1975, S. 193 - 196

SUMNER, C., Das Konzept der Devianz neu überdacht: Zu einer Soziologie der "censures", Kriminologisches Journal 45, 1991, S. 242 - 271

TEUBNER, G., Recht als autopoietisches System, Frankfurt 1989

TIMM, H. W./CHRISTIAN, K. E., Introduction to Private Security, Pacific Grove 1991

TREIBER, H./STEINERT, H., Die Fabrikation des zuverlässigen Menschen. Über die "Wahlverwandtschaft" von Kloster- und Fabrikdisziplin, München 1980

WEISS, R., The Emergence and Transformation of Private Detective Industrial Policing in the United States, 1850-1940, Crime and Social Justice 1978, p. 35 - 48

WEISS, R., The Private Detective Agency in the Development of Policing Forms in the Rural and Frontier United States, The Insurgent Sociologist 1981, p. 75 - 85

WILLKE, H., Entzauberung des Staates. Überlegungen zu einer sozietalen Steuerungstheorie, Königstein/Ts. 1983.

Steuerung familiärer Binnenkonflikte durch Recht

Detlev Frehsee

1. Einleitung

Die Familie wird üblicherweise als der Lebensbereich par excellence angesehen, dem eine Durchrechtlichung besonders abträglich ist. Auf der anderen Seite steht die bisweilen sehr heftig geführte Diskussion über Gewalt und sexuelle Zudringlichkeiten innerhalb von Familien, namentlich in Form der Ehegattenvergewaltigung, des sexuellen Kindesmißbrauchs und der Kindesmißhandlung. Es handelt sich also um Güterverletzungen, für deren Kontrolle das Recht seine Zuständigkeit in allen anderen Lebensbereichen mit Vorrang geltend macht, was auch mit großer Selbstverständlichkeit Anerkennung findet. Deshalb ist die Beziehung von Familie und Recht und die Frage der Kontrolle, Gestaltung, Steuerung der Familienbeziehungen durch Recht gekennzeichnet durch Spannungen, thematischen Bezugsreichtum, funktionale Widersprüche und divergierende Meinungen quer zu weltanschaulichen oder (rechts-)politischen Lagern.

Die zentralen Erkenntnisse der Forschungen zur Gewalt in Familien sind mittlerweile bis in die Öffentlichkeit gedrungen. So darf als inzwischen weithin bekannt vorausgesetzt werden,

- daß sexuelle Drangsalierungen und körperliche Gewalttätigkeiten eine hohe Verbreitung aufweisen (Habermehl 1989; Schneewind u.a. 1983, S. 53 f:; Bergdoll/Namgalies-Treichler 1987, S. 13),
- daß die klassischen Stereotype von Situationen, Prozessen und Tätern sexueller und gewaltsamer Übergriffe entwertet sind und die charakteristischen Risikobereiche im vermeintlichen Schutzraum intimer Primärbeziehungen liegen (Baurmann 1990; Lau u.a. 1979; Ebbinghaus u.a. 1982),
- daß entsprechende Zudringlichkeiten "in allen Kreisen" vorkommen, eine Abschiebung auf bestimmte, also untere soziale Schichten nicht mehr möglich ist (Engfer 1988, S. 75; dies. 1991, S. 111),
- daß entsprechende Übergriffe darüberhinaus auch nicht pathologischen oder sonstwie psychologisch beschreibbaren Mißhandlungspersönlichkeiten vorbehalten sind (Steele/Pollock 1978, S. 168, 172 f.; Ziegler 1990, S. 19; Wolfe 1985, S. 465),
- daß entsprechende Ereignisse - im Verhältnis zu gleichwertigen Beschädigungen in außerfamiliären Bereichen - in ganz überproportionalem Maße nicht zur Kenntnis von Interventionsinstanzen kommen oder auch nur sozial sichtbar werden (Kaiser 1993, S. 433).

Freilich beziehen sich diese Erkenntnisse unter dem Stichwort körperlicher und sexueller Gewalt nur auf die extreme Randsphäre dessen, was die Konflikthaltigkeit familiärer Beziehungen generell ausmacht. Vielfach wird versucht, durch Extensivierung des Gewaltbegriffes zur Einbeziehung vor allem psychischer und struktureller Phänomene zu kommen, die unterhalb physischer Gewalttätigkeiten liegen. Dies begründet jedoch die Gefahr einer "Entgrenzung" (Neidhardt 1986, S. 119) und Konturenlosigkeit des Gewaltbegriffes, die den Diskurs womöglich eher stört als fördert. Denn der Begriff der Gewalt assoziiert Abnormität und Intentionalität und bietet nur so etwas juristisch Handhabbares (krit. Honig 1989, S. 159 f.). Überdies erlaubt ein Gewaltbegriff umso eher die eigene Distanzierung, je stärker er auf spektakuläre Vorgänge beschränkt ist. Das Problem läßt sich allerdings so nicht abschichten. Es geht nicht um Abnormitäten, und es ist keine Intentionalität erforderlich, und in Frage steht nicht bloß die Abwehr von Exzessen durch Recht. Sondern das Thema weitet sich zu der Frage aus, inwiefern Regelungs- und Rechtsbedarf bezüglich der inneren Familienbeziehungen überhaupt besteht.

2. Rahmenbedingungen innerfamiliärer Schutzbedürftigkeit

2.1. Familie

Denn der Familienverband zeichnet sich dadurch aus, daß es keinen anderen Lebensbereich gibt von vergleichbarer Intimität, Komplexität und Totalität, in dessen Privatheit und Persönlichkeit die unbewußte, tiefenpsychologische Struktur des Individuums in so ungehemmtem Maße Raum für unmittelbares Ausleben findet. Dabei muß daran erinnert werden, daß jeder von uns mit mehr oder weniger beträchtlichen seelischen Lasten befrachtet ist, die er aus seiner eigenen Kindheit mitschleppt. Unbewußte Verletzlichkeiten, Selbstzweifel, Enttäuschungen und Anerkennungsbedürfnisse sind der rationalen Beherrschung weitgehend entzogen; die Partner brauchen und benutzen einander, um je für sich Sieger zu bleiben und Stärke zu gewinnen.

Diese Hintergründigkeiten und Vielschichtigkeiten sind in der familieninternen Interaktion besonders dicht und reichhaltig ausgeprägt, die Mechanismen, Prozesse und Dimensionen des familiären Umgangs, der Projektionen und Instrumentalisierungen sind vielfach beschrieben worden (Petri 1989, S. 35 ff, 38 ff.).

- So versehen sich Partner gegenseitig mit den Rollen anderer Mitglieder ihrer eigenen Kindheitsfamilie und belasten einander mit Erwartungen unerfüllbarer Multifunktionalität.
- Sowohl im Partner als auch im Kind werden stellvertretend Gewohnheiten als Unarten nur deshalb bekämpft, weil sie der Handelnde sich in seiner eigenen Kindheit abzugewöhnen gezwungen wurde.
- Vom Partner oder Kind wird umso mehr Achtung, Anerkennung, Zuwendung, Liebe verlangt, je mehr der Fordernde dies als Kind selbst hatte entbehren müssen.
- Partner oder Kind werden verantwortlich gemacht, ihnen wird Schuld aufgeladen für eigene Unzulänglichkeit oder Versagen.
- Oder sie werden erniedrigt, gedemütigt, schikaniert, um an ihnen heimzuzahlen, was der Mißhandler selbst erlitten hat usw. Je schwächer der Elternteil selbst ist, umso mehr genießt er es, sich selbst an den natürlichen Unvollkommenheiten des Kindes aufzurichten.

In diesem Lichte muß deshalb auch der Erziehungsalltag gesehen werden, dessen Begrifflichkeit ja gerade durch Anweisungen, Forderungen und Erwartungen gekennzeichnet ist, deren Rationalität durch all die Verwerfungen und unbewältigten Beschädigungen der Elternpersönlichkeit relativiert wird.

Dabei geht es heute wohl kaum noch um jenes, am ehesten mit dem Bild von "schwarzer Pädagogik" verbundene autoritäre Familienmodell. Neben dem Prozeß der Befreiung der Frau aus patriarchalischer Bevormundung ist auch in bezug auf das Kind der Abbau väterlicher Autorität und eine augenfällige Veränderung der Erziehungseinstellungen und -praktiken zu beobachten (Fend 1988). Mit einem derartigen sozialisatorischen Wandel ist jedoch eine Milderung innerfamiliärer Unterwerfungen und Instrumentalisierungen offenbar nicht verbunden. Im Gegenteil: Während patriarchalische und autoritäre Familienverhältnisse in ihrer Repressivität auch eindeutig und unmißverständlich sind, steigt unter offeneren und freieren Bedingungen auch die Konfliktintensität (Honig 1989, S. 132). Wo der autoritäre Rahmen fehlt oder auch die bloße Drohung keine Einflußkraft mehr besitzt, ist eher auch das Stadium der Gewalttätigkeit aus Hilflosigkeit erreicht. So ist zu erklären, daß trotz der Enthierarchisierung der Familie und ihrer Entwicklung zur Partnerschaftlichkeit eine Verringerung familiärer Gewaltpotentiale nicht registriert werden kann.

Unter den Bedingungen einer eher hedonistischen Prägung liebt der Elternteil das Kind nicht um seiner selbst willen, empathisch, als eigenständiges, förderungsbedürftiges, sich entwickelndes Subjekt, sondern gewissermaßen als Besitzgegenstand, als Objekt eigener Selbstwertstabilisierung. Die gerade mit der Reduzierung der Kinderzahlen zu beobachtende gesteigerte Fürsorge und Bemühung um das einzelne Kind ist Ausdruck eines erhöhten Eigenwertanspruchs: Das Kind ist sozusagen ein Teil von mir, ein Substitut, in dem ich *mich* verwirkliche. Es gehört zu *meinem* Status, daß das Kind Erfolg hat, ein möglichst hohes Schulniveau bewältigt, an gehobenes Bildungsgut herangeführt wird usw. Sein Scheitern ist nicht *sein* Scheitern, sondern meins. So fällt es auch nicht schwer, das Kind auch mit Streß und permanenter Peinigung voranzutreiben, weil an ihm damit heimgezahlt werden kann, was der Elternteil selbst an Druck hatte erleiden müssen.

Dementsprechend steht die Tatsache, daß man sich aufopferungsvoll, ja bisweilen nachgerade überprotektionistisch um sein Kind sorgt, überhaupt nicht in Widerspruch dazu, daß das Kind andererseits auch als Blitzableiter oder Fußabtreter gebraucht wird, wenn man daran Bedarf hat. Der Pädagoge Hurrelmann drückt dies aus mit der im Grunde bestürzenden Metapher vom Kind als "'sozialem Mobiliar' des Haushalts" (Hurrelmann 1989, S. 13).

Derartige Gebrauchshaltungen wären nicht möglich ohne die mangelnde Wehrhaftigkeit auf seiten der Mißbrauchten. Diese wird bei Frauen vor allem in ihrer ökonomischen Abhängigkeit gesehen (Hille/Zacharias 1988, S. 5; Schröder 1979, S. 156 ff.) sowie in ihrer existentiellen Bindung an die Lebensverhältnisse und ihrer emotionalen Bindung an den Partner (Brandau u.a. 1990, S. 7 ff.). Viel deutlicher ist dies beim Kind, das schon in der Wahrnehmung und Beurteilung von Mißbrauch unkritisch ist, weil die Familie sein Universum darstellt, in dem alles, was geschieht Normalität ist, und in dem es alles Schlimme mit allen möglichen Techniken hinwegbagatellisiert und schicksalhaft erträgt, weil es seine Existenz nur in Verbindung mit den Eltern begreift.

Erst unter Einbeziehung dieser alltäglichen Normalität wird die Nahtlosigkeit zur extremen Seite gewalttätiger Übersprünge verständlich. Es wird einsichtig, warum es von vornherein aussichtslos ist, irgendwo eine klare Abschichtung zwischen Normalität und Anormalität, Funktionalität und Dysfunktionalität, zulässiger und unzulässiger Fremdherrschaft festzuschreiben.

2.2. Recht

Sieht man sich nun an, wie das Recht zu dieser familiären Konfliktträchtigkeit steht, so erstaunt zunächst die Abstinenz. Obwohl sich die Familie als Machtgefüge darstellt, hält sich das Recht zurück und geht in scheinbarem Vertrauen in die selbstregulativen Kräfte von der Idylle eines harmonischen Familienmodells aus. Darüberhinaus steht die Rechtsgestaltung vor dem Problem, daß es nicht nur um die Kontrolle der innerfamiliären Machtbeziehungen geht, sondern auch um den Schutz der Familie vor staatlicher Bevormundung.

In dieser Spannung gibt das Recht mit der sog. Institutsgarantie die Priorität eindeutig den Einrichtungen von Ehe und Familie an sich, die es - so wie sie sind - "unter den besonderen Schutz der staatlichen Ordnung" stellt (Art. 6 I GG). Der Schutz der Familienmitglieder im Binnenverhältnis hat eindeutig den Nachrang, insofern beschränkt sich der Staat auf ein "Wächteramt" (Art. 6 II Satz 2 GG). "Pflege und Erziehung der Kinder sind *das natürliche Recht* der Eltern" (Art. 6 II Satz 1 GG). Die Bestimmung wird selbstverständlich einhellig dahin interpretiert, daß es darum geht, den Vorrang elterlicher Erziehungszuständigkeit gegen andere Erziehungsinteressenten abzusichern. Dennoch ist die Formulierung verfänglich und läßt eine Gedankenlosigkeit der "Väter" (sic!) des Grundgesetzes erkennen, die allerdings erst heute als solche erscheint, indem sie eben die unreflektierten und reflektionsunbedürftigen Selbstverständlichkeiten ihrer Zeit widerspiegelt. Jedenfalls wird hier das tatsächliche elterliche Herrschaftsverhältnis auch rechtlich festgeschrieben.

Denn sofern Eltern vor äußerer Kontrolle geschützt sind, ergibt sich als dialektische Kehrseite ihre allzuständige Fremdbestimmungsmacht. Tatsächlich sichert das Sorgerecht (§ 1626 I BGB) den Eltern weitreichende Freiräume für die Lebensgestaltung des Kindes sowie physisch und psychisch belastende Maßnahmen und Eingriffe. Sie sind weder verpflichtet, dem Kindeswillen bei "offenen" Alltagsentscheidungen Berücksichtigung zu gewähren, die genausogut so oder so getroffen werden können. Bedeutsamer ist, daß den Eltern auch in solchen Fragen die Weichenstellung und zwangsweise Durchsetzung überlassen ist, die für die gesamten weiteren Lebensläufe existenzbestimmend sind.

Den erzieherischen Anordnungen darf ferner durch Züchtigungsmaßnahmen Nachdruck gegeben werden. Dabei verbietet § 1631 II BGB lediglich "entwürdigende Erziehungsmaßnahmen", so daß nach h.L. auch körperliche und seelische Verletzungen zulässig sind, soweit sie unter Berücksichtigung des Alters, der Gesundheit, seelischer und körperlicher Reife sowie psychischer

Situation und der Würde des Kindes eine angemessene Reaktion darstellen (Erman-Michalski, BGB, § 1631 Rn 9; Palandt-Diederichsen, BGB, § 1631 Rn 9).

Freilich ist Orientierungsmaß elterlicher Fremdbestimmung das Kindeswohl (§ 1627 Satz 1 BGB). Ferner erstrebt das moderne Sorgerecht eine kooperative Familiengestaltung, indem es eine einvernehmliche Entscheidungsfindung unter Einbeziehung des Kindes und nach Maßgabe seiner Entwicklung empfiehlt (§ 1626 II BGB). Die Spielräume sind jedoch außerordentlich weit gezogen: Die Gestaltungsfreiheit schließt auch zweifelhafte Erziehungszwecke ein (wie etwa unbedingte Gehorsamserziehung oder unbedingte sexuelle Enthaltsamkeit - SK-Horn, § 223 Rn. 13). Im übrigen stehen dem Kind oder anderen in seinem Interesse auch bei Überschreitung der Zulässigkeitsgrenzen noch nicht ohne weiteres rechtliche Verteidigungsmöglichkeiten zu. Der Anspruch des Kindes auf zunehmende Einbeziehung in Entscheidungsprozesse ist weithin undurchsetzbar und seine Mißachtung sanktionslos. Unter Umständen erhält selbst der Mißbrauch eine Scheinlegalität. So kann sich etwa der tiefenpsychologische Mechanismus der Übertragung (Richter 1969, S. 75 ff.), wobei Vater oder Mutter das Kind in die Rolle ihrer eigenen Eltern drängen, um nun von ihm die seinerzeit entbehrte Zuwendung und Fürsorge zu empfangen, soweit äußern, daß der jetzige (übertragende) Elternteil körperliche Pflege von seinem Kind verlangt (Petri 1989, S. 50). Das Gesetz sanktioniert solche Abirrungen, wenn es das Kind verpflichtet, den Eltern in seinen Kräften entsprechender Weise Dienste zu leisten (§ 1619 BGB). Überdies dehnt die den Eltern dem Kinde gegenüber faktisch zukommende Definitionsmacht ihre Einwirkungsspielräume weit in Bereiche rechtswidriger Zumutungen aus. Die Auslieferungssituation läßt sich nicht entlarvender kennzeichnen als durch den Hinweis auf die Kommentarliteratur, die die einzige Rechtsfolge für unvertretbare elterliche Anforderungen darin sieht, daß das Kind ihnen nicht nachzukommen brauche (MK-Hinz § 1619 Rn 11)! Aus Rechtsverletzungen ergibt sich also noch keine amtliche Interventionsmöglichkeit. Diese wird erst eröffnet bei Gefährdung des Kindeswohls infolge Mißbrauchs, Vernachlässigung, Versagens (§ 1666 BGB). Eine solche Gefährdung erfordert eine über diese Einzelentscheidung oder Maßnahme hinausgehende gegenwärtige oder nahe bevorstehende Beeinträchtigung der (künftigen) Kindesentwicklung, "welche so ernst zu nehmen ist, daß sich bei einer Fortdauer eine erhebliche Schädigung des körperlichen, geistigen oder seelischen Wohls des Kindes mit ziemlicher Sicherheit voraussehen läßt" (MK-Hinz § 1666 Rn 25). Eine besondere Vorschrift ist Ausbildung und Beruf gewidmet. Wird etwa der Minderjährige zum Besuch einer bestimmten Schulart, zu einer Ausbildung oder einem Beruf gezwungen unter offensichtlicher Mißachtung von Eignung und Neigung des Kindes, so ist ein Einschreiten des Vormundschaftsgerichtes erst erlaubt, wenn eine "nachhaltige und schwere Beeinträchtigung" der Kindesentwicklung zu besorgen ist (§ 1631a II BGB). Unterhalb dieser Schwelle also muß sich das Kind jeder Willkür fügen.

Die Sorgerechtsreform von 1980, mit der der Begriff der elterlichen "Gewalt" durch eben den der Sorge abgelöst wurde, ändert also an der Abhängigkeit und Ausgeliefertheit des Kindes wenig. Die dort eingebrachte normative Empfehlung partnerschaftlicher Ausrichtung des Erziehungsverhältnisses besitzt kaum Verbindlichkeit, ist also auf entsprechende elterliche Grundhaltungen angewiesen und somit am wenigsten bei jenen wirksam, die eine solche äußere Anleitung am nötigsten hätten. Deshalb wurde die Reform seinerzeit auch von Kritikern als bloßer Etikettenwechsel abgetan (Ostermeyer 1976, S. 80).

Auch auf seiten des Strafrechts wird dem Familienschutz deutlicher Vorrang vor Individualschutz gegeben. Das betrifft die Privilegierung der Vergewaltigung und sexuellen Nötigung unter Ehegatten wie auch die umstrittene und nicht nur von feministischer Seite heftig kritisierte Einschränkung des Notwehrrechts unter Ehegatten durch die Rechtsprechung (Bahr-Jendges 1984; Engels 1982, S. 112 f., 124 f.; Frister 1988, S. 308 f.).

Was Kinder betrifft, so schützt zwar § 223b StGB, der eigentliche Mißhandlungstatbestand, ausdrücklich Kinder vor allem vor den Eltern und erfaßt sowohl Phänomene der körperlichen wie psychischen Mißhandlung sowie der Vernachlässigung. Der Tatbestand beschränkt sich jedoch angesichts der durch subjektive Elemente gekennzeichneten und deshalb äußerst schwer nachweisbaren Merkmale des Quälens, der Roheit oder Böswilligkeit auf Extremfälle. Die forensische Bedeutung ist minimal und der innerjustitielle Schwund zwischen Registrierung und Verurteilung trotz des Schweregrades enorm. Bedeutsamer ist zur anderen Seite die Anerkennung des Züchtigungsrechts auch durch das Strafrecht und damit die Preisgabe des strafrechtlichen Schutzes von körperlicher Unversehrtheit, Bewegungsfreiheit und freier Willensbestimmung in unteren Schwerebereichen. Besonders deutlich wird die strafrechtliche Wertsetzung bei § 223 StGB, wo zwar die elterliche Züchtigung erlaubt ist, die Körperverletzung, die das Kind seinerseits "gegen Verwandte aufsteigender Linie" begeht, dagegen als strafschärfende Qualifizierung mit erhöhtem Unrechtsgehalt versehen ist (§ 223 II StGB).

Das sog. Erzieherprivileg befreit Eltern vom Verbot, Minderjährigen Schriften, Tonträger, Videos usw. zugänglich zu machen, die zum Rassenhaß aufstacheln oder Gewalt verherrlichen, sofern es sich um die eigenen Kinder handelt (§ 131 IV StGB). Gleiches gilt für pornographische Darstellungen (§ 184 IV StGB). Sogar die Förderung sexueller Handlungen des Kindes mit Dritten ist den Eltern erlaubt, sofern nicht eine gröbliche Verletzung ihrer Erziehungspflicht festzustellen ist (§ 180 I StGB). Angesichts der gegenwärtigen Diskussion um die sog. Kinderpornographie, die ja in der Regel durch die Eltern veranlaßt wird, ist das unter dem Gesichtspunkt normativer Wertung nicht uninteressant.

Das Kinder- und Jugendhilfegesetz hat eine deutliche Verbesserung des gesellschaftlichen Kinderstatus gebracht, indem im Verhältnis zur staatlichen Seite die ordnungspolizeilich auf Störungsabwehr ausgerichtete Konzeption des alten Jugendwohlfahrtsgesetzes durch ein Modell angebotsorientierter Hilfe und Krisenintervention ersetzt worden ist. Was jedoch den Konflikt zwischen Kind und Eltern angeht, so charakterisiert vor allem § 42 II KJHG die Wertsetzungen. Bittet ein Kind bei einer (amtlichen) Hilfeinrichtung um Obhut, so ist das Jugendamt zur sofortigen ("unverzüglichen") Unterrichtung der Eltern sowie auf deren Verlangen zur sofortigen Herausgabe ("Übergabe") des Kindes oder Jugendlichen verpflichtet - es sei denn, es kann eine vormundschaftsrichterliche Entscheidung herbeigeführt werden. Diese ist aber wiederum an die hohen Voraussetzungen des § 1666 BGB gebunden. Sofern das Kind oder der Jugendliche also "nur" deshalb um Obhut bittet, weil er es subjektiv zu Hause nicht mehr aushält, Schläge, Quälereien oder sexuelle Drangsalierungen nicht belegen kann oder dieses sich auf einem Niveau hält, das nicht zur Annahme einer Entwicklungsgefährdung oder von Mißbrauch, Vernachlässigung oder elterlichem Versagen führt, ist das Kind oder der Jugendliche chancenlos. Rüfner resümiert, daß auch dieses moderne KJHG die öffentliche Jugendhilfe nicht legitimiert, "eigenmächtig Interessen des Kindes gegen die Interessen der Eltern wahrzunehmen", vielmehr "streng auf Wahrung des elterlichen Erziehungsrechts bedacht" ist (Rüfner NJW 1991, S. 2). Es handelt sich um ein "erziehungsorientiertes Familienhilfegesetz" (Kiehl 1990, S. 99).

2.3. Staat

In dieser Gesamtschau erscheint das juristische Familienmodell trotz gewisser Entwicklung nach wie vor als ein autoritäres - in bezug auf die Frau wohl nur noch rudimentär, in bezug auf das Kind aber ganz deutlich. Nach wie vor ist die staatliche Interessenlage offenkundig: Der Staat ist angewiesen auf die Reproduktions- und Sozialisationsleistung der Familie. Er ist nicht interessiert am glücklichen, sondern am nützlichen Menschen. Durch die Familie vermittelt sich staatliche Herrschaft über Frau und Kind. So ist das staatliche Desinteresse an Beeinträchtigungen und Verletzungen kindlicher Persönlichkeitsrechte die direkte Kehrseite der irrational überzogenen und bisweilen hysterischen Aufmerksamkeit für Jugendkriminalität: Die Tatsache, daß ausgerechnet das ultimative Kontrollmittel Strafrecht zur Verarbeitung jugendspezifischer Entwicklungs- und Anpassungsphänomene eingesetzt wird, und der Umfang, in dem davon Gebrauch gemacht wird, spiegeln die Angst wider vor dem Heranwachsen einer unzuverlässigen Generation. Die Verantwortung der Familie offenbart sich daran, wie unausrottbar unzureichender Erziehungskraft die Bedeutung als wichtigste Kriminalitätsursache beigemessen wird (Sack 1973, S. 140 f.). Deshalb dürfen auch dem elterlichen Zurichtungsinstrumentarium möglichst wenig Ketten angelegt werden.

Was die Frau angeht, so scheint zwar in der formalen Rechtsgestaltung die Gleichstellung in Ehe und Familie fast erreicht zu sein. Rechtliche Gleichstellung ist jedoch angesichts verbleibender struktureller Ungleichheit nicht nur unzureichend, sondern geeignet, diese erst zu verfestigen (Wiegmann 1988, S. 242). Nach wie vor ist für die Frau charakteristisch die dienende, opfer- und leidensbereite Gattinnen- und Mutterrolle. Nach wie vor lebt sie eindeutig weniger nach außen und gibt der männlichen Dominanz durch die typischerweise eher nach innen gerichtete Verarbeitung von Spannungen Raum. Das Ausmaß innerfamiliärer Gewalt gegen Frauen zeigt jedenfalls, daß rechtliche Gleichstellung offensichtlich nicht genügt, um Frauen in entsprechenden Situationen und Krisen vor Hilflosigkeit zu bewahren. Zur anderen Seite gesellschaftlicher Disziplinierung der Frau nun reichen die faktischen patriarchalischen Zustände offenbar aus, wie sich am geringen Interesse der Strafjustiz an Frauen ablesen läßt (Smaus 1993). Sobald sich aber das Strafrecht mit Frauen befaßt, scheint es weniger an ihrer Kriminalität interessiert zu sein als vielmehr an der Erhaltung der häuslichen, mütterlichen, selbstlosen weiblichen Rolle (Gelsthorpe 1993).

2.4. Kultur

Soweit zu akzeptieren ist, daß Recht auf anderen Politikfeldern erkämpfte Konfliktresultate fest-schreibt, ist es reaktiv und für die aktuelle Wirklichkeit nicht verantwortlich. Es ist aber auch konservativ und perpetuiert jeweilige Zustände und Partizipationsverhältnisse. So wird unter ma-krokulturellem Blickwinkel nicht nur vielfach auf die direkte Bedeutung der juristischen Status- und Rollenkonstruktion der Familienmitglieder für das Normalitäts- und Legalitätsempfinden in-nerfamiliärer Herrschaftsmacht und Fremdbestimmungskompetenz verwiesen bis hin zur offenen Gewaltanwendung. Vielmehr wird darüberhinaus gerade die Abspaltung unzulässiger von zulässi-ger Erziehungsgewalt, also die juristische Beschränkung auf die Abwehr nur qualifizierter Ge-waltanwendung für kontraproduktiv gehalten, weil die Abgrenzung mit großen Schwierigkeiten verbunden ist und gewalttätig disponierten Elternteilen falsche Rechtsmäßigkeitsvorstellungen vermittelt (Petri 1989, S. 282 ff; U. Schneider 1987, S. 208 ff). In einer repräsentativen demo-skopischen Erhebung Ende der siebziger Jahre erklärten sich weniger als ein Drittel der befragten Eltern mit einem gesetzlichen Verbot des Schlagens von Kindern einverstanden. Auch bei Be-rücksichtigung der unterschiedlich strengen Erziehungsstile fand sich überall "eine Mehrheit für die Beibehaltung des Prügelprivilegs". 44 % befragter Hausfrauen bekannten sich zu der Ansicht, Schläge hätten noch keinem Kind geschadet (Allensbach 1979). Hätte die Tatsache, daß es frei-lich einen deutlichen Altersbezug der Antworten gab (geringste Gewaltakzeptanz bei den Jüng-sten), erwarten lassen, daß sich hier im Zeitablauf Änderungen ergeben (Engfer 1989, S. 249), so weiß Habermehl noch 1989 ähnliche Ergebnisse zu berichten: Immer noch 55,8 % der von ihr befragten 553 Männer und Frauen erkennen Eltern das Recht zu, ihre Kinder zu schlagen. Im-merhin sprechen sich 43,2 % für ein Gesetz aus, das körperliche Strafen verbietet (S. 192). Ein Drittel der von Wahl befragten Erwachsenen sind der Meinung, Ohrfeige oder Klaps gehörten dazu. Ein Viertel halten harte und rigorose Bestrafung für eine sinnvolle Lebensvorbereitung: "Das Leben ist so hart, daß Kinder durch harte Erziehung darauf vorbereitet werden müssen" (Wahl 1990, S. 133). Besonders eindrucksvoll ist, wie die in der Gewalthandlung ja nur symbo-lisch exponierte Herrschaftsunterworfenheit von den Kindern selbst internalisiert, akzeptiert und rationalisiert wird: Von den 349 befragten Jungen und Mädchen zwischen 10 und 15 Jahren hal-ten 74,9 % die Eltern für berechtigt zu schlagen, 42 % schon dann, "wenn sie Widerworte ge-ben". Unter den Mädchen sind es sogar 77,1 %. Sie stellen - so resümiert Habermehl - drei Viertel der Mütter der nächsten Generation ... (Habermehl 1989, S. 191).

Am bedenklichsten erscheint, daß natürlich auch alle beteiligten Instanzen in dieser kulturel-len Normalität befangen sind und ganz offenkundig die Haltungen der Jugendbehörden in erster Linie durch eine hohe Achtung der Familienautonomie gekennzeichnet sind. So wird immer wie-der darüber geklagt, daß Jugendämter Meldungen über familiäre Gewalttätigkeiten mit dem Ar-gument zurückweisen, ohne handfeste Beweise könne man nicht eingreifen.

Und schließlich trägt das juristische Idealbild einer harmonischen Familienidylle zu dem pro-blematischen Mißtrauen bei, das beschädigten Kindern und Frauen so oft entgegenschlägt, weil deren Berichte einem symbolisch beschworenen Normalitätsmodell widersprechen, an das wir alle glauben möchten.

Nun muß man freilich einräumen, daß im Gegensatz zu der hier hervorgehobenen Tendenz im Bereich der sexuellen Bedrängnis von Kindern eine sehr geschlossene Kriminalisierung vorzufinden ist und der sexuelle Eltern-Kind-Kontakt bis zu 18 Jahren ausdrücklich strafrechtlich tabuisiert ist (§ 174 I Nr. 3 StGB). Überdies gehört gerade diese Bestimmung zu den strafrechtlichen Sexualnormen, die strafrechtsdogmatisch einzigartig sind, weil sie in bezug auf das Kind als scheinbares Schutzobjekt weder einen Schaden, noch auch nur eine Gefährdung voraussetzen (SK-Horn § 174 Rn 1). Das weist darauf hin, daß der dichte strafrechtliche Sexualschutz des Kindes gar nicht um seiner selbst willen da ist, sondern im Verbund des Sexualstrafrechts insgesamt nur als Element der Sicherung einer bestimmten kulturellen Normalität von heterosexueller, reproduktiver ehelicher Sexualität. Damit erklärt sich ja auch die dieser Deliktsgruppe völlig widersprechende strafrechtliche Duldsamkeit gegenüber gerade der schwersten Verletzung sexueller Selbstbestimmung bei der Ehefrau. Während also Erziehungsgewalt offiziell sozial funktionalisierbar ist, ist inzestuöse Gewalt in gesellschaftlicher Hinsicht schädlich für die generative Reproduktion und muß deshalb kompromißlos abgewehrt werden. Das ändert aber alles nichts daran, daß mit der Konturierung der Kindesrolle insgesamt durch sorgerechtliche Abhängigkeit sowie durch die Legalität erzieherisch intendierter Basisgewalt die Förderung auch der Disponibilität des Kindes als Sexualobjekt verbunden ist.

3. Anforderungen an das Recht

3.1. Ambivalente Haltungen zum Recht

Die Schlußfolgerungen wären nun nach dieser Analyse eigentlich schnell gezogen: Die Rollen von Frauen und Kindern müssen rechtlich aufgewertet, die schwächeren Familienmitglieder stärker geschützt werden. Dabei besteht das große Problem darin, der mit zunehmender Verrechtlichung zu erwartenden Verstärkung kontraproduktiver Effekte entgegenzutreten, wie sie unter gegenwärtigen Bedingungen bereits zu beobachten sind.

Am deutlichsten scheint das Dilemma im Strafrecht auf. Wo nämlich Strafbewehrung bereits vorhanden ist, kann gerade diese angesichts der belastenden Verfahrens- und Sanktionswirkungen davor abschrecken, öffentlich Hilfe zu suchen, und somit zu einer Verfestigung dauerhafter Mißhandlungszustände beitragen: So dulden mißhandelte Kinder die Drangsalierungen, insbesondere ertragen Mädchen dauerhaften sexuellen Mißbrauch, weil sie den Vater nicht ins Gefängnis bringen und damit die Familie zerstören wollen (Kavemann/Lohstöter 1984, S. 41); Mütter verweigern ihren mißbrauchten Töchtern Beistand, um die wirtschaftliche Lebensbasis der Familie zu erhalten (Kavemann/Lohstöter 1984, S. 89). Aus ähnlichen Gründen halten drangsalierte Ehefrauen aus (Limbach 1985, S. 290 f.). Derartige Dysfunktionalitäten würden natürlich durch eine Zurücknahme der Rechtfertigung der Züchtigung oder durch die Einbeziehung der Ehegatten in die Strafbarkeit von Vergewaltigung und sexueller Nötigung erweitert werden. Deshalb wird mit-

unter das Strafrecht überhaupt für ein in diesen Konfliktbereichen völlig untaugliches Kontrollmittel gehalten. Sollte man also eher noch entkriminalisieren? Die Meinungen sind von erstaunli-
cher Heterogenität. Auf seiten der Betroffenen zeigen zunächst die Kinderhilfseinrichtungen (insbesondere der Kinderschutzbund) nicht nur eine strikte Ablehnung strafrechtlicher Intervention
und Verweigerung jeder Kooperation mit Strafverfolgungsbehörden, weil sie darin nicht nur keinen Nutzen sehen, weder für den mißhandelnden Elternteil oder die Familie noch für das Kind,
sondern weil sie ohne diese Absetzung kein Vertrauen bei den Schutz- und Ratsuchenden finden
können.

Bezüglich des Frauenschutzes wird dagegen von feministischer Seite für die Kriminalisierung
der Ehegattenvergewaltigung gekämpft, darüberhinaus auch aus politischen Gründen der Skanda-
lisierung struktureller patriarchalischer Benachteiligung eine konsequentere Verfolgung und intensivere Bestrafung im Einzelfall gefordert (vgl. Inescu 1988; Goy 1990; Teubner 1988, S. 87).
Allerdings hört man von seiten der Frauenberaterinnen in Hilfseinrichtungen auch hier, daß bei
der Bearbeitung der Einzelfälle Justizkontakte tunlichst vermieden werden und daß einer betroffenen Frau angesichts der für sie selbst mit dem Strafprozeß verbundenen Belastungen jedenfalls
nicht zugeraten wird, Strafanzeige zu erstatten.

Zur Normsetzungsebene ist vielleicht interessanter als die bekannte Lage beim gescheiterten
Versuch des sexuellen Gattinnenschutzes (s. dazu Helmken 1985; Frommel 1988, S. 236 ff.),
wie sich die Meinungen zum Züchtigungsrecht verteilen: Die Gewaltkommission hat sich im Ergebnis zwar für eine Abschaffung ausgesprochen (Schwind/Baumann I 1990, S. 158), jedoch ist
die Kontroverse sichtbar geblieben (vgl. die gegensätzlichen Voten der Zwischengutachten -
Schwind/Baumann I 1990, S. 318, 447). Dabei ist bemerkenswert, daß sich insofern eher die
humanwissenschaftlichen Vertreter durchgesetzt haben (Unterkommissionen Psychologie und Psychiatrie, Schwind/Baumann II 1990, S. 119, S. 246), während die Juristen eine größere Skepsis
gegenüber der Wirkkraft des Strafrechts zur Grundlage ihrer Ablehnung gemacht haben (Unterkommissionen Strafrechtspraxis und Strafrechtswissenschaft, Schwind/Baumann II 1990, S. 835,
S. 938 f).

Die Stimmen der Wissenschaft wirken etwas erratisch. So wendet sich Honig (1990) einerseits dagegen, den Geltungsanspruch des Strafrechts "aus rechtssystematischen Gründen auf weniger gravierende Formen familialer Gewalt auszudehnen" (S. 356), um sogleich für ein "Verbot
körperlicher Strafen in der Erziehung" zu plädieren (S. 357). Wolff wendet sich gegen die Prü-
gelstrafe, aber auch gegen Strafkonzepte und Verrechtlichung (1990, S. 177 f).

Die kritische Kriminologie ist ohnehin auf die Diskreditierung strafrechtlicher Kontrollan-
sprüche festgelegt. Nachdem die Bemühungen um die Pönalisierung der Ehegattenvergewaltigung
als neues Moralunternehmertum entlarvt worden sind (Scheerer 1986, S. 141), haben wir nun
also bezüglich der Gewalt an Kindern ein neues "neues Moralunternehmertum"?

So bilden sich dann interessante Allianzen: Kritische Kriminologen stehen Schulter an Schulter mit autoritären Patriarchen. Ihnen müßte selbst jene (ironisch gemeinte?) Strafrechtsinterpre-
tation entgegenkommen, wonach eine Kriminalisierung der Ehegattinnenvergewaltigung sinnlos

ist, weil sich der Ehemann aus Notwehr nehmen könne, was ihm die Frau entgegen ihren ehelichen Rechtspflichten zu leisten verweigere ("Angriff durch Unterlassen") (Horn 1985, S. 265).

Kritische Frauen werden zu Verfechterinnen bayerischer Sicherheitspolitik, wenn sie nicht nur nach Pönalisierung rufen und nach Verbesserungen der rechtlichen Versorgungs- und Auseinandersetzungsmöglichkeiten im Trennungsfall, sondern auch mit so etwas wie dem polizeilichen "Unterbindungsgewahrsam" (Knüttel 1989) liebäugeln (Notruf 1989).

3.2. Die unterschiedlichen Funktionen des Rechts

Bei näherer Betrachtung haben die Widersprüche und Unklarheiten etwas damit zu tun, daß sich Erwartungen und Kritik an unterschiedliche Wirkungsdimensionen des Strafrechts richten. So beziehen sich die auf eine Stärkung gesellschaftlicher Achtung der Persönlichkeiten von Kindern und Frauen gerichteten Zielsetzungen auf die abstrakte, generalpräventive Normbildungsfunktion. Die kritisierten dysfunktionalen Auswirkungen des Strafrechts entspringen seiner exemplarischen Exekution, also den aus den Verfahrens- und Sanktionierungsbedingungen erwachsenden schädigenden Folgen seiner repressiven Anwendung im Einzelfall. Außerdem gibt es offenbar einen Bedarf an der von der repressiven Drohung mit dem Strafrecht im Einzelfall ausgehenden Zwangswirkung.

Es ist nötig, diese verschiedenen Ebenen auseinanderzuhalten; und die rechtspolitische Herausforderung besteht darin, Lösungen zu finden, die den damit verbundenen unterschiedlichen Erfordernissen gerecht werden. So erscheint zunächst die Kritik am Strafrecht an sich, also bereits an der mit Allgemeinverbindlichkeitsanspruch ausgestatteten gesetzten Strafnorm bisweilen durch die Vorstellung von dem spezifischen Durchsetzungsstil belastet zu sein, mit dem ihr im Einzelfall Geltung verschafft wird und mit dem sie sich vom Anwendungsmodus etwa der Zivilnorm unterscheidet. Sofern nämlich aus konsequenter abolitionistischer Sicht schon die (staatliche) Norm verfehlt ist, bliebe der Konfliktbereich insgesamt der selbstregulativen Normbildung überlassen. Jedoch kann man wohl kaum die Familie aushandeln lassen, wieviel Gewalt sie innerlich zuläßt, zumal sie angesichts ihrer strukturellen und interaktionalen Charakteristika "Kumulationspunkt häufigerer und stärkerer Belastungen ist als irgendeine andere soziale Gruppe" (Lupri 1990, S. 498). Man kann es wohl auch kaum irgendeiner wie immer zu beschreibenden Teilgemeinschaft überlassen, die Gewaltüblichkeiten zu bestimmen. Man stelle sich irgendeine ferne ländliche Region vor, in deren traditioneller Stabilität und Abgeschiedenheit ein Recht zur Züchtigung der Ehefrau allseits akzeptiert ist. Gegenwärtig hat Frankreich mit afrikanischen Einwanderern Sorge, die an der Tradition festhalten, ihre Töchter zu beschneiden. Die abstoßende Operation wird (auch) von Frauen durchgeführt. Mütter sind verzweifelt, wenn sie das offiziell nicht machen dürfen (Die Zeit Nr. 44/1991). Soll so etwas toleriert werden? Oder muß eine kulturelle Gemeinschaft gerade unter den Bedingungen geographischer und kultureller Mobilität ihrem zivilisatorischen Entwicklungsstand entsprechende verbindliche Standards setzen? Im übrigen geht es hier weniger um Neukriminalisierung, als vielmehr um die Beseitigung positiver kinder- und frauendiskriminierender Gesetzesaussagen: Denn das Gesetz sagt ja zur Züchtigung und ehelicher Vergewaltigung nicht nichts. Sondern vor dem Hintergrund prinzipieller Verbote der Körperverletzung und Vergewaltigung gewinnen die Ausnahmen den Aussagegehalt von Erlaubnissen mit Aufforderungscharakter.

So wird in der internationalen Diskussion nicht die Setzung, sondern die Eliminierung von Normen gefordert, nämlich solcher, die Gewalthandlungen in Gesellschaft und Familie legitimieren und glorifizieren (Straus/Gelles/Steinmetz 1981, S. 237 ff; Straus 1991, S. 139 f., 145; Carlson/Davis 1980, S. 59; Gil 1975, S. 259 ff; Biermann 1969, S. 138 ff). Und gerade wenn man in die inhibitive Wirkkraft von Strafrechtsnormen wenig Vertrauen hat (vgl. etwa Schumann 1989, S. 35 ff., 49 f.) - was die Benutzung und den Mißbrauch etwa des Kindes angeht, hat die juristische Rollenkonstitution offenbar sehr wohl eine wirklichkeitsprägende Gestaltungskraft. Bezüglich eines etwaigen Moralunternehmertums muß also zunächst einmal geklärt werden, auf welcher Seite die Moral fragwürdiger ist und ob es nicht eher um Kreuzzüge gegen eine in harte praktische Wirklichkeit gegossene Herrschaftsmoral geht.

Dementsprechend meint die Kritik von Kinder- und Frauenhelferinnen nicht die Norm, sondern die Art und Weise ihrer Anwendung. Denn den Beteiligten des konkreten Einzelfalles nutzt die täterzentrierte destruktive Sanktionierung kaum; der Bedarf richtet sich vielmehr betroffenen- und problemzentriert auf konstruktive Hilfe, Krisenbewältigung und künftige Konfliktvermeidung. Dabei wird aus feministischer Sicht eher für eine (endgültige) Lösung der gestörten Beziehung eingetreten, während von seiten des Kinderschutzes eindeutig ihrer Wiederherstellung der Vorrang gegeben wird (Beiderwieden/Windaus/Wolff 1986, S. 257 ff.). Nun sind die angezeigten Interventionsmaßnahmen zuletzt solche des Strafrechts (vgl. i.e. etwa Ziegler 1990, S. 105 ff.; Kintzer 1986; Neubauer u.a. 1987, S. 73 ff.). Gleichwohl wird ihm auch insofern eine Unterstützungsfunktion zugebilligt. Selbst ansonsten äußerst distanzierte Kinderschützer räumen ein, daß ganz ohne den Staat nicht auszukommen ist, weil die für die sanften Bearbeitungsformen erforderliche Kooperationsbereitschaft mitunter von einem gewissen Nachdruck abhängig ist.

3.3. Strikte Norm und flexible Anwendung

Aus der Perspektive der Betroffenen wäre es also sinnvoll, das Strafrecht als "last resort" in der Hinterhand zu haben, ihm aber auch im Falle erfolgter Mobilisierung noch ausweichen zu können. Insofern ist das deutsche Strafrecht im internationalen Vergleich recht gnadenlos, weil es in den bedeutsamen Schwerebereichen keine Ausweichmöglichkeiten gibt. Dementsprechend läßt sich die bemerkenswerte Vielfalt von Vorschlägen zur Ausgestaltung einer Strafnorm zur Ehegattenvergewaltigung auf das gemeinsame Grundanliegen zurückführen, die Strafrechtsanwendung flexibel zu halten, indem Möglichkeiten eröffnet werden, das Strafrecht zurückzustellen, um einer Konflikt- und Problembearbeitung den Vorrang zu lassen, oder den betroffenen Frauen möglichst lang die Entscheidungskompetenz über Einleitung oder Fortführung der Verfolgung zu erhalten. In einzelnen werden etwa diskutiert: ein Strafantragsrecht oder ein Widerspruchsrecht der Frau, Absehen von der Verfolgung, Einigungs-, Versöhnungs-, Therapievorbehalt, Senkung des Strafrahmens, um die Aussetzungsmöglichkeit zu schaffen, Strafmilderungsmöglichkeit, Absehen von Strafe (Frommel 1987; Inescu 1988; Paetow 1987, S. 224 ff.; Helmken 1979, S. 46; Schwind/Baumann I 1990, S. 186-188), oder gar die (auch strafrechtliche) Erledigung durch das Familiengericht, das "mehr helfend und beratend" und "mit größerer Ermessensfreiheit" hinsichtlich der Sanktionen reagieren kann (Limbach 1985, S. 291).

In rechtssoziologischer Terminologie lassen diese Flexibilisierungsvorschläge an das Konzept des reflexiven Rechts denken (Teubner/Willke 1984), indem zwar die staatliche Normsetzung verbindliche Orientierungsmuster für sozialen Kontakt bereitstellt, die Regulation der Konflikte aber den (lebensweltlichen) Subsystemen überläßt. Als solche wären hier der Verbund alltäglicher privater Lebensräume mit dem lokalen infrastrukturellen Netz privater und amtlicher Hilfs-, Unterstützungs- und Betreuungsressourcen anzusehen. Mit dem erweiterten Wissen über die Komplexität familialer Konflikthaltigkeit erweist sich das Strafrecht angesichts seines Verarbeitungsmodus und der damit verbundenen Begleitkosten als immer weniger "brauchbare Umwelt". Es ist daher angemessen, wenn es sich mit dem Verbot gewalthaltiger Interaktionsformen auf eine verbindliche Kontextvorgabe zurückzieht und sich darauf beschränkt, autonome Selbstorganisation in anderen Sozialbereichen zu stimulieren und ihnen Nachdruck zu geben. Auch darin kommt zum Ausdruck, daß das Recht das Geschehen nicht auf sich beruhen läßt; damit ist der Verhaltensfehler hinreichend markiert und der erforderlichen Erwartungssicherung Genüge getan. Bleibt damit überdies der Konfliktcharakter des Ereignisses erhalten, so erlaubt die Sichtbarmachung der aufzuarbeitenden Defizite eine Rückmeldung an die politischen Steuerungsinstanzen. Damit wird die versteckte Funktion repressiver Sanktionierung vermieden, die mit der alleinigen Folgenzuweisung an den "Täter" die Wahrnehmung solcher verhaltensbestimmender Mangellagen gerade verschleiert.

Schließlich sei darauf zurückgekommen, daß sich die Problematik nicht auf gewaltförmige Auswüchse beschränkt, für deren Bewältigung die Mobilisierung des Strafrechts eine Funktion hat. Vielmehr handelt es sich dabei nur um spektakuläre Äußerungsformen alltäglicher Fremdbestimmungs-, Instrumentalisierungs- und Unterdrückungsvorgänge, die auf der Grundlage ökonomischer Abhängigkeit gedeihen sowie im Schonraum der zivilrechtlich verfaßten Bindung der Familie nach innen und ihrer Abgeschlossenheit nach außen. Deshalb läßt sich die Abhängigkeit der Frau und die Tatsache, daß sich der Mann ihrer wegen dieser Abhängigkeit so sicher ist, durch die Möglichkeit schneller Trennung im Konfliktfall verringern. So richtet sich das Interesse auf die Klärung vorhandener und die Entwicklung künftiger rechtlicher Handhabe, eine solche Trennung möglichst wenig kostenlastig zu vollziehen, insb. etwa zu erreichen, daß nicht die Frau (mit den Kindern) die gemeinsame Wohnung verläßt, sondern der Mann (vgl. Goy 1990).

Was das Eltern-Kind-Verhältnis betrifft, so wird es vor allem darum gehen, dieses stärker am Vertragsmodell als am Anstaltsmodell zu orientieren. Verschiedene Vorschläge laufen darauf hinaus, die Kindesautonomie gerade nicht durch Verrechtlichung, sondern durch Entrechtlichung zu stärken, indem auf bestimmte rechtliche Partizipationsvoraussetzungen verzichtet und die Regulation - wie allgemein - den Abgrenzungsmechanismen der autonomen Gleichen untereinander überlassen wird. Das gilt etwa für die Forderung nach Verzicht auf die Kategorie der Grundrechtsmündigkeit, womit eine Zurückdrängung die Wahrnehmung der Grundrechte beschränkender Fremdbestimmung verbunden wäre (Hohm 1986); es gilt auch für die Forderung nach Abschaffung der gesetzlichen Vertretung durch die Eltern (Ramm 1989).

Die Sorgerechtskonzeption sollte sich weiter von der Bindungstheorie lösen, wonach dem vorgeblichen Angewiesensein des Kindes auf die Bindung an seine Hauptbezugsperson ein entscheidender Stellenwert zugewiesen wird. Stattdessen muß auch hier das systemische Verständnis der Familie gestaltungsleitend werden, wonach es sich um ein prozeßhaft sich entwickelndes, dynamisches, veränderbares Beziehungsgefüge handelt (Limbach 1988, S. 156 ff.), das auch auf Distanzierungsmöglichkeiten angewiesen ist. So könnte das elterliche Aufenthaltsbestimmungsrecht beschränkt werden auf Indikationslagen der Kindesgefährdung. Es wäre dann Sache des Kindes, wenn es aus welchen rationalen oder irrationalen Gründen auch immer bei Verwandten, Freunden oder in Asylen der privaten oder öffentlichen Jugendhilfe Zuflucht sucht. Höchstwahrscheinlich würde dies gerade nicht zur Entfremdung, sondern zu einer Entkrampfung der familiären Beziehungen führen.

Ferner könnte für Entscheidungen über die Lebensgestaltung des Minderjährigen, die ambivalent sind, also keine klare Indikation für die eine oder andere Richtung erkennen lassen, und zwar sowohl für Entscheidungen des Alltags wie auch existentielle Zukunftsentscheidungen, dem Minderjährigen ein Sperrvotum zugebilligt werden. Beim prozeßrechtlichen Zeugnisverweigerungsrecht (§ 52 StPO) finden wir ein existierendes Modell.

Was die Ächtung körperlicher oder auch psychischer Drangsalierungen mit (vorgeblich) erzieherischer Absicht angeht, so scheint der entsprechende Gesetzentwurf zur Änderung des § 1631 II BGB, der bereits in der vergangenen Legislatur von den Grünen im Bundestag eingebracht worden war, auch gegenwärtig Unterstützung zu finden. Jedenfalls tritt auch die derzeitige Kinderkommission des Bundestages für die Abschaffung des Züchtigungsrechtes ein (Woche im Bundestag Nr. 11/1992, S. 43). Interessant ist dabei, daß verschiedentlich geltend gemacht wird, es gehe nicht um die Mobilisierung des Strafrechts, das Züchtigungsrecht solle lediglich durch entsprechende Änderung des Sorgerechts beseitigt werden (so insbesondere ausdrücklich der Gesetzentwurf der Grünen - BT-Dr 11/7135). Dabei wird jedoch übersehen, daß die sorgerechtliche Züchtigungserlaubnis vom Strafrecht als Rechtfertigung für die tatbestandsmäßige Verletzung des Körpers, der Bewegungsfreiheit, der freien Willensbestimmung anerkannt wird, so daß mit deren Wegfall zwangsläufig Strafbarkeit verbunden ist. Es gibt zwar strafrechtsdogmatische Versuche einer "Strafunrechtsausschließung" trotz zivilrechtlichen Verbotes (Krey 1991, S. 15). Sie dürften jedoch kaum durchsetzungsmächtig sein. Der Umstand verdient kein Bedauern (so aber Krey 1991, S. 16), weil derartige Lösungen den fatalen Zustand unsicherer und zu schädlicher Legitimation verleitender Rechtslage aufrechterhalten würden. Vielmehr ist der mit einer entsprechenden Sorgerechtsänderung implizit verbundenen Beseitigung der strafrechtlichen Privilegierung der Kindesverletzung zuzustimmen, weil das Recht nur so zu einer eindeutigen Wertung kommt.

Literatur

ALLENSBACHER BERICHTE Nr. 7/1979

BAHR-JENDGES, J., Anmerkung zu BGH, Urteil vom 11. Januar 1984, Streit Heft 2/1984, S. 44-45

BAURMANN, M.C., Sexualität, Gewalt und die Folgen für die Opfer, in: Bärsch, W. u.a., Gewalt an Frauen - Gewalt in der Familie, Heidelberg 1990, S. 23-35

BEIDERWIEDEN, J./WINDAUS, E./WOLFF, R., Jenseits der Gewalt - Hilfen für mißhandelte Kinder, Basel, Frankfurt 1986

BERGDOLL, K./NAMGALIES-TREICHLER, C., Frauenhaus im ländlichen Raum, Stuttgart u.a. 1987

BIERMANN, G., Kindeszüchtigung und Kindesmißhandlung, München 1969

BRANDAU, H./HAGEMANN-WHITE, C./HAEP, M./DEL MESTRE, A., Wege aus Mißhandlungsbeziehungen, Pfaffenweiler 1990

CARLSON, B.E./DAVIS, L.V., Prevention of Domestic Violence, in: Price, R.H. et al. (eds.), Prevention in Mental Health, Beverly Hills 1980, p. 41-62

EBBINGHAUS, A. u.a., Wendepunkte, Hamburg 1982

ENGELS, D., Der partielle Ausschluß der Notwehr bei tätlichen Auseinandersetzungen zwischen Ehegatten, Goltdammers Archiv 1982, S. 109-125

ENGFER, A., Zur prognostischen Identifizierung gewaltbelasteter Familien, in: Cierpka, M./Nordmann, E. (Hrsg.), Wie normal ist die Normalfamilie?, Berlin, Heidelberg, New York u.a. 1988, S. 63-108

ENGFER, A., Gewalt gegen Kinder in der Familie, in: Paetzold, B./Fried, L. (Hrsg.), Einführung in die Familienpädagogik, Weinheim 1989, S. 240-259

ENGFER, A., Entwicklung von Gewalt in sog. Normalfamilien, System Familie 4, 1991, S. 197-116

ERMAN, W., Handkommentar zum Bürgerlichen Gesetzbuch, 2. Band, 8. Aufl., Münster 1989

FEND, H., Sozialgeschichte des Aufwachsens, Frankfurt am Main 1988

FRISTER, H., Die Notwehr im System der Notrechte, Goltdammers Archiv 1988, S. 291-316

FROMMEL, M., Das klägliche Ende der Reform der sexuellen Gewaltdelikte, Zeitschrift für Rechtspolitik 21, 1988, S. 233-240

FROMMEL, M., Wie kann die Staatsgewalt die Frauen vor sexueller Gewalt schützen?, Zeitschrift für Rechtspolitik 20, 1987, S. 242-247

GELSTHORPE, L., Geschlecht und soziale Kontrolle, in diesem Band

GIL, D., Kindesmißhandlungen als Gegenstand wissenschaftlicher Kontroverse, in: Bast, H. u.a. (Arbeitsgruppe Kinderschutz) (Hrsg.), Gewalt gegen Kinder, Reinbek bei Hamburg 1975, S. 241-263

GOY, A., Mißhandlung und Vergewaltigung in ehelichen und eheähnlichen Beziehungen, in: Lucke, D./Berghahn, S. (Hrsg.), Rechtsratgeber Frauen, Reinbek bei Hamburg 1990, S. 292-308

HABERMEHL, A., Gewalt in der Familie. Ausmaß und Ursachen körperlicher Gewalt, Diss. Bielefeld, Hamburg (GEWIS) 1989

HELMKEN, D., Roll-back des Patriarchats?, Zeitschrift für Rechtspolitik 18, 1985, S. 170-175

HELMKEN, D., Vergewaltigung in der Ehe, Heidelberg 1979

HILLE, B./ZACHARIAS, A., Gewalt gegen Frauen in Ehe und Partnerschaft. Hilfe für mißhandelte Frauen nach Verlassen des Frauenhauses, Hannover 1988

HOHM, K.-H., Grundrechtsträgerschaft und "Grundrechtsmündigkeit" Minderjähriger am Beispiel öffentlicher Heimerziehung, Neue Juristische Wochenschrift 39 (2), 1986, S. 3107-3115

HONIG, M.-S., Warum ist es so schwierig, Gewalt in der Familie nach strafrechtlichen Maßstäben zu behandeln?, in: Bundeskriminalamt (Hrsg.), Symposium: Polizei und Gewalt, Wiesbaden 1989, S. 157-168

HONIG, M.-S., Gewalt in der Familie, Sondergutachten, in: Schwind/Baumann III 1990, S. 343-361

HORN, E., Nötigung des Ehegatten zum Beischlaf - strafbar?, Zeitschrift für Rechtspolitik 18, 1985, S. 265-267

117

HURRELMANN, K., Gewalt in der Familie, Jugendschutz 34, 1989, S. 10-18

INESCU, L., Feministische Signale durch Strafzumessung? - Der Streit um die Mindeststrafe bei Vergewaltigungen, Strafverteidiger 8, 1988, S. 496-498

KAISER, G., Kriminologie, 9. Aufl., Heidelberg 1993

KAVEMANN, B./LOHSTÖTER, I., Väter als Täter, Reinbek 1984

KIEHL, W.H., Die Rechtsstellung Minderjähriger und Sorgeberechtigter im neuen Kinder- und Jugendhilfegesetz, Zeitschrift für Rechtspolitik 23, 1990, S. 94-99

KINTZER, I., Interventionsmaßnahmen, Prävention und Therapie, in: Engfer, A., Kindesmißhandlung, Stuttgart 1986

KNÜTTEL, H., "Unterbindungsgewahrsam". Vorbeugehaft auf bayerische Art, Bürgerrechte & Polizei 33, 1989, S. 62-69

KREY, V., Die strafrechtlichen und strafprozessualen Reformvorschläge der Gewaltkommission, Heidelberg 1991

LAU, S. u.a., Aggressionsopfer Frau: Körperliche und seelische Mißhandlungen in der Ehe, Reinbek 1979

LIMBACH, J., Zur Strafbarkeit der Vergewaltigung in der Ehe, Zeitschrift für Rechtspolitik 18, 1985, S. 289-291

LIMBACH, J., Die Suche nach dem Kindeswohl. Ein Lehrstück der soziologischen Jurisprudenz, Zeitschrift für Rechtssoziologie 9, 1988, S. 155-160

LUPRI, E., Harmonie und Aggression. Über die Dialektik ehelicher Gewalt, Kölner Zeitschrift für Soziologie und Sozialpsychologie 42, 1990, S. 474-451

MÜNCHENER KOMMENTAR zum Bürgerlichen Gesetzbuch, Band 8, Familienrecht II, 3. Aufl., München 1992

NEIDHARDT, F., Gewalt, soziale Bedeutung und sozialwissenschaftliche Bestimmung des Begriffs, in: Bundeskriminalamt (Hrsg.), Was ist Gewalt?, Band 1, Wiesbaden 1986, S. 109-147

NEUBAUER, E./STEINBRECHER, U./DRESCHER-ALDENDORFF, S., Gewalt gegen Frauen. Ursachen und Interventionsmöglichkeiten, Stuttgart u.a. 1987

NOTRUF. Frauen helfen Frauen e.V., Gladbeck, Untersuchungen zur Übertragbarkeit des amerikanischen Modells DAIP: Intervention gegen Gewalt in der Familie, Gladbeck 1989

OSTERMEYER, H., Das Kind im Recht, in: v.Braunmühl, E./Kupffer, H./Ostermeyer, H., Die Gleichberechtigung des Kindes, Frankfurt am Main 1976, S. 57-109

PALANDT, Bürgerliches Gesetzbuch. Kommentar, 51. Aufl., München 1992

PAETOW, B., Vergewaltigung in der Ehe, Freiburg im Breisgau 1987

PETRI, H., Erziehungsgewalt - Zum Verhältnis von persönlicher und gesellschaftlicher Gewaltausübung in der Erziehung, Frankfurt am Main 1989

RAMM, T., Die gesetzwidrige Vertretung durch die Eltern: überholt und verfassungswidrig, Neue Juristische Wochenschrift 42 (2.1), 1989, S. 1708-1712

RICHTER, H.E., Eltern, Kind und Neurose, Stuttgart 1969

RÜFNER, W., Zum neuen Kinder- und Jugendhilfegesetz, Neue Juristische Wochenschrift 44 (1.1.), 1991, S. 1-6

SACK, F., Abweichendes Verhalten aus soziologischer Sicht - Folgen für die Sozialarbeit, in: Otto, H.-U./Schneider, S. (Hrsg.), Gesellschaftliche Perspektiven der Sozialarbeit, Neuwied 1973, S. 129-149

SCHEERER, S., Atypische Moralunternehmer, Kriminologisches Journal, 1. Beiheft 1986, S. 133-156

SCHNEEWIND, K.A./BECKMANN; M./ENGFER, A., Eltern und Kinder, Stuttgart, Berlin, Köln, Mainz 1983

SCHNEIDER, U., Körperliche Gewaltanwendung in der Familie, Berlin 1987

SCHRÖDER, H., Die Rechtlosigkeit der Frau im Rechtsstaat, Frankfurt, New York 1979

SCHUMANN, K.F., Positive Generalprävention. Ergebnisse und Chancen der Forschung, Heidelberg 1989

SCHWIND, H.-D./BAUMANN, J. u.a. (Hrsg.), Ursachen, Prävention und Kontrolle von Gewalt, 4 Bände, Berlin 1990

SMAUS, G., Soziale Kontrolle und das Geschlechterverhältnis, in diesem Band

118

STEELE, B.F./POLLOCK, C.B., Eine psychiatrische Untersuchung von Eltern, die Säuglinge und Kleinkinder mißhandelt haben, in: Helfer, R.E./Kempe, C.H. (Hrsg.), Das geschlagene Kind, Frankfurt am Main 1978, S. 161-
243

STRAUS, M.A., Discipline and Deviance. Physical Punishment of Children and Violence and Other Crime in
Adulthood, Social Problems 38, 1991, p. 133-154

STRAUS, M.A./GELLES, R.J./STEINMETZ,S.K., Behind Closed Doors. Violence in the American Family, New
York 1981

SYSTEMATISCHER KOMMENTAR zum Strafgesetzbuch, hrsg. von Rudolphi, H.-J./Horn, E./Samson, E., Band
II, 4. Aufl., Neuwied/Kriftel 1991

TEUBNER, G./WILLKE, H., Kontext und Autonomie: Gesellschaftliche Steuerung durch reflexives Recht, Zeitschrift für Rechtssoziologie 6, 1984, S. 4-35

TEUBNER, U., Vergewaltigung als gesellschaftliches Problem. Forderungen zu einer Reform des Sexualstrafrechts,
in: Gerhard, U./Limbach, J. (Hrsg.), Rechtsalltag von Frauen, Frankfurt am Main 1988, S. 79-90

WAHL, K., Studien über Gewalt in Familien, Weinheim 1990

WIEGMANN, B., Widerstand gegen Gleichberechtigung, in: Gerhard, U./Limbach, J. (Hrsg.), Rechtsalltag von
Frauen, Frankfurt am Main 1988, S. 240-251

WOLFE, D.A., Child-Abusive Parents: An Empirical Review and Analysis, Psychological Bulletin 97, 1985,
p. 462-482

WOLFF, R., Das Doppelgesicht der Gewalt in Familie und Hilfesystemen, in: Albrecht, P.-A./Backes, O. (Hrsg.),
Verdeckte Gewalt, Frankfurt am Main 1990, S. 174-179

ZIEGLER, F., Kinder als Opfer von Gewalt. Ursachen und Interventionsmöglichkeiten, Freiburg (Schweiz) 1990.

2.

Soziale Kontrolle
und Geschlechterverhältnis

Soziale Kontrolle und das Geschlechterverhältnis

Gerlinda Smaus

Soziale Kontrolle unterstützt mit ihren "re-ordering rituals" den Status quo des Geschlechterverhältnisses. Die strafrechtlichen, psychiatrischen, somatischen und "informellen" Kontrollen behandeln Frauen und Männer anders, und dies auf je spezifische Weise. Das Strafrecht, welches "voll verantwortliche" Gesellschaftsmitglieder voraussetzt, richtet sich vorwiegend an Männer. Bei Frauen scheint dagegen die psycho-somatische Kontrolle, die diesen den vollwertigen Erwachsenenstatus abspricht, angemessen. Der Kontrollaspekt der von Frauen häufiger in Anspruch genommenen medizinischen Behandlung besteht in der Beschwichtigung ihrer Leiden und der Isolierung der Abweichenden. Die "informelle" Kontrolle entpuppt sich als eine Einrichtung in männlicher Verfügung. In diesem Kontrollmuster kommt zum Ausdruck, daß Männern die Erwerbspflicht auferlegt wird, die mit einem Vorrecht auf eigenständigen Zugang zum Arbeitsmarkt als wichtigster Ressource verknüpft ist. Frauen wird beides abgesprochen, womit sie im Zustand der Abhängigkeit gehalten werden - und dies ist der Kern des Status quo im Bezug auf das Geschlechterverhältnis. Schließlich zeigt sich, daß die unterschiedlichen Kontrollinstitutionen nicht nur Männer und Frauen (sex) unterschiedlich behandeln, sondern daß schon die jeweiligen Definitionen der Norm und der Abweichung ein Geschlecht (gender)[1] haben.

1. Das Geschlechterverhältnis

Die gegenwärtige Organisation des Geschlechterverhältnisses zeichnet sich vor allem durch die geschlechtsspezifische Arbeitsteilung bei der materiellen und natürlichen Reproduktion der Gesellschaft aus. Männern wurde die materielle, Frauen die natürliche Reproduktion der Gesellschaft zugewiesen (vgl. Beck-Gernsheim 1978, Ostner/Beck-Gernsheim 1979). Diese geschichtliche Konstruktion begründet die gegenwärtige gesellschaftliche Ungleichheit der Geschlechter, denn sie garantiert Männern privilegierten Zugang zu öffentlichen Ressourcen, vor allem dem Arbeitsmarkt. Sie bedingt die rechtliche Konstruktion des Mannes als des Ernährers der Familie (vgl. Atkins/Hoggett 1984, p. 101 ff.), der, weil er die Pflicht hat, die Familie zu unterhalten, gleichsam das Recht in Anspruch nehmen kann, bei der Stellenvermittlung Frauen (ceteris paribus) vorgezogen zu werden. Dem entspricht die Konstruktion der Mutterrolle, die die Vorstellung einschließt, daß natürliche Reproduktion, d.h. das Gebären und die Aufzucht der Kinder, eine Privatangelegenheit ist. Diese Rolle bindet Frauen an den privaten Haushalt, in dem sie dann auch gleich die physischen und psychischen Bedürfnisse des "Ernährers der Familie" mitbefriedigen können (vgl. Heinsohn/Knieper 1974, S. 69). Die Subsistenzmittel für ihre eigene Reproduktion erhalten Frauen im Austausch ihrer Leistungen an den privaten Mann gegen einen Teil seiner Leistungen am öffentlichen Arbeitsmarkt. Dies bringt sie in ein persönliches Abhängigkeitsverhältnis, welches auch dann bestehen bleibt, wenn sie selbst zu Ernährung der Familie durch Gelderwerb beitragen müssen.

Daß sich die Leistungen von Frauen längst nicht mehr auf private Reproduktionsleistungen beschränken, ist eine Tatsache, die zu einer Widerlegung des oben Gesagten geführt haben müßte. Daß dies nicht der Fall ist, liegt daran, daß der Arbeitsmarkt durch seinen Aufbau die Unterprivilegierung von Frauen nicht aufhebt. Zum einen finden Frauen häufig nur Zugang zu solchen Tätigkeiten, die zwar aus den Haushalten ausgegliedert wurden, die aber gleichwohl in Versorgungen von Mitmenschen bestehen (vgl. Kickbusch 1984). Nach Maßstäben der industriellen Massenherstellung handelt es sich um unproduktive Tätigkeiten, die deshalb nur gering belohnt werden "können". Daneben ist der Arbeitsmarkt ohnehin "dual" organisiert. Er besitzt auf der einen Seite zentrale, unentbehrliche, deshalb stabile und gut bezahlte Stellen, die eine gut ausgebildete, zuverlässige und disziplinierte Arbeitskraft voraussetzen. Auf der anderen Seite müssen auch Arbeitsplätze besetzt werden, an denen Produkte mit stark schwankender Nachfrage hergestellt werden, die saisonabhängig sind, an denen nötige, aber unproduktive (d.h. kein Mehrwert erwirtschaftende) Arbeiten verrichtet werden, an denen schmutzige, der Witterung ausgesetzte, gefährliche Arbeiten verrichtet werden. Diese Positionen sind unstabil und schlecht bezahlt. Die Stellenallokation wird mit "Sachzwängen" der Produktion begründet und die Zuweisung der Arbeitskraft über askriptive Merkmale wie Nationalität, Rasse oder eben dem Geschlecht, gerechtfertigt (vgl. Willms-Hergett 1985, S. 55 ff.). Die Abhängigkeit der Frauen von Männern wird hier dadurch reproduziert, daß die Belohnung für die Arbeit von Frauen unter dem Wert der Kosten für ihre eigene Reproduktion liegt (vgl. Bennholdt-Thomsen 1981, S. 35 ff.).

Die Arbeitsteilung als Grundlage der materiellen Ungleichheit der Geschlechter stellt sich nicht als eine bewußte Konstruktion dar. Vielmehr wird sie über die Annahme ihres natürlichen Ursprungs und ihrer Unabänderlichkeit derart verschleiert, daß sie sich, einmal in Gang gesetzt, gleichsam von selbst erhält. Der Ausschluß von Frauen vom eigenständigen Zugang zu öffentlichen Ressourcen wird symbolisch als ihr Gegenteil, nämlich als eine großzügige Partizipation der Frauen am Reichtum der Männer, dargestellt.

Außer der materiellen Ungleichheit ist der Status quo des Geschlechterverhältnisses auch wesentlich durch Machtungleichheit geprägt, welche in der Arbeits- und Ressourcenteilung schon angelegt ist, aber nicht darin aufgeht. Zu seiner Reproduktion trägt soziale Kontrolle bei.

2. Soziale Kontrolle

Soziale Kontrolle wird hier im engen Sinne als die Tätigkeit von Institutionen verstanden, deren ausdrückliches Ziel es ist, Abweichungen von der Routine zu behandeln. Wir befassen uns also nicht mit "primary ordering rituals" (wie z.B. der Erziehung bzw. der Produktion von Normen), sondern nur mit Ritualen, welche eine verletzte Ordnung wiederherstellen sollen (vgl. Pfohl 1981, p. 75). Die Auswahl der untersuchten Kontrollinstitutionen ist dabei keineswegs vollständig, sondern beschränkt sich auf die formellen Institutionen des Strafrechts, der Psychiatrie, der somatischen Medizin und auf den Bereich der sogenannten informellen Kontrolle.[2]

2.1. Das Strafrecht

Das Strafrecht stellt den Prototyp einer repressiven Kontrolle dar, deren Mittel in der Verhängung von negativen, für das bestrafte Individuum unerfreulichen Sanktionen bestehen (vgl. Horwitz 1990, p. 23). Die Verhängung einer strafrechtlichen Sanktion setzt voraus, daß die abweichende Tat dem Verdächtigten zugeschrieben werden kann, daß dieser wußte, was er mit der verbotenen Handlung intendierte und daß er in der Situation auch anders hätte handeln können. Mit anderen Worten setzt das Strafrecht ein "bona-fide-member-of-society" bzw. einen "rational man" voraus, und zwar, wie sich zeigen wird, "man" im wortwörtlichen Sinne. Als das "gleiche Recht par excellence" müßte sich das Strafrecht an alle rechtlich mündigen Gesellschaftsmitglieder gleichermaßen richten. In Wirklichkeit hat es je spezifische Adressaten, nämlich immer nur diejenigen Mitglieder, welche überhaupt in Situationen und Lagen kommen, die sie zu der Begehung der je spezifischen Tatbestände befähigen. In der ätiologischen Kriminologie wird dies als Opportunitätsstruktur auf der Täterseite bezeichnet, während der gleiche Sachverhalt in der kritischen Kriminologie als selektive primäre Kriminalisierung durch die Aufnahme von Tatbeständen in das Strafrecht gedeutet wird. Dies gilt schon für die verschiedenen Formen der Eigentumsverletzungen: Diejenigen, zu welchen nur Inhaber von hohen Positionen in Wirtschaft und Verwaltung Zugang haben, werden summarisch als Wirtschaftskriminalität bezeichnet, die weniger ertragreiche "Wirtschaftskriminalität" der Unterschichtsmitglieder heißt Diebstahl, Einbruchsdiebstahl, bzw. - kombiniert mit dem Einsatz körperlicher Gewalt - Raub. Die Mehrzahl der strafrechtlichen Tatbestände bezieht sich auf "Güter" und Funktionen im "System", d.h. nach Habermas (1982) auf die Bereiche der Wirtschaft und der staatlichen Organisation. Da diese Positionen überwiegend von Männern besetzt sind, werden sie auch bei einer entdeckten, überführten und verurteilten Abweichung von "systemischen" Normen bevorzugterweise als "kriminell" bezeichnet. Das heißt aber vor allem, daß die primären "ordering rituals" für Männer vom "System" vorgegeben und dort auch wahrgenommen werden.

Diese selektive Bestimmung der Adressaten des Strafrechts wird noch deutlicher unter dem Aspekt des Geschlechts. Daß Frauen viel seltener als Männer (im Verhältnis 1 : 4) gegen strafrechtliche Normen verstoßen, gehört zu den Gemeinplätzen in der Kriminologie (vgl. Leder 1988, Bröckling 1980, S. 7). Bisher wurde jedoch dieser geringe Anteil unabänderlich als eine angeborene, bzw. ebenso ontisch, als eine anerzogene Abneigung von Frauen gegen Kriminalität interpretiert (vgl. Smaus 1990, S. 269 f.). Statt dessen sollte man das gleiche Erklärungsmuster anwenden, mit welchem die geringe Belastung der männlichen Unterschichtsmitglieder bei der Begehung von z.B. Steuerhinterziehung in Millionenhöhe erklärt wird: Sie nehmen nicht die gesellschaftliche Position ein, die ihnen eine solche Handlung erlauben würde. Frauen nehmen in ihrer Mehrzahl nicht die Positionen ein, auf welche sich die strafrechtliche Kontrolle hauptsächlich bezieht, und - vice versa - das Strafrecht interessiert sich offensichtlich nicht für diejenigen

Tätigkeiten, für welche Frauen gegenwärtig zuständig sind. Nur wenige Verhaltensweisen mit klarer Geschlechtsbestimmung sind ins Strafrecht aufgenommen worden. Diese Tatbestände, die Beschränkung der homosexuellen Aktivitäten bei Männern und das Abtreibungsverbot (bzw. mit immunisierender Wirkung die Kindestötung) bei Frauen, beziehen sich auf die natürliche Reproduktion der Gesellschaft. Befassen wir uns weiter nur mit den weiblichen Adressaten dieser Normen. Die Aufnahme einer Verhaltensweise von Frauen aus dem Bereich der natürlichen Reproduktion der Gesellschaft in das öffentliche Kontrollinstrument "Strafrecht" wird aus dem Zusammenhang mit dem Schutz des Eigentums verständlich - die Sicherung der legalen Nachkommenschaft ist eine Voraussetzung für die Wahrnehmung des Rechts auf Erbfolge als eine der wichtigsten Konnexinstitutionen der Eigentumsfreiheit. Die faktische Ineffektivität des Abtreibungsverbotes ist erwiesen - und trotzdem symbolisiert das Verbot gegenüber Frauen deutlich Herrschaftsansprüche. Immer wieder gibt es in moralischen Kreuzzügen Anlaß dazu, Frauen (und ihre Komplizen) als moralisch minderwertige Gesellschaftsmitglieder zu behandeln, die im "Interesse der Moral, Religion, des Staates, der Nation, ja gar der Menschheit" eine Bevormundung akzeptieren sollen (vgl. Friedrichsen 1989).

Richtigerweise können nur Verstöße gegen die genannten Normen als spezifisch weibliche Kriminalität bezeichnet werden. Denn bei allen anderen als typisch weibliche Kriminalität bezeichneten Verstößen gilt, daß sie immer unterhalb des männlichen Anteils an der Gesamterscheinung bleiben. So beträgt z.B. der Frauenanteil am Delikt "einfacher Diebstahl" 31,8 %; erst innerhalb des Subsamples "Frauenkriminalität" beträgt der Anteil des "einfachen Diebstahl" 51,7% (vgl. Bröckling 1980, S. 9). Für die These, Frauen seien nicht die eigentlichen Adressaten des Strafrechts, ist diese " Minderbelastung" noch kein Beweis. Es ist vielmehr wichtig, sich zu vergegenwärtigen, daß die Handlungen selbst wie ihre Bewertung bei Frauen einen anderen "Sinn" als bei Männern haben. Die moderne Bedeutung des Diebstahls impliziert nicht bloß, daß sich jemand etwas ohne Gegenleistung aneignet, sondern zusätzlich: daß er dies tut, statt zu arbeiten bzw. statt legale Lohn-/Gehaltssurrogate zu beziehen (vgl. Ignatieff 1978, p. 26). Die Aneignungsabsicht ohne Gegenleistung ist mit einer Erwartung auf das richtige Verhalten im Arbeitsbereich verknüpft; über das Diebstahlsverbot soll nicht nur das Eigentum geschützt, sondern auch die Arbeitsmoral der Männer unterstützt werden. Dies kommt z.B. sehr klar bei der Analyse von richterlichen Anwendungsregeln zum Ausdruck: Ein Mann, der seinen Unterhalt nicht durch ehrliche Arbeit verdient und/oder seinen niedrigen Lebensstandard nicht akzeptiert, muß im Gefängnis noch schlechtere Bedingungen erfahren, damit er künftig seinen Platz akzeptiert (vgl. Peters 1973). Deshalb stellt das Diebstahlsverbot eine der Normen dar, die die Verkehrsformen im Bereich der materiellen Reproduktion, wenn schon nicht "schützen", so doch symbolisch verdeutlichen. Diese Disjunktion "gestohlen statt gearbeitet" fehlt bei Frauen. Sie sind nicht zuständig für die Beschaffung von Substitutionsmitteln für die Familie und als Mütter kleiner Kinder dazu häufig gar nicht in der Lage. Wenn sie Lebensmittel stehlen oder Betrugshandlungen begehen, um Kinder auf höheren Schulen zu unterhalten, können sie es damit begründen, daß der Ernährer der Familie in seiner Rolle versagt hat (vgl. Funken 1989, S. 183 ff.). Dieses subjektive Motiv und gleichzeitige Entschuldigung (vgl. Scott/Lyman 1970, p. 89 ff.) gehört zum gesellschaftlich anerkannten Motivvokabular (vgl. Mills 1970, p. 472 ff.). Auf der anderen Seite haben Frauen die Pflicht, ihre Familien zu füttern, und deshalb stehlen sie sozusagen an Männer Statt.[3] Richter haben nicht die Freiheit, auf Diebstahl nicht zu erkennen, jedoch manifestiert sich die andere Bedeutung der Handlung bei der geringeren Bewertung der Schuld.

Die Tatsache, daß Richter bei der Strafzumessung bei Frauen eher milder urteilen, hat weniger mit ihrer Ritterlichkeit, als vielmehr damit zu tun, daß das Strafrecht mit seinen Sanktionen bei der gegenwärtigen Geschlechterrollenverteilung für Frauen nicht adäquat ist. Man kann leicht einen Mann aus dem Verkehr auf dem Arbeitsmarkt ziehen, der dort ohnehin keinen festen Platz hat und/oder der sich selbst schon entzogen hat. Viel unsinniger ist es aber, eine Frau wegzusperren, welche im Bereich der natürlichen Reproduktion unersetzliche Leistungen erbringt. Eine Reservearmee von Müttern und Ehefrauen gibt es nicht - und dies erklärt das gegenüber der Normsetzung sekundäre Desinteresse des Strafrechts an Frauen (vgl. Carlen 1987, p. 129 ff., Gelsthorpe in diesem Band). Nur Frauen, die mit ihrem abweichenden Verhalten nicht nur von der "Soll"-Seite der weiblichen Rolle, sondern gleichsam auch von der erwarteten weiblichen Abweichung abweichen, finden kein Verständnis (vgl. Scutt 1979). Die Art der Rollenabweichung ist nämlich ebenso vorgeschrieben, wie die Rolle selbst:

"Rule-violating and rule-conforming behavior belong to the same social universe. Each is regulated by the same categories of social forces" (Cloward/Piven 1990, p. 78).

Denn nicht auf die Bewertung (ob z.B. Frau eine gute oder schlechte Pflege leistet) kommt es an, sondern auf die Bewertungsdimension selbst (vgl. Quensel in diesem Band). Frauen, die sich wie Männer (bzw. zwitterhaft) verhalten und z.B. gegenüber Männern gewalttätig sind oder die nicht in traditionellen Familien leben, werden von den Strafrichtern fast noch strenger als Männer beurteilt. Sie verletzen nämlich die Geschlechtsrollenkonstruktion als solche.

Einmal ins Gefängnis geraten, besteht die Resozialisierung von Frauen im Versuch, sie zu "zuverlässigen Ehefrauen" von "zuverlässigen Proletariern" (vgl. Treiber/Steinert 1980) abzurichten: Geht es bei der gegenwärtig hohen Arbeitslosenrate darum, bei Männern den einzig erlaubten Lohn (bzw. legale Zuwendung)-Konsum-Konnex zu erhalten (vgl. Cremer-Schäfer/ Steinert 1986, S. 80 ff.), so geht es bei Frauen darum, in dieser Kette hintenan gestellt zu bleiben. Frauen, die wegen Diebstahl einsitzen, sollen nicht etwa lernen, ihren Lebensunterhalt selbst zu bestreiten, sondern sich ihre Reproduktionsfähigkeit und d.h. die Heirats-, Mutter- und hauptsächlich Hausfrauenfähigkeit zu erhalten (vgl. Smaus 1991, S. 29 ff.). Von dieser normativen Vorstellung lassen sich *alle* Kontrollinstanzen leiten.

2.2. Medizinische Einrichtungen der sozialen Kontrolle

Medizinische Institutionen dienen der Erhaltung des erwünschten Zustandes der biologischen Natur der Menschen und der Behandlung von Zuständen, welche von den jeweiligen Gesundheitsstandards abweichen. Diese Tätigkeit wird als Hilfe bezeichnet, ist aber im hohen Maße mit der

Ausübung von sozialer Kontrolle verbunden (vgl. Parsons 1951, p. 429 ff.). Denn die Abweichung vom Zustand der Gesundheit hat unmittelbare Folgen für das soziale Verhalten der Betroffenen: Kranke erfüllen Pflichten und Verantwortungen, die mit der eingenommenen Position verknüpft sind, nicht. In diesem Sinne *verhalten sie sich abweichend* und werden einer Kontrolle unterstellt, deren Ziel es ist, ihre Klientel möglichst schnell wieder in das "normale" Leben zu entlassen (vgl. Horwitz 1990, p. 79).

Physische Krankheit ist charakterisiert durch unterschiedlich hohen Schmerzens-, bzw. Leidensdruck und verschieden ausgeprägte Unfähigkeiten (bzw. Behinderungen), welche aufgrund von kulturellen Übereinstimmungen als unerwünscht gelten. Im allgemeinen werden Kranke für ihren Zustand nicht verantwortlich gemacht - und dies ist der wichtigste Unterschied zu der kriminellen Abweichung (vgl. Parsons 1951, p. 437). Die Entschuldigung ist jedoch an Bedingungen geknüpft, z.B. dürfen die Kranken sich vor der Krankheit nicht absichtlich der Gesundheit abträglich verhalten haben, und die Gesundheitsstandards haben jenseits von einem Kern an natürlichen Regeln einen moralischen Charakter. *Die gesunde Lebensweise ist die moralische Lebensweise* (vgl. Honegger 1991, S.205).[4] Ferner wird angenommen, daß sich Kranke nicht selbst durch bloße Willensanstrengung aus ihrer Lage befreien können. Sie sind auf Mitmenschen und professionelle Hilfe angewiesen. Die Kranken müssen aber zu erkennen geben, daß sie ihren Zustand für unerwünscht halten und daß sie alles unternehmen werden, um möglichst früh ihre Verpflichtungen wieder aufnehmen zu können. Das heißt, daß sie im Gegensatz zu Kriminellen eine gute Intention zu erkennen geben.

Diese gute Intention schließt eine Behandlungsbereitschaft durch eine offiziell bestimmte Berufsgruppe ein. Die "Behandlung" selbst stellt eine besondere Art von Machtbeziehungen dar: Macht wird unter Berufung auf das Recht und auf die unterstellte Befähigung des Arztes, für seinen Patienten die beste Behandlung auszuwählen, ausgeübt. Eine Zauberformel (Hippokratischer Eid) soll den Patienten die Zuversicht vermitteln, daß alles zu ihrem Besten geschehe (vgl. Ingleby 1983, p. 162). In Wirklichkeit bildet die im Laufe der Geschichte in harten Kämpfen erworbene ausschließliche *legale* Macht die Grundlage der Beziehung und die jeweilige moralische Bewertung von Lebensweisen die Inhalte des sehr wandelbaren und keineswegs bloß objektiven Expertenwissens. Das Rechtssystem einschließlich des Strafrechts steht nur ausnahmsweise dazu im Konkurrenzverhältnis, in der Regel stellen sie komplementäre Einrichtungen dar (vgl. Smart 1989, p. 113). Kranke begeben sich in dieses Verhältnis aus Angst vor Leiden und Tod, sie müssen aber schon deshalb zum Arzt gehen, weil nur er ihren abweichenden körperlichen Zustand bescheinigen und ihr abweichendes Verhalten legitimieren darf. Diesen Grund, einen Arzt aufzusuchen, geben berufstätige Männer häufiger als Hausfrauen an, *obwohl insgesamt Frauen häufiger als Männer um medizinische Hilfe nachsuchen* (vgl. Nathanson 1989, p. 46 ff.). Entscheidend für die geschlechtspezifische Selektivität der medizinischen Kontrolle ist jedoch, daß Gesundheit selbst männlich definiert ist und daß Männer im Sozialisationsprozeß nicht dazu ermutigt werden, ihre Probleme als Hilfe- bzw. Behandlungsbedürftige zu definieren. Krankheit als Schwäche und Inkompetenz ist dagegen weiblich definiert. Der gesamte normativ vorgesehene weibliche Lebenszusammenhang und die tatsächlichen Lebensbedingungen und Verhaltensweisen von Frauen werden in medizinischen Begriffen, d.h. in Begriffen von Gesundheit und Krankheit gefaßt und gedeutet (vgl. Kohler Riessman 1989, p. 191; Honegger/Heintz 1984, S. 34ff.). Diese *Medikalisierung* von "natürlichen" weiblichen Zusammenhängen bildet ein Pendant zu der Beherrschung der Natur in der Produktion, die Männersache ist. Frauen kann "man" noch nicht einmal die Beherrschung ihrer eigenen Natur anvertrauen (vgl. Lamott 1985, S. 327). Dieser Präferenz für eine weibliche Klientel widerspricht nicht, daß auch Männer behandelt werden müssen, denn entscheidend ist nicht das biologische Geschlecht der Klientel, sondern die weiblich definierte Krankenrolle (vgl. Horwitz 1990, p. 93). Im gleichen Maße wie diese Entsprechung zwischen der Krankenrolle und dem "Weiblichen" Männern die Rollenübernahme erschwert, wird sie Frauen erleichtert.

Es ist in der Tat verblüffend festzustellen, daß ein großer Teil der allgemeinen Ausführungen in der Medizinsoziologie, z.B. die von Parsons (1951, p. 312 ff., 428 ff.) besonders auf Frauen zutrifft.[5] Schon das Ziel der medizinischen Behandlung, die möglichst schnelle Wiedereingliederung in das "normale" Leben, entspricht sowohl der Ökonomie der sozialen Kontrolle, die Frauen nicht wegsperren will, als auch dem anerzogenen Bedürfnis von Frauen, solche Abweichungen zu wählen, für die sie nicht bestraft werden. Die soziale Abweichung, die darin besteht, daß Pflichten und Verantwortungen zeitweilig nicht wahrgenommen werden, kann einen solchen sekundären (Krankheits-) Gewinn bedeuten, daß körperliche Symptome, die nur selten eindeutig sind, vorgewiesen werden. Das Subjekt kann sie empfinden, sich einbilden oder vortäuschen - als sicher gilt lediglich, daß Krankheit auch als eine willkommene Entlastung oder Unterbrechung der Routine empfunden werden kann. Die Krankheit kann zur Folge haben, daß sich Familienmitglieder, die sonst von der Frau versorgt werden, nunmehr um sie kümmern müssen. In der Krankheit wird die Frau auch seitens des öffentlichen Patriarchats ernst genommen - Ärzte hören Frauen (wenngleich nur zehn Minuten) zu und zeigen für ihre Probleme Empathie, obwohl doch die Affektneutralisierung einen wesentlichen Bestandteil der Ärzteausbildung darstellt (vgl. Parsons 1951, p. 454 ff.). Die Ärzteschaft stellt womöglich die letzte Bastion eines Patriarchats dar, das nicht nur herrscht, sondern auch die Übernahme von Verantwortung und Hilfe verheißt - um den Preis einer Bevormundung freilich. Das patriarchalische Muster der medizinischen Versorgung ahmt die familiäre Rollenverteilung nach. Ärzte übernehmen die Vaterrolle, das weibliche Pflegepersonal die Mutterrolle und Frauen, die sich in Behandlung begeben, finden sich in gewohnten Rollen von weisungsbedürftigen "Ehefrauen" oder "Töchtern" wieder. Die Zurückversetzung in die Rolle eines Kindes mag erwachsenen Männern weniger behagen - sie erwarten vom Arzt eher eine Dienstleistung denn eine Infantilisierung.

Trotz der scheinbaren Gewinne ist die Wahl dieser Art von Abweichung für Frauen verhängnisvoll. Das allgemeine legale Monopol der Ärzte auf Behandlung bedeutet bei Frauen, im Unterschied zu Männern, eine beinahe totale Unterwerfung. Für Männer, die primär der "Wirtschaft" zugeordnet sind, stellt die medizinische Kontrolle lediglich eine subsidiäre Einrichtung dar. Bei Frauen dagegen ist es der Ärzteschaft gelungen, ihren gesamten Lebenslauf zu medikalisieren - die Entwicklung zur Geschlechtsreife, den Geschlechtsverkehr, das kontrazeptive Verhalten, die Schwangerschaft bzw. die Abtreibung, die Geburt der Kinder, die Menstruation und die Menopause, die richtige Körperform (Gewicht) und den Alterungsprozeß (vgl. Kohler Riessman 1989, p. 195 ff.). Klar handelt es sich dabei um die Kontrolle der reproduktiven Funktion, was vernünftig erscheinen mag - problematisch dabei ist, daß Frauen auf diese biologische Funktion und ihren Körper *reduziert* werden (vgl. Smart 1989, p. 90 ff.).[6]

Die Medikalisierung von weiblichen Lebenszusammenhängen hat für Frauen gesellschaftspolitische Folgen: Für die medizinische Kontrolle ist typisch, daß sie die Ursachen der Leiden überwiegend naturwissenschaftlich definiert, womit sich die Profession einen unanfechtbaren wissenschaftlichen Status verleiht (Ingleby 1983, p. 163 ff.). Damit aber übergeht die medizinische Kontrolle gesellschaftliche Ursachen von Krankheiten, die man sehr wohl identifizieren könnte. Eine sehr große Anzahl von Frauen leidet an ihrem Hausfrauendasein, das sich durch eine Reizarmut der Umgebung und einseitige Abhängigkeit auszeichnet. Statt gegen ihre Situation bewußt aufzubegehren, entwickeln Frauen körperliche Beschwerden, die dann als "Hausfrauensyndrom" abgestempelt werden (vgl. Vogt 1985, S. 15 ff.). Statt mit ihren Leidensgenossinnen eine Koalition für die Veränderung ihrer Situation einzugehen, suchen sie Hilfe bei verständnisvollen Patriarchen, den Ärzten. Diese bewerten dann nicht etwa die Lage als abweichend und krankmachend, sondern die Gemütsverfassung der Frau. Über die Verordnung von Psychopharmaka werden Frauen an die Situation angepaßt, z.B. auch bei Mißhandlungen seitens der Ehemänner (vgl. Kohler Riessman 1989, p. 211).

Die Verschreibung von Psychopharmaka wird damit gerechtfertigt, daß somatische Symptome häufig seelische Ursachen haben - man spricht von *psychosomatischen Krankheitsbildern*. Man begreift sehr wohl, daß ein somatisches Symptom, welches einer Behandlung hartnäckig widersteht, nicht auf "natürliche" Ursachen zurückgeführt werden kann. Trotzdem wird der Zustand der Seele letztlich naturwissenschaftlich, nämlich "chemisch" behandelt, zumal auch psychische Krankheiten als fehlerhafter Metabolismus oder somatische Mißbildungen gedeutet und mit physischen Mitteln behandelt werden (vgl. Ingleby 1983, p. 165). Die meist stillschweigende Übereinkunft zwischen Patientinnen und dem behandelnden Arzt, ihre somatische Symptome kryptographisch als abweichenden psychischen Zustand zu behandeln, beruht auf der Einsicht, daß den "wahren" Ursachen medizinisch nicht beizukommen ist. Vielmehr müßten Frauen ihre Situation ändern, wozu sie häufig nicht in der Lage sind. Der ungewisse Ausgang einer Veränderung kann so angsteinflößend sein, daß lieber Symptome ertragen werden. Sie werden als Preis dafür in Kauf genommen, daß "psychosomatisch" kranke Frauen nicht wie Kriminelle ausgeschlossen werden. Sie genießen den relativen Vorteil der Abweichung "auf Bewährung", und da sie für alle offensichtlich die Aggression gegen sich wenden, erfüllen sie auch noch im besonderen Maße die Rollenerwartung an Frauen.

Die medizinische Kontrolle bewirkt damit die Pazifizierung eines großen Potentials an Unzufriedenheit bei Frauen (vgl. Rödel/Guldimann 1978, S. 11 ff.), das sich dann auch nicht mehr in kriminellem Verhalten ausdrückt. Daß Kranke Koalitionen bilden, kann man erst in jüngster Zeit beobachten - Parsons hielt noch die Isolierung der Patienten/-innen voreinander für das ausdrückliche Ziel der medizinischen Kontrolle (1951, p. 312, 477). Auf eine unerfreuliche Lage mit

Krankheit zu reagieren, bedeutet trotz allem temporären Gewinn, den Protest letztendlich gegen sich selbst zu richten.

Erst wer nicht mehr gewillt oder in der Lage ist, seinen Protest zu kontrollieren, muß mit psychiatrischer Behandlung in geschlossenen Anstalten rechnen, die den Gefängnissen an Repressivität in nichts nachstehen.

Obwohl distinktive Definitionen von physischen und psychischen Krankheiten von Experten in unterschiedlichen Institutionen medizinischer Kontrolle entwickelt wurden, weist die Praxis der Verschreibung von Psychopharmaka an Frauen bei unspezifischen körperlichen Symptomen durch dazu eigentlich nicht befugte Ärzte (vgl. Vogt 1985, S. 10 ff.) darauf hin, daß die *Psychiatrisierung von Frauen*[7] ein weit größeres Ausmaß angenommen hat, als an der Belegung von Anstalten sichtbar ist. Diese Ausdehnung der psychiatrischen Behandlung in der Praxis verwischt die eingeführten wissenschaftlichen Definitionen, so daß auch hier (entgegen der ursprünglichen Intention) nur noch von graduellen Unterschieden zwischen "somatischen" und "psychischen" Krankheiten und ihren Folgen für Frauen ausgegangen wird.

Über psychische Krankheit kann man nicht mehr sagen, als daß sie unerwünschte Erfahrungen und Verhaltensweisen einschließt, welche dem common-sense als unverständlich erscheinen, weil keine klare Verantwortlichkeit festgestellt werden kann. Es handelt sich also, im Gegensatz zu Kriminellen, um unverantwortliche Agenten/-innen, bei denen indessen, entgegen dem Expertenwissen, ein böser Vorsatz unterstellt wird (vgl. Conrad/Schneider 1980, p. 58). Dies unterscheidet sie von den somatisch Kranken.

Die ohnehin vorhandene Bevormundung der Patienten durch Ärzte wird in der Psychiatrie in dem Moment komplett, wenn dem Arzt die Vormundschaft übertragen wird (vgl. Ingleby 1983, p. 180). Es besteht kein Zweifel daran, daß Psychiatrie politisch wirkt, indem sie die Ressourcen der Behandlung ungleich entlang der Schichtgrenzen verteilt und mehr noch dadurch, daß über die Heraushebung organischer Ursachen der Krankheit die sozialen Ursachen noch nicht einmal thematisiert werden (Ingleby 1983, p. 162). Die politische Botmäßigkeit der Psychiatrie ist schon damit begründet, daß stärker noch als in der somatischen Medizin der Krankheitsbegriff moralisch und häufig sogar unmittelbar politisch bestimmt ist (vgl. Kips 1991, S. 129), ohne daß er sich als solcher zu erkennen gibt.

"The great value of medical knowledge as a basis of maintaining social order is that it can be used to regulate morality without seeming to do anything of the sort" (Ingleby 1983, p. 163).

Die Frage, welches Geschlecht für psychische Krankheiten anfälliger ist, beschäftigt die Soziologie seit langem. Sie konnte aus mehreren Gründen nicht adäquat beantwortet werden. Zum einen, weil es keinen objektiven Begriff der psychischen Krankheit gibt - seit dem Zweiten Weltkrieg sei eine unheimliche Ausdehnung beobachtet worden, die allerdings von einem Rückgang der Belegung der Anstalten in den Vereinigten Staaten begleitet wurde (vgl. Conrad/Schneider 1980, p. 62 f.). Zum anderen wüßte man auch bei angebbaren Symptomen nicht, wie groß das Dunkelfeld ist (Dohrenwend/Dohrenwend 1976). Schließlich wissen wir, und dies ist das wichtigste Argument, daß nicht das Vorkommen eines Symptoms die Statistiken hervorbringt, sondern die Definitionsprozesse seitens der befugten Organe (vgl. Scheff 1966). Man fragte sich daher, ob Männer oder Frauen "anfälliger" für eine psychiatrische Definition sind. Da sich beim Strafrecht eine klare "Mehrbelastung" der Männer zeigt, hatte man erwartet, daß sich Psychiatrie komplementär als das bevorzugte Kontrollinstrument bei Frauen erweist. Dieses quantitative Kriterium überzeugt nicht (vgl. Scull 1989, p. 269 f.) - und trotzdem gibt es zwischen psychiatrischer Kontrolle und der weiblichen Rolle eine Affinität. Sie gründet sich, wie schon bei der somatischen Medizin darauf, daß psychische Gesundheit eines erwachsenen Menschen gemäß der dualen Aufspaltung in "männliche" und "weibliche" Eigenschaften als männlich definiert wird, psychische Krankheit oder Labilität als der normale Gesundheitszustand von Frauen.[8] Die normative Kraft dieser Gender-Konstruktion bewirkt, daß analog dazu wie Frauen, die männliche kriminelle Abweichung begehen, als Männer behandelt werden, auch Männer, die sich weiblichen psychischen Schwächen hingeben, als Frauen behandelt werden.[9] Die weibliche Rolle betont immer stärker die *natürliche* Ausstattung (mit Körper, Gefühlen) als die *kulturelle* Leistung und Selbstkontrolle, so daß Frauen schon in "harmlosen" Alltagsinteraktionen häufiger in psychiatrischen Begriffen (z.B. verrückt, hysterisch, depressiv, dümmlich etc.) beurteilt werden. Psychiatrische Definitionen werden häufig in Fällen angewendet, in denen sich Mädchen im Sozialisationsprozeß gegen die Übernahme von weiblicher Rolle sträuben, ja sogar in Fällen, in denen sie (putativ) kriminelle Handlungen begangen haben (vgl. Eisenbach/Stangl 1979; Smart 1977, S. 146 ff.). Nicht vergessend, daß keine "wesensmäßigen", sondern nur graduelle Verhaltensunterschiede über mögliche Einweisungen entscheiden, laufen Frauen, die zuviel des Weiblichen, wie z.B. Passivität, Emotionalität, Irrationalität, an den Tag legen, Gefahr, psychiatrisiert zu werden. Sie dürfen aber auch nicht als zu "gesund", nämlich wie ein Mann auftreten (vgl. Burgard 1980, S. 86; Chesler 1974; S. 114 ff.) und z.B. zu viel Raum für sich beanspruchen oder sich aggressiv verhalten.

Der geschlechtsspezifische Zugang zur Psychiatrie zeigt sich auch darin, daß Männer häufiger wegen "unverantwortlichen" und "antisozialen" Verhaltens in der Öffentlichkeit eingewiesen werden, Frauen dagegen für depressive Verhaltensweisen, welche sie im "privaten" Bereich äußern (vgl. Dohrenwend/Dohrenwend 1976, S. 1453). Das könnte bedeuten, daß es Familienmitglieder, vor allem Ehemänner sind, die die "Anzeige" erstatten (vgl. Burgard 1978, S. 86). Ihre häufige Beschwerde lautet, daß Frauen den Haushalt nicht versorgen. Statt Frauen, die die weibliche Rolle nicht mehr akzeptieren, die Übernahme der männlichen Rolle "zu erlauben" oder anzubieten, reproduziert auch der Alltag der psychiatrischen Klinik die Geschlechtsrollenteilung, und dies ist, durch die Gender-Bestimmung der medizinischen Kontrolle als solcher, ihre ureigenste Orientierung.

2.3. Informelle soziale Kontrolle

Als informelle soziale Kontrolle werden hier "re-ordering rituals" betrachtet, die in der sogenannten Privatsphäre angewendet werden. Die Privatsphäre wird häufig positiv als ein vor dem

Eingriff staatlicher und sonstiger Institutionen geschützter Raum bewertet. Ebenso wird informelle soziale Kontrolle im Vergleich zur formellen Kontrolle als eine Einrichtung betrachtet, die für die Abweichenden (besonders Jugendliche) den Vorteil hat, daß sie nicht ausschließt. Bei Frauen, besonders bei verheirateten, müssen beide Bewertungen in Frage gestellt werden. Wenn nämlich die Klammer "Familie" aufgelöst wird, dann zeigt sich, daß es Ehemänner sind, die die Kontrolle wahrnehmen, so daß sich im scheinbar sanften Rahmen der informellen Kontrolle geschlechtsspezifische Auseinandersetzungen verbergen. Zwar werden auch "Ehemänner" von ihren Frauen kontrolliert, jedoch auf unterschiedliche Weise: Dadurch, daß sich Männer verheiraten und Kinder zeugen, sind sie gezwungen regelmäßig zu arbeiten. Damit Männer auch tatsächlich zuverlässige Ernährer sind, achten Frauen darauf, daß Männer ein Leben führen, welches ihrer Funktion als zuverlässigen Arbeitnehmern nicht abträglich ist. Wenn sich Männer nicht fügen, stehen Frauen so gut wie keine Sanktionen zur Verfügung. Man sieht, diese Kontrolle ist nicht nur informell, sondern auch höchst indirekt, und eigentlich ist das "richtige" Verhalten von Männern, welches Frauen anmahnen sollen, primär auf den außerfamiliären Bereich bezogen. Frauen haben von ihrer Kontrolleistung nur einen sekundären Nutzen, und auf den sind sie aufgrund ihrer gesellschaftlich vorgesehenen Abhängigkeit von Männern/ Ernährern angewiesen.

> "...the crucial mechanism of her subordination enabling the male control of her 'person' is that of differential male and female access to the means of production... and the wage..." (McDonough/Harrison 1978, p. 36).

Und noch einmal - die "primary ordering rituals" werden bei Männern im "System" wahrgenommen, während sie bei Frauen außer der schon genannten medizinischen Kontrolle (und der sozialen Hilfe) eben auch im "privaten" Bereich liegen. Das hat zur Folge, daß informelle Kontrolle häufig mit einer *Verhaltenslenkung* (vgl. Malinowski/Münch 1975, S. 123 ff.) durch dieselbe Institution einhergeht. So stellen sich die Unterschiede auf der phänomenologischen Ebene dar, wenn die Privatsphäre als eine, nach Abzug alles Öffentlichen, verbliebene Restkategorie betrachtet wird. Schon auf dieser Ebene kann indessen der Diskurs über Macht (der "Mächtigen"!) und Gegenmacht (der "Ohnmächtigen") entmystifiziert werden - die Macht der Abhängigen setzt immer eine Einsicht oder ein Zugeständnis der Mächtigen voraus, während die Macht der Mächtigen ein Verhalten des Unterlegenen auch gegen dessen Willen erzwingen kann (vgl. Weber 1976, S. 38 ff., 541 ff.).

Bei eingehender Analyse erweist sich, daß die Privatsphäre eine eigenständige rechtliche Konstruktion darstellt. Sie ist zu Zeiten der Gründungen moderner Staaten entstanden, als die ehemaligen Patriarchen alle künftig hoheitlichen und öffentlichen Funktionen an den "Staat" abgegeben haben (vgl. O'Donovan 1985, p. 56 f.). Diese Funktionen werden von jeweiligen "Abordnungen" aus ihren Reihen wahrgenommen, so auch die soziale Kontrolle ihrer Geschlechtsgenossen mittels des öffentlichen Strafrechts. Für sich als "Privatpersonen" haben sich Patriarchen einst das Recht vorbehalten, fortan wenigstens gegenüber den von ihnen abhängigen Ehefrauen und Kindern Herrschaft auszuüben. Dieser, vor dem Zugriff des "öffentlichen" Patriarchats ausgesparte Raum ist die Privatsphäre, und die ist nicht etwa zufällig "unsichtbar", sondern aufgrund einer bewußten Konstruktion. In diesem Raum ausgeübte informelle Kontrolle stellt deshalb ebensowenig ein Residuum wie die Privatsphäre dar - vielmehr ist sie eine für das Geschlechterverhältnis nützliche Einrichtung. Obwohl es nur noch wenige "Patriarchen" gibt, die imstande wären, für den Unterhalt ihrer Familie allein zu sorgen - die private Herrschaft blieb als Relikt früherer Zeiten erhalten. Dieses Privileg wird Männern seitens der im System herrschenden Patriarchen als ein Ausgleich dafür angeboten, daß sie in der öffentlichen Sphäre zweifache Ungleichheit, und zwar hinsichtlich der Ressourcenverteilung und der Macht, ertragen müssen (Messerschmidt 1988, S. 83 ff.). Verschwörungstheorien dieser Art sind in der Soziologie nicht gerade beliebt, und doch spricht vieles dafür, daß es eine stillschweigende Übereinkunft über die für Männer vorteilhaften ehelichen Machtbeziehungen gibt, die über ökonomische Abhängigkeit von Frauen hinausgehen. Man könnte sie als "reine" Machtbeziehungen bezeichnen.

Als Indiz dafür können die Gewalthandlungen an Frauen und ihre Behandlung durch Organe offizieller sozialer Kontrolle betrachtet werden. Für alle Formen der physischen Gewalt gegenüber Frauen, seien es sexueller Mißbrauch von Mädchen, Vergewaltigungen, Belästigungen am Arbeitsplatz u.a. gilt, daß die Täter an allen Stufen des Strafverfolgungsprozesses mit Hilfe petrifizierter männlicher Alltagstheorien immunisiert werden.[10] In unserem Zusammenhang interessiert besonders Gewalt in der Ehe (und ähnlichen Beziehungen). Hier ist nicht der Ort, sich mit ätiologischen Gewalttheorien auseinanderzusetzen, denen gemeinsam ist, daß sie für Männer Verständnis zeigen und sie damit exkulpieren.[11] Bemerkenswert ist, daß interaktionistische Untersuchungen die gewalttätigen Ausbrüche der Männer als Verlust von "Selbstkontrolle" interpretieren, denen ein Verlust ihrer Kontrolle über das Verhalten der Ehefrauen vorausgegangen ist (vgl. Stets 1988, p. 101 ff.). Das Paradox, daß "Verlust der Selbstkontrolle" vom Mann instrumental als "Kontrollmittel" eingesetzt werden kann, thematisiert der Autor nicht. Zutreffend scheint die Feststellung, daß derjenige schlägt, der kann und darf (vgl. Gelles 1983, p. 158). Daß Männer ihre physische Stärke gegenüber Frauen als Ressource anwenden können und dürfen, erklärt sich daraus, daß dies als quasi-legal gilt (vgl. Stanko 1985, p. 70), und das heißt, daß schlagende Männer von den Organen sozialer Kontrolle nichts zu befürchten haben. Es schlagen nicht nur Ehemänner, denen keine anderen Machtressourcen zur Verfügung stehen - wofür "man" besonders viel Verständnis aufbringt, sondern auch solche, "die es eigentlich nicht nötig" hätten (vgl. Wardell u.a. 1983, p. 71 ff.). Nur wer "über die Stränge schlägt", muß mit einer Sanktionierung rechnen (vgl. Thürmer-Rohr 1991, S. 484). Ganz gleich, ob man die nachweisbare Immunisierung der Gewalthandlungen an Frauen als Verschwörung, Zufall oder unwahrscheinliche Entwicklung betrachtet oder nicht - die symbolische Nachricht, daß Frauen Männern unterworfen sein sollen, erreicht auch solche Männer, die ihre Frauen nicht unterdrücken wollen und auch solche Frauen, die die Abhängigkeit von ihrem Ehemann mögen.

Die informelle soziale Kontrolle impliziert bei Frauen folglich mehr als "re-ordering rituals" - sie ist bedeutungsgleich mit Verhaltenslenkung, mit Machtunterworfenheit und Subordination unter einen privaten Herrscher um seiner selbst willen. Das Geschlechterverhältnis ist so eingerichtet, daß die natürliche Reproduktion der Gesellschaft an persönliche Dienstleistungen von Frauen an Männer gekoppelt ist.

3. Resümee

Wir drehen uns im Kreise: Ganz gleich, ob wir mit den Kontrollinstitutionen oder der Arbeitsteilung angefangen hätten, alle Einrichtungen haben eine geschlechtspezifische Struktur, verweisen aufeinander und bestätigen sich gegenseitig. Die urprüngliche Vorstellung, daß das Strafrecht, die Medizin und die informelle soziale Kontrolle universelle Einrichtungen sind, die auf die beiden Geschlechter wegen ihrer natürlichen Unterschiede auch anders reagieren, war zu mechanisch. Vielmehr haben schon die Institutionen und ihre vorherrschenden Definitionen ein Geschlecht, unter welches sie diejenigen subsumieren, welche sich entsprechend verhalten oder sich in bestimmten Lagen befinden - prinzipiell gleich, ob es sich biologisch um Männer oder Frauen handelt. Es ist freilich naheliegend, daß die geschlechtsspezifischen Bestimmungen der abweichenden Rollen empirische Übereinstimmungen mit dem Sex ihrer Klientel zur Folge haben. Trotzdem erweist sich "gender" prägender als "sex", und von daher könnten weibliche und männliche Tugenden und Abweichungen, Privilegien und Nachteile, auch androgynisch verteilt werden.

Anmerkungen

1   Es ist sinnvoll, eine Unterscheidung zwischen Sex (sex) und Geschlecht (gender) einzuführen. Sex bezieht sich lediglich auf das je unterschiedlich biologisch ausgeprägte weibliche und männliche reproduktive Organ, Geschlecht bezeichnet die gesellschaftliche Konstruktion des Männlichen und des Weiblichen. Diese Konstruktion beinhaltet Eigenschaften, welche häufig binär auf männliche und weibliche Wesen verteilt sind. Männer und Frauen haben sie aber nicht schon von sich aus, und die normative Vorstellung, sie sollten sie haben, geht in Wirklichkeit überhaupt nicht auf. In unserem Zusammenhang ist wichtig festzustellen, daß "gender" nicht auf die Konstruktion der sexuellen Identitäten beschränkt ist, sondern überhaupt duale "männliche" und "weibliche" gesellschaftliche Institutionen hervorbringt (vgl. Butler 1990).

2   Vollständigkeitshalber müßte auch die soziale Kontrolle durch Institutionen sozialer Hilfe diskutiert werden. Von ihrer Klientel kann auf ihre Funktionen geschlossen werden: Bei "Frauen" ordnen und kontrollieren sie an Stelle des Arbeitsmarktes, bei "alleinstehenden Frauen" ersetzen sie die Kontrolle durch den Ehemann.

3   Wenn die "moralische Ökonomie der Subsistenzsicherung" aufgrund gesellschaftlicher Ursachen zusammenbricht, zeigen Frauen häufiger mehr Mut als Männer. Aus der Geschichte des 18.- 19. Jahrhunderts sind Fälle bekannt, in denen Frauen an den "food riots" nicht nur teilgenommen, sondern sie angeführt haben (vgl. Cloward/Piven 1990, p. 85 ff.).

4   Interessanterweise war die "Hygiene des öffentlichen Lebens" zunächst die Sache der Polizei (vgl. Meyer 1981, S. 14), also einer Institution, die dem Strafrecht nahe steht.

5   Die Kritik an Parsons Medizinsoziologie betrifft die Tatsache, daß er bestimmte Zustände, wie hier die Asymmetrie der Beziehungen und die einseitige Abhängigkeit, auch für wünschenswert hält (vgl. West 1989, p. 145).

6   Geschichtlich gesehen hat diese Minderung des menschlichen Potentials für Frauen der Mittelschicht einst eine Hervorhebung im Sinne von Identitäts- und Statusgewinn bedeutet (vgl. Rodenstein 1984, S. 123, Donzelot 1980, S. 71 ff.).

7   Psychiatrisierung kann analog zu Medikalisierung als eine Interpretation von Situationen und Verhalten in Begriffen der geistigen Gesundheit und Krankheit gedeutet werden.

8   Vgl. Broverman u.a., zit. bei Kips 1991, S. 130.

9   Vgl. Scull 1989, p. 277 zit. Showalter 1985, p. 171.

10   Die Literatur hierzu ist so umfassend, daß nicht einmal annäherungsweise darauf eingegangen werden kann. Guten Überblick bieten Janshen 1991 und Stanko 1985.

11 So z.B. halten es die Frustrations-Aggressionstheorien für selbstverständlich, daß nur Männer so reagieren; ebenso, wie es ihnen als natürlich erscheint, daß Männer, welche in der Arbeitswelt frustriert werden, nicht dort, sondern erst zu Hause zuschlagen. Der Grund dafür dürfte darin liegen, daß sie es in der Arbeitswelt aus Angst vor gravierenden Sanktionen seitens betrieblicher Patriarchen nicht wagen.

Literatur

ATKINS, S. /HOGGETT, B., Women and the Law, Oxford 1984

BECK-GERNSHEIM, E., Der geschlechtsspezifische Arbeitsmarkt, Frankfurt/M. 1978

BENNHOLDT-THOMSEN, V., Substistenzproduktion und erweiterte Reproduktion. Ein Beitrag zur Produktionsweisendiskussion, in: Gesellschaft, Beiträge zur Marxschen Theorie 14, 1981, S. 30 - 51

BRÖCKLING, E., Frauenkriminalität. Darstellung und Kritik kriminologischer und devianztheoretischer Theorien, Stuttgart 1980

BROVERMAN, I. K./BROVERMAN, D. M./CLARKSON, F. E./ROSENKRANTZ, P. S./VOGEL, S. R., Sex-Role Stereotypes and Clinical Judgements of Mental Health, Journal of Consulting and Clinical Psychology 34, 1974, p. 1 - 7

BURGARD, R., Wie Frauen verrückt gemacht werden, Berlin 1980

BUTLER, J., Gender Trouble. Feminism and the Subversion of Identity, New York London 1990

CARLEN, P., Out of Care, into Custody: Dimensions and Deconstruction of the State's Regulation of Twentytwo Young Working-Class Women, in: Carlen, P./Worall, A. (eds.), Gender, Crime and Justice, Philadelphia 1987, p. 126 - 160

CHESLER, M., Wie Frauen verrückt gemacht werden, Reinbek bei Hamburg 1974

CLOWARD, R. A./PIVEN, F. F., Why People Deviate in Different Ways, in: School of Justice Studies Arizona (ed.), New Directions in the Study of Justice, Law, and Social Control, New York London 1990, p. 71 - 100

CONRAD, P./SCHNEIDER, J. W., Deviance and Medicalization. From Badness to Sickness, St.Louis u.a. 1980

CREMER-SCHÄFER, H./STEINERT, H., Sozialstruktur und Kontrollpolitik. Einiges davon, was wir glauben, seit Rusche und Kirchheimer dazugelernt zu haben, Kriminologisches Journal 1986, 1. Beiheft, S. 77 - 118

DOHRENWEND, B. P./DOHRENWEND, B. S., Sex Differences and Psychiatric Disorders, American Journal of Sociology 81, 1956, S. 1447 - 1454

DONZELOT, J., Die Ordnung der Familie, Frankfurt/M. 1980

EISENBACH-STANGL, I., Weiblicher Körper und männliche Vernunft. Abweichung und Kontrolle von Frauen, Kriminalsoziologische Bibliographie 6, 1979, S. 4 - 38

FRIEDRICHSEN, G., Abtreibung. Der Kreuzzug von Memmingen, Frankfurt/M. 1989

FUNKEN, CH., Frau - Frauen - Kriminalität, Opladen 1989

GELLES, R. J., An Exchange/Social Control Theory, in: FINKELHOR, D./GELLES, R. J./HOTALING, G. T./STRAUS, M. A. (eds.), The Dark Side of Families. Current Family Violence Research, Beverly Hills u.a. 1983, p. 151 - 165

GOFFMAN, E., Das Individuum im öffentlichen Austausch, Frankfurt/M. 1974

HABERMAS, J., Theorie des kommunikativen Handelns. Zur Kritik der funktionalistischen Vernunft, Bd. 2, Frankfurt/M. 1982

HEINSOHN, G./KNIEPER, R., Theorie des Familienrechts. Geschlechtsrollenaufhebung, Kindesvernachlässigung, Geburtenrückgang, Frankfurt/M. 1974

HONEGGER, C., Die Ordnung der Geschlechter, Frankfurt/M. New York 1991

HONEGGER, C./HEINTZ, B., Wandel weiblicher Widerstandsformen, in: Heintz, B./Honegger, C. (Hrsg.), Listen der Ohnmacht. Zur Sozialgeschichte weiblicher Widerstandsformen, Frankfurt/M. 1984, S. 7 - 68

HORWITZ, A. V., The Logic of Social Control, New York London 1990

IGNATIEFF, M., A Just Measure of Pain. The Penitentiary in the Industrial Revolution 1750 - 1850, London 1978

135

INGLEBY, D., Mental Health and Social Order, in: Cohen, S./Scull, A. (eds.), Social Control and the State, New York 1983, p. 141 - 190

JANSHEN, D. (Hrsg.), Sexuelle Gewalt. Die allgegenwärtige Menschenrechtsverletzung, Frankfurt/M. 1991

KICKBUSCH, I., Familie als Beruf - Beruf als Familie: Der segregierte Arbeitsmarkt und die Familialisierung der weiblichen Arbeit, in: Kickbusch, I./Riedmüller, B. (Hrsg.), Die armen Frauen. Frauen und Sozialpolitik, Frankfurt/M. 1984, S. 163 - 178

KIPS, M., Strafrecht für Männer, Psychiatrie für Frauen, Kriminologisches Journal 23, 1991, S. 125 - 134

KOHLER RIESSMAN, K., Women and Medicalization: A New Perspective, in: Brown, Ph. (ed.), Perspectives in Medical Sociology, Belmont 1989, p. 178 - 189

LAMOTT, F., Der Risikofaktor Frau. Kriminalprävention und Mütterlichkeit, Monatsschrift für Kriminologie und Strafrechtsreform 68, 1985, S. 325 - 329

LEDER, H. C., Frauen- und Mädchenkriminalität, Heidelberg 1988

MALINOWSKI, P./MÜNCH, U., Soziale Kontrolle. Soziologische Theoriebildung und ihr Bezug zur Praxis der sozialen Kontrolle, Neuwied Darmstadt 1975

McDONOUGH, R./HARRISON, R., Patriarchy and Relations of Production, in: Kuhn, A./Wolpe, A. M. (eds.), Feminism and Materialism, Women and Modes of Production, London u.a. 1978, p. 11 - 41

MEYER, PH., Das Kind und die Staatsräson oder die Verstaatlichung der Familie, Reinbek 1981

MILLS, C. W., Situated Actions and Vocabularies of Motive, in: Stone, G. P./Faberman, H. A. (eds.), Social Psychology through Symbolic Interaction, Toronto 1970, p. 472 - 480

MESSERSCHMIDT, J., Überlegungen zu einer sozialistisch-feministischen Kriminologie, in: Janssen, H./Kaulitzky, R./Michalowski, R. (Hrsg.), Radikale Kriminologie, Bielefeld 1988, S. 83 - 101

NATHANSON, C. A., Sex, Illness, and Medical Care: A Review of Data, Theory, and Method, in: Brown, Ph. (ed.), Perspectives in Medical Sociology, Belmont 1989, p. 46-70

O'DONOVAN, K., Sexual Divisions in Law, London 1985

OSTNER, I., Beruf und Hausarbeit. Die Arbeit der Frau in unserer Gesellschaft, Frankfurt/M. 1978

OSTNER, I./BECK-GERNSHEIM, E., Mitmenschlichkeit als Beruf. Eine Analyse des Alltags in der Krankenpflege, Frankfurt/M. 1979

PARSONS, T., The Social System, Glencoe, Ill. 1951

PFOHL, S. J., Labelling Criminals, in: Ross, L. H. (ed.), Law and Deviance, Beverly Hills u.a. 1981, p. 65 - 97

PETERS, D., Richter im Dienst der Macht, Stuttgart 1973

RODENSTEIN, B., Somatische Kultur und Gebärpolitik. Tendenzen in der Gesundheitspolitik für Frauen, in: Kickbusch, I./Riedmüller, B. (Hrsg.), Die armen Frauen. Frauen und Sozialpolitik, Frankfurt/M. 1984, S. 103 - 134

RÖDEL, U./GULDIMANN, T., Sozialpolitik als soziale Kontrolle, in: Guldimann, T./Rodenstein, M./Rödel, U./ Still, F., Sozialpolitik als soziale Kontrolle, Starnberger Studien 2, Frankfurt/M. 1978, S. 11 - 55

SCHEFF, T. V., Beeing Mentally Ill, Chicago 1966

SCOTT, M./LYMAN, S. T., Accounts, Deviance, and Social Order, in: Douglas, J. D. (ed.), Deviance and Respectability. The Social Construction of Moral Meanings, New York 1970, p. 89 - 119

SCULL, A., Social Order/Mental Disorder. Anglo-American Psychiatry in Historical Perspective, London 1989

SCUTT, J., The Myth of Chivalry Factor in Female Crime, Australian Journal of Social Issues 14, 1979, S. 3 - 20

SHOWALTER, E., The Female Malady, New York 1985

SMART, C., Women, Crime and Crimonology. A Feminist Critique, London Henley Boston 1977

SMART, C., Feminism and the Power of Law, London New York 1989

SMAUS, G., Soziale Kontrolle durch Frauen: Vermittlung repressiver Inhalte in Erziehung und Hilfe, in: Heck, R./Keinhorst, A. (Hrsg.), Frauen - Alltag - Politik, München 1986, S. 110 - 142

SMAUS, G., Das Strafrecht und die Frauenkriminalität, Kriminologisches Journal 22, 1990, S. 266 - 283

SMAUS, G., Reproduktion der Frauenrolle im Gefängnis, Streit, Feministische Rechtszeitschrift 9, 1991, S. 23 - 33

STANKO, E., Intimate Intrusions. Women's Experience of Male Violence, London u.a. 1985

STETS, J. E., Domestic Violence and Control, New York u.a. 1988

THÜRMER-ROHR, CHR., Frauen in Gewaltverhältnissen, in: Janshen, D. (Hrsg.), Sexuelle Gewalt. Die allgegenwärtige Menschenrechtsverletzung, Frankfurt/M. 1991, S. 479 - 497

TREIBER, H./STEINERT, H., Die Fabrikation des zuverlässigen Menschen. Über die "Wahlverwandtschaft" zwischen Kloster- und Fabrikdisziplin, München 1984

VOGT, I., Für alle Leiden gibt es eine Pille, Opladen 1985

WARDELL, L./GILLESPIE, D. L./LEFFLER, A., Science and Violence Against Wives, in: Finkelhor, D./Gelles, R. J./Hotaling, G. T./Straus, M. A. (eds.), The Dark Sides of Families. Current Family Violence Research, Beverly Hills u.a. 1983, p. 69 - 84

WEBER, M., Wirtschaft und Gesellschaft, 2. Bd., Tübingen 1976

WEST, C., Talcott Parsons' "Sick Role" and Its Critiques, in: Brown, Ph. (ed.), Perspectives in Medical Sociology, Belmont 1989, p. 145 - 152

WILLMS-HERGETT, A., Frauenarbeit. Zur Integration der Frauen in den Arbeitsmarkt, Frankfurt/M. New York 1985.

Die Entdeckung der "Goldmarie" im öffentlichen Moral-Diskurs der 80er Jahre

Helga Cremer-Schäfer

"Selbstkontrolle" und "Selbstdisziplin" bezeichnen nicht nur in der Alltagssprache Eigenschaften von Subjekten; auch in den wissenschaftlichen Diskursen über Sozialisation und soziale Kontrolle ist gerne davon die Rede. Ausgedrückt wird damit die Einschätzung, Menschen könnten "von sich aus" gesellschaftlichen Anforderungen entsprechen, ohne institutionelle oder technische Zwänge, ohne andauernde Erziehung, Übung, Drill oder ideologische Beeinflussungen. An das Problematische dieser Vorstellung vom "gut sozialisierten" oder besser vom "übersozialisierten" Menschen, d.h. an das Unsichtbarmachen der Formen des Vergesellschaftungsprozesses, wird zwar immer wieder erinnert, es sollte allerdings auch Konsequenzen für sozialwissenschaftliche Interpretationen haben.[1] Wenn in Diskursen von "Selbstdisziplin" die Rede ist, besteht die sozialwissenschaftliche Aufgabe darin, herauszuarbeiten, welche Formen und Mechanismen der Vergesellschaftung und der Kontrolle dabei mitgedacht werden. Mein Beitrag wird sein, einem "Vokabular" nachzugehen, einer institutionalisierten Redeweise, mit dem "Selbstdisziplin" zu einem *normativen* Muster geformt und in öffentlichen Moral-Diskursen konkretisiert und angeboten wird. Untersuchen möchte ich ein spezifisches Vokabular, in dem das Bild vermittelt wird, "Disziplin" bedeute auf der Seite mancher Gesellschaftsmitglieder generellen oder doch zeitweisen Verzicht auf eigennützige Interessenorientierung und Eigensinn, bedeute Kontrolle von Hedonismus und Selbstverwirklichungstendenzen, die Aufgabe einer instrumentellen, materielle Auszahlungen optimierenden Arbeitshaltung, und dies alles zugunsten eines "Daseins für andere" (für die Familie, die Kinder) oder für das Wohl eines "Großen und Ganzen" (von Wirtschaft, Staat, Betrieb; seltener schon das Wohl der Natur oder der Menschheit).

Ich benutze als Kürzel für dieses Vokabular die Erscheinung der "Goldmarie" aus dem Volksmärchen der Frau Holle.[2] Zur kurzen Erinnerung: Goldmarie ist eine junge Frau, die, ohne "moralische Empörung" zu empfinden, für ihre ausbeuterische Verwandtschaft schwer arbeitet und sogar in den Brunnen springt, wenn ihr das geheißen wird. Aufgewacht in einer neuen Welt kümmert sie sich um alles, "von sich aus", ohne daß sie einen "Lohnanreiz" oder eine Kontrolle von außen braucht. Sie läßt sich durch Hilfe-Rufe anrühren, verhindert die Produktionskrise beim Brotbacken, pflegt die Natur: schüttelt die Äpfel und sammelt sie auf, sie findet ganz schnell Zutrauen zu einer fremden, alten, häßlichen und ihr unheimlichen Frau (der Frau Holle), begibt sich in ihren Dienst und sorgt fortan für ein gutes Klima im Winter. Die "Moral von der Geschichte" ist: Menschen, die ohne Lohnanreiz und eigennützige Motive "sich kümmern", sich verantwortlich fühlen und eigene Interessen zurückstellen, werden reichlich belohnt; und zwar weil sie es nicht darauf angelegt haben, sondern um der Sache selbst willen "sich kümmerten".

"Goldmarie" ist keineswegs nur ein traditionelles Volksmärchen. Die modernen bürgerlichen Tugendlehren drehen sich sehr stark um Altruismus (und nicht um eine Propagierung des Egoismus), um Selbstlosigkeit, Solidarität, Verzicht und Verantwortung, Mäßigung, Mitleiden, Fürsorglichkeit, Betonung nicht-materieller, symbolischer Gratifikationen, Orientierung der Menschen an "höheren Werten". Die innere Form dieser Lebensweise ist dieselbe wie die der rationalisierten Lebensweise: "Selbstkontrolle". Es ist ein Motiv-Vokabular, das vor allem, aber nicht nur, Frauen zugeschrieben wird, und sie sind in Gefahr, es sich selbst zuzuschreiben. Jedenfalls finden Frauen ganz ausdifferenzierte Vokabulare und normative Muster vor, die der gleichen Gattung angehören: "Mutterliebe" (Schütze 1987, Badinter 1984), "Moral der Fürsorglichkeit" (Gilligan 1984), "Weiblichkeit" generell. Es ist ein Vokabular, das stets auf die Notwendigkeit einer "Erziehung", der subjektiven "Motivbildung" und "Verinnerlichung" verweist, selbst bei der Unterstellung einer weiblichen "Natur".[3] Das muß von Subjekten eingeübt, mit ihnen trainiert werden. Und es ist ein Vokabular, mit dem der Eindruck erweckt wird, Gesellschaft werde durch Normen und Werte und deren Verinnerlichung zu "Tugenden" zusammengehalten - das wäre der eigentliche "soziale Kitt" der Gesellschaft.[4]

Die kontinuierliche Verfügbarkeit eines solchen Vokabulars in einer kapitalistischen Gesellschaft, die über den Markt, die Konkurrenz, die Interessenlogik ("warenförmige Beziehungen") zusammengehalten wird, ist an sich widersprüchlich genug. Und ebenso die Pflege und Fortentwicklung von Institutionen, die sie explizieren und für Moral-Diskurse zur Verfügung stellen. Traditionellerweise waren das die Kirche, die Ethik, erbauliche Schriften, Ratgeber, auch Wissenschaft. Als Institutionen für "moralische Deklamationen" fungieren heute dagegen vor allem die Massenmedien. Sie bieten die entsprechenden Vokabulare an.

Wenn solche "Deklamationen" auftauchen, haben wir jeden Anlaß zu fragen, was dies bedeutet. Insbesondere wenn ideologische Apparate in dieser Form gesellschaftliche Probleme und Konflikte bearbeiten und eine Verwischung und Unschärfe dessen, was "Moral" und "Disziplin" sind, die Vokabulare charakterisiert. "Selbst-Disziplin" erscheint nicht nur als nützlich, notwendig oder erfolgversprechend, als Voraussetzung erwünschter "Sekundärtugenden", sondern erhält zusätzlich eine moralische Aufwertung ("gut"). Auf welchen Kontrollstil und welche Veränderungen von Gesellschaft verweist das?

1. Vokabulare und Motiv-Vokabulare

Mit dem einfachen Verständnis von internalisierter sozialer Kontrolle, die zu einer "eigenständigen" subjektiven Handlungsquelle wird, ein Motiv für angepaßtes, normales, normadäquates Handeln, habe ich Schwierigkeiten. Dazu ist mir zu gut der Satz von C.W. Mills: "Motive sind Worte" in Erinnerung geblieben. Hinter die Argumentationen von Mills (1943) kann eine reflexive "Soziologie der Motivation" (und der Kontrolle) nicht zurückfallen. Öffentlich verbalisierte Motive beschreiben weder Handlungen noch Personen. Allenfalls in Alltagssituationen, meinte Mills, dürfe man noch unterstellen, daß Menschen sie "haben", daß das "subjektive Handlungsquellen" wären. "Motive" werden eingestanden und zugeschrieben als Antworten auf Fragen. Sie sind sozial wahrnehmbar in "Krisensituationen". Sie fungieren als Verantwortungen in Konflikten, sind Etikettierungen und Selbstetikettierungen, die vergangene, gegenwärtige oder zukünftige Handlungen rechtfertigen. Das öffentliche Verbalisieren von Motiven sollten soziologische Analysen als eine eigenständige Handlung betrachten. Überlegungen zur Diskrepanz von "Worten und Taten" sind unproduktiv. Der gesellschaftlich verfügbare Bestand an Motiv-Vokabularen wird von Institutionen verwaltet. Sie haben eine eigene Geschichte und einen sozialen Herkunftsort. Die soziologische Aufgabe besteht darin, konkurrierende Vokabulare zu beschreiben, ihre Terminologien zu benennen (individualistische, hedonistische, moralische, punitive, pathologisierende, instrumentelle) und ihrer Zugehörigkeit zu historischen Epochen, sozialstrukturellen Positionen bzw. spezifischen Situationen nachzugehen.[5]

Daß ich mich bei der Frage nach Selbst-Kontrolle und Disziplin als normatives Muster an Mills' Konzept des "Vokabulars" erinnert habe, liegt einmal daran, daß ich vermeiden möchte, Begriffspaare, die ein Herrschaftsverhältnis bezeichnen (Selbst-Disziplin, Selbst-Kontrolle), zu einer "Eigenschaft" von Subjekten zu reifizieren. Zum anderen gibt das Konzept der "Vokabulare" die Chance, das Verhältnis von Disziplin (als vorherrschender Form sozialer Kontrolle) zu gesellschaftlichen Diskursen über "Selbstkontrolle" und zu Darstellungen der gesellschaftlich nützlichen Figur des zuverlässigen *und* altruistischen Menschen in einem komplexen Verhältnis zu sehen. Je intensiver der Diskurs über "Selbstkontrolle" und je stärker die moralische Terminologie in dem Diskurs, umso eher können wir davon ausgehen, daß ein Schub an Fremddisziplinierung herrscht.

2. Massenmedien als Moral-Markt

Die recht direkte Propagierung des "Prinzips Goldmarie" als sozial erwünscht und moralisch "gut", ist (nicht nur) mir im Rahmen eines Forschungsprojektes aufgefallen, das als empirisches Material einen sehr "alltagsnahen" Diskurs einer Inhaltsanalyse unterzogen hat. Das waren bundesdeutsche Illustrierte (QUICK, BUNTE, STERN) und der SPIEGEL. Gelesen haben wir die Jahrgänge 1957 bis 1987.[6] Aus den Printmedien haben wir Artikel ausgewählt, die einen Sachverhalt als ein "soziales Problem" thematisieren, die Fragen "sozialer Kontrolle" bearbeiten, die explizit über Moral, über Normen und Werte diskutieren oder sie verkünden.[7] Ohne Zensuren über die Bedeutsamkeit von Diskursen zu verteilen, läßt sich vielleicht festhalten, daß das, was in Printmedien an Vokabularen angeboten wird, ein größeres Publikum findet als Moralphilosophie, Ethik, Streit um die Werthaltungen und Disziplin in Wissenschaft und gehobenem Feuilleton. Interessiert hat uns an den Printmedien ihre Funktion als ideologische Apparate und als "Moral-Markt" für andere Institutionen (u.a. Produktion, Medizin, Politik, Bildung, Strafrecht, Familie). Untersucht haben wir, ob diese Institutionen (ihre Legitimationsfiguren und Disziplin- und Kontrollmodelle) Bezugspunkte bieten, um "herrschende Moral" darzustellen und welche Strategien des "Moralisierens" sie benutzen. Verwenden sie, wie das Strafrecht, den "negativen Fall", diejenigen, "die sich nicht beherrschen können", die Kriminellen, die Störer, die Auffälligen, die Sanktion und die Strafe, um "Werte und Normen" darzustellen? Bieten sie damit ein Vokabular an, auf das private und öffentliche Verurteilungen sich wieder beziehen können, ein Vokabular, das sozialen Ausschluß legitimiert? Oder bieten sie - vermittelt über die Medien als "Moral-Markt" - Strategien an, die ohne den negativen Fall, die Sanktion und die Strafe auskommen? Elemente eines gültigen oder durchzusetzenden "impliziten Arbeitsvertrages" können auch einfach verkündet werden; von normativen Standpunkten aus können Appelle formuliert werden; die Akzeptanz von Anforderungen und "Anpassungen" an Normen (aber auch Hierarchien) kann mit dem Anreiz des individuellen Erfolgs- und Glücksversprechens oder mit der Haltung eines moralischen Absolutismus etc. verbunden werden.[8] Um die Relevanz des Strafrechts als ideologischen Apparat nicht zu überschätzen, haben wir in der Untersuchung vor allem auch nach Alternativen zum Strafrecht (und dem "Sanktionieren als Moralisieren") auf der ideologischen Ebene Ausschau gehalten.[9]

3. Die Figur der Goldmarie im Moral-Diskurs der Massenmedien

Die Figur der "Goldmarie" repräsentiert eine Möglichkeit des "Moralisierens", ohne auf Sanktion, Strafe oder die Drohung damit zu rekurrieren. Aufgefallen ist uns, daß die Figur der "Goldmarie", also Vokabulare von Verzicht, Selbst-Kontrolle, Selbst-Verantwortung und Moral, in den "Publikumszeitschriften" erst seit der Mitte der 70er Jahre zu finden sind und in den 80er Jahren ein fester Bestandteil der Illustrierten-Geschichten bleiben.[10] Als eine normative Anforderung für Männer und Frauen des Lese-Publikums tauchen sie im Zusammenhang mit der Bearbeitung der Krise des "Fordismus" und der anschließenden Herausbildung der "gespaltenen Gesellschaft" auf: mit dem "Ende von kurzen Traum immerwährender Prosperität" (Burkhard Lutz), also mit der Arbeitslosigkeit, den Eingrenzungen des Sozialstaates, der öffentlichen Leistungen und der Investitionen in die Arbeitskraft insgesamt, der andauernden Spaltung des Arbeitsmarktes. Weil Textanalysen durch "dokumentierende Interpretationen"[11] plausibler werden, möchte ich im folgenden immer auch ein Stück über exemplarische Artikel darstellen.

Darstellungen und Bilder über "Goldmaries", solche, die "von sich aus" wissen, was zu tun ist und wer Verzicht zu leisten hat, finden sich zuerst - nicht verwunderlich - in Artikeln über Lohnarbeiterinnen und Lohnarbeiter Mitte der 70er Jahre. Angesichts der paradigmatischen "Krise in Wolfsburg" (bei VW) werden dem Lesepublikum der Illustrierten QUICK 1974, Nr. 46 folgende Figuren und Muster angeboten:

Das Wort "Krise" wird zwar gedruckt, aber durch die Inhalte über die Situation der "Wolfsburger" negiert.

> "Auch wenn die Einnahmen sinken, die Fließbänder nicht mehr ausgelastet sind: Die Wolfsburger bleiben optimistisch. Und sie zeigen, daß sie selber die Eigenschaften haben, die ihren 'Käfer' so berühmt und beliebt gemacht haben: Ausdauer und Zuverlässigkeit. Und sie halten zusammen."

Im nächsten Schritt wird geklärt, daß die angebotenen Tugenden immer als "gedoppelte" zu verstehen sind. Die "Kernarbeiter" haben keinen ernstlichen Verzicht zu befürchten:

"Otto Fründt (40), verheiratet, ein Kind, seit 18 Jahren bei VW: 'Die Stimmung war zeitweise etwas gedrückt. Aber mit dem "Golf"-Modell geht's bei uns ganz bestimmt wieder bergauf.'"

"Walter Gödecke (38), verheiratet, zwei Kinder, seit 18 Jahren bei VW: 'Wir lassen uns nicht bange machen, auch wenn wir vorübergehend die Gürtel etwas enger schnallen müssen.'"

"Heinrich Dirks (42), verheiratet, drei Kinder, seit 19 Jahren bei VW: 'Schon im September war unser "Golf" das meistgekaufte Auto in Deutschland. Da können wir doch stolz drauf sein.'"

Für die berufstätigen Frauen, so wird klargestellt, bedeutet Optimismus, Zuverlässigkeit und Zusammenhalten einseitig Verzicht ohne weitere Aussichten:

"Die Hausfrau Ingrid Kohlstädt (32) zum Beispiel gab ihren Arbeitsplatz (netto rund 1000 Mark im Monat) sofort auf, um 'keinem Mann den Arbeitsplatz wegzunehmen, der auf seinen Job angewiesen ist.' Sie sagt: 'Ach wissen Sie, erst war's ungewohnt. Aber inzwischen sehe ich meinem Mann und meiner Tochter Jenny an, wie sehr sie sich darüber freuen, daß ich zuhause bleibe. (...) Und hungern müssen wir deshalb nicht.'"

Moral ist nicht nur zweigeschlechtlich, sondern auch ethnisch aufgespalten:

"Der Tunesier Hedi Jaba: 'Ich habe hier verdammt gutes Geld verdient. Jetzt sind wir überflüssig. Gut, dann gehen wir. Ins Ruhrgebiet.'"

In diesem und den folgenden zitierten Artikeln und "Headlines" werden nicht nur gesellschaftlich erwünschte Handlungen vorgeführt, sondern Statusverpflichtungen geklärt: sie werden in einer Form angeboten, die sie mit einer unbefragten Legitimität umgibt; alle Wolfsburger tun von sich aus "das Rechte". Darüber hinaus wird zusätzlich an die Reziprozitäts*norm* erinnert, es geht um Rückzahlungen von gehabten Vorteilen.[12]

Die gleiche Botschaft wäre auch mit Artikeln zu vermitteln, die das "Anspruchsverhalten" der Arbeiternehmer, die "Doppelverdiener" oder die ausländischen Konkurrenten um Arbeitsplätze moralisch verurteilen und öffentlich ausgrenzen. Relevanter (auch im Sinn von häufiger) als "Mißbrauchs-Artikel" und Diskreditierungen werden in den Illustrierten die Angebote eines freiwilligen und "natürlichen" Verzichts, der Anpassung an veränderte Bedingungen des Arbeitsmarktes hauptsächlich für die Statusgruppe der Lohnabhängigen. Um die konkreten Anforderungen zu legitimieren, werden sie einerseits mit der "Rechtschaffenheit"[13] verbunden und andererseits über die Reziprozitätsnorm legitimiert.

Einen festen Platz haben Verzichts- und Selbstverantwortlichkeits-Vokabulare in Artikeln, die Fragen der Qualifikation und der Bildung von Arbeitskräften behandeln. In den späten 70er Jahren und den 80ern lautet das "geheime Curriculum": Je geringer die Ansprüche an gesellschaftliche Investitionen sind und je größer die eigenen Anstrengungen, desto eher läßt sich noch ein bescheidener Aufstieg schaffen:

"Aus der Lehrstellen-Not eine Facharbeiter-Tugend machen",

so lautete der Aufmacher in der Nr. 31 der BUNTEN im Jahr 1977. Wer kein "Bildungs-Verzichter" werden will, der muß sich langsam nach oben arbeiten, so der exemplarische öffentliche Ratschlag und die Veröffentlichung von vorbildlich bescheidenen, ausdauernden "Aufsteigern", die sich ihr Fortkommen (vom "Hilfsarbeiter zum Facharbeiter") auch selbst etwas kosten lassen. Die zweite Botschaft lautet, wer seine Ansprüche reduziert und wem dadurch Arbeitsmarkt und Erfolg versperrt bleibt, hat ja wenigstens nicht-materielle Belohnungen:

"Lieber Lernen mit Lust als Pauken mit Frust",

so lautet die Devise im STERN, Heftnummer 34, 1977. Wichtiger als ein Platz in der Hochschule sei doch eine streßfreie Schulzeit.

Den stabilsten Platz erobert sich das Vokabular von Verzicht, Selbstkontrolle und Selbstverantwortung in Artikeln, die die physische Reproduktion von Arbeitskraft behandeln, in Artikeln der Rubriken Krankheit, Gesundheit, Medizin. Ab dem Ende der 70er und mit der Privatisierung der Belastungen der "Solidargemeinschaft" wird in den Illustrierten Krankheit, analog dem Suchtmodell, als "Selbstbeschädigung" dargestellt. Verantwortlich für die Kontrolle von "Risikofaktoren" (Essen, Trinken, Rauchen, sonstige Süchte) sind die Kranken selbst.

In dieser Art von Artikeln werden wiederum nicht nur Statusverpflichtungen benannt und geklärt. Es ist im Falle von Bildung, Ausbildung und physischer Reproduktion freilich die Verpflichtung auf *private* Vorleistungen, auf *eigene* "Investitionen in die Arbeitskraft". Das in Aussichtstellen von (bescheidenen) Gratifikationen vermittelt den Eindruck von erwartbarer Reziprozität.

Jugend ist eigentlich ein beliebtes Objekt von Moral-Paniken und symbolischen Kreuzzügen. Gerade in der hier thematisierten Phase wird in den Illustrierten Jugend "normalisiert", und umgekehrt das Thema benutzt, um mit normativen Anforderungen vertraut zu machen.
Die Technik ist einfach; es wird behauptet, die Jugend '79, '84, '87 habe ihre jugendbewegten Untugenden abgelegt und habe sich gewendet:

"Statt Widerwillen heißt es wieder Willen" bei jungen Leuten,

"Statt Leistungssex Romantik",

"Statt Berechnung Gefühl",

"Statt Traumtänzerei realistische Ansprüche."

Hier findet sich nicht nur die direkte Propagierung und Anforderung von Selbstverantwortung und Anspruchsreduktion. Wer Wert auf Gefühl, Liebe und Glück legt, kann keineswegs ein "Recht" darauf zum Ausgangspunkt nehmen. Sie/er muß schon selbst dafür sorgen, denn das bedarf der eigenen "Leistung" und ist nicht einklagbar. Die Jugend-Subkultur hat ein Ende und auch die Haltung, etwas zu bekommen ohne dafür zu geben. "Jugend" bedeute nun ein "junger Erwachsener" zu sein. Jugend wird durch die positiven Darstellungen moralisch aufgewertet. Es heißt nicht mehr "seht Euch diese Typen an", sondern "seht Euch diese Jugend an": Sie *haben* die rechten *und* erfolgversprechenden Tugenden schon.[14] Die implizite Botschaft der Artikel ist, daß damit die "Norm der Wohltätigkeit" (vgl. dazu Gouldner 1984), also die kollektive Verantwortlichkeit, "zu geben, ohne Gegenleistungen zu erwarten", als obsolet dargestellt wird. Die moralische Aufwertung der Jugend bedeutet andererseits einen höheren Anspruch an sie, "Willen", "Leistung" und sogar "Gefühle" zu zeigen.

Als stabilster Hort für die Darstellung des Prinzips "Goldmarie" erweist sich aber die Familie. Hier gibt es kaum konkurrierende Muster. "Moderne Erziehung" mit ihren steigenden Ansprüchen an und Forderungen nach "Mutterliebe" wird hauptsächlich den Frauen aufgebürdet. Im Vokabular der "Mutterliebe" findet sich immer schon (bzw. immer noch) die Anforderung von Verzicht auf "eigenes Dasein"[15], bedingungslose, irrationale Hingabe *und* Rationalisierung der Gefühle und der Erziehung, und das alles für die Entfaltung der Fähigkeiten des Kindes.[16] Mit dieser Version ist es in den 80ern vorbei. Wenn es nach den Illustrierten ginge, sind Väter und Mütter gleichermaßen für die Erziehung verantwortlich; meist wird sogar der Mann als die bessere (Tages-) Mutter gezeigt. Frauen werden von dem modernen Muster der Mutterliebe etwas entlastet, sie wird als normatives Muster umdefiniert ("Elternliebe") und auf Väter erweitert. Das Verzichts-Vokabular zielt dabei auch auf den Bereich der Produktion: Die Illustrierten führen gerne Väter vor, die auf ihre Karriere zugunsten der Kindererziehung verzichten oder zumindest Ansprüche an Beruf und dessen Gratifikationen reduzieren. Sie übernehmen "freiwillig" ihre Statuspflichten, weil sie entdeckt haben, daß "es Spaß macht" oder ihre Kinder gezwungenermaßen "durchbringen" müssen oder von ihren Kindern "etwas haben wollen".

Wie Zwangslagen (die Situation des verlassenen Mannes und Vaters, des Witwers) Tugenden hervorbringen, zeigt QUICK in Heft 34, 1984:

"Alexander ist im Mittelpunkt. Günther Rupp, 50, seit zwei Jahren Witwer und brotloser Maler aus Düsseldorf, versucht das Beste aus seinem Dasein als Alleinerziehender seines fünfjährigen Sohnes zu machen. Das Sozialamt zahlt die Miete und monatlich 315 Mark zum Leben. (...) Vater und Sohn sind richtige Kumpel geworden, die sich mit kläglichen Mitteln durchschlagen."

"Für seine fünf Kinder hat Dieter Cazare, 35, aus Krefeld seinen Job aufgegeben. (...) aber der Vater hat seine Entscheidung nicht bereut, auch wenn sein Arbeitstag von morgens um sechs bis oft nach Mitternacht reicht. Er empfindet es als Freude, daß er und seine fünf Kinder zu einer verschworenen Gemeinschaft zusammengewachsen sind."

In der Unterschichtsversion wird konkretisiert, was Elternpflichten seien und gleichzeitig umdefiniert, was heutige "Erziehungsziele" wären: Es geht nicht mehr um Entfaltung der Kinder, sondern darum, sie unter mißlichen Umständen, gelegentlich "allein gelassen", "groß" zu bringen, ihr "Wohl" zu erhalten. Die Kinder "großzuziehen" wird als Selbstverständlichkeit bestimmt.

D.h. die Statuspflichten sind aus der Haltung der "Rechtschaffenheit" zu erfüllen: weil es das "rechte" Verhalten ist, das bedingungslos befolgt werden soll.

1986, im Heft 4, stellt der STERN die Mittel- und Oberschichts-Version der "neuen Väter" vor. Hier wird gekonnt das Motiv "freiwillig Pflichten übernehmen" in das Motiv "Spaß haben" eingepaßt:

> "Tochter Anne zwischen den Knien, Pflegekind Christine im Arm und seine anderen Schützlinge in Reichweite - der Alltag von Erhard Scheiba. Der Tagesvater: 'Früher habe ich weniger gearbeitet, aber auch weniger Spaß gehabt.'"

> "Klaus Dorn, 30, selbständiger Designer, hält sich die Nachmittage für seine Tochter Annabelle frei. Er arbeitet nachts und vormittags, während die Zweijährige in der Kinderkrippe ist. Seine Frau, die von ihrem Job in einer Werbeagentur oft sehr spät nach Hause kommt, beneidet ihn manchmal: 'Er hat viel mehr von unserer Tochter.'"

> "Als das erste Kind geboren wurde, gab Dieter Schnack, 32, seinen Ganztagsjob auf. Der freie Journalist kann zwar beruflich nicht mehr so ranklotzen, aber er hat Zeit für seinen dreijährigen Sohn Niko und dessen ein Jahr ältere Schwester."

Die nach den Berufsangaben reichlich bürgerlichen "Väter '86" lassen sich auf eine "sanfte Revolution" auf dem Hintergrund einer Reziprozitätserwartung ein: Weil sie bei der Übernahme ihrer Vaterrolle "etwas bekommen werden". "Bedingungslos" und in aller Rechtschaffenheit oder weil ihre Kinder (oder Frauen) das für ihre Entwicklung nötig hätten, brauchen sie ihre Väter-Pflichten nicht zu übernehmen, zumindest nicht in der Illustriertenwelt, aber *übernehmen* sollen sie sie.

4. Was sagen Illustrierten-Texte über den gesellschaftlichen Kontext aus, in dem sie "erscheinen"?

Die Verbreitung des "Prinzips Goldmarie" zeigt etwas höchst Banales: Das beschriebene Vokabular von Verzicht, von Selbst-Kontrolle egoistischer Regungen, der freiwilligen Übernahme von Pflichten, des Wertes symbolischer Gratifikationen und der Anspruchsreduktion dient dazu, Werte und Normen zu reproduzieren und verschiedenste Statusverpflichtungen in Erinnerung zu rufen. Es werden aber nicht nur Normen angeboten und die Verpflichtungen konkretisiert, sondern bestimmte "letzte" Legitimationen bereitgestellt. Das ist zum einen die Reziprozitäts*norm*. In Fällen, wo Verzichte die freiwillige Zurücknahme besonderer Zumutungen bedeuten und bei den Subjekten ambivalent besetzt sein dürften, wird zusätzlich die Haltung der Rechtschaffenheit vorgeführt. Auf diese Elemente des Moral-Code können sich die Arbeitskräfte, die Geschlechter, die Generationen, Deutsche und Fremde, Gesunde und Kranke im Sinne eines "Motiv-Vokabulars" beziehen. Insofern bedeutet das zur Verfügung Stellen eines Vokabulars Kontrolle: Es definiert Anforderungen als "Normen" und ermöglicht die Zuschreibung und Selbstzuschreibung von

Motiven, von Haltungen gegenüber Normen und die sich daraus ergebenden Wertigkeiten von Menschen.

Das widerspricht zunächst einmal einem Verständnis von Gesellschaft, das gegen allen soziologischen Mainstream daran festhält, daß Gesellschaft nicht durch Normen und gut bzw. übersozialisierte Subjekte zusammengehalten wird, sondern über "Disziplin". Andererseits beobachten wir als Kriminalsoziologen immer wieder, daß mit der Bearbeitung von (Interessen-) Konflikten und von Widersprüchen der Produktionsweise auf der ideologischen Ebene der Moral-Diskurse auch das reproduziert wird, was in einer Disziplinargesellschaft überflüssig scheint: Kontrolle durch Moral, durch normative Verpflichtungssysteme, die ihrerseits "Disziplin" abstützen. Die Metapher von der Moral als "sozialem Kitt" bürgerlicher Gesellschaft spielt ja auch mit der Vorstellung des nicht so Notwendigen und doch Unverzichtbaren.

Für die Kriminologie (interdisziplinär) ist wichtig, daß zur Reproduktion von Normen und Werten und für Darstellungen der normativen Grenzen einer Gesellschaftsformation der Bezug auf Außenseiter, Grenzgänger, Sanktion und Strafe verzichtbar ist. Und dies gilt sogar in Massenmedien, die ihre Produkte als Ware verkaufen und auf Neuigkeiten, Skandal und Unterhaltung angewiesen sind. Das Muster der "Goldmarie" ist nicht die einzige Strategie des öffentlichen Moralisierens, die ohne den negativen Fall auskommt.[17] Es diente als Beispiel, wie ideologische Funktionen (Darstellen herrschender Moral, Statuspolitik), die wir dem Strafrecht und den Diskursen über "Kriminalität", Strafe und Sanktion zuschreiben, faktisch von anderen Institutionen erfüllt werden können. Auch auf der ideologischen Ebene gibt es "Alternativen" zum Strafrecht und daher kann es als "verzichtbar" gedacht werden.

Mit Analysen solcher Alltagsdiskurse können wir auch ein Interpretationsmuster korrigieren, das uns in der Fachliteratur über die neuesten Rationalisierungs- und Individualisierungsprozesse kapitalistischer Gesellschaften gegenübertritt und das die Unverzichtbarkeit moralischer Vergesellschaftung betont. Es ist die Vorstellung, daß mit der Verallgemeinerung und Durchsetzung der kapitalistischen Tauschlogik traditionelle normative Orientierungen aufgebraucht werden, wie alle "natürlichen Ressourcen". Pointiert formuliert hat dies z.B. Dubiel (1985) in seiner Kritik der "neokonservativen Wertpfleger" (von Bell über Luhmann bis Klages): Kapitalistische Gesellschaften funktionierten nur, solange ein Großteil der Arbeitskräfte (und Frauen überhaupt) von der Logik der Interessenmaximierung ausgeschlossen blieben, so Dubiels zutreffende These. Wo das - wie in der Phase der Massenproduktion und des "Fordismus" - aufgehoben wird, ihre Integration in den Arbeits- und Warenmarkt sich vollzieht, geht dies nur solange ohne "Krise" ab, wie

"die aus vorbürgerlichen Zeiten stammenden Wertreste dem Kampf strategischer Interessen insbesondere bei Frauen und Arbeitskräften Grenzen setzen. (...) Eine auf Zwecksetzungen des Marktes und der politischen Administration bezogene Modernisierung der Gesellschaft nährt sich - quasi parasitär - von den Beständen einer gesellschaftlichen Moral, die sie innerhalb ihrer Funktionsgesetzlichkeit nicht mitproduziert. Die Organisierung ihrer Rationalität stützt sich zwar auf die Fundamente einer Moral, die den Respekt vertraglicher Abmachungen gebietet, die zu Wahrhaftigkeit, Schutz der Schwächeren und Friedfertigkeit auffordert, trägt aber zur Stabilisierung dieser Fundamente nicht bei. Zu diesen Moralbeständen verhalten sich

Markt und Administration wie die große Industrie zu den fossilen Brennstoffen: sie werden im Zuge ihrer Expansion verbrannt." (Dubiel 1985, S.41/42). [18]

Meine Erfahrungen aus der methodisch angeleiteten Lektüre von "Alltagsdiskursen" und gerade die Propagierung des Prinzips "Goldmarie" zeigt, daß dies nicht der Widerspruch zwischen Moral und kapitalistischer Gesellschaftsform sein kann. Es besteht kein Anlaß zur Vermutung, es herrsche "Anomie". Daß durch die Knappheit dieser Ressource "Moral" eine Krise oder auch nur ein Dilemma entstehen könnte, sollten wir nicht annehmen. Das öffentliche Moralisieren, das "doing morality" [19], reproduziert Normen und Werte und bietet dies als "herrschende Moral" an.

Die Strategie, über das Muster der "Goldmarie" öffentlich die normativen Grenzen einer Gesellschaftsform zu bestimmen und das moralische Beurteilen und Einteilen von Menschen zu legitimieren, könnte leicht als eine "funktionale Alternative" zu den ideologischen Funktionen des Strafrechts verbucht werden. Nach den Erfahrungen mit den Modernisierungen im Strafrecht und der Ernüchterung über die "Alternativen" zum Strafrecht läßt sich schlecht über Alternativen auf der ideologischen Ebene schreiben, ohne deren Implikationen zu thematisieren. Das von mir skizzierte Vokabular der "Selbstkontrolle" und der "Disziplin", das über den "Moral-Markt" der Massenmedien dem Lesepublikum zur Selbst- und Fremdbeurteilung sowie zur Selbst- und Fremdverurteilung angeboten wird, fördert eine Tendenz, die ich in Anlehnung an Moore (1982, S. 659) "Enteignung moralischer Empörung" nennen möchte. Das bezeichnet einen einfachen, für das Entstehen sozialer Bewegungen aber höchst relevanten Sachverhalt: Eine Moralisierung gesellschaftlicher Zumutungen im Namen eines "impliziten Arbeitsvertrages" findet in diesen öffentlichen Diskursen kaum mehr statt. Die Propagierung von Vokabularen der Selbstverantwortung, der Disziplin und Selbstkontrolle zugunsten anderer bzw. eines übergeordneten Ganzen bedeuten vor allem eine "moralische Aufwertung" für diejenigen, die glauben machen können, daß sie sich daran halten. Dies fördert besonders Tendenzen, Konflikte um Einkommen, Status und Einfluß als "moralische Kämpfe" zu führen. Weil "moralische Aufwertung" billig dadurch zu haben ist, daß andere "von der Norm abweichen", verträgt sich das "Prinzip Goldmarie" mit "moralischer Entrüstung" über die "Pechmaries", über die vielen schwarzen Schafe im Volk, in der Politik, der Wirtschaft, der Bürokratie, der Familie, unter den Männern, den Frauen, neuerdings wieder unter der "gewalttätigen" Jugend, den Ausländern usw. [20]

Die Konjunktur des öffentlichen Moralisierens führt nicht zum Bild einer durch Moral und Gesetz "integrierbaren" Gesellschaft, sondern vermittelt - weil der Stoff des Moralisierens auch das "Krisenbewußtsein" ist - ein Bild von der Gesellschaft als Kampfplatz zwischen "Guten" und notorischen "Störern"; das heißt nichts anderes, als daß die Tendenz der Personalisierung, Individualisierung und der Entpolitisierung von Konflikten bestärkt wird. Und in diesem Bild von Gesellschaft haben "Kriminalität" und die Vorstellung, Gesetz und Strafe seien die unverzichtbaren Ordnungsmächte ihren Platz. Obwohl ich nun gerade empirische Belege dafür zitieren wollte und konnte, daß Versuche der Reproduktion von Moral, der normativen Grenzziehungen ganz gut ohne Sanktion und Strafe und ohne Grenzgänger und Paria-Gruppen auskommen könnten, muß ich das gleichzeitig relativieren. Dadurch, daß das Vokabular und die normativen Muster "moralische Empörung" erschweren, "Entrüstung über Personen" dagegen erleichtern, kehrt auch die Nützlichkeit der Strafe als Ressource von Moralisierungen zurück, sie wird auf der Ebene von Ideologie zu einer verzichtbaren *und* nützlichen Ressource zugleich.

Anmerkungen

1   Hier wäre wieder einmal an Wrong (1973) zu erinnern; vgl. auch im Beitrag von Steinert seine Ausführungen zu den "Abstützungen" des disziplinierten Lebens.

2   Ich habe dieses "Kürzel" von Greffrath (1990) übernommen. Das "Prinzip Goldmarie" steht bei ihm für die Haltung des "Aufwachens", für das Gefühl, der Menschheit gegenüber so verpflichtet zu sein wie gegenüber den "Nächsten" und, angesichts der Katastrophe, auf die die Welt zusteuert, für die Haltung des "hausarbeitlichen", selbstverständlichen Zupackens. Nach seiner Analyse des Arbeits- und Rationalisierungsprozesses sind die institutionellen Grundlagen geschwunden, die eine solche Haltung herstellen. Während Greffrath einen differenzierten, mehr an die Eliten adressierten "Aufruf" nach mehr "Menschen, die sich kümmern" formuliert, geht es den Illustrierten gerade nicht um das "gehobene" Publikum und gar nicht um die Eliten.

3   Vgl. dazu die Überlegungen von Haug (1983) zur weiblichen Vergesellschaftung.

4   Diese Position findet sich nicht nur in allen Debatten über Wertwandel oder gar "Wertverlust", sondern auch in der Soziologie zu Normen und Sanktionen (zur Kritik vgl. Hanak/Stehr/Steinert 1989) oder in der Philosophie und dem "gehobenen" Feuilleton (zur Kritik vgl. Burger 1989). Als einen der stabilsten Horte für diese Vorstellungen haben wir die Institution des (Straf-)Rechts anzusehen.

5   Vgl. dazu die Interpretation der "professionellen Ideologie der Sozialpathologen" von Mills (1943) und verschiedene Arbeiten von Gusfield (1975, 1989) über den Wandel moralischer Bewertungen und das Vokabular der Diskurse über "soziale Probleme"; zur Verallgemeinerung auf Etikettierungen vgl. Steinert (1985).

6   Über das von der DFG finanzierte Projekt haben wir an verschiedenen Stellen (und in unterschiedlichen Auswertungsphasen) berichtet; vgl. Cremer-Schäfer/Stehr (1990), Cremer-Schäfer/Steinert (1991); verfügbar ist auch ein umfangreicher Forschungsbericht.

7   Obwohl wir bei den Illustrierten nur jede dritte Woche eine Ausgabe berücksichtigt haben und beim SPIEGEL nur die Titelgeschichten, ergab das ein Sample von über 1500 Artikeln und 546 SPIEGEL-Titeln.

8   Vgl. zum Konzept des "impliziten Arbeitsvertrages" und der "Arbeitsmoral" auch den Beitrag von Steinert in diesem Band.

9   Ein knapper Überblick über "Moralisierungsstrategien" findet sich in Cremer-Schäfer/Stehr (1990), eine ausführliche Phänomenologie in dem Forschungsbericht.

10   Zumindest in den von uns untersuchten Artikelkategorien; in Romanen oder der persönlichen Ratgeberspalte mag das anders sein.

11   Vgl. dazu die methodischen Überlegungen aus der Biographieforschung von Alheit/Dausien (1985).

12   Vgl. zur Reziprozitätsnorm Gouldner (1984); mir geht es nicht darum zu unterstellen, daß die Norm "gültig" ist und das Verhalten steuert. Frauen und Ausländer werden aufgrund ganz anderer Mechanismen ihre Arbeitsplätze aufgeben (müssen) und "gehen". Reziprozität wird als eine Norm angeboten, auf die man sich beziehen kann, in diesem Fall, um Verzichte nahezulegen. Vgl. dazu auch die Ausführungen von Moore über "Reziprozität als Tatsache, Ideal und Ideologie" (1982, S. 666 ff).

13   Vgl. zur Haltung der Rechtschaffenheit und der Praxis, sich gegenseitig zu bestätigen, daß man stets "das Rechte" tue und "Wohlanständigkeit" zeige, Steinert (1982); Rechtschaffenheit ist insofern nicht ganz am "Ende", als diese Haltung immer wieder nahegelegt wird, insbesondere wenn Verpflichtungen dargestellt werden, die "Zumutungen" sind.

14   Das sind der Kürze halber nur "Headlines" und Impressionen aus verschiedenen Jugendartikel der Illustrierten.

15   Vgl. zum Begriff und den veränderten Einstellungen der Frauen Beck-Gernsheim (1983).

16   Vgl. zur Geschichte der "Mutterliebe" als ein normatives Muster und zur Rationalisierung des Mutter-Kind-Verhältnisses Schütze (1987).

17   Vgl. zur Phänomenologie insbesondere Cremer-Schäfer/Stehr (1990) und ausführlich unseren Forschungsbericht.

18 Dubiel kritisiert die Haltung neokonservativer "Wertpfleger" (Luhmann, Klages, Bell) und ihre Versuche der Reproduktion von Moral durch staatliche Ideologieplanung oder administrative Wertpflege durch Räsonnements über "Wertverlust". Er unterschätzt, daß in Moral-Diskursen Normen und Werte in der Tat durch verschiedene Strategien des öffentlichen Moralisierens reproduzierbar sind. Die Hoffnung, autoritativ gesetzte Moral durch wechselseitige Verständigung zu ersetzen, ist (noch?) nicht zwingend.

19 Diese Bezeichnung von Lidz/Walker (1980) bringt Moral als soziale Konstruktion immer noch am besten auf den Begriff.

20 Vgl. zur Geschichte und Relevanz der ideologischen Funktionen des Strafrechts Cremer-Schäfer/Steinert (1991).

Literatur

ALHEIT, P./DAUSIEN, B., Arbeitsleben, Frankfurt New York 1985

BADINTER, E., Die Mutterliebe. Geschichte eines Gefühls vom 17. Jahrhundert bis heute, München 1985

BECK-GERNSHEIM, E., Vom "Dasein für andere" zum Anspruch auf ein Stück "eigenes Leben". Individualisierungsprozesse im weiblichen Lebenszusammenhang, Soziale Welt 34, 1983, S. 307-341

BURGER, R., An der Legitimationsbörse. Mediale Sittlichkeit oder die neue Lust auf Tugend, Frankfurter Rundschau v. 15.7.1989

CREMER-SCHÄFER, H./STEHR, J., Der Normen- & Werte-Verbund. Strafrecht, Medien und herrschende Moral, Kriminologisches Journal 22, 1990, S. 82-104

CREMER-SCHÄFER, H./STEINERT, H., Herrschaftsverhältnisse, Politik mit der Moral und moralisch legitimierter Ausschluß, Kriminologisches Journal 23, 1991, S. 173-188

DUBIEL, H., Was ist Neokonservatismus?, Frankfurt 1985

GILLIGAN, C., Die andere Stimme. Lebenskonflikte und Moral der Frau, München Zürich 1984

GREFFRATH, M., Das Prinzip Goldmarie. Moral ist gut. Politik ist besser. Am besten aber sind Menschen, die sich kümmern, Die Zeit v. 2.2.1990

GOULDNER, A. W., Reziprozität und Autonomie, Frankfurt 1984

GUSFIELD, J. R., Der Wandel moralischer Bewertungen: Devianzdefinitionen und symbolischer Prozeß, in: Stallberg, R. (Hrsg.), Abweichung und Kriminalität, Hamburg 1975, S. 167-180

GUSFIELD, J. R., Constructing the Ownership of Social Problems: Fun and Profit in the Welfare State, Social Problems 36, 1989, p. 431-441

HANAK, G./STEHR, J./STEINERT, H., Ärgernisse und Lebenskatastrophen. Über den alltäglichen Umgang mit Kriminalität, Bielefeld 1989

HAUG, F., Die Moral ist zweigeschlechtlich wie der Mensch. Zur Theorie weiblicher Vergesellschaftung, Das Argument 141, 1983, S. 653-673

LIDZ, C. W./WALKER, A., Heroin, Deviance and Morality, London Beverly Hills 1980

MILLS, C. W., Situated Actions and Vocabularies of Motive, in: Ders., Power, Politics and People, New York 1943, p. 439-452

MILLS, C. W., The Professional Ideology of Social Pathologists, in: Ders., Power, Politics and People, New York 1943, p. 525-552

MOORE, B., Ungerechtigkeit. Die sozialen Ursachen von Unterordnung und Widerstand, Frankfurt 1982

SCHÜTZE, Y., Die gute Mutter. Zur Geschichte des normativen Musters "Mutterliebe", in: Karsten, M.-E./Otto, H.-.U. (Hrsg.), Die sozialpädagogische Ordnung der Familie, Weinheim München 1987, S. 45-66

STEINERT, H., Das Ende der Rechtschaffenheit. Eine kriminalpolitische Utopie, Kriminalsoziologische Bibliografie 36/37, 1982, S. 243-286

STEINERT, H., Zur Aktualität der Etikettierungstheorie, Kriminologisches Journal 17, 1985, S. 29-43

STEINERT, H./CREMER-SCHÄFER, H./STEHR, J./HANCKE-STEHR, R., Sanktionieren als Moralisieren. Formen und Funktionen der öffentlichen und privaten moralischen Verurteilung, Forschungsbericht zu einem DFG-Projekt, Frankfurt 1990

WRONG, D. H., Das übersozialisierte Menschenbild in der modernen Soziologie, in: Steinert, H. (Hrsg.), Symbolische Interaktion, Stuttgart 1973, S. 227-242.

Staatliche Reglementierung von Frauen:
Prostitution und weibliche Polizei vor 1933

Ursula Nienhaus

Regina Schulte hat in ihrer - inzwischen klassischen - Untersuchung "Sperrbezirke. Tugendhaftigkeit und Prostitution in der bürgerlichen Welt" (1979) mit Recht betont, *daß der Delegation des gesellschaftlichen Problems der Prostitution an die Polizei der Versuch zugrunde lag, das Moment des Unreglementierten, welches der nicht in die Ehe eingebundenen Sexualität innewohnte, durch Rationalisierung und Organisierung wieder einzufangen.* Die detaillierten sittenpolizeilichen Vorschriften waren "die formale Grundlage und der reale Beginn eines allumfassenden Zugriffs auf die Frau, die als Prostituierte offiziell" wurde; sie zielten auf ihre totale Disziplinierung und Unterwerfung. Das Leben der Prostituierten bewegte sich "zwischen den unterschiedlichen überwachenden, disziplinierenden, korrigierenden Institutionen, zu denen auch die Straße zählt(e), wenn sie sich an die ... auferlegten Verhaltensmaßregeln" für eingeschriebene Prostituierte hielt, "aber ebenso dann, wenn sie eine Heimliche" war und die Verordnungen der Sittenpolizei" sie zwangen, "sich nach deren Regeln zu verstecken" (Schulte 1979, S. 182 u. 204).

1. Die Abolitionistenbewegung

Gegen diese mit der Durchsetzung moderner Industriestaaten in den bürgerlichen Gesellschaften aufgezwungene Delinquenz von Frauen, die der Prostitution nachgingen, kämpften seit der 2. Hälfte des 19. Jahrhunderts Frauenrechtlerinnen in verschiedenen europäischen Ländern und den USA. Ausgelöst wurde die Bewegung von dem 1869 im britischen Unterhaus verabschiedeten "Contagious Diseases Act" zur staatlichen Eindämmung der Syphilis, der 1886 unter dem Druck des "Britisch-Kontinentalen und Allgemeinen Bundes zur Bekämpfung des staatlich regulierten Lasters" wieder zurückgenommen wurde. Die internationale Abolitionistenbewegung kritisierte die bürgerliche Doppelmoral, die Prostitution immer wieder neu erzeugte. Sie wandte sich besonders auch gegen die staatliche Sittenpolizei "als Träger eines Systems", das "im Kampfe gegen die Prostitution als sittliches Übel vor seiner angeblichen Unausrottbarkeit resigniert(e)" (Erkens 1975, S. 21) und "den Staat zum obersten Kuppler erniedrigt(e)" (Scheven 1971, S. 24).

Seit dem Frauentag des Allgemeinen Deutschen Frauenvereins von 1875 vertraten, wie Meyer-Renschhausen (1983, 1986) gezeigt hat, auch einzelne deutsche Feministinnen eine öffentliche Kritik der staatlichen Protektion der Prostitution, die sie mit den auf § 361,6 des Strafgesetzbuchs von 1870/71 beruhenden Polizeiverordnungen gegeben sahen. 1894 hatten 47 Frauenvereine eine von Hanna Bieber-Böhms Verein "Jugendschutz" initiierte Petition an den Kaiser unterzeichnet. Da die Sittenpolizei immer wieder unbescholtene Frauen als mutmaßliche Prostituierte aufgriff und zwangsweise Amtsärzten zuführte, vertraten immer mehr Frauen die These von einem "Ausnahmegesetz gegen alle Frauen" und schlossen sich der abolitionistischen Position an. Auf diesem Hintergrund kam es seit 1902 in Deutschland nicht mehr zur Einrichtung neuer Bordelle.

Neben der Abschaffung des Bordellparagraphen forderte die deutsche wie auch die international kooperierende Frauenbewegung seit spätestens der Jahrhundertwende ein umfassendes soziales Reformprogramm und eine "emanzipierte bürgerliche Moral" (Meyer-Renschhausen 1986, S. 95). Als *einen* Schritt auf diesem Wege sahen sie die Anstellung sog. "Polizeimatronen" oder "Polizeifürsorgerinnen" zur Betreuung und Ehr-Rettung für von der Polizei aufgegriffene Mädchen und Frauen. Ich benutze hier den ungewöhnlichen Begriff zur Unterstreichung der *These* von Meyer-Renschenhausen, *daß es beim abolitionistischen Kampf der Feministinnen für "Die weibliche Ehre" und für "Sittlichkeit" um einen "umfassenden Angriff entweder auf die damalige Männergesellschaft" ging und nicht etwa einfach um "Gleichberechtigung" oder die Reglementierung der Moral der Unterschichten*, wie die zeitgenössische Sozialdemokratie behauptete (Koniecka 1986).

2. "Polizeifürsorge" in Deutschland

Meine bisherige Untersuchung der seit 1903 in Deutschland tätigen, ausdrücklich nur mit fürsorgerischen und *nicht* mit polizeilichen Befugnissen ausgestatteten Polizeiassistentinnen (vgl. Nienhaus 1991, 1992) legt die *These* nahe, *daß bei den Polizeiassistentinnen mit sehr verschiedener institutioneller Anbindung die jeweiligen lokalen Anstellungsbedingungen, vor allem aber persönliche, individuelle Einstellungen über das Ausmaß bestimmten, in dem "Polizeifürsorge" mehr als ein umfassend gesellschaftskrititsches feministisches Gegenkonzept oder aber lediglich als Modernisierung reglementierender, kontrollierender und strafender Eingriffe "von oben" verstanden und praktiziert wurde.*

In diesem Zusammenhang ist es interessant zu vermerken, daß sich sowohl die Mehrheit der deutschen Feministinnen als auch der Polizeifürsorgerinnen bis nach dem Ersten Weltkrieg ausdrücklich von den Erfahrungen mit weiblicher Polizei in England distanzierte und betonte, eine Arbeit als Polizistin, d.h. die Übernahme von Staatsgewalt und Exekutivfunktionen, sei dem Wesen deutscher Frauen abträglich. Später vertrat die ehemalige Polizeifürsorgerin und spätere Kriminalkommissarin Josephine Erkens die *These*, diese *Zurückhaltung der deutschen Frauenbewegung gegenüber weiblicher Polizei habe ihre Ursachen in der besonderen obrigkeitsstaatlichen Tradition der deutschen Polizei und der deutschen Gesellschaft gehabt* (Erkens 1925, S. 20). Da neuere Forschungen zur Geschichte der britischen Polizei deren zeitgenössisch reklamierten Vorbildcharakter in Frage stellen, wären zur kritischen Beurteilung der Position der deutschen Feministinnen bisher fehlende komparatistische Studien hilfreich.

Auch die ersten Versuche mit weiblicher Polizei in Deutschland gingen - wie zuvor die abolitionistische Kritik der Prostitutionsgesetze und -reglementierung - von England aus: Im Zuge der britischen Rheinlandbesetzung infolge des Versailler Vertrages kam es 1923 bis 1925 in Köln durch eine Kooperation deutscher und englischer Feministinnen gegen die willkürliche Verhaftungspraxis der britischen Militärpolizei zur Einrichtung einer "Frauenwohlfahrtspolizei". Obgleich sie wegen finanzieller und politischer Probleme nur kurze Zeit existierte, wurde diese Einrichtung zum Modell für die weiblichen Polizeien, wie sie seit 1926 von Preußen, Hamburg, Sachsen und Baden in jeweils sehr unterschiedlicher Weise institutionalisiert wurden. Dabei wurden Erfahrungen mit dem englischen Modell in sehr unterschiedlicher Weise verarbeitet. Interessant ist, *daß die an die Schutzmannschaft angegliederte weibliche Polizei in Dresden, die wie die Londoner in den staatlichen Exekutivdienst eingereiht, uniformiert und bewaffnet war, - nach den Schilderungen einiger Exponentinnen zu urteilen - ein deutlich weniger gesellschaftskritisches Selbstverständnis zeigte als die weibliche Kriminalpolizei in Hamburg oder Preußen.* Das traditionell eher liberale Baden behauptete eine enge Anlehnung an das von England stark beeinflußte Kölner Vorbild und unterstellte seine "Gehilfinnen auf dem Gebiet der Gefährdetenpolizei" - anders als alle übrigen Staaten - der Polizeifürsorgerin.

3. Weibliche Kriminalpolizei in Preußen

In Preußen nahm der Bund Deutscher Frauenvereine erheblichen Einfluß auf die Konzipierung und institutionelle Ausgestaltung einer weiblichen Kriminalpolizei unter weiblicher Leitung. Als eine "typische Frauenaufgabe unserer Zeit"[1], mit dem Ziel vorbeugender Hilfe und Schutz besonders für Kinder, Jugendliche und Frauen, sollte diese weibliche Kriminalpolizei dem feministischen Konzept "organisierter Mütterlichkeit" nicht widersprechen, sondern es wirkungsvoll umsetzen und zugleich in Zusammenhang mit den sozialdemokratischen Polizeireformen der Weimarer Republik zu einer modernen "Volkspolizei" beitragen. Daß die weibliche Kriminalpolizei durch das Erfordernis einer besonderen berufsqualifizierenden Eingangsvoraussetzung, nämlich das staatliche Zeugnis für Wohlfahrtspflegerinnen, vorerst besser als männliche für reformorientierte statt disziplinierend-strafende Tätigkeit ausgebildet war, sahen die Feministinnen sowohl als Umsetzung ihrer frauenbezogenen Forderungen als auch zugleich als Modell für alle zukünftige Polizeiarbeit, auch und gerade durch Männer.[2] Ihr Programm lautete auf Wissenschaftlichkeit, Verstehen der TäterInnenpsychologie statt Aburteilung nach Äußerlichkeiten, Vorbeugung, Strafrechts- und Strafvollzugsreform. "Mutter Fürsorge" sollte "Vater Staat" ergänzen und dabei grundsätzlich alle staatlichen Organe und gesellschaftlichen Einrichtungen, darunter *auch* die Polizei, völlig verändern.

4. Überlegungen zur Praxis der weiblichen Polizei in den vier deutschen Staaten

Wieweit dieses Programm zumindest in Ansätzen realisiert werden konnte, müßte eine *bisher fehlende Untersuchung der Praxis polizeilichen Handelns* überprüfen. Aus den Tätigkeitsberichten, die von den weiblichen Polizeien der vier deutschen Staaten bis 1933 vorgelegt wurden, ist daraus *direkt* wenig ersichtlich, zielten sie doch verständlicherweise hauptsächlich darauf ab, gegen eine weit verbreitete Misogynie und Konkurrenzfurcht männlicher Polizeibeamter die Existenzberechtigung, ja gesellschaftliche Notwendigkeit weiblicher (Kriminal-)Polizei zu beweisen.

Jedoch zeigt bereits eine schnelle Lektüre der jährlichen Rechenschaftsberichte einschließlich Statistiken der deutschen weiblichen Polizeien, daß auch die um Reform bemühtesten Beamtinnen inhaltlich an tradierte und zeitgenössisch verstärkte Ausgrenzungsredeweisen und -praktiken gegen "Gefährdete", "Verwahrloste", "Vagabundierende", "Unverbesserliche", "Gemeinschaftsfremde", "Asoziale" usw. anknüpften. Da sie sich dabei auf Diskurse mit wissenschaftlichem Anspruch wie hohem Prestige und zudem auf einen breiten gesellschaftlichen Konsens für polizeiliche Eingriffe bezogen, wurde ihnen kaum bewußt, wie sehr sie sich bei der Aufrechterhaltung von "Sicherheit", "Ordnung", "Sittlichkeit" und "Gemeinschaft" durch "Erziehung" damit selbst aktiv an der Unterminierung und Überwindung des zu reformierenden Rechtsstaats beteiligten.

Andererseits ist aus diesen Rechenschaftsberichten auch zu schließen, daß weibliche Polizei in vielen Fällen nicht nur von Sittlichkeits- und Gewaltdelikten und trotz ihrer weitgehenden Definitionsmacht über ein Ereignis durchaus im Interesse ihrer Klientel, wenn nicht gar von dieser direkt informiert oder herbeigerufen, tätig wurde. Tatsächlich gewährten Polizistinnen sicherlich manchen akut Hilfsbedürftigen, Obdachlosen, ausgebeuteten Arbeitskräften, sexuell Mißbrauchten, von Kindeserzeugern um den Unterhalt betrogenen Müttern oder verängstigten jugendlichen Straftatzeugen "Schutz und Hilfe".

Die polizierten "Objekte" verloren dabei nicht unbedingt jegliche Würde, Eigenmacht und Selbstdefinition. Selbst "Aufgegriffene", "Verwarnte", "Vorgeführte", "Überwachte", "Überprüfte", "Zugeführte", "Vorgeladene", "Transportierte" oder "Festgenommene" mögen die weibliche Polizei von Fall zu Fall oder sogar in der Regel als subjektiv oder objektiv weniger bedrohlich und verletzend erlebt haben als männliche Beamte. Von Polizistinnen festgenommene oder an eine Einrichtung überstellte minderjährige Frauen wurden zwecks Schonung des Selbstwertgefühls oder der Reputation der Betroffenen zumindest manchen Orts nicht mit Gefangenenwagen transportiert. Auf Geschlechtskrankheiten untersuchte Mädchen und Frauen wurden immer von Ärztinnen untersucht und behandelt. Mädchen und Frauen erlebten aber wohl auch häufig, daß die pädagogisch ausgebildeten und erfahrenen Beamtinnen sich mit weiblichen Listen und Ausreden besser auskannten und sich dadurch schwerer täuschen ließen als männliche Polizisten. Eine unbewaffnete, womöglich bewußt "mütterlich" agierende Polizistin flößte vielleicht Kindern weniger Angst ein, als "Schutzmänner" oder männliche Kriminalbeamte es in der Regel getan haben mögen. Aber die mit Kindern oft erfahreneren Frauen brachten aus ihren "Schützlingen" wohl mit "sanfter Gewalt" auch manches heraus, was anschließend sowohl in als auch gegen deren Interesse verwendet werden konnte und gewiß auch verwendet wurde - wenn nicht von der Polizei, dann vielleicht von Pflegeämtern oder von Jugendrichtern. Das Handeln weiblicher (wie übrigens auch männlicher) Polizei am jeweiligen "Interventionspunkt" (vgl. Lüdtke 1991, S. 11, Emsley 1983) wurde gewiß manches Mal als Willkür erlebt, war jedoch wohl oft ebenso Einschränkung oder wenigstens Aufklärung von Willkür und Gewalt, und in unentwirrbaren Gemengelagen kam auch beides zugleich vor.

Um die vielfältigen Widersprüche zu erkennen, die sich aus der erklärten Hilfsabsicht, polizeilichen Handlungsmöglichkeiten, unhinterfragten Erziehungs- und Kontrollkonzepten, persönlichen Ängsten, Macht- und Selbstbehauptungsansprüchen und objektiven Handlungsbedingungen der weiblichen Polizei ergaben, wären Einzelsituationen polizeilichen Handelns verschiedener Beamtinnen kritisch aufzuschlüsseln. Allerdings mögen viele überlieferte Schriftquellen nachträglich weniger über solche Widersprüche aussagen als belegen, *wieweit die ausdrückliche oder stillschweigende Zustimmung zur Eigensichtweise der weiblichen Polizei* bei denjenigen *ging*, die ihre Fallbeispiele abdruckten und publizierten, wie sozialdemokratische Zeitungen oder solche aus dem bürgerlichen Lager.

Viele Polizeibeamtinnen zeigten ausgeprägtes Selbst- und zugleich Sendungsbewußtsein. Sie betonten ihre weibliche Natur, ihr Einfühlungsvermögen, ihre Selbstkontrolle, ihre relativ gute Vorbildung und praktische Erfahrung, ihre Entschiedenheit zur vorbeugenden Tätigkeit und ihr Wissen um den geringen Unterschied zwischen kindlicher Phantasie und Lüge. Sie reflektierten aber kaum, daß ihre Vorstellungen über öffentliche Ordnung, Sicherheit und Wohlfahrt oder Sittlichkeit neben Geschlechter- auch Klassennormen entsprachen. In ihrer Kritik staatlicher und gesellschaftlicher Akzeptanz und Förderung männlicher Doppelmoral waren sie erheblich artikulierter als in der Analyse klassenhierarchischer sozialer Zustände und schichtenspezifischer Sichtweisen von Ordnung, Moral und Sittlichkeit. Deshalb trat auch weibliche Polizei entgegen ihrer eigenen Absicht in ein *strukturell* gewaltförmiges Verhältnis zu ihrer Klientel.

Der Gesetzgeber gab den Beamtinnen wenig präzise Praxisanleitungen zur Hand. Bevor das über nahezu drei Jahrzehnte verhandelte, liberalisierte "Gesetz zur Bekämpfung von Geschlechtskrankheiten" am 1. Oktober 1927 in Kraft trat, hatte (weibliche) Polizei das Recht, bereits bei "Verdacht auf Gewerbsunzucht oder Verstoß gegen sittenpolizeiliche Bestimmungen" einzuschreiten (Scheuner 1930, Galewsky 1927). Das neue Gesetz begrenzte ihre reglementierenden Eingriffsmöglichkeiten auf Fälle, in denen Frauen *und Männer* "öffentlich in einer Sitte und Anstand verletzenden oder andere belästigenden Weise zur Unzucht auffordern oder sich dazu anbieten." Die Auslegung der Begriffe "öffentlich", "Sitte und Anstand verletzend oder andere belästigend" blieb nicht nur - wie die abolitionistischen KritikerInnen resigniert feststellten - weitgehend der praktischen Ausdeutung der BeamtInnen überlassen; sie war selbst in höchstrichterlicher Rechtsprechung mehrdeutig, da diese wiederum abhängig von der dem Wandel unterworfenen "Volksauffassung" war.

5. Fazit

Die Institutionalisierung weiblicher Polizei in Deutschland reformierte manche Aspekte staatlicher Reglementierung von Frauen, hob diese jedoch keineswegs auf, sondern trug zu ihrer Modernisierung durch Formänderung bei. Allerdings verstärkte sie nicht einfach "die Macht des Staates" gegenüber "den" Frauen. Daher würde eine Foucaultsche Interpretation staatlicher und gesell-

155

schaftlicher Herrschaftsverhältnisse, in denen auch weibliche Polizei agierte, an denen sie teilhatte und die sie aktiv mitgestaltete, Widersprüche von Auflehnung, Akzeptanz und Widerstand verschiedener polizierender und polizierter AkteurInnen eher verdecken. Diese gilt es in Forschungen und praktischen Folgerungen vielmehr weiter aufzudecken.

Anmerkungen

1 "Richtlinien für die Verwendung von Frauen als Polizeibeamte", aufgestellt durch den Bund deutscher Frauenvereine, zit. in: Wieking 1958, S. 145-148.

2 Deutsche Zeitschrift für Wohlfahrtspflege 2, 1927, S. 629 zum Erlaß des Preußischen Ministers für Volkswohlfahrt vom 14.2.1927.

Literatur

EMSLEY, C., Policing and its Context, London 1983

ERKENS, J. (Hrsg.), Weibliche Polizei. Ihr Wesen, ihre Ziele und Arbeitsformen als Ausdruck eines neuen Wollens auf dem Gebiete der Polizei, Lübeck 1925

GALEWSKY, Dr., Das Gesetz zur Bekämpfung der Geschlechtskrankheiten, Deutsche Zeitschrift für Wohlfahrtspflege 2, 1927, S. 601 - 606

KONIECKA, V., Arten zu sprechen, Arten zu schweigen: Sozialdemokratie und Prostitution im deutschen Kaiserreich, in: Meyer-Kordesch, J./Kuhn, A. (Hrsg.), Frauenkörper, Medizin, Sexualität: Auf dem Wege zu einer neuen Sexualmoral, Düsseldorf 1986, S. 102 - 126

LÜDTKE, A., Zur historischen Analyse der Polizei in Deutschland. "Rechtsstaat" und gewaltsame Herrschaft, in: Robert, Ph./Emsley, C. (Hrsg.), Geschichte und Soziologie des Verbrechens, Pfaffenweiler 1991, S. 107 - 118

MEYER-RENSCHHAUSEN, E., Die weibliche Ehre. Ein Kapitel aus dem Kampf von Frauen gegen Polizei und Ärzte, in: Meyer-Kordesch, J./Kuhn, A. (Hrsg.), Frauenkörper, Medizin, Sexualität: Auf dem Wege zu einer neuen Sexualmoral, Düsseldorf 1986, S. 80 - 101

MEYER-RENSCHHAUSEN, E., Der Männerhaß der Polizeimatrone, Courage 8, 1983, S. 41 - 46

NIENHAUS, U. D., "In Consideration of Female Nature" - Female Police in Germany During the Weimar Republic and Under National Socialism: An Illustrated Text on Modern Gender History, Vortrag gehalten bei der American German Studies Assocation Conference, Los Angeles 1991

NIENHAUS, U. D., Einsatz für die Sittlichkeit: Die Anfänge der weiblichen Polizei im wilhelminischen Kaiserreich und der Weimarer Republik, in: Lüdtke, A. (Hrsg.), "Sicherheit" und "Wohlfahrt". Zur Polizeigeschichte im 19. und 20. Jahrhundert, Frankfurt/M. 1992, S. 243 - 266

SCHEUNER, E., Die Gefährdetenfürsorge, Berlin 1930

SCHEVEN, K., Staat und Prostitution, in: Die Bedeutung der Sittlichkeitsfrage für die deutsche Zukunft. Vorträge gehalten auf der Frauenkonferenz zum Studium der Sittlichkeitsfrage, Berlin-Lichterfelde 1917, S. 14 - 42

SCHULTE, R., Sperrbezirke. Tugendhaftigkeit und Prostitution in der bürgerlichen Welt, Frankfurt 1979

WIEKING, F., Die Entwicklung der weiblichen Kriminalpolizei in Deutschland von den Anfängen bis zur Gegenwart, Lübeck 1958.

3.

Risiken von Interdisziplinarität -
Strafrecht im Wissenschaftssystem

Interdisziplinarität oder Inter-Disziplinierung? Anmerkungen zur Ausbildung in Forensischer Psychiatrie

Franziska Lamott

Im kommentierten Vorlesungsverzeichnis des Fachbereiches Jura heißt es zur Veranstaltung in Forensischer Psychiatrie:

> "Es handelt sich um eine *interdisziplinäre Veranstaltung*, die sich unter den Juristen insbesondere an Studenten der strafrechtlichen Wahlfachgruppe wendet. Aus juristischer sowie forensisch-psychiatrisch-psychologischer Sicht werden überwiegend Einzelfälle behandelt, die in der Klinik zur Begutachtung anstehen (...); dabei sollen die Beiträge und Bedeutung der beteiligten Einzeldisziplinen den Teilnehmern veranschaulicht werden."
>
> Die Veranstalter fahren fort: "Die Vorstellung der Probanden dient (...) Zwecken der Lehre. So verfügt z.B. der juristische Studiengang über keinen den klinischen Semestern vergleichbaren Teilabschnitt, der ein Lernen am praktischen Fall ermöglichte. Die unmittelbare Anschauung von Krankheitsbildern, aber auch vom Ablauf einer psychiatrischen Teil-Exploration soll hier erstes Bewußtsein im Hinblick auf die zur Begutachtung anstehenden Fragen bilden und Sensibilitäten wecken, namentlich bei solchen Teilnehmern, die an irgendeiner künftigen Tätigkeit im Rahmen der Strafrechtspflege interessiert sind" (aus: Informationen zur Vorlesung "Forensische Psychiatrie").

1. Die wissenschaftliche Bühne

Nähern wir uns dem Ort der Veranstaltung:

Es ist Donnerstag Abend, 18 Uhr. Der große Hörsaal der Universitätsnervenklinik beginnt sich zu füllen. Die Anordnung der Zuhörerplätze gleicht den Zuschauerrängen eines Amphitheaters. Die architektonischen Grundstrukturen des Hörsaals und die des Theaters sind nahezu identisch: Damit alle gleichermaßen den Ort des Geschehens im Blick haben, sind die Platzreihen aufsteigend in den Raum versetzt. Vorne, auf der Bühne, befinden sich lediglich zwei "Freischwinger" und ein Stehpult.

Zuschauer und Akteure betreten durch unterschiedliche Eingänge den Raum: Seitlich sind die Türen für die Studenten, an der Kopfseite des Raumes, also auf der Bühne, befindet sich die Tür des Lehrkörpers, eingerahmt von den Photos der Gründungsväter dieser Institution, der Psychiater Kraepelin auf der einen und der Psychiater Bumke auf der anderen Seite.

18.15 Uhr, die Tür neben der Wandtafel öffnet sich: Es erscheinen in der Reihenfolge ihres Auftretens der Jurist, der Psychiater, der Psychologe, gefolgt von den Assistenten, die der Tradition entsprechend in den ersten zwei Reihen Platz nehmen.

Der Jurist, in der Rolle des Berichterstatters, vollzieht die Einführung in das Geschehen, indem er zunächst den "Fall" nach Aktenlage schildert und den juristischen Anlaß zur Begutachtung erläutert.

Der Proband ist während der Ausführungen des Juristen nicht zugegen. Er wartet im Vorraum des Hörsaals darauf, von dem Psychiater in das Geschehen aufgenommen zu werden. Doch zunächst liefert dieser noch in seiner Abwesenheit das Aktenmaterial ergänzende Informationen zu dem Fall. Die Spannung wächst. Der Sachverständige öffnet die Tür und führt den Probanden herein. Je nach Stand des Verfahrens erscheint dieser entweder in Begleitung von zwei Vollzugsbeamten in Zivil oder mit einem Pfleger der Klinik.

Die Begleiter nehmen in der Nähe der Tür Platz. Der Proband bekommt - nachdem er ebenso wie der Psychiater vom Hörsaaldiener das Mikrophon übernommen hat - den linken "Freischwinger" zugewiesen. Der Psychiater nimmt seinen Platz neben ihm ein. Die Stühle stehen im weiten Winkel zum Publikum geöffnet nebeneinander.

Die Exploration beginnt: Vorgeschichte. Familie. Schule. Beruf. Krankheiten. Sexualleben. Befriedigend? Besondere Praktiken? Häufigkeit? Trinkgewohnheiten, andere Süchte?

Gutachtenthema: die Tat. Motiv? Haben Sie das gewollt? Was haben Sie sich dabei gedacht? Waren Sie betrunken, wieviel haben Sie konsumiert? Geplant oder Affekt? Mord oder Totschlag? Wie stellen Sie sich Ihre Zukunft vor?

Am Ende bedankt sich der Psychiater für die Gesprächsbereitschaft, man schüttelt sich die Hände, die Zuschauer klopfen, der Proband wird von seinen Begleitern hinausgeführt. Der Psychiater begibt sich zum Stehpult. Die wissenschaftliche Erörterung kann beginnen.[1]

Entfernen wir uns gedanklich wieder vom Ort des Geschehens und betrachten nun die Innenansicht von außen, so können wir feststellen, daß die Analogien zwischen einer forensischen Exploration, einer Gerichtsverhandlung und einem Theaterstück nicht nur metaphorischen Charakter haben, sondern Strukturverwandtschaften aufweisen:

Ein Blick in die Geschichte der Medizin zeigt, daß das Anatomische Theater[2] bis ins 19. Jahrhundert Schauplatz öffentlicher Demonstrationen, Leichensektionen und chirurgischer Operationslehre ist. Mit zunehmender Professionalisierung und Spezialisierung der medizinischen Einzeldisziplinen geht auch ein verändertes Verhältnis zum öffentlichen Publikum einher. So verändert sich mit der Ausdifferenzierung auch das Verhältnis zwischen den Irren und der Öffentlichkeit. Im Zuge der Aufklärung verschwindet die Zurschaustellung des Wahnsinns als Volksbelustigung (s. Dörner 1975, S. 61, Obermeit 1980, S. 32). Psychiatrische Hospitale entstehen und mit ihnen etabliert sich die wissenschaftliche Psychiatrie als medizinische Teildisziplin.

Dem Verschwinden der Irren aus der Öffentlichkeit korrespondiert das Sichtbarwerden des Wahnsinns als Erkenntnisobjekt in der Wissenschaft. Damit geht auch ein Bedeutungswandel des Wahnsinns einher: Die Irren werden nun als krank und nicht mehr als moralisch verwerflich, als sündhaft angesehen. Vernunft und Unvernunft werden zu zentralen Kategorien, Voraussetzung für die sich entwickelnden Konzepte von Schuld und Schuldunfähigkeit, von Bestrafung und Exkulpation.

Die Hospitale werden Forschungsstätten der akademischen Medizin, während die weiter existierenden Verwahranstalten meist der Kirche unterstehen. Historisch gesehen spaltet sich also die Medizin in eine akademische, die von der wissenschaftlichen Ausbeute lebt, und in eine verwahrend-fürsorgerische, die durch die Finanzierung der Kirchen sicher gestellt wird. Die Spaltung finden wir auch noch heute.

Mit der "Geburt der Klinik" (Foucault 1973) etabliert sich also auch die Universitätspsychiatrie. Dennoch hat sie Not, als Teilbereich der wissenschaftlichen Medizin Anerkennung zu finden. Das hat vermutlich zwei Gründe: Zum einen läßt sich das Psychische nicht so ohne weiteres wie das Somatische im medizinisch-naturwissenschaftlichen Sinn nachweisen, was aber entscheidend für das medizinische Denken ist. Zum anderen ist die Psychiatrie vor der Preußischen Irrenreform (1803) eine vorwiegend "polizeyliche Maßnahme", und als "medizinische Policey" (1788) besteht ihre Hauptaufgabe in der Herstellung von Ruhe und Ordnung (s. Crefeld 1983, S. 7ff). Dies ist im Selbstverständnis der Medizin allerdings keine genuin medizinisch-wissenschaftliche Aufgabe. Die Psychiatrie und insbesondere die Forensische hat bis heute im wissenschaftlichen Kanon der Medizin an der Last ihres historischen Erbes zu tragen, ihre Anerkennung ist noch immer zweifelhaft. Doch die Tabuisierung ihrer Geschichte und der gesellschaftspolitischen Funktion trägt nicht zur Klärung des eigenen Selbstverständnisses der Disziplin bei.

Kehren wir zurück zum akademischen Ritual in der Forensischen Vorlesung und betrachten etwas genauer den Charakter der Wissensvermittlung und seine mögliche Bedeutung für das interdisziplinäre Selbstverständnis dieser Veranstaltung.

2. Die Disziplinierung des Blicks

Probandenvorstellungen und Gerichtsverhandlungen sind strukturell mit Theateraufführungen vergleichbar (s.a. Goffman 1969): Hier wie dort wird durch stillschweigende Übereinkunft zwischen Akteuren und Zuschauern das Verhältnis von Nähe und Distanz, von Ebenbürtigkeit und Hierarchie zwischen Bühne und Publikum geregelt. Die Bühne ist Medium der Distanzierung. Sie bietet denen Schutz, die zuschauen; denn die Welt, in die sie schauen, ist so verfremdet, daß sie nicht mehr unmittelbar als die ihre erscheint. Dort versammelt sich das Fremde, das Phantastische, das Unerlaubte, eben das Verbotene.

Im Etablieren der Bühne, auf die sich der Blick richtet, wird also das Publikum zur Gemeinschaft und das Objekt der Aufführung zum Gegenüber. Die einen werden im Augenblick der Vorstellung zu Demonstrationsobjekten, die anderen zu Betrachtern. Doch was wird gezeigt, was zeigt sich?

Gehen wir von einem Beispiel aus, das der Semiotiker Umberto Eco - in Anknüpfung an Charles Sanders Peirce - benutzt, um das Verhältnis von Darstellung und Repräsentation[3] auf der Bühne zu verdeutlichen:

> "Nehmen wir an" - so beginnt er - "es wird ein Betrunkener vorgeführt, um die Notwendigkeit der Mäßigung zu demonstrieren. Genau betrachtet handelt es sich um eine exemplarische

Theatersituation: ein Mensch mit seinen alltäglichen Gesten und sichtbarsten Eigenheiten wird ausgestellt, um etwas zu repräsentieren" (Eco 1988, S.63).

Er wird im Augenblick der Vorführung ein Zeichen, das etwas anderes repräsentiert. Sowohl der vorgeführte Proband als auch der Schauspieler auf der Bühne stehen als Zeichen für etwas anderes. Wichtig für unseren Zusammenhang ist, daß

"... das theatralische Zeichen ein fiktionales Zeichen (ist), [...] weil es vortäuscht kein Zeichen zu sein" (Eco 1988, S.63).

Das gilt für die Vorstellung in der Vorlesung ebenso wie für die Darstellung im Theater, denn in beiden Situationen wird der Kunstcharakter der Situation (künstlerisch oder auch rhetorisch) verleugnet. Die Dramaturgie oder die Konstruktionsprinzipien der Aufführung im Hörsaal bleiben dabei im Dunkeln, also unthematisierbar. Der Als-Ob-Charakter der Veranstaltung engt den Blick des Zuschauers auf das zu beobachtende Objekt ein, als existiere es ausschließlich in dieser Form, ganz unabhängig von der disziplinären Repräsentation auf der wissenschaftlichen Bühne. Ein menschlicher Körper, der sich bewegt und spricht, präsentiert sich per se als etwas Reales und ist gleichzeitig beim Betreten der Bühne ein Kunstprodukt. Er wird genaugenommen im Augenblick der Vorführung als ein solches konstituiert; während der Blick des Zuschauers unmerklich auf die Zeichenfunktion des Objekts eingeschliffen wird:

Ein zur Schau gestellter Proband, der trinkt, steht nun für die Klasse der Trinker - er wird zum Exemplar dieser Klassifikation. Als solches verkörpert er auch die Trunksucht und repräsentiert an diesem Ort, allein durch seine Anwesenheit, für die Betrachter die "Gefahren der Maßlosigkeit" (Eco) und damit auch die "Vorteile der Mäßigung" (Eco). Damit sich nun über die Zuschreibung Proband = Trinker die erwähnte rhetorische Kette bis hin zum "Lob der Mäßigung" schließen kann, ist es nicht nötig, daß alle Eigenschaften der Person betrachtet werden müssen. Im Gegenteil:

"Ein Objekt, das zum Zeichen erwählt worden ist, fungiert als solches nur dank einiger weniger seiner charakteristischen Eigenschaften, die anderen spielen dabei keine Rolle, und somit ist es bereits ... eine Abstraktion, ein reduziertes Modell, ein semiotisches Konstrukt." (Eco 1988, S.66).

Der Zeichencharakter ist universell, doch die semantischen Operationen und Kodifizierungen sind kontextabhängig, die Produktionen bedingt durch das eigene reflektierte oder unreflektierte Selbstverständnis als Disziplin, besonders in der Beziehung zum übergeordneten System. Der Standort der Forensischen Psychiatrie ist durch das Strafrecht bestimmt; seine Konstruktionen sind also abhängig von diesem Kontext.

Kehren wir noch einmal zurück in den Hörsaal. Der Jurist ist dort in der Rolle des Berichterstatters - ihm kommt die Aufgabe zu, den Fall nach Aktenlage zu schildern. Sein Auftritt in der Vorlesung hat seine eigene Spannung; er erzählt den Fall wie eine Kriminalgeschichte, deren Höhepunkt die zur Begutachtung Anlaß gebende Tat ist. Sie strukturiert die Lebensgeschichte, in der alle Ereignisse kontinuierlich auf das Tatgeschehen hin (re)konstruiert werden. Die Tat gibt dem Fall seine Ordnung, sie spitzt das gesamte Leben der Person auf diesen vorläufigen Höhepunkt zu und wird damit zur logischen Konsequenz einer individuellen und doch verallgemeinerbaren Geschichte (s. Wolff 1989).

Gibt es Motive, Kalküle, Absichten für das kriminelle Handeln, oder entbehrt die Tat jener intersubjektiv erkennbaren Sinnhaftigkeit und ist der Mensch daher krank? So fragt der Jurist und erzählt die Geschichte wie einen Kriminalroman, dessen Auflösung man sich ebensowenig entgehen lassen will wie die Vorführung des Probanden. Der Auftritt des "Täters" ist ein Höhepunkt der Veranstaltung, analog der juristischen Biographie(re)konstruktion, in der die Tat dramatisches Zentrum der Interpretation des Falles ist. In der Inszenierung spiegelt sich der juristische Blick. Der vorgeführte Proband lebt für den Zuschauer nunmehr ausschließlich durch den zur Verhandlung anstehenden kriminellen Sachverhalt. Dieser strukturiert die Wahrnehmung und das weitere Geschehen.

Die Dramaturgie funktioniert reibungslos, wenn der Jurist den Psychiater mit der Frage nach der Schuldfähigkeit auf die Bühne ruft. Und sie funktioniert im Hörsaal wie im Gerichtsalltag. Das verweist auf die innere Kompatibilität von juristischen und medizinischen Konstruktionsprinzipien: In beiden Konstrukten wird das abweichende Verhalten, die Straftat als Symptom für etwas anderes gesehen, als Zeichen eines gefährlichen Hanges, einer schädlichen Neigung, einer psychopathischen Persönlichkeitsstruktur. Beide rekurrieren auf einen im Individuum ablaufenden, unsichtbaren Prozeß, wenn sie in Analogie zur Organmedizin (s. Herriger 1978, Keupp 1975) zwischen einer symptomatischen Oberflächenstruktur und einer diese determinierenden Tiefenstruktur unterscheiden.

Doch daß mit diesem "interdisziplinären" Einheitsblick nicht das gemeinsame Erkennen von "objektiv Gegebenem" geleistet wird, sondern daß dieser Blick Wirklichkeit als juristisch handhabbare erst herstellt, bleibt unthematisiert.

Die Aufgabe einer jeden wissenschaftlichen Disziplin bestünde darin, diese Realität zu transzendieren, indem sie sich der Konstruktionsprinzipien des eigenen Gegenstandes vergewissert und in der Lehre transparent macht. Dann ließe sich auch zeigen, wie sich forensisch-psychiatrische Konstrukte in das juristische Vorgehen einfügen, wie die Psychiatrie an der praktischen Bewältigung bestimmter "zentraler Systemprobleme" in juristischen Verfahren mitarbeitet, indem sie juristische Entscheidungen bestandssicher macht (vgl. Wolff 1989, S.211).

Ecos semiotische Differenzierung der Zeichen und sein Hinweis auf die Fiktionalität waren nicht nur hilfreich, um sich dem Charakter des Wissens erkenntniskritisch zu nähern, sondern auch, um sich der Produktionsbedingungen zu vergewissern.

Der Blick des Zuschauers wird dort diszipliniert, wo die Wahrnehmung auf *undurchschaute* Attribuierungen, kognitive Interpretationsmuster und normative Subsumtionsprozesse eingeengt wird, statt Bewußtsein über die *praktischen (Herstellungs-) Leistungen* der Disziplin zu schaffen.

3. Strategien disziplinärer Identitätssicherung

Probandenvorstellungen dienen nicht nur der wissenschaftlichen Sozialisation des Nachwuchses, sondern auch dem Versuch der eigenen wissenschaftlichen Identitätsfindung. Dabei erscheint die Inanspruchnahme der der Naturwissenschaft entlehnten Demonstration als ein anachronistischer Versuch, in Anknüpfung an medizinische Lehrmethoden den eigenen Standort als unhinterfragbar medizinischen auszuweisen.

Die suggestive Kraft der "unmittelbaren Anschauung von Krankheitsbildern" hinterläßt beim Beobachter - und sichert möglicherweise auch beim Demonstrierenden - die Überzeugung einer objektivierbaren Unterscheidung zwischen Gestörten und Nichtgestörten, zwischen Kranken und Gesunden, zwischen Normalität und Pathologie. Die Identifikationsangebote sind eindeutig: Der Proband ist *der Andere*. Er verkörpert den Kontrast zum Lehrkörper und zum Zuschauer. Als Vorgeführter repräsentiert er die andere Seite der Normalität. Die Demonstration ist eine öffentliche Degradierung, wie Garfinkel (1977) sagt. Er dokumentiert die Bedeutung dieser Zeremonie für die Gruppensolidarität der Normalen am Beispiel eines Gerichtsverfahrens. Die Ergebnisse seiner Analyse gelten auch für unseren Fall: In der Vorlesung geht es wie im Gerichtssaal um die Überzeugung der Öffentlichkeit von der Normalität bzw. Andersartigkeit des zu begutachtenden Subjekts. Die Entscheidung für das eine oder das andere kann dabei nur der zweiwertigen Logik des juristischen und medizinischen Modells folgen, insofern sind ihre strukturellen Vorgaben deckungsgleich. Wenn nun die Anklage oder die Begutachtung überzeugend sein sollen, so müssen die Alternativen "gesund - krank", "schuldig - schuldunfähig" so eingerichtet sein, daß die Entscheidung für das eine oder das andere "ihren Wert und ihre Berechtigung aus der Tatsache erhält, daß man sie trifft" (Garfinkel 1977, S. 35). Und die Entscheidung unter den Augen der Zuschauer am Demonstrationsobjekt vollzogen, besitzt eine hohe Evidenz. Als weitere Voraussetzungen für die Überzeugungskraft nennt Garfinkel die Ausschaltung persönlicher Interessen, das unbedingte Vertreten überpersönlicher Werte, mit der Konsequenz, vor dem Publikum als glaubhafter Verteidiger eben dieser Werte auftreten zu können. Daher erscheint derjenige als besonders objektiv, der nicht nur Distanz zum Probanden, sondern auch zum Publikum hat, der schließlich von allen unabhängig die beschuldigte Person erfolgreich "fremd machen", degradieren und letztendlich ausgrenzen kann.

Ritualisierungen - wie die Probandendemonstration in der Forensischen Vorlesung - dienen (wie es der amerikanische Ethnologe Leach formuliert) dazu, "uns selber kollektive Botschaften zu übermitteln" (Leach 1978, S.59). Und ebenso wie rituelle Opferungen die Existenz der Götter "beweisen" (s. Erdheim 1987, S.153ff), so zeugen unsere Demonstrationsobjekte, die Probanden, von der Existenz der Wissenschaftlichkeit, indem sie die Sinnhaftigkeit kategorialer Systeme mit den dazugehörigen Theorien verkörpern und damit beweisen. Im Prozeß der Subsumtion des Probanden unter die entsprechende Kategorie dient das Ritual nicht nur der "Wahrheitsfestigung", sondern ganz entscheidend auch der Selbstlegitimation - oder, wie Luhmann es nennt, der Legitimation durch Verfahren: Was hier geschieht, geht mit rechten Dingen zu; es ist rechtens, weil es wissenschaftlich ist, es ist wissenschaftlich, weil es rechtens ist. Die Selbstlegitimation dient auch der Selbststabilisierung (vgl. Luhmann 1978). Diese erfordert eine klare Grenze zwischen dem forschenden Subjekt und dem Objekt der Forschung. Diese Grenzziehung zwischen dem gesunden Subjekt und dem kranken Objekt ist konstitutiv für die herrschende Psychiatrie[4], sie verweist auch auf die eindeutige Grenze zwischen Wissenschaft und Alltagswelt.[5]

Doch Grenzen sind prinzipiell "künstliche Unterbrechungen von etwas Kontinuierlichem (...), und daß die Mehrdeutigkeit, die den Grenzen als solchen innewohnt, eine Quelle von Ängsten ist..." - wie der Ethnologe Leach (1978, S.46) anmerkt, gilt auch für die Herstellung des psychiatrischen Raumes. Daher sind die Rituale zur Abwehr der Angst und zur Absicherung sozialer Raumgrenzen notwendig. So beenden z.B. die "rites de passage" (Leach), die Übergangsriten, eine wissenschaftliche Veranstaltung durch Klopfen oder Applaudieren, während das Eintreten in den wissenschaftlichen Raum, der Beginn einer Vorlesung, immer mit einem Abbrechen der profanen Geräuschkulisse einhergeht; denn die Konzentration gilt nun ausschließlich der "heiligen Handlung", in deren Mittelpunkt die Demonstration des wissenschaftlichen Gegenstandes steht.

In den Vorlesungen der Forensischen Psychiatrie begegnen wir dann der Perversion in Gestalt eines Mörders, der psychopathologischen Persönlichkeitsstruktur in Gestalt eines Vergewaltigers oder dem Fetischismus in Gestalt eines Diebes.

4. Resümee

Der Proband wird vorgestellt, indem der Experte ihn exploriert.

Der Sachverständige erklärt und subsumiert.

Das akademische Publikum schaut zu und lernt am lebendigen Fall.

Und - was wird *nicht* gelernt?

Daß das Verhalten von Menschen kontextabhängig ist, auch das von forensischen Psychiatern, daß es eine Diskrepanz gibt zwischen der Simulation einer wissenschaftlich geleiteten Gutachtenerstellung und der Wirklichkeit des Verfahrens, daß nämlich Sachverständigengutachten in der Gerichtsverhandlung pragmatischen Entscheidungen und nicht einer fiktiven wissenschaftlichen Wahrheit genügen müssen, um erfolgreich zu sein, wie Wolff (1989) in seiner ethnomethodologischen Untersuchung psychiatrischer Gerichtsgutachten zeigt.

Der Psychiater Rasch (1986) weist darauf hin, daß die institutionellen Gesichtspunkte die entscheidenden sind und nicht die vorgegebenen wissenschaftlichen, denn die am Prozeß beteiligten Parteien haben ganz unterschiedliche Interessen, wenn sie einen Sachverständigen mit der Erstellung eines Gutachtens beauftragen.

Aus einer Untersuchung von Heinrichs (1987) über die Erfahrungen von Juristen mit forensisch-psychiatrischen Sachverständigen konnte ich entnehmen, daß von 87 befragten Juristen als häufigster "Fehler" psychiatrischer Sachverständiger das "Nichtfestlegenwollen" auf eine klare Aussage, die mangelnde Verständlichkeit und die fehlende Trennung zwischen Sachverständigen- und Therapeutenrolle angegeben wurde. Bei der Unterteilung in Berufsgruppen fiel auf, daß Rechtsanwälte als zweithäufigsten Fehler das übertrieben gerichtskonforme Verhalten der Sachverständigen erwähnten. Hier zeigt sich, daß die Gutachten psychiatrischer Sachverständiger hilfreich sein sollen bei der praktischen Bewältigung von Problemen im juristischen Verfahren, und diese unterscheiden sich je nach antragsstellender Partei. Wünscht sich der Richter ein Gutachten, das es ihm ermöglicht, eine klare Entscheidung zu fällen, so wünscht sich die Verteidigung Argumente, die zur Durchsetzung der Interessen ihres Mandanten dienlich sind. Will der Richter seine Entscheidung revisionssicher stützen und sein Urteil bestandssicher machen, so braucht er ein nützliches Gutachten. Ein nützliches Gutachten ist nach Rasch (1986) eines, dem es gelungen ist, eine für das Gericht brauchbare Übersetzung von Psychiatrisch-Psychologischem ins Juristische zu leisten. D.h. er muß damit exkulpieren oder strafen und richten können. Läßt sich das nicht überzeugend ableiten, dann ist das Gutachten trotz aller Professionalität, trotz aller Wissenschaftlichkeit unbrauchbar.

Leider wird dieses handlungspraktische Wissen der angewandten Forensischen Psychiatrie, der "stock of knowledge at hand" der Disziplin, in der Ausbildung tabuisiert. Leider werden diese Potenzen disziplinärer Überredungskünste schamvoll verschwiegen, die Spielregeln im Dunkeln gehalten, weil man sie für unwissenschaftliche Taktiken hält. Stattdessen glaubt man sich im Mythos einer objektiven Wissenschaft sicherer und geschützter vor dem Vorwurf der Unwissenschaftlichkeit.

Schade, wir hätten an einer selbstreflexiven Forensischen Psychiatrie lernen können, daß sie die Realität nicht abbildet, sondern auf ihre spezifische Weise mitgestaltet, daß die auftauchenden Schwierigkeiten als charakteristisch für die eigene Wissenschaft erkannt werden und damit Chancen zum Abstecken des eigenen Bedeutungsfeldes eröffnet werden. Dann wäre deutlich geworden, daß erst ein Bewußtsein über die eigene wissenschaftliche Identität die Erforschung der Beziehung zwischen den Disziplinen ermöglicht (Schüler-Springorum 1984). Interdisziplinarität oder Interdisziplinierung - möglicherweise hätte sich die Eingangsfrage in dieser Ausschließlichkeit nicht mehr gestellt.

Anmerkungen

1   Siehe dazu auch meinen Beitrag in "Recht und Psychiatrie" 1989, in dem ich ebenfalls das Szenario der Vorlesung in Forensischer Psychiatrie zum Ausgangspunkt meiner Erörterungen genommen habe. Dort kam es mir allerdings vor allem auf die Analyse der Angstabwehr in der Wissenschaft an.

2   In Ingolstadt kann man noch heute das "Anatomische Theater" der von 1472 bis 1800 dort ansässigen ältesten bayerischen Landesuniversität besichtigen. Seit 1973 ist das Anatomische Theater Sitz des Deutschen Medizinhistorischen Museums.

3   Im Kontext ethnomethodologischer Theoriebildung ist der Zusammenhang von Darstellung und Repräsentation in Garfinkels Konzept der "Accounts" diskutiert worden.

4   Siehe dazu die interessante kritische Analyse von Schorsch, der sich in seinem Beitrag (1988) mit der ideologischen und auf Trennschärfe bedachten Konstruktion der Affekttat auseinandersetzt.

5   Wie eindeutig diese Grenzen sein müssen, zeigt sich in dem von Rosenhan unternommenen Experiment (vgl. Rosenhan 1973).

Literatur

CREFELD, W., Über das Verhältnis von Juristen und Psychiatern, Recht und Psychiatrie, Werkstattschriften zur Sozialpsychiatrie 35, 1983, S. 7 - 16

DÖRNER, K., Bürger und Irre, Zur Sozialgeschichte und Wissenschaftssoziologie der Psychiatrie, Frankfurt/M. 1975

ECO, U., Über Spiegel und andere Phänomene, München 1988

ERDHEIM, M., Hexenwahn, Kulturzerstörung und gesellschaftliche Produktion von Unbewußtheit, in: Belgrad, J. /Görlich, B./König, H.-D./Schmid Noerr, G. (Hrsg.), Zur Idee einer psychoanalytischen Sozialforschung, Frankfurt 1987, S. 151 - 162

FOUCAULT, M., Die Geburt der Klinik. Eine Archäologie des ärztlichen Blicks, München 1973

GARFINKEL, H., Bedingungen für den Erfolg von Degradierungszeremonien, in: Lüderssen, K./Sack, F. (Hrsg.), Seminar: Abweichendes Verhalten. Die gesellschaftliche Reaktion auf Kriminalität, Frankfurt/M. 1977, S. 31 - 40

GOFFMAN, E., Wir alle spielen Theater, München 1969

HEINRICHS, W., Erfahrungen von Juristen mit forensisch-psychiatrischen Sachverständigen, Unveröffentlichte Dissertation an der Medizinischen Universität Lübeck 1987

HERRIGER, N., Verwahrlosung und medizinisches Modell - Argumente wider die Medikalisierung abweichenden Verhaltens, Neue Praxis 3, 1978, S. 213 - 226

KEUPP, H., Psychische Störungen: Krankheit oder abweichendes Verhalten, in: Reimann, H./Reimann, H. (Hrsg.), Psychische Störungen, München 1975, S. 11 - 33

LAMOTT, F., "Von den sexuellen Störungen haben wir in diesem Semester schon einige zeigen können ...", Recht und Psychiatrie 3, 1989, S. 101 - 110

LEACH, E., Kultur und Kommunikation, Frankfurt/M. 1978

LUHMANN, N., Legitimation durch Verfahren, Darmstadt Neuwied 1978

OBERMEIT, W., Das unsichtbare Ding, das Seele heißt. Die Entdeckung der Psyche im bürgerlichen Zeitalter, Frankfurt/M 1980

RASCH, W., Forensische Psychiatrie, Stuttgart 1986

ROSENHAN, D. L., On being sane in insane places, Science 19, 1973, p. 250 - 258

SCHORSCH, E., Affekttaten und sexuelle Perversionstaten im strukturellen und psychodynamischen Vergleich, Recht und Psychiatrie 3, 1988, S. 10 - 19

SCHÜLER-SPRINGORUM, H., Ehe? Verhältnis? - Oder was? Zur Beziehung zwischen Juristerei und Forensischer Psychiatrie, in: Hippius, H. (Hrsg.), Ausblicke auf die Psychiatrie, Heidelberg 1984, S. 69 - 81

WOLFF, St., Sozialwissenschaftliche Aspekte der "Methodik" psychiatrischer Gerichtsgutachten, Kriminologisches Journal 21, 1989, S. 209 - 226.

Psychologische Theorien der Rechtsanwendung

Gabi Löschper

1. Psychologie und Kriminalität

Die Psychologie ist eine traditionelle Bezugsdisziplin der Kriminologie, die Beiträge aus der Kriminalpsychologie sind in der Kriminologie wohl bekannt.

In der Kriminalpsychologie steht die Frage nach den Ursachen und Bedingungen abweichenden oder kriminellen Verhaltens im Vordergrund des wissenschaftlichen Interesses. Während in der soziologischen Tradition der Kriminologie ätiologische Ansätze den sozialen Kontext des Täters und die gesellschaftliche Ebene im Blick haben und hatten - und diese Perspektive insgesamt durch ein konkurrierendes Paradigma, Labeling-Ansatz oder Kontrollparadigma, ersetzt (oder zumindest in Zweifel gezogen) ist -, beschränkt sich die Kriminalpsychologie bei der Erklärung von Abweichung und Kriminalität eher auf Faktoren, die im Täter, seiner Persönlichkeit oder Psyche, anzusiedeln sind (z.B. negatives Selbstbild, Frustration, Trieb, niedriges moralisches Entwicklungsniveau, mangelnde Norminternalisierung, Kosten-Nutzen-Schätzungen) oder seinem sehr nahen sozialen Umfeld zuzurechnen sind (z.B. soziale Modelle, positive Verstärkungen für Abweichung).

Auch wenn aus den Reihen der Psychologinnen/en[1] selbst in jüngster Zeit Kritik an diesem Täter-Modell und der Methode der Vergleichsstudien geäußert wird, wird insgesamt doch von führenden Rechtspsychologen, so beispielsweise von Lösel (1989), immer wieder betont, die Psychologie komme ohne den Täter nicht aus.

"Seit sich zu Beginn der 70er Jahre in der Deutschen Kriminologie mit der Rezeption des sog. labeling approach das Forschungsinteresse auf Aspekte der sozialen Kontrolle verlagerte, traten Täterforschungen mehr und mehr in den Hintergrund .... Um so bedeutsamer war es, daß die Psychologie ihr Forschungsinteresse daran behielt, die Entwicklung krimineller Personen und das Auftreten strafbarer Handlungen zu erklären und nach psycho-sozialen Unterschieden zwischen Straffälligen und der übrigen Bevölkerung zu suchen" (Jehle 1991, S.302).

Interdisziplinarität ist nach diesem Verständnis eine Frage der Arbeitsteilung: die eine Disziplin untersucht den Täter, die andere die zweite Seite derselben Medaille (vgl. Sack 1988), die soziale Kontrolle. Dabei werden diese beiden Fragestellungen nicht als sich widersprechende betrachtet. Nicht etwa hebt die Kontrollperspektive das Täter-Modell auf, sondern die Ergebnisse beider Disziplinen lassen sich nach dieser Vorstellung aufaddieren und erklären zusammengenommen Kriminalität. Sowohl individuelle Ursachen bringen kriminelles Handeln - aufgefaßt als feststehende

Verhaltensklasse - hervor als auch die auf dieses abweichende Verhalten reagierende soziale Kontrolle.[2]

Festzuhalten ist an dieser Stelle, daß auch in der aktuellen Diskussion um psychologisch-kriminologische Interdisziplinarität die Auffassung vertreten wird, die Psychologie *ergänze* mit ihrer Konzentration auf den Täter und sein Verhalten die kriminologische Analyse der sozialen Kontrolle.

2. Rechtspsychologie

In den letzten Jahren hat die Psychologie ihre Blickrichtung gewechselt und scheint sich nicht mehr nur für Täter zu interessieren.

In einer neu entstandenen und sich derzeit fest etablierenden Subdisziplin der Psychologie, der *Rechtspsychologie*, sind nicht mehr die Abweichenden und Kriminellen (allein) Forschungsgegenstand, sondern es interessieren nun die in allen Bereichen des Justizsystems, bei allen Vorgängen und Entscheidungen beteiligten psychologischen Prozesse. Zwar liegen schon aus der Forensischen Psychologie Untersuchungen vor, die nicht auf den Kriminellen beschränkt sind, sondern sowohl andere an der Verarbeitung eines Falls im Justizsystem Beteiligte als Forschungsgegenstand berücksichtigen (z.B. Zuverlässigkeit von Zeugenaussagen oder Aussagekraft von Lügendetektor-Tests) als auch in anderen Rechtsbereichen (Zivilrecht, Familienrecht usw.) angesiedelt sind, die Rechtspsychologie beansprucht jedoch, "mehr" zu sein. Sie ist nicht nur neuer Name oder Überschrift für die nun zu einem neuen Gebiet "Rechtspsychologie" zusammengefaßten Kriminalpsychologie und Forensische Psychologie, sondern will in einem weiteren Sinne psychologische Prozesse erforschen, die in der Praxis des Justizsystems stattfinden. Insbesondere rechtliche Urteils- und Entscheidungsprozesse sind ein wichtiger Forschungsgegenstand. Also geraten nun auch in der Rechtspsychologie die "Gegenüber" der Abweichenden, das Verhalten der Personen "auf der Seite" der sozialen Kontrolle oder Reaktion in den Blick, die wir aus der kriminologischen Forschung z.B. als Polizeibeamte mit Definitionsmacht (Feest & Blankenburg 1972) oder "Richter im Dienste der Macht" (Peters 1973) schon länger kennen.

In der Rechtspsychologie stehen also das Recht selbst und die im Justizsystem handelnden Akteure im Zentrum des Forschungsinteresses. Ganz wie in der Kriminologie, so könnte man glauben, wo die Strukturen und Instanzen sozialer Kontrolle untersucht werden. Und man könnte mit dieser Neuorientierung und Blickveränderung der Rechtspsychologie die Hoffnung verbinden, die Rechtspsychologie nutze nun die Chancen echter Interdisziplinarität und leiste im Rahmen eines konsentierten Paradigmas, mit identischen oder kompatiblen Grundfragestellungen einen Beitrag zur Analyse der gesellschaftlichen Konstitution von Kriminalität.

Die Theoriediskussion in den Sozialwissenschaften und in der Kriminologie betont immer wieder die Notwendigkeit der Integration von Struktur- und Handlungstheorien (z.B. Knorr-Cetina 1981, Smaus 1986b). Diese Argumente finden sich in der kritischen Kriminologie im Rahmen der Auseinandersetzung mit dem Vorwurf des dem Labeling-Approach fehlenden Strukturkonzeptes und der Fragestellung des Stellenwertes eines Akteurkonzeptes in gesellschaftstheoretischen Positionen wieder.

Die Bearbeitung der Frage nach der Realisierung sozialer Strukturen im individuellen Handeln - und damit die Komplettierung der Makro-Theorien der Rechtsanwendung und Rechtsprechung um Mikro-Theorien des Recht-Sprechens - erscheint mir ein zentrales interdisziplinäres Arbeitsfeld für Kriminologie und Psychologie.

Ist die formulierte Hoffnung auf eine derartige, echte Interdisziplinarität berechtigt oder müssen wir alle Hoffnung fahren lassen?

Am Beispiel der rechtspsychologischen Analyse des richterlichen Urteilens soll im Folgenden eine begründete Antwort auf diese Frage versucht und die These formuliert werden, daß in der Rechtspsychologie zwar ein Wechsel der Blickrichtung - weg vom Kriminellen hin zu seinen Gegenübern im System der strafrechtlichen Kontrolle - stattfindet, dieser neue Fokus aber nicht mit einem echten Perspektivenwechsel gleichzusetzen ist. Vielmehr kann behauptet werden, das richterliche Urteilen werde in der Rechtspsychologie mit einem dem "Täter-Modell" in verschiedener Hinsicht ähnlichen Konzept analysiert.

Damit verbunden ist ein spezifisches Interdisziplinaritätsverständnis, nach dem für die unterschiedlichen Aspekte des als real vorfindbar aufgefaßten Phänomens "Kriminalität", also aufgrund der Komplexität eines Faktums, verschiedene Zuständigkeiten der einzelnen, deutlich voneinander abgegrenzten Disziplinen[3] bestehen (Deichsel/Kunstreich/Löschper 1986).

Die aufgestellte Behauptung soll anhand des in der Rechtspsychologie anzutreffenden Modells des Strafrechtes (Anspruch der Gleichheit aller vor dem Gesetz), des normativen Verständnisses von Rechtsprechung (handlungsleitende Urteilsregeln) und der zur Erklärung von Urteilsvariabilitäten angebotenen Konzepte (individualistische Modelle) belegt werden.

3. Rechtsprechungsdisparität

Die Rechtspsychologie versteht sich selbst als anwendungsorientierte Wissenschaft und bemüht sich um eine empirisch fundierte Verbesserung rechtlicher Institutionen und Vorgänge.[4] Oft bieten daher praktische Probleme des juristischen Systems den Anlaß für die empirische Forschung. Umgekehrt stellt das Praxisfeld Recht einen zur Prüfung oder Anwendung sozialpsychologischer Theorien geeigneten Kontext dar.

Großes Forschungsinteresse in der Rechtspsychologie gilt dem Problem der *Disparität der Rechtsprechung*. Mängel und Auffälligkeiten im Ablauf des juristischen Verfahrens werden vor dem Hintergrund der Forderung nach objektivem und transparentem Recht kritisiert und sollen auf Grund praxisrelevanter Untersuchungen optimiert werden. Beispielsweise geht es um die Verbesserung der Instruktionen für Geschworene oder um die Wahrnehmung verbriefter Rechte wie das Zeugnisverweigerungsrecht im Strafprozeß.

Obwohl doch alle Bürger und Bürgerinnen vor dem Gesetz gleich sind, werden im Justizalltag Personen sehr unterschiedlich behandelt: Männer und Frauen, Schwarze und Weiße, Alte und Junge, Arme und Reiche, Schöne und Häßliche. Und es wird offensichtlich verschieden Recht gesprochen, nämlich beispielsweise ähnliche Fälle in verschiedenen Städten, Gerichtssälen und bei verschiedenen Richtern sehr unterschiedlich entschieden und abgeurteilt. Die Palette der Faktoren, die in der Rechtspsychologie für die immer wieder festgestellten Varianzen in richterlichen Entscheidungen als verantwortlich angesehen werden, reicht von Merkmalen der zu Beurteilenden oder Angeklagten (Geschlecht, sozialer Status, ethnische Zugehörigkeit, Attraktivität, spezifische Charaktereigenschaften, Vorstrafen etc.) über Eigenschaften der Beurteiler (Geschworene oder Richter), deren Relation (z.B. Ähnlichkeit) bis zu situativen Bedingungen der Urteilssituation und spezifischen Elementen des juristischen Verfahrens (Sprache vor Gericht, räumliche Merkmale des Gerichts, Sitzanordnung vor Gericht, Größe der Geschworenen-Jury, Einseitigkeit zur Verfügung stehender Informationen, Instruktionen an die Jury, verschiedene prozessuale Modelle usw.).

Es besteht die Annahme, daß diese (und andere) sogenannten *außerrechtlichen Faktoren* die eigentlich objektiv und klar vorgegebene Rechtsprechung, die nur auf rechtlich relevanten und fallbezogenen Informationen beruhen darf, stören und verzerren.

Ein sehr großer Teil empirischer Untersuchungen der Bedingungen von Urteilsvarianzen befaßt sich (mehr oder weniger explizit) mit Persönlichkeitsunterschieden (Konecni/Ebbesen 1981), mit Eigenschaften entweder der zu beurteilenden Personen (als Stimuli für die Eindrucks- und Urteilsbildung der Beurteilenden) oder differentiellen Merkmalen der Beurteiler (als Einflußfaktoren auf den Beurteilungsprozeß). Häufig untersuchte außerrechtliche Faktoren sind die physische oder soziale Attraktivität von Angeklagten und soziale Einstellungen auf seiten der Beurteiler.

3.1. Attraktivität

Die Hypothese der milderen Beurteilung attraktiver Angeklagter (im Hinblick auf Aussehen, Ansehen oder Ähnlichkeit von Eigenschaften mit denen der Beurteilenden) im Vergleich zu weniger attraktiven Personen wird in zahlreichen Einzelarbeiten und in Übersichtsbeiträgen als plausibel und empirisch gut bestätigt angesehen (z.B. Greenberg/Ruback 1982, Monahan/Loftus 1982). Bei eingehender Betrachtung erweisen sich die Ergebnisse der zahlreichen Studien als nicht konsistent und die Grundannahme als recht simpel. Zwar liegen die Annahme der milderen Beurteilung attraktiver Personen bestätigende Untersuchungsergebnisse vor, jedoch sind zahlreiche moderierende Faktoren zu nennen: Das Geschlecht der Beurteilten, der Beurteilenden bzw. deren Relation, andere Persönlichkeitseigenschaften und rechtliche Verfahrensmerkmale (wie die Gruppenberatung von Geschworenen, richterliche Erläuterungen an die Jury über zulässige Schuldkriterien) beeinflussen die Mildetendenz.[5]

Als entscheidend für etwaige Urteilstendenzen erweisen sich besonders spezifische juristische Komponenten wie der Inhalt des zu entscheidenden Falls oder die Art des in Frage stehenden Deliktes. Ist die physische Attraktivität zur Verübung der Tat hilfreich, erfolgt entgegen der Milde-Hypothese eine härtere Bestrafung attraktiver Personen.[6] Arbeiten zur Zuschreibung von Verantwortung zu Täter vs. Opfer in Vergewaltigungsfällen sprechen ebenfalls für die Aufgabe einer simplen Attraktivitäts-Milde-Annahme. Ein geringes soziales Ansehen oder geringere Respektabilität der betroffenen Frauen werden als Bedingungen für eine Schuldzuschreibung zum Opfer angenommen, gutaussehende Frauen als typische Opfer mit Mitverantwortung für die Vergewaltigung angesehen.

Das widersprüchliche Ergebnismuster als solches soll hier nicht weiter behandelt werden. Eine Erklärung des Einflusses eines "außerrechtlichen" Faktors wie Attraktivität würde sich zudem nicht aus dem empirischen Aufweis von Korrelationen ergeben, sondern erst aufgrund einer theoretischen Auseinandersetzung damit, was Attraktivität oder vergleichbare Merkmale in unserer Gesellschaft inhaltlich bedeuten.[7]

Interessant ist in unserem Zusammenhang das offensichtliche Problem der Abgrenzung außerrechtlicher und rechtlich relevanter Faktoren. Diese Einteilung ist nicht so einfach, wie es auf den ersten Blick schien. Die Kategorisierung erweist sich empirisch als nicht eindeutig, und für die vorgenommene Unterscheidung rechtlicher und außerrechtlicher Variablen fehlt eine theoretische Begründung: Wie unterscheiden sich das gute Aussehen oder das hohe soziale Ansehen einer Person von ihrer Glaubwürdigkeit - einer z.B. bei der Sachverhaltsrekonstruktion oder der Kautions- und Bewährungsentscheidung rechtlich relevanten und wichtigen Information - oder hängen sie mit ihr zusammen?

Für eine wissenschaftlich begründete Einteilung außerrechtlicher und rechtlicher Faktoren bei der Rechtsprechung wird eine Theorie der Rechtsprechung und des Rechts benötigt, die unabhängig von den Selbstdarstellungen des untersuchten Feldes ist. Aber die Rechtspsychologie verläßt mit dem Interesse an Disparität in der Rechtsprechung den Erkenntnishorizont des Strafrechts nicht. Vielmehr wird bei der Untersuchung von Urteilsvarianzen ungeprüft der vom Strafrecht selbst formulierte Anspruch, daß alle vor ihm gleich sind, übernommen. Dieser Anspruch, diese Beschreibung der Funktionsweise von Recht werden nur auf ihre praktische Einlösung hin befragt, nicht aber selbst in Frage gestellt.[8]

Statt eine vermeintliche Norm auf Verstöße zu überprüfen und diese zu skandalisieren[9], hätte eine angemessene Rechtspsychologie die Prämissen und das Selbstverständnis des Strafrechts nicht unhinterfragt zu übernehmen, sondern diese gerade mit zum *Gegenstand* der Analyse und der empirischen Forschung zu machen (s.a. Schumann 1987). Wenn aber das Strafrecht selbst gar nicht zum Untersuchungsgegenstand wird, keine eigenen Reflexionen und Modelle des Rechts als gesellschaftlicher Institution formuliert werden, verbleibt die Rechtspsychologie in einer dienenden Rolle, ist sie eher eine Psychologie *für* das Recht als eine Psychologie *des* Rechts.

3.2. Attitüden

Politische, moralische und spezielle rechtliche Überzeugungen, Werthaltungen und soziale Einstellungen von Richtern und Geschworenen wie Autoritarismus, Konservatismus, Punitivität, Orientierung an verschiedenen Straftheorien (Strafe, Rehabilitation, Abschreckung etc.), aber auch die Stufe der moralischen Entwicklung stellen für die psychologische Rechtsprechungsforschung eine weitere Gruppe wichtiger, die Urteilsbildung beeinflussende Persönlichkeitseigenschaften dar.

Zwar scheinen z.B. autoritäres Denken und punitive Einstellungen oder das Strafziel "selective incapacitation" mit einer Bevorzugung von Schuldsprüchen bzw. härterer Strafen zusammenzuhängen, jedoch ist auch hier das Ergebnismuster zum einen nicht konsistent und der Gesamtanteil der durch die Attitüden aufgeklärten Varianz der Urteile zum anderen gering (Konecni/Ebbesen 1981, Lloyd-Bostock 1981, Hans/Vidmar 1982). Auch erweisen sich andere Faktoren - insbesondere rechtliche und fallspezifische wie Beweislage, Zuverlässigkeit von Zeugen, Art des Deliktes etc. - als wichtige moderierende Urteilseinflüsse.[10]

Jenseits dieser Einschränkungen muß aber der Erklärungswert des zugrundeliegenden Persönlichkeitseigenschaften-Modells insgesamt in Zweifel gezogen werden. Bereits aufgrund in der Sozialpsychologie allseits bekannter Überlegungen, etwa der seit 20 Jahren geführten Debatte zum Verhältnis von Personen- und Situationsvariablen und dem Einstellungs-Verhaltens-Problem, wäre in der rechtspsychologischen Forschung ein differenzierteres Modell zu erwarten. Falls überhaupt die Annahme von Persönlichkeitsunterschieden sinnvoll erscheint, würden sich theoretisch nachvollziehbare Anhaltspunkte über wirksame individuelle Unterschiede erst aus einer Analyse des sozialen Kontextes der Rechtsprechung und der dort typischen Interaktionsprozesse ergeben (Hans/Vidmar 1982, s.a. Mummendey, Linneweber/Löschper 1984).

Was in der Kriminalpsychologie die dissozialen oder ungehorsamen Eigenschaften des Täters, sein mangelndes moralisches Entwicklungsniveau waren, kehrt nun als konservative oder autoritäre Attitüden des Richters und dessen Moralstufe auf der wissenschaftlichen Bildfläche wieder. Führte die Identifizierung als für Abweichung verantwortlich angesehener Persönlichkeitseigenschaften bei Kriminellen zur "Entfernung" der Träger dieser Eigenschaften aus dem gesellschaftlichen Leben, so müssen folgerichtig auch die aufgrund individueller Dispositionen oder Einstellungsmuster willkürlich urteilenden Kontrollagenten aus dem Gerichtssaal verbannt werden. Dieses Denkmuster, das in der Kriminologie aus Argumentationen oder Stellungnahmen angesichts beispielsweise korrupter oder gewalttätiger Polizeibeamter als "rotten-apple"-Theorie bekannt oder als Argument individueller Fehlleistung zu entdecken ist[11], wohnt den rechtspsychologischen Prognosebemühungen in der sogen. wissenschaftlichen Geschworenenauswahl (in den USA) inne, wo Personen aufgrund bestimmter religiöser oder politischer Überzeugungen aus der Jury ausgeschlossen werden.[12] Wurden in der Kriminalpsychologie aufgrund von moralischen Überzeugungen und Persönlichkeitseigenschaften die zukünftige Legalbewährung oder der Rückfall prognostiziert, so bietet die Rechtspsychologie nun Prognosen des Urteilsverhaltens von Geschworenen aufgrund deren Einstellungen und Charaktermerkmale an.[13] Wenn es Fehler und Abweichungen einzelner, also die faulen Äpfel sind, die die Unterschiede in der Rechtsprechung (und Kriminalität) ausmachen, müssen die faulen Äpfel nur aufgesammelt oder die menschlichen Versager besser vorbereitet und trainiert werden.[14]

Wie das kriminelle Verhalten von Delinquenten wird auch Abweichung in der Rechtsanwendung als an objektiven Kriterien meßbar angesehen: Bei der Kriminalität sind es Gesetze und Tatbestände, mit denen eine feste Verhaltensklasse - abweichendes Verhalten - identifiziert und bestimmt wird; bei der disparaten Rechtsprechung sind es handlungsleitende juristische Regeln der

Urteilsfindung oder die übliche Spruchpraxis, an der gemessen wird. In beiden Fällen handelt es sich um eine normative Betrachtung (s.a. Giehring 1989).

Aber können individuelle Werte, Vorurteile und politische Überzeugungen bei Richtern und Geschworenen tatsächlich das Phänomen der Disparität in der Rechtsprechung erklären?

Akzeptiert man dieses Erklärungsmuster für Richter und Geschworene - mit welchem Recht wären ätiologische Annahmen über mangelnde Norminternalisierung, den Werteverfall, ein negatives Selbstbewußtsein, geringes moralisches Entwicklungsniveau etc. als Ursache kriminellen Verhaltens abzulehnen?

3.3. Modelle der Urteilsbildung

Mit der Suche nach außerrechtlichen Einflüssen auf Urteile ist eine Vorentscheidung über die Art der Erklärung gefallen. Es steht nicht die Normalität der Rechtsprechung im Vordergrund des wissenschaftlichen Interesses, nicht überindividuelle Strukturen, sondern die Abweichungen und Fehler von Individuen. Der eigentlich reine Rechtsprechungsprozeß wird als durch Fehler und schlechte Einflüsse verzerrt angesehen; eigentlich müßte das "law in the books" das richterliche Verhalten und Handeln leiten, es müßte steuern, wie Recht gesprochen wird.

Aber die Rechtspsychologie hält auch eigene "Normen" bereit, die sich aus allgemeinen sozialpsychologischen Theorien des Urteilens und Schlußfolgerns ableiten.

Ohne auf die zur Erklärung der Wirkweise außerrechtlicher Faktoren (wie der eben exemplarisch behandelten) oder zur Rechtsprechung und ihrer Disparitäten insgesamt angebotenen Modelle im einzelnen eingehen zu wollen[15], können die prominentesten Ansätze als kognitive Theorien (im weitesten Sinne) angesehen werden. Der Prozeß der richterlichen Urteilsbildung (bzw. der von Geschworenen) wird sowohl in der von Kaplan und Mitarbeitern formulierten Informations-Integrations-Theorie (Kaplan/Miller 1979, Kaplan 1982) als auch in der Entscheidungstheorie nach Nagel/Neef (1979) als rationale Bewertung, Verarbeitung, Gewichtung und Integration vorhandener Informationen konzipiert.[16] Ebbesen/Konecni (1982) beschreiben das Justizsystem als Netzwerk von Entscheidungspunkten und hoffen, durch eine empirische Analyse des Entscheidungsverhaltens der an den verschiedenen Knotenpunkten urteilenden Akteure und der Zusammenhänge der einzelnen Entscheidungspunkte untereinander die Arbeitsweise der Justiz insgesamt abbilden und theoretisch rekonstruieren zu können. Von verschiedenen Autoren werden attributionstheoretische Annahmen zur Analyse von Urteilsprozessen vorgeschlagen (Greenback/ Ruback 1982, Haisch 1980, 1982, 1983) oder aufgrund eigener Untersuchungen weiterentwickelt (Hamilton 1978, Lloyd-Bostock 1983, Carroll/Wiener 1982). Die Sachverhaltsrekonstruktion, die Schuldfeststellung (durch die Geschworenen-Jury) und die Sanktionszumessung werden als aufeinander bezogener rationaler Prozeß der Aufnahme von Informationen, der Abbildung von Sachverhalten in einzelnen relevanten Informationsbestandteilen, deren systematischer Verknüpfung, der Prüfung von Hypothesen und der Zusammenfügung eines Gesamtbildes gesehen. Diese Realitätsabbildung oder der Prozeß der Informationsverarbeitung verläuft gezielt und führt zu der Entscheidung des Richters (Carroll 1989).

Die psychologischen Modelle der Rechtsprechung konzipieren die richterliche Urteilsbildung als kognitives Verhalten eines Individuums. In den verschiedenen Stadien des Urteils (z.B. Sachverhaltsfeststellung, Subsumieren, Strafzumessung) können menschliche Fehler vorkommen[17] oder sind "anthropologische Schranken der Informationsverarbeitung" (Schünemann 1985) festzustellen: Die Abbildung von Realität wird falsch oder verzerrt vorgenommen, der Prozeß der Informationsverarbeitung enthält irrtümliche Kategorisierungen und/oder falsche Gewichtung von Informationen. In den Modellen der Informationsverarbeitung und der Entscheidung werden die urteilenden Akteure (Richter/Geschworene) quasi als "Inferenzmaschinen"[18] konzipiert, denen "Objekte" gegenüberstehen, die (physikalische) Realitäten mit inhärenten Merkmalen darstellen, die sie richtig und falsch wahrnehmen, korrekt oder verzerrt kategorisieren, logisch oder unlogisch verarbeiten und angemessen oder unangemessen integrieren können. Fehler und Verzerrungen in diesem Prozeß resultieren aus Merkmalen der zu beurteilenden "Objekte" (beispielsweise Attraktivität), aus Variablen der Beurteilenden selbst (z.B. richterliche Überzeugungen) oder aus "menschlichem Versagen", das in der kognitiven Ausstattung und in den Informationsverarbeitungsprozessen angelegt ist.[19]

Jenseits aller Unterschiede zwischen einzelnen Theorien besteht ein großes Manko dieser Urteilsmodelle darin, daß der Prozeß der Verarbeitung von Informationen und der Entscheidungsfindung zwar *formal* abgebildet wird, aber keine theoretisch begründeten Hinweise aus dem Modell abgeleitet werden können, welche *Inhalte* diese Kognitionen und Inferenzen im Rechtsprechungskontext haben[20]. Auch wenn sich verschiedene Ansätze[21] gerade um die empirische Ermittlung inhaltlicher Entscheidungsstrategien im Justizsystem bemühen, können die angebotenen Erklärungen für Urteilsdisparitäten nicht überzeugen. Gründe für Abweichungen der Urteile von rechtlich vorgeschriebenen Aufgaben werden auf der Seite des Akteurs, nämlich seiner kognitiven Ausstattung (z.B. beschränkte Kapazitäten der Kodierung und Speicherung oder fehlerhafte Gewichtung und Kombination von Informationen), oder auf der des Justizsystems (etwa fehlende Rückmeldungen an die Entscheidenden über die Konsequenzen von Urteilen, Selbstaufrechterhaltungszwänge des Systems) gesehen (Konecni/Ebbesen 1982). Ein Bezug des Verhältnisses gegebener institutioneller und sozialer Strukturen zum Handeln individueller Akteure wird nicht hergestellt, diese "Erklärungsfaktoren" stehen unverbunden nebeneinander.

Vorhersagen über spezifische Inhalte von beispielsweise fälschlich gewichteten, unzureichend gespeicherten oder verzerrt verarbeiteten Informationen, also für die Richtung der Fehler, aufgrund der angeführten Systembesonderheiten oder der kognitiven Mängel dürften schwer fallen. Wieso werden gerade bestimmte Informationen so gering und falsch gewichtet und sind gerade andere so einflußreich? Warum wird der "fundamentale Attributionsfehler" (Bevorzugung interner Ursachenzuschreibung und Verantwortungsattribution) so häufig bei männlichen Angeklagten gemacht, während Frauen eher Verantwortlichkeit und Intentionalität abgesprochen werden?[22] Wenn sich beispielsweise der soziale Status von Angeklagten als Determinante des Urteils erweist, stellt sich die Frage, woher die Akteure das Wissen beziehen, gerade entsprechend dieses Gesichtspunktes zu urteilen. Wo und durch welche Prozesse wird diese Urteilsstrategie generiert, die das urteilende Individuum ja nicht jeweils neu erfinden muß? Laufen sie hinter dem Rücken der Akteure ab? Lassen sich überindividuelle Entscheidungsstrategien in der Wahrnehmung des eigenen Tuns wiederfinden? Mit anderen Worten: Weiß ein Richter - und wenn ja, woher -, daß er seine Entscheidungsspielräume in die richtige - dem Status quo dienende - Richtung zu nutzen hat?

Die Systematik, durch die sich die alltägliche Rechtsprechung auszeichnet, oder - wenn man von Fehlern ausginge - das Muster der Verzerrungen und der Effekte der sogenannten außerrechtlichen Einflüsse, die Richtung, die die Disparitäten nehmen, sind mit den psychologischen Modellen nicht zu erklären oder vorherzusagen. Die Kognitions- und Entscheidungsmodelle sind an den Regeln und üblichen Abläufen der Verarbeitung von Informationen, also an deren Form, nicht an der Analyse der Inhalte der verarbeiteten Informationen und dem Gehalt der gedachten Gedanken interessiert.

Wie es im "Täter-Modell" üblich und Begleiterscheinung einer normativen Perspektive ist, wird die Zurechnung von Urteilsdivergenzen individualistisch vorgenommen. Die vor Gericht aufeinandertreffenden Personen sind "in der Luft hängende"[23] Individuen, deren Bezüge zu ihrem mitgebrachten sozialen Kontext und deren spezifische Relation in den Erklärungsmodellen ausgeklammert werden. Rechtsprechung stellt ein individuelles Verhalten, eine kognitive Reaktion auf gegebene (soziale) Reize dar. So kommen die spezifischen Merkmale der historisch entstandenen Institution Strafgericht (oder allgemeiner: des Justizsystems), ihre Organisationsmerkmale und ihre Strukturen nicht in den Blick - geschweige denn die Gesellschaft und ihre Strukturen, in der diese Instanz entstanden ist und eine Funktion ausübt.

Rechtsprechung ist damit nur über die Addition individuellen Verhaltens zu erklären. Richterliches Urteilsverhalten ergibt aufsummiert die Struktur der Strafrechtsanwendung.

4. Lasciate ogni speranza?

Aus der kriminologischen oder strafrechtssoziologischen Forschung wissen wir einiges über die Strukturen strafrechtlicher Sozialkontrolle und der Rechtsprechung. In der interdisziplinären Diskussion dieser Aspekte sind verschiedene Fragen virulent:

In welcher Weise sind die Handelnden, die Repräsentanten sozialer Kontrolle, angesichts der für den Bereich Rechtsprechung identifizierten überindividuellen Situationsmerkmale und Strukturen der Institution zu konzipieren?[24] Richter stehen im Dienste der Macht, aber sind sie schlicht die determinierten Handlanger der Macht? In welcher Beziehung stehen sie zu der sie umgebenden Institution, die ihrerseits durch Organisationsstrukturen und Verdinglichungen von Interaktionen gekennzeichnet ist (z.B. Hierarchie)? Wie rahmen die überindividuellen Strukturen von Gesellschaft und Institution die alltäglichen Interaktionen und Handlungen der Individuen? Ist davon auszugehen, daß Richter bewußt wissen, daß sie z. B. das Strafrecht selektiv anwenden, oder handelt es sich um unbewußt gewußtes Wissen (vgl. Smaus 1986b)? Übersetzt sich die gesellschaftliche Machtverteilung oder die Funktion der Institution "wörtlich" in den Kopf des handelnden Richter-Individuums? Oder handelt es sich vielleicht um die Übersetzung in eine ganz andere Sprache, nämlich die professioneller Regeln, institutioneller Routinen und Erfordernisse etc.?

Die Theoriediskussion in der Mikrosoziologie zeigt, daß die situierte Interaktion, nicht die absichtsvolle Handlung die angemessene Analyseeinheit darstellt (Knorr-Cetina 1981). Angesichts dieser Überlegungen ist ein spezifisches, die disziplinären Grenzen von Gesellschafts- und Individualwissenschaften überbrückendes Akteurkonzept gefragt.

Was die psychologische Analyse der Rechtsprechung dagegen bietet, ist die Fortführung der altbekannten Aufgabenteilung zwischen Psychologie und Soziologie. Auch mit der Perspektivenänderung durch die Rechtspsychologie - weg vom Täter, hin zum Richter - bleibt die in mehrfacher Weise vorgenommene interdisziplinäre Arbeitsteilung bestehen: Verschiedene Disziplinen sind für die unterschiedlichen Seiten - Verhalten und Kontroll-Reaktion - der gleichen Medaille "Kriminalität" zuständig, und Soziologie und Psychologie teilen sich wiederum auf jeder Seite die Verantwortung für die Ermittlung der den unterschiedlichen Ebenen - Individuum und soziale Faktoren - zuzuordnenden Erklärungsfaktoren. Das ätiologische Paradigma abweichenden Verhaltens findet sich im Reiz-Reaktions-Modell des richterlichen Urteilens wieder.

Und die Rechtspsychologie positioniert sich in dieser Weise nicht nur gegenüber der Soziologie oder der Kriminologie, sondern ordnet sich auch gegenüber dem Strafrecht ein: Dessen Erkenntnishorizont und die normative Orientierung des Strafrechts werden nicht transzendiert, sondern reifiziert. Die Rechtspsychologie scheint, ihrer Namensgebung entsprechend, das Recht als Gegenstand gewählt zu haben und die Verfahrensweisen und Praktiken der Rechtsprechung wissenschaftlich abzubilden und mit ihren Untersuchungsergebnissen zu praktischen Verbesserungen beitragen zu wollen. Bei der Konstruktion dieses Gegenstandes werden jedoch nicht nur die Selbstdefinitionen und eigenen Funktionsbeschreibungen des (Straf-) Rechts ohne die notwendige wissenschaftliche Distanz übernommen, sondern mit den von der Psychologie selbst in die interdisziplinäre Diskussion eingebrachten individualistischen Konzepten noch bestätigt: Rechtsprechung stellt die Summe individuellen Recht-Sprechens dar, Urteilsdisparitäten sind zufällige Fehler einzelner und nicht Ausdruck einer Systematik. Überindividuelle und gesellschaftliche Strukturen, die menschliches Handeln rahmen, sind aus der Betrachtung ausgeblendet.

Demgegenüber orientiert sich das eigene Konzept eines sinnvollen Zusammenwirkens verschiedener Disziplinen an der Vorstellung nicht-additiver Interdisziplinarität. Dies ist gleichbedeutend mit einer Absage an ätiologische Kriminalitätstheorien, an "Mehrfaktorenansätze" der richterlichen Urteilsbildung, und mit der Wahl einer gemeinsamen Grundfragestellung und der Entscheidung für ein konsentiertes Paradigma der gesellschaftlichen Konstitution von Kriminalität.

Daß nicht alle Hoffnung vergebens ist, vielmehr gute Aussichten auf echte Interdisziplinarität bestehen und gerade die Psychologie einiges zu bieten hat, überkommene Disziplineinteilungen und Grenzen zu überschreiten, ist an verschiedenen Ansätzen - etwa der Orientierung an relationalen und diskursiven Konzepten (z.B. Potter/Wetherell 1987, Edwards/Potter 1992) - innerhalb der Sozialpsychologie abzulesen, den Gegensatz von Individuum und Gesellschaft aufzulösen, "to bridge the well-known gap between micro- and macroanalyses of social phenomena" (v. Dijk 1990, S.8) und damit auch disziplinäre Grenzen zu überbrücken.

Anmerkungen

1 Lediglich aus Platzgründen wird darauf verzichtet, bei Funktions- oder Personenbezeichnungen auch die weibliche Form zu nennen. Die Leserinnen und Leser mögen sich diese freundlicherweise jeweils dazudenken.

2 Vgl. die Kritik von Keupp 1983.

3 Tatsächlich handelt es sich innerhalb des ätiologischen Paradigmas um eine in mehrfacher Weise vorgenommene interdisziplinäre Arbeitsteilung: Verschiedene Disziplinen sind für die unterschiedlichen Seiten - Verhalten und Kontrollreaktion - der gleichen Medaille "Kriminalität" zuständig, und Soziologie und Psychologie teilen sich wiederum auf jeder Seite die Verantwortung für die Ermittlung der den unterschiedlichen Ebenen - Individuum und soziale Faktoren - zuzuordnenden Erklärungsfaktoren.

4 Vgl. u. a. Bierbrauer & Gottwald 1987, Hommers 1991.

5 Vgl. die bei Löschper 1989, S.233f referierten Untersuchungen.

6 Vgl. Sigall/Ostrove 1975, wo Einbruch und Betrug verglichen werden.

7 Vgl. Smaus 1986a zur symbolischen Funktion von Aussehen bei Kontrollprozessen.

8 Der Widerspruch zwischen formaler oder rechtlich verbriefter Gleichheit vor dem Gesetz und faktischer Ungleichheit oder Varianz in der Rechtsprechung läßt sich wissenschaftlich angemessen, so meine Überzeugung, nur "gesellschaftstheoretisch informiert" bearbeiten, d.h. vor dem Hintergrund einer Theorie des Rechtes als historisch entstandener gesellschaftlicher Institution. Diese Konzeptualisierung des Rechtes erfordert ihrerseits ein zugrundeliegendes Modell der Gesellschaft und des Staates, in denen Recht und Gesetze entstanden und gelten (Hess/Stehr 1987, Smaus 1988, Sack 1988).

9 Zahlreiche rechtspsychologische Arbeiten enthalten einen skandalisierenden und empörten Tenor; vgl. Löschper 1989 m.w.N..

10 Vgl. die bei Löschper 1989, S.237ff zitierten Untersuchungen.

11 Siehe z.B. Banscherus 1977, Gössweiner-Saiko 1979 zur fehlerhaften Beschuldigtenvernehmung durch die Polizei.

12 Zur Übersicht vgl. Hans/Vidmar 1982.

13 Auch in der Rechtstatsachenforschung, der Analyse des Gerichtsverfahrens durch die traditionelle Kriminologie oder in rechtssoziologischer Forschung (Richtersoziologie oder Strafzumessungsforschung), werden zum Teil ähnliche Faktoren (ethnische Zugehörigkeit und "race", Geschlecht, Vorurteile etc.) wie in der Rechtspsychologie hinsichtlich Urteilsvarianzen untersucht. Vor dem Hintergrund der Annahme, die Unterscheidung psychologischer und soziologischer Arbeiten sei nicht anhand des spezifisch disziplinären Zugriff auf einzelne Variablen möglich, entscheidender seien vielmehr die innerhalb jeder der beiden Disziplinen bestehenden grundlegenden Paradigma-Divergenzen, würde sich ein Vergleich der jeweils zugrundeliegenden Theoriekonzepte und der methodischen Vorgehensweisen lohnen.

14 Vgl. die von Haisch (1980, 1982) entwickelten Trainingsprogramme zur Verbesserung der Attribuierungsleistungen von Richtern.

15 Vgl. ausführlichere Darstellung und Literaturverweise bei Löschper 1989, S.239 -246.

16 Zu sozialen Kognitionstheorien allgemein siehe Petty/Cacioppo 1986 sowie Evans 1991.

17 Die Besonderheit, daß diese richtenden Menschen "im Namen des Volkes" urteilen, in einem spezifischen sozialen Kontext in einer bestimmten sozialen *Relation* zu ihren Interaktionspartnern stehen und spezifische Chancen der Durchsetzung ihrer Realitätsinterpretation haben, tritt bei dieser Formulierung und Sichtweise in den Hintergrund.

18 Vgl. die Kritik von Graumann (1988) am sozialpsychologischen Kognitivismus.

19 Wie stark diese Sichtweise die methodische Anlage experimenteller Untersuchungen prägt bzw. umgekehrt durch die Methoden die als in der Realität "an sich" bestehend angenommene Unterschiedlichkeit von Verhaltensklassen scheinbar bestätigt und Realität damit verdoppelt wird, wäre eine eigene ausführliche Analyse wert: Ob Versuchspersonen in den verschiedenen Experimentalbedingungen einer Simulationsstudie z.B. eine angemessene Sachverhaltsrekonstruktion vornehmen oder - sei es im Rahmen attributionstheoretischer Annahmen oder von Informationsverarbeitungsmodellen - Informationen richtig gewichten und zu einem Urteil kommen, ist erst über die vom Versuchsleiter gesetzten (meist intuitiv gewonnenen, oft zirkulär definierten und nur arbiträr als anderen Maßstäben überlegen herausgegriffenen; Lloyd-Bostock 1983, Graumann 1988) Kriterien für eine richtige oder falsche Urteilsbildung zu ermitteln. Ob eine interne Attribution, etwa die Zuschreibung einer betrügerischen Absicht, mit den "tatsächlichen" Motiven eines Angeklagten übereinstimmt, ist im Simulationsexperiment ebensowenig zu ermitteln wie in der Realität vor Gericht. Möglich sind lediglich intersubjektive Abstimmungen oder Konsensbildung über Konstruktionen und Interpretationen. Die Perspektive auf solche Konstruktions- und Aushandlungsprozesse eröffnet allerdings vollkommen andere Fragestellungen.

20 Dies hängt u.a. damit zusammen, daß es sich um allgemeine, nicht auf den Kontext (Straf-) Recht bezogene sozialpsychologische Theorien handelt, die lediglich "ausgeborgt" (Konecni/Ebbesen 1981) werden, um richterliches Urteilsverhalten zu erklären.

21 Z.B. zahlreiche Untersuchungen von Ebbesen/Konecni; vgl. die Darstellung bei Löschper 1989, S.242ff.

22 Vgl. Gelsthorpe (1992) in diesem Band.

23 Vgl. die überzeugende und immer noch aktuelle Analyse und Kritik von Tajfel (1972).

24 Während für das abweichende Verhalten im Konstitutionsparadigma objektivistische Reste bestritten werden, wird eine Analyse der objektiven Bedingungen des Handelns der Repräsentanten sozialer Kontrolle als möglich und notwendig angesehen, will man nicht bei der Beobachtung von Definitionsakten stehenbleiben, deren Inhalte und Systematik unverständlich bleiben müssen - vgl. die häufig diskutierten Kritikpunkte der Auflösung von Strukturen in interaktive Prozesse und der Inhaltsleere der aufgewiesenen Selektivität.

Literatur

BANSCHERUS, J., Polizeiliche Vernehmung: Formen, Verhalten, Protokollierung, BKA-Forschungsreihe, Bd.7, Wiesbaden 1977

BIERBRAUER, G./GOTTWALD, W., Psychologie und Recht - Brückenschlag zwischen Fakten und Fiktion, in: Schulz-Gambard, J. (Hrsg.), Angewandte Sozialpsychologie: Konzepte, Ergebnisse, Perspektiven, München Weinheim 1987, S. 91 - 110

CARROLL, J. S., Zuschreibung von Verantwortung und Rekonstruktion von Sachverhalten in der Strafzumessung, in: Oswald, M./Pfeiffer, Ch. (Hrsg.), Strafzumessung. Empirische Forschung und Strafrechtsdogmatik im Dialog. Internationales Symposium 9.- 12. März 1988 in Lüneburg, Stuttgart 1989, S. 231 - 247

CARROLL, J. S./WIENER, R. L., Cognitive social psychology in court and beyond, in: Hastorf, A. H./Isen, A. M. (eds.), Cognitive social psychology, New York u.a. 1982, p. 213 - 253

DEICHSEL, W./KUNSTREICH, T./LÖSCHPER, G., Das Aufbaustudium Kriminologie - ein Bericht in theoretischer Absicht, in: Ostendorf, H. (Hrsg.), Integration von Strafrechts- und Sozialwissenschaften. Festschrift für Lieselotte Pongratz, München 1986, S. 171 - 185

DIJK, T. A. v., Discourse & Society: a new journal for a new research focus, Discourse & Society 1, 1990, p. 5 - 16

EBBESEN, E. B./KONECNI, V. J., Social psychology and the law: A decision-making approach to the criminal justice system, in: Konecni, V. J./Ebbesen, E. B. (eds.), The criminal justice system. A social-psychological analysis, San Francisco 1982, p. 3 - 23

EDWARDS, D./POTTER, J., Discursive Psychology, London u.a. 1992

EVANS, J. S. B. T., Theories of human reasoning: The fragmented state of the art, Theory and Psychology 1, 1991, p. 83 - 105

FEEST, J./BLANKENBURG, E., Die Definitionsmacht der Polizei, Opladen 1972

GELSTHORPE, L., Geschlecht und soziale Kontrolle, in diesem Band, S. 46 - 63

GIEHRING, H., Ungleichheiten in der Strafzumessungspraxis und die Strafzumessungslehre - Versuch einer Analyse aus der Sicht eines Strafrechtswissenschaftlers, in: Oswald, M./Pfeiffer, Ch. (Hrsg.), Strafzumessung. Empirische Forschung und Strafrechtsdogmatik im Dialog. Internationales Symposium 9.- 12. März 1988 in Lüneburg, Stuttgart 1989, S. 77 - 125

GÖSSWEINER-SAIKO, T., Vernehmungskunde - ein Grundriß, Graz 1979

GRAUMANN, C. F., Der Kognitivismus in der Sozialpsychologie - Die Kehrseite der "Wende", Psychologische Rundschau 39, 1988, S. 83 - 90

GREENBERG, M. S./RUBACK, R. B., Social psychology of the criminal justice system, Monterey, Calif. 1982

HAISCH, J., Zur Anwendung der Attributionstheorie auf die Strafzumessung in simulierten Strafverfahren, Psychologie und Praxis 24, 1980, S. 13 - 20

HAISCH, J., Anwendung von Attributionstheorie als normatives Modell für Schuldzuschreibungen in Strafverfahren: Ein Trainingsprogramm, Psychologie und Praxis 26, 1982, S. 24 - 36

HAISCH, J., Zur Fehlerreduktion im richterlichen Handeln. Anwendung einer metatheoretischen Position als Norm bei der Wahrheitsrekonstruktion in Gerichtsverfahren, Zeitschrift für Sozialpsychologie 15, 1984, S. 269 - 277

HAMILTON, V. L., Who is responsible? Toward a social psychology of responsibility attribution, Journal of Personality and Social Psychology 41, 1978, p. 316 - 328

HANS, V. P./VIDMAR, N., Jury selection, in: Kerr, N. L./Bray, R. M. (eds.), The psychology of the courtroom, New York 1982, p. 39 - 82

HESS, H./STEHR, J., Die ursprüngliche Erfindung des Verbrechens, Kriminologisches Journal, 2.Beiheft 1987, S. 18 - 56

HOMMERS, W., Perspektiven der Rechtspsychologie, Göttingen 1991

JEHLE, J.-M., Neuere Entwicklungen der Rechtspsychologie aus kriminologischer Sicht, Monatsschrift für Kriminologie und Strafrechtsreform 74, 1991, S. 300 - 304

KAPLAN, M. F., Cognitive processes in the individual juror, in: Kerr, N. L./Bray, R. M. (eds.), The psychology of the courtroom, New York 1982, p. 197 - 220

KAPLAN, M. F./MILLER, L. E., A model of cognitive processes in jurors, Representative Research in Social Psychology 10, 1979, p. 48 - 60

KEUPP, H., Kriminalität als soziale Konstruktion - Zum interpretativen Potential der Labeling-Perspektive, in: Lösel, F. (Hrsg.), Kriminalpsychologie, Basel Weinheim 1983, S. 106 - 117

KNORR-CETINA, K. D., The micro-sociological challenge of macro-sociology: towards a reconstruction of social theory and methodology, in: Knorr-Cetina, K. D./Cicourel, A. (eds.), Advances in social theory and methodology. Towards an integration of micro- and macro-sociologies, London 1981, p. 1 - 47

KONECNI, V. J./EBBESEN, E. B., A critique of theory and method in social-psychological approaches to legal issues, in: Sales, B. D. (ed.), The trial process, New York u.a. 1981, p. 481 - 498

KONECNI, V. J./EBBESEN, E. B., The criminal justice system. A social-psychological analysis, San Francisco 1982

LÖSCHPER, G., Relevanz psychologischer Urteilsforschung im Bereich der Rechtsprechung, Zeitschrift für Sozialpsychologie 20, 1989, S. 230 - 253

LÖSEL, F., Introduction to "Prediction and explanation of criminal behavior", in: Wegener, F. H./Lösel, F./ Haisch, J. (eds.), Criminal behavior and the justice system. Psychological perspectives, New York u.a. 1989, p. 17 - 25

LLOYD-BOSTOCK, S. M., Psychology and the law: A critical review of research and practice, British Journal of Law and Society 8, 1981, p. 1 - 28

LLOYD-BOSTOCK, S. M., Attributions of cause and responsibility as social phenomena, in: Jaspars, J./Fincham, F. D./Hewstone, M. (eds.), Attribution theory and research: Conceptual development and social dimensions, London 1983, p. 261 - 289

MONAHAN, J./LOFTUS, E. F., The psychology of law, in: Rosenzweig, M. R./Porter, L. W. (eds.), Annual review of psychology, Palo Alto, Calif. 1982, p. 441 - 475

MUMMENDEY, A./LINNEWEBER, V./LÖSCHPER, G., Aggression: From act to interaction, in: A. Mummendey (ed.), Social psychology of aggression. From individual behavior to social interaction, Berlin u.a. 1984, p. 69 - 106

NAGEL, S. S./NEEF, M. G., Decision theory and the legal process, Lexington, Mass. 1979

PETERS, D., Richter im Dienste der Macht, Stuttgart 1973

PETTY, R. E./CACIOPPO, J. T., Communication and persuasion. Central and peripheral routes to attitude change, New York u.a. 1986

POTTER, J./WETHERELL, M., Discourse and social psychology. Beyond attitudes and behaviour, London u.a. 1987

SACK, F., Wege und Umwege der deutschen Kriminologie in und aus dem Strafrecht, in: Janssen, H./Kaulitzky, R./Michalowski, R. (Hrsg.), Radikale Kriminologie, Bielefeld 1988, S. 9 - 34

SCHÜNEMANN, B., Kognition, Einstellung und Vorurteil bei der Rechtsfindung, in: Lampe, E.-J. (Hrsg.), Beiträge zur Rechtsanthropologie, Stuttgart 1985, S. 68 - 84

SCHUMANN, K. F., Kriminologie als Wissenschaft vom Strafrecht und seinen Alternativen, Monatsschrift für Kriminologie und Strafrechtsreform 70, 1987, S. 81 - 88

SIGALL, H./OSTROVE, N., Beautiful but dangerous: Effects of offender attractiveness and nature of crime on juridic judgement, Journal of Personality and Social Psychology 31, 1975, p. 410 - 414

SMAUS, G., Theorie und Empirie im kriminologischen Unterricht (im pädagogischen Raum einer wissenschaftlichen Hochschule bzw. Universität), in: Löschper, G./Manke, G./Sack, F. (Hrsg.), Kriminologie als selbständiges, interdisziplinäres Hochschulstudium. Internationales Symposium vom 8.- 10. Mai 1986, Universität Hamburg, Pfaffenweiler 1986a, S. 248 - 270

SMAUS, G., Versuch um eine materialistisch-interaktionistische Kriminologie, Kriminologisches Journal, 1.Beiheft 1986b, S. 179 - 199

SMAUS, G., Bemerkungen zum Stand der kritischen Kriminologie, in: Kaiser, G./Kury, H./Albrecht, H.-J. (Hrsg.), Kriminologische Forschung in den 80er Jahren, Freiburg 1988, S. 543 - 569

TAJFEL, H., Experiments in a vacuum, in: Israel, J./Tajfel, H. (eds.), The context of social psychology, London 1972, p. 69 - 119.

Interdisziplinarität als Problemverschiebung: Das Gutachten der unabhängigen Regierungskommission zur Verhinderung und Bekämpfung von Gewalt

Albrecht Funk

Die Vorschläge der unabhängigen Gewaltkommission und die ihrer Arbeit zugrundegelegten Problemstellungen sind vielfach diskutiert und häufig kritisiert worden.[1] Dem bleibt wenig hinzuzufügen. Eine Auseinandersetzung mit der Arbeit der Kommission und ihrem Gutachten insgesamt steht zwar noch aus; eine solche erfordert m.E. jedoch eine ausführliche Diskussion mit der Funktion solcher Kommissionen für die Politik und - wichtiger noch - ihrer Legitimierung. Eine solche Analyse wissenschaftlicher Politikberatung setzt eine weit über den eigentlichen Gegenstand - Ursache, Prävention und Kontrolle von Gewalt - hinausgreifende Vorgehensweise voraus. Das Ziel der folgenden Ausführungen ist demgegenüber sehr viel begrenzter. Nachgegangen werden soll der Frage, in welcher Weise die Kommission und das Gutachten unterschiedliche wissenschaftliche Disziplinen für ihre Analyse und Vorschläge genutzt hat. Interdisziplinarität ist eine der zentralen Quellen, aus denen die Kommission Legitimität für ihre Vorschläge schöpft.[2]

Für die Kriminologie ist die Frage, wie die Kommission die Ursachen und die Prävention von Gewalt interdisziplinär diskutiert hat, von besonderem Interesse. Denn zum einen gehört der Gegenstand zum Kernbereich der Disziplin. Zum anderen verstehen die meisten Vertreter ihres Faches Kriminologie selbst als ein interdisziplinär angelegtes Unternehmen, wie unterschiedlich Kriminologen im einzelnen auch den Gegenstand ihres Faches definieren mögen (vgl. etwa Löschper/Manke/Sack 1986). Die aus Psychologen, Psychiatern, Soziologen, Kriminologen, Juristen und Polizeipraktikern zusammengesetzte Kommission kann deshalb geradezu als Modellfall eines wissenschaftlich angeleiteten interdisziplinären Nachdenkens über eine kriminologische Fragestellung gelten. Zu fragen ist nur, in welcher Weise sich diese Interdisziplinarität in der Definition und Behandlung des Gewaltthemas in den Analysen der Kommission und seiner vielfältigen Unterkommissionen niederschlug.

1. Der gemeinsame Auftrag der Disziplinen

Interdisziplinarität war ein Modewort der wissenschaftspolitischen Diskussion der siebziger Jahre, wenngleich es nicht zuletzt durch den beliebigen Gebrauch des Begriffs für fragwürdige Unternehmen aller Art viel von seiner Attraktivität eingebüßt hat. Die Bandbreite dessen, was darunter alles gefaßt wird, ist groß. Interdisziplinarität beginnt für viele Forscher bereits dort, wo auf einer Tagung oder in einem Buch ein bestimmter Gegenstand - die Natur, Gewalt, das Eigentum oder die Liebe - aus der Perspektive verschiedener Disziplinen beleuchtet wird. Sie setzt sich in Projekten fort, in denen ein bestimmter Gegenstand gemeinsam definiert und in einem aufeinander bezogenen methodischen Vorgehen unterschiedlicher Disziplinen bearbeitet wird. Interdisziplinarität bezieht sich schließlich nicht zuletzt auf solche Forschungszweige, in denen verschiedene Theoriestränge zu einem neuen Ansatz - und häufig auch zu einer neuen Disziplin - fusioniert werden; die Biogenetik oder die Astrophysik in den Naturwissenschaften stehen hierfür; die Kriminologie beansprucht innerhalb der Sozialwissenschaften ebenfalls eine solche Eigenständigkeit.[3]

Die Gewaltkommission begründet den interdisziplinären Charakter ihres Unternehmens nun weder durch Gemeinsamkeiten im Erkenntnisobjekt noch in der Fragestellung oder der Methode. Er ergibt sich vielmehr durch ein Ziel, das alle gemeinsam verfolgen:

"Die Konzeption der Regierungskommission kann man dahingehend umschreiben, daß im Rahmen unserer rechtsstaatlichen Ordnung Vorschläge vorgelegt werden, die interdisziplinär erarbeitet wurden."[4]

Versucht man aus den spärlichen Anmerkungen zur Konzeption, Methode und Vorgehensweise die Vorstellung von Interdisziplinarität zu rekonstruieren, die hinter der Kommissionsarbeit stand, dann fallen vor allem drei Punkte ins Auge:

(1) Wie dieses interdisziplinäre Erarbeiten konkret vor sich ging, darin finden sich im Gutachten selbst nur technische Anmerkungen (I.RN.10) und zwei darauf bezogene Graphiken. Letztere illustrieren eines deutlich: Die Integration der von den einzelnen Disziplinen erarbeiteten Vorstellungen wird durch hierarchisch strukturierte Selektions- und Abstimmungsverfahren geleistet, wie sie bei bürokratischen Entscheidungsprozessen üblich sind, nicht aber durch eine inhaltliche Verknüpfung der unterschiedlichen "aus fachspezifischer Sicht" formulierten Einsichten der Erstgutachten (I.RN.10) in einer in sich schlüssigen, wissenschaftlichen Argumentation. Herausgefiltert aus dem "breiten Wissens-, Erfahrungs- und Meinungsspektrum" (I.RN.11) der Mitglieder der Kommission wird auf diese Weise das, was zwischen den Mitgliedern der Kommission nicht konsensfähig war; selektiert wurden für die Zwischen- und das Endgutachten die Aussagen, die den Vorstellungen der "koordinierenden Redakteure" und der Endgutachter nahekamen. Die Summe des Endgutachtens ist in diesem Falle deshalb bedeutend weniger als seine Teile - die im dritten Band präsentierten Einzelgutachten. Sie und nicht das synthetisierende Endgutachten stehen deshalb auch im Mittelpunkt der folgenden Ausführungen.

(2) Der Arbeit dieser Unterkommissionen vorausgesetzt waren jedoch nicht nur die Verfahren, mit denen Ergebnisse erarbeitet wurden - bürokratisch-entscheidungsorientierte statt wissenschaftliche. Vorgegeben war diesen auch der interdisziplinäre Rahmen, welcher der Arbeit zugrundegelegt werden sollte, so nichtssagend die expliziten Aussagen zu diesem Thema in dem Endgutachten auch erscheinen mögen.

Definiert wird dieser Rahmen zunächst durch die Auswahl der Disziplinen, die zur Arbeit in der Kommission herangezogen wurden. Eine Begründung dafür, weshalb Vertreter der psychologischen Aggressionsforschung, der Psychiatrie, der Soziologie und Kriminologie und der Rechtswissenschaften herangezogen wurden, andere Disziplinen und Ansätze jedoch nicht, wird an keiner Stelle gegeben. Die Auswahl selbst läßt jedoch Rückschlüsse auf die Auswahlkriterien zu. Von vorneherein ausgeklammert wurden Repräsentanten solcher Ansätze, die den angestrebten Konsens der Disziplinen hätten stören können. Die Experten und die Wissenschaftler sollten nach dem Willen der Auftraggeber "praxisnah(e) und handlungsorientiert(e) (Konzepte)" erarbeiten (I.RN 5); ein offener wissenschaftlicher Dissens hätte die Legitimität dieser Vorschläge nur untergraben. Ansätze, die den schwierigen Abstimmungsprozeß hätten sprengen können, wurden deshalb von vorneherein vom Verhandlungstische ferngehalten. Deshalb fehlen auf der einen Seite Repräsentanten einer politikwissenschaftlichen und historischen Protest- und Gewaltforschung im interdisziplinären Kommissionskonzept. Auf der anderen Seite wurde - trotz des konservativen Übergewichts in der Kommission - darauf verzichtet, Vertreter einer verhaltensbiologischen Aggressionsforschung in die Arbeit einzubeziehen.

(3) Die Frage, worin die Gemeinsamkeiten der beteiligten Disziplinen und Professionen in bezug auf das Thema Gewalt liegen und wie die Disziplinen in Fragestellung, methodischen Vorgehensweisen und Zielsetzung differieren oder sich ergänzen könnten, wird an keiner Stelle der voluminösen Werke der Kommission erörtert. Die unterschiedlichen Zugriffsweisen auf das Thema, die verschiedenen theoretischen Ansätze und Methoden werden nicht aufeinander bezogen.

Die Einzelgutachten definieren deshalb im vorgegebenen Rahmen ihr Thema selbst. Im Endgutachten wird der aus Kriminologielehrbüchern bekannten multifaktoriellen Betrachtungsweise gehuldigt. Die Darstellung der Ergebnisse gerät auf diese Weise zum Panoptikum praktisch politischer Forderungen, zu deren Begründung je nach Opportunität auf Aussagen aus Gutachten der verschiedenen Disziplinen und Professionen zurückgegriffen wird.

Die Klammer, mit der die Arbeit der Unterkommissionen - Psychologie, Psychiatrie, Soziologie, Kriminologie, Polizeipraxis, Strafrechtspraxis, Strafrechtswissenschaft und Öffentliches Recht - zusammengehalten und ihr ein Anstrich der Interdisziplinarität verliehen wird, liegt jenseits der Disziplinen und ihrem jeweiligen Wissenschaftsverständnis. Diese Klammer bildet allein ein gemeinsames "Arbeitskonzept", das sich im Kern auf eine normative Definition des Untersuchungsgegenstandes reduziert. Sie beginnt mit der Feststellung:

"Der Gewaltbegriff soll aus der Sicht des staatlichen Gewaltmonopols bestimmt werden. Dabei soll es primär um Formen physischen Zwanges als nötigender Gewalt sowie Gewalttätigkeiten gegen Personen und/oder Sachen unabhängig von Nötigungsintentionen gehen" (I.RN.32).

Die Übernahme dieses von den Auftraggebern vorformulierten und der Kommission schließlich gesetzten Rahmens war Voraussetzung für die Teilhabe der Disziplinen und ihrer jeweiligen Repräsentanten an der Arbeit der Kommission. Und dieser Rahmen konstituiert zugleich die Interdisziplinarität der Kommissionsarbeit. Die Art und Weise, wie die Disziplinen dieses Arbeitskonzept jeweils interpretieren, differiert jedoch. Der analytische Bezugsrahmen, in den die Ausführungen gestellt werden, wechselt von Fach zu Fach. Und auch die jeweiligen Erklärungsansätze unterscheiden sich. Nicht in der Kompilation von Ergebnissen im Endgutachten, sondern in den zugrundliegenden Erstgutachten erschließt sich dem Leser, in welcher Weise die unterschiedlichen Disziplinen zum vorgegebenen Ziel beitragen. Die Interdisziplinarität des vorliegenden Unternehmens ist daran abzulesen, wie die einzelnen Disziplinen ihre jeweilige Fragestellung operationalisieren und auf die anderer Disziplinen beziehen. Dies soll im folgenden kurz an drei, sozialwissenschaftlich besonders interessanten Endgutachten der Unterkommissionen skizziert werden: Psychologie, Soziologie und Kriminologie.

2. Gewalt aus der Sicht des staatlichen Gewaltmonopols und einzelner Disziplinen

2.1. Die reduktionistische Zurichtung: Psychologie[5]

Die Unterkommission Psychologie entledigt sich des Problems, das von der Kommission vorgegebene Arbeitskonzept für die Psychologie zuzurichten, auf einfache Weise. Sie übersetzt das vorgegebene Arbeitskonzept in Problemstellungen der psychologischen Aggressionsforschung. Gewalt wird einfach zu einer "Teilmenge von Aggressionen" (II.1.RN.10) erklärt und als "ausgeübte oder glaubwürdig angedrohte Aggressionen" definiert, "mit denen einem angezielten Objekt etwas gegen dessen Bedürfnisse, gegen dessen Willen geschieht" (II.1.RN.11).

Durch diese Übersetzung stellt sich aber die Frage nach den Definitionskriterien von Gewalt/Aggressionen in zugespitzter Weise. Denn ein unübersehbares Resultat der jahrzehntelangen Diskussion in dieser Forschungsrichtung ist, daß Aggressionen keine klar umrissene Klasse von Verhaltensmerkmalen, sondern ein sozialen Interaktionen zukommendes Beurteilungskriterium darstellen. Die Autoren stellen dies in ihren Ausführungen selbst explizit fest, indem sie vermerken, daß

"die Zuschreibung der Gewalt im Alltag vom Bezugssystem des Beurteilers sowie situativen und normativen Kriterien der Angemessenheit abhängt." (II.1.RN.8).

Damit hatte im Prinzip die Unterkommission die Büchse der Pandora geöffnet - eine sozialwissenschaftliche Analyse von Gewaltprozessen, die zugleich ihre eigenen Kriterien und Bezugssysteme erforscht und kritisch reflektiert. Denn die von den Autoren konstatierte Abhängigkeit der Beobachtungskriterien und Beurteilungsmaßstäbe betrifft nicht etwa nur den einzelnen Bürger mit seinen Alltagstheorien und Maßstäben. Sie gilt auch und erst recht für die Wissenschaft (siehe Löschper 1992).

Doch diese Schlußfolgerung wird mit einer ebenso simplen wie wissenschaftlich fragwürdigen Argumentation umgangen. Die Suche nach begründeten wissenschaftlichen Beschreibungs- und Beurteilungskriterien, mit denen auch die Maßstäbe der Akteure erfaßt werden können, wird verkürzt zur "konsensfähige(n) Abgrenzung bestimmter Gewaltphänomene" durch eine gesellschaftliche Mehrheit, die Gemeinschaft aller rechtschaffenen Bürger und letztendlich durch das bestehende Recht.

"...Konsensprobleme in manchen Grenzbereichen bedeuten freilich nicht, daß auch dort der Gewaltbegriff in Frage zu stellen ist, wo die Rechtslage gemäß StGB eindeutig ist" (II.1.RN. 9).

Nachdem die Aggressionsforschung auf diese Weise in das vorgegebene Arbeitskonzept gepreßt wurde, operiert die Unterkommission im weiteren - trotz aller zuvor gemachten Ausführungen - deshalb auch mit einem normativ-substantiellen Gewaltbegriff. Diese Gewalt wird zu allem Überfluß mit Hilfe einer kruden, allen kriminologischen Einwänden Hohn sprechenden Interpretation der polizeilichen Kriminalstatistik flächendeckend erfaßt. Die so substantialisierte und generalisierte Gewalt, "die Gewalt" schlechthin (II.1.RN.24) wird dann mit Hilfe der bekannten (lern)theoretischen Modelle der Aggressionsforschung erklärt; Modellen, denen der Charakter von "Gewalttheorien" zugesprochen wird. Das Muster, mit dem die per Auftrag vorgegebenen Felder - politisch motivierte Gewalt, Familie, Gewalt auf Straßen und Plätzen, Gewalt in der Schule - bearbeitet werden, bleibt sich deshalb gleich. Es ist durch die Vorstellung von Gewalt als erlerntem Verhalten geprägt. Diskutiert werden deshalb ausschließlich Faktoren, die solche Lernprozesse fördern: zunächst in der Persönlichkeit, dann in der primären und sekundären Sozialisation und schließlich in der allgemeinen Wertevermittlung. Der soziale Kontext gerät zu einer bloßen Randbedingung einer allgemeinen Aggressionstheorie, die scheinbar alle konkreten Gewaltphänomene erklären kann (II.1.RN.38). Das Gutachten ist deshalb auch mehr die Explikation eines theoretischen Ansatzes der Psychologie an vier vorgegebenen Beispielen als ein Versuch, sich zusammen mit anderen Disziplinen auf die Analyse von gewaltförmigen Interaktionsprozessen einzulassen.

2.2. Die exemplarische Umsetzung des Arbeitskonzepts: die Soziologie[6]

In der Vorbemerkung zu ihrem Gutachten stellt sich die Unterkommission Soziologe als ihre Aufgabe, "gesellschaftliche Bedingungen von Gewalt, und insbesondere von politisch motivierter Gewalt zu beschreiben" (II.2.RN.1). Die Beschränkung auf bestimmte Gewaltphänomene erscheint hierbei zunächst verständlich angesichts des hochgesteckten Zieles der Soziologen: die gesellschaftlichen Bedingungen gewaltsamer Prozesse zu erfassen. Nachvollziehen läßt sich m.E. auch ihr Plädoyer für eine Begrenzung des Gewaltbegriffs auf "physische Gewalt". Doch der dahinter stehende Glaube, damit habe man auch ein eindeutiges, nicht mehr weiter zu begründendes analytisches Kriterium für die Beschreibung "politisch motivierter Gewalt", entbehrt einer einsichtigen Grundlage.

Dem Problem, daß Reden über und die politische Begründung von Gewalt immer normative Beurteilungen implizieren und von kontroversen politischen "Begriffsstrategien" geprägt sind, entgeht man nicht dadurch, daß man sich von einem "uferlosen" Begriff "struktureller Gewalt" distanziert und auf das scheinbar sichere Ufer beobachtbarer physischer Zwangshandlungen zurückzieht. Gewalt üben - wie die sozialpsychologischen Untersuchungen zeigen - immer nur die anderen aus, und dies gilt für politisch legitimierte Formen der Gewaltausübung im besonderen Maße. Diese Differenzen und deren soziale und politische Grundlagen sind deshalb selbst zum

Gegenstand der Analyse zu machen (vgl. Löschper 1992). Ohne einen expliziten Bezug der differierenden und teilweise konfligierenden Vorstellungen über Gewalt bei politischen Akteuren auf deren Zielvorstellungen und Handlungskontexte läßt sich nicht sinnvoll über "politisch motivierte Gewalt" reden. Und dies gilt erst recht, wenn man aus einsichtigen analytischen Gründen alle die Faktoren aus dem Gewaltbegriff ausschließt, mit denen man - um das berühmte Zillewort abzuwandeln - einen Menschen auch erschlagen kann. Denn dann stellt sich die Frage nach dem jeweiligen sozialen, ökonomischen und politischen Kontext und den subjektiven Erfahrungen, die den Handlungen der politischen Akteure und deren Legitimitierung zugundeliegen, nur noch schärfer.

Doch von solch einer kritischen Beschreibung der in politischen Konflikten anzutreffenden normativen Gewaltkonzepte und ihrer sozialen, ökonomischen und politischen Bedingungsfaktoren findet sich im Gutachten nur wenig. Auf eine Reflexion des schillernden Begriffs "politisch motivierter Gewalt" wird trotz des Rekurses auf die Kritik Nardins (1973) an der amerikanischen Debatte um "political violence" ganz verzichtet.[7] Stattdessen wird das Adjektiv "physisch" dazu verwendet, einen scheinbar objektiven und empirisch operationalisierbaren Gewaltbegriff zu postulieren. Auf den Mittelcharakter physischer Gewalt und die Unmittelbarkeit ihrer Wirkung abhebend, werden alle Fragen nach den damit verbundenen Zielen und dem zugrundliegenden sozialen Kontext ausblendet. Sie wird zu einer "an sich" meßbaren Einstellung stilisiert, zu einem objektiv beobachtbaren Verhalten, das den Rahmen einer durch die Monopolisierung staatlicher Gewalt befriedeten Gesellschaft sprengt. Die soziologische Version des allgemeinen Arbeitskonzepts lautet deshalb:

"warum kommt es ... in einer generell "zivilisierten Gesellschaft" immer wieder zur Gewaltausübung in den verschiedensten Bereichen?" (II.2.RN.29)

Die Beschreibung der gesellschaftlichen Ursachen von Gewalt setzt dementsprechend kurz an, wenngleich mit einem elaborierten Instrumentarium empirischer Sozialforschung. Sie beginnt mit dem Versuch, innerhalb der bundesrepublikanischen Gesellschaft Gruppen mit "Gewaltbereitschaft" (II.2.RN.95) zu verorten, d.h. die "kognitiven, evaluativen und affektiven Elemente individueller Gewaltorientierungen" (RN.37). Bei dem expliziten Verzicht, Gewalt in den Zusammenhang mit unterschiedlichen politischen Zielvorstellungen zu bringen, und der souveränen Ausblendung der kritischen sozialpsychologischen Literatur zur Messung von Einstellungen zu Gewalt/Aggression und deren Interpretation, kann das Ergebnis nicht überraschen. Die Feststellung,

"daß die Gruppe der linken Postmaterialisten einen besonderen Kristallisationspunkt für das gegenwärtige Protest- und Gewaltpotential darstellt" (RN 85),

ist kaum mehr als eine Reifikation des zugrundliegenden Konzepts der Autoren, der "Theorie des Wertewandels". Die im "juste milieu" eingelassenen "Gewaltpotentiale" können mit der auf die sozialen Bewegungen der achtziger Jahre zugeschnittenen Operationalisierung von "Gewalt" und "gewaltförmigem Protest" nicht erfaßt werden. Trotz der Vermeidung inhaltlicher Bezüge bleibt diese hochgradig auf einen spezifischen sozialen Kontext bezogen. Von der im Jahre 1991 "plötzlich" sichtbar werdenden Bereitschaft, Gewalt gegen Asylanten und Ausländer anzuwenden, ist deshalb auch an keiner Stelle des Gutachtens die Rede.

In einem zweiten Schritt suchen die Soziologen den sich eröffnenden "Hiatus zwischen Gewaltbereitschaft und Gewalthandeln" (II.2.RN.95) dadurch zu überbrücken, daß sie die zuvor konstatierte "generalisierte Gewaltbereitschaft" reformulieren: als Konsequenz von Lernsequenzen aus zumeist "ungeregelten und nichtinstitutionalisierten politischen Konflikten", in denen "Situationen entstehen, die Gewalt in Kauf nehmen lassen" (RN.105). Die Analyse mündet in dem Versuch, die Faktoren zu erfassen, die in bestimmten Handlungskonstellationen und -situationen tatsächlich zur Gewaltausübung führen (RN.110). Bezug genommen wird hierbei vor allem auf Interaktionen zwischen Polizei und Demonstranten - der Ort, an dem Gewalt am offensichtlichsten zu fassen ist.

Durch diese Analyse des "situativen Kontexts" von Gewaltausübung wird die Relevanz der zuvor beschriebenen "gruppenspezifischen Dispositionen" relativiert. Ein zureichendes Verständnis gewaltförmiger Auseinandersetzungen zwischen sozialen Bewegungen und Polizei läßt sich aus diesen unmittelbaren Handlungsperspektiven der Akteure aber nicht gewinnen. Die situative Rekonstruktion klammert den gesamten sozialen und politischen Kontext, der den Einsatz staatlicher Gewalt bestimmt, wie die Konfliktgeschichte, deren Einfluß auf die Protestformen und Struktur der Demonstranten und sozialen Bewegungen, weitgehend aus.[8] In den Blick geraten in der Analyse des "situativen Kontextes" allenfalls "Eskalationsprozesse", subjektive Fehleinschätzungen oder situatives Ungeschick einer zu hart (oder zu weich) auf die Aktionen der Gegenseite reagierenden Polizei. Sozialwissenschaftliche Analyse gerät auf diese Weise zum sozialtechnologischen Problem der Dosierung von Gewalt durch die Polizei und der Vermeidung von gewalteskalierenden "Über- oder Unterreaktionen".[9]

Die Unterkommission bleibt deshalb dort, wo sie über Gewalt redet, weit hinter ihrem Anspruch einer Beschreibung der gesellschaftlichen Bedingungsfaktoren von Gewalt zurück. Der allgemeine makrosoziologische Charakter vieler Aussagen kann nicht darüber hinwegtäuschen, daß dieses Gutachten in seinen zentralen analytischen Teilen auf eine Einstellungsanalyse (die sie in einem interdisziplinären Unternehmen den Psychologen hätte überlassen können) und eine mit mikrosoziologischen Ansätzen betriebene Analyse von Interaktionen zwischen Polizisten und Demonstranten, beschränkt bleibt.

Auch die anschließenden Schlußbemerkungen zum Verhältnis von Protestbewegungen und Demokratie können diese Beschränkung nicht aufheben. Denn sie stehen mit den zuvor gemachten Ausführungen nur in einer ganz lockeren Beziehung; sie liefern nicht den politischen Kontext der zuvor analysierten Konfliktsituationen nach - Gewalt spielt nur noch am Rande eine Rolle (II.2.RN. 228ff). Der Schlußteil hat weit mehr die Funktion, die durch die "neuen sozialen Bewegungen" und deren linken postmaterialistischen Kern (RN.216) hervorgerufenen "nicht-institutionalisierten Konflikte als Gefährdung und Chance für die Demokratie" zu diskutieren. Die Chancen werden zwar durchaus mit Empathie beschrieben, die Verkehrung des Problems politischer Gewalt zu einem Problem postmaterieller Akteure wird hierdurch aber nicht aufgehoben.

2.3. Generalistin und Lückenbüßerin: Die Kriminologie[10]

Es sind die Kriminologen, nicht die Soziologen, Psychologen und Psychiater, die sich mit ihrer Fragestellung am stärksten von der in der Arbeitskonzeption vorgegebenen Definition von Gewalt absetzen. "Welche Handlungen, Konflikte oder Auseinandersetzungen", fragen sie stattdessen in bezug auf Gewaltphänomene, "werden unter dem Etikett Kriminalität thematisiert, auf welchem Wege wird das Thematisierte öffentlich, wie wird das öffentlich Gemachte verarbeitet, und welches sind die gewöhnlichen Konsequenzen?" (II.3.RN.22). Diese Frageperspektive ermöglicht es dieser Unterkommission in weit größerem Maße als dies in anderen der Fall ist, sich von der in der Arbeitskonzeption vollzogenen Gleichsetzung gesellschaftlicher Gewalt mit den Handlungen oder Konflikten, die "aus der Sicht des staatlichen Gewaltmonopols" Gewalt sind, zu lösen. Über die vom Auftraggeber benannten, teilweise willkürlich konstruierten Untersuchungsfelder hinaus,[11] benennen die Kriminologen wenigstens einige der gewaltträchtigen Bereiche und Orte, die bei einem Nachdenken über Gewalt in dieser Gesellschaft eigentlich nicht ausgeblendet werden können: der Drogenbereich, Gewalt in totalen Institutionen (Bundeswehr, Strafvollzug), Gewalt in der Polizei sowie durch die und gegen die Polizei (II.3.RN.250ff).

Doch so sehr die Unterkommission auch das weit über den Auftrag hinausreichende "Selbstverständnis der Kriminologie" betont (RN.1), die Realität des Arbeitskonzeptes und die ihres Faches holt ihre Vertreter schnell wieder ein. Der Anspruch, den sie formulieren, ist hoch: Die Kriminologie kann nach der Überzeugung der Unterkommission den Bezugsrahmen bereitstellen, durch welchen die Fragestellungen und Ansätze der unterschiedlichen Disziplinen integriert werden können.

> "Für zahlreiche Grundlagenprobleme und Einzelfragen muß man bei einer vertiefenden Analyse unbedingt Betrachtungsweisen der Bezugsdisziplinen Psychologie, Psychiatrie, Recht und Soziologie (um nur einige von den wichtigsten zu nennen) unter methodischer und inhaltlicher Auseinandersetzung einbeziehen."

Doch das hohe Ziel, der integrierende Part eines interdisziplinären Unternehmens zu sein, wird im nächsten Satz sogleich zurückgenommen zugunsten einer realistischen Funktionsbestimmung der Kriminologie als Lückenbüßerin in einem Unternehmen, in dem jede Disziplin ihre jeweilige Methoden und Ansätze auf einen normativ über- und analytisch unterdefinierten Gegenstand appliziert.

> "Nicht nur wegen Platzproblemen, sondern auch (oder vor allem) wegen des arbeitsteiligen Vorgehens innerhalb der gesamten Gewaltkommission beschränken sich die kriminologischen Bezugnahmen...pragmatisch auf solche Teilaspekte, die entweder in anderen Unterkommissionen weniger behandelt werden oder bei denen es sinnvoll erscheint, trotz ihrer Behandlung eine eigene kriminologische Einschätzung vorzunehmen bzw. Wertung abzugeben" (II.3.RN.2).

Das Gutachten entspricht dieser Funktionsbestimmung: Es ist weit mehr ein Kaleidoskop statistisch erfaßter Gewaltkriminalität denn "vertiefte Analyse". Und selbst der sehr viel begrenztere Anspruch, die Prozesse der Kriminalisierung von Handlungen als strafwürdige Gewalt zu erfassen bzw. deren Dethematisierung (z.B. sexuelle Belästigungen) zu analysieren, wird nirgends systematisch eingelöst. Bemerkbar macht sich dieser Anspruch vor allem darin, daß die Kriminologen nicht wie die Psychologie und Psychiatrie einer substantiell faß- und erklärbaren "Gewalt im allgemeinen" nachhängen und in ihrer Interpretation der kriminalstatistischen Daten deren Beschränkung und die dahinter stehenden sozialen Konstruktionssprozesse betonen.

Insgesamt reduziert sich die Rolle der Kriminologie im Konzert der Disziplinen jedoch auf die einer Lückenbüßerin, die in traditioneller Manier die verschiedensten Erklärungsansätze anderer Disziplinen aufführt - mit einem deutlichen Hang zu einer täterorientierten Betrachtungsweise. Ihre Realitätssicht erweist sich zwar über weite Strecken denen der anderen Unterkommissionen überlegen, vor allem denjenigen, die die Welt nach ihren normativen Maßstäben konstruieren, doch zu der angestrebten Integration ist die Kriminologie zumindest in diesem interdisziplinären Unternehmen nicht in der Lage. Ihre ätiologischen Aussagen reproduzieren nur die in den Gutachten anderer Disziplinen vertretenen Erklärungsansätze als bunter Strauß aller zu berücksichtigenden Faktoren.

3. Interdisziplinarität

Forschung ohne Probleme sei nicht möglich, interdisziplinäre Forschung - so fährt der Wissenschaftsphilosoph Krüger fort - sei die Bearbeitung von Problemen, die ihre Disziplin noch nicht gefunden haben (Krüger 1987). Nun handelte es sich bei dem Gutachten sicherlich nicht um ein wissenschaftliches Unternehmen; zugrunde lagen ihm keine Probleme, keine Fragen, sondern die Bemühung, sich (wissenschaftliche) Expertisen für die Legitimation praktischer Politik zu erschließen. Daß hierbei das Problem selbst - die Frage nach der sozialen Ökologie von Gewalt, die diese bedingt und immer wieder erneut reproduziert - verloren ging, kann deshalb auch nicht weiter verwundern.

Die normativ-ideologische Zurichtung der Analyse von Gewalt in den rechtswissenschaftlichen und polizeipraktischen Teilen ist offensichtlich. Deren Sicht strukturiert und dominiert auch das Endgutachten der Kommission. Doch die sozial- und verhaltenswissenschaftlichen Teile des Gutachtens haben zu der Verkürzung der Analyse von Gewalt auf eine Erarbeitung administrativ-paternalistischer Maßnahmen zur Kontrolle gewalttätigen Verhaltens nicht unerheblich beigetragen. Sie versuchen zwar alle ein Stück weit, sich von der normativen Arbeitskonzeption zu lösen und diese in empirische Fragestellungen umzusetzen. Doch am Ende bleibt bei allen die Frage nach den sozialen Ursachen von Gewalt eine arbiträre.

Die Kriminologie könnte die Disziplin sein, in der die zwar gestellte, in der interdisziplinären Kommission aber verdrängte Frage nach den sozialen Bedingungen von Gewalt ihren Platz findet. H. E. Pepinsky, ein amerikanischer Kriminologe, hat kürzlich sogar vorgeschlagen, die Kriminologie insgesamt, das Thema "crime" and "punishment" als Problem von Gewalt zu refomulieren.[12] Hierbei ist es m.E. aber nicht die immer wieder zitierte "Interdisziplinarität" der Kriminologie, die diese zu einer geeigneten "Disziplin" für die Analyse von "Gewalt" macht. Die bloße Beiziehung normativer und sozialwissenschaftlicher Theoriestränge reproduziert am Ende nur - so ist zu befürchten - die bekannten "multifaktoriellen Erklärungen" von "Kriminalität" im allgemeinen und der Suche nach greifbaren Merkmalen von "Gewaltverbrechern" im besonderen. Die Kriminologie muß sich vielmehr aus ihrer Vermittler- und Lückenbüßerrolle zwischen der strafrechtlich-normativen Definition des Problems und einer die normativen Implikationen nicht mehr reflektierenden empirischen Gewaltforschung selbst lösen. Erst dann lassen sich die Fragen entwickeln und stellen, nur dann entstehen "Arbeitskonzepte", die Interdisziplinarität und eine Integration unterschiedlicher Ansätze ermöglichen.

Anmerkungen

1 Vgl. etwa die Beiträge von Habermas 1990, Albrecht/Backes 1990; Kreissl 1990; Funk/Stehr 1992; Cremer-Schäfer 1992; auch aus der Sicht eines Beteiligten: Eckert 1990.

2 In der Präambel des Gutachtens ist von "interdisziplinär erarbeiten" die Rede, bei der Organisation wird von "interdisziplinären Arbeitsgruppen (RN.8), in RN.10 von einer "interdisziplinären Diskussion" der Arbeitsergebnisse gesprochen; schließlich wird auf eine "interdisziplinär vorbereitete" Plenartagung verwiesen.

3 Siehe insgesamt zur Diskussion Kocka 1987.

4 Präambel zum Endgutachten, in: Schwind/Baumann u.a. 1990, Band I, S.26, im weiteren I.

5 Gutachten der Unterkommission I, in: Schwind/Baumann u.a. 1990, Band II, S.1ff, im weiteren II.1.

6 Gutachten der Unterkommission II, in: Schwind/Baumann u.a. 1990, Band II, S.293ff, im folgenden II.2.

7 Nardin wird mehrfach zitiert, um die Begrenzung des Gewaltbegriffes auf "physische Gewalt" abzusichern. Daß sie damit aber nicht einen eindeutigen Gewaltbegriff definiert haben, hätten die Autoren demselben Text entnehmen können: " the concept of violence... is an inherently normative concept... The proper conclusion seems to be that people simply hold widely divergent and sometimes conflicting conceptions of violence." (Nardin 1973, p.118). Wer also über "political violence" spricht, müßte sich gerade mit den Ursachen und den Folgen dieser differierenden Konzepte politisch motivierter und legitimierter Gewalt auseinandersetzen, was in der interaktionistischen Analyse eines Eskalationsmodelles aber nur noch am Rande geschieht.

8 Siehe zur Kritik des Gutachtens den vorzüglichen Beitrag von Sack 1990; siehe auch Funk 1992.

9 II.2.RN.134: "Sowohl "Überreaktionen" als auch "Unterreaktionen" können in gegebenen Lagen eskalativ wirken." Die Ausblendung der Institution Polizei und der ihr Handeln prägenden Strukturen, Programme und Selektionsstrategien aus der Analyse, läßt sich auch in den Vorarbeiten der für diesen Teil des Gewaltgutachtens zuständigen Soziologen Eckert und Neidhardt feststellen. Siehe etwa Eckert/Willems 1987, S.483ff, Willems/Eckert u.a. 1988 (wo nur die Wahrnehmungsstrukturen von Polizisten, nicht aber der Polizei analysiert werden) und Neidhardt 1989, dessen "wissenschaftliches Analysemodell" eine empirische Analyse der Rahmenbedingungen von Handlungen in Konflikten geradezu ausschließt. Es ähnelt weit mehr einem durch betriebswirtschaftliche Optimierungskalküle definierten Handlungskonzept mit dem Resultat:" Die Probleme im Umgang mit Gewalt sind Balancierungsprobleme, und ihre Lösung ist eine Frage angemessener Dosierung" (S.243).

10 Gutachten der Unterkommission III, in: Schwind/Baumann u.a. Band II, S.415-606, im folgenden II.3.

11 Dies gilt insbesondere für die beliebige Assoziationen zulassende, mit unterschiedlichsten sozialen Konflikten auffüllbare Kategorie "Gewalt auf Straßen und Plätzen"; dies gilt in beschränkterem Maße auch für Gewalt in der Schule (Schüler verbinden damit sicherlich ganz etwas anderes als Lehrer).

12 "Nonpartisan criminologists ought to develop a theory of violence which presupposes that the only way to reduce the level of crime or punishment in any person or any group is to reduce violence in generally. Hence the theory of violence as unresponsiveness is also a theory of crime and of punishment" (Pepinsky 1991, p.11).

Literatur

ALBRECHT, P.-A./BACKES, O. (Hrsg.), Verdeckte Gewalt, Frankfurt 1990

CREMER-SCHÄFER, H., Skandalisierungsfallen. Einige Anmerkungen dazu, welche Folgen es hat, wenn wir das Vokabular "der Gewalt" benutzen, um auf gesellschaftliche Probleme und Konflikte aufmerksam zu machen, Kriminologisches Journal 24, 1992, S. 23-36

ECKERT, R., Die Gewaltkommission - ihre Konflikte, ihre Defizite und ihre Leistung im Hinblick auf eine langfristige Strategie der Gewaltminimierung, Vortrag gehalten auf der 1. Tagung der NKG vom 17. bis 19.10.90, Frankfurt/Main

ECKERT, R./WILLEMS, H., Jugendproteste im internationalen Vergleich. Forschungsbericht für das BMJFFG, Trier 1987

FUNK, A., Polizei, politischer Protest und soziale Bewegungen, in: Tiedemann, K./Walter, M. (Hrsg.), Bibliographie: Neue Soziale Bewegungen und Polizei, Berlin 1992, S.9-26

FUNK, A./STEHR, J., Das Reden über Gewalt und sein Beitrag zur Stabilisierung von Herrschaftsverhältnissen, Kriminologisches Journal 24, 1992, S.3-7

HABERMAS, J., Gewaltmonopol, Rechtsbewußtsein und demokratischer Prozeß, in: Albrecht, P.-A./Backes, O. (Hrsg.), Verdeckte Gewalt, Frankfurt 1990, S. 180 - 190

KOCKA, J. (Hrsg.), Interdisziplinarität. Praxis - Herausforderung - Ideologie, Frankfurt 1987

KREISSL, R., Die Gewalt, die Kommission und die gesellschaftliche Tagesordnung, Kriminologisches Journal 22, 1990, S. 163 - 69

KRÜGER, L., Einheit der Welt - Vielheit der Wissenschaft, in: Kocka, J. (Hrsg.), Interdisziplinarität. Praxis - Herausforderung - Ideologie, Frankfurt 1987, S. 114-119

LÖSCHPER, G./MANKE, G./SACK, F. (Hrsg.), Kriminologie als selbständiges, interdisziplinäres Hochschulstudium, Pfaffenweiler 1986

LÖSCHPER, G., Definitionsschwierigkeiten. Oder: eine Orientierungshilfe der Psychologie in den (semantischen) Nebelschleiern des Aggressionsbegriffs, Kriminologisches Journal 24, 1992, S. 8 - 22

NARDIN, T., Conflicting Conceptions of Polictical Violence, Political Science Annual 4, 1973, p. 75 - 125

NEIDHARDT, F., Gewalt und Gegengewalt. Steigt die Bereitschaft zu Gewaltaktionen mit zunehmender staatlicher Kontrolle und Repression? in: Heitmeyer, W. u.a. (Hrsg.), Jugend - Staat - Gewalt, München 1989, S. 233-244

PEPINSKY, H. E., The Geometry of violence and democracy, Bloomington 1991

SACK, F., Die Eskalation von Gewalt: Die Transformation politischer in gewaltbesetzte Konflikte, in: Albrecht, P.-A./Backes, O. (Hrsg.), Verdeckte Gewalt, Frankfurt 1990, S. 111 - 137

SCHWIND, H.-D./BAUMANN, J. et al. (Hrsg.), Ursachen, Prävention und Kontrolle von Gewalt. Analysen und Vorschläge der Unabhängigen Regierungskommission zur Verhinderung und Bekämpfung von Gewalt (Gewaltkommission), Band I -IV, Berlin 1990

WILLEMS, H./ECKERT, R. u.a., Demonstranten und Polizisten, München 1988.

II

Von der äußeren Kontrolle zur Selbstdisziplinierung

Von der Fremd- zur Selbstvergesellschaftung - Gesundheitsdiskurse als Identitätspolitik

Heiner Keupp

1. Identitätszwänge

Wenn soziale Kontrolle funktionieren soll, dann muß sie sich jeweils auf dem aktuellen Niveau von Vergesellschaftung reorganisieren. Ihre regulativen Modalitäten müssen sich diesem Niveau anverwandeln. Was heißt das für eine Gesellschaft, die unter Kategorien wie "Risikogesellschaft", "Individualisierung" oder "Postmoderne" rubriziert und für die die Erfahrung der Diskontinuität gegenüber bisherigen Normalformerwartungen als konstitutiv angesehen wird? Im Zusammenhang mit diesen Umbruchserfahrungen wird auch die Frage nach den korrespondierenden Subjektstrukturen gestellt. Wie die beschaffen sind, ist in den Subjektwissenschaften eine höchst strittige Frage. Klarheit scheint allein in dem Punkt zu bestehen, daß die zeitgenössische Identitätsbildung krisenhaft geworden ist und nicht mehr in der Übernahme traditioneller Identitätsformationen adäquat gelingen kann. Es scheint mir sinnvoll zu sein, danach zu fragen, ob aktuelle Modi sozialer Kontrolle nicht genau in diesen Prozeß alltäglicher Identitätspolitik eingreifen und deshalb auch genau auf dieser Ebene zu untersuchen sind.

Meine Ausgangsthese lautet deshalb: In der Konstellation riskanter Chancen der gegenwärtigen soziokulturellen Situation scheint das Potential für die Überwindung von Identitätszwängen zu wachsen, zugleich zeigt das gesellschaftliche Labor der psychokulturellen Praktiken wie sich mit dem Versprechen von Befreiung immer wieder neue Identitätszwänge etablieren. Genau in diesen Identitätsprojekten und -werkstätten, die unter den Vorzeichen der Selbstverwirklichung angeboten werden und doch zumindest auch neue Standardisierungen darstellen, vollzieht sich soziale Kontrolle auf neuem Niveau. Identitätspolitik in dieser suggerierten Befreiungsarena zu untersuchen, halte ich deshalb für besonders ertragreich, weil die Kontrolldimension vom "Befreiungsdiskurs" fast vollständig überlagert wird. Das unterscheidet sie von jener Variante der Identitätspolitik, die ihren Standardisierungsanspruch offen zu Markte trägt. Wenn etwa das "Identity Styling" als Teil von "Corporate Identity"-Strategien offeriert wird (vgl. Zickendraht 1991), dann wird hier ganz offensichtlich ein Angebot der Fremdvergesellschaftung auf höchstem Konsumniveau gemacht. Hier wird eine bewußte Entscheidung für den "Marketing-Charakter" nahegelegt, den Erich Fromm (1977) einst in kritischer Absicht beschrieben hatte. Interessanter scheinen mir Identitätsangebote, die sich kritisch auf Entfremdungsgefühle und vorherrschende Lebensbedingungen beziehen.

Die gegenwärtige soziokulturelle Situation läßt sich als hochambivalente Konfiguration kennzeichnen: Eine radikale Enttraditionalisierung von Lebensformen schafft einerseits ein ungeahntes Potential an Selbstorganisation, auf der anderen Seite aber stehen zugleich die subjektiven Wünsche nach Standardisierung der Lebensmodelle und entsprechenden gesellschaftlichen Formatierungen hoch im Kurs. Bezogen auf den Prozeß der Identitätsbildung läßt sich von der ambivalenten Konstellation der Erosion von rigiden Identitätsgehäusen und dem dadurch entstehenden Potential an Lebenssouveränität (ein "Stück eigenes Leben" läßt sich das auch nennen) einerseits sprechen, andererseits etablieren sich neue Identitätszwänge, häufig unter der Flagge des Angebots der großen Freiheiten, Wahrheiten und Authentizitäten. Der gesellschaftliche "Freisetzungsprozeß" ist allenfalls potentiell ein Freiheits- und Autonomiegewinn, faktisch führt er häufig zu neuen Abhängigkeiten, zu einem "Selbstzwang zur Standardisierung der eigenen Existenz" (Beck/Beck-Gernsheim 1990, S. 15). In diese Standardisierungsprozesse gehen - wie gesagt - subjektive und objektive Faktoren ein. Das Diskurs- und Handlungsfeld der Gesundheit bildet ein solches System, in dem sich solche Standardisierungen vollziehen.

Gesundheitsdiskurse und ihre Alltagspraxen sind als Produktionsstätten von Normalität und Identität zu untersuchen. Keine persönliche und gesellschaftliche Sphäre eignet sich so hervorragend als Prägeanstalt für erwünschtes und adäquates Verhalten wie der Bereich der Gesundheit. In ihm bündeln sich vielfältige Bedürfnisse, Wünsche und Interessen. Bei einer diesseitigen Weltorientierung stellt Gesundheit die conditio sine qua non dar. Unsere Lebensentwürfe und die an sie gebundenen Identitätsprojekte setzen in der Regel auf Gesundheit als basale Voraussetzung der Nutzung von Lebensmöglichkeiten.

"Je abstrakter die uns umgebende Welt wird und je belangloser und austauschbarer der einzelne in ihr, desto mehr werden unser Gefühl und unser Leib zur letzten Zuflucht des Subjektiven und unverwechselbar Eigenen. Krankheit erscheint dann als ein Bereich, in dem der Mensch noch von Bedeutung ist, in dem das Individuum mit seinem Erleben und seiner Besonderheit noch erst genommen wird" (Will 1987, S. 11).

Gesundheit, als hochbesetztes Gebiet zur Formulierung von Lebenskonzepten und als Bereich alltäglicher und institutioneller Praxen, ist ein bevorzugtes Feld unserer Vergesellschaftung geworden. Ein Feld, in dem vor allem ein Prozeß verfolgt werden kann, den man die "innere Vergesellschaftung" nennen könnte. Gesundheit ist ein Medium, in dem sich der von Norbert Elias allgemein beschriebene Prozeß vom "Fremdzwang" zur "Selbstzwangapparatur" vollzieht. Soziale Kontrolle erfaßt uns in diesem Medium als ganze Personen: Da werden in unsere Köpfe nicht nur einige Ideologien eingepflanzt, die unser Denken beeinflussen, sondern unser emotionaler Haushalt wird durch Ängste und Hoffnungen reguliert und unsere Körper werden wirksam kodiert. Deshalb sind Gesundheitsdiskurse vor allem unter der Perspektive zu untersuchen, wie sie Subjekte vergesellschaften.

2. Historisches Material

Ehe ich mich mit dieser Fragestellung auf aktuelle Gesundheits- und Normalitätsdiskurse beziehe, möchte ich in einem ersten Schritt zunächst einmal historisches Material sichten. Diese Suche nach einer historischen Distanz hat drei erkenntnisfördernde Funktionen:

(1) Zum einen geht es um eine Art Archäologie jener subjektbildenden Grundschicht bürgerlicher Vergesellschaftung, auf der wir trotz allem modernisierungsbedingtem Befremden aufbauen.

(2) Diskurse, in denen wir selbst enthalten sind, sperren sich einer analytischen Durchdringung vielmehr, als historisch entfernte, in die wir uns in einer Art Zeitreise rückblickend hineinversetzen.

(3) Und schließlich möchte ich am historischen Material auch die Begriffe entwickeln, die ich zur Analyse der Gesundheitsdiskurse benötige.

2.1. Eine Zeitreise in die Frühgeschichte aktueller Gesundheitsdiskurse

Daß sich die Psycho-Experten schon immer als aktive Produzenten von Normalitäten verstanden haben und dabei jeweils aus den dominanten Selbstverständnis- und Normalitätsbeständen ihrer Kultur, Klasse und Gesellschaftsformation geschöpft haben, wird in einem historischen Streifzug schnell deutlich.

Der führende französische Psychiater Esquirol hat zu Beginn des 19. Jahrhunderts sein Präventionsprogramm so formuliert:

"Um die Entstehung der Seelenstörungen zu verhüten, vermeide man Heiraten unter Individuen, die von gestört gewesenen Eltern abstammen, leite die Erziehung nach den Grundsätzen einer religiösen Moral, erziehe die Kinder weniger zur Gefallsucht und Eitelkeit, ... übertreibe nicht die Kräfte der Empfänglichkeit und des Geistes, strenge die Organe nicht zu zeitig an, und erschöpfe sie nicht durch für die Kindheit zu schwere Aufgaben; vermeide Ausschweifungen der Lebensweise, die so häufig von dem zartesten Alter an zu Seelenstörungen geneigt machen; dämpfe und leite die Gefühle und Leidenschaften der Kinder und der jungen Leute" (zit. nach Kind 1984, S. 232).

Wilhelm Griesinger, einer der Gründerväter der deutschen Psychiatrie betont in seinem Buch "Die Pathologie und Therapie der psychischen Krankheiten" (1861) die Bedeutung einer "wohlgeordneten psychischen und leiblichen Diätethik", worunter er folgendes versteht:

"Alles was ein Vorherrschen der Fantasie, was körperliche und psychische Weichlichkeit, was eine zu frühe Entwicklung des Geschlechtstriebes veranlassen könnte, müßte entfernt gehalten, es müßte immer so viel als möglich auf die einfachsten, geordnetsten äußeren Lebensverhältnisse, auf die Vermeidung anhaltender Leidenschaften, auf Gewöhnung an Unterordnung unter objektiv gegebene Verhältnisse gesorgt werden" (S. 475).

Für R. v. Krafft-Ebing, und mit ihm befinden wir uns im Jahr 1885, hängt der Erhalt der "Nervengesundheit" davon ab, daß "ein richtiges Verhältnis zwischen Besitz und Verausgabung von Nervenkraft" (S. 18) gefunden wird. In seiner Schrift "Über gesunde und kranke Nerven" fordert und entwickelt er eine angemessene Diätetik. Sie läuft letztlich auf die Formung einer zuchtvollen Lebensführung hinaus, die sich allen "Ausschweifungen" verweigert. Hierzu ein Beispiel:

"Vor allem vermeide man Alles, was die Sinnlichkeit wecken könnte. Viel und gut essen, Genussmittel, Stubensitzen, Stadtleben, Romanlesen, Tanzstunde, frühe Einführung in das Leben der Gesellschaft sind schädlich" (S. 99).

Wir sehen, daß sich Gesundheitsexperten schon immer nicht nur auf das Kurieren von Krankheiten beschränkt, sondern sich auch Gedanken über Lebensformen und ihre Auswirkungen auf Gesundheit und Krankheit gemacht haben. Sie haben sich häufig ihre eigenen Gesellschaftstheorien entworfen, innerhalb derer sie die speziellen gesellschaftsinterventionistischen Handlungsimperative für Ärzte bestimmen konnten. Schauen wir uns das Modell von Richard von Krafft-Ebing, einem der führenden Vertreter der jungen Psychiatrie des letzten Jahrhunderts, unter diesem Aspekt noch etwas genauer an.

In seinem Büchlein blickt er zunächst auf ein Jahrhundert des industriellen Aufbaus zurück, in dem sich die Produktivkräfte ungeheuer entwickelt haben, es ist ein Jahrhundert des "riesenhaften Aufschwungs, welchen Wissenschaften, Künste, Gewerbe und Handel ... genommen haben" (S.1). Die Medizin hat in der Bekämpfung von Krankheiten gewaltige Fortschritte aufzuweisen. Angesichts dieser Entwicklungen müßte es eigentlich um Glück, Zufriedenheit und Gesundheit der Menschen ganz gut bestellt sein.

"Leider ist dem nicht so. (...). Nein, behaglich und glücklich ist das Leben gar vieler Menschen heutzutage nicht. Ueber das glänzende Culturbild, das sich ideell entwerfen und erwarten liesse, legt sich ein trüber Schatten. Bleich, verdrossen, aufgeregt, unstet erscheinen die Menschen der modernen Civilisation, namentlich in den Centren derselben, in den Grossstädten" (S.2). "Die Furcht vor Seuchen, politischen Umwälzungen, Börsenkrach's, Kriegen, vor dem Socialismus u.a. schrecklichen Dingen erhält unzählige Menschen in einer permanenten Sorge und Aufregung und lässt sie nicht zum ruhigen Genuss ihres Daseins gelangen" (S. 4).

Von Krafft-Ebing ist fest davon überzeugt, daß die revolutionären Umbrüche in Europa seit der Französischen Revolution widernatürlich sind. Sie haben gesellschaftliche, politische und kulturelle Kräfte freigesetzt, die das Subjekt chronisch überlasten und überfordern und die deshalb pathogenetischen Rang haben.

Die aktuelle Gesundheitspsychologie hat in von Krafft-Ebing einen hervorragenden Vorläufer. Es werden eine Reihe von objektiv-gesellschaftlichen Bedingungen genannt, wie immer man deren Analyse beurteilen mag, die die Gesundheit des Menschen tangieren. Aber letztlich wandert dann der interventionistische Blick schnell wieder zurück zu dem Subjekt, das durch seine Lebensweise die eigene "Nervensubstanz" unterminiert. Die überdrehten und falschen Bedürfnisse vor allem der urbanen Menschen geraten ins Visier:

"So entsteht ein falscher Circel - die Überreizung der Nerven im Kampfe um ein geschraub-
tes, verfeinertes Dasein schafft das Bedürfnis nach immer pikanteren und damit kostspielige-
ren Genüssen und damit diese zum Bedürfnis gewordenen Genüsse möglich werden, muss das
Nervensystem vermehrte Arbeit leisten. Wie kann es da anders sein als dass der Tageslauf einer Unzahl von Menschen nur eine fortlaufende Kette der schlimmsten Schädlichkeiten für
die Nerven wird! Den Tag über äuserste Anstrengung im Beruf - kaum Zeit zum Essen - Zeit
ist ja Geld - beständiger Kampf mit der Concurrenz, grosse Verantwortung und Anforderungen im Beruf - Abends dringendes Bedürfnis nach Erholung, Genuss um jeden Preis! Aber
die überreizten Nerven bedürfen ausserordentlicher Reizmittel. Die Grossstadt liefert sie in
Form von Schauerdramen, Ehebruchkomödien, Trapezkünstlern, nervenerschütternder und
aufregender Musik, die Sinnlichkeit und das Auge reizender Bilder, Schaustellungen, starken
Weinen, Cigarren, Likören, Clubs, Spielhöllen, Liebesabenteuern, Nachrichten von Verbrechen und Unglücksfällen in der Tageschronik der Zeitungen u.s.w. Nachdem der blasirte
Grossstädter diese verschiedenartigen Genüsse und Reizmittel des modernen Culturlebens in
zumeist schlecht ventilirten Localitäten bis tief in die Nacht hinein gekostet hat, begibt er sich
endlich zur Ruhe, um am anderen Morgen matt und verstimmt sein Tagewerk von Neuem
abzuhetzen" (S. 10 f.). (...) "Eine solche Lebensweise nützt nothwendig die Lebens- und
speciell die Nervenkraft vor der Zeit ab und bereitet ein vorzeitiges Alter mit mannigfachen
geistigen und leiblichen Gebrechen" (S. 12). Folge sei eine allgemeine Degeneration. "Bei
den Frauen der heutigen Gesellschaft zeigt sich diese Degeneration in ihrer zunehmenden Unfähigkeit, der ersten Mutterpflicht zu genügen" (S. 12 f.). "Der unselige Zug unseres Zeitalters ist der, um jeden Preis vorwärts, empor zu kommen, mögen auch Gesundheit, Familie
und Charakter dem Teufel des Ehrgeizes und des Wohllebens geopfert werden" (S. 13). (...)
Von dieser Degeneration ist auch die Zeugungskraft betroffen, das sehe man vor allem bei
den "Nachkommen von Emporkömmlinge(n), selbst wenn diese geistig bedeutende Menschen
waren", aus denen "selten etwas Gutes und Tüchtiges wird" (S. 14). Das alles sei nicht überraschend, es sei "die gesetzmässige Folge der Uebertretung unwandelbarer Naturgesetze" (S.
15).

Wie schon angesprochen besteht für von Krafft-Ebing dieses "unwandelbare Naturgesetz" in einem ausbalancierten Verhältnis von "Besitz und Verausgabung von Nervenkraft" oder "Nerven-
kapital". Durch adäquate Ernährung und Lebensweise kann jeder Mensch das Seine zu seiner Gesundheit beitragen. So heißt es bei ihm:

"Der geneigte Leser wird zugeben, dass gar viele der Schädlichkeiten, welche zum Bankerott
des geistigen Kapitals, zum Untergang der Nervenkraft führen, vermeidbar sind, wenn auch
Niemand den Einflüssen seiner Zeit sich ganz zu entziehen vermag und Schädlichkeiten über
sich ergehen lassen muss, die glücklicher situirten Generationen fremd waren" (S. 77).

Aber da ist das Eingreifen des Staates und das seiner Bürger gefordert:

"Gar manche Schäden unseres modernen Culturlebens bedürfen einer Remedur durch das
Eingreifen des Staates und durch die associative Thätigkeit seiner Bürger" (ebd.).

Genannt werden zuerst Maßnahmen gegen die Trunksucht. Und dann geht es um die richtige
Partnerwahl:

"Eine der ersten Pflichten gegen Natur- und Sittengesetz ist die Schliessung der Ehe in
athropologisch gutem Sinn . (...) Das Wort 'wohlgeboren' hat auf medicinischem Gebiet eine
tiefernste Bedeutung" (S. 79).

Es folgen dann eine Diätetik der Arbeit, der Erholung, des Schlafes und der Genußmittel. Arbeit steht an alleroberster Stelle. Wenn sie die richtige für mich ist, dann ist sie die "Quelle des Frohsinns", "Trost und Erholung" "für den gebeugten Geist, in Noth und Kümmernissen des Lebens", "eine wunderbarstärkende Kraft" (S. 81). Unser "Geisteskapital" müssen wir allerdings auch durch die Vermeidung andauernder einseitiger Tätigkeit schützen. Und die adäquate Nutzung der Erholungsphasen im Sinne einer "nutzbringenden Erholung", v. Krafft-Ebing spricht von "wirklichen Hirnferien", ist ebenso wichtig. Landleben ist in diesem Zusammenhang das non plus ultra. Wenn dann noch das richtige Maß des Schlafes gefunden wird - nicht zuviel und nicht zu wenig und möglichst vor Mitternacht - dann sind die zentralen Bedingungen für die psychische und körperliche Gesundheit gelegt. Es läuft alles auf eine "methodische Lebensführung" hinaus, deren normative Koordinaten von einer vorindustriellen ländlichen Lebensführung bestimmt sind und von der Überzeugung, daß die modernen Lebensformen und die sie bestimmende Nervosität der Gesundheit grundsätzlich abträglich seien.

Wir machen einen Zeitsprung von mehr als einem halben Jahrhundert. Der Begründer des "autogenen Trainings", J.H. Schultz, hat im Jahre 1941 sein Buch "Die seelische Gesunderhaltung" vorgelegt. Er, einer der Mitautoren der "Deutschen Seelenheilkunde", jener Loyalitätsschrift führender deutscher Psychotherapeuten gegenüber dem Nationalsozialismus, geht von folgender "grundlegenden Erkenntnis" im Zusammenhang mit Maßnahmen der Gesundheitsförderung aus:

"Seelische Gesundheitsschädigungen beseitigen heißt sicher niemals, den Menschen vor der Auseinandersetzung mit der Wirklichkeit nach außen und mit Schwierigkeiten in ihm selbst zu schützen, ihn zu verzärteln, unselbständig zu machen, sondern als unbeirrbarer Leitstern über allen Bemühungen unseres Sinnes sowie über dem gesamten Erzieher- und Arzttum muß der Satz stehen, daß *unsere Bemühungen immer auf eine Kräftesteigerung, eine Abhärtung, eine Entfaltung ruhender Kräfteanlagen, eine Ausbildung vorhandener positiver Anlagemöglichkeiten gerichtet sein* müssen. Niemals wird es sich darum handeln, den werdenden oder gewordenen Menschen in krankheitsfürchtiger Übersorgfalt vor wirklichen oder vermeintlichen Schädlichkeiten zu bewahren, sondern umgekehrt darum, ihn zu einem aktiven, mutigen, sich auf seine Kräfte verlassenden und seinem und seines Vaterlandes Schicksal vertrauenden Menschen zu machen" (S. 89 f.).

Die "Veredelung" der natürlichen Anlagen des Menschen wird für dringend erforderlich gehalten. Die in der deutschen Geschichte immer wieder besondere Betonung von "Tiefe" und "inneren Werten" wird in Kriegszeiten zu einem an Leistung und Kampf orientierten Menschenideal "umgebaut":

"Nur der Mensch, der in seelischen Leistungen, Belastungen und Anforderungen sein Dasein bewährt, wächst zu wirklicher seelischer Kraft heran und erreicht das Vollmaß der in ihm ruhenden seelischen Anlagen und Möglichkeiten" (S. 91).

Was wir heute psychische Ressourcen nennen, die "seelischen Kräfte", sollen gefördert werden und die "Widerstandsleistungen" sollen "gestählt werden". Der Gesundheitsdiskurs wird bei

Schultz und seinen psychotherapeutischen Gesinnungsgenossen von einem Normalitätsmodell durchwirkt, das an die Spitze seiner Wertehierarchie das militarisierte Subjekt gesetzt hat.

2.2. Normalisierungsdiskurse

Das waren exemplarische Ausschnitte aus Überlegungen von Ärzten und Psychotherapeuten, die in ihrer Zeitepoche jeweils eine herausragende Stellung hatten. In diesen Texten spürt man Partizipation und Produktion von "Zeitgeist", von Ideologien, die einen unschwer ablesbaren Zusammenhang mit gesellschaftlichen Interessen haben. Bei aller Deutungsmacht, die ich bereit bin, Ärzten zuzubilligen, ist jetzt allerdings noch die Frage zu stellen, in welchem Verhältnis solche Gesundheits- und Normalitätsdiskurse zu den alltäglichen Orientierungen und Handlungen der Menschen stehen. Sie erlangen ihre reale Mächtigkeit nur darüber, daß sie in die Alltagsdiskurse und Praktiken Eingang finden und letztlich in einem Prozeß der "inneren Vergesellschaftung" zu einer Instanz in den Subjekten werden. Die Analyse dieses Prozesses halte ich für eine der spannendsten sozialwissenschaftlichen Aufgaben, die allerdings noch kaum angepackt wurde. Wenn von Ideologien die Rede ist, dann wird meist einfach unterstellt, daß sie das Bewußtsein der Menschen auf der Basis spezifischer Interessenlagen okkupieren. Ein solches Modell ist gerade für einen Sozialpsychologen, der den Anspruch verfolgt, Subjekte nicht als "Reaktionsdeppen" oder passive Opfer ihrer Verhältnisse zu konstruieren, sehr unbefriedigend.

Ich kann hier keine voll entfaltete theoretische Alternative vorlegen, sehe aber produktive Anschlußmöglichkeiten vor allem bei den französischen Diskursanalytikern, insbesondere Foucault und Castel, und bei Wolf Haug, der in seinem bemerkenswerten Buch "Faschisierung des Subjekts" (1986) den Versuch unternommen hat, auf der Grundlage der französischen Impulse die Einpassung der Menschen in den Nationalsozialismus zu deuten.

Haug greift in diesem Zusammenhang sehr stark auf Gesundheits- und Normalitätsdiskurse zurück. Er geht davon aus, daß die Ideologieproduktion nur dadurch wirksam werden konnte, daß sie in die Alltagspraxis eingebaut wurde. Es heißt bei ihm:

> "Erst wenn man die informellen und vielfältigen Normalisierungspraxen im Alltag der kleinen Leute selbst einbezog, erklärte sich die gewaltige Resonanz der Normalisierungsstrategien der verfaßten ideologischen Mächte. Das Do it yourself der Ideologie im Alltag bildet den Resonanzboden" (S. 8).

Haug knüpft unter anderem an der großartigen Studie zur "Psychiatrischen Ordnung" von Robert Castel an, in der herausgearbeitet wird, daß die psychiatrische Institution im engeren Sinne nur im Zusammenwirken mit anderen institutionellen Prozessen die Bedeutung erlangt, die ihr bei verkürzender Sicht eingeräumt wird. Castel spricht von den "Relaisstationen der Normalisierungsmacht" (1979, S. 266) und dem "Gesamtzusammenhang der Normalisierungspraktiken" (S. 304).

Meist bleiben unsere Analysen bei der Familie als Relaisstation stehen, aber das Netz ist sehr viel komplexer, es gibt "eine Vielzahl von Normalisierungspraktiken im Alltag der Individuen, schließlich die Individuen selbst als lauter elementare 'Relaisstationen', in denen unablässig und letztlich entscheidend die geforderten Disziplinen in der einen oder anderen Weise übernommen und in Selbstdisziplinen umgeformt werden" (Haug 1986, S. 106). "Der Alltag liefert - oder verstärkt - der ideologischen Macht der Psychiatrie nicht wenige ihrer Unterscheidungen und Evidenzen. Wir müssen uns deshalb nach der informellen Alltagsmedizin und den Praktiken der Selbstpsychiatrisierung umsehen" (ebd.).

Welche Zugänge zu diesem Feld sind möglich?

Die großen Ärzte haben ihre Sicht der Dinge aufgeschrieben und sie ist für uns nachlesbar. "Die Lebensdimension des Gewöhnlich-Alltäglichen hinterläßt kaum nennenswerte Dokumente" (S. 107). Haug schlägt vor, sich die gesundheitsbezogene Ratgeberliteratur als eine Quelle anzusehen. In ihr werden Konzepte "richtigen Lebens" offeriert und im Sinne eines "Do it yourself" in praktikable Handlungsanweisungen transformiert. Positionen wie die des oben zitierten ideologischen Vorbeters Schultz erhalten vor allem dadurch eine alltagsbezogene Wirkungsmächtigkeit, daß sie für den Durchschnittsmenschen übersetzt und in Form konkreter gesundheitsbezogener Maßnahmen operationalisiert werden.

An Richard Gerling, einem Bestsellerautor im Ratgeberbereich in den ersten Jahrzehnten dieses Jahrhunderts, lassen sich diese Übersetzungs- und Operationalisierungsfunktionen exemplarisch aufzeigen. In hoher Auflage ist beispielsweise sein Traktat "Der vollendete Mensch und das Ideal der Persönlichkeit - Die Kunst, harmonische Leibesbildung, gesunden Organismus, sympathisches Äußeres und körperliche Kraft zu entwickeln und dauernd zu erhalten" am Ende des 1. Weltkriegs (1917) erschienen. Gerling schreitet das gesamte Spektrum körperlicher und psychischer Erscheinungen und Äußerungsformen ab und weist ihnen in einem wohlgeordneten Sinnganzen jeweils einen klaren Ort zu. Persönlichkeitsbildung und Gesundheit werden als Aufgaben verstanden, an denen jeder Mensch zu arbeiten, für die er Verantwortung zu übernehmen hätte. Es wird ein Persönlichkeitsideal konstruiert, das eine vollständige Einbindung des einzelnen in die höheren Aufgaben von Staat, Nation und Gemeinschaft unterstellt und darin die persönliche Erfüllung sieht. Aber es wird nicht nur eine über dem Alltag schwebende Idealkonstruktion vorgelegt, sondern die Subjekte werden zu Übungen angehalten:

"Lieber Leser, wenn Sie gesund bleiben und Kraft wie auch harmonische Leibesbildung gewinnen wollen, müssen Sie gehorchen. - *Sie müssen einfach!*" (S. 87).

Gesundheit ist also bei Gerling und ähnlichen Autoren nicht nur ein Faktum oder ein Fatum, "sondern eine Pflicht, die durch Übernahme und Übung im Prinzip von jedem erreicht werden kann - falls nicht die Vorfahren ihre Pflicht versäumt haben und man für ihre Sünden büßt" (Haug, S. 115). Zwischen dem Subjekt und der Krankheit steht die "Widerstandskraft ... im gesteigerten Daseinskampf": Gerling dazu:

"Weiter sollten alle wissen, daß Krankheiten in erster Linie die Widerstandsunfähigen befallen, Widerstandsunfähigkeit aber tritt niemals ein bei entsprechender Körper- und Geistespflege" (S. 34).

"Dieses Muß wird aufgespannt zwischen Werten des einzelnen und politischen Zielen, zwischen Schönheit/Gesundheit/Harmonie und der 'Wiedergeburt unseres Volkes' (S. 75). Übung, Selbst/Erziehung, Abhärtung werden als Praktiken der Selbstnormalisierung dem Individuum aufgetragen, allerlei Diäten und Disziplinen empfohlen" (Haug, S. 111).

Und Vorbilder werden geliefert, so etwa ein Foto des "bekannten Turnlehrers und Schriftstellers E. Sommer, der durch methodische Übungen seinen früher schwächlichen Körper zu vollendeter Formenschönheit entwickelt hat" (Gerling, S. 94).

Aber die Gymnastik nackt und am offenen Fenster oder andere Formen der Körperbildung dürfen nicht im Sinne eines narzißtischen "bodybuilding" betrieben werden. Gerling zitiert da seinen eigenen Experten, Dr. E. Reich:

"Ohne sorgfältige häusliche und öffentliche Erziehung, ohne geeignete *Gesamtlebensweise*, ohne gesunde Zustände in Gesellschaft, Staat und Kirche, ist ... gewöhnliche Gymnastik nur ein Mittel, die Muskeln kräftig zu machen und allen jenen Verhältnissen Raum zu geben, welche Ausfluß allgemeiner Muskelstärke sind" (S. 29).

Es geht um die Herstellung eines Habitus, einer Grundhaltung. Körperkultur ist kein Selbstzweck, sondern Körperübung steht im Dienste der Einordnung in eine spezifische Arbeitswelt: Es gilt

"alle Volksgenossen so zu erziehen, daß ihnen von Jugend auf körperliche Anstrengung zur Gewohnheit und durch diese zum Lebensbedürfnis werde ... Nicht zweckloses Spiel sollen körperliche Übungen sein" (S. 33).

In dieser eifrigen Übernahme von Übungsvorgaben "gewöhnen (sie) sich ... an Unter- und Einordnung" (S. 36).

Letztlich geht es um das Konditionieren einer Willenshaltung, um das "wollen des Gesollten", die vor allem durch die Unterwerfungen der eigenen Körpernatur unter einen "höheren Willen" erfolgt. Gerling ist ein Perfektionist. Er geht penibel die "Leibesverhältnisse" unter dem Aspekt ihrer konditionierbaren Unterwerfung unter die "energische Willensanspannung" durch: Atmen, Essen, Trinken, Ausscheiden, Sich-Waschen, Lieben, Schlafen, Wohnung, Kleidung, Gang, Haltung, Tanz, Stimme, Gesang, Blicke, Gesichtsausdruck, Mundhaltung, Hautfarbe. Und er bietet ein breites Spektrum von Handlungsanleitungen: zur effektiven Zeiteinteilung, zur Stärkung des Willens und Abhärtung des Körpers; Anleitungen zur Gymnastik, Tiefatmung, Lichttherapie, Abreibungen; Pfeifen gegen Augenblinzeln, Zwerchfellatmung gegen "Erröten zur Unzeit", Nasenmodellierung, Hochbinden des Kinns gegen nächtliche Mundatmung usw. Für Heranwachsende gibt es besondere Vorschläge, um den "Teufel der Selbstbefriedigung" (S. 57) auszutreiben:

"Wenn die Aufklärung unterstützt wird durch strenge Reinlichkeit, tägliche Waschungen, durch Baden und Schwimmen, ferner durch einfache, reizlose Ernährung, ermüdende geistige und körperliche Arbeit, Luft- und Lichtbäder", dann sollte es Jugendlichen gelingen, die "Herrschaft über ihre Begierden" zu erlangen (S. 58).

Solche Beispiele können wir heute gar nicht ohne Ironie zur Kenntnis nehmen. Sie sind antiquiert und wir können uns von ihnen problemlos distanzieren. Die Zeitreise ging eher in eine fremde Kultur, obwohl wir die eine oder andere Figur vielleicht noch als "Kindheitsmuster" wiedererkennen. Haben nicht unsere Eltern und Großeltern oft ähnliche Vorstellungen vom "richtigen Leben" gehabt? Und haben sie nicht auf der Grundlage solcher Normalitätsvorstellungen auch "Hand an uns gelegt"?

Eins ist jedenfalls klar: Die gesellschaftlichen Verhältnisse, in denen solche Vorstellungen ihren Charakter von Selbstverständlichkeiten beanspruchen konnten, haben sich gründlich verändert und damit haben Ratgeber vom Typus eines Gerlings ihre Paßform verloren.

Die Modi sozialer Kontrolle, die in diesen Gesundheitsdiskursen bestimmend sind, zielen eindeutig auf das "Innerste" des Menschen, seinen "Charakter", seinen "Willen", seine Unterwerfungsbereitschaft, seine Motivationen. Aber die verinnerlichte "Selbstzwangapparatur" ist noch keine gesicherte Vergesellschaftungs- und Sozialisationsleistung. Daran muß noch gearbeitet werden. Heroische Akte zur Disziplinierung der eigenen ungebärdigen Körpernatur sind gefordert; Askese ist angesagt.

Die Arena asketischer Akte hat heute an Bedeutung verloren. Die Kontrolle des "subjektiven Faktors" hat andere Schauplätze gefunden. Eine bevorzugte Arena ist die der Identitätsdiskurse.

3. Auf dem Weg in die "Risikogesellschaft"

Prekär ist fast alles geworden! Viele Individuen fühlen sich in ihrer äußeren Welt nicht mehr gehalten, klagen über die Zerrissenheit ihres Alltags, über Identitätsprobleme und Sinndefizite, über den Verlust von Heimat, Vertrautheit, Zugehörigkeit. Sie suchen entweder ihre Heimat in sich selbst, sie suchen ihr "wahres Selbst" oder sie orientieren sich an politischen und weltanschaulichen Programmatiken und Zugehörigkeitsangeboten, die eine neue Sicherheit, Übersichtlichkeit und positive Selbstaufwertung anbieten.

Und das "Soziale" verschwimmt auch immer mehr: Kollektive Lebenslagen und Klassen erodieren und sind fast nur noch durch abstraktive Anstrengungen der Soziologie zusammenzuhalten und auch die Soziologie hat schon fast kapituliert. Familie und Nachbarschaft sind auch längst nicht mehr das, was sie einmal waren. Die institutionelle Klarheit einer unbefragt akzeptierten geschlechtsspezifischen Arbeitsteilung ist uns auch fast vollständig abhanden gekommen. Die über mehrere Generationen wirksame Aufteilung der Welt in das Reich des bedrohlichen Kommunismus und das Reich der Freiheit ist kollabiert.

Und wir Subjekt- und SozialwissenschaftlerInnen stecken mitten in diesem Strudel. Vermeinten wir über lange Zeit, zu wissen, was die Welt im Innersten zusammenhält, so erscheinen uns heute manche unserer großen Synthesen hohl, blutleer und bezogen auf die neuen Unsicherheiten und Unübersichtlichkeiten deutungsunfähig, sklerotisch!

Diese Situation läßt sich mit guten Gründen auf allen Ebenen als prekär bezeichnen und die bisher eingenommene Haltung der Demoralisierung, der Klage über Verlusterfahrungen ist durchaus eine Seite der Medaille. Sie hat aber auch eine andere Seite: In diesen "Verunsicherungen" lassen sich neue Chancen zu selbstbestimmten Lebens- und Identitätsentwürfen, zu kollektiver Selbstorganisation und zu anregenden neuen Denkansätzen erkennen, die wir nutzen sollten. Die aus ihrer Fasson geratene Moderne läßt sich meines Erachtens nur als hochambivalentes Gebilde begreifen. Sie bringt enorme Risiken, sie läßt sich mit guten Gründen als "Risikogesellschaft" beschreiben, aber sie eröffnet auch den Raum für neue Optionen und Chancen. Mit dem Begriff der *"riskanten Chancen"* versuche ich diese Ambivalenzsituation zu erfassen.

4. Aktuelle Gesundheitsdiskurse und Identitätszwänge

Ein solcher Blick auf gesellschaftliche Umbrüche und die mit ihnen verbundenen Konsequenzen für die Subjekte läßt verständlich werden, warum wir die oben beschriebenen Gesundheitsdiskurse unserer Großeltern- und Elterngeneration heute wohl nur mehr als Kabarettvorlagen gebrauchen können. Klar ist aber auch, daß "Freisetzung" nicht identisch ist mit Autonomie des Subjektes, wenn sie mit Autonomie, Selbstorganisation oder Emanzipation in einen Zusammenhang gebracht werden sollen, dann stellen sie allenfalls ein spezifisches Potential dar. Welche Bedeutung haben in diesem Zusammenhang die zeitgenössischen Gesundheitsdiskurse? Gilt für sie auch noch, daß sie bevorzugte Medien sind, um gesellschaftlich angesagte Normalitäten paßförmig für den Alltag zurechtzuschleifen? Gilt für sie das, was Foucault (1984, S. 124) über die allgegenwärtigen Normalisierungsmechanismen sagt: Es gibt

"jene Agenten ideologischer Zirkulation, deren Trillerpfeife wir hören: nach rechts, nach links, hierher, weiter weg, auf der Stelle, jetzt nicht".

Mit dieser Perspektive sollen nun einige aktuelle Gesundheitsdiskurse unter die Lupe genommen werden. Zunächst einige Beobachtungen zur identitätsstiftenden Rolle der Gesundheitsdiskurse im Dunstkreis von New Age und Psychoboom.

4.1. Identitätsangebote von New Age und Psychoboom

Psychotechnische und von New Age-Repräsentanten formulierte Identitäts-Angebote, die auch in den gesundheitsbezogenen Empfehlungen enthalten sind, geben auf unterschiedliche Bedürfnisse Antworten und erfüllen unterschiedliche Funktionen:
- Kompensation der Traditionsdefizite: Der zerborstene Spiegel wird als wieder gekittet ausgegeben.
- anstelle der unglaubwürdig gewordenen religiösen Meta-Erzählungen werden neue angeboten;
- anstelle von dysfunktional gewordenen Sozialcharakteren werden neue geformt.
Für diese Funktionen möchte ich jeweils ein Beispiel bringen:

4.1.1. Die Gesundheit als ontologischer Diskurs:

Die "Wahrheit in uns": Der psychologische Fundamentalismus in Gestalt der Versprechungen der Heimat, die wir nur in uns selbst finden könnten, als Antwort auf die ontologische "Bodenlosigkeit der Moderne" (Ziehe 1987). Ein Beispiel aus einem großen Reservoir vergleichbarer Schriften liefert das "Polarity Handbuch". Es bietet eine "praktische Einführung in die harmonisierende und heilende Energie-Massage" und verspricht "Prozesse der emotionalen und körperlichen Befreiung und geistiger Erkenntnis auszulösen". Polarity ist "einerseits praktische Handhabung" und andererseits "Verinnerlichung, will den Menschen zu seiner Mitte führen, es weist einen möglichen Weg zum Einssein mit sich und der Welt". Polarity ist damit "eine Methode der Neuen Zeit, denn überall bahnt sich die Erkenntnis an, daß alles Polare der Ergänzung und Ganzwerdung dient" (zit. nach Jäckle 1987).

4.1.2. Gesundheit als Sekte:

Exemplarisch für diesen Typus soll Thorwald Dethlefsen herangezogen werden. Sein Buch "Schicksal als Chance. Das Urwissen zur Vollkommenheit des Menschen" (1988) ist ein echter Bestseller. Da heißt es unter anderem:

> "Krankheit ist lediglich der mikrokosmische Nachvollzug des Sündenfalls". "Die Menschen meinen immer noch, daß Krankheit ein vermeidbares Mißgeschick ist. Man begreift nicht, daß Krankheit das kostbarste Gut der Menschheit ist, ja, sein Menschsein überhaupt erst ausmacht, da nur der Kranke heilbar ist. Die Krankheit macht den Menschen heilungsfähig - doch dazu muß er sie durchwandern, nicht umgehen. So wie die Krankheit ein mikrokosmischer Sündenfall ist, muß Heilung auch immer ein mikrokosmischer Erlösungsprozeß sein. Der Kranke ist schuldig - im konkreten wie im metaphysischen Sinn ...".

So wie eine solche Erlösung eigentlich nur darin bestehen kann, daß ich mein Sosein als "Karma" akzeptiere, so hat auch die reale Welt eine vorgezeichnete Ordnung, gegen die keine gesellschaftliche Veränderung letztlich angehen kann, gegen die "kein Kraut gewachsen" ist. Für Dethlefsen ist es auch ausgemacht, daß "Hierarchien" notwendig sind und im Schöpfungsplan vorgesehen sind, "hierarchisches Denken hat nichts mit Diktatur zu tun". Wir sollen also gegen unser Schicksal nicht revoltieren, sondern es in unsere volle persönliche Verantwortung nehmen. Er fordert dazu auf, sich endlich von einer Haltung zu befreien, "die Schuld auf Gesellschaft, Krankheitserreger oder den bösen Zufall zu projizieren". Vielmehr müssen wir "ganz schlicht wieder die Schuld" bei uns selbst suchen. Schließlich ist Schicksal in seiner Ganzheit nur verständlich vor dem Hintergrund der Reinkarnation, und deshalb, allen Weltverbessern sei es ins Stammbuch geschrieben, ist es offenkundig, "daß nicht allen Menschen in diesem Leben die gleichen Startlöcher zugewiesen werden - und das ist ganz bestimmt nicht die Schuld der Gesellschaft".

4.1.3. Elitedenken für ein neues Zeitalter:

Marilyn Ferguson, eine der großen Prophetinnen des New Age, formulierte kürzlich Regeln für jenes Handeln, das allein uns aus dem Teufelskreis der gloablen menschenerzeugten Krisen herausführen könnte (Psychologie heute, Heft 8/1990). Sie sagt:

> "Der Weg zur Lösung dieser neuen Probleme ... sollte nicht mit irgendeinem praktischen Schritt beginnen, sondern mit einer Erkenntnis: Wir sind alle zu mehr fähig, als wir selbst geglaubt oder gezeigt haben. Es ist sehr wichtig, daß wir mehr von unserem Selbst 'herauslassen'. Unser Erziehungssystem hat bisher unsere Natur lediglich gezähmt. Jetzt muß es seine Ziele ändern und helfen, unsere Natur zu entfalten, denn in dieser Natur stecken ungeahnte kreative Potentiale" (S. 40).

Man müsse sich nur die Menschen mit den großen Leistungen, den großen visionären Entwürfen und herausragenden Führungsqualitäten anschauen (etwa Einstein, Darwin, Mutter Teresa, Virgina Woolf), um ermessen zu können, was in dieser conditio humana an bisher nur ungenügenden Potentialen steckt. Der Großmeister der humanistischen Psychologie Abraham Maslow hat dafür die Parole ausgegeben: Wenn man wissen wolle, wie schnell Menschen laufen können, dürfte man sich nicht am Durchschnitt, sondern am Olympiasieger orientieren und das gelte allgemein:

> "Eine Gesellschaft, die ihre geistigen Möglichkeiten ausloten will, sollte sich dabei möglichst auf ihre fähigsten und engagiertesten Mitglieder konzentrieren".

Bei der Analyse außergewöhnlicher Menschen, der "Kreatoren" oder "visionären Menschen" kommt Marilyn Ferguson zu Maximen, die die Elite für das Neue Zeitalter unbedingt zu beachten hätte: Dabei kommen dann Platitüden der folgenden Art heraus: "Fürchten Sie keine Risiken"; "Befreien Sie sich von Ihren Vorurteilen"; "Finden Sie Zugang zu ihrem Unbewußten" (dazu folgende erläuternde Sätze: "Wir müssen unser Unbewußtes anzapfen, denn das Bewußtsein allein ist nicht in der Lage ein passendes Ziel zu setzen". Durch Biofeedback und andere Methoden wird das Unbewußte kontrollierbar: "Und während wir die Sensitivität für dieses unterschwellige Wissen kultivieren, werden wir visionärer, "flüssiger in unserer Kreativität"); "Originalität ist kein Zufall" (es geht um den "intelligenten Gebrauch der vorhandenen Ressourcen") und schließlich: "Beachten Sie Ihre Launen" (so wie einst Benjamin Francklin durch Tagebuchführen zu einer perfekten Disziplin seines Zeithaushaltes fand, so empfiehlt Ferguson eine parallele Aktion für den Bereich der Emotionen: Sie sollen sorgfältigst registriert werden, um dann als instrumentalisierte Produktivkraft genutzt zu werden). Die verschiedenartigen Psychotechniken sind auf dem Weg zur neuen Elite eine Mischung von Lockerungsübungen, um die Restbestände traditioneller Charakterpanzer los zu werden, und Methoden der Effizienzsteigerung, sozusagen die Steigerungsform jener methodischen Lebensführung des entfalteten Kapitalismus, die Max Weber so treffend analysiert hat.

Klaus Ottomeyer (Psychologie heute, Heft 1/1991) hat kürzlich das identitätsstiftende und -erzwingende Potential der New Age-Bewegung auszuloten versucht und knüpft dabei an die Becksche Individualisierungsthese an:

"Jeder versucht auf seine Weise, seine alltagsweltlich und biographisch vielfach gebrochene, zerschnittene Identität, 'unter einen Hut' zu bekommen. Kriegsfolgen in den Familien, Entväterlichung vieler Familien in verschiedenen Varianten, Entwurzelung, Migration und Reassimilation haben im Verlauf der letzten 50 Jahre ein Übriges dazu beigetragen, daß - trotz ökonomisch und strukturell ähnlicher Grundbedingungen - eine verstehende Psychologie die Bewältigungsmuster und Lebensentwürfe der konkreten Individuen jedesmal neu zu erkunden hat. Sie sind objektiv entstandardisiert. Psychotechniken sind heutzutage nützlich und eine Verständigungshilfe, wenn sie sich auf die konkrete Vermittlung von Lebensgeschichte und Gesellschaftsgeschichte einlassen. Im raschen Bezug auf die spirituelle Dimension werden beide Seiten nicht ernst genommen und kommen nicht zueinander. Es erfolgt eine scheinhafte Gemeinschaftsbildung im Sinne eines wishful thinking. Andererseits trägt das New-Age-Bewußtsein der modernen 'patchwork-Identität' in der Weise Rechnung, daß ein jeder sich aus der großen sinngebenden Gemischtwarenhandlung seine Privatreligion, so wie es zu seinen derzeitigen Identitätsfacetten und persönlichen Bewältigungsmustern paßt, in einem Do-it-your-self-Verfahren zurechtbasteln kann. Es sieht so aus, als ob, wie schon zu den Zeiten der protestantischen Ethik, auch die neuen Wirtschafts- und Karriere-Individuen eine Motivation brauchen, die sich nicht auf das schnöde Geld-Machen bezieht. Ein höherer Sinn wird gesucht, und schon gibt es Leute, die erklären, daß spiritueller Fortschritt auch am wirtschaftlichen Erfolg zu erkennen ist. Jedenfalls ist beides gut vereinbar. Härte und Individuation im Alltagsdschungel, Meditation, Erleuchtung und kosmische Symbiose in der Freizeit, in der verlängerten Mittagspause oder den Spezialseminaren für das gehobene Personal" (S. 63).

5. Schlußgedanke

Die von Foucault so genannten "Agenten ideologischer Zirkulation", deren "Trillerpfeife" uns das maßgeschneiderte Identitätsgehäuse verpassen möchte, haben im Zuge der Verlagerung von Prozessen der "Fremd-Vergesellschaftung" in solche der "Selbst-Vergesellschaftung" zunehmend im Cockpit der Person selbst Platz genommen. Die Zwänge unserer Identität oder auch das Mißlingen der Identitätsbildung können wir nicht problemlos auf externe Kontrollen und Regulative attribuieren. Im Zweifelsfall werden wir immer wieder auf uns selbst gestoßen: Wir hätten prinzipiell auch andere Optionen gehabt! Und diese unaufhebbare Selbstbezogenheit bildet das Zentrum der "Selbst-Vergesellschaftung".

Literatur

BECK, U.: Risikogesellschaft. Auf dem Weg in eine andere Moderne, Frankfurt 1986

BECK, U./BECK-GERNSHEIM, E., Das ganz normale Chaos der Liebe, Frankfurt 1990

CASTEL, R., Die psychiatrische Ordnung, Frankfurt 1979

DAHRENDORF, R., Lebenschancen, Frankfurt 1979

DETHLEFSEN, T., Schicksal als Chance, München 1988

DETHLEFSEN, T./DAHLKE, R., Krankheit als Weg. Deutung und Be-Deutung der Krankheitsbilder, München 1990

FOUCAULT, M., Von der Freundschaft, Berlin 1984

FROMM, E., Anatomie der menschlichen Destruktivität, Reinbek 1977

GERLING, R., Der vollendete Mensch und das Ideal der Persönlichkeit - Die Kunst, harmonische Leibesbildung, gesunden Organismus, sympathisches Äußeres und körperliche Kraft zu entwickeln und dauernd zu erhalten, Oranienburg 1917

GRIESINGER, W., Die Pathologie und Therapie der psychischen Krankheiten, Stuttgart 1861

HAUG, W. F., Faschisierung des Subjekts. Die Ideologie der gesunden Normalität und die Ausrottungspolitiken im deutschen Faschismus, Berlin 1986

JÄCKLE, R., Biotanz ins Jenseits. Der Einbruch der Esoterik in die Medizin, Kursbuch 88, 1987, S. 35 - 47

KEUPP, H., Riskante Chancen. Das Subjekt zwischen Psychokultur und Selbstorganisation, Heidelberg 1989

KIND, H., Zur Geschichte prophylaktischer Vorstellungen in der Psychiatrie, in: Rudolf, G.A.E./Tölle, R. (Hrsg.): Prävention in der Psychiatrie, Berlin 1984, S. 231 - 235

KRAFFT-EBING, v., R., Über gesunde und kranke Nerven, Tübingen 1885

SCHULTZ, J.H., Die seelische Gesunderhaltung unter besonderer Berücksichtigung der Kriegsverhältnisse, Berlin 1943

WILL, H., Fetisch Gesundheit, Kursbuch 88, 1987, S. 7 - 21

ZICKENDRAHT, V., Persönlichkeitsprofil. Identity vom Scheitel bis zum Schreibtisch, Landsberg 1991

ZIEHE, T. Neue kulturelle Suchbewegungen - Nach dem Hedonismus, SOWI 16, 1987, S. 247 - 254.

Soziale Kontrolle und die Politik der Rekonstruktion*

Stanley Cohen

1. Einführung

Dieser Beitrag widmet sich einigen Einsichten des bemerkenswerten Diskurses über soziale Kontrolle, der sich in der anglo-amerikanischen und (in geringerem Maße) in der europäischen Kriminologie, Soziologie und Rechtssoziologie in den letzten 25 Jahren entwickelt hat. Neben anderen Orientierungen hat dieser Diskurs eine klar radikale, eine revisionistische oder eine kritische Richtung genommen. Obgleich er aus den Fragestellungen der Kriminologie und der Soziologie abweichenden Verhaltens entstand, hat er fast jede Sphäre des modernen Soziallebens durchdrungen - nicht nur Kriminalität und psychische Krankheit, sondern ebenso das Familienleben, Bildung, Fürsorge, den Körper, den Markt, die Geschlechterrolle, die Sexualität und die Massenkultur.

Ich habe kürzlich die durchgängigen Trends in der Literatur beschrieben und die verschiedenen Wege des Verständnisses von "sozialer Kontrolle" zu unterscheiden versucht und weitere Gegenstände künftiger Untersuchung benannt (Cohen 1989a; Cohen 1989b). In diesem Beitrag wende ich mich dem stärker politischen Thema der "sozialen Rekonstruktion" zu. Diese Hinwendung ist zweifellos von Bedeutung für die politischen Entscheidungsmöglichkeiten, die für demokratische Sozialisten in stabilen Gesellschaften in Nordamerika und Westeuropa heute bestehen. Meine zentrale Fragestellung behandelt allerdings den Transfer des kritischen Diskurses auf Gesellschaften außerhalb der westlichen Hemisphäre, die gegenwärtig einer schnellen und grundsätzlichen sozialen Umgestaltung unterworfen sind, die man gewöhnlich als Demokratisierung beschreibt. Solches Verständnis gilt einerseits den Ländern der Dritten Welt und den postkolonialen Ländern im allgemeinen, aber mich interessieren hier besonders zwei faszinierende und schicksalhafte Fälle, die in starkem Maße unsere Aufmerksamkeit verlangen: Der Übergang zur Demokratie in Osteuropa (und wir mögen hinzufügen: der ehemaligen Sowjetunion) und - mit einem ganz anderen Kontext - in Südafrika.

Ich bin mir bewußt, daß mein Versuch etwas verschweigt. Im ersten Teil des Beitrages gebe ich ein knappes, schematisches und vereinfachtes Bild des Diskurses. Im zweiten Teil versuche ich mir vorzustellen, wie dieses Verständnis auf jemanden wirken könnte, der sich gegenwärtig in politischer Arbeit der Rekonstruktion in diesen Gesellschaften engagiert. Dieser Versuch verschweigt dabei, daß solche Intellektuelle die vorliegende Literatur keineswegs außer Acht gelassen haben, sondern sie gut kennen.

Keiner dieser zwei Teile ist umfassend: Ich bevorzuge Themen im Diskurs über soziale Kontrolle, die einige politische Resonanz besitzen, und ich wähle nur Themen in dem politischen

Diskurs aus, die sich mit Fragen der sozialen Kontrolle beschäftigen. Ich entwickle weder Theorien noch plädiere ich für Wege der Politik; vielmehr bemühe ich mich darum, einige zentrale Punkte zu finden, die Einsicht in Theorien und Politikformen gestatten.

2. Der Diskurs über soziale Kontrolle

Ich will meinen Überblick in drei Teile gliedern:
(2.1.) Einige Aspekte der verschiedenen Auffassungen von sozialer Kontrolle; (2.2.) die hauptsächlichen Formen sozialer Kontrolle, die untersucht und befürwortet worden sind und (2.3.) die hauptsächlichen empirischen Trends, die sich in den westlichen Strukturen und Ideologien der sozialen Kontrolle finden lassen.

2.1. Denktraditionen

Es gibt drei verschiedene Denktraditionen über soziale Kontrolle, jede mit eigener Literatur, eigenem Ansatz und eigener Problemauswahl. Wir können jede der drei einen Diskurs nennen. Weniger anspruchsvoll: Es sind verschiedene Begriffssysteme, die die Geistes- und Sozialwissenschaften entwickelt haben, um das zu erörtern, was soziale Kontrolle zu sein scheint. Ich werde sie einfach so unterscheiden: politisch, anthropologisch und bezogen auf abweichendes Verhalten und Kriminalität.

2.1.1. Politisch

Die politische Denktradition ist die älteste und geht zurück auf die klassischen Fragestellungen der politischen Philosophie und der politischen Theorie. Sie behandelt Themen wie Ordnung, Legitimität und Autorität. Sie konfrontiert das zentrale Problem der liberalen demokratischen Tradition: Wie kann man einen Grad von Ordnung, Regelhaftigkeit und Stabilität herstellen, der die Einschränkung individueller Freiheit möglichst gering hält? Seit der Geburt des modernen Staates ist dies der Diskurs des Leviathan. Die Geschichte dieser Denktradition ist zugleich ein Verständnis des Wandels in der allgemeinen Organisation, Entfaltung, Strategie und Logik staatlicher Macht.

Es ist nicht nötig, die dauerhafte Relevanz dieses Diskursthemas über soziale Kontrolle herauszuarbeiten. Politisches Denken ist nicht überflüssig geworden durch die aktuelle Betonung der These vom "Ende der Ideologie" - jetzt genannt "Ende der Geschichte" - und auch nicht durch den proklamierten Tod des klassischen Fortschrittsglaubens, sei es die unanstößige liberale Reform oder die marxistisch-leninistische Revolution. Wo postmoderne Theorie ernstgenommen werden muß - und das ist bereits in der Literatur über soziale Kontrolle thematisiert worden -, das ist bei der Entwicklung eines lockereren, weniger staatszentrierten Verständnisses von politischer Macht.

2.1.2. Anthropologisch

Die organische Assoziation zwischen sozialer Kontrolle und den Problemen einer gerechten politischen Ordnung (Demokratie, begrenzte staatliche Macht, bürgerliche Freiheiten, Rechte) ist verlorengegangen in den amerikanischen Sozialwissenschaften. In der *Chicago School* und anschließend dem Funktionalismus wurden die Konturen dieser Denktradition verwandelt in solche der Sozialisation, der Konformität, der Internalisierung von Normen, des Wertkonsenses usw. Ich nenne dies anthropologisch, weil das allgemeinere Projekt darin bestand, jene Prozesse (ein Schlüsselbegriff) herauszufinden, die universell in allen Gesellschaften gegeben waren und lediglich im Inhalt Varianz aufwiesen. Dieser Ansatz war von Beginn an auf das Denkmodell von Siegmund Freud aufgepfropft, und dieses Vermächtnis gilt fort.

Die anthropologische Denktradition hat allerdings eine Reihe anderer Formen angenommen, die nicht sämtlich dem psychologischen Denken folgen. Es gibt zweifellos historische Bezugspunkte in der umfangreichen Literatur, in denen soziale Kontrolle in traditionellen und modernen Gesellschaften verglichen wird. Es gibt bedeutsame (und jetzt vergessene) Typologien wie die Unterscheidung von Riesman zwischen sozialer Kontrolle, die "traditionsgeleitet", "innengeleitet" und "außengeleitet" ist. Andere bedeutsame Modelle - Lasch über die "Kultur des Narzismus", Elias über den "Prozeß der Zivilisation", Postmodernisten über "Simulation" - gibt es zuhauf. Aber obgleich diese Denkansätze genauso umfassend sind wie der politische Diskurs, behandeln sie doch nicht die gleichen Fragen von Gerechtigkeit, Recht oder Legalität.

2.1.3. Diskurs über abweichendes Verhalten und Kriminalität

Der dritte (und offenbar am meisten eingeschränkte) Diskurs behandelt die organisierten, strukturierten Antworten auf jene Normverletzungen, die als Devianz oder Kriminalität eingestuft werden. Die intellektuelle Herkunft dieser Denktradition ist oft genug beschrieben worden. Die revisionistische Chronologie beginnt mit dem Einfluß, den die "neuen Devianztheorien" Ende der 60er Jahre (Labeling-Theorie, Interaktionismus) auf das kriminologische Denken und das Rechtsverständnis hatten. Sie geht weiter zur nächsten Phase der "neuen Kriminologie" (verschiedene Konflikt-, neo-marxistischen und staatszentrierten Theorien von Recht und Kriminalitätskontrolle). Dann schließt sich der einzigartige Diskurs über soziale Kontrolle an, der sich im Bann des Denkens von Foucault (Überwachung, Disziplin) entwickelt hat. Die Denktraditionen wurden in jeder Phase - von der Labeling-Orientierung über die Staatszentrierung zum Ansatz von Foucault - zunehmend imperialistischer und behandelten ständig umfassendere Teile des Soziallebens. Also: Sozialfürsorge *als* soziale Kontrolle, Bildung *als* soziale Kontrolle, Psychiatrie *als* soziale Kontrolle.

Das historische Objekt dieser revisionistischen Literatur entspricht drei hauptsächlichen Änderungen, die mit der Herausbildung des modernen Staates einhergehen: Erstens das sich bildende Staatsmonopol der sozialen Kontrolle durch Strafrecht, Polizei und Strafjustiz; zweitens die Entwicklung der großen Systeme der Kategorisierung, des Expertentums und der Macht des professionellen Wissens; drittens die Ausgrenzung und Einkerkerung der Devianten in spezielle Institutionen. Jede revisionistische Phase entwickelt ihren charakteristischen Stil des Diskurses - zunächst geht es um die hauptsächlichen Änderungen und dann um jene Bewegungen der Nach-68er-Zeit, die auf Entschlüsselung, Beseitigung oder Überwindung der als unabänderlich geltenden Strukturen der sozialen Kontrolle und auf das Finden von Alternativen gerichtet waren.[1]

Wir sind jetzt, so glaube ich, in dem faszinierenden Stadium, wo die benannten verschiedenen Denktraditionen über "soziale Kontrolle" ihre Unterschiede verlieren. In der heutigen Revision des Revisionismus - der endlosen Selbstreferenzialität der Postmoderne - ändern sich die Konturen, die Überschneidungen werden deutlicher. Zum Beispiel:

(1) Das staatszentrierte Modell von Devianz und Kontrolle ist aufgegeben worden zugunsten eines lockereren Modells von Bürokratie und professionellen "Projekten", die nicht durch einen generellen Plan aufeinander bezogen sind. Intentionen bleiben unklar und unidentifizierbar; Ideologien (wie z.B. die *rule of law*) werden nicht mehr als Mystifikationen betrachtet, die zu demystifizieren wären, sondern als aufgelockerte "Diskurse" mit (nahezu) unbegrenzt variablen Bedeutungen; die Bündnisse werden pragmatisch geschlossen; die Techniken der Kontrolle sind "übertragen" ohne strategische Voraussicht.[2] Noch mehr: Soziale Kontrolle wird nicht verstanden als unabänderlich, universell.

(2) Es gibt sogar noch explizitere Diskussionen darüber, ob eine bestimmte Form der Kontrolle "wirklich" zu einer Kategorie gehört und nicht zur anderen. Ein großer Teil der heute besonders interessanten Arbeit besteht darin, Überschneidungen zu finden - entweder empirisch (zwischen einer Form der sozialen Kontrolle und einer anderen) oder theoretisch (zwischen solchen Denkmodellen). Ein Beispiel ist die andauernde feministische Aneignung politischer Begriffe (Repression, Dominanz, Hegemonie), um Aspekte des Privatlebens zu interpretieren, die bislang in der allgemeineren Sprache von Sozialisation betrachtet wurden. Dann gibt es Garlands außergewöhnliche Arbeit über die Soziologie der Strafe - welche schließlich das seit langem bestehende Versprechen einlöst, Kriminologie und Pönologie in allgemeiner Betrachtungsweisen der klassischen soziologischen Theorie aufzulösen (Garland 1990; auch Dandeker 1990). Dann wiederum gibt es die jüngst erschienene Arbeit von Miller und Rose über die "Beherrschung der Subjektivität" - welche explizit Projekte psychologischer Macht/psychologischen Wissens mit politischen Vorstellungen über "nationale Wohlfahrt", "Bürgerlichkeit" und "Überwachung" verbindet (Rose 1990).

(3) Es gibt schließlich die zunehmende Rezeption der anthropologischen Denktradition. Dies ist in der Vergangenheit vermieden worden, weil wir den Geist von Parsons fürchteten und uns scheuten, die Untersuchung sozialer Kontrolle in alles "Soziale" aufzulösen. Es ist jetzt klar genug geworden, daß jede Studie, die Begriffe verwendet wie Disziplin, Regulierung oder eben soziale Kontrolle, in Gebiete des sozialen Lebens führen muß, die nicht so leicht entweder als "Devianz" (wie Soziologen dies gewöhnlich tun) oder als "Konflikt" (wie dies Juristen gewöhnlich tun) beschreibbar sind. Man beachte z.B. jüngere Untersuchungen von Überwachung, Erinnerung, Privatisierung, Verdinglichung, der Kontrolle des Familienlebens oder der Regulierung von Bedürfnissen. Ebenso einschlägig ist nahezu die gesamte feministische Literatur, in der die

politische wie die kriminalitätsbezogene Denktradition verstanden wird als darauf gerichtet, ein mannzentriertes Verständnis des gesellschaftlichen Lebens zu reproduzieren, indem lediglich formale, öffentliche und staatliche Sphäre Aufmerksamkeit verdient. "Neue" Bereiche des sozialen Lebens (Sexualität, Körper, Geschlechtsidentität, Emotion, "das Herz") werden verstanden als "kontrolliert", "reguliert", "gemanagt" oder "beherrscht" auf eine Weise, die nicht so leicht verstanden werden kann durch staatszentrierte politische Theorie (wie des Marxismus) und noch weniger durch Recht und Kriminologie.

Diese wissenschaftliche Betrachtungsweise ist stimulierend und kreativ. Aber der Unterscheid bleibt zwischen dem Auflösen der "sozialen Kontrolle" in alles, was sozial ist (d.h. jede normative Regulierung des privaten und sozialen Lebens) und dem beschränkten Gebrauch des Begriffes für solche Formen der Regulierung, die in organisierte Programme, Projekte und Agenturen eingebettet sind und durch bestimmte Bürokraten, Experten und Professionelle angewendet werden und bestimmte identifizierbare Wissensbestände hervorbringen. Jeder, der sich der Literatur über soziale Kontrolle von außen nähert, wird diesen wichtigen Unterschied feststellen. Zwei andere Charakteristika sollten außerdem nicht übersehen werden:

(1) Es gibt in jedem Diskurs - auf beiden Ebenen von Wissen und Macht - die jeweils andere Form. Das heißt: Bewegungen der Opposition, der Reform oder des Widerstandes, die sich ausdrücken in konventioneller Politik (als Interessengruppe, als soziale Bewegung), in der Ästhetik, in Theorie, in großen Befreiungsprojekten und Utopien, in Visionen einer alternativen Welt der sozialen Kontrolle. Dies ist ganz unzweifelhaft so in den politischen Denktraditionen, erscheint aber auch erkennbar in den Denkmodellen von Kriminalität und Devianz (als Deinstitutionalisierung, Kontrolle in der Gemeinde, informelle und Volksjustiz, Deprofessionalisierung usw.). Die anthropologische Denktradition hat verallgemeinerte alternative Psychologien ("new age") und - besonders auffallend - den Feminismus. Die Ansprüche der radikalen Kriminologie, der "critical legal studies", der Antipsychiatrie und des Abolitionismus sind in jedem Diskurs eingebaut. Ein Wissensbestand ist unterstützend gegenüber der vorgefundenen Ordnung, der andere ist subversiv. Jeder Fachfremde, der den Unterschied zwischen Tatsachen und normativen Aussagen treffen möchte, wird sich damit schwertun.

(2) Besonders wichtig für die Politik der Rekonstruktion ist die "verborgene" Geschichte dessen, was man auch betrachten könnte als die vierte Denktradition der sozialen Kontrolle: der Markt. Dieser hat wenig Raum in den staatszentrierten Modellen und gar keinen, wenn über Kriminalität und Devianz geredet wird. Er erscheint als Kategorie nur in der politischen Anthropologie der Frankfurter Schule. Es gibt jetzt ein wieder erstandenes Interesse in dieser Hinsicht - mit wichtigen Arbeiten über Konsumerismus, zur Werbung, zur Kommerzialisierung der Bedürfnisse usw. Viele postmoderne wissenschaftliche Arbeiten über das Schauspiel, die Repräsentation, die Globalisierung usw. können von dem Bezugspunkt der sozialen Kontrolltheorie aus verstanden werden. Eine eindeutigere Manifestation der marktmäßigen Kontrolle ist (wie wir sehen werden) das Phänomen der Privatisierung: Der tatsächliche Wandel von staatlicher zu marktmäßiger Organisation der "zentralen" Formen sozialer Kontrolle wie Polizei und Strafvollzug. Der engere legalistische Ansatz, der in der gegenwärtigen Politik der Rekonstruktion dominiert - z.B.

Debatten über das Ersetzen "sozialistischer Legalität" durch liberale Rechtsstaatlichkeit -, ignoriert gänzlich die Erosion in westlichen Demokratien im Sinne des Ersatzes von staatszentrierten Formen durch Varianten der Kontrolle, die vom freien Markt gestaltet sind.

2.2. Formen der sozialen Kontrolle

Es gibt zahllose Wege, um die Formen der sozialen Kontrolle zu klassifizieren, die in jeder der genannten Denktradionen und ihren Zwischenformen vorkommen: formelle versus informelle, öffentliche versus private, Zwang versus Konsensus usw. Ich will im folgenden Klassifikationssysteme benutzen, wie sie von Soziologen entwickelt wurden, die nicht aus einer kritischen oder radikalen Position kommen, sondern die glauben, daß sie ein Durkheimsches Schema der "elementaren Formen" der sozialen Kontrolle oder des Konfliktmanagements entwickelt haben.[3] Nach meiner Auffassung sind ihre Ansprüche der Generalisierung nicht eingelöst und ihre Versuche, die präzisen sozialen Bedingungen vorherzusagen, unter denen eine Form der sozialen Kontrolle eher erscheint als eine andere, nutzlos - aber ihre Klassifikation eignet sich gut für jeden Zweck. Vier Formen der sozialen Kontrolle werden gewöhnlich unterschieden:

2.2.1. Punitiv

Der punitive Kontrollstil - wie er in dem gesamten Modell des Strafrechts verkörpert ist - muß Rechtswissenschaftlern und Kriminologen nicht mehr erklärt werden.[4] Er hat unsere intellektuelle Landschaft so dominiert (in der Rechtswissenschaft, Philosophie, politischen Wissenschaft etc.), daß er irrtümlich verstanden wird als paradigmatisch für soziale Kontrolle selbst - statt als extrem spezieller und seltener Kontrollstil.

Wir sollten uns erinnern an einige dieser speziellen und seltenen Züge des punitiven Kontrollstils: Er enthält die Schmerzzufügung (Verlust, Leiden, Schädigung); er muß immer eine konkrete Person verantwortlich machen für den Bruch abstrakter Regeln (insbesondere von Rechtsregeln); er ist grundsätzlich moralistisch; er ist auf Zwang gestützt statt auf Freiwilligkeit, und (ein wichtiges Charakteristikum, auf das ich zurückkommen will) er überträgt die Aufgabe der sozialen Kontrolle auf eine dritte Partei: d.h. die Abweichung oder der Konflikt wird den Parteien, die davon betroffen sind (z.B. Opfer und Täter) weggenommen und an eine spezialisierte Agentur (gewöhnlich die Strafjustiz des Staates) verwiesen.

Die nächsten zwei Kontrollstile sind gewöhnlich unter Begriffe wie "informell", "gemeindenah" oder (irreführenderweise, wie ich feststellen will) "alternativ" subsumiert worden. Im kritischen Diskurs - über informelle Justiz, Abolitionismus, "Kriminologie als Friedensstiftung" (Pepinski/Quinney 1991) usw. - stehen sie immer im Widerspruch zum Strafjustizmodell. Die verschiedenen Techniken - Ersatzleistung, Wiedergutmachung, Schlichtung, Begütigung, Verhandlung usw. - sind Variationen von zwei Stilen, der Entschädigung und der Befriedung.

2.2.2. Entschädigung

Der Kontrollstil der Entschädigung (Ersatzleistung, Wiedergutmachung usw.) besteht in dem Erstatten der Schuld durch den Täter an das Opfer. Der Täter ist verpflichtet, dem Opfer den Schaden oder den Schmerz zu kompensieren; wenn dies getan ist, ist die Sache theoretisch vorbei und gelöst.

Dies ist völlig verschieden vom punitiven Stil nicht nur, weil dem Täter "nichts Schlimmes passiert", noch weil er oder sie "davonkommt", noch weil die Angelegenheit freiwillig erledigt wird. Theoretisch ist der Unterschied darin zu sehen, daß die Aspekte von Intention, Fähigkeit und Verantwortlichkeit, die so zentral im Strafrecht sind, hier von geringerer Bedeutung sind. Die Beziehung zwischen Tat und schädigendem Ergebnis (Konsequenzen) ist wichtiger als die Handlung und ein vorangegangener Geisteszustand (Intention). Die Beachtung des Schadens statt der Schuld macht diesen Kontrollstil weniger moralistisch, mehr restaurativ. Sanktionen werden nicht gegründet auf Verletzungen abstrakter moralischer Regeln, sondern auf ein Netz wechselseitiger Verpflichtungen. Diese Wechselseitigkeit wird weiter betont in Systemen der Wiedergutmachung, die kollektiv sind statt individuell.

2.2.3. Befriedung

In Systemen der Befriedung werden die involvierten Parteien (ohne notwendigerweise als Opfer und Täter definiert zu sein) zusammengebracht (manchmal mit der Unterstützung einer dritten Partei), um ein wechseitig akzeptables Ergebnis auszuhandeln. Die schließliche Lösung wird erreicht durch Verhandlung und wird nicht erzwungen durch äußere Sanktionen. Der entscheidende Punkt ist, die Menschen miteinander wieder zu harmonisieren.

Wiederum ist hier die Intention von geringerem Interesse (als im Strafrecht), ebenso wie die Schädigung (im Gegensatz zu Wiedergutmachung oder Ersatzleistung). Vielmehr besteht gar keine Notwendigkeit, einen Täter zu identifizieren: Die Schuld wird geteilt oder zumindest nicht zugewiesen. Der "locus of control" (in den Begriffen der Abolitionisten) liegt weder beim Täter noch bei der Tat, sondern in der problematischen Beziehung oder in der Situation. Es gibt Ähnlichkeiten zur Wiedergutmachung (obwohl das Ergebnis nicht so einseitig ist) - aber dies ist völlig verschieden vom punitiven Stil.

Die unterstellte "radikale" oder "kritische" Qualität dieser letztgenannten zwei Stile hat verschiedene unterschiedliche Nuancen. In dem politischen Denksystem werden Begriffe benutzt wie Gesellschaftsgericht, Volksjustiz oder Volksgerichte. In dem Denksystem von Kriminalität und Devianz sprechen wir über Alternativen zur Strafjustiz, über informelle soziale Kontrolle, über Nachbarschaftskontrolle oder Abolitionismus. Mit einer Spur Poesie könnten wir sehen, daß beide kritischen Botschaften abgeleitet sind vom (bzw. hingewendet sind zu dem) anthropologischen Denksystem. Das heißt beide unterstellen, daß irgendwo draußen - in der "Gemeinschaft" außerhalb der Reichweite des Staates - universelle, "natürliche", "organische" Formen der sozialen Kontrolle existieren und gefördert werden können. Vieles der zweiten Welle in den Diskursen der Nach-68er-Jahre ist darauf ausgerichtet gewesen, die Probleme oder Gefahren dieser Vision zu zeigen: Kooptierung, Netzerweiterung, versteckte Kontrolle, Ausweitung der Disziplin usw.

Weniger häufig wurde in dieser Literatur betont - aber dies ist von extremer Bedeutung für die Politik der sozialen Rekonstruktion -, daß ein Mangel an Entsprechung besteht zwischen Stil und Organisation. So kann etwa "Volksjustiz" (und tut dies oft) Strafe genauso leicht anwenden wie Befriedung. Und alternative Methoden wie Wiedergutmachung und Befriedung können ebenso gut gefunden werden in konventionellen staatlichen und bürokratischen Institutionen.

2.2.4. Therapeutischer Stil

In dem therapeutischen Stil liegt der Kern weder bei dem Handelnden und der Tat wie im Strafrecht noch in der Situation oder der Beziehung. Das Ziel ist "zu helfen", die Person des Devianten zu verändern - entweder in einem psychodynamischen Modell, wo es um die Veränderung des innerpsychischen Zustandes geht, oder im behavioristischen Modell, wobei externe Verhaltenskonformität erzeugt werden soll. Der Prozeß wird weder in moralischen Begriffen verstanden wie die Bestrafung des Schuldigen, der schlechten Person, noch in der Erfüllung von Verpflichtungen, noch in der Reparatur zerstörter Beziehungen.

Die Natur der verletzten "Regeln" oder der Konflikte, die zu lösen sind, ist obskurer und komplexer im therapeutischen Stil als in den anderen. Deshalb lehnen jene, die mit diesem Modell arbeiten, die Deutung ab, daß Therapie eine Form sozialer Kontrolle ist. Der offensichtliche Boom des therapeutischen Stils und seine Invasion in Gebiete, in denen zuvor mit anderen Formen von Wissen und Macht (die These von der Medikalisierung der Abweichung) gearbeitet wurde, ist von großer Bedeutung für die soziale Kontrolle. Noch wichtiger als diejenigen therapeutischen Systeme, in denen Zwang involviert ist (unfreiwillige Einweisung in Hospitäler, erzwungene Behandlung von Suchtabhängigen, Gedankenkontrolle politischer Dissidenten), ist die Konstruktion neuer therapeutischer Kategorien (Diagnosen, Syndrome, Klassifikationen) - in Gebieten wie etwa sexueller Abweichung, Gewalt in der Familie, Hyperkinesis, Lernschwierigkeiten, Eßstörungen usw. In den fortgeschrittenen westlichen Gesellschaften ist dies möglicherweise die hauptsächliche Variante des Entstehens neuer Formen von Abweichung, "Normalisierung" - und insofern sozialer Kontrolle.

Es läßt sich zweifellos viel mehr sagen über diese vier Stile der sozialen Kontrolle und die umfangreiche Literatur, die jeder von ihnen hervorgebracht hat. Soziologen haben ebenfalls verschiedene "Formen" unterschieden, durch welche jeder Stil sich wandelt oder organisiert wird - oder vermieden werden kann. Eine mißhandelte Frau kann im Geheimen leiden, offensichtlich die Gewalt, die gegen sie gerichtet ist, tolerierend oder als normal erachtend. Sie kann ihr Verwandtschaftsnetz einschalten, um Rache zu nehmen; sie kann die Hilfe von Ratgebern, sei es als Vermittler oder als Therapeut suchen; sie kann Schutz suchen in einem Frauenhaus; sie kann die Polizei herbeirufen und Strafe verlangen.

Indem auf eine Typologie von Horwitz (1990) zurückgegriffen wird, könnten wir unterscheiden zwischen Formen von (1) *unilateraler* sozialer Kontrolle wie z.B. Inaktivität (Toleranz,

Nichtstun) oder Vermeidung (Vermeiden des Sichtreffens) oder das Verlassen (die Situation oder die Beziehung hinter sich lassen) oder Selbsthilfe (Rückgriff auf außerrechtliche Methoden wie etwa Rache oder Selbstschutz - hier kann Kriminalität zur Form der sozialen Kontrolle werden); (2) *bilateraler* sozialer Kontrolle - wo beide Parteien miteinander verhandeln oder sich um eine Schlichtung bemühen (manchmal mit der Hilfe einer dritten Partei, auf die man sich geeinigt hat, wie Anwälte in Scheidungsverfahren) und (3) *trilateraler* sozialer Kontrolle - d.h. die Mobilisierung (z.B. durch Herbeirufen der Polizei) einer offiziellen, formellen Kontrollinstanz wie etwa des Strafjustizsystems, das eine Lösung erzwingen kann unabhängig von den Wünschen der betroffenen Parteien.

"Trilaterale" Kontrolle wird gewöhnlich verstanden als die historisch dominierende Form. Das Ersetzen privater Klage durch formalisierte öffentliche Verantwortlichkeit wird betrachtet als ein entscheidendes Charakteristikum des modernen Staates. In unserem Kontext allerdings muß man sich daran erinnern, daß diese Form der sozialen Kontrolle statistisch höchst abnormal ist, statt normal zu sein. Wenn wir uns eine Pyramide sozialer Kontrolle vorstellen, die die räumliche Verteilung aller Formen und Ziele darstellen soll, macht der Gestaltungsraum der Strafjustiz nur ein winzig kleines Dreieck an der Spitze aus, einschließlich aller professionellen und sonstwie spezialisierten "trilateralen" Organisationen. Der Riesenanteil von Abweichung wird durch die Kanäle von unilateraler, bilateraler oder informeller Kontrolle verarbeitet. In diesem Sinn sollten wir nicht diese Form "Alternativen" nennen, sondern eher das Strafjustizsystem und die Systeme der professionalisierten Kontrolle als "Alternativen" betrachten.

Die theoretische Aufgabe - jenseits meines gegenwärtigen Betrachtungsrahmens, aber gleichwohl höchst relevant für jeden Vergleich zwischen sozialer Kontrolle in verschiedenen Gesellschaften - besteht dann darin zu begreifen, wie bestimmte Methoden dominant werden: Was ist der "soziale Raum", der von verschiedenen Formen eingenommen wird? Was sind die Ähnlichkeiten zwischen ihnen? Wie autonom ist jede Form? Diese Überlegungen führen in der Regel zu dem oft gefundenen Paradoxon, daß dieselben sozialen Bedingungen, welche organisierte, trilaterale Kontrolle, besonders durch Strafe, hervorbringen (größerer Individualismus, mehr Mobilität, Schwächung der sozialen Bindungen, soziale Fragmentierung, zunehmende soziale Distanz und Hierarchie), auch jene sind, welche diese Kontrollen besonders ineffektiv werden lassen.[5] Der am stärksten moralistische Kontrollstil wird dominant gerade dann, wenn die moralischen Überzeugungen, auf denen er beruht, die schwächsten sind.

2.3. Trends

Indem wir uns auf formale oder "trilaterale" soziale Kontrolle beschränken - diese Formen, die von organisierten Kontrollinstanzen und -programmen verwirklicht werden -, sollten wir uns ganz kurz die hauptsächlichen empirischen Trends vor Augen führen, die in den westlichen kritischen Diskursen aufgegriffen worden sind. Ich will auf fünf Themen eingehen, die die jüngere Literatur dominiert haben. Jedes Thema ist eine Karikatur von weit komplexeren und widersprüchlicheren Prozessen.

2.3.1. Ausweitung, Verbreitung und Intensivierung

Man braucht weder eine abwegige Vorstellungskraft noch muß man Anhänger der These von der "Ausweitung der Disziplinierung" sein, um festzustellen, daß während der letzten zwei Dekaden die Systeme formeller sozialer Kontrolle sich in den entwickelten westlichen Gesellschaften ausgeweitet haben, jenseits ihrer originären Anwendungsbereiche verbreitet worden sind und den Grad ihres Zugriffs auf Personen intensiviert haben. Das heißt, weite Gebiete des sozialen Lebens sind den organisierten Formen von Kontrolle, Prävention, Überwachung oder formaler Kategorisierung unterworfen; weitere Formen des Konflikts oder der Abweichung sind in dem Kontrollnetz erfaßt; ein größerer Anteil der Bevölkerung ist in der Obhut dieser Institution.

Es ist im Rahmen dieses Aufsatzes nicht möglich, detaillierte empirische Evidenz für diese Trends zu geben. Man kann aber zwei paradigmatische Beispiele heranziehen. Der erste ist das internationale organisatorische Wachstum innerhalb des Strafjustizsystems. Die Situation in den Vereinigten Staaten scheint zu extrem zu sein, um als Beispiel gelten zu können, aber sie korrespondiert ganz sicherlich mit den genannten Mustern. Abgesehen von dem massiven Anwachsen der Gefangenenpopulation - nun rund 420 pro 100.000 der Altersgruppe - gilt für bestimmte Subpopulationen ein extrem hohes Risiko, vom ausgeweiteten Gefängnissystem erfaßt zu werden: Einer von vier jungen afrikanischen Amerikanern in Kalifornien ist zu jedem Zeitpunkt unter der Aufsicht des Strafvollzuges. Die Tendenz zu Alternativen (elektronische Überwachung, Hausarrest, gemeinnützige Arbeit etc.) hat zu einer Erweiterung des Netzes und zur Intensivierung der Kontrolle geführt, und zwar offensichtlicher als manche von uns noch vor 10 Jahren gedacht haben.[6]

Eine zweite beispielhafte Entwicklung ist der Prozeß der Kriminalisierung im weiteren Sinne. Es ist nicht nur so, daß mehr der gleichen alten Mitglieder der Unterklasse für die Begehung von Straftaten verurteilt werden (oder daß mehr Straftaten von einer gleichen Zahl dieser altbekannten Straftäter begangen werden), sondern daß mehr Bereiche des sozialen Lebens nun von der Kontrolle durch das Strafjustizsystem erreicht werden. Es gibt fünf deutliche Beispiele: Sexuelle Gewalt und Belästigung durch Männer; verschiedene andere Formen der Gewalt in der Familie; Wirtschaftskriminalität; Umweltkriminalität und Delikte gegen den Staat oder Verletzungen von Menschenrechten.

All diesen Beispielen ist etwas gemeinsam: Indem zuvor abhängige, schwache, rechtlose oder marginale Gruppen stärker werden (Frauen, ethnische Minoritäten, Kinder, Klienten und Verbraucher, Opfer) oder indem sie Fürsprecher finden, die sich für sie einsetzen (vor allem indem sie jene Gruppen als "Opfer" definieren), suchen sie nach rechtlichen Instrumenten, um mit früheren Anlässen zum Groll anders umzugehen, oder um mit Konflikten fertig zu werden, die zuvor toleriert wurden oder informell gelöst wurden - durchweg zum Nachteil der abhängigen Partei.

Wie ich festhalten will, ist diese Gemeinsamkeit von besonderer Bedeutung in Perioden rascher sozialer Veränderung oder sozialer Rekonstruktion. Das ist genau der Zeitpunkt, in dem die

Tendenz, neue Gesetze zu erlassen oder Strafen zu verhängen für jene, die bislang unter den alten Gesetzen straffrei blieben, besonders attraktiv erscheint.

2.3.2. Entwicklung von professionellem Wissen/professioneller Macht

Wir wenden uns nun einer Tendenz zu, die weniger sichtbar, aber unnachgiebiger umsichgreifend ist als die Ausweitung des Strafjustizsystems. Weitgehend außerhalb der Reichweite des Rechts und weitgehend als Anwendung des therapeutischen Stils (oder der Hinwendung zu ihm) ist ein beachtlicher Umfang von professionalisierter Macht/Wissenssystemen geschaffen worden.

Dies ist "Kontrolle durch Kategorisierung". Während des letzten Jahrzehnts hat das Paradigma des sozialen Konstruktivismus diesen Prozeß in filigranem Detail gezeigt: Gewalt in der Familie, Hyperkinesis, Dyslexia und andere Lernschwierigkeiten, anorexia nervosa und andere Eßstörungen, neue sexuelle Pathologien, mangelhafte Elternschaft, Narzißmus, Borderline-Persönlichkeit, der gesamte Bereich der Abhängigkeiten, Entwicklungsstörung der Persönlichkeit usw. Wie die neue Kriminalisierung, so ist der dahinterstehende ideologische Ansatz progressiv und gutgemeint. Der Bereich, den man als "Lebensstilkontrolle" bezeichnet (Rauchen, Übergewicht), weist zwei Formen auf: Zunehmende punitive Stigmatisierung ebenso wie die Etablierung therapeutischer Stile wie etwa Selbsthilfegruppen. Untersuchungen dieser Prozesse durch soziale Konstruktionisten haben Foucaults zentrale Einsicht illustriert, daß diese filigranen Systeme der Macht nicht bloß negativ und ausgrenzend sind, sondern daß sie neue Wissensbestände kreieren. Um die negative Bedeutung des Terminus "Kontrolle" zu vermeiden, sind diese Techniken zunehmend mehr verstanden worden als neue Formen für die "Verwaltung" oder das "Management" der Subjektivität.

2.3.3. Management-Orientierung

Management ist auch in einer anderen Beziehung bedeutsam. Die neue Runde des Spiels "das Ende der Ideologie" hat seine Spuren in den sozialen Kontrollsystemen und Ideologien hinterlassen. Im Geschäft der Kriminalitätskontrolle sehen wir ein Emporkommen von managementbezogenen, administrativen und technokratischen Stilen. Die alten liberalen Ideologien (Behandlung, Resozialisation, soziale Reform) werden diskreditiert. Das Ziel ist, das Strafjustizsystem in vernünftigen Bahnen zu halten. Gefängnisdirektoren sind nicht die "moralischen Architekten" des frühen 19. Jahrhunderts und schon gar nicht mehr die Professionellen aus der Blütezeit der Behandlungsideologie. Sie sind vielmehr Buchhalter.

In der akademischen Kriminologie ist "Managementorientierung" in den verschiedenen neoklassischen Strömungen erkennbar: Theorie der Gelegenheiten, Theorie der rational choice und das Hervortreten des "neuen abwägenden Kriminellen". Wenn Menschen nicht verändert werden können und Gesellschaften nicht transformiert werden können, dann werden die Theorien weniger ambitioniert und verlieren ihr kritisches Potential oder sogar jeden sozialen Kontext.

2.3.4. Behaviorismus, Risikomanagement, Bevölkerungskontrolle

Die einflußreichste Variante der Orientierung hin zum Management ist der wachsende Trend der Bevölkerungskontrolle. Eine Zahl von damit zusammenhängenden Elementen haben diesen Trend hervorgebracht - jedes einzelne mit weitgehenden Implikationen dafür, wie wir über soziale Kontrolle denken.

An erster Stelle - und schon seit einiger Zeit erkennbar - handelt es sich um das Ersetzen der harten Extreme des Strafjustizsystems im Sinne der psychodynamischen korrektiven Modelle (die sich auf innerpsychische Zustände bezogen) durch behavioristische Modelle, die auf äußere Verhaltenskonformität abstellen. Anstelle von Einsicht, Gewissen und inneren moralischen Konflikten finden wir das Erlernen, die Resozialisation und die Korrektur von mangelhaften sozialen Fertigkeiten.

Zweitens gibt es den entgegengesetzten Trend, jenen zur Straftat getriebenen Menschen der positivistischen Kriminologie durch den Straftäter zu ersetzen , der eine bewußte Wahl trifft, wie ihn der Neoklassizismus entwirft. Dieser Straftäter ähnelt einerseits der Kreatur des klassischen freien Marktmodells der Ökonomie wie andererseits dem abstrakten Rechtssubjekt der Rechtswissenschaft. Er oder sie ist unmoralisch. Biographie und soziale Herkunft verlieren ihre erklärende und Politikbedeutung. Statt dessen gibt es den nachdenkenden Kriminellen, der Möglichkeiten sieht und Risiken abwägt.

Drittens - und nur zu konsequent - zielt soziale Kontrolle zunehmend mehr auf Einschränkung der Möglichkeiten für potentielle Straftäter und Erhöhung der Risiken, die sie einzugehen haben. *Target hardening*, situationsbezogene Kriminalitätsprävention, räumliche und zeitliche Verringerung von Kriminalitätschancen, Kriminalitätsprävention durch Architektur, Risikoerhöhung, das sind die bevorzugten Technologien. Soziale Kontrolle entwickelt sich von dem bislang üblichen *reaktiven* Modus - indem sie nur aktiviert wird, wenn Regeln verletzt wurden - in den *proaktiven*: Antizipation, Vorhersage, Kalkulation im voraus.

Viertens - und von enormer Bedeutung für die Zukunft der sozialen Kontrolle - wird zum Objekt dieses Diskurses die Bevölkerung anstelle des Individuums. Das Denkmodell ist ein "statistisches Regime" oder eine "Risikogesellschaft" (Reichman 1986; Simon 1987; Simon 1988). Ganz ähnlich der statistischen Logik, mit der Lebensversicherungstabellen aufgestellt werden, werden Risiken kalkuliert hinsichtlich ihrer statistischen Wahrscheinlichkeit, statt daß auf eine konkrete Person Bezug genommen wird. Die resultierenden Stile der Kontrolle beinhalten (1) ein zunehmendes Gewicht von Überwachung und Beobachtung und (2) das Anwachsen eines Systems der Willfährigkeit. Standards für Konformität werden geschaffen - Sicherheitssysteme auf Flughäfen, Urintests bei Angestellten zur Prüfung des Drogengebrauchs, Überwachung in Aufzügen in Gebäuden - ganz gleich, ob eine deviante Aktion stattgefunden hat oder nicht.

Statt das individuelle Verhalten ändern zu wollen, ändert das statistische, das auf Überwachung und auf Willfährigkeit gestützte System die physischen und sozialen Strukturen, innerhalb derer Individuen sich verhalten. Diese Politik - da kann man sicher sein - ist jedenfalls zugleich leichter durchzuführen als die alten "Disziplinierungsregimes" und letztlich exzessiver. Sie erfordert keine starke moralische Untermauerung, noch muß auf direkten Zwang zurückgegriffen (und dabei die Gefahr von Widerstand in Kauf genommen) werden.

Es könnte viel mehr über diese Trends gesagt werden - besonders in unserem Zusammenhang - über ihre Einbettung in den privaten Sektor (vgl. unten) und ihre politische Bedeutung. Wie O'Malley überzeugend argumentiert hat (1991), spiegelt sich im System der Kriminalitätskontrolle der allgemeine Wandel von einer sozialen (fürsorgeorientierten) Version dieses Statistikmodells zu dem privaten "Klugheitsmodell" des "Fürsichselbersorgens" unter der Herrschaft der Neuen Rechten. Genauso wie in den neuen Deutungen der Straftäter ein Geschöpf ist, das wie ein rationaler *homo oeconomicus* weder Biographie noch Werte hat, sondern nur Entscheidungen trifft, so hat die "Öffentlichkeit" (das potentielle Opfer) Entscheidungen bzw. präventive Vorkehrungen zu treffen. Diese Entscheidung wird zur Pflicht: Man wird verantwortlich gemacht für Apathie und Mangel an Vorsicht (wie Frauen, die Trainingskurse zu absolvieren haben, um "vergewaltigungs-gefährdete Situationen" zu vermeiden). Die Neue Rechte stützt sich auf den starken Staat (schwere Strafen, Verwahrung und Unschädlichmachen für jene Teile der Unterklasse, die von der Maschinerie der Kriminaljustiz verschlungen und recycelt werden) und den freien Markt, der mit einer Unterstützung seitens des Staates, "situationsbezogene Kriminalitätsprävention" oder private Sicherheitssysteme einer Öffentlichkeit anbietet, die genug Geld und Klugheit besitzt.

All diese Trends zusammengenommen - aufgepfropft auf neue Technologien und die wachsende Überwachungskapazität moderner Organisationen (Dandeker 1990) - haben Soziologen der sozialen Kontrolle zu einigen bitteren Charakterisierungen veranlaßt: das Zeitalter der Überwachung, die klassifizierende Gesellschaft, die "managed society", die technokratische Gesellschaft, die Gesellschaft des Verdachtes, die Gesellschaft der Selbstüberwachung, die transparente Überwachung, die Hochsicherheitsgesellschaft usw. Ob wir nun diese Zukunft so "sehen" oder nicht, wir können jedenfalls nicht das Aufkommen von Modalitäten der sozialen Kontrolle übersehen, die nicht so leicht in die Standardtypologien passen, die ich zuvor besprochen habe.

Jedenfalls sprechen wir nicht über ein völliges Ersetzen einer Form durch die andere, sondern über den gleichzeitigen Einsatz einer Vielzahl von Methoden. Nehmen wir noch einmal das Beispiel der "Lebensstilkontrolle". Der einzelne Zigarettenraucher mag bestraft werden (Geldstrafe, z.B. für Rauchen in der Öffentlichkeit), mag ermutigt werden, psychologische Behandlung aufzusuchen oder (ebenso wie bei Übergewicht) nicht mehr bei Firmen angestellt werden, die ihre Risiken der Krankenversicherung reduzieren wollen. Unterschiedliche Kontrollstile können in einer Kombination eingesetzt werden: Ein Scheidungsgericht ("Schlichtung") mag von den Partnern verlangen ("bestrafen"), ein Programm zu besuchen ("Therapie"), das die psychologischen Wirkungen von Scheidung auf die Kinder herausstellt. Oder (ein klassischer "Statistikerstil") angehende Heiratskandidaten werden im voraus untersucht hinsichtlich ihrer gegenseitigen Verträglichkeit.

2.3.5. Privatisierung

Zusammen mit Managementorientierung und Bevölkerungskontrolle (obwohl nicht immer durch diese Ideologien beeinflußt) haben sich formelle Systeme sozialer Kontrolle in den entwickelten westlichen Gesellschaften in Richtung auf Privatisierung bewegt. Dieser Prozeß - wie die wachsende Literatur über dieses Thema zu zeigen beginnt - ist sehr komplex und keineswegs als "simple Rückkehr" zu vormodernen Formen staatlicher Kriminalitätskontrolle wie etwa privater Polizei[7] zu betrachten. Drei wichtige Formen der Privatisierung wurden festgestellt: Die erste liegt im traditionellen Bereich des Strafjustizsystems selbst. Hier ist das auffälligste Beispiel das massive Anwachsen der privaten Sicherheitsindustrie. Das Einkaufen oder die vertragliche Auslagerung der Überwachungs- und Sicherheitsfunktion (durch den Staat, durch Industriebetriebe, durch Privatpersonen, durch Institutionen wie Universitäten) auf Privatunternehmer ist eine beachtliche Wachstumsindustrie. In den Vereinigten Staaten hat die Zahl der in den privaten Sicherheitsbereich tätigen Personen bereits vor 20 Jahren die Zahl der uniformierten Polizisten überstiegen. Ein weniger eindrucksvoller Wandel ist im Strafvollzugssystem aufgetreten mit Teilprivatisierung von Gefängnissen und Gefängnisbetrieben.

Der zweite Bereich - wo eher professionelle als Staatsagenturen immer dominiert haben - ist der "sanfte Pol" oder die therapeutische Seite des Kontrollspektrums. Dort ist eine wachsende Verlagerung auf den privaten Sektor der Institutionen, Agenturen und Programme aufgetreten, die mit Problemjugendlichen und allen Formen des Drogengebrauchs beschäftigt sind. Das gleiche gilt für den Markt der Kontrolle über alle Varianten von "Auffälligkeiten" - bezogen auf Persönlichkeit, Sexualität, Essen, Lernen. Hier, wie in dem Bereich der privaten Sicherheit, können wir bereits anfangen, von einem "Warencharakter der sozialen Kontrolle"[8] zu sprechen. Der dritte Bereich - derjenige, der den offensichtlichsten politischen Widerhall findet, ist die generelle Streichung von Vergünstigungen des Wohlfahrtsstaates (im Hinblick auf Dienstleistungen, Gesundheit, Bildung). Manchmal werden diese Angebote vom privaten Markt aufgegriffen, manchmal verschwinden sie völlig, und manchmal werden sie ersetzt durch gemeinnützige "Privatisierungen" - d.h. durch verschiedene Formen von freiwilligen Organisationen, von Gemeinschaftswerken, von Selbsthilfe usw.

3. Politiksachverhalte

Unsere Frage ist jetzt, ob der Diskurs, den ich bislang skizziert habe, irgend eine Bedeutung hat für die drängenden politischen Auseinandersetzungen, die in Osteuropa, Südafrika oder einigen Ländern Lateinamerikas heute stattfinden: die Befreiung von Diktaturen, dem Aufbau der Demokratie, der Beendigung von Rassendiskriminierung, der Gewährleistung von Bürgerrechten und der Rechtsstaatlichkeit, der Förderung von Menschenrechten und sozialer Gerechtigkeit?

Auf den ersten Blick sollten Verbindungen bestehen. Der revisionistische Diskurs über soziale Kontrolle ist explizit politisch gemeint. Radikale Kriminologie z.B. versuchte, die interaktionistische Dialektik von Devianz und Kontrolle in eine Rechtssoziologie und damit in eine

Staatssoziologie zu verwandeln. Die politische Botschaft wurde noch klarer formuliert in den verschiedenen Gegenbewegungen und utopischen Visionen der Nach-68er-Jahre: Volksjustiz, die Abschaffung des Gefängnisses, Gesellschaft ohne Recht, Kriminologie als Friedensstiftung.

Bei näherer Betrachtung zeigt sich aber, daß gerade die politische Vision, die die Literatur durchzieht - Kritik der existierenden Strukturen, ein anarchistischer Utopismus, die Idealisierung von nichtstaatlicher Kontrolle -, den Diskurs abgehoben erscheinen läßt von den dringenden Sachfragen und Strategien, die normalerweise "Politik" ausmachen. Diese Abgehobenheit, dieses visionäre Element, ist genau der "linke Idealismus", der angegriffen worden ist durch die jüngste Welle der "linken realistischen Kriminologie" in Großbritannien (und ihren Äquivalenten in Kanada und in den Vereinigten Staaten). Die Kombination von theoretischem Dekonstruktionismus und libertärer Utopie wird als überlebter und falscher Ansatz kritisiert. Um Kriminologie relevant zu machen, so wird gesagt, muß man das Kriminalitätsproblem so verstehen, wie es öffentlich definiert ist: Kriminalität auf den Straßen, Kriminalitätsfurcht, Viktimisierung der Machtlosen (der Armen, der Alten, weibliche Opfer männlicher sexueller Gewalt). Es ginge darum, die rechte Hegemonie auf ihrem eigenen Terrain herauszufordern. Das heißt im Grunde Rekonstruktion der Sozialdemokratie: den Verfall der innerstädtischen Wohnbezirke aufzuhalten, die Dienstleistungen im Wohlfahrtsstaat zu erweitern, formale Rechte zu verteidigen, die Verantwortlichkeit der Polizei zu erhöhen usw.

Es ist nicht erforderlich, das gesamte Paket der Realisten zu akzeptieren, um ihrem Kritikpunkt zuzustimmen, der die besondere Abgehobenheit im Diskurs über soziale Kontrolle benennt. Man kann ihre Ungeduld verstehen, wenn es um Konzepte geht wie Netzerweiterung und Ausweitung der Disziplinierung oder um Bewegungen wie den Abolitionismus und den Deprofessionalismus. Diese Ideen werden angegriffen (zu Unrecht, wie ich meine), weil sie "nur" kritisch seien und keine Kriterien formulierten für die Wahl zwischen verschiedenen Formen der Kontrolle oder für die Akzeptanz bestimmter Formen als weniger schädlich und als wünschbarer als andere.[9] Man kann besonders gut verstehen, daß die von Foucault inspirierten Visionen ungeduldig machen. Die Kritik richtet sich insbesondere darauf, daß sie überhaupt keinen Maßstab anbieten, um zu entscheiden, ob "die Revolution" die Sache wert ist; denn dieser Diskurs erschöpft sich im impotenten Gestus der Verhöhnung durch den heroisierten "Intellektuellen" - der ständig in geistiger Bewegung ist, sich nicht festnageln läßt, von einem Ort des Widerstandes zum anderen unterwegs.[10]

Meine eigene Vermutung ist, daß Foucault dramatisch an Relevanz gewinnen wird in der anstehenden Ära nach dem Kalten Krieg. Aber zumindest ein vorläufiges Verständnis des kritischen Diskurses über soziale Kontrolle läßt ihn etwas abgehoben erscheinen, wenn wir die Seminarräume der akademischen Postmoderne des Westens verlassen. Dafür gibt es drei Gründe:

(1) Vor allem in dem "anthropologischen" Trend, den ich aufgewiesen habe, sind die Werte, die das ursprünglich kritische Moment ausmachten (soziale Gerechtigkeit, Gleichheit), ersetzt worden durch Belange "zweiter Ordnung", nämlich Individualität, Privatheit und die Integrität des Subjekts. Sie scheinen offenkundig ein teurer Luxus zu sein, wenn die Probleme in Hunger, Epidemien, staatlichem Terror und Diskriminierung bestehen. In jenen Teilen der Welt, die in

tiefe ideologische Konflikte verwickelt sind, wo massive Ungerechtigkeit, ein Gefangensein zwischen revolutionärer Gewalt und Militärkontrolle besteht, wo große Teile der Bevölkerung gefoltert, willkürlich festgenommen, von Todesschwadronen umgebracht werden oder verschwinden, dort erscheint es leicht als Verweichlichung, wenn über die "Verwaltung des Individuums" gesprochen wird. Wo das Problem Hunger ist, kann man nicht erwarten, daß viel Verständnis besteht für die feministische Dekonstruktion der anorexia nervosa (Appetitlosigkeit).

(2) Das postmoderne Gerede über das "Ende der Geschichte" und den Tod der großen Gesellschaftsentwürfe trägt dazu bei, genau diese "großen Gesellschaftsentwürfe" zu diskreditieren, aus denen der Kampf für Demokratie und Menschenrechte seine Kraft schöpft. Die Politik der Rekonstruktion gilt nicht dem Lokalen und Relativen, sondern dem Universellen und Absoluten. Wenig Hilfe bietet jene kulturelle Avantgarde, die sich kapriziert im Diskreditieren jener universellen Metaphern, die diesen Kämpfen ihren normativen und emotionalen Schub gegeben haben.

(3) Ein drittes und verwandtes Problem hat seine Wurzeln in dem Standardargument gegen eine Theorie vom Typ Foucaults: daß sie keine erkennbaren politischen Alternativen andeutet oder - ernster noch - nicht einmal Kriterien für die Beurteilung biete, ob eine Alternative besser sei als die andere. Das ist wirklich eine Frage bezüglich der Rolle des Intellektuellen - welche im Kontext von Kriminologie und sozialer Kontrolle von mir einmal formuliert worden ist als Spannung zwischen der intellektuellen Skepsis und dem politischen Engagement (Cohen 1990). Aber auch wenn diese Lösung nicht grundsätzlich überzeugen kann, ist sie wenigstens in geringerem Maße brüskierend in den Gesellschaften, um die es hier geht. In Osteuropa und Südafrika ist jenen Kritikern und Intellektuellen, die bislang nur eine Oppositionsrolle gespielt haben, nun die Chance eröffnet zur sozialen Rekonstruktion. Im Unterschied zu den linken Realisten in Großbritannien, die sich diese Rolle wünschen (allerdings nicht unter den herrschenden politischen Gegebenheiten), sind hier die Intellektuellen tatsächlich eingeladen, Macht auszuüben: Verfassungen zu entwerfen und neue Gesetze, die Grundrechte zu formulieren, in Regierungskommissionen mitzuarbeiten, ja selbst zu entscheiden, welche politischen Gefangenen des alten Regimes entlassen und welche neuen Kriminellen zur Verantwortung gezogen werden sollen.

Auf den ersten Blick scheint es, daß der kritische Diskurs nicht viel verspricht. Man hört vielfach schon Geschichten über westliche Radikale, die in Warschau, Ostberlin oder Prag mit ihrer Avantgarde-Kritik des formalen Rechtsstaates antreten, um ausgelacht zu werden von den fortschrittlichen Kräften, die das Ziel ihres Kampfes gerade in der Schaffung formaler Rechte sehen. Genauso lächerlich erscheint die differenzierte Kritik von "Alternativen" in Gesellschaften, wo es noch gar keine Kritik des alten Systems gibt. Aber das gilt auch für die Ermunterung der linken Realisten, "mit dem System zu arbeiten" in Gesellschaften, in denen Staatsterrorismus herrscht.

Doch wir sollten einige spezielle Themen erörtern, wo meiner Ansicht nach die Literatur nützlicher ist, als es auf den ersten Blick erscheint. Sie bietet gerade jenen Anwälten, Politikern und Möchtegern-Apparatschniks etwas, die gegenwärtig über "Demokratisierung" nachdenken, denn sie sind ganz überwiegend auf eine Vorstellung von einem formalistischen, legalistischen staatszentrierten Modell fixiert, das wenig Notiz nimmt vom umfassenderen Terrain der sozialen Kontrolle.

3.1. Legalismus und formale Rechte

Es ist klar, daß das "formalistische, legalistische staatszentrierte Modell" Kern der Problematik ist - zugleich in den eher statischen Sozialdemokratien wie in den zuletzt behandelten dramatischen Fällen. Der Rechtsschutz bei zuvor unbeachteten Anlässen zur Klage, die Gewährleistung formaler Rechte, Rechtsstaatlichkeit, Gleichheit, Verantwortlichkeit, der Schutz der Grundrechte - das sind die zentralen Punkte. Wie ich schon angedeutet habe, ist die Literatur über soziale Kontrolle - selbst in der Denkströmung von Kriminologie und Soziologie der Abweichung - nicht direkt hilfreich in diesem Punkt. Entweder sie zeigt sich völlig uninteressiert an Politik in diesem Sinne (weil sie negativ, idealistisch, dekonstruktiv oder visionär geschrieben ist), oder sie ist sogar explizit feindlich gegenüber formalem Recht.

Lediglich kritische rechtswissenschaftliche Arbeiten (*critical legal studies*) bieten etwas Relevantes. Dieser Typ kritischer Rechtswissenschaft ist - paradoxerweise - nicht wegen seiner normativen oder politikbezogenen Position interessant, sondern wegen seiner metatheoretischen Position in bezug auf formale Rechte und Rechtsstaatlichkeit. Indem er zugleich den idealistischen Ansatz des liberalen rechtsstaatlichen Denkens als eine noble, demokratische Errungenschaft (die unreflektiert verteidigt werden soll) zurückweist, wie den instrumentellen Ansatz des liberalen Legalismus als Ideologie aufweist, konstruiert als Teil des Herrschaftsplans der herrschenden Klasse (der zu kritisieren und zu demystifizieren ist), finden wir einen Begriff von Recht als "plastisches Medium des Diskurses".[11] Seine Texte, seine Sprache, die Leitentscheidungen und die Praxis erlauben eine nahezu unendliche Variation. Recht im Dritten Reich[12] war nicht Recht, das soziale Gerechtigkeit und menschliche Würde beachtet hat - aber es war immerhin "Recht". Selbst in Südafrika - einem der auffälligsten historischen Fälle skrupelloser verrechtlichter Ungerechtigkeit - war das Recht "plastisch" genug, um Siege für die Unterdrückten zu ermöglichen (vgl. Ellman 1991). Recht konnte ein Schild sein, wenn nicht sogar ein Schwert.

Niemand, der in der Menschenrechtsbewegung arbeitet (wie ich dies im letzten Jahrzehnt tat), kann bezweifeln, daß die Sprache der formalen universellen Standards verteidigt werden muß.[13] Und auch wenn internationale Menschenrechtskonventionen und Rechte potentielle Kontrolle durch Verhandlung, Wiedergutmachung und Verträge erlauben, betreffen diese Verfahren gewöhnlich die Ebene der vertragsschließenden "staatlichen Parteien". An einem gewissen Punkt, besonders wenn es um "Verbrechen auf Befehl" (vgl. Kelman/Hamilton 1989) geht - Genozid, staatlichen Terror, Folter -, wird der Aspekt persönlicher Verantwortlichkeit und rechtlicher Schuld zentral, und ebenso der Gebrauch von Strafe. In diesem Kontext (wie Beobachter in Chile, Argentinien und ähnlichen Ländern festgestellt haben) ist das Gerede von "Schlichtung" weit davon entfernt, progressiv zu sein; es ist vielmehr ein klarer Versuch, Geschichte umzuschreiben und moralische Verantwortung zu umgehen.

Die Übertragung des formalen Legalismus auf Gesellschaften, die im Prozeß der Demokratisierung sind, wirft natürlich mehr komplexe Fragen auf, als ich hier nennen kann. Ich will nur einige Beispiele geben für die Paradoxien, die sich bei dem Kampf um soziale Gerechtigkeit ergeben können:

- Während die allgemeine Auffassung von "Menschenrechten" (Appelle an internationale Standards, an die Helsinki-Beschlüsse, an allgemeine Deklarationen) für die Phase des Widerstandes zentral war, zeigt sich, daß diese Normen nicht so leicht anwendbar sind während der Phase der sozialen Rekonstruktion, wo eine engere Auffassung von "bürgerlichen Freiheiten" praktikabler zu sein scheint;
- während formale Rechte und das Strafrecht tatsächlich nutzbar sind in bezug auf Regierungskriminalität und das Aufgreifen politischer Klagen durch Recht, werden beim Einsatz üblicher Methoden der Strafjustiz gegen "gewöhnliche" Kriminalität sehr schnell die gleichen Fehler gemacht, die das Strafjustizmodell so unnütz und kontraproduktiv im Westen werden ließen;
- demokratische Vorstellungen wie etwa Verantwortlichkeit lassen sich leicht benutzen von den alten Bürokratien als Selbstschutzideologien. In Südafrika beispielsweise widersetzt sich die Polizei einer wirklichen Demokratisierung mit dem Verweis auf eine technologische "unpolitische" Rolle, nach der sie nur sich selber verantwortlich sei (Steytler 1991); um ihr Image zu verbessern und während der Periode des Übergangs Legitimität zu besitzen, stellt sie sich selbst als neutrale, kriminalitätsbekämpfende professionelle Organisation dar, die "unabhängig" von öffentlicher Verantwortlichkeit bleiben muß. In Polen, wo die frühere Macht der kommunistischen Partei, Richter zu ernennen und zu entlassen je nach Gutdünken, ersetzt werden soll durch ein demokratisches System, in dem die Ernennung von Richtern aus der Reichweite politischer Interessen herausgehalten werden soll, wird auf diese Weise den gleichen korrupten Richtern, die noch nicht entlassen wurden, nun Unantastbarkeit gewährleistet.[14]

Ich sage nicht, daß es eine unvermeidliche Tragödie ist, nach der sich formaler Legalismus entwickeln wird, nur um dann später wieder zerstört zu werden. Aber ich argumentiere gegen jene, die kritische Theorie und Bewegungen wie Abolitionismus als teuren Luxus betrachten, der gegenwärtig keinen Platz hat. Wie Falandysz festgestellt hat - indem er sein Verständnis der kritischen Theorie in Polen während der Zeit des Widerstandes und heute betrachtet - ist der "negative" Ansatz des Abolitionismus keineswegs abgehoben:

"... Wir schaffen nichts Neues und Gutes, sondern wollen nur das beseitigen, was alt ist und schlecht" (1991).

3.2. Informelle und Volksjustiz

Das Spiegelbild unserer Diskussion über formalen Legalismus gilt auch für die Überlegungen über die Rolle von "alternativen" Formen der Justiz und Kontrolle. Eine sehr spezielle Debatte betrifft die Rolle von Volksjustiz (Volksgerichtshöfen etc.) während und nach dem Umbruch. Ich möchte drei Beispiele für die Fragestellungen geben, die dabei auftreten:

3.2.1. Vorläufige Justiz oder Selbstschutz?

Es hat eine beträchtliche Aufmerksamkeit in Südafrika gegeben bezüglich des Netzes von "Volksgerichtshöfen", die in den townships entstanden sind als eine Alternative zu den offenkundig ungerechten und repressiven Strukturen des formalen Systems.[15] Ein Bericht sieht diese Erfahrung als eine vorläufige "Justiz" - d.h. einen schöpferischen Widerstand gegenüber dem Staat, der antizipiert, wie wirkliche soziale Gerechtigkeit aussehen wird nach der Revolution. Ein anderer Bericht findet Anzeichen einer Selbstjustiz der schlimmsten Art: "Selbsthilfe bei der sozialen Kontrolle", die in Selbstjustiz, Banditentum, kangaroo-courts, "Begleichen offener Rechnungen" ausartete. Und ein anderer Bericht sieht eine kontinuierliche Spannung zwischen diesen Formen oder zumindest ein Changieren zwischen ihnen von einer historischen Periode zur anderen.

Meiner Ansicht nach ist dies ein klassischer Fall, in dem die Auffassung von dem "plastischen Medium des Diskurses" auf Volksjustiz anwendbar ist in genau der gleichen Weise, wie dies für den formalen Legalismus gilt. Die Form kann gleichzeitig wünschbare und unerwünschte Gestalt annehmen. Und es gibt keine feste Übereinstimmung zwischen der legitimierenden Ideologie ("das Volk", "die breite Masse", "alternativ", "Widerstand") und dem Stil der sozialen Kontrolle. Volksjustiz kann schlichtend und vermittelnd sein, sie kann in wunderschöner Weise nuanciert erfolgen, sie kann an örtliche Traditionen anknüpfen - aber sie kann ebenso grausam strafend sein (Tötung, in Ketten legen, Tod dem Verräter, Tötungskommandos). Sie kann auch gestützt sein auf politische Versionen der Disziplinierung - in denen die an sich unanstößige Vorstellung vom "gesamten Menschen" sich verwandelt in den Terror der Gedankenkontrolle, in Umerziehung zum "richtigen Denken" und zu Zwangsmodellen darüber, wie ideale Genossen in Zukunft sich zu verhalten haben.

3.2.2. Ähnlichkeit mit dem staatlichen System?

Geht man davon aus, daß Volksjustiz durch den Kampf legitimiert ist - d.h. in einer kritischen negativen Ideologie begründet ist -, was geschieht dann, wenn sich das Regime zu wandeln beginnt? Eine Ansicht ist, daß die Volksjustiz sich auflösen wird in dem gleichen Maße, in dem der Staat ihre Ziele übernimmt. Eine weniger positive Ansicht dieses Wandels vermutet, daß der Staat jede Form des Widerstandes kooptiert, die später eine latente Opposition für seine eigene Hegemonie darstellen könnte.

Jedenfalls ist es klar, daß in dem Moment, wo alternative Formen der Volksjustiz ihren Status als Opposition verlieren, die Frage nach der "Ähnlichkeit" mit dem neu entstehenden staatlichen System kritisch wird. Eine mögliche Beziehung (seit langem vermerkt bei Beobachtern des Trends zur informellen Kontrolle im Westen) ist die der Abhängigkeit: Das alternative System lebt fort stets im "Schatten des Staates", der Fälle auswählt und die weniger wichtigen, die

"Massenware" an die alternative Justiz weitergibt. Eine andere Möglichkeit ist, daß das informelle System den Selektionsprozeß übernimmt - und dann dem Staat diejenigen Fälle überweist, die jenseits der eigenen Jurisdiktion liegt. In beiden Varianten bleibt die Frage nach der politischen Priorität: Wenn man versucht, die Volksjustiz auszubauen, dann kann dies dazu führen, daß die staatliche Justiz unreformiert verbleibt. Wenn man sich stärker auf die Reform des Staates ausrichtet, kann das System der Volksjustiz dahinscheiden.

3.2.3. Verteidigung oder Rekonstruktion?

Eine andere Spannung entsteht aus der Attraktivität, die - wie ich schon festgestellt habe - dem Strafrecht als einer Form der Neuartikulation von politischem Widerstand zukommt. Von Menschen, die unterdrückt worden sind - ob durch die rohe Unterdrückung wie Kriegsrecht, staatlicher Terror, Stalinismus oder Apartheid oder durch subtilere Formen der Diskriminierung -, ist Ungerechtigkeit erfahren worden als ein Bruch der Erwartungen an Recht. Im gleichen Maße, wie diese Menschen ausgewichen sind auf eine informelle Ökonomie (in bezug auf Wirtschaft) oder auf eine Untergrundpresse (im Bereich der Kultur), so sind sie auf der Ebene der sozialen Kontrolle ausgewichen auf Volksjustiz (Selbsthilfe) oder Vermeidung (wegen des fehlenden Zugangs zum formalen System der Kontrolle). Informalität wurde eine Verteidigung gegen ein staatliches System, das als repressiv galt - entweder weil es die lebendigen Erfahrungen der Bürger von sozialer Ungerechtigkeit bestritt oder ihnen unwirksame, unfaire und vorteilsbeladene Formen des Einspruches anbot.

Gerade diese Wahrnehmung von Recht als mächtig, durchdringend und ungerecht, hat die Suche nach Alternativen im Westen inspiriert. Aber in der Phase der Rekonstruktion - ganz sicher in Südafrika und Osteuropa - richten sich starke Hoffnungen auf dieses formale System. Es scheint nicht nur einen Schutzschild zu offerieren, sondern ein Schwert. Die Hoffnung und Erwartung ist, daß das Recht nun die erlebte Ungerechtigkeit aufgreift in einer fairen, responsiven und tatkräftigen Weise (besonders dadurch, daß jene bestraft werden, die für die Kriminalität der Vergangenheit verantwortlich sind, sowie durch eine Neuordnung der Ressourcen). Auch (oder vielleicht besonders) in Ländern wie Südafrika, wo die Masse des Volkes die förmliche Legalität als völlig ungerecht und illegitim ansieht, wird die Unterstellung gemacht, daß das neue System Gerechtigkeit gewähren wird. Der Inhalt wird kritisiert, nicht die Form.

Unter diesen Umständen - wie ich schon gesagt habe - ist es schwieriger, einen intellektuellen Raum zu finden, um über "alternative" Formen der sozialen Kontrolle nachzudenken. Neue Regimes sind bemüht, ihre demokratischen Strukturen dadurch zu demonstrieren, daß sie altes Recht durch neues Recht ersetzen, daß sie die Grundrechte proklamieren, daß sie Verfassungsreformen durchführen. In den Lücken verbleiben unerkannt Formen der sozialen Kontrolle, bis schließlich aus kritischer Theorie und Feminismus gespeiste Kritik sich den Sphären der Justiz, des Fürsorgesystems und der Therapie zuwendet.

3.3. Bürgerliche Gesellschaft und die Reichweite von Politik

Viele der vertrauten Themen in der sozialen Kontroll-Literatur - formale staatliche Kontrolle versus informelle Kontrolle in der Gemeinde, Toleranz für "halbautonome Bereiche" - erscheinen heute in einem etwas anderen Licht in der Debatte (besonders in Osteuropa) über die "bürgerliche Gesellschaft".

Es übersteigt den Rahmen dieses Beitrages, die komplizierte Herleitung dieses Begriffes (über Locke, Hegel, Marx, Gramsci u.a.) und dem gegenwärtigen Gebrauch nachzuzeichnen - insbesondere in Gegenden, die so verschieden voneinander sind wie Osteuropa und das postkoloniale Afrika.[16] Der nichtidealistische Gebrauch des Begriffes ist extrem vage - er umfaßt manchmal alle Institutionen zwischen der Familie und dem Staat, manchmal nur Institutionen, die den Staat konterkarieren, manchmal jede Form des gemeinschaftlichen und politischen Lebens (sowie freiwillige Assoziationen) jenseits staatlicher Herrschaft. Die Beziehung zwischen bürgerlicher Gesellschaft sowie auf der einen Seite "Gesellschaft" im allgemeinen und auf der anderen dem Staat, ist selten klar. Die Metaphern variieren von Brücke, Puffer, Agent, Symbol, Lenker und Vermittler.

Der idealistische Gebrauch des Konzeptes - obwohl hier unterschiedliche politische Urteile im Spiel sind - ist jedenfalls klarer. In der ursprünglichen politischen Philosophie des Liberalismus war die "bürgerliche Gesellschaft" bezogen auf einen freien, natürlichen Bereich der Gesellschaft außerhalb der legitimen Sphäre von Staat und "Politik". Obgleich der Begriff selber aus dem politischen Lexikon verschwunden ist, blieb diese idealistische Vorstellung lebendig im Diskurs über liberale Demokratie. In Gramscis Auffassung verlangt die bürgerliche Gesellschaft eine verschiedene - aber immerhin positive - idealistische Wendung: Der letztliche Erfolg des Sozialismus würde eintreten, wenn der Staat nicht verschwunden sei, sondern absorbiert sei durch eine ausgedehnte bürgerliche Gesellschaft, die Zwang ersetzt durch Verwaltung und Teilhabe. Einige Veränderungen dieser beiden Vorstellungen erscheinen in aktuellen Versuchen - so wie dem von Keane -, den Begriff zu beleben und in eine postmoderne Theorie der politischen Macht umzuwandeln.

Wieweit hat irgend etwas von dem zu tun mit unserem Interesse an sozialer Kontrolle?[17] Das Verbindungsglied liegt in den Grenzen, die der Liberalismus für gewaltsame staatliche Kontrolle aufgestellt hat. In der Theorie war es die Verpflichtung der Regierung, die Selbstverwaltungsaspekte der bürgerlichen Gesellschaft zu unterstützen: Die Menschen sollten Konformität wollen, falls nicht, sollten sie durch die Kontrolle der Bürger beeinflußt werden, und nur als letztes Mittel sollte formelle staatliche Kontrolle angewendet werden. Der klassische Liberalismus hat den Traum einer vollständig verwalteten Gesellschaft als absurd abgetan; statt dessen hat er nach natürlichen Sphären von Freiheit und Selbstbestimmung gesucht.

In der Praxis ist, wie Rose und Miller argumentieren, der so "befreite" und vom Staat als "nicht politisch" konstituierte private Bereich Adressat neuer Technologien der Kontrolle geworden (durch Experten und Professionelle) - zuweilen losgelöst vom Staat, zuweilen in einer "strategischen Allianz" mit dem Staat. In diesen neuen Sphären - der Familie, der Wohlfahrt, der Freizeit, der Kriminalitätskontrolle, dem Körper, der Sexualität - wird Macht

> "nicht so sehr eine Angelegenheit, Zwänge auf Bürger auszuüben, als der 'Befähigung' dazu, eine regulierte Freiheit zu ertragen"(1992, p. 1).

Die Ideale von Privatheit und bürgerlicher Gesellschaft unterstellten die Existenz eines neuen Typs des Subjektes: des Menschen, der nicht viel äußere, zwangsmäßige Kontrolle benötigt. Diese Ideale waren keineswegs eine simple Mystifikation, eine Verkleidung für die Ausdehnung staatlicher Macht:

> "Liberale Mentalität der Regierung betrachtet die Verhaltensregulierung nicht als abhängig nur von staatlichen Aktionen: der Schaffung von Recht, Aktivitäten von staatlichen Funktionären oder öffentlich kontrollierten Bürokratien, Überwachung und Disziplin durch eine allgewaltige Polizei. Liberale Regierung geht von einer Domäne außerhalb von 'Politik' aus und versucht sie zu bewältigen, ohne ihre Existenz und Autonomie zu zerstören" (Rose/Miller 1992, p. 11).

Dies ist genau der Bereich, in dem die wichtigeren bürokratischen und professionellen (besonders therapeutischen oder wohlfahrtsstaatlichen) und managementbezogenen Varianten der sozialen Kontrolle operieren.

Widerhall des Ideals der "bürgerlichen Gesellschaft" (wiederum ohne daß dieser Begriff selber verwendet wird) kann auch in den Gedanken der Nach-68er-Jahre über soziale Kontrolle gefunden werden. Die populären Einforderungen von Freiheit, Toleranz und Großzügigkeit enthielten die Botschaft des "jeder macht seins". Aber die intellektuellen Versionen - vor allem in den Debatten über Entkriminalisierung, Verbrechen ohne Opfer, Drogen usw. - unterstellten, daß sobald bestimmte Varianten der Abweichung aus der Zuständigkeit des Staates ("geht den Staat nichts an" war ein üblicher Slogan) entfernt werden würden, sie dann durch andere - mildere - Kontrollformen ersetzt werden würden: Toleranz, Selbsthilfe, Bildung, alternative Therapien (Wachstum, Selbstverwirklichung, gemeinschaftliche Beratung), durch Netzwerke wechselseitiger Hilfe, durch Schlichtung usw. Die Gemeinschaft der Homosexuellen wurde betrachtet als Vorbild für eine neue "Kultur der Zivilisiertheit". All dies würde entstehen in der bürgerlichen Gesellschaft - eine Sphäre von "dezentralisierter Nachbarschaftskontrolle", organisiert durch Freiwillige, Opfer, ehemalige Straftäter, Leute "aus der Nachbarschaft". Also: Selbstregulierung statt Regulierung durch den Staat oder (was damals noch nicht in Betracht gezogen wurde) durch den Markt.

In der Praxis haben wir festgestellt, daß die Verschränkung der verschiedenen Projekte der sozialen Kontrolle - soweit sie "Besitz" der Monopole von Professionellen oder private Organisationen sind - wenig zu tun hat mit "Selbstbestimmung". Die ursprüngliche Vorstellung selber ist verändert worden. Es hat einen allgemeinen Rückzug der Liberalen gegeben: durch das Aufkommen des Neokonservatismus und - von anderer Seite - durch die feministische Kritik an der liberalen Toleranz in Bereichen wie Pornographie (nicht länger ein "Delikt ohne Opfer") und ihre

Forderung, daß der einst "private" Bereich der Familie nun Ziel formellerer Kontrolle sein sollte, um Frauen vor männlicher Gewalt zu schützen. Viel von dieser Debatte kann neu interpretiert werden in den Begriffen der bürgerlichen Gesellschaft. Diese Phänomene der neuen Kriminalisierung, der Netzerweiterung und - in anderer Hinsicht - der Privatisierung enthalten sämtlich wichtige Implikationen dafür, wie wir jetzt die Grenze zwischen Staat und Gesellschaft verstehen. Es gibt Bedingungen, unter denen der Staat Alternativen nicht tolerieren kann wie etwa oppositionelle Volksjustiz. Im Gegensatz dazu gibt es auch Bedingungen, wo der Staat "Toleranz" verlangt (in Form vornehmer Zurückhaltung - bei der Qual der Obdachlosen und der in die Freiheit entlassenen psychisch Kranken) oder (wie im Großbritannien des Thatcherismus) zynisch die Moralität der Freiwilligkeit, des Altruismus und der Selbstgenügsamkeit predigt, um öffentliche Verantwortlichkeit für Sozialfürsorge zu vermeiden.

Wie sehen solche Debatten dort aus, wo dramatischere Beispiele politischer Rekonstruktion gegeben sind? In Osteuropa ist, wie ich festgestellt habe, das Konzept der bürgerlichen Gesellschaft jetzt ziemlich explizit einbezogen worden, um auf den sozialen Raum zu verweisen, der zur "Wiederbesetzung" bereit steht, wenn der starke Staat zusammenbricht. Staatssozialismus hat die Institutionen der bürgerlichen Gesellschaft kontrolliert, vernichtet oder absorbiert - d.h. es gab keinen lebbaren institutionellen Raum zwischen Familie und Staat. Intellektuelle, Progressive, Gewerkschaftler und Kirchenführer suchen nun nach einer Wiederbelebung der bürgerlichen Gesellschaft in dem idealistischen Sinne des Begriffes. Verbreitet ist ein Verständnis des Staates als schlecht, als Feind, und der bürgerlichen Gesellschaft als vornehm und fein.

In Polen z.B. gab es viel Diskussionen während des Widerstandes über die lange ruhenden Institutionen der bürgerlichen Gesellschaft, die wieder wach werden würden, wenn der Staat einmal beseitigt sei. Was man nun feststellt, ist allerdings, daß viele dieser Institutionen (die Schattenwirtschaft, die Untergrundpresse) ihren Charakter aus der Gegnerschaft zum Staat bezogen. Nachdem der Staat als "Opponent" dahingeschwunden ist, verlieren diese Institutionen ihren alternativen und kritischen Status. Wer braucht eine Untergrundpresse, wenn politische Ansichten nicht mehr der Zensur unterliegen?[18] Weiterhin: nicht nur kann die bürgerliche Gesellschaft sich als schwächer erweisen als erwartet, sondern sie kann sogar einige unangenehme Züge zeigen - ethnische Vorurteile, Diskriminierung, Antisemitismus, Gewalt gegen Fremde -, die zuvor vom staatlichen Gewaltmonopol unterdrückt worden waren. In den Debatten über Demokratisierung zeigt sich, daß die Literatur über die bürgerliche Gesellschaft einen interessanten Einblick in das uns bekanntere Terrain der sozialen Kontrolle eröffnet. Ein anderer Weg, das Problem zu betrachten, ist, die Beziehung zwischen den verschiedenen Denktraditionen der sozialen Kontrolle zu prüfen. Wenn die Beziehung eng ist, haben wir eine klassische totalitäre oder "staatgesättigte" Gesellschaft. Die Denkrichtungen können nicht voneinander getrennt werden: Politische Indoktrination durchdringt Erziehung (die Anthropologie des richtigen Denkens); Kriminalität ist immer politisch; der Prototyp des guten Bürgers ist das Kind, das den Behörden über sich und über die Eltern berichtet. Wenn die Beziehung zwischen den Denktraditionen locker ist, dann sind alle Varianten des "halbautonomen Bereichs" der sozialen Kontrolle toleriert und akzeptiert. (Diese

Vorstellung mag allerdings weniger attraktiv sein, wenn die resultierenden Formen einer nicht-staatlichen Kontrolle manipuliert werden durch den Markt zugunsten von privatem Profit.)

Das Konzept der bürgerlichen Gesellschaft läßt noch ein anderes Thema in der Literatur über soziale Kontrolle anklingen: Wie groß ist der Bereich des Politischen? Und was ist die Beziehung zwischen Kriminalität und Politik? Ein durchgängiger Trend in der westlichen kritischen Tradition war es, viele Bereiche des Soziallebens zu politisieren. Es gibt den aus dem Feminismus stammenden Slogan, "das Persönliche ist das Politische"; da gab es einen kurzen Moment der radikalen Kriminologie - immer noch sehr wichtig für Gesellschaften wie Südafrika[19] -, wo Kriminelle als protorevolutionäre Heroen galten; es gab die durchgängige theoretische Hinwendung, den Inhalt und die Durchsetzung des Strafrechts als politisch zu betrachten. Matzas ironischer Kommentar, daß der "Erfolg" des kriminologischen Positivismus darin bestand, die Untersuchung von Kriminalität von der Untersuchung des Staates zu trennen, wurde ein Allgemeinplatz. Die Botschaft war klar - "bring the state back in" - und war offenkundig aufgegriffen in der revisionistischen kriminologischen Fachliteratur.

Auf einem theoretischen Niveau ist diese Literatur weniger staatszentriert geworden. Wichtiger, es wurde erkannt, daß die tatsächliche Erfahrung einer staats-gesättigten Gesellschaft die erschreckenden Gefahren deutlicher macht, die eine Politisierung des gesamten Bereichs sozialer Kontrolle bewirkt. Möglicherweise ist die Trennung von Abweichung und Politik - in genau dem Sinne, wie das liberale demokratische Ideal der bürgerlichen Gesellschaft es will - gerade das, was wir anstreben sollten.

3.4. Kategorisierung und Professionalität

Die Debatten über Staat, Recht, Rechte und bürgerliche Gesellschaft konstituieren den Kern der Politik der Rekonstruktion. Jeder gebraucht diese Sprache. Viel weniger gebräuchlich sind allerdings Fragen der Professionalisierung, Therapie und des gesamten Prozesses der Kontrolle durch Klassifikation.

Hier, so scheint es mir, sind die Stärken und die Schwächen des Diskurses über soziale Kontrolle am besten sichtbar. Die Stärken liegen auf dem theoretischen und metatheoretischen Niveau: die reichhaltigen und detaillierten Berichte - aus dem Feminismus, dem Paradigma des sozialen Konstruktivismus, der Diskursanalyse, der Historiker - darüber, wie Kategorien von Devianz und Kontrolle geschaffen und verwaltet werden. Es gibt keinen Grund, warum diese Modelle nicht auch an anderer Stelle anwendbar sein sollten, besonders wenn es darum geht, solche Prozesse zu verstehen wie die Übertragung von therapeutischen Moden oder diagnostischen Kategorien aus Kulturen des Zentrums auf die Peripherie (durch professionelle Zeitschriften, durch akademische Unterstützung und internationale Konferenzen).

Die Schwächen liegen in dem Bereich von Politik und Sozialpolitik. Wie der ursprüngliche Antilegalismus, so sieht der ursprüngliche Antiprofessionalismus abgehoben aus für die Schwachen, Armen und Marginalisierten, die niemals in der Lage waren, professionelle Dienstleistungen in Anspruch zu nehmen. Die Gefahr der übertriebenen Professionalität, also die lähmende

Wirkung radikaler Monopole, der Fetisch der Zeugnisse, die Schaffung von eigennützigen Eliten - all das muß noch verdeutlicht werden. Und die wünschbareren Formen von Selbsthilfe und Gemeinschaftsunterstützung sind immer noch sehr lebendig.

Der weitergehende Prozeß der Klassifikation widersteht politischer Beurteilung. Nur indem man für den Einzelfall sensibel ist und klare Werturteile trifft, können wir feststellen, ob sich eine bestimmte Form der Klassifikation als unschädlich oder bösartig erweist.

3.5. Privatisierung, Überwachung und statistische Kontrolle

Keiner der Trends, den ich in den westlichen Systemen sozialer Kontrolle und den Ideologien - Managementorientierung, Privatisierung, Überwachung, statistische Kontrolle - identifiziert habe, ist entstanden aus einem unvermeidbaren Drang zur Rationalisierung. Sie können auch nicht verstanden werden als Form eines technologischen Determinismus. Sie sind auch keine unvermeidlichen Nebenprodukte des Fortschrittes. Und keinesfalls sind sie gleichförmig und irreversibel. Weil diese Trends in Kalifornien auftreten, können wir nicht einfach vorhersagen, daß sie auch alsbald in der Tschechoslowakei zu finden sein werden.

Aber etwas kann doch gelernt, wenn nicht vermieden werden, durch das Studium der Literatur. Auf einem bestimmten Niveau werden diese Formen und Technologien der Kontrolle übertragen werden, ob wir das nun mögen oder nicht. Die Globalisierung der Informationssysteme, die Standarisierung der Massenmedien und der Verlust des "Gefühls für den Ort" (Meyrowitz 1985) (die unabhängig vom Wiederentstehen von Separatismus und Nationalismus um sich greifen), all dies erleichtert den Export von Kontrollmethoden, die eine schnelle Lösung für wachsende Probleme der Straßenkriminalität zu offerieren scheinen. Private Sicherheitssysteme z.B. haben eine beachtliche Attraktion. Und nachdem Disneyland von Kalifornien nach Frankreich exportiert wurde, könnte die nächste Stufe Polen sein - wobei nicht nur das Vergnügen, sondern die spezifischen Systeme einer proaktiven sozialen Kontrolle mit übertragen würden (Shearing/Stenning 1985).

4. Schluß

Ein Papier wie dieses kann nicht mit "Empfehlungen" bestimmter Formen sozialer Kontrolle - sei es im allgemeinen oder für einen konkreten Fall einer politischen Rekonstruktion - enden. Niemals sind alle Möglichkeiten sämtlich verfügbar, und sie sind immer eingeschränkt durch Wertvorstellung und politische Präferenz, durch zugängliche Ressourcen und schon existierende Kontrollstrukturen und Interessen. Es ist immer einfacher, neue Projekte zu beginnen, als alte zu enttarnen. Und schon gar nicht können aus Intentionen die Folgen vorhergesagt werden.

Alles, was man tun kann, ist, einige Richtlinien für zwei Formen von Erfolg - nämlich instrumentellem und normativem - zu geben.

Das Kriterium für instrumentellen Erfolg - "was funktioniert" - wird im üblichen Diskurs vorausgesetzt. Die linken Realisten haben recht, wenn sie darauf verweisen, daß die vorausgesetzten Kriterien von Effektivität (wie z.B. Reduzierung der Opferhäufigkeit oder der Kriminalitätsfurcht) nicht einfach zerstört werden können. Wenn überhaupt, dann brauchen diese Kriterien Erweiterung in dem Sinne, daß Freiheit von Furcht als ein universelles Menschenrecht angesehen wird. Aber jede solche Erweiterung muß uns zurückführen in die alte politische Debatte darüber, wie man Ordnung, Regulierung, Stabilität und Schutz erreicht, ohne die individuelle Freiheit zu bedrohen. Das heißt: Wir reden nicht nur über Effektivität, sondern auch über Gerechtigkeit.

Diese allgemeinen Typologien der sozialen Kontrolle, soweit ich sie behandelt habe, bieten ein viel klareres Kriterium für instrumentellen Erfolg: Soziale Kontrolle ist effektiv insoweit, wie die Bemühungen der Kontrollierer tatsächlich das Verhalten der potentiellen Abweicher ändern (Horwitz 1990, Kap. 11). Dieses Kriterium führt uns zu vertrauten, aber immer noch interessanten Gedanken: daß Kontrollsysteme in der Lage sein müssen, ihre Fähigkeit, Sanktionen zu gebrauchen und Belohnungen zu geben, kommunikativ umzusetzen. Daß sich offizielle Bemühungen in Einklang befinden müssen mit informellen Definitionen oder fähig sein müssen, diese zu ändern; daß die Effektivität der Kontrolle wächst, wenn interaktive Kosten (Scham, Ehre, Beziehungsverlust) wachsen. Wenn man diesen Gedanken folgt, gibt es einige klare Beispiele dafür, "was funktioniert": z.B. die soziale Kontrolle von *Aids* in der Gemeinschaft der Homosexuellen, insoweit offizielle Warnungen verstärkt wurden durch feste interaktive Bindungen. Aber - im Gegensatz zu den Forderungen - bieten diese Voraussetzungen kaum klare Regeln an, und wenn sie dies tun, sind sie lediglich auf einem recht allgemeinen Niveau - z.B. daß präventive Kontrollsysteme effektiver sind in kleinen, eng verbundenen und homogenen Gruppen.[20]

Mit "normativem Erfolg" meine ich den Grad, in dem soziale Kontrolle eine symbolische Arena schafft, in der Werturteile geklärt werden können. Die Kriterien sind eher orientiert an den Mitteln als an den Zielen. Oder die Ziele ihrerseits - soziale Gerechtigkeit, Demokratie, Menschenrechte - sind Gegenstand einer normativen, weniger einer empirischen Evaluation. Hier muß wohl jeder seine eigene Liste aufmachen. Meine würde einschließen die Präferenz für Methoden, die zu Integration statt zu Ausschluß führen, daß (insoweit Nils Christie folgend) es darum geht, das willkürlich zugefügte Leid abzuschaffen oder auf ein Minimum zu reduzieren, daß aktive Bürgerbeteiligung möglich wird; daß die Macht der Professionen und bürokratischen Monopole reduziert wird, daß Verantwortlichkeit und Demokratie in Organisationen geschaffen wird usw.

Was ich in diesem Papier versucht habe zu vermitteln, ist, daß jeder Versuch, eine Liste dieser Art zu entwerfen, - so schwierig sie schon in stabilen Gesellschaften zu konstruieren ist - um so problematischer wird in Zeiten der dramatischen Politik sozialer Rekonstruktion.

Anmerkungen

* übersetzt von Karl F. Schumann

1 Mein Buch Visions of Social Control (1985) behandelt die Denkströmungen über soziale Kontrolle in den späten 70er und frühen 80er Jahren. Folgende Texte in dieser Tradition befassen sich mit jüngeren (besonders feministischen) Arbeiten, z.B. Edwards 1988 und Davis/Stasz 1990.

2 Ein einschlägiges Beispiel dieses neuen Denkens, bezogen auf Psychiatrie als soziale Kontrolle, geben Miller und Rose (1986) sowie Rose (1990).

3   Das am besten bekannte Beispiel ist sicher die Arbeit von Donald Black (zuletzt 1989). Eine sehr nützliche Synthese gibt Horwitz 1990.

4   Aber nur Garland (1990) gibt uns eine durchgängig soziologische Untersuchung der Strafe.

5   Dieses Paradoxon erklärt aktuelle Interessen in Kontrolltheorien, die sich auf Durkheim beziehen, und an Versuchen, die formalen sozialen Kontrollen auf Grundlagen zu stellen wie etwa Scham und Reintegration. Vgl. insbesondere Braithwaite (1989).

6   Eine schöne Fallstudie über Netzerweiterung und Intensivierung des Kontrollsystems gibt Blombergs jüngste Arbeit über "sanction pile up" im Jugendgerichtssystem von Florida. Eine reiche empirische Analyse, die das gesamte amerikanische System betrifft, den "get-tough"-Ansatz von Festnahme und Inhaftierung ebenso wie den weniger offenkundigen Stil der Beobachtung und Kontrolle, gibt Gordon (1991).

7   Vgl. Feeley (1991), der auch einige der weniger offenkundigen Funktionen von Privatisierung verdeutlicht: ihr Potential, die Fähigkeit des Staates zu strafen, zu erweitern.

8   Vgl. Ewing (1992). Ewing beginnt mit einem Beispiel - einer Werbung für die Remuda-Ranch, eine Behandlungseinrichtung für Frauen, die an anorexia und bulimia erkrankt sind - um zu zeigen, wie soziale Kontrolle (insbesondere therapeutische Technologien für die Kontrolle und Stützung des Selbst) transformiert wird in eine Ware und durch Firmen all jenen zugänglich gemacht wird, die sie kaufen können (und dazu durch Werbung überredet werden).

9   In diesem Aufsatz befasse ich mich stärker mit inhaltlichen Themen der Diskurse über soziale Kontrolle als mit einer theoretischen Position. Für die Diskussion der Verbindungen zwischen einer dekonstruktivistischen Theorie und politischen Entscheidungen vgl. Cohen (1990).

10 Die Beschäftigung mit Foucault hat eine massive Debatte über diesen Punkt hervorgebracht; einen Überblick gibt Keenan (1987).

11 Diese Formulierung wurde von Gordon in einem nützlichen, allgemeinverständlichen Bericht über die Critical legal studies gebraucht (1988).

12 Eine sorgfältige Untersuchung des Rechts im Dritten Reich gibt Müller (1991).

13 Nicht nur gegen die Rechte und antidemokratische Kräfte, sondern auch - wie ich am Beispiel der Folter vorgeschlagen habe - gegen die Eitelkeiten des Postmodernismus - vgl.Cohen (1991).

14 Ich danke Lech Falandysz für dieses Beispiel.

15 Die nichtstaatlichen Rechtssysteme in Süd-Afrika und ihre mögliche Zukunft in einer Zeit nach der Apartheit behandeln Burman und Schärf (1990).

16 Ein aktuelles Plädoyer für die Prinzipien der bürgerlichen Gesellschaft gibt Keane (ed.) 1988. Gegenteiliger Meinung ist Wood 1990. Über den Gebrauch dieses Begriffs durch Afrikanisten informieren die Vorträge bei der "International Conference on Civil Society in Africa" (Truman Research Institut, Hebrew University, Jerusalem, Januar 1992). Vorträge einer früheren Konferenz über das gleiche Thema sind erschienen in Rothchild und Chazan (eds.) 1988.

17 Die einzige explizite Verbindung, die ich in der Literatur gefunden habe zwischen sozialer Kontrolle und bürgerlicher Gesellschaft, findet sich bei Rose und Miller (1992).

18 Eine ironische Betrachtung darüber, was aus den kreativen, kritischen Sichtweisen wird, wenn Schriftsteller Präsidenten werden, gibt Havel 1991.

19 Zum Thema "Politische Gewalt in Süd-Afrika" vgl. Manganyi und Dutoit (eds.) 1990.

20 Braithwaites Theorie und Befürwortung von Kriminalitätskontrolle durch gemeinschaftliches, integratives Schamgefühl ist eine der wenigen überzeugenden Versuche, die jenseits des Bekannten gehen. Er ist auch sensibel in bezug auf "Erfolg" gleichermaßen in instrumentellem wie normativem Sinn.

Literatur

BLACK, D., The Elementary Forms of Conflict Management, in: New Directions for the Study of Justice, Law and Social Control, New York 1989

BRAITHWAITE, J., Crime, Shame and Reintegration, Cambridge 1989

BURMAN, S./SCHÄRF, W., Creating People's Justice: Street Committees and People's Courts in a South African City, Law and Society Review, Vol.24, No.3, 1990, p. 693 - 744

COHEN, S., Visions of Social Control, Cambridge: Polity, 1985

COHEN, S., The Critical Discourse on Social Control: Notes on the Concept as Hammer, International Journal of the Sociology of Law, Vol. 17, 1989 (a)

COHEN, S., Thinking About Social Control, Paper at Workshop on "Controlling Social Life", European University Institute, 1989 (b)

COHEN, S., Intellectual Scepticism and Political Commitment: The Case of Radical Criminology, Bonger Memorial Lecture (Institute of Criminology), University of Amsterdam 1990

COHEN, S., Talking about Torture in Israel, Tikkun, Vol.6, No. 6 November/December 1991

DANDEKER, C., Surveillance, Power and Modernity, New York 1990

DAVIS, N./STASZ, C., Social Control of Deviance: A Critical Perspective, New York 1990

EDWARDS, A., Regulation and Repression: The Study of Social Control, London 1988

EWING, P., Corporate Cures: The Commodification of Social Control, 1992

ELLMAN, S., In a Time of Trouble: Law and Liberty in a State of Emergency, New York 1991

FALANDYCZ, L., Abolitionism: Between Necessity and Utopia, in: Lasacik, et al. (eds.), Abolitionism in History: On Another Way of Thinking, Papers from International Conference on Penal Abolition, Warsaw University 1991

FEELEY, M., The Privatization of Punishment in Historical Perspective, in: Gormley, W. T.,(ed.), Privatization and Its Alternatives, Madison 1991

GARLAND, D., Punishment and Modern Society, Oxford 1990

GORDON, D., The Justice Juggernaut: Fighting Street Crime, Controlling Citizens, New Brunswick 1991

GORDON, R., Law and Ideology, Tikkun, Vol. 3, No.1 January 1988

HAVEL, V., Uncertain Strengths, An Interview, New York Review of Books, August 15, 1991

HORWITZ, A., The Logic of Social Control, New York 1990

KEANE, J. (ed.), Civil Society and the State, New York 1988

KEANE, J. (ed.), Democracy and Civil Society, London 1988

KEENAN, T., The Paradox of Knowledge and Power, Reading Foucault on Bias, Political Theory, Vol. 15, No.1, February 1987

KELMAN, H./HAMILTON, L., Crime of Obedience, New Haven 1989

MANGANYI, N./du TOIT, A. (eds.), Political Violence and the Struggle in South Africa, London 1990

MEYROWITZ, J., No Sense of Place: The Impact of Electronic Media on Social Behaviour, New York 1985

MILLER, P./ROSE, N. (eds.), The Power of Psychiatry, Cambridge 1986

MULLER, I., Hitler's Justice: The Court of the Third Reich, Cambridge 1991

O'MALLEY, P., After Discipline? Crime Prevention, the Strong Association, Amsterdam Juni 1991

PEPINSKY, H./QUINNEY, R. (eds.), Criminology as Peace Making, Bloomington 1991

REICHMAN, N., Managing Crime Risks: Towards an Insurance Based Model of Social Control, Research in Law and Society Control, Vol. 8, 1986

ROSE, N., Governing the Soul: The Shaping of the Private Self, London 1990

ROSE, N./MILLER, P., Political Power Beyond the State: Problematics of Government, British Journal of Sociology 1992, p. 173 - 206

ROTHCHILD, D./CHAZAN, N. (eds.), The Precarious Balance: State and Society in Africa, Boulder 1988

SHEARING, C./STENNING, P., From the Panopticon to Disneyworld: The Development of Discipline, in: Doob, A.N./Greenspan, E.L. (eds.), Perspectives in Criminal Law, Aurora 1985

SIMON, J., The Emergence of a Risk Society: Insurance, Law and the State, Socialist Review, Vol. 95, 1987

SIMON, J., The Ideological Effects of Actuarial Practices, Law and Society Review, Vol. 22, 1988, p. 771 - 800

STEYTLER, N., The South African Police and Law Enforcement, in: a New South Africa: The Quest for Legitimacy, Paper presented at law and Society Association, Amsterdam Juni 1991

WOOD, E., The Uses and Abuses of 'Civil Society', in: Miliband, R. et al. (eds.), The Socialist Register, London 1990.

Die Widersprüche von Disziplin und Strafe[1]

Heinz Steinert

1. Einleitung: Allzu einfache Ideen über den Zusammenhang von Disziplin, Selbstdisziplin und Strafe

Die wissenschaftliche Beschäftigung mit dem Verhältnis von Disziplin, Selbstdisziplin und Strafe, das ich grundsätzlich als ein Widerspruchsverhältnis analysiere, ist von einigen populären und gängigen Vorstellungen belastet, die alle zumindest zweifelhaft sind. Drei solche irreführenden Ideen will ich einleitend benennen.

(1) Da ist zunächst, die Beziehung zwischen Disziplin und Selbstdisziplin betreffend, die Vorstellung, wir hätten es mit einem historischen Verlauf zu tun, in dem Fremddisziplinierung allmählich in Selbstdisziplinierung übergeht und dann auf äußeren Zwang nicht mehr angewiesen ist.[2] Tatsächlich war der historische Verlauf genau umgekehrt. Disziplin hat begonnen als Veranstaltung zur Elitenproduktion, zur Selbstreproduktion von Eliten[3], in Europa vor allem in Erscheinungsform der geschlossenen Anstalt des Klosters. Genauer gesagt war es die benediktinische Idee des Gottesdienstes durch unermüdliche Arbeit statt durch Askese und Kontemplation, die aus den Klöstern Orte eines disziplinierten Lebens, einer methodischen Lebensführung im heutigen und im von Max Weber beschriebenen Sinn gemacht hat. Durch die klösterliche Regel des "ora et labora", die der heilige Benedikt aufgestellt hat, wurden die westlichen Klöster im Gegensatz zu den östlichen zu Modellstationen einer disziplinierten, methodischen Lebensführung und zugleich zu Orten eines hohen wirtschaftlichen Erfolges, der ihr Überleben und damit das Überleben des Disziplinarmodells durch die Jahrhunderte ermöglichte. Während das östliche Klosterwesen immer von Zuwendungen von außen abhängig blieb, entwickelte das westliche in ironischer Weise gerade durch das Armutsgebot und die damit verbundene wirtschaftlich höchst effiziente Lebensführung Erfolge, die sich sowohl in wirtschaftlicher als auch in politischer Macht niederschlugen. Man kann außerdem die verschiedenen Wellen von Ordensgründungen auch als Anpassungen an jeweils veränderte wirtschaftliche Bedingungen verstehen, obwohl sie natürlich in erster Linie und auf der Oberfläche fundamentalistische Bewegungen zur Rückkehr zu reinen Glaubensformen und reinen Lebensweisen darstellten. Erst viel später, nämlich mit der Durchsetzung einer kapitalistischen Produktionsweise, wurde die disziplinierte Lebensführung, die in den Klöstern eingerichtet und konserviert worden war, im Fabriksystem verallgemeinert und dort nach denselben Mechanismen den Arbeitern nunmehr aufgezwungen, die vorher in den Klöstern freiwillig befolgt worden waren.[4]

Dieses Modell eines historischen Verlaufs von Anstalten und Organisationen der Selbstdisziplin von Eliten, die sich ihnen relativ freiwillig unterwarfen, zu solchen der erzwungenen Fremddisziplinierung findet sich, wenn auch mit einem anderen Ausgangspunkt, in Elias' "Prozeß der Zivilisation" dargestellt. Dort ist der historisch paradigmatische Fall die "höfische Gesellschaft", ebenfalls eine Vergesellschaftung der Herrschenden und eine Lebensweise, die von der Elite der Fürsten und Herren gewählt (und dann, in der einmal hergestellten Situation durch gegenseitigen Zwang stabilisiert) wurde. So anschaulich die Schilderung des "Hofs" als "geschlossene Anstalt" mit dem entsprechenden "Zwang zur Selbstdisziplin" ausfällt, so wenig überzeugend gelingt Elias die Interpretation der *Verallgemeinerung* dieser am Hof entwickelten Disziplin. Er konzipiert einen Prozeß der Nachahmung, in dem die jeweils niedrigeren Schichten die Lebensführung der höheren Schichten übernommen hätten, um an deren Prestige partizipieren zu können. Tatsächlich wird vielleicht in der Rede von "*bürgerlicher* Revolution" und "*bürgerlicher* Gesellschaft" die Rolle etwas unterbewertet, die Adelige sowohl in der Vorbereitung jener Revolution (nicht zuletzt als "Aufklärer") als auch in der Durchsetzung und Ausgestaltung von Kapitalismus und bürgerlicher Kultur gespielt haben, aber das reicht sicher nicht aus, um zu erklären, wie das Bürgertum zu einer "methodischen Lebensführung" fand, und es genügt schon gar nicht als Erklärung dafür, wie auch die Arbeiterschaft diszipliniert wurde. Trotz dieser Einwände muß man sagen, daß das Eliassche Modell einer Entwicklungsrichtung von Selbstdisziplin zu Fremddisziplinierung den historischen Verlauf insgesamt angemessener konzipiert als eines, das von der Fremddisziplinierung ausgeht.

Damit verbunden ist als weitere gängige Vorstellung, daß Selbstdisziplin entstanden sei als der Effekt einer "Internalisierung", daß also die zunächst von außen aufgedrückte Disziplin sich zu einem eigenständigen Bedürfnis verselbständigt hätte, zu einer Eigenschaft des Individuums. Diese Idee entspricht in ihrem Psychologismus (der wahrscheinlich in der Soziologie verbreiteter ist als in der Psychologie selbst) den unreflektierten Vorstellungen, auf denen unser System des Strafvollzugs (oder auch das der Fürsorge-Erziehung) in geschlossenen Anstalten beruht: Wenn man Leute nur lang genug unter Zwang zu einer angeblich geordneten Lebensweise bringt, werden sie sie auch nachher, wenn der unmittelbare Zwang wegfällt, nicht mehr lassen können. Das gilt besonders für den Zwang zur regelmäßigen Arbeit in den Anstalten, mit dem eine nach populärer Auffassung entscheidende Ursache von Kriminalität, die "Arbeitsscheu", bekämpft wird: Wenn der Strafgefangene nur einige Jahre lang unter dem Zwang der Anstaltsdisziplin regelmäßig gearbeitet hat, wird er es auch draußen freiwillig weiter tun. Dieses Modell impliziert ein ohnehin sehr kurioses Menschenbild und wird ansonsten auch immer wieder empirisch widerlegt, indem die Leute, sobald sie aus dem äußeren Zwang entlassen werden, verständlicherweise nichts Eiligeres zu tun haben, als nunmehr ganz anders zu leben als sie in der Anstalt gezwungen waren. Auf dieselbe absurde Vorstellung fallen übrigens Interpretationen von der Art hinein, daß die Einführung des Gefängnisses und seiner Disziplin notwendig oder zumindest instrumentell dafür gewesen sei, die in den Manufakturen und Fabriken nötige Arbeitsdisziplin herzustellen und durchzusetzen.

Tatsächlich läßt sich leicht zeigen, daß die bei uns vorherrschende disziplinierte Lebensführung als eine routinisierte Lebensführung sehr gut sozial abgesichert ist, daß die Lebensverhältnisse sie herstellen, in deren Institutionen (z.B. der Familie) sie für die Leute, die zusammenleben, als Zwang auf Gegenseitigkeit organisiert ist. Ich werde also zu zeigen versuchen, daß das, was wir als Selbstdisziplin wahrnehmen und konzipieren, sehr weitgehend durch die Situation hergestellt wird und bedingt ist, in die man sich gebracht hat, die man zum Teil ausgewählt oder auch selbst hergestellt hat, aus der man aber, wenn das einmal geschehen ist, nicht mehr ohne sehr hohe Kosten ausbrechen kann.

(2) Eine weitere Vorstellung, mit der wir es zu tun haben, und nun geht es um das Verhältnis von Disziplin und Strafe, ist die, daß die Durchsetzung einer disziplinierten Lebensweise dazu beigetragen hätte, daß die Strafen milder wurden. In einer anderen Version, die damit verwandt ist, heißt das, daß mit der Disziplin als Vergesellschaftungsform auch die Einsperrung als Strafform gegen die körperlichen Torturen durchgesetzt wurde.

Tatsächlich ist zumindest die erste Version dieser Idee nur zu halten, indem man die Entwicklung des Strafens in einem sehr eng begrenzten Kulturkreis betrachtet und auch in diesem mittel- und westeuropäischen Raum die Strafexzesse schon der Französischen Revolution oder auch die der Nazi-Herrschaft als Ausnahmen und untypisch ausklammert. Wenn man das nicht tut, wozu es keinen logischen Grund gibt, kann man nicht einmal überzeugend argumentieren, daß in der westlichen Zivilisation in den letzten Jahrhunderten das staatliche Strafen milder und weniger häufig geworden sei. Schon gar nicht kann man das, wenn man die Situation weltweit betrachtet. Man muß dabei nicht nur an das islamische Strafrecht denken, auch in der westlichen Führungsmacht, den Vereinigten Staaten von Amerika, ist die Todesstrafe immer noch höchst populär.

Ferner ist es nicht plausibel, den historischen Zusammenhang unmittelbar zwischen Disziplin und Strafe zu konstruieren. Durchaus möglich und viel plausibler ist es vielmehr, den Zusammenhang als über die Produktionsweise vermittelt anzunehmen, die beides mit sich bringt, einerseits die disziplinierte Lebensführung, andererseits neue Formen des sozialen Ausschlusses. Mit der Durchsetzung der Idee von Bürger- und Menschenrechten wird ja der soziale Ausschluß zu einem höchst legitimationsbedürftigen Problem, so daß es günstiger ist, weniger öffentliche und öffentlich anstößige Formen des sozialen Ausschlusses zu praktizieren als etwa die Vierteilung auf dem Marktplatz.

(3) Eine weitere der zweifelhaften Ideen, mit denen wir es in diesem Bereich zu tun haben, ist die, daß mit der Einführung und Durchsetzung von Disziplin als Vergesellschaftungsform die soziale Kontrolle immer enger und totaler geworden sei, daß sich sozusagen das Gefängnis über die gesamte Gesellschaft ausgebreitet hätte. Auch in dieser Form wird ein unmittelbarer Zusammenhang zwischen Disziplin und Strafe hergestellt, diesmal in umgekehrter Richtung. Tatsächlich läßt sich aber gut argumentieren, daß die Disziplin nicht von der Strafform ausgegangen ist oder von ihr hergestellt und gefestigt wurde. Das wäre eine enorme Überschätzung der Bedeutung des Gefängnisses und der staatlichen Straffunktion. Ansonsten ist es praktisch unmöglich, Maße dafür, wie sich der Grad der Diszipliniertheit bestimmt, auch nur anzugeben, geschweige denn historisch vergleichbar beizubringen. Mit einiger Sicherheit läßt sich von qualitativ verschiedenen Formen der sozialen Kontrolle sprechen, kaum aber läßt sich zwischen ihnen ein abstraktes und rein quantitatives "Ausmaß der Kontrolle" vergleichen.

Alle diese Überlegungen führen immer wieder dazu, daß man besser von der Produktionsweise ausgeht und von ihr her die Zusammenhänge und Widersprüche zwischen Disziplin, sozialem Ausschluß und staatlicher Strafe bestimmt.

Meine nachfolgenden Bemerkungen gliedern sich in zwei große Abschnitte. Ich will zunächst in einigen Begriffsbestimmungen und Funktionsklärungen "Disziplin", "Strafe" und "sozialen Ausschluß" näher beschreiben und in Zusammenhang bringen und dabei ihren Bezug zur Produktionsweise untersuchen. In einem zweiten Abschnitt will ich mich fragen, was es denn genau heißt, eine disziplinierte Lebensführung zu haben und wie man sie beschreiben kann, so daß sich theoretisch genauer damit umgehen läßt. Aus dieser Darstellung wird - so hoffe ich - sichtbar werden, daß es leider nicht so ist, daß die disziplinierte Lebensführung die staatliche Strafe funktional überflüssig macht. Ich will aber zugleich untersuchen, ob in der methodischen Lebensführung nicht vielleicht Ressourcen und Erfahrungen angelegt sind, die dazu führen oder dafür genutzt werden könnten, größere Autonomie, gerade auf der Grundlage der disziplinierten Lebensweise, durchzusetzen.

2. Disziplin und Produktionsweise

Es ist als erstes noch einmal der Begriff der Disziplin klarzustellen. Ich möchte dabei besonders auf die Bestimmung verweisen, die Foucault gegeben hat. Der zentrale Punkt ist hier, daß der Disziplinarzwang kein einfach unterdrückender Zwang ist, sondern einer, in dem die Subjekte des Zwangs *nützlich* gemacht werden. Die Disziplin ist nicht in erster Linie darauf gerichtet, bestimmte Aktivitäten zu verhindern und zu unterdrücken, sondern sie führt dazu, daß bestimmte andere Aktivitäten hervorgebracht werden. Das ganze Regime von Überwachungen, minutiösen Vorschriften, von Hierarchien, von Überprüfungen dient dazu, die betroffenen Menschen dazu zu veranlassen, eine bestimmte Gesamtleistung hervorzubringen. Die militärischen Drills waren und sind nicht nur Selbstzweck als Gehorsamsübung, sie dienten auch einer bestimmten Form der Kriegsführung; die bis in die einzelnen Bewegungen vorgeschriebenen Arbeitsabläufe in der Fabrik dienen natürlich einer effizienten und profitablen Warenproduktion; die genauen Regelungen des Gefängnisbetriebs dienen - zumindest der Absicht nach - der Herstellung zunächst eines reibungslosen Anstaltsbetriebs, dann der einer geordneten und gehorsamen Persönlichkeit. Diese Disziplin ist eine historisch spezifische Herrschafts- und Vergesellschaftungsform, die zwar weit vorkapitalistisch erfunden wurde, die aber erst mit der kapitalistischen Produktionsweise verallgemeinert und für die gesamte Gesellschaft und alle ihre Mitglieder verpflichtend gemacht wurde.[5] Diese Verallgemeinerung und anschließend bis zu einem gewissen Grad Verselbständigung der Disziplin hatte ihre Grundlage in der mehr oder weniger geschlossenen Anstalt der Fabrik und insbesondere der Fabrikssiedlung, die im Frühkapitalismus besonders große Bedeutung hatte, und auf der anderen Seite in der Familie, in der die gegenseitige Kontrolle privatisiert wurde.[6] Die Grundlage der Disziplin ist die Tatsache, daß industrialisierte Hand- wie Kopfarbeit die gleichmäßige, zuverlässige, unermüdliche, regelkonforme und repetitive Verausgabung von Arbeitskraft voraussetzt. Die Fähigkeit der Arbeitskräfte dazu mußte aber durchaus nicht in eigenen Einrichtungen wie dem Gefängnis oder den Irren- und Armenhäusern hergestellt werden - es wäre auch gar nicht möglich gewesen, das schon rein quantitativ dort zu leisten -, sondern die Fabrik selbst hat die Arbeitsdisziplin erzeugt. Sie hat das einerseits einfach durch die Organisation der aufeinander bezogenen Arbeitsabläufe getan, andererseits aber auch durch ein striktes Regelwerk, wie wir es in den frühen Fabriksordnungen vorfinden. Selbstverständlich ist es nützlich und notwendig, wenn schon die Erziehung darauf abgestimmt ist, daß später diese Form von zuverlässiger Verausgabung von Arbeitskraft geleistet werden soll. Ansonsten ging aber der stärkste Zwang dazu, diese in der Fabrik vorgegebene, verlangte Arbeitsweise und Lebensführung zu übernehmen, von der einfachen Ausweglosigkeit aus. Die Leute wurden nicht primär durch Strafen oder die Androhung von Strafen in die Fabriken getrieben und auch nicht von Strafanstalten in die erwünschte Regelmäßigkeit der Lebensführung, sondern von der Tatsache, daß sie anders ihren Lebensunterhalt nicht verdienen konnten.

Nötig war es daher, bestimmte andere Subsistenzformen unmöglich zu machen, wie das etwa in der zunehmenden Verhinderung von Subsistenzlandwirtschaft geschah. Damit ging die Reduktion der vorherrschenden Form der Haushaltsführung einher, in der allmählich das zur bestimmenden Form wurde, was wir heute als "Kernfamilie" in der Soziologie beschrieben finden. Mit dieser Reduktion des Haushalts auf die beiden Eltern und ihre abhängigen Kinder, die im Frühkapitalismus von den Fabrikherren auch sehr aktiv gefördert wurde, hat sich zugleich ein hohes Maß von gegenseitiger Abhängigkeit hergestellt, das in der Familie alle Beteiligten dazu veranlaßt, alle anderen zur disziplinierten Erbringung bestimmter Leistungen anzuhalten. Dabei sind es nicht nur die Eltern, die darauf drängen, daß ihre Kinder gute Schulleistungen erbringen und sich erfolgreich selbständig zu machen versprechen, es sind auch umgekehrt die Kinder, die von den Eltern Pflege und sonstige Dienstleistungen erzwingen, und zwar kontinuierlich und verläßlich. Im Kleinfamilienhaushalt, der wegen seiner geringen Größe auch sehr emotional aufgeladen ist, ist jedes Mitglied von allen anderen und ihrem guten und reibungslosen Funktionieren abhängig und hat jedes Mitglied umgekehrt auch die Macht, die anderen zum Funktionieren zu bringen.

Der hier angedeutete Zusammenhang der disziplinierten Lebensführung mit der Produktionsweise wurde in der Forschung zur "Disziplin" zum Teil dadurch verfehlt, daß diese Forschung von einzelnen Institutionen ausging - wie bei Foucault etwa den Institutionen des Irrenhauses und des Krankenhauses einerseits, des Gefängnisses andererseits. Die Fabrik und die materielle wie die Haushaltsproduktion wurden durch diese Zugänge allmählich in den Hintergrund gedrängt, wodurch es unklar blieb, daß im Mittelpunkt dieses Vorganges die Herstellung einer bestimmten "Arbeitsmoral" steht.[7] Das hat zugleich die Erarbeitung eines gesellschaftstheoretischen Ansatzes zur Erklärung von Disziplin und Strafe erschwert. Es hat auch übersehen lassen, daß mit der Entwicklung der kapitalistischen Produktionsweise nicht nur die auf Disziplinierung, Kontrolle und damit auf Integration ausgerichtete Herrschaft einen Formwandel durchgemacht hat, sondern daß es dabei auch um sozialen Ausschluß und seine Formen geht.

Für ein angemessenes Verständnis der Zusammenhänge zwischen Disziplin und Strafe ist es unerläßlich, sich klarzumachen, daß jeder Produktionsweise und jeder Phase innerhalb einer Produktionsweise eine bestimmte "Arbeitsmoral" und ebenso wechselnde Formen des sozialen Ausschlusses entsprechen. Die staatliche Strafe ist nur eine Form solchen sozialen Ausschlusses und ihr Stellenwert ist jeweils historisch spezifisch zu bestimmen.[8]

Wir können uns das etwa am Beispiel eines idealtypisch genommenen liberalen Kapitalismus deutlich machen. Er ist bestimmt durch die Warenform und die Marktvergesellschaftung, hat als Voraussetzungen seines Funktionierens Lohnarbeit, Privateigentum an den Produktionsmitteln und an der Arbeitskraft sowie den privaten Haushalt und die ihm zugeordnete Form der Hausarbeit. Die wichtigste Art des sozialen Ausschlusses im Kapitalismus ist unpolitisch und wirtschaftlich: Arbeitslosigkeit und Armut. Dazu gehört ferner, daß patriarchalisch Frauen - und übrigens auch junge Männer - abhängig gehalten werden, dazu gehört, was oft übersehen wird, der kolonialistische soziale Ausschluß, der es möglich macht, unterworfenes "Ausland" als nicht gleichwertig und die Bewohner dieser Kolonien als nicht ganz gleichberechtigte (oder als gar keine) Menschen zu behandeln. Schließlich kommen dazu noch die Formen der institutionalisierten sozialen Ausschließung über bestimmte staatliche Einrichtungen - etwa die militärische Form und die bürokratische. In diesen Bereich fällt auch das staatliche Strafen. Es macht also - jedenfalls im Kapitalismus - nur einen kleinen Teil der verfügbaren Mechanismen des sozialen Ausschlusses aus und auch die Zahl der zu einem bestimmten Zeitpunkt davon betroffenen Menschen ist im Normalfall nicht bedeutend. Nicht unwichtig ist das staatliche Strafen allerdings ideologisch, weil es im Gegensatz etwa zur Arbeitslosigkeit eine explizit und politisch legitimierte Form des sozialen Ausschlusses darstellt. Das staatliche Strafen ist nicht direkt funktional für die Aufrechterhaltung der Produktionsweise, es führt aber vor, daß der Staat berechtigt ist, Menschen sozial auszuschließen, daß es nicht nur zum allgemeinen Bedauern und "unglücklicherweise" passiert, daß manche nicht mitkommen und dann sehen müssen, wo sie bleiben, sondern daß Schmerzen und Benachteiligungen auch mit Absicht, systematisch, geregelt und mit den Instrumenten des staatlichen Gewaltmonopols zugefügt werden können.[9]

Man könnte das auch für andere Produktionsweisen und für verschiedene Phasen in der kapitalistischen Produktionsweise durchspielen, ich will hier aber stattdessen auf eine Besonderheit des sozialen Ausschlusses im Kapitalismus hinweisen: Es handelt sich hier um sozialen Ausschluß durch Einschließung. Während vorher im Feudalismus nicht zugehörige und freigesetzte, nicht in einen Herrschaftsverband integrierte Personen zur Strafe umgebracht, deportiert, degradiert, stigmatisiert wurden (diese Stigmatisierung war häufig der wichtigste Bestandteil von körperlichen Bestrafungen), werden solche Personen im Kapitalismus eingesperrt und damit der Sichtbarkeit entzogen und dort unter ein detailliertes Regime von Arbeit und disziplinierter Lebensführung gezwungen. Zweierlei geschieht also: (1) Dieselbe Technik, die die Grundlage der Arbeitsdisziplin darstellt, kann auch als Form des sozialen Ausschlusses eingesetzt werden. (2) Sozialer Ausschluß findet jetzt in Ghettos mit hohen Mauern statt, die nicht nur die Flucht verhindern, sondern auch den Einblick von außen. Diese Abschließung vom Rest der Gesellschaft verbunden mit einer Ideologie der Rehabilitation durch harte Behandlung, am besten exemplifiziert am Arbeitszwang, hat den Weg für die großen Einschließungen des 20. Jahrhunderts bereitet. Die "große Einschließung" im 17. und 18. Jahrhundert ist in historischen Untersuchungen ausführlich beschrieben worden, nicht zuletzt von Foucault. Wir sollten darüber aber nicht übersehen, daß der traurige und dramatische Höhepunkt dieser Form des sozialen Ausschlusses tatsächlich im 20. Jahrhundert liegt, in den Lagersystemen des Nazi-Regimes und auch der Herrschaft Stalins, und daß das absolute Extrem dieser Form in den Vernichtungslagern der Nazis zu sehen ist - Ereignisse, die nicht in einer fernen historischen Vergangenheit liegen, sondern von denen uns erst fünfzig Jahre trennen.

Disziplin als Herrschaftstechnik und soziale Ausschließung durch Einschließen gehören also zusammen, aber nicht unmittelbar, sondern vermittelt über die Produktionsweise, die beide hervorgebracht hat.

3. Die materielle Grundlage der Disziplin und ihre Externalisierung[10]

Wer mit einiger Vorstellungskraft begabt Fabrikssiedlungen aus dem 19. Jahrhundert besichtigt, wie sie uns heute als Freiluftmuseen angeboten werden, dem wird augenfällig und nacherlebbar, daß die "methodische Lebensführung" an diesen Orten im Zusammenleben direkt erzeugt wurde. Es war keineswegs nötig, die Disziplin in Institutionen wie den geschlossenen Anstalten den Leuten beizubringen, um sie dann mit dieser disziplinierten Haltung in die Fabriken zu entlassen. Die Fabriken waren häufig Fabrikssiedlungen, also im Effekt große Arbeitslager, und haben damit ihrerseits Formen von geschlossenen Anstalten dargestellt. Besonders eindrucksvolle Beispiele kann man etwa in Schweden sehen, wo solche Fabrikssiedlungen rund um die Rohstofflager mitten in der Wildnis eingerichtet wurden. Es handelt sich damit um geschlossene Anstalten, die de facto besser von der übrigen Welt abgesperrt sind als Gefängnisse. Ähnliche Beispiele findet man in USA. Aber auch im dichter besiedelten Deutschland und in der Nähe von Städten haben Fabrikssiedlungen ähnlich als totale Institutionen gewirkt. Die Fabrik war also von Anfang an bestens imstande, einerseits durch die Arbeitsorganisation und durch die strikten Fabrikordnungen, andererseits aber durch die geschlossene Anstalt der Fabrikssiedlung (und die mit ihr verbundene "paternalistische Sozialpolitik") die Disziplin selbst hervorzubringen.

Dieses Beispiel macht uns aber zugleich auch darauf aufmerksam, daß die "materielle Grundlage" der "Disziplin" in der geschlossenen Anstalt, der "totalen Institution" liegt. Eine disziplinierte Lebensführung entstand überall, wo man sich in geschlossene Anstalten zurückgezogen hat. Das geschah zuerst im westlichen Klosterwesen. Das geschah in der höfischen Gesellschaft. Und auch die Geschichte der Fabrik zeigt, daß die Disziplin, die methodische Lebensführung in "totalen Institutionen" hergestellt wurde. Die Enge des Zusammenlebens in der gemeinsamen Unterordnung unter ein gemeinsames Ziel legt die Herausbildung der Mechanismen nahe, die situativ "Disziplin" her- und sicherstellen. Die geschlossene Anstalt, hauptsächlich des Klosters, hat damit auch historisch die weit vorkapitalistisch erfundenen Techniken der Disziplin durch die Jahrhunderte transportiert, bis sie im Kapitalismus verallgemeinert wurden.

Auch diese Verallgemeinerung hat zunächst, wie oben gezeigt, die "totale Institution" (der Fabrikssiedlung) direkt benützt, um die Mechanismen der Disziplinierung ans Werk zu setzen. Was in Klöstern (und in der Antike, die ich hier ansonsten ausklammere, in Militärlagern), den Vorläuferinstitutionen der auf disziplinierte Arbeit aufgebauten Produktionseinrichtungen von

Manufaktur und Fabrik, die Disziplin herstellte, war z.B. der Mechanismus der dauernden Sichtbarkeit aller Teilnehmer. Das Gehorsamstraining, das in solchen Einrichtungen durch normative Überforderungen sehr leicht bewerkstelligt werden kann, waren die Drillübungen, bei denen jede Abweichung von den detailliert vorgeschriebenen Bewegungen sofort als Unregelmäßigkeit sichtbar wird, waren die Hierarchisierung der geschlossenen Gesellschaft, in der damit sehr wohl Aufstieg möglich ist, waren die genaue Steuerung der einzelnen Verrichtungen, die über zentrales Kommando zu einer Gesamtleistung zusammengeschlossen wurden. Diese Mechanismen sind in der geschlossenen Anstalt in der Struktur aufgehoben, sie stellen sich dort sehr leicht und sozusagen eigengesetzlich her.

Darüber hinaus lassen sich diese Mechanismen dann aber auch sozial verselbständigen. Sie können in Trainingsprogrammen externalisiert werden. Die nächste Stufe nach der Disziplin der geschlossenen Anstalt bilden Trainingsprogramme der methodischen Lebensführung mit *regelmäßigen Supervisionen*, wie sie von den Religionen zur Verfügung gestellt wurden. Dabei haben sich die Supervisionseinrichtungen des öffentlichen Bekenntnisses vor der Gemeinde und der individualisierten Beichte als Geständnis vor einem Beichtvater und Beratung durch ihn, wie sie besonders die katholische Religion kennt, als hervoragend wirksam erwiesen.[11] Die nächste Stufe der Verselbständigung, die sich daran sehr leicht anschließt, sind dann Trainingsprogramme mit *Eigensupervision*. Die methodische Lebensführung wird durch Selbstbesinnung, Tagebuchschreiben, abendliche Sündenregister, detaillierte Vornahmen für den nächsten Tag und ähnliche Techniken von dem zu Disziplinierenden selbst administriert.[12] Die Selbstdisziplin ist die Übernahme der Mechanismen der totalen Institution in die eigene Regie der Person, die diese Disziplin zu halten hat. Der Hinweis läßt es überflüssig erscheinen, sich eine "Internalisierung" von Disziplin vorstellen zu müssen, in der diese Disziplin ohne alle äußeren Abstützungen rein innerhalb der Person verankert wäre. Tatsächlich ist die methodische Lebensführung in der Situation, in der man lebt und in die man sich gebracht hat, verankert. Ich werde auf diese äußeren Abstützungen des disziplinierten Lebens noch zurückkommen.

4. Exkurs zu Foucault[13]

Was hier zur Disziplin und zur methodischen Lebensführung gesagt wurde, schließt unmittelbar an Foucault an. Vor allem ist zu betonen, wie wichtig die Klärung des Begriffs von Disziplin ist, die er geleistet hat.[14] Ich habe mich aber in einen gewissen Gegensatz zu Foucaults Vorstellung einer Macht ohne Zentrum gebracht. Im Gegensatz zu Foucault halte ich es für notwendig und auch möglich, die Disziplin als Herrschaftstechnik und grundsätzliche Form des für den Kapitalismus spezifischen "impliziten Arbeitsvertrags"[15] in der Produktionsweise zu verankern und von ihr abzuleiten. Die materielle Grundlage der "Disziplin" läßt sich, wie oben gezeigt, in der totalen Institution und den Verhältnissen identifizieren, die in ihr sehr leicht herzustellen sind. Was wir dann historisch vor uns haben, ist also die sehr frühe und zunächst von der Produktionsweise weitgehend unabhängige Erfindung der Disziplin in der geschlossenen Anstalt des Klosters unter der Devise des "ora et labora", ist der Transport dieser Technik durch die Jahrhunderte im Erhalt wie auch im wirtschaftsangepaßten Formenwandel dieser geschlossenen Anstalt, ist schließlich mit der Durchsetzung der kapitalistischen Produktionsweise die Verallgemeinerung dieser Lebens- und Arbeitsform im Fabriksystem wie auch außerhalb.

Für Foucault hingegen gibt es kein solches Zentrum, das verschiedene Erscheinungen innerhalb einer Gesellschaft zusammenhält und gemeinsam bestimmt. Vielmehr sieht er die Disziplin in einzelnen Institutionen unabhängig entstehen und sich von ihnen ausgehend wissenschaftlich und politisch verallgemeinern. Er kennt also keine Basisinstitutionen und er kennt auch keine strukturierten Widersprüche, die in ihnen auftreten würden. Er entwirft eine Welt, in der die Konflikte und Auseinandersetzungen auf allen Ebenen und an allen Orten stattfinden und sich von diesen dezentralen Ausgangspunkten her eventuell zu großen einheitlichen Konfliktlinien kristallisieren und verdichten. Das ist ein nützliches und zutreffendes Bild, wenn es darum geht, einer Vorstellung entgegenzutreten, nach der gesellschaftliche Veränderungen von einer Zentrale[16] ausgehend und von ihr gesteuert bewerkstelligt würden. Nach Foucaults in Relation dazu durchaus realistischem Bild ist es nicht möglich und genügt es nicht, die Macht an einer zentralen Stelle an sich zu reißen, z.B. indem man den König stürzt, die Regierungsform verändert oder auch nur die Regierung übernimmt. Aber es ist vielleicht auch nicht nötig, diesem Bild zuliebe die Einsicht aufzugeben, daß Gesellschaften grundlegend von der vorherrschenden Produktionsweise strukturiert werden und daß von ihr und ihren Basisinstitutionen - im Kapitalismus die Warenform und die Marktförmigkeit - die sozialen Phänomene bestimmt werden - z.B. die vorherrschende Form der "Arbeitsmoral" und des sozialen Ausschlusses.

In Foucaults Darstellung taucht keines der traditionellen historischen Subjekte auf, weder große Männer noch eine heroische Klasse noch auch der gemeine Mann mit seinen Alltagsproblemen. Diskurse und ihre Ergebnisse haben kein Subjekt, zumindest kein einheitliches. Die Geschichte, die Foucault schreibt, ist weder die Geschichte der großen Politik noch ist sie Alltags- oder Subgeschichte, aber sie ist zuletzt doch nicht ohne Position. Foucaults Geschichte präsentiert im Ergebnis den langweiligen und oft schäbigen Anblick einer Politik auf der mittleren Ebene von Verwaltung - und genau auf dieser Ebene stellt sich Macht auch real so dar, wie sie in Foucaults Theorie auftaucht, diffus und ohne Zentrum, getragen von Kontrollphantasien, deren reale Auswirkungen durchaus unsicher sind, getragen auch von einem Wissen, das eng mit der Macht verbunden ist. Die Annahme ist naheliegend, daß Foucaults Theorie von Macht und Wissen und sein Bild der diffusen, nicht zentrierten Macht genau mit diesem gesellschaftlichen Bezugspunkt verbunden ist, daß sie sich aus der Einnahme dieser Perspektive erklärt.

Daß die Welt aus dieser Sicht sich so darstellt, heißt freilich nicht, daß das die einzig mögliche und richtige Sicht ist. Es läßt sich in einer methodologischen Analyse etwa von "Überwachen und Strafen" zeigen, daß Foucaults historische Darstellung gerade dadurch an Schärfe und Klarheit verliert, daß er die verschiedenen sozialen Positionen, aus denen heraus Diskurse geführt werden, nicht auseinanderhält. In seiner Analyse der Durchsetzung des Einsperrens als vorherrschende Strafe, der "Geburt des Gefängnisses" in Frankreich also, vermischt Foucault z.B. den Diskurs, der während der Französischen Revolution in der Verfassungsgebenden Versammlung geführt wurde, also von den mehr oder weniger etablierten Philosophen und Juristen, mit dem

Diskurs, den das revolutionäre intellektuelle Proletariat in Paris zum selben Thema führt - zwei Diskurse, die sich nur punktuell berührten. Dazu kommt schließlich der Diskurs der Gefängnisleiter und Administratoren, der wieder ein anderer ist, auch zeitlich später liegt, auf den sich Foucault aber ausschließlich stützt, wenn er vom Gefängnis spricht. Diese Ebene des Diskurses ist aber die schließlich in Foucaults Darstellung historisch ausschlaggebende und zugleich für seine Theorie bestimmende.

Sehr deutlich wird das auch in seinem Buch "Sexualität und Wahrheit", in dem fast alle Dokumente, die er untersucht, sich auf dieser Verwaltungsebene lokalisieren lassen. Es handelt sich fast ausnahmslos um die Kontrollphantasien höherer Verwaltungsstellen, die damit die ihnen untergeordneten Kontrolleure der vordersten Linie unterrichten. Es handelt sich um Pädagogen, die Ratschläge für Lehrer und Eltern formulieren, um Medizinprofessoren, die Anweisungen für das Verhalten der praktischen Ärzte ihren Patienten gegenüber geben, es handelt sich um Verwaltungswissenschaftler, die Kontrollanweisungen für Beamte formulieren, es handelt sich um Theologen, die den Dorfgeistlichen Ratschläge für die Behandlung ihrer Gemeinde geben. Es ist damit auch durchaus unsicher, wieviel diese Kontrollphantasien über die tatsächlich und effektiv ausgeübte Kontrolle über die Bevölkerung aussagen.

Das verweist uns auf eine weitere Dimension der Schwierigkeiten mit Foucaults Theorie, nämlich die Diskrepanz zwischen Reden und Tun. Öffentliche Diskurse fungieren, wie wir wissen, manchmal auch als die Nebelwand, hinter der sich die tatsächlichen Entscheidungen und die ohne Öffentlichkeit vollzogenen gesellschaftlichen und politischen Abläufe verbergen. Es gibt Diskurse ohne Macht und Macht ohne Diskurs. Auch wenn es durchaus zutreffen mag, daß Sexualität diszipliniert wurde durch intensivierte soziale Diskurse über Sexualität, dann ist damit durchaus nicht bewiesen, daß sie nicht gleichzeitig Gegenstand wilder Unterdrückung gewesen sein könnte. Das gilt ebenso für die Bestrafung: Außerhalb des Diskurses über Prävention, über die Freiheitsstrafe und über das Gefängnis und ihre allmähliche Humanisierung gibt es - nichtdiskursiv - immer noch Folterungen, Prügel und sogar Morde im Gefängnis. Es gibt immer noch Arbeitslager und die mehr oder weniger pittoresken Formen der Hinrichtung, die im Großteil der Staaten in Geltung sind. Die Ebene des Diskurses ist nicht die einzige Ebene der Wirklichkeit.

In der Foucaultschen Analyse bleibt eine Reihe von Problemen offen, und seine Theorie gilt für eine spezifische gesellschaftliche Position und Perspektive, nämlich die der Verwaltung. Es könnte sein, daß das tatsächliche Bild sogar dunkler ist, als Foucault es malt, aber es ist wahrscheinlich auch ein wenig widersprüchlicher.

5. Disziplin und Strafe

Auch bei dem zweiten großen Begriff des Themas, der Strafe, ist zunächst Begriffsklärung nötig. Strafe ist im Gegensatz zur Disziplinierung zunächst und in ihrer reinen Form ein Akt der Herrschaftsdarstellung, in dem es um nichts anderes geht als um die Selbstbestätigung dieser Herrschaft. Der Prototyp von Strafe ist das wütende Prügeln eines ungehorsamen Haustiers oder eines Sklaven durch seinen Herrn. Strafe ist Wiederherstellung, Ausübung und Darstellung von Herrschaft. Sie ist die häufig gewalttätige Klarstellung, wer hier das Sagen hat, wer der Herr ist, wer der Knecht.[17]

Insofern trägt die Strafe in dieser prototypischen Form ihren Zweck in sich. Es wird Herrschaft ausgeübt und dadurch vorgeführt und bestätigt. Daß heute und etwa seit der Aufklärung über Strafzwecke nachgedacht wird, hat damit zu tun, daß sich das staatliche Strafen nicht mehr als pure Ausübung von Herrschaft verstehen will und daher nach Rationalisierungen sucht. Solche Rationalisierungen finden sich in der Zuweisung und Behauptung eines Zwecks der Prävention, sei es Spezial- oder Generalprävention, sei es in der Folge noch Moral-Verstärkung oder zumindest -Darstellung. Die Formen sind variabel, halten sich aber seit dem 19. Jahrhundert alle in diesem Rahmen der Zuweisung eines empirischen Zwecks präventiver Art. Etwa seit der Aufklärung muß sich die Ausübung von Herrschaft in der bürgerlichen Gesellschaft eben ein bißchen verschämt rechtfertigen und sich auch ein paar Einschränkungen gefallen lassen. Die Herrschaft wird damit, wie das Beispiel der Strafe zeigt, freilich nicht nur eingeschränkt, sondern auch systematisiert, bürokratisiert und technisiert.

Gerade in kritischen Ansätzen wird die funktionale Bedeutung des staatlichen Strafens gern überschätzt. Im Drang zu materialistischen Bestimmungen wird das Gefängnis etwa als direktes Arbeitsmarkt-Regulativ interpretiert, ohne daß untersucht würde, ob die Kapazität des Einsperrungsapparats dafür rein quantitativ überhaupt ausreichen kann. (Sie kann es nicht.) So werden dann die Korrelationen der Zahl der Einsperrungen mit der Rate von Arbeitslosigkeit, die man tatsächlich finden kann, als Beleg für eine solche direkte Funktion genommen. Tatsächlich ist der Zusammenhang ideologiepolitisch vermittelt: In der Bestrafung wird vorgezeigt, wohin es führen kann, wenn man sich nicht an die disziplinierte Lebensführung hält - und in Zeiten von Arbeitskräftemangel ist man eher darauf aus, "Abweicher" zu integrieren, nur in Zeiten von Arbeitskräfteüberschuß kann man den "sozialen Ausschluß" auch zum offen propagierten Vergesellschaftungsprinzip machen. Aber die disziplinierte Lebensführung, die Bereitschaft, sich durch minutiöse Anpassung in erster Linie "nützlich" zu machen und dem die gesamte Lebensweise unterzuordnen, kann nicht zuverlässig und allgemein mit einer solchen Drohung hergestellt werden - und das ist auch nicht nötig, weil es dafür andere Einrichtungen gibt, z.B. die Fabrik selbst, die Schule, die Kleinfamilie, in neuerer Zeit die Konsumanreize und -notwendigkeiten.

Andererseits soll man das Gefängnis und allgemeiner die staatliche Strafgewalt nicht gering schätzen, auch wenn sich keine unmittelbar ökonomischen oder Funktionen zur materiellen Herstellung der Vergesellschaftungsform zeigen lassen: Die genannte ideologische Funktion des staatlichen Strafens ist durchaus nicht unbeachtlich. Und es ist immer geeignet, einzelne Menschen zu ruinieren - es ist, auf eine drastische Formel gebracht, "Ideologieproduktion mit Menschenopfern". Diese Grundfunktion kann sich in extremen Situationen ausweiten, indem der soziale Ausschluß in staatliche Regie genommen wird. Dann wird nicht mehr nur beispielhaft signalisiert, daß bestimmte Kategorien von Leuten ausgeschlossen werden können und dürfen, sondern dieser Ausschluß auch gleich exekutiert: Stalinismus ist ebenso ein Beispiel wie Faschismus. Es gibt gerade in Deutschland keinen Grund zu irgendwelcher Naivität gegenüber der staatlichen Strafgewalt und dem staatlich organisierten sozialen Ausschluß.

Insgesamt erscheint es also mehr als zweifelhaft, daß Disziplin und Strafe einen unmittelbaren Zusammenhang haben. Weder ist die Gefängnisstrafe notwendig, um eine disziplinierte Lebensweise der Bevölkerung oder auch nur der Teile der Bevölkerung, für die das Gefängnis eine reale Bedrohung ist, herzustellen, noch ist die Disziplin der Lebensführung als Grund dafür anzusehen, daß die staatliche Strafe überflüssig würde. Die kapitalistische Produktionsweise, von der die Verallgemeinerung der methodischen Lebensführung hergestellt wurde, beruht nach wie vor auf sozialer Ausschließung, wenn auch nicht primär auf der Ausschließung durch staatliche Strafe.

Ich will als nächstes dieser Frage von disziplinierter Lebensweise und Verzichtbarkeit von Strafe noch auf eine andere Art nahezukommen versuchen: Ich will zunächst einmal zeigen, was eine disziplinierte Lebensweise im einzelnen für die ihr Unterworfenen bedeutet.

6. Die Routinen des disziplinierten Lebens

Disziplin läßt sich beschreiben als eine Lebensweise, die in zyklisch wiederkehrende Routinen geordnet ist.[18] Ein Tag schaut ziemlich so wie der andere aus, diese Woche wie die nächste Woche, das nächste Jahr wie das vergangene. Es gibt ein mehr oder weniger enges oder flexibles Schema, nach dem die Dinge des Lebens getan werden, eine sich wiederholende Reihe von Aufgaben, denen wir uns im Alltag widmen müssen. Der Mittelpunkt dieser Verpflichtungen ist immer noch die Zeit, die wir als Arbeitszeit verkauft haben, und die Zeit und Energie, die zur täglichen Reproduktion dieser Arbeitskraft und zur Aufzucht der nächsten Generation von Arbeitskräften gebraucht wird. Die zentralen Institutionen unseres disziplinierten Lebens sind daher der Arbeitsplatz und der Haushalt, denen die anderen Institutionen zugeordnet sind, von denen jene beiden unterstützt werden. Dazu gehören Schulen, Einkaufszentren, Einrichtungen des öffentlichen und privaten Transports, das Gesundheitssystem, die staatliche Verwaltung, das Fernsehen, usw. Alle diese Einrichtungen haben mehr oder weniger aufeinander abgestimmte Zeitpläne, aus denen wir eine individuelle Routine aufbauen und zusammenstellen.

Man kann sich das am Beispiel des eigenen Tagesablaufs und seiner Regelmäßigkeiten leicht klarmachen. Das beginnt gewöhnlich mit einem zeitlich fixierten morgendlichen Aufstehen, nicht also, wenn wir ausgeschlafen sind, sondern zu einem vorbestimmten Zeitpunkt, zu dem die eigens dafür erfundene Apparatur des Weckers uns zwingt, den wachen Tag zu beginnen. Diese Zeitvorgabe geschieht durch unsere Arbeitsstelle, aber auch durch die Zeitpläne z.B. der Institutionen, von denen unsere Kinder tagsüber aufgenommen werden. Die Routine heißt daher gewöhnlich auch, daß Kinder aus dem Schlaf zu reißen, zu versorgen und auf den Weg zu bringen sind, ähnliche Dienstleistungen verlangt vielleicht auch noch die Hauskatze. Dann ist ein Verkehrsmittel zu erreichen, das nach einem bestimmten Zeitplan fährt und nicht versäumt werden darf. Auch in der Arbeit sind selbstverständlich die Tätigkeiten routinisiert, wofür es manchmal Taktvorgaben gibt, manchmal aber auch nur die Ungeduld anderer Arbeitender, die auf unser Produkt angewiesen sind und mit ihm weiterarbeiten wollen. In einer gut koordinierten Arbeitsorganisation drängen wir einander also gegenseitig auf die Einhaltung verläßlicher Routinen. Zur Routine der Bewältigung des Alltags gehört es dann vielleicht auch, daß wir in der Mittagspause schnell die notwendigen Einkäufe erledigen. Abends sind die Kinder einzusammeln und häufig genug beginnt damit sofort die Vorbereitung für den nächsten Tag, das Coachen der Kinder für die Schule. Ferner ist die von ihrer Arbeit verärgerte Partnerin anzuhören, zu beruhigen und wieder fröhlich zu stimmen, eventuell muß man auch etwas dafür tun, die eigene Laune nicht zu verlieren. Dann kommen als nächster Fixpunkt die Nachrichten im Fernsehen um 19.00 Uhr, anschließend sind "soziale Kontakte zu pflegen", häufig am Telefon und oft nur in einer Form, die gerade ausreicht, um sie nicht abreißen zu lassen, die aber ihrerseits kein Zusammenleben darstellt. Dazu kommen schließlich die Freizeitaktivitäten, die man geplant und verabredet hat - und dann ist schon wieder daran zu denken, daß man rechtzeitig ins Bett kommt, um am nächsten Tag nicht allzu unfähig und unwillig zu sein, um die Routinen wieder aufzunehmen.

Diese täglichen Routinen werden zu wöchentlichen zusammengeschlossen, die ihrerseits einen eigenen Zyklus zwischen Wochenbeginn und Wochenende darstellen, die Wochen organisieren sich zu einer Jahresroutine, in der es jahreszeitliche Unterschiede, Feiertage und den Urlaub gibt.

Die jährlichen Routinen sind in einen *strukturierten Lebenslauf* integriert. Der besteht aus routinierten Wiederholungen und aus allmählichen oder auch an bestimmten Punkten abrupten Veränderungen dieser Routinen. Man kann ihn daher als eine Sequenz von Phasen und der in ihnen zu bewältigenden Aufgaben beschreiben. Solche Phasen sind die Kindheit, mehr oder weniger lange Perioden der Ausbildung, die Jugendzeit als eine Phase, die das begrenzte Experimentieren mit verschiedenen Lebensweisen zuläßt, dann die Gründung eines eigenen Haushalts und die Festlegung eines Arbeitsgebiets, vielleicht auch einer Karriere innerhalb dieses Arbeitsgebiets (was auf manchen sozialen Ebenen die sichere Erwartung von zumindest Strecken von Arbeitslosigkeit mit einschließt), damit verbunden ein vorhersehbares Einkommen. Es folgen Partnerschaftsprobleme, vielleicht eine Scheidung oder zwei und neue Haushalte, ähnlich Schwierigkeiten in der Arbeit und der Arbeitskarriere (welch letztere bekanntlich in den meisten Arbeiten relativ kurz ist), Schwierigkeiten, die man üblicherweise damit löst, daß man resigniert so weitertut wie bisher. Diese letzte Phase trifft sich oft mit dem Ende der Phase der Kindererziehung, was besonders für Frauen eine neue Orientierung auf außerhäusliche Arbeit und damit Angewiesensein auf den Arbeitsmarkt bedeutet. Es folgt das Ende des Arbeitslebens und das Ende des Lebens.

Der Lebenslauf wird also strukturiert durch gesellschaftliche Aufgaben, die auf verschiedene Weise bewältigt werden können und zu deren Erfüllung man *Projekte* entwirft. Die wichtigsten dieser Projekte sind wohl Ausbildungsprojekte (welche Art von Schule wähle ich aus oder lasse ich mir aufdrängen); zwischenmenschliche Projekte (mit wem schließe ich mich für welche Aktivitäten, für wie lange und wie exklusiv zusammen); Haushaltsprojekte (für welchen Typ von Haushalt entscheide ich mich); Geld-verdienen- und Arbeitsprojekte (wieviel Geld muß ich mit welcher Regelmäßigkeit verdienen und in welchem Feld möchte ich arbeiten); Weltverbesserungsprojekte in zwei Abarten: altruistische Projekte (versuche ich, die vorfindbare Organisation der Routinen auch für andere Leute als für mich selbst zu verändern) und Großartigkeitsprojekte (will ich eine Spur davon hinterlassen, daß ich gelebt habe).[19]

Für diese Projekte gibt es massive gesellschaftliche Vorgaben und Festlegungen durch frühere Entscheidungen. Es gibt aber auch einen gewissen Spielraum. In solchen Projekten stellt man bestimmte Situationen her, in denen man in der Folge routinisiert leben wird. Man bekommt die Routinen also nicht ausschließlich und fertig vorgegeben, vorgegeben sind aber die Randbedingungen und das Spektrum der Routinen, die sich überhaupt herstellen lassen. Eine sehr enge Routine des Lebens läßt keine Wahl von Projekten und wenig nicht von Routinen beherrschte Zeit übrig. Eine sehr enge Routine gibt auch allen unseren Aktionen den Charakter von reaktiven und defensiven Handlungen, deren Ziel es ist, uns innerhalb unserer ausgetretenen Routinen zu sichern oder uns zumindest eine schnelle Rückkehr in sie zu erlauben.

"Disziplin" besteht in dieser Organisation von Routinen, und das heißt, in der Organisation von Lebenssituationen, die sie sichern - Situationen mit einem bestimmten Personal, mit bestimmten Requisiten, mit einem engen Spektrum von Möglichkeiten und einem weiten Bereich von Unmöglichkeiten. Die Disziplin wird "internalisiert", indem man sich selbst mit Ausweglosigkeiten umstellt und diese auch noch in Korrekturstrategien absichert.

Diese großartige Routinisierung des Lebens ist in der Folge die Grundlage von viel Ängstlichkeit, trauriger Vermeidung von allem Neuen und Ungewöhnlichen, sie erzeugt auch viel Wut, einerseits darüber, daß das alles so schlecht funktioniert, daß man sich so anstrengen muß, um die Routinen nur einfach in Gang zu halten, andererseits aber auch über das, was einem dabei entgeht, über die versäumten Möglichkeiten des Ausbruchs aus der Routine und der Verantwortungslosigkeit. Angst und Wut verdichten sich zum Ressentiment gegenüber denen, die sich scheinbar weniger einer Routine unterwerfen oder die unsere Routinen zu stören drohen. In der Psychologie der autoritären Persönlichkeit ist das als "intolerance of ambiguity" beschrieben worden.

Die Routine hat allerdings auch ihre entlastende Seite. Auf der Grundlage eines routiniert ablaufenden Alltags lassen sich neue Projekte und (damit) komplexere Strukturen von Routinen aufbauen.[20] Die Sicherheit der Routine kann Ausgangspunkt von Experimenten in der Gestaltung der Lebensweise und der Regelung der gemeinsamen Angelegenheiten werden. Jeder zur Routine bewältigte Handlungsablauf konstituiert zugleich ein sicher beherrschtes Wissen und Können des Subjekts, damit einen Aspekt von "Entwicklung der Produktivkraft". Dieses Wissen und Können läßt sich möglicherweise in neuen Projekten einsetzen - zum Beispiel in autonomen Formen des Managements von Konflikten und Problemen.

Die "Disziplin", in der wir für fremde Zwecke "brauchbar" gemacht werden, kann auch davon unabhängig und zu einer Ressource der Selbstbestimmung werden. Die Fähigkeit, in Reaktion auf Schwierigkeiten mit einer Aufgabe nicht gleich aufzugeben, sondern trotzdem weiterzumachen, die Weigerung, momentanen Impulsen nachzugeben, wenn sie nicht zu dem passen, womit man gerade beschäftigt ist, die Gewohnheit, erst zu denken und dann zu sprechen, erst zu fragen und auch dann nicht zu schießen, die Bereitschaft, Gefühle sich entwickeln zu lassen - und diese Veränderung interessiert zu beobachten, statt vom ersten Gefühlsausbruch überwältigt loszuagieren - all das sind nützliche Fertigkeiten auch für eigene Projekte. "Disziplin" kann also für eigene (und vom Zusammenhang ihrer Entstehung losgelöste) Projekte eingesetzt werden und dabei Zusammenarbeit und Zusammenleben erleichtern. Der entscheidende Unterschied ist die Zwanghaftigkeit oder aber souveräne Steuerbarkeit der eigenen Diszipliniertheit und das Ausmaß an Ressentiment, das von ihr erzeugt wird. Der entscheidende Unterschied ist, ob wir noch imstande sind, tote Routinen, die wir nicht freiwillig gewählt haben (oder die wir vor langer Zeit gewählt haben, deren Konsequenzen uns aber heute noch "nachhängen"), wieder aufzubrechen. Der entscheidende Unterschied ist, ob wir die Möglich- und Fähigkeit verloren haben, an Durchbrechungen der Routine Spaß zu haben und dementsprechend alle solche "Störungen" mit Angst und Wut oder, noch schlimmer, der systematischen Ausschließung von allem und allen "Unordentlichen" beantworten. "Disziplin" heißt im allgemeinen Beachtung von Normen, Selbstverständlichkeiten, Erwartetem und Verlangtem. Sie kann so weit gehen, daß sie freundliche Impulse und Wünsche unmöglich macht, von denen soziale Beziehungen hergestellt würden. Sie kann uns auch dumm machen. Aber klug beherrscht kann sie auch eine Hilfe bei der Organisation einer angemessen komplexen und vielfältigen sozialen Welt sein.

Dieser Widerspruch konfrontiert uns auch hier mit dem altehrwürdigen Paradox: Befreiung muß sich der Mittel bedienen, die herrschaftlich herausgebildet wurden. Umgekehrt finden sich daher auch in den nützlichen Leistungen der "Disziplin" Aspekte von Herrschaft. Die größten Schrecknisse dieses Jahrhunderts, Lagersysteme und Völkermorde, haben mit manipulierter und nicht mehr souverän beherrschter Disziplin zu tun. Aber umgekehrt brauchen wir die Leistungen der Disziplin, um sie selbst zu durchbrechen und ihr nicht zwanghaft zu verfallen. Wir brauchen die Leistungen der Disziplin, um uns wenigstens Nischen von Autonomie zu sichern. "Disziplin" ist weder uneingeschränkt "zivilisatorische Errungenschaft" noch der "stählerne Käfig", der womöglich noch immer enger würde. Vielmehr ist sie widersprüchlich wie alle Effekte von Herrschaft.

7. Die Disziplin und die Politik der Befreiung

Die Konzentration der Überlegungen und Analysen auf Herrschaft und ihre Entwicklung, besonders auf die internalisierte Herrschaft (es gab Zeiten, als wir drastisch vom "Faschismus in uns" sprachen), führt leicht zu Resignation oder voluntaristischen Ausbrüchen oder einem Pendeln zwischen diesen Polen. Es lassen sich aber auch in Aufnahme von Widersprüchen der Disziplin und Kontrolle zumindest Felder angeben, in denen politische Arbeit möglich und nicht ganz aussichtslos ist.

(1) Das staatliche Strafen ist selbst unter seinen Agenten nicht ganz selbstverständlich. Der soziale Ausschluß wird zwar von manchen offen propagiert, aber es gibt, gerade in Deutschland (und Österreich) und gerade aufgrund der düsteren historischen Erfahrungen, auch starke Gegenkräfte. Trotz aller Bemühungen ist der soziale Ausschluß hier nicht so leicht zu legitimieren wie er es in Reagans USA und Thatchers Großbritannien war. Die Bewegung zur Zurückdrängung der Gefängnisstrafe ist nicht ganz chancenlos.

(2) Der reflektierte Umgang mit der eigenen Diszipliniertheit findet heute bestimmt bessere Ausgangs- und Randbedingungen vor als vor, sagen wir, 30 Jahren. Wenig ermutigend ist zwar

der Drang zu einem wieder mehr "bürgerlichen", kulturbeflissenen Individualismus, den man auch unter Linken beobachten kann und der ohnehin nur zur Karikatur des "Scheinbürgertums" gerät.[21] Wenn schon über "bürgerliche Individualität" nachgedacht wird, dann geht es sinnvollerweise um deren Grundlagen in Eigentum, Bildung und Organisation. Nach deren Zerstörung und Diskreditierung (letzteres betrifft besonders die Organisationsform "Partei") bleibt allenfalls die lockere Form der "Subkultur", wo sich einigermaßen verbindliche Solidaritäten ohne Zwang einstellen können. Vielleicht ist die wohl in den 70er Jahren besonders virulent gewordene "Subkultur" heute schon wieder in Auflösung, aber jedenfalls ist das der Ort für die Pflege einer "freischwebenden Solidarität" und damit einer "Individualität", die nicht völlig "bodenlos" ist. Daß die derzeitige Wirtschaftsphase zumindest in dem einen Drittel der Zwei-Drittel-Gesellschaft einer Auflösung von Karriere- und Biographie-Disziplin förderlich ist (nämlich dadurch, daß sie nichts bringt und daß andererseits "Flexibilität" gefordert ist), liegt auf der Hand - obwohl daraus natürlich auch verschärfte Konkurrenz entstehen kann. Aber das Politikfeld ist damit auch abgesteckt.

(3) Abstrakt läßt sich sagen, daß das Modell von Befreiung, wie es in der Dialektik von Produktivkraftentwicklung und Sprengung der Produktionsverhältnisse überkommen ist, auf seine (Hegelsche und Früh-Marxsche) Grundlage in der Ermöglichung von "Erfahrung" zurückgeführt werden muß. Wenn die der Produktivkraftentwicklung parallel laufende oder sie gar überholende gleichzeitige Entwicklung der Herrschaftsmittel dazu geführt hat, daß in der Arbeit, weil herrschaftlich vorgeprägt, keine Erfahrungen mehr zu machen sind, die ein befreiendes Potential enthalten, dann ist nach Arbeitsformen zu suchen, in denen das doch noch möglich ist. Adorno z.B. hat als eine solche Form die künstlerische Arbeit gesehen. Man kann sich fragen, ob die Bedingungen der Autonomie, die dort herrschen, in mehr oder weniger modifizierter Form auf andere Produkte übertragbar sind. Man kann auch die heute vorfindbaren Arbeitsformen, in Kunst, Wissenschaft, Fabrik und Alternativbetrieb, auf ihre *Aspekte* von Autonomie untersuchen: Vielleicht ist nämlich Autonomie keine Sache von alles oder nichts, womit die Chance bestünde, sie auszubauen, wenn sich Ansatzpunkte dafür finden lassen.[22]

(4) Wieder etwas konkreter kann man noch feststellen, daß eine Politik der Befreiung heute und nach allen Erfahrungen der weiter zurückliegenden oder der jüngsten Vergangenheit nicht auf eine einheitliche und verallgemeinerte neue Vergesellschaftungsform abzielen kann. Die alt-linke, arbeiterbewegungs-orthodoxe Revolutions- wie Reformvorstellung mit Avantgarde, ZK und Parteidisziplin auf der einen Seite, Experten, Kommissionen, Programmen, "Vertrauensarbeit an der Basis" und Akzeptanzforschung auf der anderen, hat sich nun wirklich oft genug blamiert und, schlimmer, ihre autoritären Potentiale oft und deutlich genug demonstriert, daß man diesen "Abschied vom Proletariat", den die Kritische Theorie der Frankfurter Schule schon in den 30er Jahren genommen hat, nun wirklich ohne alle Reste von linkem schlechtem Gewissen nehmen kann. Es gibt auch keinen Grund, daraus besonderen (also über Realismus hinausgehenden) Pessimismus zu beziehen. Im Gegenteil: Die Aufgabe der Arbeiterbewegungs-Orthodoxie gibt der anti-autoritären Haltung erst die Chance, im Nachdenken über Befreiung und in ihrer Praxis den Stellenwert zu bekommen, aus dem sie bisher immer wieder verdrängt wurde. Das anti-autoritäre

Prinzip der Verschiedenheit, der Abweichung, der Ermöglichung von Pluralität ist das einzig noch denkbare "Organisations"prinzip von Befreiung. Von daher wäre nicht zuletzt auch "Demokratie" neu zu denken: als dezentrale Gesellschaft, als "Kleinstaaterei", als Gesellschaft von lauter Minderheiten, als Gesellschaft, die sozialen Ausschluß nicht zuläßt.

Anmerkungen

1 Dieser Aufsatz sollte als Niederschrift meines Vortrags auf der Tagung "Strafrecht, soziale Kontrolle, soziale Disziplinierung" der Gesellschaft für interdisziplinäre wissenschaftliche Kriminologie in Bielefeld am 8.12.1991 leicht und problemlos entstehen. Leider enthielt das Tonband, das ich mitlaufen ließ, nachher nur weißes Rauschen. Es handelt sich daher jetzt um die etwas erweiterte Rekonstruktion des Vortrags aus den Notizen und den Teilstücken aus verschiedenen früheren Aufsätzen, auf die ich mich gestützt habe - insgesamt eine Kompilation. Ohne die Hilfe von Helga Cremer-Schäfer vor wie nach jener technischen Panne wäre ich wesentlich schwerer über die Runden des Vortrags wie des Aufsatzes gekommen. Ich danke ihr für ihre Großzügigkeit.

2 Diese Vorstellung entspricht einer popularisierten psychoanalytischen und findet sonst noch am ehesten Unterstützung in "Überwachen und Strafen", wenn man - was unter Kriminologen häufig der Fall zu sein scheint - Michel Foucaults andere, speziell seine späteren Arbeiten nicht zur Kenntnis nimmt.

3 So, als Weg von der Selbstdisziplin der Eliten zur Fremddisziplinierung, hat Norbert Elias den Gang dessen beschrieben, was er "Prozeß der Zivilisation" nennt. Allerdings hat er dabei das Kloster völlig vernachlässigt, vielmehr die "höfische Gesellschaft" zum Ausgangspunkt genommen. Eine halbwegs komplette und theoretisch akzeptable Sozialgeschichte der abendländischen Disziplin steht immer noch aus.

4 Diese Geschichte der Ordensgründungen und der damit jeweils zeitgemäß angepaßten und so tradierten Disziplinartechniken der geschlossenen Anstalt sowie ihrer kapitalistischen Verallgemeinerung besonders in der Fabrikssiedlung haben wir beschrieben in Treiber/Steinert 1981.

5 Die Vorentscheidung, Gesellschaften grundsätzlich als bestimmt von einer Produktionsweise zu analysieren, erspart manche Scheinfrage, die sich aus dem sonst gängigen Modell einer *zunehmenden* Disziplinierung (analog Webers fortschreitender Rationalisierung) ergeben mag. Kürzlich hat sich Dinges 1991 um die Auflösung einiger dieser Scheinfragen verdient gemacht. Allerdings muß man sich mit einer solchen gesellschaftstheoretischen Orientierung gegen die Vereinfachungen des Ökonomismus wehren. Vgl. dazu Steinert 1981, sowie Treiber/Steinert 1978.

6 Vgl. dazu Treiber/Steinert 1981. Die Familie als "totale Institution" habe ich außer in diesem Buch ausführlicher analysiert in Steinert 1973, sowie Kontos/Steinert 1981.

7 Vgl. dazu Cremer-Schäfer/Steinert 1986.

8 Vgl. dazu Cremer-Schäfer/Steinert 1991.

9 Die Legitimität wird hergestellt durch die Behauptung der Nützlichkeit, Notwendigkeit, Gerechtigkeit und Menschenfreundlichkeit des staatlichen Strafens. Nils Christie 1986 hat diese Legitimationen zur Kenntlichkeit entstellt, indem er das staatliche Strafen als systematisches Zufügen von Schmerz rekonstruiert.

10 Die Ausführungen dieses Abschnitts beziehen sich auf Material, das in Treiber/Steinert 1981 ausführlicher dargestellt ist.

11 Vgl. die Ausführungen zum "Geständnis" in Foucaults "Überwachen und Strafen" und besonders "Sexualität und Wahrheit, I: Der Wille zum Wissen".

12 So hat sie Max Weber in "Die protestantische Ethik und der Geist des Kapitalismus" am Beispiel Benjamin Franklins beschrieben. Das heutige funktionale Äquivalent ist der Filofax des Managers.

13 Im folgenden werden Kritikpunkte zusammengefaßt, die ich zuerst in Steinert 1978 entwickelt habe.

14 Vgl. oben, Beginn Abschnitt II.

15 Der Begriff wurde von Barrington Moore 1978 eingeführt. Ich selbst verwende in gleicher Bedeutung, also zur Bezeichnung der jeweils de facto gültigen Arrangements, wer warum unter welchen Bedingungen wie arbeiten soll und was ihm/ihr dafür zusteht, auch das Wort "Arbeitsmoral".

16 Wir können sie "Zentralkomitee" (ZK) nennen.

17 Vgl. zu diesem Begriff von Strafe und ausführlicher zu den folgenden Argumenten Steinert 1986 mit weiteren Literaturverweisen.

18 Ich habe diesen Zugang als "Phänomenologie der gestörten Routine" zur Analyse von Korrekturreaktionen auf solche Störungen entwickelt in Steinert 1982 und in dem einschlägigen Kapitel in Hanak/Stehr/Steinert 1989. Hier wird in Ergänzung dazu die Phänomenologie der "ungestörten Routine" vorgestellt.

19 Als zweite Dimension ist hier noch zu unterscheiden, ob es in der Veränderung der Routinen für andere um die Ausweitung oder die Einengung von deren Handlungsmöglichkeiten geht. Man könnte das Befreiungs- und Beherrschungsprojekte nennen.

20 Ich übersetze hier in meine Terminologie, was Breuer 1987, bes. S. 327f, im Anschluß an Kant als "Kultivierung", "Zivilisierung" und "Moralisierung" von der "Disziplinierung" unterschieden wissen will. Wie auch sonst ziehe ich es allerdings auch am Beispiel der "Disziplin" vor, diese als in sich widersprüchlich zu konzipieren und nicht von kategorial verschiedenen Vorgängen auszugehen. Die Errungenschaften der Beherrschten mußten immer schon aus der Herrschaft selbst entstehen - wie es in Hegels Herr-Knecht-Dialektik klassisch ins Bild gefaßt ist. "Disziplinierung" und "Kultivierung" sind zwei Seiten derselben Vergesellschaftungsform und nur gewaltsam von einander zu trennen - was allerdings gesellschaftlich wohl in der Tat geschieht.

21 Vgl. dazu Esser/Steinert 1991.

22 Ich habe mich mit diesen Fragen ausführlicher in meinen Studien zu Adorno befaßt, besonders im letzten Abschnitt von Steinert 1989.

Literatur

BREUER, S., Foucaults Theorie der Disziplinargesellschaft. Eine Zwischenbilanz, Leviathan 15, 1987, S. 319-337

CREMER-SCHÄFER, H./STEINERT, H., Sozialstruktur und Kontrollpolitik. Einiges von dem, was wir glauben, seit Rusche & Kirchheimer dazugelernt zu haben, Kriminologisches Journal, Beiheft 1/1986: Kritische Kriminologie heute, S. 77-118

CREMER-SCHÄFER, H./STEINERT, H., Herrschaftsverhältnisse, Politik mit der Moral und moralisch legitimierter Ausschluß, Kriminologisches Journal 23, 1991, S. 173-188

CHRISTIE, N., Grenzen des Leids, Bielefeld 1986 (Original 1980)

DINGES, M., Frühneuzeitliche Armenfürsorge als Sozialdisziplinierung? Probleme mit einem Konzept, Geschichte und Gesellschaft 17, 1991, S. 5-29

ESSER, J./STEINERT, H., 'Dienstleistungsgesellschaft' und 'Scheinbürgertum', in: Brauerhoch, F.-O. (Hrsg.), Frankfurt am Main. Stadt, Soziologie und Kultur, Frankfurt 1991, S. 31-43

HANAK, G./STEHR, J./STEINERT, H., Ärgernisse und Lebenskatastrophen. Über den alltäglichen Umgang mit Kriminalität, Bielefeld 1989

KONTOS, S./STEINERT, H., Über die staatliche Sorge um die 'Weibsperson von einem gesunden vielversprechenden Körper', in: Sachße, C./Tennstedt, F. (Hrsg.), Jahrbuch Sozialarbeit 4, Reinbek 1981, S. 107-128

MOORE, B., Jr., Injustice. The Social Bases of Obedience and Revolt, White Plains 1978

STEINERT, H., Militär, Polizei, Gefängnis, usw. - Über die Sozialisation in der 'totalen Institution' als Paradigma des Verhältnisses von Individuum und Gesellschaft, in: Walter, H. (Hrsg.), Sozialisationsforschung, Bd. 2, Stuttgart 1973, S. 205-227

STEINERT, H., Ist es denn aber auch wahr, Herr F.? 'Überwachen und Strafen' unter der Fiktion gelesen, es handle sich dabei um eine sozialgeschichtliche Darstellung, Kriminalsoziologische Bibliographie 5, 1978, Heft 19/20, S. 30-45

STEINERT, H., Dringliche Aufforderung, an der Studie von Rusche und Kirchheimer weiterzuarbeiten, Nachwort in: Rusche, G./Kirchheimer, O., Sozialstruktur und Strafvollzug, Frankfurt 1981 (Neuauflage), S. 314-341

STEINERT, H., Das Ende der Rechtschaffenheit. Eine kriminalpolitische Utopie, Kriminalsoziologische Bibliographie 9, 1982, Heft 36/37, S. 243-286

STEINERT, H., Beyond crime and punishment, Contemporary Crises 10, 1986, S. 21-38

STEINERT, H., Adorno in Wien. Über die (Un-)Möglichkeit von Kunst, Kultur und Befreiung, Wien 1989

TREIBER, H./STEINERT, H., Versuch, die These von der strafrechtlichen Ausrottungspolitik im Spätmittelalter 'auszurotten'. Eine Kritik an Rusche/Kirchheimer und dem Ökonomismus in der Theorie der Strafrechtsentwicklung, Kriminologisches Journal 10, 1978, S. 81-106

TREIBER, H./STEINERT, H., Die Fabrikation des zuverlässigen Menschen. Über die 'Wahlverwandtschaft' von Kloster- und Fabriksdisziplin, München 1981.

1.

Moral und Strafrecht

Moral, Wissenschaft und Strafrecht - am Beispiel der Begründungen zum Homosexuellenparagraphen im 19. Jahrhundert

Rüdiger Lautmann

Das Allgemeine Landrecht für die Preußischen Staaten v. 1794 hatte die Moralbasis noch klar aussprechen können (heute wäre das verpönt). Lautete doch der 'objektive Tatbestand' damals:

"Somiterey und andre dergleichen Sünden, welche wegen ihrer Abscheulichkeit hier nicht genannt werden können" (§ 1069).

Sünde und Abscheulichkeit - religiöse und moralische Begründung gehen offen Hand in Hand. Nicht zuletzt solch vormoderner Denkstil war es, der bereits fünf Jahre darauf zu dem Auftrag führte, das materielle Strafrecht neu zu ordnen. Die folgenden fünf Jahrzehnte stehen im Zeichen der Revision - mit zeitweise eigenem Ministerium, mit zahlreichen Entwürfen sowie mit dem Resultat des PrStGB v. 1851 als der ersten großen deutschen Kodifikation (und via RStGB v. 1871 bis in die Gegenwart hinein geltend). Für mich bietet jene Strafrechtsrevision das atemberaubendste Schauspiel, das ich auf der Bühne der Gesetzgebungen jemals angesehen habe.

Die Homosexuellenstrafe besaß in dem Drama keine herausragende Rolle. Die gewann sie erst seit etwa 1900. Nicht zuletzt ihre Bedeutungskarriere macht sie zum aufschlußreichen Kandidaten für unser Thema.

Meine Analyse stützt sich auf zwei mehrjährige Untersuchungen, in denen der Gang der Kodifikation vom § 1069 zum § 175, die Rechtsprechung und Dogmatik sowie die wissenschaftlichen Begründungen rekonstruiert worden sind. Das eine Projekt stützt sich auf eine Dokumentenanalyse mit den Archivalien von 1800 bis 1851. Das andere Projekt erhebt neben den Archivalien vor allem den kriminalwissenschaftlich-sexualpsychiatrischen Diskurs von 1851 bis 1919, darunter die rechtspolitische Debatte um den Entwurf von 1909, der auch die lesbische Liebe unter Strafe stellen wollte.[1]

1. Moral begründet Strafe (1825-1870)

Die erste Jahrhunderthälfte hindurch bildet die Strafrechtsrevision *das* Thema preußischer Rechtspolitik. Mehr als ein dutzend vollständiger Entwürfe werden angefertigt. Ich will hier einige Stationen herausgreifen, gewissermaßen die Wendepunkte des Geschehens, und in ihnen das Auftauchen von Moral belegen.

Der Entwurf v. 1828 straft, nach dem Vorbild des im neuerworbenen Rheinland geltenden Code pénal, nur drei Sonderfälle (1. Anwendung von Zwang, 2. Verführung einer Person unter 18, 3. öffentliches Ärgernis). Der Grundtatbestand bleibt straffrei. Der Referent, ein Kammergerichtsrat Bode, ringt um eine politisch unanstößige Begründung, wie die handschriftlichen Akten zeigen. Zunächst schreibt er:

"Auf den ersten Blick könnte es hier scheinen, als seyen alle diejenigen Unzuchthandlungen, durch welche der Thäter nur sich selbst Schaden zufügt, von der Reihe der Verbrechen auszunehmen."

Bode streicht den Satz, der tastend und unsicher formuliert ist (dreifacher Vorbehalt am Anfang), und schreibt beherzt und entschieden:

"M.E. giebt es aber hier nur zwei Gründe, welche diese Strafbarkeit bestimmen können, nämlich a) wenn durch die Handlung des Täters ein öffentliches Ärgernis erregt, oder b) wenn dadurch zugleich die Rechte eines Dritten verletzt worden sind."

Ohne Zweifel artikuliert sich hier das liberale Prinzip eines Rechtsgüterschutzes - eine ethisch-rationalistische Begründung, die dem Bezug auf positive Moral eine Absage erteilt. Der Vorgang ist bemerkenswert für einen Berliner Juristen, dem noch vier Jahrzehnte Berufskarriere mit einem Aufstieg bis in die Spitzen von Justiz und Verwaltung bevorstehen.

Bode wird Beccaria gelesen haben, der die 'griechische Liebe', ebenso wie den Ehebruch, für ein schwer erweisliches Verbrechen hielt, zu dessen Nachweis die Folter angewandt werde. Eine Strafe hielt Beccaria nur dann für gerecht, wenn präventive Mittel versagt haben - und zu denen zählte er hier die Koedukation in den Schulen (Beccaria 1966/1988, S. 140-145). Ferner kannte Bode selbstverständlich die Schriften Feuerbachs und das von diesem verfaßte liberale bayerische StGB v. 1813. In Bayern wurde das Bedürfnis nach Verfolgung der "Immoralität" vom Polizeistrafrecht aufgefangen.

Der forsche Abschied von der Moral wird vom Vorgesetzten ausgebremst. Der Minister v. Kamptz, berüchtigter Demagogenverfolger, argumentiert mit 'moralischer Strafbarkeit'. So bei der Frage, ob der freiwillig-passive Partner eines Analkoitus zu bestrafen sei. Kamptz bejaht das und meint in den - erstaunlicherweise von ihm selbst niedergeschriebenen - Motiven, das rechtfertige sich von selbst, da wer sich so hingibt, "ebensowohl strafbar, ja moralisch noch strafbarer, wie derjenige ist, welcher sie begeht." Nach jahrelangem Hin und Her greift der Souverän ein. Friedrich-Wilhelm IV. zieht die Strafrechtsrevision an sich. Der relativ längste Teil seiner Ordre betrifft die widernatürliche Unzucht, von deren "Scheußlichkeit" geredet wird. Den König bewegt moralische Abscheu.

Die Dauer der angedrohten Strafen soll nach oben hin nicht begrenzt sein, und neben die Strafarbeit hat die Zuchthausstrafe zu treten. Der König beziffert für alle drei Fälle der Vorschrift die Maße. Er erfindet neue Strafschärfungsgründe, und zwar bei Nr. 1 (mit Gewalt oder bei einem Kinde von unter zwölf), "wenn die mißbrauchte Person einen bleibenden Nachteil an ihrer

Gesundheit erlitten hat" sowie "wenn der Tod der gemißbrauchten Person verursacht worden". Man spürt: die Einfühlung des Königs in das inkriminierte Geschehen ist bedeutend.

Während der Revolution 1848/49 entstehen zwei Entwürfe. Die Homosexuellenstrafe fehlt. Die Kategorien 'gleichgeschlechtlich' oder 'widernatürlich' kommen nirgends vor. Auch nach Geschlechtszugehörigkeit wird nicht unterschieden - weder bei den Handlungen noch im Schutzalter. Selbst die Vergewaltigungsvorschrift beginnt so: "Wer an einer Person des einen oder anderen Geschlechts ..."

Ein so moralentlastetes Strafgesetzbuch haben wir bis heute nicht. Der endgültige Entwurf v. 1850 geht darüber mit Stillschweigen hinweg. Die widernatürliche Unzucht wird (auf mittlerem Niveau) pönalisiert. Denn dieses

"Verbrechen bekundet eine so große Entartung und Herabwürdigung des Menschen, und ist so gefährlich für die Sittlichkeit, daß das Strafgesetz notwendig darauf Rücksicht nehmen muß."

In der parlamentarischen Beratung wird ein letztes Mal rationalistisch gefordert, die Strafbarkeit davon abhängig zu machen, daß ein öffentliches Ärgernis erregt worden sei. Der Antragsteller dringt nicht durch, weil

"der Staat die Pflicht habe, das Prinzip der Sittlichkeit aufrecht zu erhalten, wenn auch ... hier ein bestimmtes Recht eines Anderen nicht verletzt werde."

Bevor zwanzig Jahre später das Preußenrecht vom Norddeutschen Bund akzeptiert wird (und kurz danach vom Deutschen Reich), wird der Homosexuellenparagraph einer eigenartigen, damals neumodischen Probe unterzogen. Im Regierungsauftrag begutachtet die 'Deputation für das Medicinal-Wesen' (Vorsitz: Rudolf Virchow) den Abschnitt der Sittlichkeitsvergehen. Sie befindet, aus ihrer Sicht gebe es keine Gründe, die widernatürliche Unzucht zu bestrafen. Als der Gesundheitsminister das Gutachten an seinen Justizkollegen weiterreicht, merkt er aber an, die Päderastie könne nicht straffrei bleiben - "im Interesse der öffentlichen Moral." War dies der letzte Sieg über Vernunft und Wissenschaft?

2. Medizin ersetzt Moral (1871-1919)

Vielen scheint es so, als habe ein wissenschaftlicher Begründungsstil den moralischen im Strafrecht abgelöst. Diese These untersuchten wir im zweiten unserer Projekte. Dabei erwies sich in mehreren Dimensionen, daß psychiatrische und gerichtsmedizinische Wissensinhalte sich in gesetzgeberischen, richterlichen und kriminalwissenschaftlichen Erörterungen geltend machen. Jörg Hutter nennt das den "medizinisch-juristischen Komplex".[2] In unserer Totalerhebung veröffentlichter Rechtsmaterialien konnte er sowohl inhaltsanalytisch-qualitativ als auch korrelationsstatistisch die folgenden Zusammenhänge nachweisen.

2.1. Die Rechtsprechung dehnt den Umfang des Straftatbestandes aus

So schwer es bei diesem Delikt immer gefallen war, das Gemeinte auch auszusprechen (lateinische und griechische Vokabeln mußten aushelfen), so eindeutig war doch stets nur der Beischlaf pönalisiert gewesen, als der coitus per anum. Es stand in den Motiven, in den Kommentaren und in den Judikaten des Obertribunals. Seit den 1870er Jahren wurde nun auch wegen anderer unzüchtiger Handlungen bestraft. Das von den Obergerichten einiger Bundesländer neugeschaffene Kriterium lautete 'Beischlafähnlichkeit' und erfaßte, über Penetration hinaus, auch Berührungen am Körper.

Zwar hatte es schon vorher mehrfach Versuche gegeben, die Grenzen des Tatbestandes zu überschreiten. Diesen moralischen Impulsen hatte die Justiz widerstanden. Seit den 1860ern jedoch lieferte die Medizin neue Deutungsmuster zum Geschlechtlichen, vorab und vor allem zur 'konträren Sexualempfindung.' Den Terminus 'beischlafähnlich' verwendete der Charité-Gerichtsmediziner Casper bereits 1862. Die entstehende Sexualwissenschaft beschränkte ihren Gegenstand natürlich nicht auf den Geschlechtsverkehr i.e.S.. All diese Ideen sickerten in das Juristendenken ein und sind hier, mit der bei Diffusion von Innovationen üblichen Verzögerung, nachweisbar (Hutter 1992, Kap. 2.4). Medikalisierung führte also zu Rechtsfolgen, welche sich durch Moral allein nicht hatten begründen lassen.

2.2. Der forensische Beweis wird erleichtert

Das neue Denken artikuliert sich erstmal bei Casper (1852), der seinen "moralischen Ekel" überwinden will ebenso wie die bisherigen Aussagen, "die nicht auf wirklicher Naturbeobachtung, sondern auf Überlieferung beruhen" (Casper 1852, S. 21). Der naturwissenschaftliche Denkstil förderte zwar anfänglich Befunde zur Beschaffenheit einschlägiger Körperteile bei 'Päderasten' zutage, über die wir heute lächeln. Aber die Inspektion der betreffenden Körperregionen ermöglichte Diagnosen, die als Beweis verwertet werden konnten und wurden. Darüber hinaus entwickelte sich nun eine Diskussion, die das Delikt vom Rand allmählich in das Zentrum sexualkriminologischer Aufmerksamkeit rückte. Dadurch wurde die polizeiliche Ermittlungstätigkeit angeregt. Die Verurteiltenziffern stiegen an (Hutter 1992, Kap. 3).

2.3. Von der Immoralität zur Pathologie

Bis weit ins vorige Jahrhundert hinein gelangte Gleichgeschlechtliches als bloß devianter Akt vor Gericht. Es begründete keinen Sozialcharakter, so wenig wie das andere Straftaten, beispielsweise Urkundenfälschung oder Körperverletzung tun. Als indessen die Psychiatrie vom philosophisch-spekulativen zu naturwissenschaftlich-empirischen Methoden überging *und* zugleich das Sexuelle zu erforschen begann, änderte sich das. Es entstanden die Deutungsmuster Homosexueller und Homosexualität, beides zu erklären aus somatischen Defekten, neuropathischen Zuständen, endokrinen Verschiebungen usw.

Die Gerichte sahen sich nun vor dem Problem, die *Schuldfähigkeit* von Konträrsexuellen - die ja nun in die Nähe von Geisteskranken gerückt waren - zu beurteilen. Wie, wenn der Trieb als ein unwiderstehlicher Zwang wirkt, aufgrund "krankhafter Störung der Geistestätigkeit" (§ 51 StGB a.F.)? Die Frage ist bis heute aktuell. Die Psychiatrie hat immer viel dafür getan, daß Verurteilungen möglich blieben - durch Differenzierungen verschiedener homosexueller Charaktere und Entstehungsgründe, vor allem durch das Gutachterwesen. Richter und Sachverständige tragen die Last der Schuldfeststellung gemeinsam. Moral braucht nicht bemüht zu werden, obwohl ohne moralischen Konsens die Zusammenarbeit von Jusitz und Psychiatrie bald aufflöge.

3. Ist Moral tatsächlich verabschiedet?

Dies zu fragen, klingt nach dem Vorangegangenen widersprüchlich. Doch verlor ich im Verlauf der Untersuchungen nie den Eindruck, die Moral wirke fort, auch unter veränderten Bedingungen. Antihomosexuelle Strafforderungen tun sich heute schwer damit, Gründe anzuführen, allenfalls der 'Schutz der ungestörten Sexualentwicklung bei Heranwachsenden' wird noch angeführt. In der Bevölkerung finden sich indessen massiv ablehnende Einstellungen bei etwa der Hälfte - und das konstant zwischen 1974 und 1991.[3]

Verwissenschaftlichung bedeutet nicht Entmoralisierung. Sie ergreift nur Teilöffentlichkeiten und jede davon anders. Recht ist nicht in dem Sinne als geschlossen und selbstreferentiell zu denken, daß es seine Prämissen und Konstituentien nur aus dem eigenen System bezöge; vielmehr kommuniziert es mit anderen Systemen, insbesondere mit Normhorizonten und Einzelwissenschaften. Juristisches Handeln bezüglich der Sexualität informiert sich heute einerseits bei der christlichen Theologie und den Wertvorstellungen der Bevölkerung, andererseits bei Medizin, Psychoanalyse und Sozialwissenschaft. Die Stimmen der Wissenschaft können auch überhört werden - wie noch beim Entwurf von 1962 geschehen (vgl. Minger 1971). Verwissenschaftlichung verändert die Rationalität juristischen Handelns, erhöht sie - nicht aber werden allein dadurch schon die Bezüge zur Moral und zu anderen Normkomplexen gekappt.

Eine *Medikalisierung* der Sexualität - i. S. eines Zustroms psychiatrischer Erkenntnisse - hat in allen Sparten des Rechtsbetriebs stattgefunden. 1828 noch wußte die eingeholte Expertise des Medicinal-Ressorts zum Sodomie-Delikt des ALR nichts beizutragen (vgl. Archiv Merseburg, Bl. 93). Tatsächlich bricht die Medizin in den Strom früherer Strafbegründungen ein, und moralisch-theologisch gestimmte Autoren wehren sich auch dagegen.[4] Aber der Medizin gelingt es nicht, die Reaktion auf sexuelle Devianz an sich zu ziehen. Die Sexualpsychiater werden in der Debatte um den E 1909 sogar heruntergemacht, auch innerhalb der Psychiatrie (vgl. etwa Fuld 1908, S. 381; Gurlitt 1909, S. 69).

Worin dann besteht die Wirkung der Sexualmedizin? Indem sie alle möglichen sexuellen Varianten ausdifferenziert (d.h. benennt, beschreibt usw.), erweitert sie die Optionen für die soziale Kontrolle. Zwischen Auslöschen und Gewährenlassen ist alles möglich. Außer der Perversion als Phänomen gibt es nunmehr den Perversen und damit eine Adresse für's Einschreiten. Das Strafrecht macht Gebrauch von den neuen Erkenntnissen, aber unter taktischen Gesichtspunkten (wie das beim Verwendungstransfer von Forschungsresultaten bekanntlich ist).

So weist Prof. Wachenfeld die Theorie einer Veranlagung zur Homosexualität (Ulrichs, Krafft-Ebing) zurück; diese Annahme bilde eine "soziale Gefahr" wegen der Glorifizierung gleichgeschlechtlicher Unzucht und wegen des Anspruchs auf Anerkennung für Homosexuelle (Wachenfeld 1901, S. 69). Prof. Mittermaier hingegen bietet eine makrosozial gehaltene Begründung für den § 175 an, die quasi-medizinisch argumentiert - *gesunde* Entwicklung im Staat, *nervöse* Gestimmtheit gesellschaftlicher Verhältnisse (Mittermaier 1906, S. 152).

Die beiden Disziplinen können deshalb so gut kooperieren, weil die *Medizin selber moralbezogen* ist. Das hängt mit beider Charakter als 'Handlungswissenschaften' zusammen (im Gegensatz zu 'Grundlagenwissenschaften' wie Biologie, Philosophie oder Soziologie). Gewiß setzt sich seit Mitte des 19. Jahrhunderts in der Medizin das naturwissenschaftlich-objektivistische Denken durch. Aber werden dadurch ganz und gar "Subjektivität und Moral verdrängt"?[5] Nein, bis heute jedenfalls nicht. In der Medizin verknüpfen sich Deskription und Askription, also empirische Befunde und normative Implikate. Die Medikalisierung bleibt in Ambivalenz gegenüber dem von ihr thematisierten Gegenstand - es werden gleichzeitig historisch konkurrierende Erklärungsperspektiven vertreten.[6]

Zwei Beispiele für diese Ambivalenz. *Ambroise Tardieu* legte eine gerichtsmedizinische Untersuchung zu den Sittlichkeitsvergehen vor, die zwischen 1858 und 1878 sechsmal neu aufgelegt und jedesmal erweitert wurde, damit für Frankreich epochemachend zum Thema Homosexualität. Tardieu gibt deutlich zu verstehen, daß es unmöglich ist, sauber über den Schmutz (sic) zu schreiben. Der Invertierte geht zurück zum Tier (sic) (so Aron/Kempf 1982, S. 36, 42-48).

Albert Moll, der wohl führende Theoretiker seiner Zeit über die konträre Sexualempfindung, zeigt die ideologische Basis seines Konzepts von Krankheit/Gesundheit:

> "Wenn wir nun den Geschlechtstrieb nicht als ein Mittel zum Vergnügen ansehen (sic), wenn wir ihn vielmehr als ein Mittel zur Fortpflanzung betrachten (sic), dann müssen wir die ausschließlich konträre Sexualempfindung in das Gebiet der Pathologie rechnen, und wir dürfen ein damit behaftetes Individuum nie für gesund erklären" (Moll 1893, S. 268).

Die Ambivalenz hielt die Psychiater in einem *prekären Gleichgewicht*. Erstatteten sie Gutachten oder wurde ihnen ein kriminalpolitisches Votum abverlangt, war nie verherzusehen, wohin sie tendieren würden. Prominente bzw. vielschreibende Psychiater, die sich ausführlich über Pathologie und Gefährlichkeit der Homosexualität geäußert hatten, wechselten eines Tages das Lager und befürworteten nun eine Streichung des § 175. So R. v. Krafft-Ebing, I. Bloch und P. Näcke.[7]

Ein Kapitel für sich bildet die *Psychoanalyse*, schon weil sie sich erst im 20. Jahrhundert entfaltet. Wo sie sich mit der etablierten Psychiatrie verbindet und explizit Normalitätsmodelle vertritt, beteiligt sie sich auch an Strafbegründungen. Wo sie hingegen empirisch und kritisch bleibt (wie Freud in seinen seltenen, vorsichtigen und abwägenden Äußerungen zur Homosexualität), erteilt sie dem Strafrecht eine Absage. Insgesamt bewirkt die Psychoanalyse einen stärkeren

Schub in Richtung eines gesellschaftsbezogenen und moralenthobenen Sexualverständnisses, als ihn die Soziologie erbracht hat.

Intervention aus Gründen der Moral - weder will man davon lassen, noch sich dazu bekennen. Die heiße Kartoffel reichen sich Strafrecht und Psychiatrie wechselseitig zu, bis heute. Der Handschlag ist, in seinem intellektuellen Griff, unglaublich lau. Max Weber bemerkte bereits vor achtzig Jahren zur Beurteilung schwerer Straftaten, daß der Rationalismus den Fach-Psychiatern "eine Aufgabe zuschiebt, welche sie mit den Mitteln echter Naturwissenschaft gar nicht lösen können" (Weber 1960, S. 288).

Gleichwohl hat das Recht in der Medizin eine gute Genossin gefunden, mit der sich moralische und wissenschaftliche Begründungsstile kombiniert durchhalten lassen. Das Strafrecht droht sich hier in Widerspruch zu einem *Prinzip bürgerlicher Gesellschaft* zu setzen, nämlich zu seiner "Indifferenz gegenüber sittlichen Postulaten."

"Das Recht ... hat nur noch die Koexistenz autonomer Individuen zu ermöglichen" (Grimm 1987, S. 11). Im Prinzip möchte man dem beipflichten und denkt dabei an die wirtschaftliche Entfaltung und die politische Partizipation. Aber die Respektabilität des Individuums richtet sich dann doch wieder nach sittlichen Postulaten (übrigens auch in Wirtschaft und Politik); nur 'anständige Leute' können ein bürgerliches Leben führen. Wenn die Homosexuellenfrage sich politisiert und Stellenwert für das Regime gewinnt, wird sie zur Gretchenfrage des moralischen Konsens, wie bei uns in diesem Jahrhundert mehrfach geschehen: in der Eulenburg-Krise 1908, im Dritten Reich und wohl auch um 1960.

4. Die Mäntelchen über der Moral

Immer wenn die Verfassungsgrundsätze Freiheit und Gleichheit mit den Imperativen der Moral überzwerch liegen, werden diese sich verhüllen. Dann treten Begründungen auf, die sich auf Fakten und Funktionen berufen. Hinter Empirie und logischer Stringenz versteckt sich ihr ideologischer Charakter. Die Argumente schillern in ihrer Mischung von Teilwahrheit, Persuasion und Ambiguität, halten gerade dadurch den gesellschaftlichen und wissenschaftlichen Diskurs in Atem. Schon wegen ihres Erfindungsreichtums verdienen diese Gedanken ernstgenommen zu werden. Doch im Verhältnis von Recht und Moral sind sie allemal so etwas wie *Deckfiguren*, deren emotiv-appellativer Kern herausgeschält werden muß.

Für den Homosexuellenparagraphen hat Herbert Jäger bereits 1957 eine ebenso knappe wie vollständige Übersicht der Legitimationsfiguren vorgelegt. Seine Kritik orientiert sich am Strafprinzip von Rechtsgut und Schaden (Jäger 1957, S. 68-84).

Das 19. Jahrhundert beruft sich gern auf Vorgaben der *Natur*. Jäger hält das für ein säkularisiertes religiöses Motiv und nennt es den kosmologischen Aspekt. In der Tat genießt das Argument heute in den Stellungnahmen der katholischen Kirche höchste Prominenz (nachdem man dort auf die zweifelhafte Auslegung einiger alt- bzw. neutestamentlicher Stellen verzichtet hat). Das Kriterium der Widernatürlichkeit schien zur Mitte des 19. Jahrhunderts noch zweifelsfrei gegeben. Sein Gebrauch bahnte sogar zunächst den Weg für eine wissenschaftliche Betrachtung der

Homosexualität, bevor im 20. Jahrhundert die menschliche Sexualität als erworbene Qualität der *Persönlichkeit* und als *Kulturprodukt* begriffen wurde.

Selbst moderne Biologen (es sind allerdings eher Randgrößen des Fachs) klopfen die sexuellen Varianten unter Natürlichkeitsgesichtspunkten ab. So spekulieren sie ganz witzig, wieso Schwule und Lesben genetisch überhaupt vorkommen können, obwohl sie sich doch so schwach reproduzieren (die bio-ethische Prämisse des Altruismus macht's möglich). Einige wenige, aber vor allem in der Tagespresse gern zitierte Hormonforscher hingegen glauben, etwas Anormales in der pränatalen Phase homosexueller Babies ausmachen zu können. Die Evidenz stützt sich auf aberwitzig verzerrte und kleine Stichproben. Der ganze Humbug erwächst aus moralischem Impuls.

Bevölkerungspolitische und sexualethische Anliegen drücken sich aus, wenn geschlechtliche Begegnungen auf *Zeugung und Empfängnis* hingelenkt werden. Da nur ein kleiner Bruchteil wollüstigen Handelns für die Fortpflanzung in Betracht kommt, steht diesem Argument immer der unschlüssige und instrumentelle Charakter auf der Stirn geschrieben.

Theodor Reinhold Schütze sprach es 1871 klar aus. Die Unzuchtsvorschriften sichern den Bestand von Volk und Staat. Diese beruhen auf Familie, Ehe und "einer natur- und rechtsgemäß geordneten Geschlechtsgemeinschaft." Über die Strafwürdigkeit von Sittenverstößen ließ Schütze u.a. den "Sittenzustand des Zeitalters" sowie die "Stärke der Familienzucht" entscheiden (Schütze 1871, S. 329). Noch deutlicher war der Entwurf 1909 von einer bevölkerungs- und familienpolitischen Debatte beeinflußt, die sich angesichts einer zwischen 1900 und 1912 sinkenden Geburtenrate ergab (dazu v. Soden 1988, S. 18-35).

Das ganze Jahrhundert hindurch wird auf das *Rechtsbewußtsein der Bevölkerung* Bezug genommen. Ausgerechnet Anselm Feuerbach, mit dem konsequent rationalistischen Prinzip 'Strafe nur bei Rechtsverletzung' und seinem grandiosen Erfolg im bayerischen Strafgesetzbuch v. 1813, machte bald einen Rückzieher: Das Gesetz müsse sich der öffentlichen Meinung beugen. Sei das Argument nun projektiv oder bloß vorgeschoben - jedenfalls kommt so die Moral unmittelbar zum Zuge.

Feuerbach korrigierte sich in einem Artikel von 1822 und in seinem Neuentwurf von 1824, wo er die Homosexualität und andere Unsittlichkeiten rekriminalisierte. Zwar sind dies für ihn nach wie vor Handlungen, die "den Gesetzen der Moral und der Religion zuwider sind", ohne "zugleich äußere Gesetze des Rechts zu verletzen". Doch gibt er zu bedenken:

> Will der Gesetzgeber "nicht das allgemeine sittliche Gefühl empören (und) sich selbst dem Volke als Beschützer des groben verworfenen Lasters hinstellen", dann ist er verpflichtet, "Unsittlichkeiten der gröberen Art z. B. widernatürliche Wollust, Päderastie, Bestialität, Blutschande etc., wenngleich die Gesetze des äußeren Rechts dadurch nicht verletzt werden, ... den Verbrechen gleichzustellen" (Feuerbach 1973, S. 354).[8]

Im preußischen Staatsrat geht es 1841 um die Streichung der einfachen Homosexualität. Dagegen wird angeführt, das Volk betrachte dies als schwere Schandtat, deren Straflosigkeit einen üblen Eindruck hervorbringen werde.

Alle diese Argumente finden sich bis heute. Im 20. Jahrhundert sind einige Deckfiguren hinzugekommen, vor allem der Ruf nach *Therapie*. Damit soll etwas Unerwünschtes, negativ Bewertetes weggemacht werden. (Erst seit den 1970er Jahren lauten Therapieziele zunehmend, als Schwuler oder Lesbe leben zu können.) Daß von ihrer Homosexualität 'geheilte' Patienten so selten vorgezeigt werden können, unterstreicht die kontrafaktische, in der Regel moralische Art des Behandlungsmodells.

Therapie war die unausweichliche Folge der Medikalisierung. Statt Pönalisierung abzublocken, wird deren Legitimität unterfüttert. Denn 'Therapie-statt-Strafe' bedeutet ja zunächst einmal, daß eine Intervention gerechtfertigt wird. So ist Therapie zwar die *andere* Seite der Münze, aber eben *derselben* Münze, nämlich der Sanktion. Medikalisierung und Behandlung (psycho- oder pharmakologisch) führen nicht zur Entkriminalisierung. Vielmehr kombinieren sie Strafmaß und Therapiemaßnahme. Im Bemühen, dem Arzt eine Gelegenheit zum Tätigwerden zu verschaffen, ergibt sich als unbeabsichtigte Nebenfolge eine Tendenz, Strafe zu rechtfertigen, und sei es wegen ihres angenommenen Präventiveffekts.

So wendet sich der Psychiater v. Schrenck-Notzing 1892 gegen den 'therapeutischen Nihilismus' und befürwortet die Suggestion als Behandlungsmethode. Eine Reihe seiner Argumente, wiewohl für die psychiatrische Ätiologie und Therapie bestimmt, sind auch strafrechtlich von Interesse. Schrenck-Notzing bejaht beispielsweise die Schuldfähigkeit der Conträrsexuellen, ferner die Triebbeherrschung vermittels des Willens sowie die Eheschließung als Heilmittel. Er wendet sich gegen einen Freibrief für das Laster (sic) (v. Schrenck-Notzing 1892, S. 163, 189, 197 f., 205f.).

Die Begrenzung der Strafbarkeit nach dem *Prinzip des Rechtsgüterschutzes* bedarf inzwischen einer Überprüfung und Präzisierung. Die Grenze scheint ausgefranst zu sein.

1844 meinte der Naumburger OLG-Vizepräsident v. Strampff zur Erwachsenenhomosexualität, hier

"dürfte nur dann Strafe zu verhängen sein, wenn dadurch ein öffentliches Ärgerniß gegeben ist. Sonst mangelt es an einem Rechtsgrunde zur Strafe." Auch eine sittlich verworfene Handlung sei nur dann strafwürdig, wenn "der Rechtszustand durch sie erschüttert wird" (v. Strampff 1844, S. 299, 327).

Derart fest als Bollwerk gegen Moralstrafrecht wirkt das Rechtgutprinzip heute nicht mehr. 1966 wurde als Schutzziel des § 175 die "heterosexuelle Struktur der Gesellschaft" ausgemacht (Seelbach 1966, S. 68 f.). Der Autor nannte das zwar eine "weltanschaulich-politische Entscheidung", hatte aber ein zitierfähiges Rechtsgut in die Welt gesetzt. In der Debatte um den § 218 ist es gegenwärtig üblich, vom "Schutz des werdenden Lebens" zu reden.[9] Kluge Köpfe können allemal 'Rechtsgüter' finden, mit denen sie den Rekurs auf die Moral verdecken.

Selbst die *Viktimologie* garantiert nicht mehr, rechtlich erhebliche Schäden von moralischer Anstoßnahme zu trennen. Die Kategorie 'Opfer', mit ihrem emphatischen Gehalt, ihren metaphysischen Konnotationen und übertragenen Anwendungen, leistet keine Abgrenzung. Das in der Frauenbewegung dominierende Opferparadigma nimmt zahlreiche geschlechtliche Interaktionen auf's Korn. Ja, ein Teil der feministischen Strömung sieht gegenwärtig einem moralischen Kreuzzug verteufelt ähnlich! Schwangerschaftsabbruch und Homosexualität kommen dabei zwar in den Genuß einer nachhaltigen Entkriminalisierung. Andere Sexualtatbestände aber geraten unter Pönalisierungsdruck (dazu Lautmann 1993).

5. Strafrecht und Moral als siamesische Zwillinge

Wie sich das Verhältnis von Recht und Moral gestaltet, wird in der Rechtsphilosophie viel erörtert. Der Meinungsstreit lockert sich etwas auf, wenn das Problem in seine verschiedenen Dimensionen zerlegt wird, darunter in eine normative und eine empirische (dazu Dreier 1981, S. 180-216). Die *Forderung*, daß Recht und Moral strikt zu trennen seien, leuchtet dann ebenso ein wie die *Beobachtung*, daß beide einander durchdringen. Die Forderung richtet sich an die juristische Profession, die Beobachtung entstammt dem rechtssoziologischen Blick.

Der Philosoph J. L. Mackie formuliert

"eine höchst einfache Antwort: Große Teile des bürgerlichen und des Strafrechts aller Völker aller Zeiten fallen mit dem zusammen, was auch die Moral fordert."

Im gesellschaftlichen Leben müßten die gegenläufigen Neigungen der Individuen in Grenzen gehalten werden. Hier stelle Moral den ersten Verteidigungsring, Rechtssetzung den zweiten und Rechtsdurchsetzung den dritten dar (Mackie 1983, S. 298).

Zu den konstituierenden Merkmalen des modernen Staates gehört es, jenen *Konflikt* fruchtbar zu machen, der aus faktischer Nähe und methodischer Trennung im Moral-Recht-Komplex entstehen muß. Daher bliebe es vordergründig, die ständigen Übergriffe der Moral ins Strafrecht als Kunstfehler anzuprangern. So manches Mal begeht solche Kritik den Übergriff selbst, bloß von anderem Moralkonzept aus.

Im Strafrecht repräsentiert sich Moral. (Das meine ich nicht im formalen Sinn, wonach jede Wertung 'moralisch' genannt werden kann.) Moralüberzeugungen und Kriminalgesetze sind positivistisch verkoppelt; sie kommunizieren und koinzidieren. Indem Strafrecht sich auf Moral bezieht, diese umsetzt ("zweiter Verteidigungsring"), trifft es eine Selektion. Die legislative und judikative Entscheidung besitzt eine andere Qualität als die moralische Verurteilung. Recht unterliegt demokratischer Kontrolle, Moral nicht. Das Zusammenspiel beider kann nicht attackiert werden, solange zwischen Genese und Legitimierung unterschieden wird: Moral ist *Ursache* von Strafrecht, darf aber nicht dessen *Schutzziel* sein.

Das analytische Modell von R. Kreissl kombiniert drei Regelungsebenen, um die Dilemmamöglichkeiten jeder Kriminalisierung aufzuzeigen. Moral ist hier ein Transformationsmechanismus zwischen sozialer und rechtlicher Norm (Kreissl 1988, S. 284).

Regelungsebene	Verhalten ist
1. gesellsch. Norm	konform - deviant
2. Moral	gerechtfertigt - ungerechtfertigt
3. Recht	legal - illegal

Wenn gesellschaftliche Moral trotz aller Ausdifferenzierung des Rechts hier fortwirkt, dann nicht als peinlicher Erdenrest. Vielmehr liefert sie einen wohl *notwendigen Grund* zum Strafen. Der Übergang vom 'normativen' zum 'kognitiven' Strafrecht bei R. Kreissl, S. 275, verläßt nicht den Wertbezug, sondern meint eine Verfeinerung der Begründung. Kritisiert werden aber darf eine Strafvorschrift, wenn sie Moral als den *hinreichenden* Geltungsgrund für sich anführt.

Diese Gefahr, daß Moral- in Strafforderungen umstandslos übergehen, ist für die Bereiche des Drogengebrauchs und des wollüstigen Handelns besonders aktuell. Hedonistische Interessen, die sich nicht mit einem Wirtschaftszweig zusammentun, geraten leicht unter Verdacht. Hinzukommt, daß in unserer Kultur *Sexualität und Moral dauerhaft in Symbiose und Konflikt* stehen. Das Grenzüberschreitende des Begehrens ruft die Ordnungsmacht auf den Plan, und die Verbote stimulieren die Lust. Für alle Sexualformen läßt sich dieser Wechselkreis nachweisen. Die Ehtik der Mäßigung und Beständigkeit ist nicht erst mit dem Puritanismus angetreten.

Für das England des 17./18. Jahrhunderts demonstriert Edmund Leites, wie der Erotik eine Stetigkeit verpaßt wurde, *ohne* daß damit (gegen M. Weber) die Leidenschaft verlorenging (Leites 1986). Und Michel Foucault hat in seinen beiden letzten Büchern für altgriechische und -römische Gesellschaften gezeigt, wie die Erotik ein ständiger Quell für ethische Beunruhigung gewesen ist - zum Nutzen der Persönlichkeitsentwicklung (Foucault 1984).

Soziologisch gesehen scheint es *keine Strafe*, schon gar kein Sexualstrafgesetz, *ohne einen Moralhintergrund* zu geben. Erst die juristische Methode trennt die beiden - als Auftrag an den Rechtsstaat, wohlgemerkt, kaum indessen in der Rechtswirklichkeit.

Anmerkungen

1 Für die Projektberichte vgl. Lautmann (1992); ders./Taeger (1992); Hutter 1992. - Alle Quellenangaben zu im folgenden genannten Archivalien und zur Primärliteratur befinden sich in den Projektberichten.

2 Hutter 1992. Für eine aktuelle Darstellung vgl. Schorsch 1991.

3 Vgl. für Daten und Trend Lautmann, 1977; Bochow 1991.

4 So Roemer gegen Krafft-Ebing.

5 Wie Göckenjan meint: 1985, S. 410.

6 Wie v. Kondratowitz für die Gerontologie um 1900 zeigt: 1989.

7 Zu v. Krafft-Ebing und Bloch vgl. Hull 1982, S. 258-264; Mosse 1985, S. 50-54.

8 Vgl. im einzelnen Rosenberger, 1973, S. 51-60, 239f., 285f.

9 Zur Diskussion über das Lebensrecht von Ungeborenen vgl. Hoerster 1991.

Literatur

ARCHIV MERSEBURG, Rep. 84.II 4.I. No. 1, Bl. 1-113

ARON, J.-P./KEMPF, R., Der sittliche Verfall, frz. 1978, Frankfurt/M. 1982

BECCARIA, C., Über Verbrechen und Strafen, ital. 1764/1766, Frankfurt/M. 1966/1988

BOCHOW, M., Einstellungen und Werthaltungen zu schwulen Männern in Ost- und Westdeutschland, Referat beim Symposium HIV/AIDS in Hamburg am 7.10.1991

CASPER, J. L., Über Nothzucht und Päderastie und deren Ermittlung seitens des Gerichtsarztes, Vierteljahresschrift für gerichtliche u. öffentliche Medicin 11, 1852, S. 21-78

DREIER, R., Recht - Moral - Ideologie, Frankfurt/M. 1981

FEUERBACH, v., A., Biographischer Nachlaß, Leipzig 1853 (Nachdruck: Aalen 1973), Bd. 2

FOUCAULT, M., Sexualität und Wahrheit, Bd. 2: Der Gebrauch der Lüste, frz. 1984, Frankfurt/M. 1986

FOUCAULT, M., Sexualität und Wahrheit, Bd. 3: Die Sorge um sich, frz. 1984, Frankfurt/M. 1986

FULD, Die strafbaren Verletzungen der Sittlichkeit, Sexual-Probleme 4, 1908, S. 379-386

GÖCKENJAN, G., Kurieren und Staat machen, Frankfurt/M. 1985

GRIMM, D., Recht und Staat der bürgerlichen Gesellschaft, Frankfurt/M. 1987

GURLITT, L., Knabenfreundschaften, Sexual-Probleme 5, 1909, S. 741-745

HOERSTER, N., Abtreibung im säkularen Staat, Frankfurt/M. 1991

HULL, I., The Bourgeoisie and its Discontents, Journal of Contemporary History 17, 1982, p. 247-268

HUTTER, J., Die gesellschaftliche Kontrolle des homosexuellen Begehrens, Frankfurt/M. 1992

JÄGER, H., Strafgesetzgebung und Rechtsgüterschutz bei Sittlichkeitsdelikten, Stuttgart 1957

KONDRATOWITZ, v., H.-J., Die Medikalisierung des höheren Lebensalters, in: Labisch, A./Spree, R., (Hrsg.), Medizinische Deutungsmacht im sozialen Wandel, Bonn 1989, S. 207-222

KREISSL, R., Vom Nachteil des Nutzens der Sozialwissenschaften für das Strafrecht, Zeitschrift für Rechtssoziologie 9, 1988, S. 272-289

LAUTMANN, R., Seminar: Gesellschaft und Homosexualität, Frankfurt/M. 1977

LAUTMANN, R., Das Verbrechen der widernatürlichen Unzucht: Seine Grundlegung in der preußischen Gesetzrevision des 19. Jahrhunderts, Kritische Justiz 25, 1992, S. 294-314

LAUTMANN, R., Die Sexualität wird wieder böse, und in der Strafe liegt das Heil, Festschrift für Herbert Jäger, Frankfurt/M. 1993

LAUTMANN, R./TAEGER, A., (Hrsg.), Männerliebe in Deutschland. Sozialgeschichtliche Abhandlungen, Teil 4, Berlin 1992

LEITES, E., Puritanisches Gewissen und moderne Sexualität, engl. 1986, Frankfurt/M. 1988

MACKIE, J. L., Ethik, engl. 1977, 2. Aufl. Stuttgart 1983

MINGER, H., Das Verbot der einfachen Homosexualität ..., Kriminologisches Journal 3, 1971, S. 73-92

MITTERMAIER, W., Verbrechen und Vergehen wider die Sittlichkeit, in: Birkmeyer, K., (Hrsg.), Vergleichende Darstellung des deutschen und ausländischen Strafrechts, Besonderer Teil, Teil 1, Bd. 4, S. 1 - 215, Berlin 1906

MOLL, A., Die konträre Sexualempfindung, 2. Aufl., Berlin 1893

MOSSE, G. L., Nationalismus und Sexualität, München 1985

ROEMER, A., Dr. med., Das Sittengesetz vor dem Richterstuhl einer ärztlichen Autorität, Streitfragen 1, 1982, S. 5 - 15

ROSENBERGER, F. E., Das Sexualstrafrecht in Bayern von 1813 bis 1871, Jur. Diss., Marburg 1973

SCHORSCH, E., Kurzer Prozeß? Ein Sexualstraftäter vor Gericht, Hamburg 1991

SCHRENCK-NOTZING, v., A., Die Suggestions-Therapie bei krankhaften Erscheinungen des Geschlechtssinnes, Stuttgart 1892

SCHÜTZE, T. R., Lehrbuch des Deutschen Strafrechts, Leipzig 1871

SEELBACH, S., Gleichgeschlechtliches Verhalten als Strafstandbestand, Stuttgart 1966

SODEN, v., K., Die Sexualberatungsstellen der Weimarer Republik 1919-1933, Berlin 1988

STRAMPFF, v., H. L., Kritische Briefe über den Entwurf des Strafgesetzbuches für die Preußischen Staaten, Berlin 1844

WACHENFELD, F., Homosexualität und Strafgesetz, Leipzig 1901

WEBER, M., Rechtssoziologie, Neuwied 1960.

Soziale Disziplinierung und Moralstrafrecht - Illegaler Drogenkonsum und BtMG

Zur Instrumentalisierung von Schuldgefühlen für Machtinteressen

Lorenz Böllinger

1. Legale und illegale Drogen

Das BtMG ist eine der unzähligen sozialen Antworten auf die allgemeine moralisch-praktische Frage: Was soll ich tun? (vgl. Habermas 1983, S. 55) bzw. Was darf ich nicht tun? Und zwar geht es um den Bereich menschlichen Verhaltens und Erlebens, wo Zustände von Erregung, Spannung, Lust, Genuß, Euphorie, Halluzination, Exitation, Ekstase, Hochgefühl oder auch nur Wohlbehagen angestrebt werden. Also sind subjektiv und zumindest zeitweise als positiv erlebte körperliche und mentale Empfindungen Movens und Motiv, sich psychotrope und berauschende, d.h. auf das zentrale Nervensystem einwirkende, natürliche oder synthetische chemische Substanzen zuzuführen. "Du sollst bestimmte - im Gesetz aufgezählte - Drogen nicht nehmen!" heißt es dagegen. Andere Drogen darf, ja soll man - kurativen, palliativen, konsumtiven Imperativen folgend - nehmen: Medikamente, Alkohol, Nikotin, Coffein.

Ich will untersuchen, und zwar auf der Seite der Normgeber ebenso wie auf der Seite der Normnehmer, welche Gründe für die vorfindbare Selektion verbotener Drogen einerseits als gültig erachtet werden, welche andererseits "wirklich", d.h. aus transzendenter Sicht maßgeblich sind. Dabei mache ich folgende, wohl unstrittige Prämisse: Damit Normen zustandekommen und angenommen werden, d.h. Verhaltensrelevanz erlangen, bedarf es solcher triftigen *Gründe*, und zwar sowohl auf der Herstellungsebene (sachlich, instrumenteller, "wirklicher" Sinn) als auch auf der Darstellungsebene (vermittelter, ideologischer Sinn). Auf beiden Ebenen sehe ich als Bedingung der Geltung sowohl eine irgendwie plausible oder logische Erklärung für die Sollensnorm, also eine bewußt-kognitive Dimension einerseits, als auch eine zumeist unbewußte oder zumindest vorbewußte affektive Empfindungsdimension andererseits. Diese unterliegt - hier jetzt äußerst verkürzt ausgedrückt - einer Konfliktdynamik: Auf der einen Seite regressive und expansive Triebbedürfnisse, auf der anderen Seite gesellschaftliche Erwartungen, deren Enttäuschung in der unbewußten, gleichsam archaischen Phantasie mit einer lebensbedrohlich erlebten Sanktion assoziiert ist: der Gefahr der Ausstoßung und des Verlusts des versorgenden, schützenden und liebenden Objekts, die psychisch destabilisierende Angst- und Wutaffekte nach sich zieht, welche wiederum abgewehrt werden müssen. Zentrale bewußte Erscheinungsformen für diese unbewußten Erlebnisqualitäten und Abwehrmechanismen - anders ausgedrückt: beobachtbare Belege für das behauptete Konstrukt - sind Schuldgefühle und Depression, die sich beide in Unterwerfung, Passivität und anderen Einschränkungen sozialer Handlungsfreiheit auswirken.

Auf der Ebene der Darstellung und in der kognitiven Dimension bewegt sich die Legitimation der Strafnorm durch die Rechtsgutsdefinition. Der Rechtsgutsbegriff ist - jedenfalls dem ursprünglichen Anspruch nach - ein materialer, inhaltserfüllter Begriff; er ist damit mehr als nur eine Denkform für den "Sinn und Zweck der einzelnen Strafrechtssätze" (vgl. Jäger 1957, S. 8 ff.). Der Rechtsgutsbegriff dient insofern zur Beschränkung des Strafrechts auf sozialschädliches (nicht nur anstößiges oder unmoralisches) Verhalten, indem als vom Strafrecht zu schützende Rechtsgüter nur die elementaren und eindeutig substantiierbaren Lebensinteressen anderer oder der Gesellschaft anerkannt werden (vgl. Rudolphi, Rn. 5 ff. vor § 1; Schönke-Schröder/Lenckner, Rn. 9 f. vor § 13), nicht dagegen eine spezifisch historische und auf soziale Räume begrenzte "Sittlichkeit" oder Teil-Moral. Die Rechtsgutsdefinition als Legitimationsbegriff ist - so behaupte ich hier jetzt ebenfalls ganz verkürzt - bei aller sozialstrukturellen und Macht-Bedingtheit auch dialektisch verwoben mit der Moralentwicklung.

Letztlich wird man schon aus methodologischen Gründen jeglichen Versuch einer statischen, universellen, überhistorischen Definition von Rechtsgütern wie auch von Moral zurückweisen müssen zugunsten einer dynamischen Konzeption des Wirklichkeitsbezugs.

"Inhalt und Grenzen des vom Strafgesetz bezeichneten Rechtsguts ergeben sich nicht aus dem Gesetz allein, sondern erst in dessen Anwendung auf die soziale Wirklichkeit" (Hassemer 1973, S. 105 u. 111).

Das erfordert die theoretische Verarbeitung empirischer Wirklichkeit. Das wiederum setzt eine Kontextualisierung und Prozeduralisierung des Rechtsgüterschutzes voraus. Es bedarf einer Formalisierung der Konfliktwahrnehmung und -verarbeitung, einer "normativen gesellschaftlichen Verständigung" über die Hierarchie der Rechtsgüter (Hassemer 1973, S. 194 ff., 221 ff.), in der sich die gesellschaftlichen Grundwerte verwirklichen.

So gesehen kann man die Stufentheorie der Moralentwicklung von *Kohlberg* (1981) auch auf den Aspekt der Rechtsgutsentwicklung anwenden, der jenseits des Sozio-ökonomischen liegt.

Darauf will ich im folgenden eingehen und dabei meine These zu untermauern versuchen, daß das Strafrecht, wenn es Rechtsgüterschutz betreiben will, auch Moralstrafrecht ist. Und zwar in dem Sinne, daß jenseits von bewußter empirischer Wahrheit immer auch eine vor- und unbewußte, individuelle und kollektive, dynamische psychische Realität von Affekten und Konflikten, von Trieben und szenischen Phantasien, und vor allem von Angst, Schuldgefühlen und darauf beruhenden Folgebereitschaften zu einer komplexeren Wahrheit gehört. In bestimmten Bereichen des Strafrechts geht es entgegen der Behauptung von Zweckrationalität sogar ausschließlich um Moralstrafrecht in dem Sinne, daß entsprechend einer kollektiven unbewußten Impression etwas anderes bestraft wird als vom Rechtsgutsbegriff expressiv umrissen. Dies gilt insbesondere für Teilbereiche im Sexualstrafrecht und nahezu total für das Drogenstrafrecht, um das es mir hier geht. Dies muß vom moraltheoretischen und vom Rechtsguts-Diskurs reflexiv eingeholt werden.

2. Das "hidden curriculum" der Drogenkontrolle

Als scheinbar zweckrationale Begründung des BtMG gilt der Schutz des Rechtsguts der Volksgesundheit. Darauf bezogen und im Grunde eine Schnittmenge davon ist das weitere vom BtMG behauptete Schutzgut "Jugend" als soziales Konstrukt einer Entwicklungsphase hin zum "gesunden" Erwachsenenstatus (vgl. Böllinger 1991 u. 1992). Als operationales Mittel der Wahl zum Schutz dieses Rechtsguts gilt Abstinenz von diesen Drogen. Dieses Abstinenzverhalten soll wiederum durch die Instrumente des Strafrechts ultimativ bewirkt werden.

Dieses Schutzgut "Volksgesundheit" wird von Gesetzgebung und Rechtsprechung virtuell nicht weiter operationalisiert - ebensowenig wie man sich je bemüht, die behauptete Wirksamkeit des Strafrechts in diesem Bereich nachzuweisen. Da es mir hier nicht um diese Nachweise oder Widerlegungen geht, unterstelle ich einmal folgendes als empirisch belegt und unter einschlägig Informierten konsensfähig[1]:

(1) Die illegalen Drogen *an sich* müssen die Gesundheit von Individuen oder Kollektiven nicht schädigen. Erst durch die Kriminalisierung werden die beobachtbaren dissozialen Gebrauchsformen, Schäden und Verelendungszustände bewirkt.

(2) Die durch die Kriminalisierung illegaler Drogen bewirkten Schäden sind, gesellschaftlich betrachtet, immer noch um ein Vielfaches geringer als die durch die marktimperativistisch verbreiteten legalen Drogen verursachten Schäden.

(3) Die strafrechtliche Verhaltenskontrolle ist unter zweckrationalen und psychosozialen Gesichtspunkten das denkbar ungeeignetste Mittel, das erwünschte Abstinenzverhalten zu erreichen.

Damit zeigen sich m.E. Parallelen zum Sexualstrafrecht. Zwar war dieses unter dem Begriff "Sittlichkeitsdelikte" nur bis zur Großen Strafrechtsreform offiziell Moralstrafrecht. Jedoch erhält sich auch im "Durchbruch" des Rechtsgüterschutzgedankens ein nur scheinbar empirischer Kern, der uns heute weiterbeschäftigt: die Schädigung bzw. Gefährdung der körperlich-geistigen "Gesundheit" bzw. "gesunden Entwicklung" eben durch Unsittlichkeit. Ja, es gibt inzwischen schon eine Tradition der Vereinnahmung des Sittlichkeitsbereichs durch die Medizin (vgl. Hutter 1991). Einen ähnlichen Prozeß machen wir nunmehr durch mit dem "Rechtsgut Volksgesundheit".

Moral- und Strafnormen sind gesellschaftliche Konstrukte, die sich zunächst einmal funktionalistisch beschreiben und unter Einbeziehung der psychoanalytischen Theorie unbewußter Abwehr erklären lassen:

- Symbolisierung der konformen Ideale, vor allem der Arbeits- und Fabriktugenden versus hedonistischer Genuß- und Untätigkeits-"Un"-kultur;

- Kontrastierung bzw. Polarisierung in gut/böse, richtig/falsch und dadurch Profilierung des konformen Ideals sowie Einordnung des Ichs auf der guten Seite;

- Projektion, d.h. Nach-Außen-Verlagerung und Objektidentifizierung hinsichtlich der verpönten und deshalb abgewehrten Selbstanteile der Kategorie böse/falsch (Sündenbockfunktion);

- Herrschaftsausübung durch symbolische und instrumentelle Machtdemonstration und Bewirkung von Unterwerfungsbereitschaft;

- Verschiebung der eigentlich aus sozialen oder politischen Mißständen bzw. Machtunterworfenheit resultierenden Aggressionen auf geeignete Objekte (Ventilfunktion);
- "Vikariierende", stellvertretende Triebbefriedigung durch Identifizierung mit dem Genußverhalten der Abweicher.

Gesellschaftliche Normen im Trieb- und Sucht-Bereich eignen sich wegen der besonderen Körperbezogenheit und Affektgeladenheit darüber hinaus besonders:
- zur Wegbereitung für die, insbesondere politische Bereiche betreffende, quantitative und qualitative Intensivierung der Sozialkontrolle;
- zur Kontrolle von Innen- und Lebenswelt durch (Zwangs-)Therapeutik und Beziehungskontrolle (Verinnerlichungsfunktion).

Die Frage, auf die es mir hier ankommt ist aber: Was, welche Disposition bewirkt, daß diese Funktionen im Bereich illegaler Drogen mit solchem Eifer durchgesetzt werden und daß sie so gut ankommen und gelingen? Zwar erfüllt auch der strafrechtliche Schutz von Leben und Gesundheit sowie von Eigentum und Vermögen die genannten Funktionen: strafrechtliche Kontrolle trifft ja nur eine sozial selektierte Minderheit. Jedoch gibt es hier eine symbolische Einheit von "wirklichen" fremden Eigeninteressen und emotionalem Reflex der tatsächlichen Gefahren. Im Bereich der Drogen (und teilweise auch der Sexualität) gibt es solche tatsächlichen Gefahren nicht, zumindest gäbe es sie ohne die Kriminalisierung nicht in sozial relevantem Ausmaß. Die Gefahren bestehen vielmehr in der - medial geförderten - Angst-Phantasie. "Mein Kind könnte auch drogenabhängig werden!" heißt es, was immer schon die Phantasie maskiert: "Ich selbst könnte abhängig werden, bin es vielleicht schon!" Jedenfalls erscheint feststellbar, daß sich, obwohl - oder weil - die allerwenigsten Bürger je illegale Drogen kennengelernt haben, faktisch die scheinbar universelle Verhaltensmoral: "Sag Nein!" hat durchsetzen lassen. Wieso?

Daß das so schwer erklärbar ist, hat - glaube ich - damit zu tun, daß wir einen auf das Zweckrationale verkürzten Begriff von Moral haben und die psychosozialen Hintergründe der Moral unterschätzen bzw. die Prozesse des gesellschaftlichen Zugriffs auf Verhaltensmotivation durch Moralisierung noch nicht in ihrer Komplexität verstanden haben.

Moral bildet sich anders als wissenschaftliche Wahrheit. In der Moral ist - so zeigt die Sozialpsychologie - immer ein "atavistischer Rest kultisch-sakraler Vorstellungen, deren Sinngehalt uns längst verlorengegangen ist" enthalten (vgl. Jäger 1956, S. 5). In dem scheinbar modernen Tabu "Drogenkonsum" steckt in Wirklichkeit ein sehr altes, welches wir aufhellen müssen, um die "Karriere" des Abstinenzparadigmas zu verstehen (vgl. Freud 1913, S. 31). Diesen verlorenen, d.h. unbewußten Sinngehalt gilt es zu dechiffrieren, das Konstrukt zu "dekonstruieren" und nicht nur soziologisch - auf einer weiteren Ebene von Zweckrationalität - nach der gesellschaftlichen Funktion solcher nur scheinbar rationalen und wissenschaftlich aufgeklärten "Medikalisierung" zu fragen. Es ist auch psychologisch und sozialpsychologisch zu untersuchen, wie es denn kommt, daß die Moralunternehmer so hingebungsvoll sind, daß ihre Botschaft so erfolgreich ist, daß die evidenten und eklatanten Irrationalitäten und Widersprüche so widerspruchslos ertragen werden.

3. Psychodynamik der "Drogophilie"

Ich möchte nun untersuchen, wie die genannten Funktionen, die ja im Grunde psychoanalytisch aufgehellte psychosoziale Abwehrmechanismen beschreiben, im Bereich der illegalen Drogen historisch und gesellschaftsspezifisch ausgebildet sind.

Dazu möchte ich im Sinne einer Psychodynamik des Drogenkonsums noch einmal vergegenwärtigen, welche Inhalte in dieser Weise gesellschaftlich geformt werden. Zwei Triebrichtungen postuliere ich (ohne mich jetzt hier auf die diesbezügliche methodologische und theoretische Diskussion einlassen zu können): Aggression, Spaltung, Destruktion vs. Libido, Integration, Konstruktion. Diese möchte ich in der psychologischen Entwicklungsdimension weiter differenzieren: Am Anfang steht die totale Einheit mit der Mutter, charakterisiert durch absolute Werte von Sicherheit, Wohlbehagen, Körperlust. Deren Niederschlag findet sich variantenreich in der individuellen und gesellschaftlichen Vorstellungswelt: Paradies-Sehnsüchte und Heils- bzw. Befreiungshoffnungen sind universell in der menschlichen Mythologie - ich nenne dies mit der psychoanalytischen Theorie "primärnarzißtisches Stadium". In der weiteren Libido-Entwicklung ist die Sehnsucht nach der Wiederverschmelzung mit dem Paradies aufgehoben bzw. regressiv wiederbelebbar. Auf der anderen Seite sind die von Anfang an unvermeidlichen Versagungen und Trennungen Anknüpfungspunkte für die ebenfalls ursprünglichen (oder auch als sekundär zu interpretierenden) aggressiven Triebpotentiale: symbolisiert im projektiven Mythos von der Ursünde und der Vertreibung aus dem Paradies. Solange eine differenzierte Erfahrung des Objekts als sowohl versagend als auch gewährend, jedenfalls aber als einigermaßen konsistent und haltend, damit also ein Urvertrauen, noch nicht möglich ist, schwappen gleichsam willkürlich die unterschiedlichen affektiven Extreme hoch: Überschwemmung mit Körperlust wechselt mit Überflutung durch Todesangst und entsprechender Wut, die in Form von Schreien wiederum konstruktiv-lebenserhaltend gewendet wird (vgl. Caruso 1972, S. 122; Erikson 1965).

Erst die allmähliche, dosierte Erfahrung der Objektwelt als haltend und zugewandt, sowie die Verinnerlichung dieser Beziehungserfahrung ermöglichen mit der Zeit die Separation und Individuation. Zugleich ist die Libido in ihrer zunehmenden Mischung mit dem Aggressionstrieb Voraussetzung für die Möglichkeit der Loslösung und der - auch funktionslustvollen - Realitätsbewältigung sowie der "Eroberung" von zwischenmenschlichen Beziehungen und sozialen Räumen. Und die Aggression dient der Bewältigung der Angst vor der Auflösung, dem Selbstverlust, die in der unbewußten paradiesischen Phantasie mit der Wiederverschmelzung mit dem total versorgenden Objekt verbunden sind (vgl. Caruso 1972, S. 122; Erikson 1965).

Das Urmuster des Triebkonflikts bleibt aber, wenn auch in mehr oder weniger abgemilderter Form in uns enthalten und erhält je nach Einzelfallgenese und sozialer Situation spezifische Lösungen. Solche Psychodynamik ist eben nicht statisch, sondern impliziert zwar einerseits relativ gefestigte Persönlichkeitsstrukturen, also: Abwehrformationen, andererseits aber auch Möglichkeiten der Regression. Solche Regression kann bedeuten, daß die etablierte Abwehrstruktur überlastet ist, dann ist ihr Ergebnis Symptom. Sie kann aber auch, im Rahmen innerer Freiheitsgrade, vom Ich kontrolliert erfolgen. Besagte Paradiessehnsucht muß also nicht - wie psychoanalytische Theorie teilweise glauben machen will - Symptom von Entwicklungsstörung oder

Neurose sein, einer jeweils sozial konstruierten Krankheitsdefinition. Sie kann vielmehr, durchaus unpathologisch, auch vom Ich getragene Regression sein. Diese Ambivalenz wohnt dem bewußten Genuß der Sexualität ebenso inne wie dem der legalen Drogen (dazu schon Freud 1898, S. 490 ff.).

"Normal" im statistischen Sinne sind wohl irgendwelche Abstufungen auf dem Kontinuum zwischen den skizzierten Polen oder Idealtypen. Als klinisch beobachtbare Tatsache erscheint jedenfalls, daß der regressive Zustand der Verschmelzungslust als Abwehr bzw. Bewältigung einer unangenehmen inneren oder äußeren Realität taugt, von letzterer mithin mitbedingt ist (vgl. Freud 1930, S. 436 f.). Ob das in einer das Individuum schädigenden Weise geschieht, hängt nicht von der Droge an sich ab, sondern von der Fähigkeit des individuellen Ichs, diese Dynamik zu steuern. Das wiederum ist stark mitbedingt durch die Sozialisations- und Situationsbedingungen.

Je ungefestigter das Ich, je größer deshalb eine daraus und nicht aus Ich-gerechter, hedonistischer Lustsuche resultierende narzißtische Sehnsucht nach der Verschmelzung, desto größer ist auch die Angst: und zwar scheinbar paradoxerweise gleichermaßen vor der Versagung dieser Wünsche qua Realitätserfahrung wie vor ihrer Erfüllung qua Selbstverlust durch Wiederverschmelzung.

Mit der von der sozialen Realität ausgehenden Versagung entsteht zunächst ein Schamgefühl: die ursprüngliche Omnipotenzphantasie zerplatzt kläglich, die ganze Ohnmacht wird - so die unbewußte Phantasie - offenkundig und muß in einem sekundären Abwehrschritt bewältigt werden: es entsteht eine "Maske der Scham" (vgl. Wurmser 1990). Und die immer drohende Trennung, der Liebesentzug aufgrund Versagens und Nichterfüllung der Leistungsnormen (s.o.) bewirkt Schuldgefühle, die wiederum durch Anpassung bzw. Überanpassung und die oben gekennzeichneten Mechanismen von Spaltung, Projektion, Neid, Verschiebung, Verdrängung etc. abgewehrt werden.

Daß es offenbar vorwiegend jüngere Menschen und die entsprechenden Subkulturen sind, die illegale Drogen konsumieren, könnte ätiologisch so interpretiert werden, daß diese Drogen teilweise ein höheres "Regressions-Potential" haben als die Alltagsdrogen, also gewissermaßen auch statusbedingten Konsummustern unterfallen: jugendspezifisches Neugier- und Experimentier- und Protestverhalten. Durch faktische Verlängerung der Jugendphase, durch Auflösung traditionaler Steuerung und durch soziale Unsicherheit zunehmend ungefestigte und bindungslose Persönlichkeiten greifen solange zur Droge, bis sie andere Formen der Bewältigung gefunden haben. Dafür spricht die empirisch belegbare Erscheinung des sog. "Herauswachsens aus dem Drogenkonsum" bzw. der sog. "Selbstheilung". Eine solche ätiologische Annahme kann jedoch nur in einem umfassenderen soziologischen Konzept von Zuschreibung einen Stellenwert bekommen.

4. Psychodynamik der "Drogophobie"

Meine Annahme ist nun, daß die geschilderten Triebpotentiale und entsprechenden Abwehrstrukturen und Regressionsbereitschaften universell sind, daß auch und gerade Nichtbenutzer illegalisierter Drogen in besonderem Maße unbewußte Triebwünsche der beschriebenen Richtung haben. Darin sehe ich die Ätiologie der "Drogophobie". Es könnte sich um ein der Homophobie vergleichbares Phänomen handeln: unbewußt auch gewünschte oder phantasierte, jedoch gesellschaftlich verpönte Formen der totalen Körperlust und des entgrenzten Genusses, werden in Reaktionsbildung negativ bewertet und den im oben skizzierten Sinne funktionalisierten Minderheiten zugeschrieben.

Die geschilderten Abwehrmechanismen kommen alle zum Tragen, werden jedoch durch ihre Verbindung mit politischen und ökonomischen Herrschaftsinteressen zu einer die "objektive Wahrheit" für sich beanspruchenden Schein-Majorität und dadurch zur sozial beherrschenden und eben auch normierenden Kraft. Diese vermag es, das Genußverhalten zum Gegenstand von Moralisierung zu machen, und zwar auf der Stufe der konventionellen Moral, einer "Herrenmoral" der Leistung (Adorno 1962, S. 121). Es geht dabei insbesondere um die Projektion eigener, gesellschaftlich verpönter Triebanteile und negativer Selbstanteile bzw. unbewußter Scham- und Schuldgefühle (s.o.) auf dafür sich eignende Individuen und Minderheiten.

Diese Projektion findet statt im extremen, d.h. regressiven Abwehrmodus der Spaltung in absoluten Kategorien von Gut und Böse und der entsprechenden Externalisierung bzw. Abspaltung der negativen Anteile auf dafür sich eignende Objekte oder Objektgruppen. Zum Tragen kommt außerdem der Mechanismus der projektiven Identifizierung, einer psychologischen Bezeichnung für das, was die Kriminalsoziologie als Zuschreibung oder Labeling bezeichnet: die wiederum abwehrbedingte Rollenübernahme durch die Adressaten der Zuschreibung. Im Grunde ist das der zentrale Mechanismus des Strafens, wobei die unbewußten destruktiven Triebimpulse im Vorgang der Ausgrenzung, Bestrafung und Verelendung auch noch ihre Abfuhr erhalten. Zugleich findet "vikariierende" narzißtische Triebbefriedigung durch Identifizierung mit dem phantasierten und dann projizierten grenzen- und hemmungslosen Triebverhalten statt.

Es geht um eine

"kollektive psychosoziale Abwehrform, die darauf beruht, daß man die Extremvariante einer peinlichen Schwäche, von der in minderer Ausprägung die große Mehrheit betroffen ist, als Merkmal einer klinischen Minorität deklariert. Um einer selbstkritischen Auseinandersetzung mit dem unangenehmen Merkmal entgehen zu können, projiziert man dieses auf die Minderheitsgruppe, die aus der Gemeinschaft ... ausgegrenzt wird. Heutzutage ist es geläufig, die moralische Fragwürdigkeit dieser Ausgrenzung dadurch zu kaschieren, daß man die jeweilige Minderheitsgruppe eben der Kompetenz der Psychiatrie überantwortet. Dadurch gewinnt der Vorgang der Abspaltung und der Diskriminierung sogar noch einen täuschenden Aspekt von Fürsorglichkeit ..." (Richter 1976, S. 92 f.).

Damit wird zugleich das Über-Ich von den Schuldgefühlen entlastet, die wegen der unbewußten sadistischen Triebbefriedigung entstehen.

Maßgeblich für die Übernahme der moralischen Botschaft, für den fehlenden Widerstand gegen die darin enthaltene Mystifizierung, die ja eigentlich als kränkende Verdummung erlebt werden müßte, ist wohl die Besonderheit der befehlenden Autorität. Die Hörigkeit gegenüber Führungsfiguren, wie z.B. im *Milgram*-Experiment (Richter 1976, S. 81 ff.) beobachtbar, beruht auf einer Projektion von Idealen auf die dominierende Autoritätsfigur bzw. entsprechende Gruppen, Institutionen und Medien. Kollaborativ ist ein besonders 'primitives' und strenges, sadistisches Über-Ich, das an Stelle sinnbezogener ethischer Werte nur pseudomoralische Formeln und Losungen sowie die entsprechende Strafbereitschaft enthält, die äußere Manipulierbarkeit erleichtern.

"Die Hauptrolle spielt hierbei ein Über-Ich, das nicht aus Introjektion der Objekte, sondern aus Dressaten herrührt. Dieses prägenitale Über-Ich, das sich mit der uns bekannten Strenge aufdrängt, führt nicht zu einer echten Identifikation, sondern bleibt immer ein System von Dressaten. Es besteht einzig aus Befehlen und Verboten. ... Derjenige, der sich auf ein derartiges primitives Über-Ich stützt, hat nur die Macht, die ihn zu den Dressaten zwang, introjiziert, unabhängig von ihrem Inhalt und ihren inneren Werten." (Richter 1976, S. 81 ff.).

Begrifflich verdichtet ist diese Abwehrformation in der diagnostischen Bezeichnung der Borderline-Persönlichkeit und des pathologischen Narzißmus.[2] Es gibt auch empirische Belege für so etwas wie eine kollektive Borderline-Struktur, zumindest aber eine kollektive Regression auf das Borderline-Niveau, z.B. das bereits erwähnte *Milgram*-Experiment, bei dem Versuchspersonen unter der Autorität der Wissenschaft starke Elektroschocks zu verabreichen glaubten. Man muß zwar die Methodenproblematik dieses Experiments psychoanalytisch reflektieren: unbewußt nahmen die Versuchspersonen wahrscheinlich die experimentelle, unwirkliche Situation wahr. Dennoch erscheint mir die Interpretation triftig, daß eine gesellschaftlich induzierte Ad-hoc-Moral mit pathologisch-narzißtischer Grundlage unter bestimmten sozio-ökonomischen Bedingungen eine verständigungs- und einfühlungsgetragene Moral zu verhindern oder auszuschalten vermag. Es gibt ja insbesondere im Krieg und in den KZ's der Nazis grauenhafte Beispiele für die Gefahren kollektiver Regression in irrationalen Gehorsam mit sadistischem Durchbruch (dazu auch Jäger 1990).

Solange eine gesellschaftliche Moral auf der konventionellen Stufe "eingefroren" ist, die abgewehrten Anteile im Individuum und der Gesellschaft nicht thematisierbar, d.h. qua Diskurs in die Kontrolle des Ichs zu nehmen sind, solange also gleichsam Schuldgefühle und Angst "regieren", besteht eine verstärkte und ständige Tendenz zur Unbewußtmachung. Je "reifer" die Moralentwicklung, je weniger abgewehrt die Angst bzw. Aggression, je weniger archaisch die Schuldgefühle, je weniger traditionsgebunden und je reflexiver, "verflüssigter" und formbarer die sozialen Werte, also die Über-Ich-Struktur und Ich-Ideal-Bildung, desto größer die Chance und der Reiz, aber eben auch die Gefahr der Regression. Zumindest in Teilen der Gesellschaft bewirken Scham, Schuldgefühle und Angst neuerliche Tendenzen, in archaische Abwehrformen zu regredieren, zu ritualisieren und die wiederbelebten, bedrohlich erlebten Selbstanteile nach außen zu projizieren - falls nicht ein starkes individuelles und/oder gesellschaftliches *Ich* die Aufklärungs-, Integrations- und Verständigungsleistung bewältigt, "diskursfähig" ist.

Auf einem solchen "Kipp-Punkt" zwischen postkonventioneller und konventioneller Moral befinden wir uns gesellschaftlich gesehen. Seit einiger Zeit findet neuerlich eine spezifische Usurpation von "Moral" durch Normen und Recht statt. In einem zweiten Abwehrschritt wird diese konventionelle Moral entsprechend der äußeren Form von aufklärerischer Moral, jedoch in Wirklichkeit nur scheinhaft "empirisiert" als "Schädigung der Volksgesundheit".[3] Psychoanalytisch betrachtet ist das eine Rationalisierung, also ebenfalls ein psychischer Abwehrmechanismus zur Wiederherstellung der Stabilität. Es ist zugleich ein Musterfall sozialer Konstruktion von Wirklichkeit: die scheinbar empirisch-wissenschaftliche Medikalisierung tritt an die Stelle der nicht mehr funktionierenden Glaubensbindung, die die Bekämpfung der Dämonen beinhaltete. Die Rechtsgutsdefinition ist dann eine weitere Stufe der gesellschaftlichen Mystifizierung. In Wirklichkeit geht es immer wieder um die herrschaftsstabilisierende Funktionalisierung der Angst vor innerer und äußerer Natur.

Wie die Angstabwehr der verschiedenen Triebrichtungen je spezifisch funktioniert, sei hier nur in aller Kürze skizziert: Die Sexualität wird - bei relativer Befreiung - durch gesteuerte Entsublimierung und zugleich Limitierung in schablonisierter, dosierter Form kontrollierbar. Grundmuster dafür sind heute Prostitution, Peep-Show usw. so wie es früher die victorianischen Sitten waren. AIDS ist die gleichsam willkommene Metapher für das Bedrohliche der Grenzüberschreitung, der "Unmoral". Die Aggression wird durch dosierte gesellschaftliche Entsublimierung z.B. im Straßenverkehr, durch den Verschiebungsersatz Kriminelle, Ausländer etc. verwaltet. Und die narzißtische Triebrichtung, die Verschmelzungs- und Größenphantasien, Ekstase und Kontrollverlust werden in Form begrenzter und kontrollierter Entsublimierung durch Alkohol und Medikamente gesteuert. Alles darüber hinausgehende bleibt tabuisiert. Behauptete Realität und zugleich eine AIDS vergleichbare Metapher für das der Droge zugeschriebene Verderben ist der täglich gezählte Heroin-Tod. Die Notwendigkeit einer Re-Tabuisierung und neuerlichen fast religiösen Dämonisierung der Drogen scheint mir aber in dem Maße zuzunehmen, wie systembedingte Allmachtsphantasien und technologisch eröffnete Verwirklichungspotentiale in der Realität größer werden.

Gesellschaftlich gesehen ist die Projektion all des Elends und Schmutzes auf die Junkies (Junk = Müll) ein verstehbares subjektives Korrelat der zeitgemäßen Entfremdung. Unbewußt angestrebt wird dadurch die Rettung der eigenen Selbstwert- und Größengefühle. Die Idealisierung und emotionale Über-Besetzung des Abstinenz-Ideals ist als Rationalisierung und Verleugnung hinsichtlich realen alltäglichen Drogenkonsums (Alkohol, Nikotin etc.) gesellschaftlich gesehen resistent gegen Konfrontation mit Wahrheit und Aufklärung.

Das Strafrecht beutet also durch die faktische Pönalisierung des Konsums bestimmter Drogen, durch die Usurpation der Moral in mystifizierender und destruktiver Weise Scham- und Schuldgefühle, letztlich also die Angst für politische Herrschaftszwecke und inhumane Disziplinierung aus.

Anmerkungen

1 Im Einzelnen dazu: Böllinger/Stöver 1992.

2 Vgl. dazu statt aller: Kremberg 1978.

3 Zum Prozeß der Medikalisierung Hutter 1991.

Literatur

ADORNO, T. W., Minima Moralia, Frankfurt 1962

BÖLLINGER, L., Möglichkeiten und Grenzen der Legalisierung und Entkriminalisierung des Betäubungsmittelgebrauchs im Rahmen einer Novellierung des BtMG, Berlin 1992

BÖLLINGER, L., Betäubungsmittelrecht, Drogenpolitik und Verfassung, Kritische Justiz 1991, S. 393 - 408

BÖLLINGER, L./STÖVER, H., Drogenpraxis, Drogenrecht, Drogenpolitik, Frankfurt 1992

CARUSO, I., Soziale Aspekte der Psychoanalyse, Reinbek 1972

ERIKSON, E., Kindheit und Gesellschaft, 2. Aufl., Stuttgart 1965

FREUD, S., Die Sexualität in der Ätiologie der Neurosen, GW I, 1898, S. 490 ff.

FREUD, S., Totem und Tabu, GW IX, 1913

FREUD, S., Das Unbehagen in der Kultur, GW XIV, 1930, S. 420 ff.

HABERMAS, J., Moralbewußtsein und kommunikatives Handeln, Frankfurt 1983

HASSEMER, W., Theorie und Soziologie des Verbrechens. Ansätze zu einer praxisorientierten Rechtsgutslehre, Reinbek 1973

HUTTER, J., Definitionsmacht Medizin und soziale Kontrolle der Homosexualität, Diss., Bremen 1991

JÄGER, H., Makrokriminalität, Frankfurt 1990

JÄGER, H., Strafgesetzgebung und Rechtsgüterschutz bei Sittlichkeitsdelikten, Stuttgart 1957

KERNBERG, O. F., Borderline-Störungen und pathologischer Narzißmus, Frankfurt 1978

KOHLBERG, L., Essays on Moral Development, Vol. I, San Francisco 1981

PIAGET, J., Das moralische Urteil beim Kinde, Zürich 1954

SCHÖNKE, A./SCHRÖDER, H., Kommentar zum Strafgesetzbuch, 24. Aufl., München 1991

RICHTER, H. E., Flüchten oder Standhalten, Reinbek 1976

RUDOLPHI, H.-J., Systematischer Kommentar zum Strafgesetzbuch. Loseblattsammlung, Stand: Juni 1991

WURMSER, L., Die Maske der Scham, Berlin etc. 1990.

Moralmodelle des 19. Jahrhunderts und ihr Einfluß auf das französische und deutsche Strafrecht

Angela Taeger / Michael Schetsche

1. Zusammenfassung

Sowohl das heutige französische als auch das deutsche Strafrecht entstanden in wesentlichen Teilen im 19. Jahrhundert - als Code pénal 1810 und als preußisches Strafgesetzbuch 1851. Die Vorläufer dieser beiden Gesetzbücher, an denen sich die jeweiligen Revisoren abzuarbeiten hatten, entstammen zwar fast dem gleichen Jahr, jedoch völlig unterschiedlichen politischen Verhältnissen: Das französische Strafgesetz von 1789 war Ergebnis einer siegreichen bürgerlichen Revolution, das Allgemeine Landrecht von 1794 entstand auf dem Höhepunkt absolutistischer Herrschaft.

Wir gehen im folgenden davon aus, daß dem deutschen und dem französischen neuzeitlichen Strafrecht bei seiner Entstehung zwei unterschiedliche Moralmodelle zugrunde gelegen haben. Der Terminus "Moralmodelle" meint dabei im vorliegenden Kontext die herrschende Auffassung über die Art und Weise, in der sich Legislative und Jurisdiktion zu "Sittlichkeit" und "Moral" verhalten haben resp. sich ihrer bedienten. Gefragt ist nach national unterschiedlichen Vorstellungen über den Zusammenhang von Moral und staatlichem Handeln beim Erlaß und der Durchsetzung von Strafrecht. Untersucht werden diese Modelle am Beispiel des Sexualstrafrechts.

Schon bei einem oberflächlichen Vergleich der einzelnen Tatbestände dieses Bereiches in den beiden Gesetzbüchern fällt auf, daß das preußische Sexualstrafrecht eine Anzahl Handlungen pönalisiert, die dem französischen Recht fremd zu sein scheinen. Zur näheren Charakterisierung der Unterschiede soll zunächst die Zusammensetzung der betreffenden Titel der Strafgesetze, die Logik der Zuordnung einzelner Delikte zu den einschlägigen Abschnitten sowie die Positionierung der §§ 139 ff. PrStGB resp. Art. 330 ff. Cp. in der Systematik des jeweiligen Gesetzeswerkes (einschließlich der Vorläufergesetze und verschiedener Entwürfe aus der damaligen Zeit) verglichen werden. Danach wird zeitlichen Veränderungen bei einzelnen Tatbeständen bezüglich 'nationaler' Besonderheiten nachgegangen, wobei insbesondere die Rechtsanwendung des § 150 PrStGB bzw. des Art. 330 Cp. (Verletzung der Schamhaftigkeit / outrage public à la pudeur) im Mittelpunkt steht. Abschließend werden mögliche politisch-ideologische Ursachen der Unterschiedlichkeit der zugrunde liegenden Vorstellungen über den Zusammenhang von Sittlichkeit und Recht diskutiert.

2. Preußen-Deutschland

2.1. Die Legislative: Pönalisierung als Moralproduktion

Im Preußischen Allgemeinen Landrecht des 18. Jahrhunderts heißt der 12. Abschnitt des Strafrechtsteils "Von fleischlichen Verbrechen". Er enthält in stolzen 81 Paragraphen eine große Anzahl verschiedenster Tatbestände, in denen es nicht nur um den Schutz des Individuums oder der öffentlichen Ordnung, sondern auch um Präventionsfragen geht. Vorgebeugt werden soll da z.B. den sexuellen Spielereien unter Kindern.

Die genannte Überschrift ist - legt man den damaligen Sprachgebrauch zugrunde - etwas irreführend. Es finden sich viele Tatbestände, die von den Juristen damals keineswegs als solche "delicta carnis" angesehen werden. Zu Beginn des 19. Jahrhunderts bezeichnet die deutsche Jurisprudenz als "Fleischesverbrechen" nur solche Delikte, bei denen individuelle Rechte von Personen *nicht* verletzt wurden; also Hurerei, Kuppelei, Konkubinat, Blutschande und widernatürliche Unzucht. Nicht dazu gehören dagegen Notzucht, Unzucht mit Kindern, Entführung u.ä.; ausgeklammert werden meist auch Ehebruch und Bigamie (Grolman 1825, S. 390-391; Martin 1825, S. 714-715; Bauer 1827, S. 289). Diese begriffliche Ungenauigkeit war wohl einer der Gründe, warum bei der Schaffung eines einheitlichen Strafgesetzbuches für alle preußischen Staaten in der ersten Hälfte des 19. Jahrhunderts nach einer anderen Überschrift für den Abschnitt gesucht wurde.

Wie das Landrecht fassen alle gedruckten Entwürfe zwischen 1829 und 1849 die Fleischesverbrechen mit den Notzuchtdelikten und einigen anderen Taten in *einem* Abschnitt zusammen. In ihm sind - wie ein zeitgenössischer Jurist meint -

"die Uebertretungen zusammengestellt, welche, obschon unter einander vielfach verschieden und für die Beurtheilung keineswegs gleiche rechtliche Gesichtspunkte darbietend, darin übereinkommen, daß sie eine Beziehung auf die Befriedigung der sinnlichen Begierden - des Geschlechtstriebes - enthalten" (Abegg 1844, S. 417).

Fast alle (1833 und 1836 ist ausnahmsweise von "Verbrechen der Unzucht" die Rede) Entwürfe überschreiben den betreffenden Abschnitt mit "Verbrechen wider die Sittlichkeit". Einer allgemeinen Differenzierung folgend heißt er im preußischen Gesetzbuch von 1851 schließlich "Verbrechen und Vergehen wider die Sittlichkeit". Durch die Wahl der Überschrift wird gleich betont, daß es hier primär nicht um konkrete individuelle Schutzgüter geht. Eingeordnet wird der Abschnitt trotzdem stets zwischen Sektionen, in denen solche Rechtsgüter behandelt werden: zwischen Diebstahl, Körperverletzung, Beleidigung. Der Widerspruch zwischen der von der Mehrheit der Paragraphen und der Überschrift signalisierten Stoßrichtung und der systematischen Einordnung wird zwar in den Motiven zu einzelnen Entwürfen kritisch angemerkt - nicht jedoch durch Umstellungen aufgehoben.

Ohnehin tun sich Revisoren und später auch die Rechtslehrer schwer, die Strafbarkeit der Fleischesverbrechen (im genannten Sinne) zu begründen. Texte aus der ersten Hälfte des 19. Jahrhunderts (Martin 1825; Grolman 1825; Bauer 1827; Abegg 1844) nennen als Gründe für die

Pönalisierung einmal abstrakte staatliche Ordnungsinteressen. Die Rede ist von "Störung der Bevölkerungspolizey", "Vergehen wider die Wohlfahrtspolizey"; oder es sind - noch allgemeiner - einfach "polizeyliche Rücksichten", aus denen hier eine Bestrafung erfolgen soll. Dabei bleibt allerdings offen, worin nun genau das Interesse der "Polizey", also des Staates, an der Verfolgung dieser sexuellen Handlungen besteht.

Die Idee, die hinter der Bestrafung von Ehebruch, Konkubinat, Kuppelei, Hurerei, widernatürlicher Unzucht und Blutschande steht, ist indes durch die gewählte Überschrift markiert: *Der Schutz der Sittlichkeit*. Verhindert werden sollen die - wie ein Rechtslehrer schreibt - "für die Sittlichkeit zu befürchtenden nachtheiligen Folgen" (Bauer 1827, S. 289).

An der näheren Bestimmung dieser Sittlichkeit versuchen sich die meisten Autoren erst gar nicht. Denn die Sittlichkeit ist, wie ein Jurist kurz nach der Jahrhundertwende den Diskussionsstand des 19. Jahrhunderts zusammenfaßt,

"ein sozialer Begriff, der einer überaus schwer zu erkennenden natürlichen Ordnung entstammt" (Mittermaier 1906, S. 3 f.).

In der Mitte des vorigen Jahrhunderts herrscht zwar kein Konsens darüber, was unter dieser 'Sittlichkeit' zu verstehen ist, Übereinstimmung besteht jedoch darin, daß man es hier mit einem eigenständigen Rechtsgut zu tun hat. Abegg schreibt 1844 (S. 418):

"Aber die Sittlichkeit selbst ist und hat ein Recht, welches angegriffen werden kann und auf Schutz Anspruch hat."[1]

Der preußische Staat nimmt jedenfalls das Recht für sich in Anspruch, jede von ihm für unmoralisch erklärte Handlung auch zu bestrafen. Der gesamte Bereich des Sexuellen wird zu einem Feld öffentlichen Interesses erklärt. So heißt es z.B. in den Motiven zum Entwurf von 1843 zum Sexualstrafrecht ausdrücklich, der Staat habe das Recht, in diesem Bereich einzuschreiten,

"da hier die wichtigsten geistigen Interessen des Staates betroffen werden, die öffentliche Sitte, die Heiligkeit der Ehe und die Reinheit und Keuschheit der Familienverhältnisse überhaupt, weshalb hierin das öffentliche Interesse vorherrschend ist" (E 1843, S. 159).

Die staatlich geformte Moral läßt sich im historischen Rückblick vereinfachend im Modell einer ehe- und fortpflanzungsorientierten Sexualität fassen. Das heißt: Sexuelle Interaktionen gelten moralisch nur als tolerierbar, wenn sie erstens unter Eheleuten und zweitens in einer der "Natur gemäßen" Weise stattfinden.

"Nur die Ehe ist es, welche, nach ihrer wahren und inneren Natur, den thierischen Act der Befriedigung des Geschlechtstriebes auf eine dem Character des Menschen entsprechende Weiße veredelt" (Grolman 1825, S. 390; entspr. Hofmann 1860, S. 178).

Die Sittlichkeit ist in Preußen und im Deutschen Reich das zentrale Rechtsgut, mit dem die Pönalisierung sexueller Handlungen begründet wird. Demgegenüber stellt der Schutz des Individuums gegen Übergriffe Dritter nur ein zweitrangiges Ziel des Sexualstrafrechts dar. Dominierend ist die Vorstellung, der Staat habe das Recht und die Pflicht, dafür zu sorgen, daß sexuelle Handlungen der Bürger nur in dem Rahmen stattfinden, den die gültige Moral der Gesellschaft vorgibt. Und als gesellschaftlich verbindlich wiederum gelten die Moralvorstellungen, wie sie sich in den Gesetzen des Staates niederschlagen. Aufgrund dieses Zirkelschlusses ist Sittlichkeit schließlich stets das, was der Gesetzgeber dazu erklärt. Der Staat ist hier gleichzeitig Produzent und Durchsetzer von Moral.

Der Einwand einzelner Juristen und Politiker - so selbst der des preuß. Ministers des Innern, von Rochow (in einer Stellungnahme von 1842) -, daß die Forderungen der Moral aus grundsätzlichen Erwägungen nicht zum Gegenstand von Zwangsrechten gemacht werden sollten, kann sich im 19. Jahrhundert weder in Preußen noch später im Deutschen Reich durchsetzen. Wo sich der Gesetzgeber zurückhält, sorgt die Jurisprudenz dafür, daß dem Grundsatz der strafrechtlichen Unterbindung des als unmoralisch Konstatierten Geltung verschafft wird. Dies soll an zwei Beispielen verdeutlicht werden.

2.2. Die Judikative: Die Korrektur legislativer Nachlässigkeiten

Obwohl der Geschlechtsverkehr zwischen Unverheirateten von Bürgertum und Adel als moralisch verwerflich angesehen wird, stellt ihn das PrStGB von 1851 nicht grundsätzlich unter Strafe. Diese Abweichung des Gesetzgebers vom Modell ausschließlich ehelicher Sexualität wird allerdings in der zweiten Hälfte des 19. Jahrhunderts von den obersten Gerichten korrigiert. Dies geschieht insbesondere mit Hilfe zweier Paragraphen, der Bestimmungen
(1) gegen die Kuppelei und
(2) gegen die Verletzung der Schamhaftigkeit in der Öffentlichkeit.

2.2.1. Kuppelei

Das Allgemeine Landrecht bedrohte nur die Verkuppelung einerseits minderjähriger und andererseits verheirateter Personen mit Strafe. In den Entwürfen der dreißiger und vierziger Jahre des 19. Jahrhunderts wird der Tatbestand immer wieder neu gefaßt: einmal soll jede Verleitung einer Person auch nur zu unzüchtigen Handlungen strafbar sein, ein andermal ausschließlich das gewerbsmäßige Handeln. Es finden sich eine Vielzahl von Zwischenlösungen und mehr oder weniger komplizierten Tatbestandsmodellen. Im Gesetzbuch von 1851 schließlich geht es im Grundtatbestand nur um die gewerbs- oder gewohnheitsmäßige Kuppelei. Eine zusätzliche Bestimmung legt jedoch fest, daß diese Einschränkung nicht gilt, wenn "der Schuldige zu den Personen, mit welchen Unzucht getrieben worden ist, in dem Verhältnis von Eltern zu Kindern, von Vormündern zu Pflegebefohlenen, von Geistlichen, Lehrern oder Erziehern zu den von ihnen zu unterrichtenden oder zu erziehenden Personen steht" (PrStGB, § 148).[2]

Den Diskussionen über die verschiedenen Entwürfe in der ersten Hälfte jenes Jahrhunderts ist zu entnehmen, daß der Gesetzgeber diese spezielle Regelung wohl - wie wir es heute ausdrücken würden - zum Schutz gegen den Mißbrauch von Autoritätsverhältnissen eingefügt hat. Dem preußischen Obertribunal und später dem Reichsgericht gelingt es jedoch, daraus einen Paragraphen gegen voreheliche Geschlechtsverkehr überhaupt zu machen. Dies geschieht auf dreierlei Weise:

Erstens wird der Tatbestand von der Vollziehung des Beischlafs auf alles "gegen Ehrbarkeit und Sitte verstoßendes Handeln im Bereich des geschlechtlichen Umgangs" (Ober-Tribunal v. 22.9.1858 - GAS 6, S. 843) ausgedehnt.

Zweitens wird Eltern und anderen Erziehern ein aktives Einschreiten gegen die unzüchtigen Handlungen auferlegt. Wie es heißt, erfüllt auch ein "bloßes Geschehenlassen" den Tatbestand des Paragraphen, weil das "passive Dulden" als ein "Vorschubleisten" im Sinne des Gesetzes (Ober-Tribunal v. 13.10.58 - Gas 6, S. 844) anzusehen sei.

Drittens wird schließlich vom Reichsgericht eine unabhängige strafrechtliche Verantwortlichkeit *beider* Elternteile konstatiert: Zu bestrafen war auch die Mutter, die nichts gegen die sexuellen Handlungen der Tochter mit dem Verlobten unternahm, weil ihr Ehemann (also der "Hausvater") diese ausdrücklich gestattet hatte.

"Die Angeklagte kann sich auch nicht ... darauf berufen, daß ... ihr Ehemann dem B den unzüchtigen Verkehr mit der Tochter mit Rücksicht auf zukünftige Heirath gestattet ... hatte. Denn wenn auch ... der Mann das Haupt der ehelichen Gesellschaft ist, so zwar, daß sein Entschluß in gemeinschaftlichen Angelegenheiten den Ausschlag giebt, so findet letzteres doch rechtlich mindestens dort seine Grenzen, wo der Entschluß des Mannes ... gegen das Strafgesetz verstößt. Die kupplerischen Intentionen ihres Ehemannes durften der Angeklagten - worüber sie nicht im Zweifel sein konnte - keinesfalls zur Richtschnur dienen. Als Mutter und Vorsteherin des Hauswesens (...) durfte und mußte sie jeglichem unzüchtigen Treiben der dem Hauswesen angehörenden Tochter nach Möglichkeit [entgegen-]steuern" (Reichsgericht v. 11.5.1895 - GAS 43, S. 125).

Da in dieser Zeit die meisten unverheirateten Personen - schon aus ökonomischen Gründen - bei den Eltern oder anderen Erziehenden wohnen, können die Gerichte mit diesen Auslegungen dem vorehelichen Verkehr insgesamt 'einen Riegel vorschieben'. Eltern und andere Hausvorstände werden gezwungen, sexuelle Handlungen ihrer Hausgenossen zu unterbinden, wenn sie sich nicht selbst strafbar machen wollen; sie müssen damit den Sittlichkeitsvorstellungen des Staates auch in ihrem eigenen Hause Geltung verschaffen.

2.1.2. Verletzung der Schamhaftigkeit

Eine ähnliche Wirkung hatten die höchstrichterlichen Entscheidungen zum Tatbestand des öffentlichen Ärgernisses durch Verletzung der Schamhaftigkeit. Diese Bestimmung ist für unseren Zusammenhang besonders interessant, weil sie dem Allgemeinen Landrecht fremd war und ihre Einführung in vielen Entwürfen explizit mit einer entsprechenden Vorschrift im franz. Code Pénal begründet wurde. Ziel war es, eine strafrechtlich abgesicherte Eingriffsmöglichkeit (polizeirechtlich war sie ohnehin gegeben) für die Fälle aus dem Bereich des Geschlechtlichen zu schaffen,

> "welche nicht mit der Verletzung einer bestimmten Person (§ 395) verbunden sind und nicht in schwerere Verbrechen übergehen" (Motive zum E 1843, S. 177).

Der § 150 des PrStGB bestimmt, daß, wer durch "Verletzung der Schamhaftigkeit ein öffentliches Ärgernis gibt", mit Gefängnis von drei Monaten bis zu drei Jahren zu bestrafen sei. Daß wir es hier mit einem als schwerwiegend empfundenen Delikt zu tun haben, ergibt sich auch daraus, daß gleichzeitig der Verlust der bürgerlichen Ehrenrechte (auf Zeit) angedroht wird.

Bei der Gesetzgebung wird zwar explizit auf den Code Pénal rekurriert, die Auslegung der Bestimmung durch die Obergerichte führt jedoch - wie wir noch sehen werden - zu gänzlichen anderen Ergebnissen als beim europäischen Nachbarn. In Preußen bzw. in Deutschland findet eine zunehmende Ausdehnung der bestraften Handlungen in dreierlei Hinsicht statt.

Erstens wird festgelegt, daß die Erfüllung des Tatbestandes unabhängig davon ist, ob tatsächlich eine dritte Person an der Handlung Anstoß genommen hat. Es sei zwar notwendig, daß Personen anwesend seien, bei denen das Ärgernis (theoretisch) erregt werden könne,

> "daß dagegen andererseits die Anwendung des Gesetzes nicht von der Subjektivität der anwesenden Personen abhängig sein kann; daß das Gesetz überhaupt nicht ein Mißfallen der anwesenden Personen, sondern in abstracto ein öffentliches Aergernis erfordert, ein solches aber auch dann gegeben wird, wenn die Schamlosigkeit den Beifall der Umstehenden erhalten sollte" (Ober-Tribunal v. 6.10.1854 - GAS 2, S. 831).[3]

Zweitens wird festgelegt, daß als "Öffentlichkeit" auch abgeschlossene, private Räume anzusehen seien, wenn sich nur Dritte in ihnen aufhielten. Ein Mann wird wegen unzüchtiger Handlungen in seiner Wohnung verurteilt - denn

> "daß auch durch Handlungen in einer Privatwohnung ein öffentliches Ärgernis gegeben werden kann, ist nach Wort und Sinn des § 150, sowie nach der bisherigen Judikatur des Ober-Tribunals zweifellos, mag die schamlose Handlung von Außen her gesehen oder gehört, oder aber im Innern von Personen, die dem Publikum angehören, wahrgenommen worden sein. Denn eben damit ist sie zur Öffentlichkeit und zu einem öffentlichen Ärgernis gebracht" (Ober-Tribunal v. 4.10.1865 - GAS 13, S. 881).

Das Reichsgericht stellt später ausdrücklich noch einmal fest (17.3.1893 - GAS 41, S. 36-37), daß es für die Erfüllung des Tatbestandes ausreicht, wenn andere Personen die Handlungen von außen, z.B. durch ein Fenster hindurch, wahrnehmen können. Diese Urteile mit der Tendenz der Ausweitung des Begriffs der 'Öffentlichkeit' veranlassen einen der wenigen Urteils-kritischen zeitgenössischen Kommentatoren zu der Feststellung,

"...es dürfte hiernach seine Schwierigkeiten haben, einen Ort zu finden, der kein öffentlicher ist" (Dalke 1869, S. 402).

Drittens wird festgelegt, daß die Frage, was öffentliches Ärgernis gibt und was nicht, unabhängig von lokalen und regionalen Auffassungen zu entscheiden ist. Die Orientierung eines Richters am Brauchtum (es geht im verhandelten Fall um den Austausch von Zärtlichkeiten unter der Dorfjugend im Rahmen eines Tanzfestes) wird vom Reichsgericht mit der Begründung gerügt, es sei davon auszugehen,

"daß es allerdings unsittliche, und ... unzüchtige Handlungen giebt, deren absolute, objektive Strafbarkeit selbst durch den in einer Gemeinde oder in einem Bezirke allgemein verbreiteten Zustand von Unsittlichkeit und von Verderbtheit der Auffassungen über Sitte und Schamgefühl nicht aufgehoben würde" (Reichsgericht v. 28.2.1880 - GAS 28, S. 252).

Das heißt, daß es eine einheitliche, für das gesamte Reichsgebiet geltende Auffassung darüber gibt, was unter Sittlichkeit und Schamgefühl zu verstehen ist - nämlich die von den Obergerichten festgelegte.

Zusammen mit der Ausdehnung des Begriffs der Öffentlichkeit und der Feststellung der Irrelevanz der tatsächlichen Reaktion zuschauender Dritter können damit fast beliebige sexuelle Handlungen bestraft werden, soweit sie nur zur Kenntnis der Obrigkeit gelangen. Wie eine Durchsicht der entsprechenden Entscheidungen zeigt, geht es in den behandelten Fällen i.d.R. um nichteheliche sexuelle Kontakte bzw. Handlungen.

Als Zwischenfazit bleibt festzuhalten: Mit Hilfe verschiedener - in den zeitgenössischen Kommentaren weitgehend begrüßter - Ausdehnungen der Tatbestände beider Paragraphen gelingt es den Richtern, die Entscheidung des Gesetzgebers, sexuelle Handlungen zwischen Nichtverheirateten nicht grundsätzlich unter Strafe zu stellen, zu konterkarieren. Sie installierten eine reichsweite Einheits-Sittlichkeit als normative Prämisse, die es möglich macht, auch geringfügige sexuelle Handlungen außerhalb der Ehe zu bestrafen.

3. Frankreich

3.1. Rechtsetzung: Die Moral zerfällt in les moeurs

Unter dem Titel "crimes de luxure" verfolgt das Ancien Droit lediglich vier Vergehen: inceste, bestialité, séduction und concubinat (Chauveau/Hélie 1843, Bd. IV, S. 183). Keines dieser Delikte wird nach der Revolution noch weiterhin verfolgt. Allein in viol und enlèvement 1791, resp. enlèvement und mariage sans consentement des Jahres XI finden sich noch Anklänge an die früher pönalisierte séduction. "Neue" Delikte sind - abgesehen von den soeben genannten - 1791: bigamie und im Jahr XI: bigamie, corruption de la jeunesse sowie adultère. Die Sittlichkeitsdelikte erhalten während der Revolution außerdem eine andere zusammenfassende Überschrift, nämlich "crimes contre les personnes" (Cp.1791) bzw. "crimes et délits contre les personnes" (Projet de Code criminel an XI). Sie werden nicht abgesetzt von Straftaten wie Mord, Totschlag,

Kindsentführung u.ä.. Darüber hinaus führt die Commission des Projet de Code criminel an XI eine dritte Neuerung gegenüber dem alten Strafrecht ein. Sie schafft eine Sektion mit dem Titel "Crimes et Délits contre la Paix Publique" und bildet hier einen Untertitel: "Attentats publics aux moeurs". Darunter fallen zwei dem Alten Recht völlig unbekannte Straftatbestände, nämlich - outrage public à la pudeur und excitation à la débauche de la jeunesse (vgl. Projet de Code criminel an XI, S. 45, S. 52ff.).

Wie in der Revolutionsgesetzgebung ist auch im Code pénal von 1810 das Kapitel *"Verbrechen und Vergehen gegen Personen"* einschlägig. Im Gegensatz zu seinen Vorläufern systematisiert der Code 1810 das Konglomerat der unter diesem Titel behandelten Delikte nun nochmals. Es werden Abschnitte gebildet: *Abschnitt 4*, überschrieben *"attentats aux moeurs"* findet sich zwischen dem Abschnitt "Körperverletzung" und dem über "Freiheitsberaubung". In seiner Zusammensetzung bietet er eine einzige Neuerung: Neben dem schon bekannten "outrage public à la pudeur" taucht ein weiteres, verwandtes Delikt auf: "attentat à la pudeur". Alle anderen im Cp. 1810 behandelten Straftatbestände gehen auf die Gesetze der Revolutionszeit zurück: viol, excitation à la débauche et à la corruption des mineurs, adultère, bigamie.

Im Cp. 1810 gibt es nur einen für unsere Frage nach den Moralmodellen des 19. Jahrhunderts unmittelbar einschlägigen Begriff, nämlich "les moeurs". Ein Wort, das bezeichnenderweise keine Singularform hat, von Mittermaier (1906, S. 2) gleichwohl mit die "gesellschaftliche Ordnung" übersetzt, besser: in enger Anlehnung an den deutschen Sprachgebrauch als solche interpretiert wird. Was, so wäre mit Mittermaier zu fragen, schreibt die gesellschaftliche Ordnung Frankreichs zu Beginn des 19. Jahrhunderts vor, was sanktioniert sie, welche resp. wessen Moral transportiert sie? Die Struktur des Abschnitts über die Sittlichkeitsdelikte und ihre Einordnung im gesamten Strafrecht sind aufschlußreich in diesem Zusammenhang:

Verbrechen und Vergehen gegen die Sitten werden seit der Revolution überwiegend, seit 1810 ausnahmslos als solche gegen einzelne, gegen *Personen* betrachtet. 1810 zwischen Mord, Totschlag und Körperverletzung einerseits und Freiheitsberaubung andererseits eingeordnet, bezeichnen die "attentats aux moeurs", wie die anderen benachbarten Abschnitte auch, Verletzungen der Freiheit oder der körperlichen Unversehrtheit von Individuen.

Zu dieser Beobachtung paßt eine zweite, die Kontinuität des 1810 erlassenen Code pénal betreffend. Der vierte Abschnitt bleibt über mehr als ein Jahrhundert im wesentlichen gleich. Änderungen werden allein in zwei Punkten vorgenommen, die beide auf eine Spezifizierung des legalen Gewaltbegriffs abzielen: Durch das Gesetz von 1832 erhalten Kinder bis zu 11 Jahren absoluten Schutz; das Gesetz von 1863 erhöht das Schutzalter auf 13 Jahre und fügt eine generelle Strafdrohung gegen Aszendenten ein. Bemerkenswert ist darüber hinaus, daß der 4. Abschnitt des Cp. von 1810 nicht nur Delikte beinhaltet, die im soeben beschriebenen Sinne gegen Personen gerichtet sind, sondern sich zudem in der Öffentlichkeit vollziehen und deshalb zu den strafbaren Handlungen zählen. Sie werden in der Vorlage zum Code criminel sinnfällig als "attentats publics aux moeurs" bezeichnet und von den "crimes et délits contre les personnes" abgehoben. Auf die im Cp. akzentuierte Trennung von "öffentlich" und "privat" hebt auch die letzte Beobachtung über den Wandel in der Zusammensetzung der Deliktgruppe ab: Keines der "crimes de luxure" des alten Rechts wird im 19. Jahrhundert noch mit Strafe belegt. Bloße "unzüchtige" Handlungen, die nicht mit Gewalt gegen Personen verbunden sind oder Kinder betreffen, verfolgt der Gesetzgeber im 19. Jahrhundert nicht - es sei denn, die Handelnden verlassen den Bannbezirk "Privatheit" und erregen durch ihr Tun Ärgernis bei einer Öffentlichkeit. Die vom Ancien Droit pönalisierte voreheliche Sexualität etwa - das Konkubinat - wird im Cp. nicht mehr ausdrücklich genannt. Sie vermag im 19.Jahrhundert nicht einmal mehr öffentlich Anstoß zu erregen, geschweige denn, Gerichte zu beschäftigen - *obwohl* sie oder *weil* sie so öffentlich, so alltäglich, so "normal" ist.

"Beaucoup d'ouvriers vivent en concubinage", berichtet Villermé 1840 in seinem "Tableau de l'état physique et moral des ouvriers" (Villermé, Bd. I, S. 33).

"Ils appellent ces sortes d'unions 'Des mariages à la Parisienne' ..., durables, souvent très heureuses"(ebd.).

Wir fragen nach der "gesellschaftlichen Ordnung", nach dem "Moralmodell" Frankreichs im 19. Jahrhundert - nach dem Inhalt und der strafrechtlichen Umsetzung von "les moeurs".

"Indem einfach der Gedanke der Unmoralität galt", so Mittermaier, "oder umgekehrt nur die Freiheit und Ehre des einzelnen in Betracht kamen, erkannte der Gesetzgeber sein Ziel nicht richtig, ging dort zu weit (besonders in Deutschland...), hier nicht weit genug (besonders in Frankreich 1810)" (1906, S. 5).

Fast zeitgleich schreibt sein französischer Fachkollege Garçon über den Code pénal seit der Revolution:

"l'acte immoral individuel est placé hors de la sphère du droit positif et ne relève que de la conscience. La loi ne puni donc ni celui qui commet une action contraire aux moeurs, ni celui qui s'associe de sa propre volonté à une pareille action accomplie par un tiers" (Garçon 1901-1906, Bd. I, S. 828).

Der Charakter einer Handlung ist demnach strafrechtlich gesehen irrelevant. Es spielt keine Rolle, ob die Handlung gegen sittliche Konventionen verstößt - oder ob sie sexueller Natur ist, also etwa der "Befriedigung des Geschlechtstriebs" dient, dieser in Deutschland so außerordentlich wichtigen Kategorie. Die Vorstellung einer universalen, verbindlichen Moral, an der gemessen Handlungen zum Straftatbestand werden, kann sich in Frankreich nicht etablieren - und konsequenterweise ebensowenig die einer dem deutschen Rechtskreis entsprechenden Gleichsetzung von Sexualität und Moralität. Es gibt in Frankreich eine im 19. Jahrhundert bereits fest verwurzelte Idee der "Liberté de conscience" (Garraud 1881, S. 27). Folglich mangelt es allein ethisch begründeten Vorbehalten oder Sanktionen gegen die freie Entfaltung etwa von Sexualität *hier* an Durchsetzungskraft. Die wechselnde Betitelung und die Zusammensetzung der Sittlichkeitsdelikte im Strafrecht belegen dies. Es gibt in Frankreich also keine opferlosen Sittlichkeitsdelikte !!?
Zu den potentiellen Opfern bzw. zu schützenden Rechtsgütern zählen:

Erstens, wie aus den Abschnittsbezeichnungen des Cp. hervorgehend, Personen resp. die Ehre, die Freiheit und die Unversehrtheit von Personen. Gewaltsame Angriffe auf Erwachsene werden in diesem Zusammenhang geahndet. Desgleichen jeglicher Angriff auf die Schamhaftigkeit von Kindern, die auch ohne Gewaltanwendung sehr leicht verletzt werden können (Hélie 1877, Bd. II, S. 353).

Zweitens gilt als weiteres zu schützendes Rechtsgut selbstverständlich auch in Frankreich - wie allenthalben - die Ehe, lassen die Formulierungen der einschlägigen Artikel über den Ehebruch auch Zweifel daran aufkommen, ob nicht männliche Eitelkeit berührt ist, wenn vom bedrohten Institut Ehe und Familie die Rede ist (Art.336-339, 350 Bigamie; Guyon 1909, S. 17; Laingui/Lebigre 1979, Bd. I, S. 166ff.).

Auf ein *drittes* Rechtsgut schließlich ist im folgenden ausführlicher einzugehen. Es ist dies eine diffuse Öffentlichkeit, die mit privat tolerierter Schamlosigkeit nicht behelligt werden darf, resp. ein allgemeines sittliches Empfinden, das sich an individueller Amoralität stoßen könnte. Artikel 330, "l'outrage public à la pudeur", könnte eine Generalklausel bilden, die das sich zunächst als vergleichsweise liberal und kriterienorientiert präsentierende System des Code pénal desavouierte. Entscheidend in dieser Frage ist seine Auslegung und Anwendung.

3.2. Rechtsauslegung und -anwendung: Bannbezirk Privatheit

"Toute personne qui aura commis un outrage public à la pudeur", so legt der Gesetzgeber 1810 fest, "sera punie d'un emprisonnement de trois mois à deux ans et d'une amende de seize francs à deux cent francs."

Mit gleichem Wortlaut überdauert der Artikel das ganze 19.Jh., lediglich das Strafmaß wird durch das Gesetz vom 13. Mai 1863 leicht erhöht. Unter drei Bedingungen, so stellen die Kommentatoren übereinstimmend fest, sei der in Artikel 330 bezeichnete Straftatbestand erfüllt:
- es bedarf einer Handlung, die geeignet ist, das sittliche Empfinden Dritter zu verletzen;
- diese Handlung muß öffentlich stattfinden;
- die Absicht des Handelnden muß gegeben sein (Guyon 1909, S. 60 /Dumont 1810).

Geringe Aufmerksamkeit widmen die Kommentatoren der ersten Voraussetzung. "Les paroles les plus grossières" jedenfalls erfüllen den Tatbestand nicht, das Ausstellen anstößiger Bilder ebensowenig.

"Il faut un acte proprement dit". "Le caractère distinctif d'un acte est de ... blesser l'honnêteté de ceux qui en sont les témoins ... . Il est moins un acte de méchanceté qu'une dégradation, un oubli de soi-même" (Foucher/Saillard 1905, S. 510; Hélie 1877, Bd. II, S. 350).

Den genauen Charakter dieser Handlungen zu bestimmen, habe man notwendigerweise den Gerichten zu überlassen, gebe es auch in gewissen Fällen keinen Zweifel:

"ce sont tous ceux qui présentent un caractère évident d'immoralité: les actes de luxure, les actes sexuels, les pratiques contre nature" (Garcon 1901-06, Bd. I, S. 828).

Verfolgt das französische Strafgesetz mit Hilfe des Artikel 330 also doch im Verborgenen alles das, was das preußische offen kriminalisiert? Der Kommentar Garçons legt diese Annahme nahe. Dagegen spricht zum einen das Prozedere der Gerichte in der Anwendung von Artikel 330: "Unkeusche Berührungen", "des attouchements impudiques", auf offener Straße vollzogen, werden weder in Aix-en-Provence noch in Dijon 1854 bzw. 1859 wegen ihres eindeutig sexuellen Charakters geahndet. Ein öffentliches Ärgernis ergibt sich laut Urteilsbegründung in diesen Fällen vielmehr aus dem Umstand, daß die Adressaten der unkeuschen Berührungen sich mit dieser Art von Behandlung nicht einverstanden erklärt hatten (ebd.). Zum anderen aber ist in Frankreich auch in der Auslegung und Anwendung von Artikel 330 der öffentliche Vollzug die conditio sine qua non für die Erfüllung des Straftatbestands.

"Ces actes, pris en eux-mêmes, peuvent être indifférents", schreiben Foucher und Saillard, sie können in hohem Maße anstößig sein, so Garçon, "c'est la publicité qui en fait les délits" (Foucher/Saillard 1905, S. 510/Garçon 1901-06, Bd. I, S. 829).

Die Definition von publicité nun fällt in Frankreich weniger subtil aus als in Deutschland. Sie hängt eng zusammen mit der dritten Bedingung zur Erfüllung des Straftatbestands, dem intentionalen Element.

"Le coupable doit savoir qu'il se trouve dans des conditions de publicité qui font de son acte un délit", heißt es dazu (Foucher/Saillard 1905, S. 511; Cour de Cassation 28avril 1881, in: Bull.crim. 108).

Anders ausgedrückt, der Täter muß die Öffentlichkeit bewußt herstellen oder wissentlich billigen. Die Absicht, einen Affront gegen eine Öffentlichkeit herbeizuführen, liegt seiner Handlung zugrunde. Er begibt sich dazu an öffentliche Orte (Straßen, Plätze, Geschäfte, Behörden) - oder er läßt die nötigen Vorkehrungen vermissen, um einen nicht öffentlichen Ort für Dritte unzugänglich oder uneinsehbar zu machen:

"L'outrage commis dans un champs, s'il y a pu être ou s'il a été de quelques personnes, ou dans la chambre d'une maison, si la fenêtre ouverte laissait apercevoir ce qui s'y passait" (Cour de cassation 20sept. 1832, 19juill. 1845, 2avril 1859; Hélie 1877, Bd. II, S. 351 f.).

"Le fait immoral", so stellt die Cour de Cassation am 28. April 1881 zu Artikel 330 fest, "n'est pas un élément essentiel de culpabilité" (Bull.crim. 108; vgl. Carpentier 1900, S. 58). Amoralität beschäftigt in Frankreich nicht die Gesetzgeber und nicht die Gerichte, solange sie weder einer Öffentlichkeit demonstrativ vorgetragen wird, noch mit Gewalt verbunden ist. Diesen Rahmen nicht überschreitend, bleibt es der individuellen Entscheidung jeder Person überlassen, in welcher Form sie sexuell aktiv wird. In der Frage, mit wem diese Aktivitäten stattfinden, trifft der Gesetzgeber weitere Festlegungen: Minderjährige sind ausgenommen; Ehefrauen werden auf ihre

Männer verpflichtet. Voreheliche Sexualität wiederum ist gestattet. Sie wird weder durch den Gesetzgeber noch über die Organe der Rechtsprechung eingeschränkt. Es gibt keinen Artikel im Code pénal, der sich explizit mit Kuppelei beschäftigte. Artikel 334, der allenfalls in diesem Zusammenhang einschlägig wäre, geht ausdrücklich auf die *gewohnheitsmäßige* Verleitung ausschließlich Minderjähriger (unter 21) zu unzüchtigem Verhalten ein, zielt also auf Prostitution ab.

4. Zwei mögliche Ursachen für die Unterschiedlichkeit der Moralmodelle in Deutschland und Frankreich

In Preußen-Deutschland ist Sittlichkeit das, was der Staat nach den Vorstellungen der jeweiligen definitionsmächtigen Juristen und Politiker als solche bestimmt. Das Strafrecht zieht die Grenze, von der ab ein Verhalten als unsittlich gilt und zu Unzucht wird. Das Unsittliche ist stets auch das Verbotene. In Frankreich wird demgegenüber im sexuellen Bereich nur mit Strafe bedroht, was spezielle Rechtsgüter verletzt. Die abstrakte Sittlichkeit interessiert weder Gesetzgeber noch Gerichte. Preußische und deutsche Gerichte dehnen nach Möglichkeit den Bereich des als unsittlich Geltenden aus - französische Gerichte versuchen dagegen, die Eingriffsrechte des Staates in diesem Bereich noch weiter einzuschränken.

Wie lassen sich diese deutlichen Unterschiede in der Regelung des Verhältnisses 'Strafrecht und Sexualmoral' respektive 'Staat und Sittlichkeit' zwischen den beiden mitteleuropäischen Nachbarstaaten erklären? Zwei mögliche Antworten möchten wir in Form von Thesen zur Diskussion stellen.

1. These: Die Unterschiede resultieren aus Differenzen in der politischen Verfaßtheit Deutschlands und Frankreichs.

Das moralische Regiment in Preußen-Deutschland entspricht dem politischen Regiment der absolutistischen Potentaten. Der monarchistische Staat - einschließlich des Herrschers persönlich (vgl. Taeger/Lautmann 1988) - versucht mit Hilfe des Strafrechts, seine sexualmoralischen Vorstellungen in der Bevölkerung durchzusetzen. Sittlichkeit wird als feste Größe von oben herab landeseinheitlich verordnet, die Auffassungen der Untertanen spielen dabei keine Rolle. Der Staat regelt die Sexualsphäre 'seiner' Bürger.

Das französische Sexualstrafrecht ist demgegenüber das Ergebnis einer geglückten bürgerlichen Revolution. In ihm drückt sich eine neue Vorstellung vom Verhältnis zwischen Staat und Individuum aus. Der selbstbewußte, aufgeklärte Bürger macht gegenüber 'seinem' Staat für sich Rechte geltend; er beansprucht einen privaten Bereich für sich, der von staatlicher Einflußnahme exemt ist. In ihm ist das Individuum - seine vermeintlich unmoralischen Bedürfnisse, so auch sexuelle Wünsche, autonom verwaltend - Souverän.

"'La loi n'a le droit de défendre que les actions nuisibles à la société.' Aussi, nul ne doit être inquiété pour ses opinions" - dies postulieren die Déclaration des droits de l'homme und ihre Exegeten (vgl. Garraud 1881, S. 27).

Im Sprachgebrauch der utilitaristisch orientierten Urheber des Code pénal von 1810 heißt das:

"La gravité des crimes se mesure donc pas tant sur la perversité qu'ils annoncent que sur les dangers qu'ils entrainent" (Molinier 1893, Bd. I, S. 61 - zitiert Target).

Vernunft an Stelle von Dogmen, die Emanzipation vom Untertan zur Öffentlichkeit der raisonierenden Bürger, das Recht auf selbstbestimmte Privatheit, die Trennung von "öffentlich" und "privat" - solche Vorstellungen können im neoabsolutistischen Preußen noch erfolgreich marginalisiert werden. Hier erklärt sich der Staat nicht nur für die Festlegung einer einheitlichen Moral zuständig, sondern auch für deren Durchsetzung in jedem Haus und in jeder Familie.

2. These: Die Unterschiede resultieren aus der Verschiedenartigkeit der religiösen Orientierungen der preußischen und der französischen Gesellschaft.

Protestantische Gesellschaften, dies setzt die These voraus, haben eine stärkere Neigung zu einem strengen und umfassenden Sexualstrafrecht als katholische. Dafür gibt es zwei Gründe: erstens unterschiedliche Auffassungen über die Erlangung des Seelenheils und zweitens die Aufhebung des Prinzips der doppelten Obrigkeit in den protestantischen Staaten.

Frankreich ist trotz antiklerikaler Tendenzen während der Revolution auch im 19. Jahrhundert ein katholisch geprägter Staat. Sittliche Verfehlungen können hier durch göttliche Gnade getilgt werden, wenn der Gläubige nur Einsicht in seine Schuld zeigt und seine Verfehlungen bereut. Selbst derjenige, der wiederholt gegen die christlichen Gebote verstößt, kann somit auf die Rettung seiner Seele hoffen. Darüberhinaus gilt in Frankreich noch im 19. Jahrhundert die überkommene Arbeitsteilung zwischen weltlicher und kirchlicher Obrigkeit: Der Staat ist für die Sicherung der staatlichen Ordnung und schließlich auch für den Schutz seiner Bürger zuständig, die Kirche für die Wahrung des Seelenheils der Individuen - mithin für Fragen der (Sexual-) Moral. Der Staat pönalisiert nur Handlungen, die die Freiheit der Person beeinträchtigen. Alle anderen Verfehlungen im Bereich von Sexualität, Ehe und Fortpflanzung sind nicht gegenüber dem Strafrichter zu verantworten, sondern müssen lediglich mit dem Gewissen vereinbart oder der Kirche offenbart werden. Instrumente der Sexualkontrolle sind deshalb nicht weltliche Strafen, sondern Beichte, Schuldbekenntnis und Buße.

Dagegen ist das Preußen des 18. und 19. Jahrhunderts protestantisch-fundamentalistisch orientiert. Hier kann der Mensch durch Schuldbekenntnis und Reue nichts zu seinem Seelenheil beitragen. Die Zugehörigkeit zur Gruppe der - allein durch göttlichen Willen - Erlösten kann sich nur an der moralischen Untadeligkeit des Lebenswegs erweisen. Auf der anderen Seite bedeutet dies jedoch: wer gegen die Gebote der Moral verstößt, läßt erkennen, daß er ein von Gott Verworfener ist. Und diesen trifft mit Recht Strafe für seine Sünden. Verstöße gegen die überaus rigide Sexualmoral sollten deshalb bereits von der weltlichen Obrigkeit mit aller Härte sanktioniert werden.[4] Darüberhinaus führt der Protestantismus eine Personalunion von Landesfürst und oberstem Kirchenführer herbei. Seine Position, eine Herrschaft "cäsaropapistischen Charakters", treffend umschreibend, "konnte daher ein aufgeklärter Monarch wie Friedrich der Große über sich selbst spotten, er sei 'der Papst der Lutheraner'" (Wehler 1987, S. 271). Der Staat übernimmt nicht nur das Vermögen, sondern auch die Zuständigkeiten der Kirche. Aufgrund dieser Identität von kirchlicher und weltlicher Obrigkeit wird der Staat auch für Fragen der Sexualmoral zuständig. Er legt die Sittlichkeit fest und setzt sie auch durch - und zwar mit seinen Mitteln, und das heißt in erster Linie, mit Hilfe des Strafrechts.

5. Schlußbemerkung

Unsere beiden Erklärungen rekurrieren auf unterschiedliche historisch/sozialwissenschaftliche Paradigmen. Zwischen ihnen zu entscheiden, ist aufgrund eines Vergleichs zwischen Deutschland und Frankreich wohl nicht möglich. Auszuschließen ist außerdem weder, daß beide Faktoren gleichermaßen für die unterschiedliche Entwicklung verantwortlich sind, noch daß beide nur von begrenzter Bedeutung sind. Erst die Untersuchung der Entwicklung in einer größeren Zahl europäischer Staaten brächte uns hier weiter. Zudem müßte die Quellengrundlage erweitert werden, etwa um die Polizeirechte.

Deutlich müßte jedoch geworden sein, daß die enge Verbindung zwischen Sittlichkeit und Strafrecht, wie wir sie in Deutschland finden, nicht typisch ist für die neuzeitlichen bürgerlichen Sexualordnungen. Die Unterordnung der sexuellen Betätigungen des Menschen unter den Primat des öffentlichen (und d.h. staatlichen) Interesses hat sich in Deutschland bis in die zweite Hälfte unseres Jahrhunderts gehalten. Man kann sogar daran zweifeln, ob dieses Moralmodell in den Strafrechtsreformen der 60er und 70er Jahre tatsächlich untergegangen ist.

Anmerkungen

1 Erst gegen Ende des Jahrhunderts wurde der Gedanke von Sittlichkeit als eigenständigem Rechtsgut in Frage gestellt. Neben Binding ist es besonders von Liszt der sie zum "uneigentlichen Rechtsgut" erklärt. Staat und Bürger hätten nur noch ein "indirektes, mittelbares Interesse daran, daß die Ausübung des Geschlechtstriebes in geregelter Weise, innerhalb gewisser Schranken erfolgt und so wird auch die Sittlichkeit, nicht um ihrer selbst willen sondern um anderer Interessen willen, nicht als selbständiges Rechtsgut sondern anderen Rechtsgütern zu Liebe unter Strafschutz gestellt" (v. Liszt 1881, S. 370-371).

2 Diese Bestimmung wird 1871 auch in das Strafrecht des Reiches übernommen.

3 Der preußische General-Staatsanwalt begründet diese Auslegung später mit schneidender Logik so: "Daß die Handlung an sich dazu geeignet war, Ärgernis zu erregen, reicht nicht hin, denn das Gesetz verlangt, daß Ärgernis gegeben worden' (ist). Andererseits ist es nicht erforderlich, daß die anderen Personen, welche sie wahrgenommen haben, Ärgernis an ihr genommen haben, da das Gesetz nur verlangt, daß ihnen Ärgernis gegeben worden ist; - erforderlich ist ..., daß die Handlung objektiv dazu geeignet war, Ärgernis zu erregen;..." (Schwarze 1874, S. 321). Diese Auslegung wurde erst in den achtziger Jahren des 19. Jahrhunderts (gegen den Widerspruch der meisten Kommentatoren) vom Reichsgericht verworfen.

4 Diese Tendenz zeigt sich in Preußen besonders deutlich im Allgemeinen Landrecht mit seinen Strafdrohungen z.B. gegen die Duldung kindlicher Sexualspiele. In dieser Hinsicht ist das PrStGB von 1851 aufgrund des Einflusses der beim Wiener Kongreß 'hinzugewonnenen' katholischen und am französischen Recht orientierten Gebiete schon als eine Art Kompromiß zu betrachten. Die preußischen und deutschen Obergerichte versuchten allerdings - wie wir sahen mit Erfolg -, die calvinistische Fasson des Strafrechts wieder herzustellen.

Literatur

ABEGG, J. F. H., Kritische Betrachtungen über den Entwurf des Strafgesetzbuches für die preussischen Staaten vom Jahre 1841. Zweite Abtheilung, Neustadt an der Orla 1844

BAUER, A., Lehrbuch der Strafrechtswissenschaft, Göttingen 1827

BULLETIN des arrêts de la Cour de Cassation en matière criminelle (Bull.crim.)

CARPENTIER, A., Codes et lois pour la France, Paris 1900

CHAUVEAU, A./HÉLIE, F., Théorie du Code pénal, 8 Bde., Paris 1843

DALKE, Beiträge zur Revision des Preußischen Strafrechts. Teil III, Goltdammers Archiv für Preußisches Strafrecht 17, 1969, S. 393-405

DUMONT, C. H. F., Code des délits et des peines, Toulouse 1810

FOUCHER, L./SAILLARD, A., Précis de droit. Droit pénal, Paris 1905

GARÇON, E., Code pénal annoté, 2 Bde., Paris 1901-1906

GARRAUD, R., Précis de droit criminel, Paris 1881

GOLTDAMMERS ARCHIV FÜR PREUßISCHES STRAFRECHT (GAS)

GROLMAN, v., K., Grundsätze der Criminalrechts-Wissenschaft, 4. Auflage, Gießen 1825

GUYON, R., Ce que la loi punit. Code pénal expliqué, Paris 1909

HÉLIE, F., Pratique criminelle des cours et tribunaux, 2 Bde., Paris 1877

HOFMANN, J., Die gerichtsärztliche Sprache. Ein Versuch die in gerichtsärztlicher Wissenschaft und Praxis vorkommenden Begriffe festzustellen, München 1860

LAINGUI, A./LEBIGRE, A., Histoire du droit pénal, 2 Bde., Paris 1979

LISZT, v., F. E., Das Deutsche Reichsstrafrecht auf Grund des Reichsstrafgesetzbuches und der übrigen strafrechtlichen Reichsgesetze, Berlin 1881

MARTIN, D., Lehrbuch des Teutschen gemeinen Criminal-Rechts, Heidelberg 1825

MITTERMAIER, W., Verbrechen und Vergehen wider die Sittlichkeit. Entführung. Gewerbsmäßige Unzucht, in: Birkmeyer, K. u.a. (Hrsg.), Vergleichende Darstellung des deutschen und ausländischen Strafrechts. Besonderer Teil, IV. Band, Berlin 1906, S. 1-216

MOLINIER, V., Traité théorique et pratique du droit pénal, 3 Bde., Paris 1893

MOTIVE ZUM E 1843, in: Revision des Entwurfs des Strafgesetzbuches von 1843, Zweiter Band, Berlin 1845

PROJET DE CODE CRIMINEL (an XI), de correction et de police présenté par la Commission nommée par le Gouvernement, Paris an XI

ROCHOW, v., G. A., Votum des Ministers des Innern und der Polizei..., in: Berathungs-Protokolle der zur Revision des Strafrechts ernannten Kommission des Staatsraths über den zweiten Theil des Entwurfs des Strafgesetzbuches. Zweite Abtheilung, Berlin 1842, S. 259-266

SCHWARZE, F. O., Commentar zum Strafgesetzbuch für das Deutsche Reich, Leipzig 1874

TAEGER, A./LAUTMANN, R., Sittlichkeit und Politik. § 175 im Zweiten Deutschen Reich (1871-1919), in: Kaiser, G. u.a.(Hrsg.), Kriminologische Forschung in den achtziger Jahren. Projektberichte aus der Bundesrepublik Deutschland, Band 2, Freiburg i.B. 1988, S. 573-590

VILLERMÉ, L. R., Tableau de l'état physique et moral des ouvriers employés dans les manufactures de coton, de laine et de soie, 2 Bde., Paris 1840

WEHLER, H. U., Deutsche Gesellschaftsgeschichte. Band 1: Vom Feudalismus des Alten Reichs bis zur Defensiven Modernisierung der Reformära 1700-1815, München 1987.

ARBOIS, J. S. H., Annuaire chronologique contre des Travaux des Stupéfiants pour les pénultièmes bhascadans, obre (1841, Etude Morphine, Manual en droit de 1788.

BAYER, A., Lehrbuch der Kriegs-Buchhaltung, Göttingen 1822.

BULLETIN des Lois de la Cour de Gueldre et matière criminelle (Bull. Crim.).

CARPENTIER, A., Codes et lois pour la France, Paris 1900.

CHAUVEAU, A./HÉLIE, F., Théorie du Code pénal, 8 Bde., Paris 1862.

DAST... Beiträge zur Reform des Preußischen Strafrechts, Teil III: Geheimnisses Archiv für Strafrecht in Preußen, 1843, S. 193-405.

DELFOSSE, G./B. P. Code de lois contre le crime, Toulouse 1810.

FOURNIER, L./MAGNARD, A. Traité de droit pénal légal, Paris 1849.

GARÇON, E., Code pénal annoté, 2 Bde., Paris 1901-1959.

GARRAUD, F., Précis de droit criminel, Paris 1881.

DIE GRAMMERS ARCHIV FÜR PREUßISCHES STRAFRECHT (GA).

GROLMAN, K., Grundsätze der Criminalrechtswissenschaft, 4. Auflage, Gießen 1825.

GUYON, R., Etudes de criminologie, Vol. pénal expliqué, Paris 1909.

HÉLIE, F., Pratique criminelle des cours et tribunaux..., Orléans, Paris 1841.

HOMMEL, K., Des römischen Kaiser... Das Sachsenrechte-Argumentzeichen geschrieben, Verstand und Sinnen, aufrichtigen Vorschlag von der Sächsischen Ordnung 1774.

LANGLOIS, A./SEAGNOR, A., Fairsystem cité-pénale, 5 Bde., Paris 1784.

LIST, v. F. C., Die Strafre... Revolution an den Grenzen der Preußischen Kriminal- und Strafrechtspflege-Abschied über Reichsgeschichte, Berlin 1842.

MARTIN, U., Lehrbuch des Teutschen gemeinen Criminal-Rechts, Heidelberg 1825.

MITTERMAIER, W., Verbrechen und Vergehen wider die Sittlichkeit, Stuttgart, Neue... bей der Untersuchung im Strafsachen, 8 Aufl., Darstellung der Gesetze und zu Behörden Staatsrechte, Heidelberg (Vol. II), Neue Bande 1844, S. 2-4...

MÖLINIER, V., Traité théorique et pratique du droit pénal, 2 Bde., Paris 1893.

MOTIVE ZUM E 1847 zu Revision des Entwurfs des Strafgesetzbuches von 1843, Zweiter Band, Berlin 1845.

PROJET DE CODE CRIMINEL (au XI). De correction et de police présenté par la Commission nommée par le Gouvernement, Paris, an XI.

RONSTOW, G. D. A., Vorlesung des Ministers der Justiz zu Berlin 1821..., bei geschmackvollen Fabrik bei der zu Revision der Strafrechts-Commission Ramsen... bei Sachsenaus nach dem neuen... Texte zur Rechtspflege der Strafrechts-Ordnung, Berlin 1841, S. 252-260.

SCHWARZE, G. O., Commentar zum Strafgesetzbuch für das Deutsche Reich, Leipzig 1914.

TAEGER, A./AICHMANN, R., Strafbarkeit und Politik, § 175 im Zweiten Deutschen Reich (1871-1919), ein Kapitel, G. DAUTING, Kriminalisation der Forschung in den gelungene jüristen Fragestellungen aus der Empiriekrise in Deutschland, Band 2, Freiburg i. B. 1988, S. 514-590.

VILLERMÉ, L. R., Tableau de l'état physique et moral des ouvriers employés dans les manufactures de coton, de laine et de soie, 2 Bde., Paris 1840.

WEILLER, H. U., Deutsche Gesellschaftsgeschichte, Band 1: Vom Feudalismus des Alten Reichs bis zur Defensiven Modernisierung der Reformära 1700-1815, München 1987.

2.

Macht und Strafrecht

Kontrollierte Identität
oder wie Abweichungsroutinen im Machtspiel funktionieren

Stephan Quensel

Für uns Kriminologen scheinen zwei Korrelationen relativ sicher, daß wir nämlich bei Frauen weniger Kriminalität finden als bei Männern, und daß wir bei jüngeren Menschen häufiger auf kriminelle Handlungen treffen als bei älteren; Korrelationen, die insbesondere für den Kernbereich der Kriminalität zutreffen sollen, also für die sogenannten Gewalt- oder Aggressions-Delikte. Viele von uns glauben auch, solche Zusammenhänge in Verbindung mit sozialer Schicht, städtischer Lebensweise, Nationalität und ähnlichen anderen sozialen Globalvariablen zu finden.

Nehmen wir einmal an, daß es so etwas wie 'Kriminalität' gäbe, woran ernsthaft zu zweifeln wäre (und worauf ich unten noch einmal zurückkommen will), dann stehen üblicherweise für eine Interpretation dieser Korrelationen zwei Wege offen, und zwar der einer kausalen Erklärung und der einer funktionalen Deutung, zwei Wege, die ihrerseits wiederum in je doppelter Weise begangen werden können.

So werden wir *ätiologisch*-naiv diese Korrelation aus den Eigenschaften der 'unabhängigen Variable' erklären - "weil Männer, deshalb mehr ..." bzw. "weil Frauen, deshalb weniger ..." -, während andere unter *labeling*-Aspekten diese Zusammenhänge als Zuschreibungsprozesse interpretieren: "Verhalten der sozial unteren Schichten gilt eher als Kriminalität, wird selektiv verfolgt ...".

Der andere Weg verläßt diese 'erklärende' Ebene, um sich zu überlegen, wie dieser Zusammenhang insgesamt zu interpretieren sei, welche Bedeutung diese unterschiedliche Kriminalisierung besitze, welche Aufgabe sie erfülle, welche *Funktion* ihr zukomme.

Sehen wir davon ab, daß man auch bei dieser Kriminalisierung die Akzente recht unterschiedlich setzen kann: Funktion der Kriminalität, Funktion der Normsetzung oder der realen Durchsetzung, dann unterscheiden wir uns wiederum darin, wo wir diese Funktion ansetzen wollen, für wen sie gelten soll. Während die einen eher an die Reiwald'schen Individuen oder an in-group-outgroup-Verhältnisse à la Mead denken, vermuten die anderen, daß umfassendere Entitäten wie der Staat oder die Gesellschaft, das Kapital oder die Herrschenden hiervon profitierten: Kriminalität zur Moralfestigung, Konsensbildung, Machterhaltung, to keep the population in line.

Auf beiden Wegen setzen wir nicht nur 'die Kriminalität' als Entität, als in sich geschlossenes Phänomen voraus, sondern stets auch die andere Seite dieser Korrelation - 'die Frauen', 'die Jugend', 'das Individuum', 'die Klasse', 'den Staat'. Phänomene, die wir in anderen Zusammenhängen sehr wohl als historisch erfundene, als gesellschaftlich konstituierte Produkte begreifen.

Und doch handeln wir bei unseren Aussagen stets so, als ob zumindest die andere Seite dieser Korrelation etwas Feststehendes, Substantielles, eben eine 'unabhängige' Variable sei.

Ich möchte nun gleichsam versuchsweise einmal *in* dieser Korrelation selber ansetzen, um zu sehen, inwieweit sich beide Seiten dieser Korrelation wechselseitig konstituieren, wobei mich im Gegensatz zur üblichen Fragestellung vor allem diese scheinbar 'unabhängige' Seite interessiert. Wir geraten dabei in vier Schritten in ein Netz, dessen Knotenpunkte 'Kultur, Identität und Macht' auch von uns Kriminologen lange Zeit eher vernachlässigt wurden.

1. Abweichungsroutinen im Stereotyp-Muster

Um hierzu einen Zugang zu finden, möchte ich noch einmal auf die anfangs angeführte Korrelation zurückgreifen, um folgende Merkwürdigkeit als Ausgangspunkt zu wählen:

Vergleicht man nämlich die Kriminalitätsbelastung, dann kommen zunächst die *Frauen* dabei ganz gut weg. Sie sind nicht-kriminell, nicht-aggressiv, dienen nicht als Schreckbild, und man muß uns nicht vor ihnen schützen; ja, fast scheint es so, als würden sie ihrerseits die männliche Kriminalität als Außensymbol benötigen, um sich der eigenen Integrität zu versichern. Doch wie steht es um den nordwesteuropäischen erwachsenen *Mann* der oberen sozialen Schicht, der ebenso vorbildhaft gering belastet scheint? Ist dieser Mann, der die 'Scheidung auf italienisch' ablehnt, effeminiert, ist er, der seine Ehre nicht mehr verteidigt, nunmehr endgültig à la Elias zivilisiert? Oder ist er dem Staat nicht mehr gefährlich, weil er vielleicht selber Repräsentant dieses Staates ist?

(1) Wagen wir uns nun einen ersten Schritt über die kriminologisch-strafrechtliche Sicherheitszone hinaus, um andere *Abweichungsbelastungen* zwischen diesen Gruppen zu finden, dann stoßen wir etwa im Suchtbereich bei den Frauen auf das heimliche Trinken, die Psychopharmaka oder die Kaffeetante und früher auf die Nikotinabstinenz, während die Männer saufen, illegale Drogen konsumieren, Pfeife rauchen und früher in revolutionäre Kaffeehäuser gingen. Auch im Verwahrlosungsbereich werden wir auf der einen Seite die Prostituierte oder den Penner antreffen und auf der anderen Seite die unweibliche Emanze bzw. den unmännlichen Künstlertyp mit den langen Haaren. Wir könnten dies im Bereich der psychischen Störung fortsetzen: Suizidgefahr und Art des Suizids, Neurose und Depression gegenüber Schizophrenie und Psychopathie/ Soziopathie, Magersucht oder Alkoholismus.

Kurz: Gleich, in welchem Abweichungsfeld wir uns bewegen, wir werden stets bis in subtile Eigenheiten hinein dasselbe 'objektive' Verteilungsmuster finden wie bei der Kriminalitätsbelastung. Eine Synchronizität, die natürlich auch für die anderen 'unabhängigen' Variablen gilt, für Jugend versus Alter, untere gegen höhere Schichten, Süden gegen Norden, Land gegen Stadt, von den historisch-epochalen Abgrenzungsmustern der Ketzer, Hexen, Bettler und Narren einmal ganz abgesehen.

(2) Erweitern wir diese Gegenüberstellung durch die dazu passenden gruppenspezifischen *Stereotype* - für Frauen etwa: 'heimlich, unselbständig, labil bzw. privat, helfend, sensibel' gegenüber dem männlichen: 'direkt, durchsetzungsfähig, planend, öffentlich, konkurrierend und

rücksichtslos' -, dann gelangt man relativ rasch in eine Art *Polaritätsprofil*, das in dreierlei Weise kulturell durchformt ist:

Zunächst scheinen diese Stereotype mitsamt den Abweichungsstereotypien ein relativ konsistentes Muster zu bilden, das problemlos negative wie positive 'Eigenschaften' so miteinander vereinigen kann, daß dabei zentrale Eigenheiten der beschriebenen Phänomene unterstrichen, ihr Kern deutlich herausgestellt werden kann: Frauen sind eben 'schwach' und Männer 'stark' bzw. gewalttätig und durchsetzungsfähig.

Das abweichende Verhalten übernimmt in diesem Muster wegen seiner (durch Experten näher festgelegten) Prägnanz, seiner (sozialen Schadens-) Relevanz wie der damit verbundenen Wertigkeit eine bestimmende Rolle, die gleichsam auf die anderen Komponenten dieses Stereotypmusters ausstrahlen, ihnen die entsprechende Färbung verleihen kann, und zwar offensichtlich relativ unabhängig davon, wie diese Komponenten jeweils bewertet werden: Sensibilität wie Labilität erhalten beide ihre Bestätigung durch die Art und Weise, wie ihre psychiatrische Extremform - Neurose, Hysterie, Depression - dieses Muster gestaltet. Unerheblich ist dabei, *wie* diese Bewertung ausfallen wird, solange nur die Bewertbarkeit als solche erhalten bleibt: Solange die einen Sensibilität hochschätzen oder die anderen sie als Heulsuserei abwerten, bleibt der damit jeweils angezielte Sachverhalt etwa einer besonderen Empfindlichkeit (diese Sachverhalte lassen sich nicht wertfrei definieren) ein besonderes, mit Werten besetzbares Charakteristikum des Gender-Stereotyps.

Solche Bewertungen werden je nach Perspektive sogar umkippen; so kann etwa 'Kriminalität' im Gender-Stereotyp durchaus als positive 'männliche' Eigenschaft gelten mit entsprechendem angstvollen Respekt auf der einen Seite und korrespondierendem Stolz auf die darin verkörperte Durchsetzungsfähigkeit auf der anderen Seite. Weswegen denn ja auch die positiven Darstellungs-Funktionen solcher Abweichungsformen immer wieder zur Selbststilisierung eingesetzt werden, - vom öffentlichen Rauchen der Frauen über den jugendspezifischen Hooliganismus bis hin zum patriarchalen Führungsstil.

Eine solche bewußte Umwertung - vom Haschrebellen bzw. den Hakenkreuzschmiererei en über das Coming-Out bis hin zum 'black is beautiful' - ist nur die ins Auge fallende Spitze eines Eisberges, dessen breitere unbewußte Basis sowohl in der Akzeptanz der je gruppeneigenen Abweichungen wie zugleich auch in der Abwehr der polar entgegengesetzten gruppenfremden Abweichungen verankert ist.

Mit anderen Worten: Während wir - auch als Kriminologen - immer wieder dazu tendieren, Abweichung als Negativ-Stereotyp den anderen, der Außengruppe, zuzusprechen, wirkt sie in zumindest ebenso prägender Weise sowohl als Positiv-Stereotyp wie auch als polare Gegenabweichung für die je eigene Gruppe. Vereinfacht gesagt: Männer bejahen Kriminalität als Gruppenstereotyp und lehnen die gegenüberstehende weinerliche Art der 'typischen' Frau ab; Frauen dagegen bejahen ihre Sensibilität und lehnen die entgegengesetzte Gewaltsamkeit der Männer ab. Beide Gender-Stereotype sind so doppelt aufeinander bezogen; sie konstituieren sich als Stereotyp gegenseitig.

Erweitern wir diese Gender-Polarität etwa durch die Variable 'Jugend' oder 'soziale Schicht', ermöglicht diese Ambivalenz des abweichenden Verhaltens, diese Möglichkeit der Bewertbarkeit, rasch weitere Komplexität: Männliche Jugendliche unterer wie oberer Schichten werden unterschiedliche Abweichungsformen zur Identitätsbildung heranziehen, die ihrerseits sich sowohl von denen ihrer Gender-Partner unterscheiden wie aber auch auf die Erwartungen von und an den jeweiligen schichtspezifischen Erwachsenen-Rollen orientiert sind. Drogenpräferenzen bieten hier, vom Valium und Liqueur über Bier und männliche Pfeife, vom Heroin über Cannabis auf dem College Niveau bis hin zum High-Society-Koks, vom welschen Rotwein über das bayerische Bier bis hin zum Klaren aus dem Norden, höchst eindrucksvolle Beispiele. Unsere erwachsenen westeuropäischen Männer der oberen sozialen Schichten können dann etwa dasselbe Kriminalitäts-Stereotyp in seiner Ambivalenz einmal positiv als männlich gegenüber den Frauen und zum anderen negativ als Abgrenzungskriterium gegenüber dem 'Pöbel' einsetzen, um schließlich in ihrer 'intelligenten' (Wirtschafts-) Kriminalität das eigene Bild wiederzuerkennen.

(3) Ein drittes Moment verstärkt diesen 'Masterstatus' abweichenden Verhaltens im Stereotyp-Konzept: Diese Abweichungen sind nicht nur Etikette, die, wie die anderen Stereotype, stigmaartig diesen Gruppen bzw. ihren Mitgliedern zugesprochen werden, sondern *Routinen*, typisierte Verlaufsgestalten, vorgezeichnete Karrieren, in denen im zeitlichen Verlauf eine Verkettung von immer schwerer wiegenden Stadien so zusammengefaßt wird, daß einerseits bereits relativ leichte Abweichungsformen als Vorstadien der späteren schwereren 'Endstadien' gefaßt und anerkannt werden können, wodurch dann auch diese frühen Stadien ihr 'eigentliches' Schwergewicht erhalten, - vom Schulschwänzen über die Cannabis- bzw. Sympathisanten-Einstiegsthese bis hin in die so glänzend geschilderten psychiatrischen Übergänge in Dörners "Irren ist menschlich". Routinen, die nach dem Abhängigkeitsmodell gleichsam von selber ablaufen, sofern nicht rechtzeitig interveniert wird, und die dementsprechend am schwereren Ende nur durch entsprechend schwerwiegende 'Behandlungseingriffe' bewältigt bzw. als solche schweren Fälle etwa des Therapieresistenten oder Dauerhospitalisierten festgeschrieben werden.

(4) Womit ein letztes Moment dieser besonderen Stellung der Abweichung angesprochen ist: das der *Expertise*. Zwar kennt man - als Opfer, Täter, Abweichender wie Gender-Mitglied - in groben Zügen den erwarteten Gehalt dieser Abweichung, wie vor allem auch die damit verbundenen Routinen. Doch besitzen diese Routinen, anders als die eher alltagspraktischen bzw. durch generalisierte Institutionen - wie Schule oder Medien - verbreiteten sonstigen Stereotype, ein je spezifiziertes Personal mitsamt deren Spezialwissenschaft, die durch Diagnose, Urteil, Prognose und Behandlung für die exakte Einhaltung dieser Routinen sorgen bzw. sie entsprechend weiterentwickeln. Individuell im konkreten Karriereprozeß, generell durch das Angebot stets neuartiger Abweichungsroutinen und vorverlagerter Expertise, wie dies etwa in der rezenten Präventions- und Diversions-Praxis deutlich wird.

2. Superrolle und Habitus

(1) Man könnte das bisher Erörterte *rollentheoretisch* auch so zusammenfassen, daß jede dieser Rollen - Frau, Mann, Jugendlicher - nicht nur die gleichsam positiven Rollenaspekte, sondern zugleich auch die dazu passenden Abweichungs-Aspekte mit umfaßt. Selbst wenn die letzteren keineswegs für jeden Einzelfall 'erwartet' werden, so färben sie dennoch nach dem bisher Gesagten das gesamte Erwartungsspektrum. Mehr noch, wenn jemand aus seiner 'normalen' Rollenposition herausspringen möchte, dann wird erwartet (und expertenhaft durchgesetzt), daß dies im Rahmen des dazugehörigen Rollensegmentes geschieht. Das Gewicht solcher 'Superrollen' - aus Normal- und Abweichungsrolle - zeigt sich dann, wenn solche Personen gleichsam in doppelter Abweichung auch aus solchen umfassenderen Rollenvorschriften auszubrechen versuchen, - wobei dann auch solche "völlig unverständlichen Ausbruchsversuche" noch immer psychiatrisch eingefangen werden, wie Cohen/Taylor so überzeugend nachgewiesen haben.

(2) Ergänzen wir nun in einem weiteren Schritt dieses kulturell orientierte Konzept - Erwartungen, Normen, normierende Experten - auf der Identitätsebene durch das *Habitus*-Modell, wie es etwa von Elias und Bourdieu verwendet wird, dann liegt die noch weiter zu entwickelnde Hypothese nahe, daß auch unsere darauf aufbauende Identität, besser unsere Identitäts-Vorstellung, jeweils durch und durch (also vom Selbst-Bewußtsein bis hinein in unsere Gefühle, Affekte und Geschmack) von solchen mit Werten besetzten Abweichungsmodellen durchtränkt ist. Und zwar nicht nur als Angst, Abwehr, Verlockung oder Verführung, als Ausweg oder Rückzugsmöglichkeit im eigentlichen Abweichungsbereich; sondern nach dem oben Ausgeführten vor allem und weitaus mächtiger im davon geprägten Normalbereich: Beim nordwesteuropäisch erwachsenen Mann der sozialen oberen Schichten bestärkt der allgemein Männern gegenüber erhobene feministische Vergewaltigungsvorwurf dessen 'innere Superiorität' auch und gerade dann, wenn ihm Henry Millers 'Opus Pistorum' Freude bereitet, weil er einerseits weiß, wie wenig ihn die Realität dieses Vorwurfs trifft, und weil er andererseits dadurch in seinem sexuellen männlichen Machtanspruch bestätigt wird.

(3) Der sich auf dieser *Identitätsebene* öffnende Fragenkatalog setzt ein mit der Vermutung, daß der 'Masterstatus' abweichenden Verhaltens nicht nur auf den oben beschriebenen eher technischen Gründen beruht, sondern darin, daß es durch seinen wertbesetzten Normbezug die Möglichkeit einer persönlichen, individuellen Identitätsgestaltung erst eröffnet, insofern diese mit dem im Habitus wie in den Superrollen vorgegebenen Normmaterial gleichsam spielen muß, um Eigenständigkeit zu erreichen. Ein Spiel, das im Normalfall im vorgezeichneten Spielraum Normen variieren, verbessern, also von ihnen abweichen muß, um nur im seltenen Extremfall diesen Spielraum selber in Frage zu stellen. Ein 'Normalfall', der sich alleine schon daraus ergibt, daß anderenfalls die hierüber vermittelte Kommunikation bzw. faktische Interaktion mit Dritten zusammenbrechen kann, sofern die in diesem Spielraum festgelegte gemeinsame kulturelle Verständigungs- bzw. Erwartungsebene verlassen wird.

Von hier aus gewinnt dann die weitere Frage nach der 'positiven' wie 'negativen' Bedeutung abweichenden Verhaltens im *Sozialisationsprozeß* an Gewicht, insofern hier im Sozialisationsprozeß abweichende Verhaltens-Erfahrungen individueller, gruppenspezifischer wie experten-beeinflußter Art vom 'testing the limits' über die das 'me' prägende Peergroup bis hin zum wohlmeinenden Gutachten-Testat den Einpassungsprozeß entscheidend vorantreiben.

Dieser Katalog führt uns dann zu Fragen, wie wir mit gutem oder schlechtem Gewissen unsere jeweilige Position leben, wie wir die in diesem gesellschaftlichen Konstitutionsprozeß angelegte Ambivalenz verdrängen oder doch noch eigenständig bewältigen, indem wir die Abweichung als Waffe benutzen - unbeholfen, indem man sich in abweichenden Rückzugsnischen mehr schlecht als recht einrichtet wie z.B. in der Junkie-Identität, kämpferisch, indem wir solche Rollen als Protestmöglichkeit ausbauen, oder als Brecheisen, um aus den uns fesselnden Gedankengefängnissen auszubrechen.

Diese Fragen berühren damit schließlich auch das Problem, wie es eigentlich gelingt, auf der Basis solcher (potentieller) Habitus real vorzeigbare *Vertreter* entsprechender rollenspezifischer Abweichungsroutinen zu gewinnen. Mit oder ohne Zwang, im Gefängnis wie in der frei gewählten Psychoanalyse. Und stets mit Eigenbeteiligung im Rahmen kultureller Schemata, die dem Klienten wie Experten vorgegeben sind und zugleich durch beide weiter vorangetrieben werden. Um auf diese Weise auch jene sichtbaren, handgreiflichen und furchterregenden Vorbilder für eben jene Stereotype zu schaffen, die uns nachtmar-gleich bedrücken und mit denen wir uns in der Rolle halten bzw. wechselseitig unterdrücken.

3. Machtnetz und Machtspiel

Versucht man nun, diesen Einfluß der Abweichungsroutinen auf die Identitätskonstitution unter dem Aspekt der *Machtausübung* zu analysieren, zeigt sich noch einmal, daß unsere geläufige Art, im Bereich abweichenden Verhaltens diese Macht im Staat verkörpert zu sehen, erhebliche Schwierigkeiten bereitet. In dieser Perspektive gelingt es allenfalls, die klassischen Definitions-Instanzen - wie den 'Sanktionsapparat' oder das psychiatrische 'Dispositiv' oder die 'systemerhaltende Funktion der Sozialpädagogik' - als abgeleitete Staatsgebilde zu erfassen, die gleichsam uneigennützig den Staats-Willen bzw. die je dahinterstehenden Interessen ökonomischer oder herrschaftsorientierter Art erfüllen, - und zwar unabhängig davon, was wir jeweils unter diesem 'Staat' selber verstehen wollen: Regierungsapparat oder Parteien, Gesetzgebung oder Ministerialbürokratie. An Stelle eines Zusammenspiels einander widerstreitender Interessengruppierungen im Rahmen einer vorgegebenen komplexen kulturellen Struktur gehen auch wir Kriminologen nur allzu bereitwillig von einem solchen 'juridischen' Machtmodell aus, von einem strafenden Staat mit seinem repressiven Sanktionsapparat, in dem die Herrschenden oder die Kapitalisten stets mehr oder weniger erfolgreich die weiter unten Stehenden unterdrücken. Doch hat dieses postabsolutistische Modell spätestens seit dem 'Zusammenbrechen des kommunistischen Machtapparates' auch theoretisch in unseren Breiten seine Rolle ausgespielt.

Ein Befund, den wir eigentlich bereits aus unseren Untersuchungen zur Norm-Genese ableiten könnten, insofern diese stets nur komplexes Mischprodukt eines politischen Spiels ist, das allenfalls durch gemeinsame Stereotype, Gedankengefängnisse bzw. kulturelle Muster nach der Art "Drogen sind gefährlich, also muß man sie mit Strafe belegen" zusammengehalten wird, und die zur Norm-Wirkung erst im Rahmen einer noch verwirrender gestalteten Norm-Durchsetzung gelangen kann, was ihrerseits sowohl den Gehalt solcher Normen wie die von ihr erfaßten bzw. konstituierten Abweichungsroutinen betrifft. Theoretisch hätten uns auch feministische Überlegungen zur Art patriarchaler Machtverhältnisse, die gleichsam quer zu dieser Staatsidee verlaufen, vorwarnen können (Gelsthorpe 1988). Nimmt man schließlich die uns so nahestehende Perspektive eines symbolischen Interaktionismus ein, so betreten zusätzlich zwei weitere Mitspieler diese Macht-Arena. Und zwar zunächst auf der realitätskonstituierenden Schiene *symbolischer* Zuschreibung die dafür zuständigen Experten und Professionen, also in unserem Zusammenhang neben den Angehörigen des Sanktionsapparates vor allem die Psycho-Experten bis hin zu den Sozialpädagogen, die, öffentlich wie privat finanziert, unsere 'psychosoziale' Welt entscheidend mitbestimmen. Und sodann - *Interaktion* - alle, die als aktive Akteure dieses Spiel mitspielen, also auch die Betroffenen selber, die ja nicht nur Staats- und Experten-Macht 'legitimieren', sondern die sich nach dem oben Gesagten im Rahmen der vorgegebenen (und gemeinsam entwickelten) Schemata als Identität wiederfinden.

In diesem Foucaultschen *Machtnetz* aus sich überkreuzenden Mikro-Machtstrukturen gewinnt die symbolische, realitätskonstituierende Macht über unsere Köpfe und Körper, also über unser Denken und Fühlen, ein erheblich größeres Gewicht als die andere Art der Macht, deren reale Gewalt noch immer so sehr unser Machtdenken prägt: und zwar wahrscheinlich unabhängig von irgendwelchen historischen 'Fortschritten', sofern möglicherweise auch früher schon das zugleich und in Konkurrenz zum protostaatlichen Strafrecht erfundene Fegefeuer kräftiger schreckte als der eher seltene reale Feuertod.

Von dieser Perspektive aus kann nun die Öffnung neuer Abweichungsroutinen, an deren Erfindung wie Realisierung Betroffene wie Verfolger, Gegenspieler wie Experten, das Publikum wie dessen Medien beteiligt sind, die zugrundeliegende Norm wesentlich effektiver verfestigen als dies aus 'juridischer' Sicht bisher angenommen wurde. Und zwar nicht so sehr, weil solche Abweichungsroutinen *negativ* durch Normsetzung und Normdurchsetzung diese Norm schützen bzw. symbolisch unterstreichen wollen: Verbot des Diebstahls als Eigentumsgarantie; sondern *positiv* dadurch, daß sie einen Spielraum eröffnen, in dem selbst noch der Dieb die Bedeutung solch materiellen Eigentums bestätigt. Ebenso wie heute die 'Gewaltdelikte' nicht so sehr das staatliche Gewaltmonopol oder gar die leibliche Integrität schützen wollen, sondern Vehikel sind, mit denen bestehende Gewaltverhältnisse legitimiert bzw. delegitimiert werden sollen, was gleichermaßen für die beiden erwähnten Perspektiven der Vergewaltigung wie für das scheinbar so unbestreitbare Gewaltmonopol gilt.

Ein Machtspiel, das die gegebenen Machtverhältnisse stützt, das durch Einrichtung spezifischer, an bestimmten Abweichungsroutinen orientierter Apparaturen und Ideologien gesichert wird, durch Dispositive also, in die wiederum alle die oben Genannten eingebunden sind, weil sie jeweils in ihrer Weise davon profitieren. Und sei es auch nur dadurch, daß auch diese neuen Abweichungsroutinen neue Formen individueller Identität, neue Formen der Subjektivität ermöglichen.

Diese Art der Macht ist dreifach unheimlich. Zunächst weil sie ohne konkret faßbaren Gegner arbeitet, insofern sie unsere Habitus als kulturell vorgegebene Pattern einordnet in nur langsam wandelbare Strukturen. Sodann, weil diese Macht vielfach willkommen ist, insofern sie die Chance bietet, uns zu erkennen, uns diese Identität zu liefern und uns als Person zu konstituieren, wie dies im therapeutischen Prozeß wohl am deutlichsten wird, was aber ebenso für den prisonisierten Rückfälligen gilt, der sich in seinem Gefängnis auskennt, dort in die bereitliegende 'Insassenrolle' schlüpft, bzw. für *Willis'* Arbeiterjugendlichen, der sich selbst mit Spaß in seine Unterschichtrolle hineinsozialisiert. Und schließlich ruht die Unheimlichkeit dieser Macht in der verführerischen Ambivalenz des abweichenden Verhaltens, das auf der einen Seite Identität mitkonstituiert, um sie auf der anderen Seite gleich wieder mehr oder weniger lustbesetzt zu riskieren, durch Ausstoßung, Nichtanerkennung und Verleugnung bzw. durch entfremdende Integration, Behandlung und Fixierung.

Ein Machtnetz also, in dem wir alle verstrickt sind. Und doch zugleich auch eine strukturierte Struktur à la Giddens, an der wir alle mitstricken. Ein *Macht-Spiel* also, in dem gerade auch die scheinbar Machtlosen sehr viel größere Spielräume besitzen, als gemeinhin angenommen wird, in dem sie à la Bosse als 'Lügner, Gauner oder Ketzer' ihre Spielversion der gemeinsamen kulturellen Thematik leben, als 'Nullbock-Generation' scheinbar aus dem Spiel aussteigen oder indem sie der Macht der Mächtigen die Legitimation entziehen, was nicht nur für scheiternde sowjetische Putschisten, sondern viel mehr auch für Experten gilt, sofern man denn dem um sich greifenden Sektenunwesen einen positiven Akzent abgewinnen will.

4. Korrelationen

Kehren wir zum Schluß noch einmal an den Anfang zurück, um zwei abschließende Fragemöglichkeiten anzusprechen.

(1) Wir haben bisher 'Kriminalität' eher als unabhängige Variable behandelt, die als Masterstatus Stereotypmuster wie korrespondierenden Habitus - und damit die Basis der Identitätsbildung - mitkonstituiert, was wir am Beispiel der Gender-Polarität verdeutlichten.

In die andere, übliche Richtung geblickt, in der Kriminalität als abhängige Variable begriffen wird, gilt für viele von uns auch diese Variable als konstituiert, wobei wir jedoch zumeist nur den Sanktionsapparat mit seinem Um-zu, das Kriminaljustiz-System, im Auge haben. Nach dem oben Gesagten müßten wir jetzt aber auch die üblicherweise als unabhängig gedachte Korrelations-Seite hierfür mit heranziehen: Was jeweils als 'kriminell', als 'abweichend' gelten soll, ergibt sich in seinem Kern auch aus den Stereotyp-Mustern, in die sie eingeordnet werden. Kriminalität ist dann etwas, was typischerweise Männer, Jugendliche, Unterschichten in ihrem rohen Durchsetzungsmodus vollbringen; Magersucht ist etwas, was jüngere Frauen produzieren; Schizophrenie nennen wir es, wenn es in die männliche Unterschicht paßt, Neurose dagegen, wenn wir sie als Therapeuten verstehen können.

Erst in dieser vibrierenden wechselseitigen Konstitution beider Seiten dieser Korrelation liegt dann das eigentliche Problem, weil wir darauf verzichten müssen, zumindest in einer der beiden

Seiten einen festen Grund zu finden, ohne jedoch völliger Beliebigkeit anheimzufallen. Eben weil in der jeweiligen historischen Entwicklung in solchen Prozessen Strukturen wechselseitiger Verstärkung aufgebaut werden, die sich über weite Strecken nur langsam und kontinuierlich wandeln. Ein Grund, weshalb uns das traditionelle Substanzdenken so nahe liegt. Die in unserer Zeit beobachtbaren 'Diskontinuitäten' könnten es uns jedoch erleichtern, auch hier die jeweils zugrundeliegende Dynamik in den Vordergrund unseres Fragens zu stellen: Vom beobachtbaren kurzfristigen Wandel der Drogenpolitik bis hin zur langfristigen Entkerkerung, von der Veränderung in den Gender-Relationen bis hin zum Zusammenbrechen des traditionellen Gewaltmonopols.

(2) Womit wir noch einmal zur *Machtfrage* zurückkehren. Gibt es also möglicherweise doch Gleichere unter Gleichen? Definierer, die beide Seiten der Korrelation festlegen können? Und wenn, wer ist das, wie machen sie es und - wieder zurück - wovon hängt es ab, daß wir sie als Definierer akzeptieren, anerkennen oder um Rat und Hilfe ersuchen? Unter anderem sicher auch deshalb, weil sie angeblich solche Hilfe- und Schutzmöglichkeiten anbieten können. Doch noch einmal, warum glauben wir das? Wegen der größeren 'Macht'-Ressourcen, doch welcher Art? Ist es der Staat, der die Normen setzt, die Abweichungen regelt? Doch wer ist das? Und wie und aus welchem Horizont heraus erhält dieser seine Regeln? Und was ist, wenn diese Regeln nicht akzeptiert werden? Und zuletzt: Wenn kulturelle Setzungen Macht-Spiele ermöglichen: Welche Rolle spielen dann kulturelle Auseinandersetzungen, etwa zwischen Volks- und Elite-Kultur, Subkultur versus multikulturelle Gesellschaft, Laien- gegen Expertenkultur? Und wie funktionieren solche Auseinandersetzungen bzw. welche Rolle haben wir als Mythen-Schöpfer und -Aufklärer?

Literatur

BOSSE, H., Diebe, Lügner, Faulenzer. Zur Ethno-Hermeneutik von Abhängigkeit und Verweigerung in der Dritten Welt, Bielefeld 1979

BOURDIEU, P., Die feinen Unterschiede. Kritik der gesellschaftlichen Urteilskraft, Frankfurt 1988

COHEN, St./TAYLOR, L., Ausbruchsversuche. Identität und Widerstand in der modernen Lebenswelt, Frankfurt 1977

DÖRNER, K./PLOG, U., Irren ist menschlich oder Lehrbuch der Psychiatrie/ Psychotherapie, Wunstorf 1978

ELIAS, N., Die Gesellschaft der Individuen, Frankfurt 1987

FOUCAULT, M., Dispositive der Macht: Über Sexualität, Wissen und Wahrheit, Berlin 1978

GELSTHORPE, L., Feminism and Criminology in Britain, British Journal of Criminology vol. 28, No 2 1988, p. 93-100

GIDDENS, A., Die Konstitution der Gesellschaft. Grundzüge einer Theorie der Strukturierung, Frankfurt 1988

MEAD, G., Geist, Identität und Gesellschaft, Frankfurt 1975

REIWALD, P., Die Gesellschaft und ihre Verbrecher, Frankfurt 1973

WILLIS, P., Spaß am Widerstand. Gegenkultur in der Arbeiterschule, Frankfurt 1982.

Selbst- und Fremddisziplinierung im Zivilisationsprozeß

Hans-Günther Heiland

1. Einleitung

In meinem Beitrag möchte ich einige Überlegungen vorstellen, die die Anwendung der Eliasschen Theorie der Zivilisation auf das Problem des langfristigen Wandels von Kontrollmitteln und -zielen betrifft.[1]

N. Elias hat weder eine ausgearbeitete Theorie der sozialen Kontrolle hinterlassen noch nimmt der Begriff der "Kontrolle" einen exponierten Platz in seinen Analysen ein. Gleichwohl behandelt Elias (1977a; 1977b) in seiner Untersuchung "Über den Prozeß der Zivilisation" die Veränderungen von Kontrollstrukturen. Das Thema wird allerdings in einer für Kriminologen und Kriminalsoziologen weniger vertrauten Art und Weise behandelt. Statt von formeller und informeller Kontrolle spricht Elias von Fremd- und Selbstzwängen bzw. von Fremd- und Selbstdisziplinierungen.[2] Soziale Kontrolle impliziert vertikale, hierarchische Strukturen mit asymmetrischen Machtbeziehungen zwischen Herrschern und Beherrschten.[3] Indem Elias diese Vertikalität und Asymmetrie nicht begrifflich voraussetzt, sondern vielmehr erst als Resultate spezifischer Konstellationen von Interdependenzen zwischen Individuen bzw. Gruppen ansieht, eröffnet sich ihm die historische Perspektive, die das Verhältnis von Fremd- und Selbstdisziplin als spezifische Machtbalance zu rekonstruieren erlaubt.[4] In der Verschiebung der Balance zu mehr Selbst-disziplinierung in der modernen Gesellschaft sieht Elias eine der kognitiv-normativen Strukturkomponenten, die im Zivilisationsprozeß den sozialen Habitus der Individuen strukturieren und damit zu einer langfristigen Stabilisierung des latenten gesellschaftlichen Gewaltpotentials beitragen.

Damit unterscheidet sich der Eliassche Begriff der Disziplin von der Weberschen Vorstellung. Während bei Weber (1922) der Begriff der "Disziplin" als Schlüsselbegriff der modernen Gesellschaft erscheint und in § 16 der Soziologischen Grundbegriffe in direktem Zusammenhang mit den Begriffen der "Macht" und "Herrschaft" entwickelt und an den "schematischen Gehorsam" einer Befehlsgewalt geknüpft wird[5], erscheint der Begriff bei Elias wesentlich offener und als ein Element von Handlungskompetenz konzipiert, um die Ordnungsprobleme im Zusammenleben der Menschen zu bewältigen. Die Einbindung des Begriffs der Disziplin in die Interdependenzkonstellationen hat den erkenntnistheoretischen Vorteil, Fremd- und Selbstdisziplinierungen nicht nur als einseitigen Prozeß von Herrschenden zu Beherrschten zu rekonstruieren. Elias geht es um das Aufspüren unterschiedlicher Machtbalancen und der Sichtbarmachung derjenigen Bedingungen, die es Gruppen oder Individuen ermöglichen, in spezifischen historischen Situationen Machtüberlegenheit über andere Gruppen und Individuen zu erlangen. In der Eliasschen Perspektive fungieren Selbstdisziplinierungen durchaus als Machtressourcen für alle Gesellschaftsmitglieder und sind nicht ausschließlich an die Machtakkumulation der Herrschenden gebunden (vgl. Elias 1990, S. 415). Die gesellschaftlichen Eliten sind keineswegs davon ausgeschlossen, sich historisch überlegene Handlungsformen anzueignen und damit zu gesamtgesellschaftlichen Regulationsprinzipien, die sich über Beziehungsgeflechte zwischen Individuen und Gruppen vollziehen, vorzustoßen.[6]

Ich möchte es bei diesen kurzen Hinweisen belassen. Da es keineswegs meine Absicht ist, eine systematisch vergleichende Analyse zum Begriff der "Disziplinierung" vorzunehmen, werde ich mich im ersten Teil meines Beitrags vornehmlich dem Bedeutungsgehalt von Fremd- und Selbstdisziplinierung bei Elias zuwenden. Ich werde dies im Rahmen zweier zentraler Argumente von Elias tun: *dem psychogenetischen und dem soziogenetischen Erklärungsansatz.* Nach den Vorstellungen von Elias sollen sich beide Ebenen zu einem umfassenden Erklärungsansatz verschmelzen, der sowohl die sozialen Handlungsdispositionen von Individuen und Gruppen berücksichtigt wie auch die nicht-intentionalen sozialen Strukturen, die nicht nur den Rahmen für das Handeln abgeben, sondern darüber hinaus als ungeplante Handlungsresultate neue Prozesse sozialen Handelns in Gang setzen. Diese Rekonstruktion der zentralen Argumente bei Elias wird in der Kürze ihrer Darstellung keineswegs dem materialen und differenzierten Analysen wie sie von Elias im "Prozeß der Zivilisation" und in der "Höfischen Gesellschaft" vorgenommen worden sind, gerecht. Mich interessieren vielmehr die Kernaussagen seines theoretischen Entwurfs, und sie interessieren mich insoweit, als mit ihnen konkrete Analysen anderer historisch und gesellschaftlich relevanter Bereiche vorgenommen werden können. Elias hat in seinem Vorwort eine Reihe solcher Bereiche genannt wie z.B. Art des Wohnens oder des Zusammenlebens, Art der Manieren usw.. Unter anderem nennt Elias explizit auch die "Form der gerichtlichen Bestrafung" (Elias 1977b, S. 1). Im zweiten Teil meines Beitrags werde ich diesen Hinweis Elias' aufnehmen, allerdings auf das Kontrollmittel "Strafverfahren" beschränken, dessen wesentlichste Aufgabe in der modernen Gesellschaft in der Durchsetzung des materiellen Rechts gegenüber einem Straftäter und in der Bekräftigung der faktischen und normativen Geltung des Strafrechts zu sehen ist (vgl. Rudolphi 1976, S. 165).

Der Strafprozeß ist der Ort, an dem es sowohl zur Beurteilung der Tat sowie zu Entscheidungen hinsichtlich des Umgangs mit dem Täter kommt. Oder anders ausgedrückt: Im Strafprozeß wird das generalpräventive wie das spezialpräventive Programm des Strafrechts umgesetzt.

2. Psychogenetische und soziogenetische Erklärungen von Selbst- und Fremddisziplinierung

Das *erste* Argument, das ich aus Elias' Untersuchung "Über den Prozeß der Zivilisation" herausheben möchte, gruppiert sich um die Änderung der Persönlichkeitsstrukturen von der vormodernen zur modernen Gesellschaft[7]. H. Kuzmics (1988, S. 152f) hat diesen Prozeß der *Zivilisierung* plakativ "die Psychologisierung und Rationalisierung des Affektiven" benannt. Es ist ein *mikro-soziologisches* Argument und gemeint ist damit ein Prozeß wachsender innerer und äußerer

Selbstdisziplinierung. Es ist eine alle Bereiche des Körpers und der Seele umfassende Selbstkontrolle oder wie Alois Hahn (1982, S. 425f) treffend formuliert, eine "Verhüllung des Selbst".

"Das beginnt mit der Kontrolle spontaner körperlicher Regungen: Schnupfen, Niesen, Schwitzen, Urinieren, Defäkation usw.. Schließlich wird die gesamte Leiblichkeit domestiziert: alles Unwillkürliche wird aus der Kommunikation verbannt. Aber nicht nur der Leib, sondern auch die seelischen Empfindungen werden solcher Kontrolle unterzogen: spontane Empfindungen, Aufwallungen des Hasses oder der Begierde, der Freude oder des Zorns werden zurückgedrängt, unsichtbar gemacht, diszipliniert".

Ob man wie Elias es tut, französische Quellen ausdeutet oder wie Hahn italienische und spanische Höflingsliteratur ergänzend hinzuzieht, immer zeigt sich als wesentliches Merkmal, daß der Prozeß der Selbstdisziplinierung einer "Logik der Verhüllung", "des Verbergens" folgt[8]. Elias geht davon aus, daß sich im Verlauf der zivilisatorischen Evolution langfristig die sozialen Mechanismen der Modellierung von Trieben, Affekten, Gefühlen und Handlungsdispositionen verschieben, und zwar verschieben sie sich in Richtung einer Verwandlung von sozialen "Fremd-" zu "Selbstzwängen". Prozesse äußeren gesellschaftlichen Drucks und eine innere Kolonialisierung gehen Hand in Hand, differenzieren sich und werden "hinter die Kulisse des gesellschaftlichen Lebens verdrängt und mit Schamgefühl belegt", werden allseitiger, gleichmäßiger und stabiler (Elias 1977b, S. 313).

In der vormodernen Gesellschaft bedurfte der Höfling sehr stark der Fremddisziplinierung des Hofes. Die höfische Gesellschaft mit ihren Tabus und Ritualen legte den Handlungsrahmen fest, indem sich Affekte und Triebregungen nach den jeweils geltenden Regeln des Hofes artikulieren und ausleben durften. Zudem vermittelte der Hof auch Handlungsorientierungen, die sich wesentlich als spezifische Stile von Gestik, Artikulation, Benehmen und Geschmack entwickelten.

Das Ergebnis dieser Verlagerung der Kontrolle von außen nach innen ist eine Nivellierung der Verhaltenskontraste. Die Folge ist, daß sich im Individuum eine "automatische Selbstüberwachung" herausbildet (Elias 1977b, S. 329), die über Sozialisationsprozesse unbewußt individuelle Selbstverständlichkeit erhält.

Diese Wandlungsprozesse sind allerdings ohne die Berücksichtigung des *makro-sozialen* Strukturrahmens nach Elias nicht erklärbar. Damit komme ich zum *zweiten* zentralen Argument. Elias fokussiert in seiner Analyse die Institutionen (staatliches Gewaltmonopol, kapitalistisches Produktionssystem), die im Laufe des Zivilisierungsprozesses zunehmend dominant werden und selbst wieder strukturbildend wirken. Die beständigen Ausscheidungskämpfe der Fürsten und Königshöfe um Machtpositionen münden in eine zunehmende Monopolisierung der Waffengewalt und Rechtsprechung. Dieser Monopolisierungstrend hat nicht nur die Machtakkumulation zur Folge, sondern er führt im Innern der Gesellschaft zu zunehmend mehr pazifizierten Lebensräumen als wesentliche Voraussetzungen für friedlichere Gestaltungen des Alltagslebens. Mit der Herausbildung von Monopolorganisationen der physischen Gewalt korrespondiert der Wandel der Affektlage der Menschen.

"Die Schwankungen im Verhalten und in den Affektäußerungen verschwinden nicht, aber sie mäßigen sich " (Elias 1977b, S. 325).

Die direkte Gewaltausübung, die eine beständige Bedrohung der Menschen für den Menschen darstellte, wird durch Einbindung in strengere Regelwerke gebändigt. Aus einer, in der vormodernen Gesellschaft zentralen Stellung, findet sie sich in der modernen Gesellschaft zunehmend an den Rand des Alltags verlegt, in zentralen Heer-, Polizei- und Verwaltungseinheiten "kaserniert",

"und diese Spezialisten, die ganze Monopolorganisation der Gewalttat, steht jetzt nur noch am Rande des gesellschaftlichen Alltags Wache als eine Kontrollorganisation für das Verhalten des Einzelnen" (Elias, S. 325).[9]

Die seit der Etablierung des absolutistischen Staates hinter die "Kulisse des Alltagslebens" verbannte Gewalt übt nach wie vor eine Bedrohung auf die Menschen aus, vermittelt ihnen jedoch keine beständige Unsicherheit mehr, sondern eher eine eigentümliche Sicherheit: Die Ausübung von Gewalt ist für den Einzelnen relativ kalkulierbar geworden, seine Umgebung ist von ständig geprägten Unsicherheiten befreit, seine gesellschaftliche Mobilität nicht durch 'schockartige Einbrüche der körperlichen Gewalt' beeinträchtigt. Marktvergesellschaftungen können sich ausbreiten und zu einer längeren funktionalen Verkettung zwischen vormals räumlich und sozial getrennten Individuen und Gruppen führen (siehe Hahn 1986, S. 225). Fremdzwänge transformieren sich zunehmend in Selbstzwänge. Selbstzwang manifestiert sich nunmehr in einem 'langfristigen Planungsverhalten', welchen der Einzelne als Schnittpunkt vieler gesellschaftlicher Funktionen sich selbst immer wieder auferlegt. Er tut dies aufgrund seines Wissens über die Folgen seines Verhaltens, auch über längere Handlungszusammenhänge hinweg. Die Menschen beginnen, reflexiv Rücksicht zu nehmen, die Folgen ihrer Handlungen zu antizipieren und die Konsequenzen ihrer vormals spontan-unmittelbar geäußerten Affekte zu bedenken.

Das Ergebnis dieser Verlagerung der Kontrolle von außen nach innen ist eine Nivellierung der Verhaltenskontraste. Die Folge ist, daß sich im Individuum

"gleichsam als eine Relaisstation der gesellschaftlichen Standarde, eine automatische Selbstüberwachung der Triebe im Sinne der jeweiligen gesellschaftsüblichen Schemata und Modelle, eine 'Vernunft', ein differenzierteres und stabileres 'Über-Ich' herausbildet, und daß ein Teil der zurückgehaltenen Triebregungen und Neigungen ihm überhaupt nicht mehr unmittelbar zum Bewußtsein kommt" (Elias 1977b, S. 329).

3. Erklärungsrahmen der Zivilisationstheorie und seine Umsetzung in der Kriminalsoziologie

Die Monopolisierung der Machtmittel, die Zentralisierung der staatlichen Gewalt und die Schaffung eines Gewaltmonopols sind die Garanten für die Herausbildung und Stabilisierung individueller Selbstzwänge. Nicht das zügellose Ausleben von Trieben, Stimmungen und Affekten sind die Kennzeichen der modernen Gesellschaft, sondern die Zähmung dieser Verhaltensweisen.

Individuelle Selbstbeschränkungen gewinnen nach Elias dann an Stabilität, wenn sie in relativ stabile und überschaubare Handlungszusammenhänge eingelagert sind. Elias sieht solche Zusammenhänge mit der Ausbildung gesellschaftlicher Monopolinstitutionen gegeben. Sie bieten Gewähr für gesellschaftliche Handlungsfelder, die normalerweise von Gewalttaten frei sind und in denen sich individuelles Handeln und neue Formen der Vergesellschaftung entfalten können. Erst die Kontrolle des Verhaltens eröffnet die Möglichkeit der unterschiedlichen Nutzung von Chancen in relativ befriedeten Situationen. Wo die Freiheit des einen nicht zur Unfreiheit des anderen wird, entstehen überhaupt Möglichkeiten für kreatives individuelles Handeln.

Elias bindet die Zivilisierung von Gesellschaften nicht nur an zentrale Machtakkumulationen, sondern sieht den Wandel von Disziplinierungen in einem ebenso engen Zusammenhang mit der Monopolisierung gesellschaftlicher Chancen. Die Richtung, in der sich die Disziplinierung individuellen Handelns allerdings wandelt, bestimmt sich nach Elias danach, inwieweit es gesellschaftlich gelingt, Fremdzwang zunehmend in Selbstzwang zu transformieren.

"Gesellschaften ohne stabiles Gewaltmonopol sind immer zugleich Gesellschaften, in denen die Funktionsteilung relativ gering und die Handlungsketten, die den Einzelnen binden, verhältnismäßig kurz sind. Umgekehrt: Gesellschaften mit stabileren Gewaltmonopolen, verkörpert zunächst stets durch einen größeren Fürsten- oder Königshof, sind Gesellschaften, in denen die Funktionsteilung mehr oder weniger weit gediehen ist, in denen die Handlungsketten, die den Einzelnen binden, länger und die funktionellen Abhängigkeiten des einen Menschen von anderen größer sind" (Elias 1977b, S. 321).

Und weiter heißt es:

"Dämpfung der spontanen Wallungen, Zurückhaltung der Affekte, Weitung des Gedankenraumes über den Augenblick hinaus in die vergangenen Ursach-, die zukünftigen Folgeketten, es sind verschiedene Aspekte der gleichen Verhaltensänderung, eben jener Verhaltensänderung, die sich mit der Monopolisierung der körperlichen Gewalt, mit der Ausweitung der Handlungsketten und Interdependenzen im gesellschaftlichen Raume notwendigerweise zugleich vollzieht. Es ist eine Veränderung des Verhaltens im Sinne der 'Zivilisation'" (Elias 1977b, S. 322).

Die Transformation von Fremd- in Selbstzwänge und deren antizipatorische Wirkung in den Handlungsplänen der Individuen hat zur Folge, daß Handelnde und Sanktionierende zusammenfallen. Es verändert sich wie von Ferber (1984, S. 109) herausgearbeitet hat, die "Selbstgegebenheit der Menschen". Sie erleben sich in der modernen Gesellschaft auf eine andere "genauer gesagt auf eine anders vermittelte Weise".

"Und wie sich so Verhalten und Seelenhaushalt des Einzelnen verändern", heißt es bei Elias (S. 372), "ändert sich in entsprechender Weise auch die Art, in der ein Mensch den anderen betrachtet; das Bild, das der Mensch vom Menschen hat, wird reicher an Schattierungen, es wird freier von momentanen Emotionen: es 'psychologisiert' sich".

Die Besonderheit des Eliasschen Erklärungsrahmens für eine produktive Einbindung in die kriminalsoziologische Diskussion sehe ich in der Verbindung der Prozesse der Monopolisierung der physischen Gewaltausübung mit der Verhaltensmodellierung der Individuen einerseits und der Herausbildung eines langfristigen Planungsverhaltens im Beziehungsgeflecht der Individuen andererseits. Es erscheint mir besonders reizvoll, unter der Perspektive von Elias den langfristigen Wandel des Kontrollmittels "Strafprozeß" zu thematisieren. Ich möchte dies, anknüpfend an die zuvor vorgetragenen zentralen Argumente von Elias, unter zwei Fragestellungen tun: *Erstens* lassen sich in der Entwicklung des Strafprozesses Wandlungsprozesse aufzeigen, die zu Veränderungen des Interdependenzgeflechts der Menschen führen und *zweitens* lassen sich mit der Herausbildung eines staatlichen Gewaltmonopols auch Veränderungen im Beziehungsgeflecht der Menschen untereinander ausmachen, insbesondere in ihrem Verhältnis zur Strafe?

Überträgt man die zuvor dargelegten Argumente und die beiden Fragestellungen auf den Strafprozeß, dann sind unter zivilisatorischer Perspektive meines Erachtens von besonderer Relevanz (1) die *prozessuale Form des Strafprozesses*, dessen Ziel in der Auffindung der materiellen Wahrheit liegt und in dessen Verlauf unentwegte Balanceakte zwischen dem auf Wahrheitsfindung und -feststellung gerichteten Untersuchungsinteresse des Staates und dem Freiheitsinteresse des Beschuldigten herzustellen sind (vgl. Schmidt 1969/70, S. 291), (2) *die Umsetzung eines spezialpräventiven Handlungsprogramms* des Strafrechts, das die Balance zwischen staatlich ausgerichtetem Fremdzwang und Stabilisierung des Selbstzwangs herzustellen versucht.

4. Prozessuale Form des Strafprozesses

Wendet man sich nunmehr dem Problemzusammenhang des Formwandels des Strafprozesses zu und betrachtet ihn unter der Perspektive eines Transformationsprozesses von der vormodernen zur modernen Gesellschaft, so dürfte es nicht überraschend sein, daß diesen Transformationsprozeß sehr ähnliche Entwicklungen begleiten wie sie von Elias für den Zivilisationsprozeß als Kernelemente beschrieben worden sind: zunehmende Selbstdisziplinierung, Erweiterung des Interdependenzgeflechts und zunehmende Funktionsteilung.[10]

Aus zivilisatorischer Perspektive erweist sich das Recht des modernen Staates auf Gewaltausübung als eine Institution, die ihre Rationalität aus der Implementation zivilisatorischer Strukturen in das Strafrecht gewinnt. In dieser Perspektive ist

"die Einführung des öffentlichen Strafrechts [ist] der für das moderne Recht konstitutive Mechanismus der Transformation eines ungebändigten Rechts des Staates auf Strafen in ein durch Öffentlichkeit kontrolliertes und rationalisiertes Strafrecht" (Eder 1986, S. 237).

Das Recht auf Gewaltausübung lag, wie Norbert Elias anschaulich zeigt, in der vormodernen Gesellschaft in der Hand frei rivalisierender Krieger, denen keine gesellschaftlich verbindenden

Regelungen die Art und Weise ihres Handelns begrenzte. Im Detail zeigt Elias auf, wie dieser priviligierte Besitz gesellschaftlicher Chancen unter Druck gerät und zur Ausdifferenzierung der physischen Machtmittel in Gestalt stehender Heere sowie der Organisation in Gestalt des Staates führt.[11] Mit der Ausdifferenzierung von Monopolinstitutionen der physischen Gewalt wandelt sich in der modernen Gesellschaft die Verfügung hierüber. Sie wandert aus dem Besitz priviligierter Gruppen über in ein staatliches Monopol legitimer Gewaltausübung.[12]

Richtet man sein Augenmerk auf die Institutionalisierungsgeschichte des Strafrechts, so besteht der wesentliche Entwicklungstrend zur Zivilisierung in der Überwindung des inquisitorischen Verfahrens und der Etablierung rechtsstaatlicher Prinzipien.

4.1. Struktur inquisitorischer Verfahren in der vormodernen Gesellschaft

Dem friedlosen, ungebundenen Verhalten der Gesellschaftsmitglieder in der vormodernen Gesellschaft stand eine ebenso ungebundene, schrankenlose Willkür der Rechtsgenossen, der Obrigkeit gegenüber.

Im 10./11. Jahrhundert fanden sich die staatlichen Hoheitsrechte über die Territorien zersplittert in den Händen von Grafen und Vizegrafen. Die Ausscheidungskämpfe führten zur Konzentration dieser Rechte in den Händen weniger großer Lehnfürstentümer und begannen sich dort in der Form einheitlicher Staatsgewalt herauszubilden. Das Interesse der Territorialherren lag nicht in Gerechtigkeit oder Gerichtsbarkeit, sondern an den finanziellen Einkünften aus der Gerichtsbarkeit (=justitiae).[13] Weder waren die Territorialherren berechtigt noch beanspruchten sie

> "die Gerichtsbarkeit in Form einer eigenen, individuellen Willensentscheidung, durch judicium & mandatum, auszuüben. Sie begnügten sich mit ihrer finanziellen Anteilnahme an der Gerichtsbarkeit" (Achter 1951, S. 58).

In Streitfällen beschränkte sich die Tätigkeit des Richters weitgehend auf Streitschlichtung zwischen den Parteien. Willkür hieß in dieser Zeit, völlig frei mit den Schlichtungsvereinbarungen umzugehen, sie in einem Verfahren mehrfach umzustoßen, nur weil eine andere Form der Streitschlichtung gefunden worden ist. Das Prozeßergebnis war deshalb nicht kalkulierbar.

> "Die Parteien", so Achter (S. 59), "sehen im Ablauf des Gerichtsverfahrens nicht mehr den Weg zur Wiederherstellung der Ordnung, sondern vornehmlich ihre eigene Angelegenheit. Sie verfahren mit dem Prozeß durchaus willkürlich".

Die Konzentration von Macht in den Händen der Territorialherren blieb allerdings nicht einflußlos auf die Entwicklung des Rechts. Da es keine rechtsverbindlichen Grundsätze gab wie Streitfälle abzuarbeiten seien, sondern sich weitgehend der Wille des Herrn qua Befehl durchsetzte, führte dies zu einem Zerfall der Ordnung, insoweit, als sich das Recht zunehmend "zersplittert, individualisiert, in bestimmte neue säkulare Disziplinen" aufgelöst hat (Achter, S. 63). Das Recht wird entzaubert, es verliert seine magische Wirkung und unterliegt einem Prozeß zunehmender

Rationalisierung. Das 11./12. Jahrhundert kann nicht nur als "Geburt der Strafe", sondern auch als wesentlicher Wendepunkt in der prozessualen Verhandlung von Streitfällen angesehen werden. Indem die Menschen im Recht ein probates Mittel zur rationalen Gestaltung des Lebens und zur Erreichung von Zielen sahen, waren sie auch daran interessiert, Planungssicherheit ihres Verhaltens zu erlangen. Die in einem Ehescheidungsprozeß aus dem Jahre 1176 urkundlich belegte Äußerung eines Richters, zukünftig "gleiche Fälle ebenso zu ahnden" (Achter, S. 70), brachte das neue Selbstverständnis zum Ausdruck. Gerechtigkeit wurde nicht mehr dadurch zu erlangen gesucht, daß man von Satzungen und gesetzlichen Regelungen absah, sondern dadurch, daß die Tat als ethisch verwerfliche angesehen wurde und sich der Missetäter der Entscheidung des Richters zu unterwerfen hatte. Zugleich ist mit diesem Wandel in der Betrachtung von Recht und Verfahren ein Machtzuwachs des Richters verbunden. Dem Richter stand das Recht zu, "den Prozeß zu gestalten, das Urteil zu vollstrecken und die Vollstreckung zu überwachen" (Achter, S. 73). Es lag im Ermessen eines Richters, die Unrechtsfolgen abzuwägen und die sittlich gerechtfertigte Strafe herauszufinden. Hierbei sah er sich keinerlei Beschränkungen unterworfen. Die vormals freie Willensentscheidung eines Herren verkörperte sich seit dem 12. Jahrhundert in der freien und von Vorschriften ungehinderten Willensentscheidung des Richters.[14]

Nicht unwesentlich für diesen Wandlungsprozeß war der Versuch der monopolisierenden Territorialherren, neue, nicht nur feudale Verwaltungsformen auf versachlichter, bürokratischer Basis aufzubauen. Zur Ausbildung dieser Verwaltungskräfte wurden in ganz Europa ab dem 12. Jahrhundert Universitäten eingerichtet, in denen das Rechtswesen eine wichtige Rolle spielte. Sie trugen mit dazu bei, die Rationalisierung und Vereinheitlichung des Rechts voranzutreiben.

Noch im 16. Jahrhundert basierte der gemeinrechtliche Inquisitionsprozeß, wie er sich auf der Grundlage der "Constitutio Criminalis Carolina" in allen deutschen Staaten entwickelt hatte, auf der Einheit von Verfolgungs- und Beurteilungstätigkeit durch den Inquisitionsrichter.

"Er unternahm auf Verdacht hin den ersten Angriff gegen den Beschuldigten, führte die Ermittlungen durch, ordnete Zwangsmaßnahmen an (Folter bis zu Beginn des 19. Jahrhunderts, Verhaftung, Beschlagnahmen usw.) und sammelte in protokollarisch festgehaltenen Vernehmungen in den Untersuchungsakten das gesamte für die Urteilsfindung bedeutsam erscheinende Material".

"Der Inquisitionsrichter" so schreibt Schmidt (1967, S. 22) weiter, "war in den letzten Zeiten des polizeistaatlichen Inquisitionsprozesses (bezieht sich auf das 17./18. Jahrhundert - HGH) fast in allen Beziehungen auf sein eigenes Ermessen angewiesen. Bindende Formen für sein Verhalten dem Beschuldigten gegenüber fehlten so gut wie ganz".

Obwohl die Prozesse sich vielfach sehr lange hinzogen, die Beschuldigten teilweise unmenschlichen Prozeduren unterzogen wurden und Urteile keineswegs frei von Fehlern waren, "liefen die Verfahren doch keineswegs willkürlich" ab (van Dülmen 1988, S. 13).

"Der Delinquent hatte zwar nur wenige Rechte, war aber doch nicht einfach dem Richter oder gar dem Scharfrichter ausgeliefert, selbst wenn er der Folter unterworfen wurde".[15]

Im Mittelpunkt des Verfahrens stand die Beweiserhebung und Überführung des Delinquenten. Die Machtbeziehung zwischen Beschuldigten und Richter war einseitig zugunsten der Obrigkeit strukturiert. Ein Interdependenzgeflecht zwischen den Verfahrensbeteiligten existierte quasi nicht. Die Überführung des Delinquenten erschöpfte sich allerdings nicht nur im Zusammentragen von Indizien, sondern das Ziel des Verfahrens lag im Erhalt eines Geständnisses. Dies konnte auf 'freiwilliger' Basis oder durch Androhung und Anwendung von Zwangsmaßnahmen erreicht werden. In besonders krasser Form trat die Fremddisziplinierung dem Beschuldigten in Form der Folter und der für den Beschuldigten völlig isolierenden Verhaftung gegenüber.

Die Paradoxie der Folter lag darin, daß sie auch dann angewendet wurde, wenn der Tatverdacht hinreichend durch Indizien belegt war, sich ihre Anwendung also keineswegs nur auf Fälle unzureichender Beweise und fehlender Geständnisse beschränkte (vgl. Schmidt 1965, S. 127ff und Danker 1988, S. 137ff). Das Geständnis war die Voraussetzung für das Urteil, und da Beweiserhebung und -würdigung als nicht öffentliche Abläufe, die Verurteilung hingegen öffentlich erfolgte, war es für den Inquirenten wichtig, ein Geständnis auf "freiwilliger" und "ungezwungener" Basis zu erhalten.[16]

Geständnisse basierten allerdings nicht nur auf physischen Pressionen. Der inquirierende Richter setzte zur Erlangung derselben ein ganzes Arsenal "psychischer Pressionen"[17] gegenüber dem Inquisiten ein. "Nicht richterlicher", so Schmidt (1965, S. 102), "sondern polizeilicher Geist bestimmte das Verfahren". Vielfach sah sich der Angeklagte nicht nur dem Inquirenten direkt ausgesetzt, sondern auch der indirekten Einflußnahme durch die Geistlichkeit, die sich für den Inquisiten oftmals nicht erkennbar, an der inquisitorischen Ermittlung aktiv beteiligte.[18]

4.2. Struktur, Funktion und Folgen rechtsstaatlicher Verfahrensprinzipien

Ein wesentlicher Zivilisierungsschub in der Überwindung des inquisitorischen Verfahrens lag in der Selbstbeschränkung des freien Ermessens in Form formaler Regelungen des Verfahrens, einer Funktionsteilung zwischen beweiserhebenden und beweiswürdigenden und urteilenden Institutionen (Blankenburg/Treiber 1978, S. 162ff). Diese institutionelle Entkopplung befreite den Richter vom ersten Angriff auf den Beschuldigten, von der Verdachtsermittlung etc.. Die Funktionsteilung legte die Aufgaben neu fest. Die neu eingeführte Staatsanwaltschaft definierte die öffentlichen und staatlichen Interessen der Strafverfolgung und leitete die notwendigen Maßnahmen zur Beweisermittlung ein. Sie ist nicht nur Partei, die einseitig die Interessen des Staates an der Fallaufklärung zu vertreten hat,[19] sondern ihr Auftrag ist auch darin zu sehen, daß sie Beweise sichern muß, die unter Umständen zu einer Entlastung des Angeklagten führen.[20] Der Strafverteidigung werden Verteidigungsmöglichkeiten garantiert, die sich auf alle Stufen des Verfahrens beziehen. Der Richter fungiert als eine vom Staat unabhängige Instanz.

Der zivilisatorische Kernpunkt liegt darin, daß das ursprünglich sehr auf die Person des Richters zugeschnittene inquisitorische Verfahren sich in der modernen Gesellschaft zu einem umfassenden Interdependenzgeflecht mit unterschiedlichen Machtbalancen auf den verschiedenen Verfahrensstufen entwickelt, das keiner der beteiligten Parteien die Chance eröffnet, einseitig zu seinen Gunsten den Prozeßverlauf zu strukturieren.[21] Die Verschiebung der Machtbalancen zwischen den verschiedenen Parteien hat die "Informalisierung" des Verfahrens zur Folge. In Anlehnung an Wouters (1977, S. 296) verstehe ich hierunter die Lockerung und Flexibilisierung von Verhaltensnormen, die die Durchführung von streitigen Strafverfahren regeln sollen. Diese Informalität besteht darin, daß der staatliche Strafanspruch, wie er sich im Übergang von der vormodernen zur modernen Gesellschaft herausgebildet hat, selbst wieder zur Disposition steht und zwischen den Prozeßparteien zum Gegenstand von Aushandlungen geworden ist.

Das Prinzip der Informalität konkurriert mit den im Verfahrensrecht (StPO) kodifizierten Normen für ein streitiges Verfahren, das sich in seiner "kooperativen" Form zunehmend von seiner Legitimationsquelle entfernt. Die Ersetzung des "Befehlprinzips" durch das "Verhandlungsprinzip" ist ein zivilisatorisch bedeutsamer Wandel (vgl. Swaan 1991, S. 183), der auf der Ebene des Handelns in der Selbstbeherrschung der jeweiligen Prozeßmitglieder seinen unmittelbaren Niederschlag findet. Informalität stellt hohe Anforderungen an die bewußte Selbstkontrolle und Selbstdisziplin der Parteien. Alle Beteiligten müssen situationsflexible und subtile Methoden entwickeln, ihr Verhalten auf rasch wechselnde und unerwartete Situationen einstellen, um im Machtspiel des Prozesses nicht zu unterliegen (vgl. Bogner/Wouters 1990, S. 272 und 275). Informalität jedoch hat auch unmittelbare Auswirkungen auf das Ziel des Verfahrens selbst. Das Ziel der Prüfung der materiellen Wahrheit wird in kooperativen Verfahren nicht erreicht. Die Nichterreichung des Ziels wiederum hat kaum Einfluß auf die Stabilität des juristischen Gewaltmonopols. Das Ringen um die adäquateste Lösung spart die Negation der allgemeinen Legitimierung des Verfahrens aus. Diese Wandlungsprozesse des Kontrollmittels "Strafprozeß" liegen durchaus im Zivilisierungstrend. Ihre Stabilisierung erreichen sie durch die Selbstdisziplinierung der Individuen. Es ergibt sich jedoch als ungeplante globale oder systemische Folge die faktische Auflösung des kontradiktorisch geprägten Strafprozesses in der modernen Gesellschaft.[22]

Im Wandel von der vormodernen zur modernen Gesellschaft erfährt die staatliche Strafgewalt eine gesetzlich festgelegte Begrenzung ihres Handelns. Die behördliche Willkür wird diszipliniert durch prozessuale Regelungen, die persönliche Freiheit und Verantwortung des Einzelnen geschützt, seine Stellung im Verfahren gestärkt. So gesehen ist die Implementation rechtsstaatlicher Prinzipien wie die Unabhängigkeit der richterlichen Entscheidungen, die Arbeitsteilung zwischen Staatsanwaltschaft und Gericht, die Zulassung einer selbständigen Verteidigung in allen Verfahrensschritten, die Freiheit des Beschuldigten von jedem Aussagezwang, die Beschränkung prozessualer Zwangsmittel, die Mündlichkeit der Hauptverhandlung und das Öffentlichkeitsprinzip ein Wirken im Sinne einer zunehmenden Zivilisierung der Gesellschaft (siehe Schmidt 1954/1970, S. 49).

316

5. Umsetzung des spezialpräventiven Handlungsprogramms im Strafverfahren

Die skizzierte Transformation einer ungebändigten in eine gebändigte prozessuale Form und die damit verknüpften Wandlungen im Interdependenzgeflecht und der ihnen entsprechenden Selbstdisziplinierungen der beteiligten Parteien führt zu einem veränderten gesellschaftlich vermittelten Verhältnis der Individuen zu sich selbst (vgl. von Ferber 1984, S. 110). Individuen mit ausgeprägtem Selbstzwang nehmen in Interaktionen erwartete und befürchtete Handlungen anderer vorweg. Eine Antizipation des Verhaltens der anderen Individuen erhöht zwangsläufig die Sensibilität für Betroffenheiten in spezifischen Situationen. Dieser Zusammenhang einer veränderten sozialen Vermittlung der Beziehung der Menschen zu sich selbst und zu anderen Menschen und die mit dieser Differenzierung einhergehende Ausdifferenzierung gesellschaftlicher Institutionen muß sich in einem veränderten Umgang mit den Beschuldigten im Strafprozeß niederschlagen.

Die Ausdifferenzierung gesellschaftlicher Chancen und die Überführung der Verfügungsgewalt aus dem priviligierten Besitz sozialer Gruppen in ein gesellschaftliches Monopol verändert- so die Kernhypothese Elias'- die soziale Kontrolle in der Richtung, daß Fremdzwang in Selbstzwang transformiert wird. Die Theorie der Zivilisierung sieht demnach die moderne Gesellschaft weitestgehend über Mechanismen der Selbstdisziplinierung begründet.

Elias (1988, S. 166f) sieht diese Selbstdisziplinierungen in Individualisierungsschüben zur und in der modernen Gesellschaft eingelagert. Als weitere Begleiterscheinungen von Individualisierung hat Annette Treibel (1991, S. 5) bei Elias die wachsende Mobilität, wachsende Entscheidungsmöglichkeiten und Spielräume, Steigerung der Eigenverantwortlichkeit, Stärkung der Ich-Identität bei gleichzeitiger Abnahme der Wir-Identität, Freiwilligkeit und Auswechselbarkeit der Wir-Beziehungen herausgestellt (Bezüge bei Elias 1988).

Ich habe oben dargelegt, daß dem Affekte auslebenden und seinen spontanen Impulsen folgenden Krieger der vormodernen Gesellschaft der sich selbst disziplinierende, in befriedeten Räumen handelnde moderne Mensch gegenüber steht.[23] Diese Wandlungsprozesse der Wahrnehmungs- und Verhaltensstruktur vollziehen sich seit dem 11./12. Jahrhundert. Es ist zudem der Zeitraum, in dem sich eine neue Betrachtungsweise über die Natur des Menschen durchzusetzen beginnt und den Achter (1951) als "Geburt der Strafe" lokalisiert hat. Bei der Betrachtung der strafprozessualen Entwicklung habe ich desweiteren darauf verwiesen, daß das Recht sich zunehmend individualisierte. Der Individualisierung in der Sphäre des Rechts ging die Individualisierung des Menschen, insbesondere in der Klasse der Territorialherren voraus.[24]

Sie blieb allerdings nicht nur auf diese Klasse beschränkt, obwohl die neuen Individualitätsformen in den Oberschichten am sichtbarsten und verbreitesten waren. Ähnlich wie Elias sieht Hahn (1982, S. 409) in dem Aufblühen der Städte, in der größeren Mobilität der Bevölkerung, in der Ausweitung des Handels, in der zunehmenden Differenzierung, in dem Zuwachs an Handlungsspielräumen der Gesellschaftsmitglieder und in der Entfaltung des geistigen Lebens günstige und unterstützende Bedingungen für die Verbreitung von Individualität.

"All dies hilft mit", so Hahn (S. 409), "eine neue Form von Individualität, einen neuen Begriff des Handelns, der das Schwergewicht auf die Intentionalität legt, und eine neue Vorstellung von Verantwortlichkeit entstehen" zu lassen.

Es bedurfte allerdings eines Mechanismus, der zu einer über die Oberschichten hinausgehenden Diffundierung dieser neuen Vorstellungen führte und zu einem verbreiteten Deutungsmuster sich entwickelte. Hahn sieht diese neue Stufe mit der Verschiebung der Schwerpunkte der Sündenanalyse "von den äußeren Handlungen auf die Intentionen" und mit der Einführung der Beichte als Christenpflicht erreicht.[25]

Die neue Auffassung von Sünde erscheint seit dem 12. Jahrhundert als verinnerlichte Form der Buße.

"Die eigentliche Verzeihung erlangt der Sünder dadurch, daß er die innere Wirklichkeit der Sünde tilgt, durch die Negation der Intention, die in der reuigen Zerknirschung des Sünders besteht" (Hahn, S. 408).

Für die Entwicklung des Rechts wird diese Disposition von besonderer Relevanz, wenn gezeigt werden kann, daß eine Entkoppelung des religiösen Bedeutungsgehalts von Buße und Verantwortung stattfindet und eine Säkularisierung erfolgt. Mit der Verhängung von Strafen als Folge für begangenes Unrecht verliert jede Missetat ihre religiöse Untermauerung. Die Tat ist nicht nur Störung einer magischen Ordnung, sondern sie wird als böses Tun eines Individuums betrachtet, das die Folgen seines Tuns zu sühnen hat.[26]

Die ursprüngliche religiöse Bedeutung säkularisierte sich in der Tat seit dem 11. Jahrhundert. In den Quellen aus dem 12. Jahrhundert findet sich immer häufiger der Begriff 'punire' und nicht der religiöse Begriff 'misericordia'. Gefragt wurde nicht mehr nach der Tat und wie sie zu bereinigen sei, sondern im Mittelpunkt stand der Täter, der moralisch und sittlich für seine Handlungen verantwortlich gemacht wurde und für die Tat einzustehen hatte.[27]

Mit der Schwerpunktverlagerung der kirchlichen Sündenlehre, der Institutionalisierung der Beichte, korrespondierte eine Veränderung der Semantik von Schuld, was zu einer anderen Auffassung von Taten und deren Verantwortung führte. Die Beichte erwies sich insofern als Katalysator dieser veränderten Auffassung, da in ihr "nicht nur das äußere Handeln", sondern bereits die Intentionen des Einzelnen der Fremdkontrolle unterstellt wurde (Hahn, S. 408). Im Bekenntnis ordnete der Handelnde sich selbst seinen Taten zu, wies sich als verantwortlich hierfür aus. Formen der Veränderung individueller Verantwortlichkeiten entwickelten sich demnach seit dem 12. Jahrhundert im rechtlichen und religiösen Handlungsbereich. Vor diesem Hintergrund wird überhaupt erst deutlich, weshalb das Geständnis im inquisitorischen Verfahren einen derart hohen Stellenwert erlangte und selbst bei ausreichenden Indizien durch Folter erzwungen wurde. Erst die Verknüpfung von Tat und Täter, die Offenlegung von Motivationen und Intentionen und die Preisgabe von Informationen, die allein der Täter wissen konnte, beseitigten die letzten Zweifel an dessen Verantwortung für die Tat.[28]

Institutionen wie Beichte und Strafprozeß waren durchaus als komplementär in der Einübung dieser neuen Sichtweise von Verantwortung und Schuld zu sehen. Sie strukturierten unterschied-

liche Handlungsbereiche des Alltags: Während der Christ freiwillig seiner Pflicht zur Selbstenthüllung im Alltag nachkam, wird der einer Missetat verdächtigte Täter, sofern er nicht vor Anwendung von Zwangsmaßnahmen sich zur Tat bekannt hat und gestand, durch Torturen zum
"freiwilligen" Geständnis gezwungen. Beichte wie Strafprozeß zielten auf die Aufdeckung der
intentionalen Strukturen im Individuum und stellten hierfür neue Deutungsmuster für den Ab-
weichungsfall zur Verfügung. In der Beichte übten sich die Formen der Selbsterforschung ein,
die im weiteren Verlauf der zivilisatorischen Entwicklung in Selbstbeobachtung und Selbstdisziplinierung des Alltags ihren unmittelbaren Ausschlag fanden und Fremdkontrollen mehr und mehr
in den Hintergrund drängten.

Erst im 16. Jahrhundert bildete sich so etwas wie eine "gesamtbiographische Verantwortung"
(Hahn, S. 418) heraus. Mit der Prädestinationslehre der Calvinisten präsentierte sich eine Got-
tesvorstellung und ein Weltbild, das für die Individuen unmittelbare Bezüge zu ihrem Alltagshandeln herstellte und Handlungsorientierung zur unmittelbaren Gestaltung der praktischen Lebensführung bereitstellte.[29] Die Selbsterforschung der Individuen bildete quasi die Voraussetzung
für deren Selbstdisziplinierung.

"Das Insistieren auf Selbsterforschung und Selbstkontrolle entspringt ursprünglich einer
Problematisierung der Heilsgewißheit. Das Resultat ist eine generelle Rationalisierung der
Lebensführung" (Hahn, S. 421).

Die Beichte wurde somit zugleich zum Ausgangspunkt für die Herausbildung und Einübung neuer
Formen der Individualität. Die Beichte und insbesondere die Dramatik des Moments im Todes-
kampf[30], machten "das eigene Leben als Gesamtheit der individuellen Handlungen eines Lebens,
als Biographie, gegenständlich" (Sackmann 1990, S. 122).

Sah sich diese Biographie in der vormodernen Gesellschaft noch stark in die vorgegebenen
sozialen Lebens- und Handlungsvollzüge der traditionalen Gesellschaft eingelagert, so verliert
Individualität in der modernen Gesellschaft zunehmend ihre starre Formung. In der modernen
Gesellschaft des 20. Jahrhunderts erschöpft sich Individualisierung nicht mehr im Nachvollzug
und Erlernen von Lebensrollen, sondern im eigenständigen Aufbau von situativen Handlungsmustern. Prägnant formuliert: Den modernen Menschen kennzeichnen 'flexible', 'pluralistische',
'aktive Ich-Formen' (Sackmann, S. 119).

Individualisierung bedeutet die aktive Auseinandersetzung mit vorgegebenen gesellschaftlichen Typisierungen, deren Umsetzung in die Handlungsvollzüge dem flexiblen Ich ein hohes Maß
an Eigenverantwortlichkeit abverlangt und durch einen hohen Grad von Selbstdisziplinierung erreicht wird (Sackmann, S. 130). Selbstdisziplinierung entwickelt sich nicht nur zu einer wesentlichen Machtressource der Individuen, sondern ist Voraussetzung für erfolgreiches Handeln in beständig neu erfahrenen Handlungszusammenhängen und im Bewältigen neuer Situationen.

"Steigende Freiheit und Autonomie kann gleichzeitig auch normativ die Zumutung von Ich-
Kompetenz bedeuten. Das flexible Ich, (...), kann von denen, die es nicht erfüllen, gesellschaftlich eingeklagt werden" (Sackmann, S. 120).

Andererseits können auch diejenigen, die über ein flexibles Ich verfügen, denjenigen, die es nicht besitzen, Möglichkeiten zu deren Erlangung einräumen.

So konnte Eder (1986, S. 238ff) zeigen, daß der Strafdiskurs, ohne daß er in besonderer Weise den Wandlungsprozeß von der Fremd- zur Selbstdisziplinierung reflektiert, von dieser Entwicklung keineswegs unberührt geblieben ist. Eder hat dargelegt, wie die Institutionalisierung kognitiv-normativer Strukturen und deren Durchsetzung in der strafrechtlichen Praxis über kommunikative Diskurse hergestellt wird. Er sieht in der diskursiven Kommunikation, die dem "Prinzip des Entmündigungsverbots" folgt, ein "systematischen Rationalitätskriterium" zivilisatorisch wirksamer Prozesse (Eder, S. 239). Im Kern besagt dieses Prinzip,

> "daß niemand so behandelt werden darf, daß ihm die Fähigkeit zur Verantwortung des eigenen Handelns prinzipiell abgesprochen" wird (Eder, S. 239).

Damit ist auf andere Weise zum Ausdruck gebracht, was mit dem Wandel zur Selbstdisziplinierung gemeint ist: Die Anerkennung der Person als Subjekt korrespondiert mit der Modellierung ihres Verhaltens. Die Fremddisziplinierung wird für die Gesellschaftsmitglieder beibehalten, denen es an Selbstdisziplinierung mangelt, die undiszipliniertes und unzivilisiertes Verhalten zeigen. Die Fremdkontrolle tritt in der modernen Gesellschaft den Individuen keineswegs als etwas Fremdes gegenüber:

> "Der Kontroll- und Überwachungsapparatur in der Gesellschaft", so Elias (1977b, S. 327f), "entspricht die Kontrollapparatur, die sich im Seelenhaushalt des Individuums herausbildet".

Betrachten wir den Wandlungsprozeß in den Kontrollformen von der vormodernen zur modernen Gesellschaft, so können wir als Tendenz ausmachen, daß Fremddisziplinierungen, die in der vormodernen Gesellschaft weitestgehend auf Zwangsmaßnahmen vornehmlich physischer Gewalt gegen den Körper basierten, sich in der modernen Gesellschaft hin zu utilitären Belohnungs- und Bestrafungsformen verschieben. Formen intentionaler Kontrolle wandeln sich von moralisch unhinterfragten Normen hin zu assoziierten, freiwilligen Übereinkünften. In der Monoplisierung der Instanzen physischer Gewalt (re-)präsentiert sich nicht nur das staatliche Gewaltmonopol, sondern dieses schafft die Voraussetzung für befriedete Handlungsbereiche, in denen Schutz, Ordnung und Gerechtigkeit garantiert und rational über Formen von Konformität und Abweichung debattiert werden kann. Im Zuge der sich erweiternden Arbeitsteilung und Funktionsverflechtung üben sich also über "Selbstzwang" und "Langsicht" eine Selbstnormierung auf "zweckrationale" Denk- und Handlungsformen ein.

Die Rationalität dieser Entwicklung findet ihren Niederschlag in der Auflösung des "Theater des Schreckens" (Dülmen 1988, S. 7) mit all seinen dargebotenen 'Grausamkeiten', 'Roheiten', 'abergläubischen Ritualen' und 'makabren Zeremonien', "in das die Strafhandlungen in der vormodernen Gesellschaft eingebunden waren".

In der modernen Gesellschaft bemächtigt sich der Staat nicht mehr der gesamten Person eines Täters mit den auf die Tat abgestimmten Strafen, sondern er beansprucht zunehmend eine individualisierende Beeinflussung der Persönlichkeit.

"Die Persönlichkeit des überführten Verbrechers ist eben nicht mehr tabu, sondern Objekt stärkster Beeinflussungen durch mannigfachste Verbrechensbekämpfungsmittel" (so Schmidt 1954/1970, S. 53).

Der durchgreifende zivilisatorische Wandel von der vormodernen zur modernen Gesellschaft ist ein Wandel in der Anwendung direkter Formen der Gewalt hin zu subtileren Formen, die auf die Persönlichkeit des Täters gerichtet sind.[31] Wie und in welcher Form welche Maßnahmen eingeleitet werden, ist wiederum nicht nur einseitig durch die strafende Gewalt festzulegen. Obwohl das Strafrecht die Rahmenbedingungen für Straftaten vorgibt, ergeben sich doch vielfältige Möglichkeiten, Spielräume innerhalb des vorgegebenen Rahmens zu nutzen. Die Festlegung von Strafmaßen, ihre Inhalte, ihre Verbindlichkeiten, ihre konkrete Interpretation und ihre situationsspezifische Abwandlung werden dabei zunehmend zum Gegenstand von Aushandlungsprozessen zwischen den Prozeßbeteiligten. Anders ausgedrückt: Das spezialpräventive Handlungsprogramm mit seinen unterschiedlichen Kontrollmitteln unterliegt einem Informalisierungsprozeß mit der Folge einer Anwendung von psychologischen oder pädagogischen Formen der Handlungssteuerung der Täter. Damit sind zugleich wiederum höhere Anforderungen an diejenigen verbunden, denen die Überwachung und Herstellung von Verhaltenskonformität obliegt (vgl. Bogner/Wouters 1990, S. 274). Sie müssen Abschied von einem isolierten, ausschließlich ich-bezogenen Menschen nehmen, ihn aus seinem sozialen Beziehungsgeflecht heraus betrachten, ihn beim Aufbau von situativen, flexiblen Handlungsmustern unterstützen. Die (Wieder-)Herstellung von Selbstdisziplin kann deshalb nur dort gelingen, wo sie zur Lebensbewältigung vonnöten wird: in der konkreten Lebenswelt des Betroffenen. Was sich gegenwärtig in der modernen Gesellschaft vollzieht, ist eine Änderung von Kontrollmitteln und Kontrollzielen und der Bereitstellung von Ressourcen, die zu reflexivem Handeln führen sollen. F. W. Stallberg (1984, S. 128) hat diesen Wandlungsprozess prägnant wie folgt zusammengefaßt:

"Was sich denn auch derzeit in der Bundesrepublik Deutschland und anderswo vollzieht, ist ein allmählicher Übergang von bestrafenden zu therapeutischen, von ausgrenzender zu anpassender, von reaktiver zu präventiver, von direkter zu indirekter, von unspezifischer zu differenzierter, von verpflichtender zu angebotsorientierter Kontrolle".

Ebenfalls läßt sich eine deutliche Reduktion der Kontrollanteile bei der Behandlung einzelner Problemlagen beobachten, die mehr und mehr in den Kompetenzbereich von Sozial-, Bildungs- und Gesundheitspolitik übergegangen sind. Die verschiedenen Formen der Disziplinierung markieren nicht ein einseitiges Verhältnis der Repression, sondern entwickeln sich zu einem umfassenden Kontrollnetz, das nicht nur in der strafenden Gewalt mit ihren unterschiedlichen Angeboten und Praktiken ihren Ausdruck findet. Indem sich Kontrolle derart verallgemeinert, tritt ihr offen repressiver Charakter zurück (vgl. Sachße/Tennstedt 1986, S. 14). Der Wandlungsprozeß sozialer

Kontrolle in der modernen Gesellschaft verläuft in die Richtung, die Selbstdiziplinierung weniger durch negative als durch *positive Sanktionen durchzusetzen*, den Einzelnen eher durch Vermehrung seiner Handlungsmittel als durch Zwang von Abweichungen abzuhalten (vgl. Heiland 1990). Unter zivilisatorischer Perspektive

> "sind das Strafrechtspflegesystem und die verschiedenen Formen der informellen sozialen Kontrolle unter Bürgern nur zwei Seiten derselben Münze: in beiden Fällen handelt es sich um zivilisatorische Alternativen oder zivilisiertere Alternativen zur Anwendung körperlicher Gewalt durch Individuen" (van Dijk 1989, S. 447).

Es ergibt sich jedoch auch in diesem Fall eine ungeplante globale oder systemische Folge: Die Kontrolle wird alltäglicher, sie bemächtigt sich zunehmend der Psyche der Individuen und in ihrer verfeinerter Form ist sie als solche kaum noch erkennbar.

Anmerkungen

1 Bei Reinhold Sackmann bedanke ich mich für hilfreiche Anregungen und Präzisierungsvorschläge zu einer Vorversion dieses Textes.

2 Am häufigsten verwendet Elias im "Prozeß der Zivilisation" die Begriffe Fremd- und Selbstzwang. Vielfach spricht er auch von Selbstkontrolle bzw. Selbstbeherrschung oder auch von Selbstregulierung. Weniger häufig von Selbstdisziplinierung. Im Kontext seiner Argumentation sind zwischen den verschiedenen Konnotationen keine Bedeutungsdifferenzen erkennbar, so daß man davon ausgehen kann, daß Elias die Begriffe synonym verwendet. Ich werde im folgenden die Begriffe der Fremd- und Selbstdisziplinierung bzw. Fremd- und Selbstzwang verwenden, weil mir diese Begriffe noch am deutlichsten zum Ausdruck bringen, daß es sich bei "Disziplinierung" und "Zwang" gegenüber dem Gefühls- und Affekthaushalt der Individuen um sanktionierende Leistungen der Akteure gegenüber ihren sich stets spontan und impulsiv artikulierenden Gefühlen und Bedürfnissen handelt. Ähnlich auch Kuzmics (1986, S. 475): "Im Begriff der 'Selbstzwangsapparatur' (...) sind Normen körpereigene Zwänge geworden. Dispositionen, die ständig abrufbar sind."

3 Ich selektiere aus der Bedeutungsvielfalt des Kontrollbegriffs durchaus einseitig. Dem an Vielfalt interessierten Leser sei die Begriffsklärung bei Peters (1989, S. 129ff) empfohlen.

4 Es ist an dieser Stelle darauf hinzuweisen, daß die Eliassche Begrifflichkeit Affinitäten zum Begriff der Sozialdisziplinierung, wie er von G. Oestreich (1969) entfaltet worden ist, aufweisen könnte. Die Begriffe sind weder vorbehaltlos austauschbar, noch in ihrem Bedeutungsgehalt identisch. Winfried Schulze (1987) hat in seinem Beitrag einiges zu den unterschiedlichen Erkenntnisabsichten bei Elias und Oestreich gesagt (insbesondere S. 274) und herausgearbeitet, daß der Begriff der Sozialdisziplinierung "obrigkeitlich definiert" sei (insbesondere Fußnote 15, S. 273) und damit eine Vertikalität und Asymmetrie der Beziehungen zwischen Herrschenden und Beherrschten voraussetze.

5 Vgl. zum Bedeutungsgehalt des Begriffs der "Disziplin" bei Weber den Aufsatz von Stefan Breuer (1986, S. 45ff). Breuer diskutiert in diesem Artikel desweiteren die Konzeption der Disziplinargesellschaft bei Foucault und das Konzept der Sozialdisziplinierung bei dem in Anm. 4 bereits angesprochenen G. Oestreich.

6 So spricht Otto Hintze (1962, S. 70) in seinen vergleichenden Studien mehrfach von "monarchischer Disziplin". Auch in der Protestantischen Ethik Webers (1920/1988) ist zum Gnadenerwerb des Geldbesitzers die arbeits- und sparsame Lebensführung verpflichtet. Sie wird durch ein hohes Maß an (Selbst-)Disziplinierung im Beruf erlangt.

7 Die Unterscheidung zwischen 'vormoderner' und 'moderner' Gesellschaft ist zugegeben sehr grob. Ich schließe mich hierbei allerdings Elias an, der zwischen der mittelalterlichen okzidentalen Gesellschaft (=vormodern) und der modernen okzidentalen Gesellschaft in Zentraleuropa (=modern) unterscheidet. Ältere oder außereuropäische Gesellschaften bleiben bei dieser Idealtypenbildung unberücksichtigt.

8   Es sei an dieser Stelle bereits erwähnt, daß Hahn (1982, S. 419ff; 1986, S. 225) nicht nur den Prozeß der Selbstverhüllung als zentral für die Durchsetzung der modernen Gesellschaft ansieht, sondern gleichsam eine zweite Dimension von Selbstdisziplinierung anführt: den Prozeß der Selbstenthüllung. Hahn sieht die zentralen Dimensionen der Selbstdisziplinierung in den religiösen Praktiken der Beichte verwirklicht. "In der Beichte fallen also die für den modernen Zivilisationsprozeß entscheidenden Selbstdomestikationstechniken zusammen: Verhüllung und Enthüllung" (Hahn 1982, S. 426). Versteht man unter Zivilisierung eine umfassende Disziplinierung des gesamten leib-seelischen Verhaltensstils und beschränkt sich nicht nur auf äußerliche Disziplinierung von Gesten und Körperregungen, dann wird man mit Hahn wohl zurecht gegenüber Elias einwenden müssen, daß "für die langfristige Psychogenese des modernen Menschen eher religiöse als höfische, eher bürgerliche als adlige Wurzeln" verantwortlich zu machen sind (Hahn 1986, S. 226). Als Beispiel einer religiös und bürgerlich geformten Entwicklung wird häufig England genannt. Eine weitgehende Stützung der Kritik Hahns findet sich in der Untersuchung v. Friedeburgs über die "Sozialdisziplinierung in England?" (1990, S. 385ff). Neben der Beichte als katholische Form der Selbstenthüllung ist für protestantische Länder auf Tagebuchführung, Gewissensforschung und öffentliche Schuldbekenntnisse als umfassende Rationalisierung des Lebens- und Handlungsbereichs hinzuweisen (vgl. Sackmann 1990, S. 122ff und Hahn 1986, S. 226f). Nach Weber (1920/1988) ist es daher nicht die Religion, die für die Rationalisierung verantwortlich ist, sondern die Rationalisierung erfaßt auch die Religion und eine rationalisierte Religion verstärkt die Rationalisierung in allen anderen Lebensbereichen.

9   Elias (o. J., wahrscheinlich 1983, S. 50) verweist in seiner Untersuchung "Vom Turnier zum Ritterspiel" darauf, daß in den Zeichnungen der sog. Hausbücher für Oberschichten der Gehenkte (z.B. als Symbol der Gerichtsherrschaft der Ritter) wie selbstverständlich zur Figuration des Lebens in der vormodernen Gesellschaft gehört. "Verurteilung, Hinrichtung, Tod, das alles ist viel gegenwärtiger in diesem Leben; auch das ist alles noch nicht hinter die Kulissen verlegt."

10   Es sind zugleich die zentralen Elemente, nach denen Elias (1977b, S. 336) die Art und den Grad von Zivilisation bestimmt: "Bestimmend für Art und Grad solcher Zivilisationsschübe ist dabei immer die Weite der Interdependenzen, der Grad der Funktionsteilung und der Aufbau der Funktionen innerhalb ihrer."

11   Weitere Einzelheiten dieses gesellschaftlichen Entwicklungsprozesses bewaffneter Macht von der vormodernen zur modernen Gesellschaft finden sich bei Vowinkel (1986, S. 197ff).

12   Das Quellenmaterial, das Elias im "Prozeß der Zivilisation" verwendet, berücksichtigt lediglich die Prozesse bis zur Herausbildung des absolutistischen Staates. Daß die Eliassche Zivilisationstheorie allerdings durchaus für die Analyse moderner Gesellschaften nutzbar gemacht werden kann, hat jüngst Bogner (1991, S. 43ff) zeigen können.

13   Achter (1951, S. 53) weist nach, daß der in den frühmittelalterlichen Urkundentexten auftauchende Begriff 'justitia' diese Bedeutung gehabt hatte. "Sie ist nicht etwa Gerechtigkeit. Recht war nicht ein besonderer Kulturbegriff, betraf nicht etwa die Gesamtheit der Rechtsnormen. (...) Wenn die Urkunden von justitia sprechen, so geschieht das häufig im Plural. Justitiae stehen einzelnen Herren in bestimmten Anteilen zu,(...)".

14   Achter (S. 75) findet in den Quellen des ausgehenden 12. Jahrhunderts den Begriff 'arbitrium'vor, was soviel heißt wie Urteil auf Grund von Ermessen, Freiheit von starren prozessualen und materiellrechtlichen Bindungen, aber auch Willkür heißen kann (S. 101).

15   Nach Danker (1988, S. 68f) muß man allerdings zwischen dem Inhaftierten und Nichtinhaftierten unterscheiden. Während dem Nichtinhaftierten spezifische Rechte erhalten blieben, hat der eingekerkerte Inquisit diese verloren. Er war allein dem inquirierenden Richter ausgeliefert, und erst nach Abschluß der Ermittlungstätigkeit konnte ein Verteidiger aktiv werden. Vgl. hierzu insbesondere Dankers Ablaufschema eines Inquisitionsprozesses (Danker, S. 70f)

16   Richard van Dülmen (1988, S. 59) schildert recht anschaulich, daß der endliche Rechtstag durchaus zu einem peinlichen Procedere für die Obrigkeit dann werden konnte, wenn der Missetäter sein Schuldeingeständnis nicht öffentlich wiederholte, wenn er besonders 'halsstarrig' sich zeigte oder gar in letzter Minute sein Geständnis widerrief. So kam es öffentlich vor, daß "aus Sorge vor möglicherweise daraus entstehenden Tumulten (verzichten) die Richter oft auf die Wiederholung des Geständnisses durch den Delinquenten selbst" verzichteten. Auch Urteile, die nicht angenommen wurden oder zur Verfluchung des Inquirenten, des Scharfrichters oder gar der Obrigkeit führten, waren weder bei den Vertretern der Obrigkeit noch bei dieser selber und dem Publikum beliebt. Derartige Peinlichkeiten im Zuge der öffentlichen Verurteilung versuchte man im Vorfeld durch freiwillige und ungezwungene Geständnisse möglichst zu vermeiden. Die Perversion der Folteranwendung lag darin, daß man von dem Bestand des unter Folteranwendung erzwungenen Geständnisses mit relativer Sicherheit nur dann ausgehen konnte, wenn es außerhalb des Folterraumes vom Delinquenten in zwangsfreier Atmosphäre und auf freiwilliger Basis nochmals wiederholt wurde.

17 Die Inquisitionskunst basierte auf Überrumpelungen, Überlistungen, Mürbemachungen. "Monatelange Verhöre, Konfrontationen, Drohungen und christliche Belehrungen..." (Danker, S. 64 und 151).

18 Die Rolle der Geistlichen erschöpfte sich nicht nur im "Trösten und Belehren, sondern grundsätzlich auch aus Überführen und Wandeln der Delinquenten. Die hiermit verbundene Gewalt relativierte sich vor dem hehren Ziel der Seelenrettung" (Danker, S. 160).

19 Blankenburg/Treiber (S. 172f) vertreten die Position, daß die Staatsanwaltschaft keineswegs der ihr zugeschriebenen "objektiven" Funktion gerecht geworden ist. Bereits seit ihrer Etablierung versuchte der Implementationsstab durch Steuerung von Selektions- und Bewährungsprozesse die jeweiligen Vertreter auf die staatliche Linie einzustimmen. Hieraus ergibt sich meines Erachtens noch kein Widerspruch zur Zivilisationstheorie. Die Trennung von beweisermittelnden und urteilenden Institutionen bleibt als wesentliche Neuerung gegenüber dem Inquisitionsprozeß bestehen. Aus der Perspektive der Zivilisationstheorie wären die Machtbalancen im historischen Entwicklungsverlauf zu rekonstruieren, die die Staatsanwaltschaft einmal unabhängiger, mal abhängiger von den jeweiligen Herrschenden werden ließ.

20 "Sie (die Staatsanwaltschaft - HGH) hat aber nach deutschem Strafprozeßrecht die Pflicht, auch zugunsten des Beschuldigten zu ermitteln (§ 160 (2)), zugunsten des Beschuldigten Rechtsmittel einzulegen (§ 296 (2)), und sie darf nicht einseitig nur die Gegenposition zum Beschuldigten einnehmen" (Baumann 1976, S. 51).

21 Eine Analyse von Strafverfahren einfacher (=klassische Verfahren) und höherer Komplexität (Wirtschaftsstrafverfahren) ergab sehr unterschiedliche Machtbalancen und Machtdifferentiale auf den verschiedenen Verfahrensstufen (vgl. Heiland/Lüdemann 1992, S. 40ff).

22 Gegenüber Annahmen, daß sich die Praxis der Absprachen weitestgehend auf spezielle Strafverfahren wie Wirtschafts- und Umweltdelikte beschränken wird, gehe ich von einem durchgreifenden Wandlungsprozeß der prozessualen Praxis aus. In zunehmendem Maße werden auch statusniedrige Täterpopulationen in Aushandlungsprozesse einbezogen werden und dies um so häufiger, je mehr die Delegitimation der strafprozessualen Praxis durch Anwendung von Absprachen in den o.g. Deliktsbereichen sich ausbreitet. Die Richtung des Wandels wird wahrscheinlich so verlaufen wie Bussmann (1991, S. 233) sie beschrieben hat: "Die Zukunft des Strafprozeßrechts könnte in der Entwicklung offener kommunikativer Gesprächsmöglichkeiten liegen...". Hierbei handelt es sich durchaus um Veränderungen im Sinne der Zivilisation.

23 Der moderne Mensch ist nach Bogner/Wouters (1990, S. 267) nicht der "protestantische, weiße Angehörige der US-amerikanischen Mittelschichten, sondern: der aristokratische Höfling...". "Der ideale Hofmann ist derjenige, der seine Selbstdarstellung und seinen Affektausdruck vollendet beherrscht." Ich habe bereits in Anm. 8 mit Hahn auf die religiös-bürgerlichen Wurzeln hingewiesen, so daß die von Bogner/Wouters gegebene Charakterisierung des modernen Menschen in diesem Sinne zu relativieren wäre.

24 Nach Eichberg (1977, S. 18) findet dieses neue Selbstbewußtsein seinen sichtbaren Niederschlag in dem Bau von Burgen auf unwegsamen Höhen. Die Burg bringt nicht nur "die Mentalität der ritterlichen Burgherren, ihren Trotz und ihren Stolz" zum Ausdruck. sondern zugleich "signalisierte die Höhenburg das Prinzip territorialer Herrschaft".

25 Hahn (S. 408) rechnet diese Verschiebung innerhalb der Sündenlehre Abälard zu, für die er im 12. Jahrhundert eindeutige Belege findet. Die Institutionalisierung der Beichte als Christenpflicht ist dabei selbst figurationssoziologisch aus dem Wechselspiel z. T. antikirchlicher Büßer- und Armutsbewegungen des 11. bis 13. Jahrhunderts, neuer Ordensgründungen als Reaktionen darauf (Bettelmönche der Dominikaner und Franziskaner) und kirchlich legitimierter Verallgemeinerung des neuen religiösen Konzepts der Buße in der Institution der Beichte zu begreifen.

26 "Der Missetäter hat nicht mehr eine geheiligte Ordnung gestört, die mit magischen Mitteln wiederherzustellen ist, sondern er ist ein perversus homo geworden, und neue geistige Kräfte überlegen und wünschen (desiderare) gegebenenfalls, daß in diesen oder jenen Fällen entgegen dem alten Recht körperliche Strafen am Platz wären. Aus der magischen Heilung ist sittliche Verantwortung geworden. Wer sich jetzt vergeht, hat gegen das Sittengesetz verstoßen und wird 'bestraft'. Das Strafrecht blickt auf den 'Täter'! Der Mensch ist Individuum geworden" (Achter, S. 140).

27 Achter (S. 93f) weist auf die starke Verquickung von Kirchenrecht und weltlichem Recht hin. Der religiös-dog-
matische Begriff der 'misericordia', der ursprünglich Gnade, Barmherzigkeit bedeutete (S. 83), wird in Folge
der Ausweitung kirchlichen Rechts und der Durchsetzung der Beichte als Pflicht des Christen zunehmend im Zusammenhang mit der Buße, als Mittel des Diesseits, die Schuld zu sühnen, genannt. Obwohl wie Achter hervor-
hebt 'misericordia' ein Begriff der kirchlichen Lehre und nicht des Rechts war, erleichterte seine Verwendung in
Zusammenhang mit Sünde und Buße eine Überführung in das weltliche Recht. "Misericordia ist nicht mehr ein
Attribut Gottes, sondern ein Signum der arbiträren richterlichen Gewalt, durch deren cognitio das Korrelat für
das böse Tun, für die niquitas bestimmt wird" (Achter, S. 94).

28 "Erst der hinlänglich Verdächtige schloß durch das Geständnis letzte Zweifel an seiner Täterschaft aus: im Geständnis identifizierte er sich mit der Tat: Geständnis wird Identifikation: Selbstauslegung" (Hahn 1982, S. 416).
Das Geständnis gewann erst mit der Abschaffung der Gottesurteile diese Bedeutung im Strafprozeß.

29 Weber (1920/1988, S. 110f): "Sie (gute Werke im Alltag - HGH) sind das technische Mittel, nicht: die Seligkeit
zu erkaufen, sondern: die Angst um die Seligkeit loszuwerden. In diesem Sinn werden sie gelegentlich direkt als
'zur Seligkeit unentbehrlich' bezeichnet oder die 'possessio salutis' an sie geknüpft. Das bedeutet nun aber praktisch, im Grunde: daß Gott dem hilft, der sich selber hilft, daß also der Calvinist, (...) seine Seligkeit - (...) -
selbst 'schafft', daß aber dieses Schaffen nicht wie im Katholizismus in einem allmählichen Aufspeichern verschiedenster Einzelleistungen bestehen kann, sondern in einer zu jeder Zeit vor der Alternative: erwählt oder
verworfen? stehenden systematischen Selbstkontrolle".

30 Siehe Hahn' (1979, S. 761ff) Auseinandersetzung mit Aries' Arbeit: L'homme devant la mort.

31 "Die mit dem aufgeklärten Bewußtsein verbundene neue Sensibilität erfährt die Praxis gesellschaftlicher Bestrafung nicht mehr nur als eine Bedrohung der körperlichen Integrität des Einzelnen, sondern vor allem als eine Bedrohung seiner personalen Identität. Gerade dies aber eröffnet neue Möglichkeiten der Bestrafung: nicht mehr
der Körper, sondern die Seele wird zum Ziel und Objekt gesellschaftlicher Gewaltausübung" (Eder 1986,
S. 257).

Literatur

ACHTER, V., Geburt der Strafe, Frankfurt am Main 1951

BAUMANN, J., Strafprozeßrecht, in: Lüderssen, K./Sack, F. (Hrsg.), Seminar abweichendes Verhalten III: Die gesellschaftliche Reaktion auf Kriminalität 2, Frankfurt am Main 1976, S. 41-62

BLANKENBURG, E./TREIBER, H., Die Einführung der Staatsanwaltschaft in Deutschland, Leviathan 6, 1978, S.
161-175

BOGNER, A./WOUTERS, C., Kolonisierung der Herzen? Zu Arlie Hochschilds Grundlegung der Emotionsso-
ziologie, Leviathan 18, 1990, S. 255-279

BOGNER, A., Die Theorie des Zivilisationsprozesses als Modernisierungstheorie, in: Kuzmics, H./Mörth, I.
(Hrsg.), Der unendliche Prozeß der Zivilisation, Frankfurt, New York 1991, S. 33-58

BREUER, S. Sozialdisziplinierung. Probleme und Problemverlagerungen eines Konzepts bei Max Weber, Gerhard
Oestreich und Michel Foucault, in: Sachße, C./Tennstedt, F. (Hrsg.), Soziale Sicherheit und soziale Disziplinierung, Frankfurt am Main 1986, S. 45-69

BUSSMANN, K.-D., Die Entdeckung der Informalität. Über Aushandlungen in Strafverfahren und ihre juristische
Konstruktion, Baden-Baden 1991

DANKER, U., Räuberbanden im Alten Reich um 1700. Ein Beitrag zur Geschichte von Herrschaft und Kriminalität
in der Frühen Neuzeit, Frankfurt am Main 1988, (2 Bände)

DIJK, J.J.M., van, Strafsanktionen und Zivilisierungsprozeß, Monatsschrift für Kriminologie und Strafrechtsreform
72, 1989, S. 437-450

DÜLMEN, R., van, Theater des Schreckens. Gerichtspraxis und Strafrituale in der frühen Neuzeit, München 1988
(2. Auflage)

EDER, K., Die Zivilisierung staatlicher Gewalt. Eine Theorie der modernen Strafrechtsentwicklung, in: Neidhardt,
F./Lepsius, M. R. (Hrsg.), Kultur und Gesellschaft, Kölner Zeitschrift für Soziologie und Sozialpsychologie,
Sonderheft 27, Opladen 1986, S. 232-262

EICHBERG, H., Geometrie als barocke Verhaltensnorm. Fortifikation und Exerzitien, Zeitschrift für Historische Forschung 4, 1977, S. 17-50

ELIAS, N., Über den Prozeß der Zivilisation. Soziogenetische und psychogenetische Untersuchungen. Erster Band: Wandlungen des Verhaltens in den weltlichen Oberschichten des Abendlandes, Frankfurt am Main 1977a

ELIAS, N., Über den Prozeß der Zivilisation. Soziogenetische und psychogenetische Untersuchungen. Zweiter Band: Wandlungen der Gesellschaft. Entwurf zu einer Theorie der Zivilisation, Frankfurt am Main 1977b

ELIAS, N., Die Gesellschaft der Individuen, Frankfurt am Main 1987

ELIAS, N., Vom Turnier zum Ritterspiel: Zivilisierung als Verhöflichung, in: Elias, N./Dunning, E. (Hrsg.), Sport im Zivilisationsprozeß, Münster 1988

ELIAS, N., Über die Vorstellung, daß es einen Staat ohne strukturelle Konflikte geben könnte (Anhang I), in: Die höfische Gesellschaft. Untersuchungen zur Soziologie des Königstums und der höfischen Aristokratie, Frankfurt am Main 1990 (5. Auflage), S. 405-415

FERBER, v., C., Zur Zivilisationstheorie von Norbert Elias - heute, in: Gleichmann, P./Goudsblom, J./Korte, H. (Hrsg.), Macht und Zivilisation. Materialien zu Norbert Elias' Zivilisationstheorie 2, Frankfurt am Main 1984, S. 105-128

FRIEDEBURG, v., R., Sozialdisziplinierung in England? Soziale Beziehungen auf dem Lande zwischen Reformation und "Great Rebellion", 1550-1642, Zeitschrift für Historische Forschung 17, 1990, S. 385-418

HAHN, A., Tod und Individualität. Eine Übersicht über neuere französische Literatur, Kölner Zeitschrift für Soziologie und Sozialpsychologie 31, 1979, S. 746-765

HAHN, A., Zur Soziologie der Beichte und anderer Formen institutionalisierter Bekenntnisse: Selbstthematisierung und Zivilisationsprozeß, Kölner Zeitschrift für Soziologie und Sozialpsychologie 34, 1982, S. 407-434

HAHN, A., Differenzierung, Zivilisationsprozeß, Religion. Aspekte einer Theorie der Moderne, in: Neidhardt, F./Lepsius, M. R. (Hrsg.), Kultur und Gesellschaft, Kölner Zeitschrift für Soziologie und Sozialpsychologie, Sonderheft 27, Opladen 1986, S. 214-231

HEILAND, H.-G., Das wohlfahrtsstaatliche Sanktionspuzzle - Zur Entwicklung und Verteilung der Strafen in England und Wales, Frankreich und der Bundesrepublik Deutschland, in: Haferkamp, H. (Hrsg.), Der Wohlfahrtsstaat und seine Politik des Strafens, Opladen 1990, S. 63-133

HEILAND, H.-G./LÜDEMANN, C., Machtdifferentiale in Figurationen einfacher und höherer Komplexität. Eine Anwendung der Machttheorie von Norbert Elias auf Aushandlungen in Strafverfahren, Kölner Zeitschrift für Soziologie und Sozialpsychologie 44, 1992, S. 35-54

HINTZE, O., Staatsverfassung und Heeresverfassung, in: ders., Staat und Verfassung. Gesammelte Abhandlungen zur allgemeinen Verfassungsgeschichte, hrsg. v. G. Oestreich, Göttingen 1962 (2. Auflage)

KUZMICS, H., Verlegenheit und Zivilisation. Zu einigen Gemeinsamkeiten und Unterschieden im Werk von E. Goffman und N. Elias, Soziale Welt 37, 1986, S. 465-486

KUZMICS, H., "The Civilizing Process", in: Kaene, J. (ed.), Civil Society and the State, London, New York 1988, p. 149-176

OESTREICH, G., Strukturprobleme des europäischen Absolutismus, in: ders., Geist und Gestalt des frühmodernen Staates, Berlin 1969, S. 179-197

PETERS, H., Devianz und soziale Kontrolle. Eine Einführung in die Soziologie abweichenden Verhaltens, Weinheim, München 1989

RUDOLPHI, H.-J., Strafprozeß im Umbruch. Eine Bilanz der strafverfahrensrechtlichen Reformen seit Kriegsende, Zeitschrift für Rechtspolitik 9, 1976, S. 165-173

SACHßE, C./TENNSTEDT,F., Sicherheit und Disziplin: Eine Skizze zur Einführung, in: dies., Soziale Sicherheit und soziale Disziplinierung, Frankfurt am Main 1986, S. 11-44

SACKMANN, R., Herrschaft, Rationalisierung und Individualisierung. Reformulierung und Kritik der Herrschafts- und Rationalisierungstheorie Max Webers, Frankfurt am Main, Bern, New York, Paris 1990

SCHMIDT, E., Sinn und Bedeutung der Reichsstrafprozeßordnung im Rahmen der am 1. Oktober 1879 in Kraft getretenen Reichsjustizgesetzgebung, in: ders., Strafprozeß und Rechtsstaat. Strafprozeßrechtliche Aufsätze und Vorträge (1952 bis 1969), Göttingen 1954/1970, S. 47-59

SCHMIDT, E., Einführung in die Geschichte der deutschen Strafrechtspflege, Göttingen 1965 (3. Auflage)

SCHMIDT, E., Deutsches Strafprozeßrecht. Ein Kolleg, Göttingen 1967

SCHMIDT, E., Der Strafprozeß - Aktuelles und Zeitloses, in: ders., Strafprozeß und Rechtsstaat. Strafprozeßrechtliche Aufsätze und Vorträge (1952 bis 1969), Göttingen 1969/1970, S. 284-308

SCHULZE, W., Gerhard Oestreichs Begriff "Sozialdisziplinierung in der frühen Neuzeit", Zeitschrift für Historische Forschung 14, 1987, S. 265-302

STALLBERG, F. W., Neue Formen des Umgangs mit abweichendem Verhalten Minderjähriger, in: Voß, R. (Hrsg.), Helfen ...aber nicht auf Rezept. Alternativen und vorbeugende Maßnahmen aus gemeinsamer Verantwortung für das auffällige Kind, München, Basel 1984, S. 125-142

SWAAN, A. de, Vom Befehlsprinzip zum Verhandlungsprinzip. Über neuere Verschiebungen im Gefühlshaushalt der Menschen, in: Kuzmics, H./Mörth, I. (Hrsg.), Der unendliche Prozeß der Zivilisation, Frankfurt, New York 1991, S. 173-198

TREIBEL, A., Norbert Elias und Ulrich Beck - Individualisierungsschübe im theoretischen Vergleich. Vortrag anläßlich der Gedenktagung für Norbert Elias am 18.10. 1991 in Essen

VOWINKEL, G., Vom edlen Ritter zum Bürger in Uniform. Sozio-moralisches Orientierungswissen über die bewaffnete Macht im Wandel, in: Vogt, W. R. (Hrsg.), Militär als Gegenkultur. Streitkräfte im Wandel der Gesellschaft (I), Opladen 1986, S. 193-207

WEBER, M., Wirtschaft und Gesellschaft, Tübingen 1922

WEBER, Max, Gesammelte Aufsätze zur Religionssoziologie I, Tübingen 1920/1988 (9. Auflage)

WOUTERS, C., Informalisierung und der Prozeß der Zivilisation, in: Gleichmann, P./Goudsblom, J./Korte, H. (Hrsg.), Materialien zu Norbert Elias' Zivilisationstheorie, Frankfurt am Main 1977, S. 279-298.

Wirtschafts-Strafrecht als Instrument der "Revolution von oben" - Justizpolitik der DDR in den 50er Jahren

Falco Werkentin

1. Einleitung

In der Periodisierung der DDR-Hofgeschichtsschreibung werden die Jahre von 1945 bis zur 2. Parteikonferenz der SED im Juni 1952 als Phase der antifaschistisch-demokratischen Umwälzung definiert, die folgenden Jahre bis 1961 als Phase der Schaffung der sozialistischen Grundlagen. Zwar drückt sich in dieser Periodisierung einerseits kaum mehr als ein Wandel des ideologischen Paravents aus, hinter dem die Sowjetunion und die SED ihr Ziel zunächst versteckten, auf deutschem Boden einen Gesellschaftstypus nach sowjetischem Vorbild zu installieren. Doch gleichzeitig deckt diese Periodisierung in der Tat unterschiedliche Phasen kommunistischer Gesellschaftspolitik ab und in der Folge auch ein unterschiedliches Maß an Unterstützung und Folgebereitschaft in der Bevölkerung.

In den Anfangsjahren sowjetischer Besatzungspolitik wurde die mit der Bodenreform, der Verstaatlichung des Kreditwesens und der Großindustrien sowie der Entnazifizierung verfolgte Politik sozialstruktureller Umwälzungen offensiv begründet unter Verweis auf das Potsdamer Abkommen und das Ziel, die Grundlagen faschistischer Macht zu zerschlagen. Diese Politik konnte sich auf die in allen Zonen Nachkriegsdeutschlands vorhandene breite Einsicht stützen, daß aus den Erfahrungen der nationalsozialistischen Diktatur auch gesellschaftspolitische Konsequenzen zu folgen hätten. Diese legitimatorischen Grundlagen sowjetischer und KPD/SED-Politik schwanden in dem Maße, wie Bodenreform und Verstaatlichung der Schüsselindustrien abgeschlossen waren und immer deutlicher wurde, daß unter dem Mantel der Entnazifizierung vor allem die Sicherung der Machtposition der SED zwecks Durchsetzung eines Entwicklungsmodells sowjetischen Typs betrieben wurde.

Mehr und mehr wurde nun auf das Strafrecht, insbesondere auf das Wirtschaftsstrafrecht, zurückgegriffen, um zum ersten - verdeckt hinter dem Vorwurf krimineller Wirtschaftssabotage - die weitergefaßten gesellschaftspolitischen Ziele durchzusetzen, also die Enteignung des Mittel- und eines selbständigen Bauernstandes.

Zum zweiten mußte - ungleich stärker als in der Bundesrepublik - mit Mitteln des Strafrechts, also mit außerökonomischer Gewalt, in den Wirtschaftskreislauf sichernd, regulierend und stimulierend eingegriffen werden, da es gerade das politische Ziel war, die regulative Kraft des Marktmechanismus außer Kraft zu setzen, um vermittels sozialistischer Planung Wirtschaft und Gesellschaft bewußt zu gestalten. Dies führte zu einem ungleich stärkeren bürokratischen und justitiellen Regelungs- und Kontrollbedarf mit den entsprechenden ungleich stärkeren alltäglichen

Konfrontationen von Staat und Gesellschaft als in der Bundesrepublik. Angesichts der essentiellen Verbindung von Wirtschafts- und Gesellschaftspolitik wurden Verstöße gegen Wirtschaftsstrafverordnungen und -gesetze aus der Perspektive des politischen Systems unmittelbar zu Staatsverbrechen.

Zum dritten wurde das Strafrecht genutzt - exemplarisch hierfür ist das "Gesetz zum Schutz des Volkseigentums" aus dem Jahre 1952 -, um mit terroristischer Gewalt ein neues, der angestrebten sozialistischen Gesellschaft sowjetischen Typs entsprechendes Wertesystem durchzusetzen.

Das Strafrecht erhielt also nicht nur die Funktion, die bestehenden Macht- und Herrschaftsverhältnisse abzusichern - die konventionelle Rolle insbesondere des politischen Strafrechts -, sondern darüber hinaus die Aufgabe, als Instrument gesellschaftlicher Transformation zu wirken. Da die im Verlaufe des "planmäßigen Aufbaus des Sozialismus" durchgepeitschten Enteignungsaktionen mangels eines entsprechenden Mehrheitswillens nicht offen mit revolutionärer Legitimität begründet werden konnten, dienten konstruierte Delikte und diesen Konstruktionsprozeß begünstigende Normfallen in Gestalt eines ausgefeilten Systems von Preis- und Rohstoffkontrollen sowie Devisenbewirtschaftungs- und Pflichtabgabeverordnungen dazu, Enteignungsmaßnahmen großen Stils voranzutreiben.

Zudem wurden die Folgen der offenkundigen Grenzen und Mängel der sozialistischen Planwirtschaft als Sabotageakte personalisiert und kriminalisiert, wobei die Strafe den kleinen Kohlenhändler oder den Großbauern genauso treffen konnte wie verantwortliche Minister.[1]

Am Beispiel von zwei großen Enteignungsaktionen - der "Aktion Rose" und der Zwangskollektivierung 1952/53 - sowie am Beispiel des "Gesetzes zum Schutz des Volkseigentums" soll die Rolle des Strafrechts als Instrument der "Revolution von oben" in der DDR der 50er Jahre verdeutlicht und analysiert werden. Zuvor ist es jedoch geboten, an gesellschaftspolitische Transformationsvorstellungen und -bereitschaften im besetzten Deutschland der unmittelbaren Nachkriegszeit zu erinnern, da erst vor dem Hintergrund des Wandels der legitimatorischen Grundlagen in bezug auf gesellschaftspolitisch motivierte Eingriffe in die Eigentumsordnung zwischen 1945 bis 1950/52 der Rückgriff auf das Strafrecht als Instrument der Transformation von Eigentumsverhältnissen verständlich wird.

2. Die Ausgangslage im Nachkriegs-Deutschland

Der sowjetischen Besatzungsmacht wie ihrer deutschen Protagonisten war durchaus bewußt, daß es im Nachkriegsdeutschland keine soziale Basis geben würde für die Umgestaltung der Gesellschaft nach sowjetischem Vorbild. Dies berücksichtigend formulierte die KPD in ihrem Gründungsaufruf vom 11. Juni 1945 ausdrücklich:

"Wir sind der Auffassung, daß der Weg, Deutschland das Sowjetsystem aufzuzwingen, falsch wäre..." (Weber 1986, S. 32 ff.).

Ein halbes Jahr später bekräftigte der KPD-Funktionär Ackermann in der ersten Nummer des Theorieorgans der KPD, "Einheit", die Notwendigkeit eines "besonderen deutschen Weges" zum Sozialismus.[2]

Indes, daß aus der "deutschen Katastrophe", wie Friedrich Meinecke 1946 im gleichnamigen Buch die Jahre 1933 bis 1945 bezeichnete, auch wirtschafts- und damit gesellschaftspolitische Konsequenzen zu ziehen seien, zählte nicht nur zum Konsens zwischen der Sowjetunion und den mit der Roten Armee ins besetzte Deutschland aus Moskau zurückkehrenden deutschen Kommunisten, sondern in widersprüchlicher Weise auch zum (Schein-)Konsens der Siegermächte. Sie hatten im Potsdamer Abkommen vom 1. August 1945 die Einsicht formuliert, daß es *"zur endgültigen Umgestaltung des deutschen politischen Lebens auf demokratischer Grundlage"* auch Eingriffe zur Brechung der Macht der deutschen Großagrarier, der Groß- und Schwerindustrie bedürfe. Zu Recht wurden Teile dieser gesellschaftlichen Gruppen mitverantwortlich gemacht für die Machtergreifung Hitlers und den Beginn des faschistischen Eroberungskrieges. Und so sah dann das Kontrollratsgesetz Nr. 10 vom 20. Dezember 1945 über die *"Bestrafung von Personen, die sich Kriegsverbrechen, Verbrechen gegen den Frieden oder gegen die Menschlichkeit schuldig gemacht haben"* (Amtsblatt des Kontrollrates in Deutschland 1946, Nr. 3, S. 50) in Verbindung mit der Kontrollratsdirektive Nr. 38 vom 12. Oktober 1946 über die *"Verhaftung und Bestrafung von Kriegsverbrechern, Nationalsozialisten und Militaristen und Internierung, Kontrolle und Überwachung von möglicherweise gefährlichen Deutschen"* (ebenda, 1946, Nr. 11, S. 184 ff.) u.a. die systematische Ausschaltung dieser Kräfte aus dem gesellschaftlichen Leben sowie gegebenenfalls auch die Vermögenseinziehung vor.

Während die westlichen Besatzungsmächte allerdings vorwiegend gemäß Ziffer 12 des Potsdamer Abkommens Entflechtungsmaßnahmen in der Eisen- und Stahlindustrie betrieben (also eine Dezentralisierung) und beschlagnahmtes Vermögen unter Treuhänderschaft stellten (ein Weg gerade zur Sicherung alter Besitzverhältnisse, wie sich in der Folgezeit zeigte), wurde in der SBZ eine konsequente Verstaatlichung verfolgt.

Aber auch auf deutscher Seite gab es in allen Besatzungszonen weit über die KPD hinaus in großem Umfang gesellschaftliche Kräfte, die sich für die Beschlagnahme des Vermögens von Nazi- und Kriegsverbrechern, für eine Bodenreform, für die "Überführung der Grundstoffindustrien und Kreditinstitute in Gemeinwirtschaft" aussprachen. Ausdruck dessen war z.B. das 10-Punkte-Programm des DGB zum Demonstrations- und Generalstreik vom 12. November 1948, an dem sich von "insgesamt. 11,7 Millionen Beschäftigten in der Doppelzone (amerikanische und britische - FW) rund 9.250.000" beteiligten (vgl. Beier 1975, S. 44).

Entsprechende Forderungen wurden in den Westzonen nicht nur von der KPD und SPD sowie von den Gewerkschaften erhoben, sondern fanden Unterstützung bis hin zur CDU [3]. Auf die breite Bewegung für die Sozialisierung der Grundstoffindustrie und der Energiewirtschaft, kurz der Schlüsselindustrien, reagierte die amerikanische Besatzungsmacht mit dem Verbot entsprechender Volksabstimmungen in NRW und Bremen. Nachdem der Hessische Landtag 1946 mit der neuen Landesverfassung auch einen Sozialisierungs-Artikel verabschiedet hatte, ordnete die amerikanische Militärregierung eine gesonderte Abstimmung über diesen § 41 der Verfassung an, in deren Verlauf sich 72 % der Abstimmungsberechtigten für die Verstaatlichung aussprachen. Darauf verfügte die amerikanische Militärregierung in einer Mitteilung vom 6.12.1946 die Suspendierung dieses Verfassungsartikels (vgl. Gimbel 1971, S. 170 ff.).

Doch immerhin veranlaßte auch die amerikanische Besatzungsmacht den Länderrat ihrer Zone, ein "Gesetz zur Beschaffung von Siedlungsland und zur Bodenreform" zu verabschieden (Trittel 1975; Direktorium des Länderrats 1951, S. 112 ff.). Von seiten der deutschen Verwaltung wurde jedoch die Bodenreform weitgehend obstruiert und von den Besatzungsmächten nicht auf ihre Verwirklichung gedrängt (vgl. Kleßmann 1986).

Was die Sozialisierungsforderung betrifft, so ist sie heute noch als verblichene Anekdote in manchen Verfassungen der alten Bundesländer nachzulesen. Während die britische Labour-Regierung den Sozialisierungsgedanken für ihre Besatzungszone durchaus favorisierte (vgl. Pingel 1982; Schmidt 1975; Steininger 1982), lag der amerikanischen Siegermacht nichts ferner, als solche "sozialistischen Experimente" in ihrer Einfluß-Zone zuzulassen. Die britische Regierung, durch die Lasten des Krieges finanziell abhängig geworden von amerikanischer Hilfe, besaß wiederum keine Macht, sich gegen die restaurativen gesellschaftspolitischen Vorstellungen der Amerikaner durchzusetzen.

Kurz: Die Sozialisierung der Schwerindustrie, die Enteignung der Nazi- und Kriegsverbrecher sowie eine durchgreifende Bodenreform hätten, wie die zeitgeschichtliche Forschung ausweist, zunächst in allen Zonen Nachkriegsdeutschlands mit relativ breiter Unterstützung rechnen können. Über ihr Schicksal entschieden in letzter Instanz die jeweiligen Besatzungsmächte.

In aller Konsequenz praktiziert wurden Bodenreform und Verstaatlichung nur in der SBZ, in der gleichermaßen auch die Entnazifizierung am striktesten verfolgt wurde. Im Oktober 1945 verfügte die SMAD (Sowjetische Militär-Administration) mit Befehl Nr. 124 die

"Beschlagnahme allen Eigentums des deutschen Staates, der NSDAP und ihrer Organisationen, der Verbündeten des Nazi-Reiches und darüber hinaus aller jener Personen, die von der SMAD durch besondere Listen oder auf eine andere Weise bezeichnet werden" (zitiert nach Staritz 1987, S. 108).

Zuvor hatte bereits die sächsische Landesverwaltung den Flick-Konzern entschädigungslos enteignet. Daß diese Maßnahmen, unmittelbar aus "Siegerrecht" begründet, von der Mehrheit der Bevölkerung als legitim erachtet wurden, zeigte der im Lande Sachsen am 30. Juni 1946 betriebene Volksentscheid über die "Enteignung der Naziaktivisten und Kriegsverbrecher". Hier stimmten 77,6 Prozent der sich am Entscheid beteiligenden Sachsen der Enteignung zu, 16,6 Prozent stimmten dagegen, 5,8 Prozent warfen ungültige Stimmen in die Urne (ebenda S. 109).

Die in der SBZ im Herbst 1945 in Gang gesetzte Bodenreform, formal über Verordnungen der deutschen Landesverwaltungen legitimiert, hatte zum Inhalt, allen Grundbesitz über 100 ha (mit Ausnahme von Staats- und Kirchenbesitz) zu enteignen und unter landarmen und landlosen Bauern respektive Landarbeitern und Umsiedlern zu verteilen (vgl. Merz 1991; Lochen 1991). Begünstigt wurden rund 544.000 Personen (Lochen 1991, S. 1036). Während Ost-CDU und Ost-SPD bei prinzipieller Zustimmung zur Bodenreform für einen Zuteilungsmodus plädierten, der die Enteigneten entschädigte und der Größe nach lebensfähige Familienbetriebe schaffen sollte - so die Ost-CDU - respektive für die genossenschaftliche Bewirtschaftung der enteigneten Güter eintraten - so die SPD-Position -, setzte sich die KPD für eine konsequente Parzellierung ein. Sie führte im Ergebnis dazu, daß ein Großteil der von der Bodenreform Begünstigten Flächen erhielten, die für die Existenz als Vollbauern nicht ausreichten. Offenbar ging es der KPD/SED jenseits aller ökonomischen Kalküle vorrangig darum, zunächst möglichst viele von der Bodenreform positiv Betroffene zu schaffen, um so Gefolgsleute für die eigene Politik zu gewinnen.[4]

Mit größerer Konsequenz als in den Westzonen wurde in der SBZ auch die Entnazifizierung als gesellschaftspolitisches Instrument durchgesetzt. Andererseits hatte die SED keine Probleme, beim Aufbau des Militärs, in der Justiz oder im Propaganda-Apparat in Einzelfällen auf hochrangige Funktionsträger aus der Nazi-Zeit zurückzugreifen (vgl. Kappelt 1981; Wiesenthal 1968). Allerdings wurde mit der Bodenreform, der Entnazifizierung und der Enteignung der Groß- und Schwerindustrie in dieser Phase der "antifaschistisch-demokratischen Umwälzung" weit mehr verfolgt als das begrenzte Ziel, Machtpositionen ehemaliger Nazis zu brechen. Es waren Instrumente gezielter sozialstruktureller Umwälzungen auf dem Wege zu einem gesellschaftlich-politischen System nach sowjetischem Vorbild. Im Ergebnis wurden bereits 1947 ca. 66 Prozent der industriellen Produktion von staatlichen Betrieben erwirtschaftet.

Weil es insbesondere der westlichen Führungsmacht USA um alles andere, nur nicht um eine gesellschaftliche Umwälzung in ihrer Einflußzone ging, blieben andererseits in den Westzonen die parallelen Maßnahmen zur Bodenreform, Entnazifizierung und Enteignung mehr als halbherzig. Die Westmächte befürchteten alsbald, daß die bürgerliche Gesellschaft der Westzonen selbst zerschlagen würde, wenn sie all jene aus gesellschaftlichen Führungspositionen hinausjagten, die das faschistische Regime unterstützt und von ihm profitiert hatten. Eine solche "Revolution von oben" war nun in der Tat nicht ihr Ziel, so daß die westliche Entnazifizierungspolitik, die Bodenreform und Entkartellisierung alsbald auf immanente Grenzen stieß. Nachgegeben wurde auch dem Widerstand einflußreicher gesellschaftlicher Schichten auf deutscher Seite. Zornig benannte 1951 ein Zeitgenosse in den "Frankfurter Heften" die sich darin ausdrückende Logik:

"Die Sieger, selbst Bürgernation ... hatten und konnten gar nicht die Absicht haben, die deutsche Bourgeoisie zu entmachten ... Das deutsche Bürgertum als Klasse wäre den Anforderungen der Stunde schwerlich gewachsen gewesen, hätte man daraus entfernt, was immer davon nazistisch angefault war... Je nun, die Sieger schwankten erst eine Weile, ob sie die Operation ausführen sollten, und unterließen sie dann" (Reiferscheidt 1951).

Summierend: In den Anfängen der Weltkrieg-II-Nachkriegszeit gab es in allen Teilen des besetzten Deutschlands eine relativ breite Bereitschaft, auch gesellschaftspolitische Konsequenzen aus der Machtergreifung der Nazis und der Rolle bürgerlicher Machteliten in diesem Kontext zu ziehen. Ob und wieweit sich diese gesellschaftlichen Kräfte durchsetzen konnten, lag allerdings vorrangig in den Händen der jeweiligen Besatzungsmacht. Vor dem Hintergrund des ausbrechenden Systemkampfes und des Kalten Krieges begann in den Westzonen insbesondere die amerikanische Führungsmacht, aus Furcht vor den gesellschaftspolitischen Konsequenzen einer Bodenreform, einer konsequenten Entnazifizierung und Enteignung der Kriegsverbrecher und industriellen Profiteure des Nazi-Regimes ihre Politik zu ändern. Deutliches Signal war u.a. die Begnadigung und Entlassung von Kriegsverbrechern durch den amerikanischen Hochkommissar McCloy im Jahre 1950 - u.a. die Entlassung Krupps bei gleichzeitiger Rückgabe des nach 1945 unter Treuhandverwaltung gestellten Krupp-Vermögens (Schwartz 1990). Andererseits verstärkten die Sowjetunion und ihr "innenpolitischer Partner", die KPD/SED, im Zuge der forcierten Spaltung Deutschlands mit Beginn der Bildung von zwei Separatstaaten ab 1948 die Durchsetzung ihrer Transformationsvorstellungen.

3. Die "Revolution von oben und von außen"

Ideologisch und machtpolitisch fand der verstärkte Transformationsprozeß seinen Ausdruck in der 1948 ausbrechenden Auseinandersetzung mit dem "Titoismus" und in der Proklamation der SED zur "Partei neuen Typs". Die "geschichtliche Rolle der Arbeiterklasse" wurde darauf reduziert, die von der Partei als "Avantgarde" der Arbeiterklasse gestellten Aufgaben zu erfüllen. Wurde die von der Sowjetunion und ihren deutschen Bündnispartnern in Gestalt der KPD/SED zwischen 1945 und 1948 begonnene Umwälzung in dieser Zeit zumindest partiell sozial getragen, so schwanden diese begrenzten, aber immerhin vorhandenen Legitimationsgrundlagen in dem Maße, wie die inzwischen etablierte, zentralistische Staatsmacht *"zum Hauptinstrument bei der Schaffung der Grundlagen des Sozialismus"* gemacht wurde, wie es auf der 2. Parteikonferenz der SED im Juli 1952 hieß.

In den Betrieben waren die zwischen 1945 und 1948 recht starken Betriebsräte, die wesentlich an der Enteignung, am Neuaufbau und der Verwaltung der verstaatlichten Betriebe beteiligt waren, als Form einer relativ autonomen Arbeitermacht bereits seit 1948 zerschlagen und durch die als Transmissionsriemen der Parteipolitik fungierenden Betriebsgewerkschaftsleitungen (BGL) ersetzt worden. Auf dem Lande erwiesen sich die Betriebsgrößen der Höfe vieler Neubauern, die 1946 Begünstigte der Bodenreform gewesen waren, als nicht überlebensfähig. Der von der SED beschlossene forcierte Aufbau einer Schwerindustrie, neue Lohnformen zur Steigerung der Arbeitsproduktivität, die de facto ein Angriff auf den sozialen Besitzstand der Arbeiterklasse waren, zudem erhebliche Reparationsleistungen an die Sowjetunion aus der laufenden Produktion verschlechterten die allgemeine Lebenslage. Verschärfend kamen die 1952 beschleunigten Rüstungsanstrengungen der DDR hinzu. Gleichwohl wurde im Juli 1952 auf der 2. Parteikonferenz der SED *"der Aufbau des Sozialismus zur grundlegenden Aufgabe"* der DDR erklärt (vgl. Kröger 1952; Weber 1989, S. 186 ff.).

Zwar war mit diesem Entwicklungsmodell der "Revolution von oben" - in der DDR zugleich eine "Revolution von außen" [5] - bereits früher begonnen worden, nun wurde es jedoch offen verkündet und beschleunigt durchzusetzen versucht. Für das theoretische Problem, das darin lag, beim "planmäßigen Aufbau der Grundlagen des Sozialismus" von der Marxschen Lehre vom Basis-Überbau-Verhältnis, vom Primat der ökonomischen Verhältnisse und des ökonomischen Entwicklungsstandes gegenüber dem politischen Überbau abzuweichen, lieferte Stalins "Lehre von der aktiven Rolle des Überbaus" (Stalin 1951) die theoretische Lösung. Die praktische Lösung oblag den "Machtorganen der einheitlichen Staatsgewalt", also der Polizei, dem MfS und der Justiz. Mit der Auflösung der föderalen Länderstrukturen und der Bildung von Bezirken im Jahre 1952 war der "demokratische Zentralismus" auch formell in die Verwaltung der DDR eingezogen. Wirkungsvoll aufgebaut war schließlich die für "real"-sozialistische Länder typische *duale* Verwaltungsstruktur, in der die Linien der allgemeinen Verwaltung ergänzt sind durch parallele Parteilinien mit dem ZK und seinem Apparat als Herrschaftszentrum.

Daß dieser nun beschleunigt eingeleitete Transformationsprozeß nur gegen den Mehrheitswillen der Bevölkerung durchzusetzen war, muß der Partei klar gewesen sein, so sehr sie auch ein Jahr später vom Aufstand des 17. Juni überrascht war. Dies zeigt sich etwa auf ideologischer Ebene, in der gemäß Stalins Lehre von der "Verschärfung des Klassenkampfes beim sozialistischen Aufbau" vor allem der Gegner verantwortlich gemacht wurde für die innenpolitische Eskalierung. Die dahinterstehende Taktik hatte Ulbricht, wie ein neues Dokument aus dem zentralen Parteiarchiv der KPD/SED ausweist, bereits im Oktober 1948 in einer internen Diskussion formuliert:

"Wenn wir auch sagen: der Gegner hat den Klassenkampf verschärft, so haben wir selbstverständlich mit Hilfe des Zweijahresplanes ihn auch verschärft. In der Öffentlichkeit aber sagen wir, daß der Gegner ihn verschärft hat. Wir kämpfen sozusagen aus der Verteidigung gegen ihn, was etwas leichter ist" (zitiert nach Staritz 1991, S. 691).

Charakteristisch für diese Politik, den "Gegner" für die innenpolitische Repression verantwortlich zu machen, waren die mit dem "planmäßigen Aufbau des Sozialismus" ab Mitte 1952 eingeleiteten neuen Enteignungswellen. Es gab keine Großindustrie und keine Großagrarier mehr zu "expropriieren", aber immerhin noch mittelständische Unternehmen und kleine Gewerbebetriebe, Groß- und Kleinbauern. Anders als in der unmittelbaren Nachkriegszeit, in der die großen Enteignungsaktionen offen und für viele einsichtig durchgesetzt und per Verordnung und Volksentscheid legitimiert wurden, erfolgte die neue Enteignungswelle verdeckt unter dem Mantel strafrechtlicher Sanktionen und daran gebundener Enteignungsfolgen. Begonnen hatte diese verdeckte Enteignungs-Politik bereits früher. Nun wurde sie allerdings nachhaltig verschärft. Als Rechtsgrundlage griff man vorrangig auf das Wirtschaftsstrafrecht wie z.B. die Wirtschaftsstrafverordnung vom 23. September 1948 zurück.[6]

Sie besagte im zentralen Paragraphen 1:

"(1) Wer die Durchführung der Wirtschaftsplanung oder die Versorgung der Bevölkerung dadurch gefährdet, daß er vorsätzlich

1. entgegen einer für ihn verbindlichen Anordnung einer Dienststelle der Wirtschaftsverwaltung die Herstellung, Gewinnung, Verarbeitung, Bearbeitung, Beförderung oder Lagerung von Rohstoffen oder Erzeugnissen ganz oder teilweise unterläßt oder fehlerhaft vornimmt,

2. Gegenstände, die wirtschaftlichen Leistungen zu dienen bestimmt sind, ihrem bestimmungsmäßigen Gebrauch entzieht oder ihre Tauglichkeit hierfür mindert, wird mit Zuchthaus und mit Vermögenseinziehung bestraft."

Parallel zu den Enteigungsaktionen als Instrumente sozialstruktureller Umwälzung versuchte die SED vermittels justitiellem Terrors eine neue gesellschaftliche Eigentumsmoral durchzusetzen. Für letzteres ist das im Oktober 1952 in Kraft getretene "Gesetz zum Schutz des Volkseigentums" exemplarisch. Es waren zwei gesellschaftspolitisch zusammenhängende Formen der Instrumentalisierung des Strafrechts als Waffe im "planmäßigen Aufbau des Sozialismus".

3.1. Mittelstandsenteignung: Die Aktion "Rose" [7]

Exemplarisch für die neue Enteignungswelle seit der 2. Parteikonferenz der SED im Bereich des mittelständischen Gewerbes ist die sogenannte "Aktion Rose", von der im Frühjahr 1953 an der mecklenburgischen Ostseeküste und auf Rügen zahlreiche kleine Eigentümer von Hotels, Pensionen, Taxi-Unternehmen und einiger sonstiger gewerblicher Unternehmen betroffen waren.[8]

Am 23. Januar 1953 war für die geplante Aktion bei der Bezirksbehörde der Deutschen Volkspolizei (DVP) in Rostock eine 11-köpfige zentrale Einsatzleitung gebildet worden, der u.a. Josef Streit angehörte, von 1953 bis zu seiner Ernennung als Generalstaatsanwalt der DDR im Jahre 1962 Leiter der Justiz-Abteilung des ZK, zum Zeitpunkt der "Aktion Rose" Staatsanwalt beim Generalstaatsanwalt der DDR. Bereits zuvor war die Volkspolizeischule für Kriminalistik Arnsdorf mit der Durchführung von Untersuchungen und Ermittlungen im kommenden Einsatzgebiet beauftragt worden, d.h. jene VP-Schule, deren Mitarbeiter schon zur Vorbereitung der Waldheimer Prozesse des Jahres 1950 herangezogen worden waren (Werkentin 1991 a).

Wie in anderen Großverfahren verließ man sich auch bei der "Aktion Rose" nicht auf die örtlichen Staatsanwälte und Richter des Bezirks, sondern überprüfte vor Beginn der Aktion die Justizfunktionäre und stellte durch Umbesetzungen sicher, daß nur "genügend gefestigte" Richter und Staatsanwälte zum Einsatz kamen (vgl. Der Generalstaatsanwalt der DDR, 2.5.1953, S.4 f.). In die Aktion eingebunden war auch das MfS, das in den Fällen zugreifen sollte, in denen Verstöße gegen Art. 6 der DDR-Verfassung (die sog. Boykott-Hetze) erkannt worden waren.

Ab 10.2.1953 gingen 400 Volkspolizisten, unterstützt von einigen Mitarbeitern des "Amtes zum Schutz des Volkseigentums"[9], in 5 Einsatzgruppen daran, bis zum 11.3.1953 exakt 711 Betriebe zu überprüfen. Da Sinn und Zweck dieser Überprüfung vorrangig die Enteignung war, wurde von Beginn der Aktion an *"ganz besonders darauf geachtet, daß die notwendigen Treuhänder zur Verfügung stehen"* (Der Generalstaatsanwalt der DDR, 2.5.1953, S. 4).

Die im Einsatz befindlichen VP-Angehörigen waren zuvor angewiesen worden, bei Durchsuchungen vor allem

"auf folgendes Belastungsmaterial zu achten:
1. Westverbindungen
2. Beweise gegnerischer Einstellung
3. Faschistische Tätigkeit vor 1945

4. Illegale Konten
5. Kontoauszüge westberliner oder westdeutscher Bankinstitute
6. Beweise von illegalen Einnahmen, Einkäufen und Verkäufen
7. Vorräte an Nahrungsmitteln westdeutscher oder westberliner Herkunft" (ebenda, S. 3).

Im Abschlußbericht der Einsatzleitung "Rose" der Bezirksbehörde der Volkspolizei Rostock vom 13. März 1953 werden als Beute dieses strafrechtlich getarnten Raubzuges u.a. aufgezählt:

"Insgesamt beschlagnahmte Objekte ... 621
davon 440 Hotels und Pensionen"[10]

mit einem Einheitswert von insgesamt ca. 30 Mio. Mark. Daneben wurden Wertsachen und Schmuck im Gesamtwert von ca. 0,3 Mio. und Bargeld sowie Konten im Wert von ca. 1,65 Mio. Mark beschlagnahmt. In seinem Abschlußbericht zur "Aktion Rose" stellt Josef Streit zutreffend fest:

"Hinsichtlich der Vermögenseinziehung ist zu sagen, daß die gesetzlichen Möglichkeiten ... konsequent ausgeschöpft wurden" (Der Generalstaatsanwalt der DDR, 2.5.1953, S. 19).

Als Grundlage der Verurteilung und Vermögenseinziehung wurden insb. die §§ 1 u. 2 der Wirt-schaftsstrafverordnung von 1948 herangezogen. In U-Haft kamen 447 Personen, von denen schließlich 400 zu Gefängnis- und Zuchthausstrafen von einem bis zu 10 Jahren verurteilt wurden (ebenda, S. 16 f.). Durch Republikflucht konnten sich 219 Personen der Festnahme entziehen. Zu den Republikflüchtigen gesellte sich ein für die "Aktion Rose" ausgewählter Richter.

Resümierend stellte Streit in seinem Abschlußbericht fest:

"Diese verbrecherischen Elemente, das sind die gelehrigen Schüler und Handlanger der im-perialistischen Kriegstreiber. ... Die Saboteure aus dem Küstengebiet gehörten zu jenen überlebten Resten einer Gesellschaftsklasse, die in der DDR überwunden ist. Diese Kräfte wittern die letzten Tage ihres Daseins und deshalb sind sie gezwungen, mit allen ihnen zu Ge-bote stehenden Mitteln Widerstand zu leisten" (ebenda, S. 21).

Was waren aber die konkreten Verbrechen dieser "Handlanger der imperialistischen Kriegstrei-ber"?

Der Bericht zählt auf:
- in Gaststätten der Verkauf von Kaffee aus Westberlin und Ami-Zigaretten,
- die Hortung von Lebensmitteln,
- der illegale Verkauf der Milch privat gehaltener Ziegen, im "Schlußbericht dieser Strafsache" mit der Bemerkung qualifiziert, daß "dieses Gaunerpaar" seine Vorbilder in den "Börsenschiebern der Wallstreet in den United States of America" habe (ebenda, S. 12).

Nach dem 17. Juni '53 wurden die meisten der zu Haftstrafen Verurteilten entlassen und noch Jahre später wurden in Einzelfällen Ermittlungsverfahren eingestellt, die als formale Grundlage für die Enteignungen herhalten mußten. Indes blieben die vermögensrechtlichen Konsequenzen davon unberührt. So erhielt der Hoteleigentümer K.G., der sich während der "Aktion Rose" zufällig in Berlin (W) aufhielt, so daß aus Anlaß der Aktion nur seine Ehefrau (1 Jahr, 4 Monate) und seine Tochter (6 Monate) verhaftet und verurteilt werden konnten, im Dezember 1957 die förmliche Nachricht, daß das Verfahren gegen ihn endgültig eingestellt worden sei, davon aber "vermögensrechtliche Entscheidungen aus dem Jahre 1953 nicht berührt" seien (vgl. Bundesministerium für gesamtdeutsche Fragen 1958, S. 151).

Neben dieser "konzentrierten Aktion" war es indes bereits seit Gründung der DDR Alltagspraxis, wegen geringfügiger Verstöße gegen Steuerpflichten und sonstiger, die Mangel- und Planwirtschaft regulierender Verordnungen und Gesetze klein- und mittelständische Betriebe zu enteignen und die Eigentümer zu hohen Haftstrafen zu verurteilen.

Seit Mitte der 50er Jahre wurde zunächst ein neuer Kurs in bezug auf den Mittelstand verfolgt. Mit staatlichen Beteiligungen an Privatbetrieben, mit der Förderung des Zusammenschlusses von Handwerkern in Produktionsgenossenschaften (PGH) und des Abschlusses von Kommissionshandelsverträgen wurde versucht, den Mittelstand in den sozialistischen Aufbau einzubeziehen. Im Jahre 1972 indes folgte wieder eine radikale Kehrtwendung. Innerhalb weniger Monate wurden etwa 11.000 Klein- und Mittelbetriebe sowie industriell arbeitende PGHs durch Aufkauf verstaatlicht (vgl. Kaiser 1990) - ein weniger krasser Weg als die Enteignung mittels strafrechtlicher Verfahren wie zu Beginn der 50er Jahre. Aktiv beteiligt an der für das politische Regime halbwegs problemlosen Durchsetzung dieser letzten großen Enteignungswelle waren die Blockparteien. Und so hatte das Ministerium für Staatssicherheit, das diese abschließende Enteignungswelle höchst aufmerksam verfolgte, keinen Anlaß, ernsthafte "Feindtätigkeit" zu melden (vgl. MfS 24.3.1972; MfS 17.2.1972; MfS 15.3.1972).

Wie sehr diese Enteignungspolitik nicht vorrangig von unmittelbar ökonomischen Interessen der Produktionssteigerung, sondern vom politischen Primat der Zerstörung sozialer Klassen und Schichten geleitet war, zeigt sich insbesondere in den zwangsbewehrten Umwälzungen auf dem Lande.

3.2. Bauernlegen: die erste Welle der Zwangskollektivierung 1950 - 53

Seit 1950 wurde die Kollektivierung der Landwirtschaft vorangetrieben. Zunächst schlossen sich vor allem jene landarmen Neubauern zusammen, die bei der Bodenreform mit Anbauflächen versorgt worden waren, die für eine bäuerliche Existenz bereits der Größe und/oder Bodenqualität nach nicht ausreichen konnten. [11] Sie wurden dabei vom Staat mit Steuervergünstigungen, Bereitstellung von Saatgut und moderner Landwirtschaftstechnik in Gestalt der MAS (Maschinen-Traktoren-Ausleihstation) erheblich gefördert. Ab 1952, mit Verkündung des "planmäßigen Aufbaus des Sozialismus", wurde der administrative Druck in Richtung Kollektivierung massiv erhöht. Der zentrale Hebel waren bäuerliche Ablieferungsverpflichtungen, die sich mit der Größe des bewirtschafteten Landes progressiv steigerten und vor allem die sog. Großbauern mit landwirtschaftlichen Flächen über 20 ha treffen sollten. Demgegenüber wurden auch in diesem Punkt die LPGs durch niedrigere Ablieferungspflichten je ha begünstigt. [12]

Ein Bericht der ZK-Justiz-Abteilung vom 8. April 1953 meldet:

"In der Zeit vom 1.8.1952 bis 31.1.1953 wurden in der Republik gegen
Großbauern   583 Verfahren
Mittelbauern   311 Verfahren
Kleinbauern   353 Verfahren
durchgeführt"
(Bericht über die Tätigkeit der Justizorgane im Kampf gegen feindliche Tätigkeit, Berlin den 8.4.1953, S. 7).

Gleichwohl war die "Zentrale Kommission für Staatliche Kontrolle" noch unzufrieden mit den Leistungen der Justizfunktionäre beim Klassenkampf auf dem Lande. So klagte sie in einem Bericht für das ZK vom 12.2.1952:

"Die Beispiele zeigen, daß die Staatsanwälte noch nicht immer verstehen, unter Anwendung der demokratischen Gesetzlichkeit den verschärften Klassenkampf auf dem Dorfe zu führen. Dabei ist zu beachten, daß die nicht kämpferische Einstellung der Staatsanwälte bei der Durchführung von Prozessen gegen großbäuerliche Elemente und deren Lakaien nicht nur auf Nichterkennen der Entwicklung, sondern zuweilen auch auf feiges Zurückweichen vor dem Klassengegner zurückzuführen ist" (Zentrale Kommission für staatliche Kontrolle, Berlin den 12.2.1953, S. 7).

Da das politische Ziel vorrangig nicht die Erfüllung des Ablieferungssolls und die Steigerung der Produktivität, sondern die Möglichkeit der getarnten Enteignung war, führten geringfügige Ablieferungsrückstände bereits zu Strafen von 2 und mehr Jahren Zuchthaus und als Regelstrafe zur Vermögenseinziehung, also zur Enteignung der Höfe (Bericht über die Tätigkeit der Justizorgane ..., 1953, Beispiel S. 8).[13] Aber nicht nur in internen Runderlassen des Justizministeriums,[14] sondern auch in der Fachpresse fand die "Verschärfung des Klassenkampfes auf dem Lande" ihren Ausdruck. So veröffentlichte die "Neue Justiz" 1952 ein Urteil des Obersten Gerichts (OG) der DDR vom 3. Juli 1952, in dem ein Bauer wegen Nichterfüllung des Ablieferungssolls zu 2 Jahren Haft und Enteignung verurteilt wurde.[15] Ein gemeinsamer Bericht des Generalstaatsanwalts (GStA) Melsheimer und der Justizministerin Benjamin "Zur Durchführung des Neuen Kurses" vom März 1954 erwähnt gar 20 Urteile gegen Großbauern wegen Nichterfüllung des Abgabesolls, in denen Zuchthausstrafen über 6 Jahre ausgesprochen worden waren (Benjamin/ Melsheimer, o. J., S. 2).

Auch an dieser Front wurde die Justiz mit internen, daneben mit in der Fachpresse verkündeten Anleitungen auf Kurs zu bringen versucht. Und so bildet dann der "Klassenkampf auf dem Lande" sowohl in den Jahren 1952/53 (Kröger 1952; Böhme 1952; Schmuhl 1952) wie wiederum in den Jahren 1958-60 (Abschluß der Zwangskollektivierung) einen Schwerpunkt in der der Anleitung von Justizfunktionären dienenden "Neuen Justiz".

Gewiß entwickelte sich gegen diese Politik von seiten der Bauern auch Widerstand. In seiner einfachsten Form äußerte er sich in bäuerlichen Solidaritätsaktionen. So berichtet das SED-Sekretariat Halle mit Datum 1.2.1952 dem ZK:

"Im Zuge der Durchführung des Ministerratsbeschlusses zur restlosen Erfassung pflanzlicher und tierischer Produkte wurde ein Prozeß gegen den Großbauern Brinkmann in Wegeleben... durch die Vertreter der Landesregierung angesetzt...
Als die Bevölkerung in Wegeleben von der Durchführung eines solchen öffentlichen Prozesses in inrer Gemeinde erfuhr, brachte sie in einer Solidaritätsaktion sämtliche fehlenden Produkte für den Großbauern auf. Der Prozeß fand daher nicht statt..." (Sekretariat, Halle den 1.2.1952).

Wie beim "Gesetz zum Schutz des Volkseigentums" betrieb die DDR-Justiz nicht nur solcherart - in diesem Falle an der Solidarität der Bauern geplatzte - "Gerichtspädagogik" mit Schauprozessen, sondern begleitete den verschärften Kampf gegen die Nichterfüllung eines kaum zu erfüllenden Ablieferungssolls erneut durch sog. Justizaussprachen auf dem Lande.[16]

Und so war es nur konsequent, daß Justizministerin Benjamin und ihr Generalstaatsanwalt Melsheimer in einer Vorlage für das Politbüro vom März 1954 u.a. vorschlugen, ein Referat "Propaganda" beim Ministerium der Justiz einzurichten (Benjamin/Melsheimer, S. 24). Doch die "Agitation durch Tatsachen" - ein Begriff aus dem SED-Jargon -, die die SED auf dem Lande mit der zwangsweisen Enteignung und Kollektivierung betrieb, ließ sich mit einer "Agitation durch Propaganda" nicht erfolgreich konterkarieren.

Da die SED keine Chance zum legalen, öffentlichen Widerspruch, also zur politischen Opposition, gegen ihre Politik des Bauernlegens zuließ, trieb sie Bauern in andere Formen des Widerstandes:

- in die Vernachlässigung der Pflege des Viehs, so daß Schweinepest und andere Formen des Viehsterbens zunahmen,
- in Brandstiftungen,
- in körperliche Auseinandersetzungen mit Parteifunktionären und Propagandisten der Kollektivierung.[17]

Schließlich blieb noch der Verzicht auf Widerstand in Form der Flucht in die Bundesrepublik übrig (vgl. Heinzelmann 1961). Und so entwickelten sich die bäuerlichen Flüchtlingszahlen in Abhängigkeit von den einzelnen Konfliktphasen der Zwangskollektivierung - in den DDR-Statistiken erneut als Staatsverbrechen rubriziert. Sie gingen nach 1953 langsam zurück, um zwischen 1959 bis 1960 - in der Phase der Vollendung der Zwangskollektivierung - bis zum Bau der Mauer am 13. August 1961 wieder hochzuschnellen.

Daß das Regime auf dem Lande eine äußerst scharfe Konfliktpolitik betrieb, war den Genossen des ZK durchaus klar. Im ausgebauten Berichtswesen der Justiz und des MfS für das ZK war die Entwicklung auf dem Lande ein besonderer Schwerpunkt. In der die Zwangskollektivierung abschließenden Phase des Jahres 1960 erhielten Ulbricht und Genossen alle drei Tage Berichte über die "Fluchtbewegung aus der Landwirtschaft" (vgl. z. B. HV Deutsche Volkspolizei - Operativstab - Berlin den 18.3.1960 und 16.9.1960 sowie Schreiben der Abt. Staats- und Rechtsfragen des ZK vom 16.3.1960 an Ulbricht und als Anlage MdI, Informationsbericht 1, Berlin den 18.3.1960; Informationsbericht Nr. 28 vom 13.10.1960). Interne kriminalstatistische Monats- und Jahresberichte aus den 50er Jahren widmen sich bis zur Hälfte ihres Umfanges den Fragen der Schweinepest und des Rindersterbens auf dem Lande, der Brandstiftung, der

Nichterfüllung des Ablieferungssolls und der Fluchtbewegungen von Bauern - kurz: den "Staatsverbrechen auf dem Lande".[18]

Schließlich, nachdem das Bauernlegen 1960/61 erfolgreich abgeschlossen war, griffen zwangskollektivierte Bauern zu einem Mittel, das nun ganz und gar bauernuntypisch war. Der boden- und faktisch eigentumslos[19] gewordene Bauer griff zum bewährten Kampfesmittel des proletarischen Lohnarbeiters: er streikte (Bericht der Abt. Parteiorgane an die Sicherheitsabteilung des ZK vom 6.1.1962 und der ZK-Abt. Parteiorgane an Sicherheitsabteilung vom 13.4.1962).

3.3. Taktische Korrektur: Die Beschlüsse über den "Neuen Kurs" vom 9. und 10. Juni 1953

So wirklichkeitsblind die SED in dieser Phase des "planmäßigen Aufbaus des Sozialismus" in ihrer Konfliktstrategie nahezu mit der gesamten Gesellschaft geworden war: am 9. Juni 1953, 8 Tage vor Ausbruch der Revolte des 17. Juni 1953, versuchte die Partei nach Auseinandersetzungen innerhalb der Führungsspitze (vgl. Stulz-Herrnstadt 1990) und auf Druck der Sowjetunion, das Ruder herumzuwerfen, den forcierten Aufbau des Sozialismus in seinem Tempo deutlich zu reduzieren. Am 9. Juni 1953 beschloß das Politibüro den sog. Neuen Kurs, der in einem am 11. Juni verkündeten "Beschluß des Ministerrats" konkretisiert wurde (vgl. Fechner 1953).[20] Die Partei gestand Fehler in der Vergangenheit ein, bot nun dem privaten Handwerk und Gewerbe Kredite an und verkündete, daß eingezogene oder unter Treuhänderschaft gestellte Höfe zurückgegeben werden sollten. Auch wurde Klein-, Mittel- und Großbauern, die in die Bundesrepublik geflohen waren, das Angebot gemacht, zurückzukehren und die eingezogenen Höfe wieder zu übernehmen.[21]

Es nützte nichts mehr. Die vom ZK der SED auf der 13. Tagung am 13./14. Mai 1953 beschlossene allgemeine Normerhöhung um mindestens 10 Prozent bis zum 1. Juni 1953 brachte das Faß zum Überlaufen - die in der Propaganda als "Herrschende" verklärten Werktätigen erhoben sich am 17. Juni gegen das Regime.

Zum Beschluß des Ministerrats vom 11. Juni 53 zählte auch das Versprechen, *"alle Verhaftungen, Strafverfahren und Urteile zur Beseitigung etwaiger Härten sofort zu überprüfen"*. Trotz der als Reaktion auf den 17. Juni wieder verschärften Justizpolitik wurde die angekündigte Überprüfung eingeleitet, allerdings in höchst widersprüchlicher Weise, wie aus dem parteiinternen Berichtswesen herauszulesen ist. Bei den Räten der Bezirke waren "Kommissionen zur Prüfung aller Härtefälle wegen Überlassung der eingezogenen Vermögenswerte" gebildet worden, die eine von Bezirk zu Bezirk sehr unterschiedliche Praxis verfolgten.

So heißt es in einem Bericht für das ZK:

> "Bei Bauern wurde die Überlassung des Hofes abgelehnt, wenn nach Meinung der Kommission eine ordnungsgemäße Bewirtschaftung durch den Haftentlassenen nicht gewährleistet erscheint. Zur Begründung ... werden Nichteinhaltung der Pflichtablieferung und des Viehhalteplanes, ungenügender Viehbestand, Mangel an Arbeitskräften und Betriebsmitteln angegeben. Die ordnungsgemäße Bewirtschaftung wird ... auch mit der Begründung verneint, daß

der haftentlassene Bauer alt oder krank ist" (Zentrale Kommission für staatliche Kontrolle, Berlin den 7.9.1953, S. 3).

So hatten dann Bauern über 65 Lebensjahre kaum eine Chance, ihre Höfe rückerstattet oder zur Nutzung überlassen zu bekommen. Wenn aber die Rückgabe des eingezogenen Vermögens nicht möglich war, so gab es gemäß einer "Gemeinsamen Rundverfügung der Justizorgane vom 15. Juli 1953" zunächst auch keine Haftentlassung.

"Die Haftentlassungen wurden von der Möglichkeit der Rückgabe des früheren Eigentums abhängig gemacht",

stellt die Zentrale Kommission für staatliche Kontrolle in ihrer Analyse vom 7.9.1953 fest (ebenda, S. 2). Die entsprechende Direktive der Justizorgane wurde dann allerdings auf Intervention der Zentralen Kontrollkommission (ZKK) außer Kraft gesetzt (Ministerium der Justiz, o. D., S. 4).

Zum Teil wurden die Höfe aber nicht als Eigentum, sondern nur zur "Nutzung" zurückgegeben, so daß Bauern, wie es im selben Dokument heißt,

"... zum Ausdruck (brachten - FW), daß sie in der gegenwärtigen Lage in der Landwirtschaft nur als Arbeitskräfte benutzt werden sollen" (ebenda, S. 3). [22]

Diese Justizkorrektur gemäß Ministerratsbeschluß vom 11. Juni 1953 führte zu dem Ergebnis, daß bis Ende Oktober dieses Jahres insgesamt 23.853 Personen aus der Haft entlassen und 2.542 Fälle, bei denen die Gerichte die Vermögenseinziehung angeordnet hatten, den Räten der Bezirke zur Entscheidung übergeben wurden (Benjamin/Melsheimer, o. J., S. 1). Gleichwohl, im Frühjahr 1954 wurde der justitielle Klassenkampf auf dem Lande erneut verschärft, nachdem die Justiz-Abteilung des ZK in einer Vorlage für das Politbüro vom 5.3.54 geklagt hatte,

"daß die Justiz bis zum heutigen Tage nicht das scharfe Schwert in der Hand unserer Arbeiter- und Bauernmacht zur energischen Unterdrückung der Feinde, zur Erziehung zur Staats- und Arbeitsdisziplin und damit zur Stärkung des Staatsbewußtseins unserer Bürger geworden ist" (SED-Hausmitteilung der Abt. Staatliche Verwaltung an Ulbricht vom 5.3.1954, S. 3).

Das ZK fällt einen Beschluß über die "Entfaltung der politischen Massenarbeit auf dem Lande", der propagandistische und der Justizterror gegenüber Bauern wurde erneut verschärft, die Justizministerin griff anleitend selbst zur Feder,[23] die Gerichte lernten schnell die neue Lektion.[24]

Noch war das primäre Ziel, die Auflösung konservativer bäuerlicher Lebensordnungen, nicht erreicht. Der im Juni verkündete "Neue Kurs" bedeutete nur eine kurzfristige taktische Korrektur. Und so wurde 1957 auf dem 30. Plenum des ZK der SED erklärt, daß die bisherige, auf der 2. Parteikonferenz im Juni 1952 verkündete Linie völlig richtig sei, jedoch falsch angewendet wurde.

"Mit aller Eindeutigkeit bestätigt das 30. Plenum frühere Beschlüsse der Partei: Das Hauptinstrument bei der Schaffung des Sozialismus ist die Staatsmacht!" (vgl. "Nach dem 30. Plenum des ZK der SED" 1957).

Neben dem sich wieder verschärfenden Druck auf die Bauern war auch die 1954 begonnene Kampagne "Industriearbeiter auf's Land" eine weitere Etappe auf diesem Weg, demgegenüber Produktivitätssteigerungen nachrangig waren. Der Partei-Ökonom Oelßner, der wie der Landwirtschaftsexperte Kurt Vieweg [25] unter dem Gesichtspunkt der Ökonomie den privaten Sektor in der Landwirtschaft in der sogenannten "Tauwetterperiode" nach dem 20. Parteitag der KPdSU wieder fördern wollte, bekam 1958 vom ZK-Sekretär Hermann Matern ins Stammbuch geschrieben:

"Der Genosse Oelßner will nicht verstehen, daß die kleinste und schwächste LPG ein Schritt zum Sozialismus ist und der stärkste individuelle Bauer ein Rückschritt zum Kapitalismus. Genosse Oelßner war der Meinung ..., daß die schwachen und schlechten LPGs, wenn sie aufgelöst werden, wenn die Partei das beschließt, es leichter sein wird, die Mittelbauern in die LPG hineinzubringen." [26]

Letztendlich wurde das politische Ziel, den bäuerlichen Sozialtypus in der DDR auszulöschen, nahezu erreicht, wie sich heute angesichts der äußerst geringen Bereitschaft in den neuen Bundesländern, wieder bäuerliche Familienbetriebe zu gründen, zeigt. So waren nach Angaben des Bundeslandwirtschaftsministers Kiechle bis Ende 1991 nur ca. 10.000 ehemalige LPG-Mitglieder bereit, erneut Familienbetriebe aufzubauen. [27]

3.4. Wertewandel durch Terror: Das "Gesetz zum Schutz des Volkseigentums" (VESchG)

Das Strafrecht wurde nicht nur zur getarnten Sozialisierung mittelständischer Unternehmen und Betriebe eingesetzt. Gleichermaßen wurde es genutzt, um mit Terror der Arbeiterklasse ein neues Wertesystem zu oktroyieren - Justiz als "scharfes Schwert ... zur Erziehung zur Staats- und Arbeitsdisziplin". Dahinter stand offenbar die Erwartung, daß die so verbreiteten neuen, sozialistischen Normen langsam zur daran orientierten Habitualisierung des Verhaltens, zur Rechtspflicht aus Gewohnheit führen könnten.

Hierfür steht exemplarisch das in dieser Phase des "planmäßigen Aufbaus des Sozialismus" am 6.10.1952 in Kraft getretene "Gesetz zum Schutz des Volkseigentums und anderen gesellschaftlichen Eigentums (VESchG)" (GBL, S. 982).

Der Grundtatbestand (§ 1) besagte:

"Diebstahl, Unterschlagung oder ein sonstiges Beiseiteschaffen von staatlichem und genossenschaftlichem Eigentum oder von Eigentum gesellschaftlicher Organisationen werden mit Zuchthaus von einem bis fünf Jahren bestraft."

In schweren Fällen galt als Höchststrafe gar 25 Jahre Haft.

Um das neue Wertesystem durchzusetzen, wurde zum einen die für die DDR-Justiz dieser Zeit so charakteristische Massenagitation betrieben. So berichtet der GStA der für die Justizanleitung und -aufsicht zuständigen ZK-Abteilung "Staatliche Verwaltung", daß allein im 1. Quartal nach Inkrafttreten Staatsanwälte in ca. 800 Veranstaltungen vor Werktätigen über das Gesetz gesprochen hätten und in vielen Betrieben der Wortlaut des Gesetzes den Werktätigen in die Lohntüte gesteckt worden sei. Zum anderen wurden selbst bei kleinsten Vergehen die im Gesetz obligatorisch vorgesehene Mindeststrafe von einem Jahr Zuchthaus ausgesprochen. So stellte die "Zentrale Kommission für staatliche Kontrolle" in ihren "Wahrnehmungen über die Arbeit der Staatsanwaltschaft" vom 12.2.1953 fest:

"Bei allen Verstößen gegen dieses Gesetz - auch wenn es sich gemäß Weisung der Obersten Staatsanwaltschaft nur um 30-Pfg.-Objekte, um ein Stück Holz oder um eine einzige Preßkohle handelte - beantragen die Staatsanwälte die in diesem Gesetz vorgeschriebene Mindeststrafe von 1 bzw. 3 Jahren Zuchthaus" (S. 4).

Welche ungeplanten Konsequenzen diese Urteilspraxis zeitigte, ist in einem internen Papier des Generalstaatsanwalts Melsheimer für das ZK vom 12. Mai 1953 festgehalten. Nachdem er zunächst die Entwicklung der Strafverfahren in den ersten drei Monaten des Jahres 1953 aufgelistet hat, kommt Melsheimer zu der Warnung:

"Das bedeutet weiter, daß dann, wenn die Zahl der straffällig werdenden Personen in den kommenden Monaten nicht mehr ansteigt, am Ende des Jahres 1953 mehr als 40.000 Menschen wegen Verletzung des VESchG im Zuchthaus sitzen werden. Das ist schlechterdings untragbar" (Generalstaatsanwalt, 12.5.1953, S. 2).

Zudem gab es ein ideologisches Problem, da es im besonderen Maße Arbeiter und kleine Bauern waren, wie Melsheimer feststellen mußte, die etwa *"wegen der Desorganisation der Kohleversorgung ... wegen des Mangels an jeglicher Feuerung zum Diebstahl veranlaßt worden waren"*. Hilfe kam von den "sowjetischen Freunden" in Gestalt der Rechtsabteilung der Sowjetischen Kontroll-Kommission (SKK). Auf Grundlage eines Entwurfs des sowjetischen Beraters - wie es im bereits zitierten Dokument heißt -, solle

"die Anwendung des VESchG in neue Bahnen gelenkt und das Schwergewicht der Strafverfolgungspolitik von den Arbeitern und den anderen Werktätigen abgelenkt und auf die böswilligen und besonders schädlichen Diebe am staatlichen und gesellschaftlichen Eigentum hingelenkt" werden (ebenda, S. 1).

Wie drastisch das VESchG angewandt wurde, weist ein Bericht des Chefs der Volkspolizei, Generalinspekteur Maron, vom 13. Mai 1953 aus. Demnach wurde etwa ein Rangierer wegen des Diebstahls von Briketts im Werte von einer Mark zu einem Jahr Zuchthaus verurteilt; gleichfalls mit einem Jahr Zuchthaus mußte der Arbeiter einer Schmierfettfabrik den Diebstahl von 3/4 kg Sauerkraut bezahlen. Gegen einen Lagerarbeiter und SED-Mitglied wurden gar 3 Jahre Zuchthaus "ausgeworfen", weil seine Freundin ohne Kenntnis des Lagerarbeiters unter Ausnützung seiner Gutmütigkeit insgesamt 7 Paar Hausschuhe aus einem Lager stahl. Ein halber Liter Benzin schlug mit 2 Jahren Zuchthaus zu Buche (MDI, Chef der Volkspolizei, Berlin den 13.5.1953).

Es war in der Tat jener *"erbarmungslose Kampf gegen die Feinde unserer Ordnung"*, den die Justizabteilung des ZK in einem Papier vom 8. April 1953 forderte, das vor allem die "versöhnlerische Haltung" von Staatsanwälten und Richtern bemängelte, die die Tendenz hätten, bei einer *"Mindeststrafe von einem Jahr Zuchthaus zu verharren..."*, obwohl doch auch die von der Justiz-Abteilung des ZK kontrollierte Fachpresse versuchte, die Richter "richtig" anzuleiten (Reuter 1953). Spurten die versöhnlerischen Richter nicht, so gab es andere Wege, sie auf den richtigen Kurs zu bringen. So meldet derselbe Bericht,

> "daß die Justizverwaltungsstelle Leipzig ... im Falle des Kreisgerichts Schmölln infolge bewußter Nichtanwendung des Gesetzes zum Schutz des Volkseigentums den ehemaligen Kreisgerichtsdirektor S. wegen Rechtsbeugung verhaften ließ" (Bericht über die Tätigkeit der Justizorgane ..., Berlin den 8.4.1953).

Kreisgerichtsdirektor Sachse hatte einen HO-Bäcker, der 10 Pfannekuchen gestohlen und diese mit nach Hause genommen hatte, in bewußter Nichtanwendung des VESchG nur zu 50 Mark Geldstrafe wegen Mundraubs verurteilt. Daraufhin war er am 24. Januar 1953 verhaftet und später zu 3 1/2 Jahren Zuchthaus verurteilt worden, wie ein an der Verhaftung beteiligter und wenige Monate später nach Berlin (W) geflüchteter Staatsanwalt zu Protokoll gab (vgl. Bundesministerium für gesamtdeutsche Fragen 1955, S. 76 f.).

Strafverfahren und Aburteilungen von Justizfunktionären waren zumindest in den 50er Jahren ein durchaus übliches Mittel der "Anleitung" (vgl. Werkentin 1991 b). So hatte bereits 1950 die Justiz-Abteilung des ZK aus erzieherischen Gründen einen Schauprozeß ausschließlich für persönlich eingeladene 180 Staatsanwälte und Richter gegen einen Staatsanwalt inszeniert, um dieser Fachöffentlichkeit vorzuführen, welche Konsequenzen es haben kann, wenn Richter und Staatsanwälte das Wirtschaftsstrafrecht nicht parteigemäß zu nutzen wissen. Mit zehn Jahren Zuchthaus verließ der angeklagte Staatsanwalt den Saal. Mit welchen Gefühlen sich seine Kollegen nach dieser "Privataufführung" auf den Heimweg machten, ist nicht verbürgt (vgl. Werkentin 1991 c).

Zurück zum VESchG: Im Oktober 1953 erließ das Oberste Gericht der DDR zwei Weisungen, mit denen die Anwendung dieses Gesetzes und eines weiteren Wirtschaftsstrafgesetzes begrenzt wurde. [28] Doch in der kontrollierten Fachpresse [29] und in den Berichten für die Justizabteilung des ZK kam alsbald erneut die Klage auf, daß das Gesetz aus falsch verstandenem "Liberalismus" nun viel zu nachgiebig genutzt würde.

Zwar blieb der Schutz des Volkseigentums im Strafrecht der DDR bis zu ihrer Agonie privilegiert. Doch auf die terroristische Urteilspraxis der frühen 50er Jahre zum Schutz des Volkseigentums ist das Regime nicht mehr zurückgekommen. Im Alltagsbewußtsein hat sich das neue Wertesystem offenbar nicht durchgesetzt, wie die vielen Berichte über Formen der "Schattenwirtschaft" in der DDR, über den "Diebstahl" von Arbeitszeit und über das hochentwickelte System des Tausches und Organisierens von Mangelwaren ausweisen.

4. Resüme

"Die Regierung soll doch ein Gesetz erlassen und alles zum Volkseigentum erklären" (HV Volks-polizei, Operativstab, Berlin den 18.3.1960, S. 5) - so die in einem "Bericht des Operativstabes der Volkspolizei" aus Anlaß der abschließenden Zwangskollektivierung im Jahre 1960 festgehaltene Klage eines Bauern. Doch die Regierung war erneut darauf aus, von den zwangskollektivierten Bauern sich auch noch die Ekstase der Freiwilligkeit vorspielen zu lassen, obwohl doch in den internen Parteiberichten nachzulesen war, daß wie 1952 auch in dieser abschließenden Phase der Kollektivierung die Bauern immer wieder vor die Alternative gestellt wurden: Zuchthaus oder LPG-Eintritt.

So vermeldete etwa der Generalstaatsanwalt "in Erledigung Eures Parteiauftrages vom 28.11.1959" mit Schreiben vom 5.12.59 dem ZK u.a.:

> "Grundsätzlich wirken die Justizorgane bei der Durchführung von Strafverfahren gegen Bau-ern auch darauf hin, ihnen die Perspektive der sozialistischen Landwirtschaft zu erläutern... In den Fällen, in denen unter dem Eindruck des Strafverfahrens der Entschluß, der LPG bei-zutreten, schneller gefaßt wurde, handelt es sich nicht um solche, die speziell zu dem Zweck eingeleitet wurden, die betreffenden Einzelbauern durch Druck in die LPG zu bringen. Es la-gen jeweils strafbare Handlungen vor, die verfolgt werden mußten. Im Laufe der Zeit hat sich aufgrund dieser Praxis die Tendenz entwickelt, daß Bauern bei Einleitung eines Strafver-fahrens von sich aus den Wunsch äußerten, in die LPG aufgenommen zu werden..."

Über das Ergebnis solcherart "politischer Überzeugungsarbeit" ist im selben Bericht - es betraf den LPG-Eintritt einer Bäuerin - zu lesen:

> "In ihrer Beitrittserklärung schrieb sie dann, daß sie 'auf Weisung der Kriminalpolizei' der LPG beitrete. Von den LPG-Mitgliedern wurde sie angehalten, eine neue Erklärung abzuge-ben. Ihre Beitrittserklärung war Anlaß, von der Einleitung eines Ermittlungsverfahrens abzu-sehen" (Generalstaatsanwalt an das ZK, Schreiben vom 5.12.1959).

Aber in der Tat: Warum wurde die ab 1952 forcierte Verstaatlichungs- und Enteignungspolitik der SED nicht - wie zwischen 1945 und 1947 - per Gesetz verkündet und unmittelbar vollzogen? Die Erklärung ist sehr einfach. Es fehlte - anders als 1945-47 - jede Chance, für diesen gesell-schaftlichen Transformationsprozeß Mehrheiten zu finden.

So wurde der Versuch gemacht, den mit dem "planmäßigen Aufbau des Sozialismus" for-cierten politischen Konflikt in einen (Straf-)Rechtskonflikt umzudefinieren und ihn damit gleich-sam zu entpolitisieren - ein Versuch, den Enteignungs- und Transformationsprozeß hinter straf-rechtlichen Deliktfabrikaten zu verstecken. Doch eine neue Quelle der Legitimität wurde damit nicht erschlossen, denn allzu deutlich war, daß in diesen Konflikten nicht eine dritte, am Konflikt unbeteiligte Instanz entschied, sondern Staatsanwälte und Richter nur als Büttel für an anderer Stelle getroffene Entscheidungen fungierten. Das Ergebnis war, daß die Augenblicksbedürfnisse des SED-Regimes nach zwangsweisem Gehorsam den langfristigen Interessen nach aus Überzeu-gung erwachsender Selbstidentifizierung der ihrer Macht unterworfenen Bürger mit der neuen politischen und gesellschaftlichen Ordnung ständig entgegenarbeiteten. Dies umso mehr, als den

DDR-Bürgern das Gegenmodell Bundesrepublik immer präsent blieb und das Versprechen, daß das sozialistische Gesellschaftsmodell sich auch als das ökonomisch überragende ausweisen würde, nie eingelöst werden konnte.

Wie bedeutsam andererseits die relative Autonomie politischer und gesellschaftlicher Subsysteme unter dem Gesichtspunkt der Legitimität einer politischen Ordnung gerade auch angesichts massiver sozialstruktureller Umbrüche ist, zeigt im Kontrast die Entwicklung in der Bundesrepublik. Dies soll verdeutlicht werden am Beispiel jenes sozialstrukturellen Transformationsprozesses, der auch in der Bundesrepublik seit 1949 die Entwicklung auf dem Lande bestimmt hat und "objektiv" von ähnlich dramatischer Konsequenz war wie in der DDR.

Zwischen 1949 und 1988 verringerte sich in der Bundesrepublik die Zahl der landwirtschaftlichen Betriebe von etwa 1,6 Mio. auf 0,7 Mio. D.h. ca. 1 Mio. Vollbauern verloren ihre landwirtschaftliche Existenzgrundlage. Parallel dazu vergrößerte sich die je Vollbauern-Betrieb genutzte landwirtschaftliche Fläche von ca. 8,06 Hektar auf ca. 17,8 ha. Trotz dieser Konzentration sind die inzwischen erreichten durchschnittlichen Betriebsgrößen für die bäuerliche Existenzsicherung nicht ausreichend, so daß 1987 in fast jedem zweiten landwirtschaftlichen Betrieb *"das außerbetriebliche Einkommen des Betriebsinhabers und seines Ehegatten größer (war) als das betriebliche Einkommen"* (Statistisches Bundesamt 1990, S. 253). Und diese Entwicklung geht trotz der erheblichen Agrarsubventionen weiter.

Wie in der DDR vollzog sich also auch im Agrarsektor der Bundesrepublik ein gewaltiger Konzentrations- und Rationalisierungsprozeß, der ehemals selbständige Produktionsmittelbesitzer enteignete und im Agrar-Sektor Arbeitskräfte freisetzte. Wie in der Bundesrepublik war auch in der DDR dieser Prozeß begleitet durch massive Agrarsubventionen. In beiden Teilen Deutschlands haben sich insoweit parallele Prozesse vollzogen. Die Differenz liegt einerseits in der Form des Vollzugs, andererseits in gesellschaftspolitischen Interessenlagen, die diesen Prozeß begleiteten, ihn beschleunigten oder zu bremsen suchten.

In der DDR stand der Prozeß des Bauernlegens unter dem Primat gesellschaftspolitischer Ziele, wurde bewußt als politische Aktion mit dem Endzweck verfolgt, eine gesellschaftliche Teilklasse, die bereits bei Marx als konservativ und rückständig identifiziert worden war, auszuradieren - gewiß verbunden mit der Hoffnung, über den Prozeß der Kollektivierung und Industrialisierung der Landwirtschaft auch deren Produktivität zu erhöhen, die Stadt-Land-Differenz zu nivellieren. Durchgesetzt wurde dieser Prozeß mit allen Mitteln offener und verdeckter staatlicher Gewalt um den Preis ständiger politischer Konflikte und über lange Jahre erheblicher Rückschläge im landwirtschaftlichen Produktionsaufkommen, wobei bei allen Produktivitätssteigerungen auch in der Landwirtschaft der DDR dieser Wirtschaftszweig nie die Produktivität des bundesdeutschen Agrarsektors erreichte.

In der Bundesrepublik verlief der Prozeß des Bauernlegens gewissermaßen ohne politische Akteure. Er vollzog sich als weitgehend ungeplante Entwicklung hinter dem Rücken der Betroffenen und der Politik, die - wenn sie eingriff, und sie griff massiv ein - eher das Ziel verfolgte, diesen bundesdeutschen Prozeß des Bauernlegens aus gesellschaftspolitischen Erwägungen zumindest zu bremsen und sozialverträglich abzufedern - Agrarsubventionen als Mittelstandspolitik.

Pointiert ausgedrückt: was in der DDR mit außerökonomischer, mit politischer Gewalt durchgesetzt wurde, vollzog sich in der Bundesrepublik als Folge der nackten Realien ökonomischer Prozesse/ökonomischer Gewalt. Und wenn in der Bundesrepublik die Polizei einmal eingreifen mußte, dann bestenfalls, um den Gerichtsvollzieher bei der Durchsetzung des Rechts auf Privateigentum gegenüber dem Bauern zu unterstützen, der seinen Hof verpfändet hatte. So haßt der bundesdeutsche Bauer nicht das "gesichtslose" ökonomisch-gesellschaftliche System, dessen Wettbewerbsdynamik ihn enteignet, sondern er haßt bestenfalls das Gesicht des Filialleiters jener Bank, die den Gerichtsvollzieher losschickt, um ihn vom Hof zu jagen.

In der Bundesrepublik erfolgte die millionenfache "Vertreibung" von Bauern aus der Landwirtschaft im Namen des Privateigentums an Produktionsmitteln - in der DDR mit dem erklärten Ziel, das Privateigentum an Produktionsmitteln zu vergesellschaften, real zu verstaatlichen. In der DDR hat die Form der Durchsetzung des Enteignungsprozesses in der Landwirtschaft nachwirkende Wunden hinterlassen und ständig der Legitimität des Systems entgegengewirkt, in der Bundesrepublik hat die ganz andere Vermittlung des Bauernlegens in keiner Weise die Legitimität des ökonomischen und politischen Systems infragezustellen vermocht, auch wenn immer mal wieder um ihre bäuerliche Existenz ringende Landwirte Protestkundgebungen veranstalten.

Dieser hier knapp skizzierte Prozeß ist paradigmatisch für das unterschiedliche Verhältnis von Staat und Gesellschaft in der DDR und der Bundesrepublik, wobei - gemessen an der marxistischen Theorie - für die DDR sich eine auffällige Umkehrung des Basis-Überbau-Verhältnisses, des Verhältnisses von Politik und Ökonomie zeigt. So sehr doch gerade die marxistische Theorie das Primat der ökonomischen Verhältnisse gegenüber der politischen Sphäre betont, so sehr - und in diesem Sinne idealistisch - wurde mit dem Anspruch der bewußten Gestaltung gesellschaftlicher Prozesse eine Politik betrieben, die die ökonomischen Verhältnisse der Politik subordinierte, während in der Bundesrepublik die Politik ökonomische und damit auch soziale Veränderungen flankierend und regulierend begleitete.

Anmerkungen

1   Vgl. etwa den Prozeß gegen Dr. Karl Hamann (LDPD), Minister für Handel und Versorgung in der ersten DDR-Regierung vom Oktober 1949 bis zur Verhaftung am 11. Dezember 1952. Zuvor war bereits sein Staatssekretär Paul Baender festgenommen worden. Beide wurden wegen Wirtschaftssabotage am 24. Mai 1954 in einem Geheimprozeß vom Obersten Gericht der DDR verurteilt - Hamann zu lebenslanger Haft, Baender zu 12 Jahren Zuchthaus. Vgl. hierzu Fricke/Beckert 1992.

2   Teilabdruck bei Weber 1986, S. 50.

3   Vgl. das sog. Ahlener Wirtschaftsprogramm der CDU für Nordrhein-Westfalen aus dem Jahre 1947 oder die "Politischen Leitsätze der SPD" aus dem Jahre 1946, die auf die weitgehende Verstaatlichung der Großindustrie setzten; beide in Kunz/Maier/Stammen 1976.

4   Zur Bodenreform nach 1945 in den verschiedenen Besatzungszonen vgl. Kleßmann 1986, S. 78-88; Trittel 1975.

5   "Revolution von oben" bezeichnet einen sozialstrukturellen Umwälzungsprozeß, der sich nicht als Ergebnis gesellschaftlicher Auseinandersetzungen, sondern als staatlich administrierter vollzog. "Revolution von außen" bezieht sich darauf, daß dieser Transformationsprozeß nur als Folge der Besetzung Mitteldeutschlands durch die Rote Armee und unter ihrem Schutze sich vollziehen konnte. Der Begriff geht zurück auf Löwenthal 1960.

6   "Verordnung über die Bestrafung von Verstößen gegen die Wirtschaftsordnung (Wirtschaftsstrafverordnung)" vom 23.9.1948, Zentrales Verordnungsblatt (ZVOBL) 1948, S.439.

7   Die folgenden Darstellungen stützen sich vor allem auf Aktenmaterial aus dem zentralen Parteiarchiv der SED/PDS, insbesondere Akten der ZK-Abteilung "Staat und Recht" respektive des Justiz-Sektors dieser ZK-Abteilung, kenntlich gemacht als "ZPA".

8   Vgl. die Aussagen eines Ministerialangestellten der DDR zur Vorbereitung entsprechender Enteignungsaktionen im April/ Mai 1953 sowie die Mitschrift eines Fernsehberichts über die "Aktion Rose" vom September 1990 in Spittmann/Helwig (Hrsg.) 1991, S. 164 - 167.

9   Dieses Amt war im Mai 1948 als "Ausschuß zum Schutze ..." unter Vorsitz Erich Mielkes gebildet worden; vgl. "Beschluß über die Funktion des Ausschusses zum Schutz des Volkseigentums", ZVOBL 1948, S.146.

10   Bezirksgericht Schwerin: Beschluß vom 27.6.1991/BSK 25/91 - Zur Kassation bei den im Rahmen der "Aktion Rose" durchgeführten Strafverfahren, Neue Justiz 1991, S. 419 - 421.

11   Siehe als Übersicht Göllner 1960.

12   Vgl. die entsprechenden Verordnungen aus den Jahren 1950 - 1953, dokumentiert in: Bundesministerium für gesamtdeutsche Fragen Bd. 3, 1958, S. 219 ff.

13   Vgl. auch die in Bundesministerium für gesamtdeutsche Fragen Bd. 3, 1958 dokumentierten Urteile, S. 160 ff.

14   Vgl. den Runderlaß des MdJ vom 5.3.1953, der nachdrücklich die Justizfunktionäre anweist, die "gesetzlichen Voraussetzungen für die Vermögenseinziehung" zu prüfen; dokumentiert in: Bundesministerium für gesamtdeutsche Fragen Bd. 2, 1955, S. 159.

15   Oberstes Gericht der DDR: Urteil vom 3. Juli 1952 zur Frage der Verantwortlichkeit des Eigentümers einer Landwirtschaft bezüglich der Ablieferungspflicht von landwirtschaftlichen Erzeugnissen, Neue Justiz 1952, S. 457.

16   So wurden etwa 1954 in knapp drei Monaten über 1.000 Justizausprachen auf dem Lande durchgeführt, vgl. Böhme 1954 a.

17   Dies kann heute in Rehabilitierungsverfahren Probleme schaffen. Denn Brandstiftung oder Körperverletzung sind auch nach bundesdeutschem Recht Straftaten. Allerdings kann man nur mit jenen Mitteln politischen Widerstand üben, die zur Verfügung stehen. Wenn jedoch die offene, politische Opposition bereits ins Zuchthaus führte, was blieb darüber hinaus an Möglichkeiten des Widerstandes übrig?

18   Vgl. "Die Bewegung der Kriminalität in der DDR im Jahre 1954", S. 11 ff. (Verbrechen auf dem Lande) mit Berichten über die Brände auf dem Lande, Nichtablieferung landwirtschaftlicher Produkte, Viehseuchen, Maßnahmen zur Bekämpfung der Schweinepest; vgl. auch "Entwurf: Bericht der zentralen Strafverfolgungsorgane der DDR über die Bewegung und Bekämpfung der Kriminalität im Jahre 1960", S. 20 f.

19   Formell verlor der DDR-Bauer mit dem Eintritt in die LPG nicht sein Eigentum. Er brachte nur sein Privateigentum an Grund und Boden in die LPG ein, behielt aber formell den Besitztitel, vgl. Luft/Neubauer 1991.

20   Die letzte öffentliche Äußerung des ersten DDR-Justizministers, der kurz darauf verhaftet und von Hilde Benjamin abgelöst wurde.

21   Vgl. den Ministerratsbeschluß vom 11. Juni 1953, dokumentiert in Fricke/Spittmann 1988, S. 203 - 205.

22   Entsprechendes Fallbeispiel, Zentrale Kommission für staatliche Kontrolle, Berlin den 7.9.1953, S. 8 f.

23   Benjamin 1954 a; Böhme 1954 b. Böhme berichtet über die "laufende operative Anleitung der Arbeit der Bezirksgerichte und der Justizverwaltungsstellen durch die Instrukteure der Hauptabteilung Rechtsprechung, Revision und Statistik des MdJ, die jede Woche mehrere Bezirke besuchten." (S.75 f.).

24   Vgl. Bezirksgericht Cottbus: Urteil vom 28. April 1955 - 1 Ks 50/55 nach Art. 6 wegen Schwächung und Zersetzung einer Landwirtschaftlichen Produktionsgenossenschaft, Neue Justiz 1955, S.416-418; Bezirksgericht Erfurt: Urteil vom 14. Juni 1955 - 1 Ks 54/55, Art. 6 der Verfassung - wegen Vernachlässigung der Bekämpfung der Schweinepest, Neue Justiz 1955, S.504-506; Bezirksgericht Gera: Urteil vom 11. März 1955 - 1 Ks 39/55 : Artikel 6 der Verfassung, Sabotage in der Landwirtschaft betreffend, Neue Justiz 1955, S.503-504 (Schlamperei in einer MTS).

25 Vieweg bezahlte seinen Widerspruch gegen die Landwirtschaftspolitik der SED mit 6 Jahren Zuchthaus, vgl. Rehabilitierung von Prof. Kurt Vieweg und Marga Langendorf (Beschluß des LG Berlin vom 27.12.1990; persönliche Erfahrungen einer Rehabilitierten), Neue Justiz 1991, S.110-112,; hier ging es um die Aufhebung eines Strafurteils aus dem Jahre 1959. Prof. Vieweg und seine Assistentin Langendorf hatten 1957 Vorschläge zur Änderung der Landwirtschaftspolitik der DDR formuliert; beide waren dann im März 1957 aus der DDR geflüchtet, aber im Oktober 1957 wieder zurückgekehrt und verhaftet worden. Frau Langendorf saß 5 Jahre in Haft, Vieweg war wegen schweren Staatsverrats zu 12 Jahren Zuchthaus verurteilt worden, von denen er 6 Jahre absitzen mußte.

26 Hermann Matern aus Anlaß einer Sitzung des "Demokratischen Blocks" am 24. Februar 1958, hier zit. nach der Dokumentation des Sitzungsprotokolls in "Das Parlament", Nr.5/1992, S.13.

27 Vgl. "Die ostdeutschen Bauern setzen auf Größe", Süddeutsche Zeitung vom 14./15. 12. 1991; die Zahl der in der Landwirtschaft Beschäftigten ging von ca. 840.000 Personen vor der Wende auf ca. 250.000 bis 300.000 zurück, vgl. "Ostbauern kommen langsam, aber gewaltig", TAZ vom 18.1.1992.

28 "Richtlinie des Plenums des Obersten Gerichts über die Anwendung des Gesetzes zum Schutze des innerdeutschen Handels vom 21. April 1950 - Richtlinie Nr. 4 vom 31. Oktober 1943", Neue Justiz 1953, S. 714-716 und die "Richtlinie des Obersten Gerichts für die Anwendung des Gesetzes zum Schutze des Volkseigentums und anderen gesellschaftlichen Eigentums vom 2. Oktober 1952 - Richtlinie Nr. 3 vom 28. Oktober 1953", Neue Justiz 1953, S. 686 - 688.

29 Benjamin 1954 b, zum Beschluß über die Entfaltung der politischen Massenarbeit auf dem Dorfe und die Klage, daß StA und Richter noch zu milde urteilen würden.

Literatur

BEIER, G., Der Demonstrations- und Generalstreik vom 12. November 1948, Frankfurt/M. Köln 1975

BENJAMIN, H. (1954 a), Die Staatsverbrechen im Zusammenhang mit der wirtschaftlichen und politischen Entwicklung seit 1945, Neue Justiz 1954, S. 33 - 37

BENJAMIN, H. (1954 b), Das 17. Plenum der SED und die Aufgaben der Justiz auf dem Dorfe, Neue Justiz 1954, S. 97 - 99

BENJAMIN, H./MELSHEIMER, Zur Durchführung des Neuen Kurses, ZPA, NL 182 (Ulbricht)/1121

BERICHT DER ABTEILUNG PARTEIORGANE an die Sicherheitsabteilung des ZK vom 6.1.1962, betr.: Arbeitsniederlegung in der LPG Typ III in Eisenhüttenstadt und ZK-Abteilung Parteiorgane an Sicherheitsabteilung vom 13.4.1962, betr.: Streik in LPG Preddöhl, beide Dokumente in ZPA IV/2/12/114

BERICHT ÜBER DIE TÄTIGKEIT DER JUSTIZORGANE im Kampf gegen feindliche Tätigkeit, Berlin den 8. April 1953, ZPA IV/2/13/409

BESCHLUß ÜBER DIE FUNKTION DES AUSSCHUSSES zum Schutz des Volkseigentums, ZVOBL 1948, S. 146

BÖHME, F., Die Justizausspracheabende über das Thema "Pflichtablieferung landwirtschaftlicher Erzeugnisse", Neue Justiz 1952, S. 299

BÖHME, F. (1954 a), Die Arbeit der Justiz auf dem Lande verstärkt weiterführen!, Neue Justiz 1954, S. 458 - 459

BÖHME, F. (1954 b), Zur Rechtsprechung bei Angriffen auf Volkseigentum, Neue Justiz 1954, S. 75 - 76

BUNDESMINISTERIUM FÜR GESAMTDEUTSCHE FRAGEN (Hrsg.), Unrecht als System, Bd. 1, Bonn 1952

BUNDESMINISTERIUM FÜR GESAMTDEUTSCHE FRAGEN (Hrsg.), Unrecht als System, Bd. 2, Bonn 1955

BUNDESMINISTERIUM FÜR GESAMTDEUTSCHE FRAGEN (Hrsg.), Unrecht als System, Bd. 3, Bonn 1958

"DIE BEWEGUNG DER KRIMINALITÄT IN DER DDR IM JAHRE 1954", ZPA IV/2/13/410

DIREKTORIUM DES LÄNDERRATS (Hrsg.), Der Länderrat des amerikanischen Besatzungsgebietes, Stuttgart Köln 1951

DOKUMENTATION DES SITZUNGSPROTOKOLLS DES "DEMOKRATISCHEN BLOCKS" am 24. Februar 1958, Das Parlament, Nr. 5/1992, S. 13

"ENTWURF: BERICHT DER ZENTRALEN STRAFVERFOLGUNGSORGANE DER DDR ÜBER DIE BEWE-GUNG UND BEKÄMPFUNG DER KRIMINALITÄT IM JAHRE 1960" (Durchführung der Beschlüsse des 8. Plenums über Kriminalität in der Landwirtschaft), ZPA IV/2/13/416

FECHNER, M., Der neue Kurs der Regierung und die Aufgaben der Justiz, Neue Justiz 1953, S. 381 - 384

FRICKE, K. W./BECKERT, R., Auf Weisung des Politbüros - Aus den Geheimprozeßakten des Obersten Gerichts der DDR, Teil I: Der Fall Hamann, Baender u.a., Deutschlandfunk, Manuskript der Sendung vom 8. Januar 1992

FRICKE, K. W./SPITTMANN, I. (Hrsg.), 17. Juni 1953 - Arbeiteraufstand in der DDR, Köln 1988

GENERALSTAATSANWALT DER DDR, Bützow, den 2. Mai 1953, Abschlußbericht, gezeichnet Josef Streit, ZPA IV/2/13/409

GENERALSTAATSANWALT, Bemerkungen zum Gesetz zum Schutz des Volkseigentums und anderer gesell-schaftlichen Eigentums, vom 12. Mai 1953, ZPA IV/2/13/409

GENERALSTAATSANWALT an das ZK, Schreiben vom 5.12.1959, ZPA IV/2/13/415

GIMBEL, J., Amerikanische Besatzungspolitik in Deutschland 1945 - 1949, Frankfurt/M. 1971

GÖLLNER, S., Das Bauernlegen in Mitteldeutschland, SBZ - Archiv 1960, S. 97 - 101

HEINZELMANN, G., Die Fluchtbewegung im Jahre 1960, SBZ - Archiv 1961, S. 41 - 42

HV DEUTSCHE VOLKSPOLIZEI - Operativstab - Berlin den 18.3.1960, "Information Nr. 1/60 über die Lage bei der sozialistischen Umgestaltung der Landwirtschaft" und "Information Nr. 27/60 über die Lage ..." vom 16.9.1960, ZPA IV/2/13/367

KAISER, M., 1972 - Knockout für den Mittelstand - Zum Wirken von SED, CDU, LDPD und NDPD für die Ver-staatlichung der Klein- und Mittelbetriebe, Berlin (O) 1990

KAPPELT, O., Braunbuch DDR - Nazis in der DDR, Berlin 1981

KLEßMANN, CH., Die doppelte Staatsgründung - Deutsche Geschichte 1949 - 1955, Bonn 1986

KRÖGER, H., Die II. Parteikonferenz der SED - Der Beginn einer neuen Etappe in der Entwicklung von Staat und Recht in der DDR, Neue Justiz 1952, S. 337 - 340

KUNZ, R./MAIER, H./STAMMEN, TH., Programme der politischen Parteien in der Bundesrepublik, Band 1 und 2, München 1979

LANGENDORF, M., Persönliche Erfahrungen einer Rehabilitierten, Neue Justiz 1991, S. 111 - 112

LOCHEN, H.-H., Grundlagen der Enteignungen zwischen 1945 bis 1949, Deutschland-Archiv 1991, S. 1025 - 1038

LÖWENTHAL, R., Totalitäre und demokratische Revolution, Der Monat, Heft 146, 1960, S. 29 ff.

LUFT, H./NEUBAUER, K.-H., Haben die LPG eine Perspektive? Zur Situation der ostdeutschen Landwirtschaft, Deutschland-Archiv 1991, S. 955 - 957

MERZ, H.-G., Bodenreformen in der SBZ: Ein Bericht aus dem Jahre 1946, Deutschland-Archiv 1991, S. 1159 - 1169

MdI, Chef der Volkspolizei, Hauptabteilung K, Berlin den 13. Mai 1953, Formale Anwendung des Gesetzes zum Schutz des Volkseigentums, ZPA IV/2/13/409

MINISTERIUM DER JUSTIZ, o.D., ZPA, NL 90/435

MfS, "Information über bisher aufgetretene Probleme und Reaktionen unter den Komplementären, Besitzern von Pri-vatbetrieben und Funktionären der befreundeten Parteien in Durchführung der Beschlüsse der 4. Tagung des ZK der SED" vom 24.3.1972, vom 17.2. und 15.3.1972 (Archiv "Bürgerkomitee 15. Januar")

"NACH DEM 30. PLENUM DES ZENTRALKOMITEES DER SED", Neue Justiz 1957, S. 129 - 131

PINGEL, F., Die Russen am Rhein - Zur Wende der britischen Besatzungspolitik im Frühjahr 1946, Vierteljahres-hefte für Zeitgeschichte 1982, S. 98 - 115

REIFERSCHEIDT, M., 1945 - 1950: Triumpf des Hindenburg-Deutschen, Frankfurter Hefte 1951, Heft 2, S. 90 ff.

REUTER, H., Das Gesetz zum Schutz des Volkseigentums und die gerichtliche Praxis, Neue Justiz 1953, S. 231-233

SCHMIDT, E., Die verhinderte Neuordnung 1945 - 1952: Zur Auseinandersetzung um die Demokratisierung der Wirtschaft in den westlichen Besatzungszonen und in der Bundesrepublik Deutschland, Frankfurt/M. Köln 1975, 6., um ein Nachwort ergänzte Auflage

SCHMUHL, K., Die Verschärfung des Klassenkampfes auf dem Lande und die Aufgabe der Justizorgane, Neue Justiz 1952, S. 561 - 563

SCHREIBEN DER ABTEILUNG STAATS- UND RECHTSFRAGEN DES ZK vom 16.3.1960 an Ulbricht, gezeichnet Rost und als Anlage MdI, Berlin den 18.3.1960, Informationsbericht 1 über die Republikflucht im Sektor Landwirtschaft, ZPA IV/2/13/363

SCHWARTZ, TH., Die Begnadigung deutscher Kriegsverbrecher: John J. McCloy und die Häftlinge von Landsberg, Vierteljahreshefte für Zeitgeschichte 1990, S. 375 - 414

SED - Hausmitteilung der Abteilung Staatliche Verwaltung an Ulbricht vom 5.3.1954, Stellungnahme der Abteilung Staatliche Verwaltung zu dem Bericht der Leitenden Genossen im Justizapparat (Melzheimer und Benjamin - F.W.) über die "Festigung der sozialistischen Gesetzlichkeit", ZPA NL 182/1121

SEKRETARIAT, Halle den 1.2.1952, Bericht Wegeleben, ZPA IV/2/5/319

SPITTMANN, I./HELWIG, G. (Hrsg.), DDR-Lesebuch - Stalinisierung 1949 - 1955, Bd. 2, Köln 1991

STALIN, J.W., Der Marxismus und die Fragen der Sprachwissenschaft, Berlin 1951

STARITZ, D., Die Gründung der DDR - Von der sowjetischen Besatzungsherrschaft zum sozialistischen Staat, München 1987

STATISTISCHES BUNDESAMT (Hrsg.), Datenreport 1989, Schriftenreihe der Bundeszentrale für politische Bildung, Bonn 1990

STEININGER, R., Die britische Deutschlandpolitik in den Jahren 1945/46, Aus Politik und Zeitgeschichte. Beilage zu "Das Parlament", Nr. 1 - 2/1982, S. 28 - 47

STULZ-HERRNSTADT, N. (Hrsg.), Das Herrnstadt-Dokument. Das Politbüro der SED und die Geschichte des 17. Juni 1953, Reinbek 1990

TRITTEL, G.J., Die Bodenreform in der britischen Zone 1945 bis 1949, Stuttgart 1975

WEBER, H. (Hrsg.), DDR - Dokumente zur Geschichte der Deutschen Demokratischen Republik 1945 bis 1985, München 1986

WEBER, H., Geschichte der DDR, München 1989

WERKENTIN, F. (1991 a), Gelenkte Rechtsprechung - Zur Strafjustiz in den frühen Jahren der DDR, Neue Justiz 1991, S. 479 - 483

WERKENTIN, F. (1991 b), Scheinjustiz in der frühen DDR - Aus den Regieheften der "Waldheimer Prozesse" des Jahres 1950, Kritische Justiz 1991, S. 333 - 350

WERKENTIN, F. (1991 c), Walter Ulbricht als oberster Gerichtsherr - DDR-Strafjustiz in den 50er Jahren, Vorgänge - Zeitschrift für Gesellschaftspolitik 1991, Heft 5, S. 1 - 15

WIESENTHAL, S., Pressekonferenz am 6. September 1968 in Wien, Deutschland-Berichte, o.O., o.J.

ZENTRALE KOMMISSION FÜR STAATLICHE KONTROLLE, Berlin den 12.2.1953, "Wahrnehmungen über die Arbeit der Staatsanwaltschaft", ZPA IV/2/13/409

ZENTRALE KOMMISSION FÜR STAATLICHE KONTROLLE, Berlin den 7.9.1953, Bericht über die Tätigkeit der Kommission zur Beseitigung von Härten bei rechtskräftigen Strafurteilen, ZPA IV/2/13/409

ZENTRALE KOMMISSION FÜR STAATLICHE KONTROLLE, Berlin den 7.9.1953, Analyse zum Bericht über die Tätigkeit der Kommissionen zur Beseitigung von Härten bei rechtskräftigen Strafurteilen, ZPA IV/2/13/409.

Machtpolitische Gestaltung der Vereinigung und Wandel der Instanzen sozialer Kontrolle
(Überlegungen zum sozialen Umbruch in den neuen Bundesländern)

Knuth Thiel

Vorbemerkungen

Die historisch betrachtet sehr schnell verlaufenden gesellschaftlichen Umbrüche fordern, auch im Hinblick auf ihre Auswirkungen in den alten Bundesländern, auch von der kriminologischen Forschung eine ständige begleitende Analyse und Wertung. Anliegen dieses Artikels ist eine erste Problemskizzierung von Zuständen und Prozessen in den neuen Bundesländern, die im Zusammenhang mit dem Wandel sozialer Kontrolle stehen. Dabei wird in diesem Artikel bewußt in Kauf genommen, daß bei der Fülle der angerissenen aktuellen Themen teilweise nur eine fragmentarische Analyse erfolgt, die ihrerseits jedoch Anregung zu weiterführenden Diskussionen und Ausgangspunkt für weitere Untersuchungen sein kann.

Untersuchungen zur sozialen Kontrolle, zur Arbeits- und Wirkungsweise insbesondere strafrechtlicher Kontrollinstanzen wurden zu DDR-Zeiten nicht oder nur sehr vereinzelt im Zusammenhang mit anderen Forschungsthemen und dann unter anderen inhaltlichen Diktionen durchgeführt (vgl. Lekschas/Kosewähr 1988, S. 19 ff.). Neuere Arbeiten befassen sich vorrangig mit der Analyse und kritischen Reflexion einzelner Instanzen strafrechtlicher Sozialkontrolle des DDR-Systems (so z.B. Lorenz 1991, Oleschinski 1992), ohne jedoch auf das komplexe Wirken interner und externer Kontrollvorgänge einzugehen. Somit ist ein Zurückgreifen auf schon vorhandene Erkenntnisse nur bedingt möglich. Es ist aber erforderlich, will man den Wandel der Instanzen und ihrer Kontrollstrategien reflektieren, auch jenes System abzubilden, in dem die Konflikte und Widersprüche, die zum Umbruch führten, produziert wurden (Dahrendorf 1969, S. 111). Die künftige Forschung müßte also auch darauf gerichtet sein, detaillierte Aussagen zur Funktion und Wirkungsweise strafrechtlicher Kontrollmechanismen und -instanzen in der DDR zu formulieren.

Die gegenwärtige Diskussion um die DDR vermittelt überwiegend doch eher ein sehr einseitiges Bild und reflektiert kaum die Widersprüchlichkeit ihrer Entwicklung (differenzierter hierzu Meuschel 1992, Thomas 1992). Ein Verständnis des status quo im November 1989 und dem daraus resultierenden Fortgang der Vereinigung setzt die Kenntnis der vier Jahrzehnte komplizierter DDR-Entwicklung voraus. Nur aus diesem Verständnis heraus ist die zur Bundesrepublik größtenteils diametrale Genese der Etablierung von formellen und informellen Kontrollmechanismen, Kontrollinstanzen und die Herausbildung einer anderen Kontrollphilosophie zu verstehen. Begreift man beide Staaten in ihren verschiedenen Ausgangsbedingungen nach dem zweiten Weltkrieg (vor allem die politischen und ökonomischen Abhängigkeiten), in ihrem ständigen Kampf gegenals aber auch ihre Abhängigkeiten voneinander ersichtlich. Diese Aufarbeitung deutsch-deutscher Vergangenheit ist durch derzeitige Probleme der Selbst- und Fremdreflexion mit vielfältigen Schwierigkeiten verbunden.

Betrachtet man sodann die Zeit nach dem November 1989 sind bei der Analyse der Prozesse der Vereinigung aus kriminologischer Sicht zunächst zwei Aspekte von Bedeutung. Zum einen ist dies der soziale und politische Umbruch, die sich daraus ergebenden Veränderungen in den sozialen Milieus, den Lebensstilen, den neuen Zwängen bzw. Freiheiten im individuellen Lebensalltag der Bürger in den neuen Bundesländern. Zum anderen wurde aber mit der Veränderung des politischen Systems in den neuen Bundesländern auch ein neues strafrechtliches Kontrollsystem aufgebaut, das sowohl strukturell und organisatorisch als auch inhaltlich determiniert den Grunddiktionen der 40-jährigen bundesdeutschen Geschichte folgt und mit diesen Prämissen ausgestattet auf umbruchsspezifische Konfliktlagen reagieren muß. Die inhaltliche und politische Ausrichtung dieser Prozesse als auch die Verarbeitung dieser Vorgänge in der Bevölkerung der neuen Bundesländer soll im folgenden problematisiert werden.

Ausgehend von einer Skizzierung wesentlicher Merkmale des DDR-Kontrollsystems sowie einer Beschreibung der Situation in der DDR vor der Wende im Herbst 1989 soll daran anschließend die "erste" Phase (November 1989 bis Oktober 1990) des sozialen Umbruchs in den neuen Bundesländern im Hinblick auf vorrangig strukturelle Veränderungen aufgezeigt werden. Im Hauptteil dieses Artikels werden die Prozesse der De- und Reorganisation der Instanzen strafrechtlicher Sozialkontrolle analysiert.

1. Politischer Aufbruch und soziale Kontrolle

1.1. Das Kontrollsystem der DDR

Das System sozialer Kontrolle in der DDR folgte in wesentlich stärkerem Maß als in der Bundesrepublik zentralistischen Prinzipien. Unter der Führung von Partei (SED und Blockparteien) und Staat (einschließlich des Ministeriums für Staatssicherheit) wurde ein System installiert, das eine flächendeckende Kontrolle zum Ziel hatte. Dabei ist davon auszugehen, daß alle machtnahen Instanzen miteinander vernetzt waren, Informationen austauschten und der SED zu großen Teilen in unterschiedlichen Formen berichtspflichtig waren.

Damit entstand ein System der Kontrolle, das vorrangig politisch dominiert war. Das führte zu einem Abrechnungs- und Legitimationsdruck für die jeweils untergeordneten Instanzen, der nachweisbar in den letzten Jahren der Existenz der DDR ein zunehmendes Informationsdefizit (Zurückhalten von "kritikwürdigen" Sachverhalten und Problemen durch die untergeordneten Instanzen) der "obersten" Ebene nach sich zog. Die politische Ausrichtung der Organisation aller Sphären der gesellschaftlichen Reproduktion führte letztlich zu einer Kluft zwischen Berichtspflichtigen und Berichtsempfängern, zwischen "unterer" und "oberer" Ebene der Leitungshierarchie. Durch die dabei aufgetretenen Informationsverluste und -defizite kam es zu Situationen, in denen die "obere" Ebene (Politbüro, Zentralkommitee der SED, Staatsrat u.ä.) nicht mehr in der

Lage war, auf gesellschaftliche Veränderungen adäquat zu reagieren. Jedoch nicht nur fehlende Informationen waren ursächlich für die realitätsferne Politik der DDR-Führungsspitze, sondern auch das hartnäckige Ignorieren von vorliegenden Berichten über Problem- und Konfliktlagen, über soziale und politische Spannungen in der Bevölkerung bzw. das Unvermögen der politisch Verantwortlichen, aus diesen Situationsschilderungen Konsequenzen zu ziehen. Somit kann auch von einer partiellen Verselbstständigung der "unteren" und "mittleren" Leitungsebene ausgegangen werden, die einerseits Überschreitungen der Machtbefugnisse und andererseits in vermittelnder und schlichtender Form eine Liberalisierung des restriktiven Kontrollstils zur Folge hatte, was zweifelsfrei den Konformitätsdruck verringerte und Spielräume schuf.

Normativer Kernbereich des politischen und sozialen Kontrollsystems der DDR waren das Strafrecht und seine Nebengesetze. Auch in der DDR steckte es den Rahmen für die Tätigkeit der Kontrollinstanzen ab, war Ausdruck eines wie auch immer gearteten Kontrollverständnisses von Staat und Partei. Die Entwicklung des Strafrechts der DDR unterlag vielen Veränderungen. Von einem sehr restriktiv gehandhabten Strafrecht (Werkentin 1991) in den 50er Jahren (insbesondere das politisch dominierte Wirtschaftsstrafrecht) über liberalere Normen im StGB von 1968, deren dreimalige Verschärfung in Änderungsgesetzen (1974, 1977, 1979), der Abschaffung der Todesstrafe im 4. Strafrechtsänderungsgesetz 1987 bis hin zum 5. (1988) und 6. (1990) Strafrechtsänderungsgesetz, die sich durch vorrangig entkriminalisierende Normen auszeichneten (im 6. StÄG wurde, letztlich ohne Wirkung, selbst der ungesetzliche Grenzübertritt nicht mehr unter Strafe gestellt). In diesem Zusammenhang gewinnt die Feststellung, daß Verhalten an sich (und so auch Devianz) viel stärker als in der Bundesrepublik politischen Wertungen unterlag, an Bedeutung. Die lange Zeit schwerere Bestrafung von Diebstahl gesellschaftlichen Eigentums gegenüber persönlichen Eigentums und das restriktive politische Strafrecht sind nur zwei Beispiele für die politische Überlagerung gesellschaftlicher Verhaltensanforderungen.

Auch die selektiven Mechanismen der Strafverfolgungspraxis waren anders als in der Bundesrepublik ausgestaltet. Aufgrund der normativen Regelungen zum Umgang mit Bagatelldelinquenz, der in kleinen, territorialen und betrieblichen Einheiten organisierten Arbeit von Konflikt- und Schiedskommissionen, weiterreichender Entscheidungsbefugnisse der Polizei im "Anzeigenprüfungsstadium" und im Ermittlungsverfahren sowie ähnlicher, entkriminalisierender Strukturen und Mechanismen, wurden in der DDR, analog zu anderen sozialistischen Staaten (vgl. auch Walter/Fischer 1991) im Vergleich zu westeuropäischen Staaten, weniger Ermittlungsverfahren eingeleitet. Somit waren insgesamt betrachtet eine geringere Zahl von Bürgern mit der Durchführung von Strafverfahren konfrontiert.

Andererseits war durch die höheren prozeßrechtlichen Anforderungen an die Einleitung eines Ermittlungsverfahrens in der ehemaligen DDR der Anteil der rechtskräftigen Verurteilungen prozentual höher als in der ehemaligen Bundesrepublik. Durch die repressive Verfolgungspraxis der Staatsanwaltschaften und Gerichte war der Anteil der freiheitsentziehenden Maßnahmen strafrechtlicher Verantwortlichkeit ebenfalls sehr hoch, so daß einerseits zwar weniger Bürger mit den formellen Instanzen der strafrechtlichen Sozialkontrolle in Berührung kamen, andererseits aber die Wahrscheinlichkeit, ohne formelle Sanktion diesen Kontakt zu beenden, wesentlich geringer war als in der ehemaligen Bundesrepublik.

1.2. Reaktionen der Bürger auf soziale Kontrolle

Bei der Aufarbeitung von DDR-Vergangenheit steht die These von einem perfekt durchorganisierten und bis in die kleinste gesellschaftliche Einheit kontrollierten System an erster Stelle der Argumentationen. An dieser Aussage kann dann festgehalten werden, wenn ihr eine differenzierte Analyse sowohl des Kontrollsystems der DDR als auch seiner tatsächlichen Wirkung zugrunde liegt.

Ausgehend von den Fragestellungen, wie wirksam das Kontrollsystem der DDR war, wieviel von den Kontrollvorstellungen und der relativ einfach strukturierten Kontrollphilosophie die Bürger tatsächlich erreichte, sei als erstes auf die vorherrschenden Methoden der Steuerung und Kontrolle in der DDR hingewiesen. Die Interdependenz von "Drohung" und ihrem kommunikationstheoretischen Spiegelbild "Versprechen" (Watzlawick 1976, S.122) als eine der wesentlichen Führungs- und Organisationsmethoden führte in der DDR einerseits zwar zu klar abgegrenzten Freund- und Feindbildern, andererseits aber zu informellen Kommunikationsbeziehungen, die denen der Bundesrepublik nicht vergleichbar sind, aber auch den Kontrollzielen des DDR-Staates diametral entgegenstanden. Die Polarität von Staat und Bürgern erzeugte in den letzten Jahren der DDR völlig verschiedene Auffassungen von der Zielbestimmtheit der Gesellschaft.[1] Diese Auffassungen in der Bevölkerung reichten von reformerischen Positionen in der Wirtschaft, Wissenschaft und Kultur bishin zu ausgeprägt kleinbürgerlich paternalistischen Haltungen in weiten Schichten der Bevölkerung.

Somit kann auch formuliert werden, daß die Mehrheit der DDR-Bürger ihr Leben in einem friedfertigen Kompromiß zum Staat und teilweise unabhängig und nicht direkt beeinflußt von seinen Kontrollinstanzen gestalteten. Selbst das Problem der Staatssicherheit (MfS) wurde als ein Faktor von vielen akzeptiert, ohne daß im individuellen Kommunikationsbereich größere Einschränkungen gemacht wurden. Diese hypothetische Aussage verdeutlicht, daß nicht a priori vom "totalen Überwachungsstaat" in bezug auf seine Wirkungen gesprochen werden kann, daß auch bei der Bewertung von Kontrollinstanzen und ihren Vertretern differenziertes Herangehen erforderlich ist. Oder aber auch wie Michael Thomas es formuliert: Es gibt

"mehr und reichere 'Welten der Ostdeutschen', als man vermutet hatte. 'SED' und 'Stasi', 'Anpassung' und 'Unterordnung' decken nicht annähernd ab, was an kollektiven und individuellen Verhaltensstrategien deutlich wird. Und daß es selbst in der SED oder gar der Stasi unterschiedliche 'Welten' gab, erschließt sich dem (fremden) Westbeobachter kaum" (Thomas 1992, S. 121).

Auf die Brüche und Informationsdefizite im Kontrollsystem der DDR wurde bereits hingewiesen, und es ist davon auszugehen, daß die Verluste beim "Durchstellen" von politischen Inhalten, ökonomischen Strategien u.ä.m. zu weiten Teilen der Bevölkerung sich noch vergrößerten. Somit ist es erforderlich, die alltäglichen Kommunikationsbeziehungen und -strukturen, informelle Mechanismen der Konfliktregelung, Zeitbudgets und Tagesabläufe ehemaliger DDR-Bürger zu betrachten, um Aufschluß darüber zu erlangen, was an restriktiver Kontrolle bis auf die unterste Ebene der Gesellschaft durchgestellt wurde, auf welcher Ebene der Machthierarchie die Kontrollverluste auftraten, inwieweit es tatsächlich notwendig war, sich der Kontrollphilosophie des Staates unterzuordnen usw.

Diese lückenhaft angedeuteten unterschiedlichen Entwicklungstendenzen in der DDR ermöglichen jedoch ein erstes annäherndes Verständnis der nunmehr auftretenden Konfliktlagen in den neuen Bundesländern und sind Grundlage der Analyse des Prozesses der Implementation der Instanzen strafrechtlicher Sozialkontrolle.

2. Die De- und Reorganisation der Instanzen strafrechtlicher Sozialkontrolle in den neuen Bundesländern

2.1. Die Phase nach dem November 1989

Die Beobachtung der Ereignisse vor, während und nach dem November 1989 macht einerseits die Einmaligkeit dieser deutsch-deutschen Situation klar, verlangt andererseits aber nach theoretischen Ansätzen zur Erklärung individueller und kollektiver Verhaltensweisen in dieser Zeit.

Wie bereits angedeutet, bestand in den letzten Jahren der Existenz der DDR ein krasses Mißverhältnis einerseits zwischen den vielfältigen Zielen, Bedürfnissen und Wünschen eines großen Teils der DDR-Bevölkerung, sich im "Privaten" entwickelnden "kleinbürgerlichen Mentalitätsmustern" (Woderich 1992, S. 81) sowie sozialen Lebensauffassungen und andererseits den realen Möglichkeiten der Innovation innerhalb bestehender sozialer Strukturen. Begleitet durch den ökonomischen Zusammenbruch führte dieser Widerspruch zum "Exodus" großer Teile der DDR-Bevölkerung in die Bundesrepublik (alt), zu den daraus resultierenden ökonomischen und politischen Zwängen und schließlich zu den Ereignissen im Oktober und November 1989.

Mit dem Zusammenbruch des DDR-Systems zerfielen auch seine Strukturen formeller sozialer Kontrolle. Im November 1989 war eine Situation entstanden, in der Polizei, Justiz, Strafvollzug, Sicherheitsorgane, Armee, Medien usw., aber auch zentrale und kommunale Organe der Staatsmacht und vor allem die SED (und Blockparteien) ihre Akzeptanz in breiten Schichten der Bevölkerung verloren hatten. Im Sinne einer vorerst ersatzlosen Streichung jeglicher staatlich autorisierter Formen (sieht man von den letztlich hilflosen Versuchen der Modrow-Regierung und der "Runden Tische" ab) vermischten sich "lautstark und melancholisch, bedingungs- und kopflos" (Schmid 1990, S. 65) "urdemokratische" Vorstellungen mit Aufbruchseuphorien und naive Zukunftsvisionen mit blindem Haß auf alles Vergangene. Die Bevölkerung der DDR entledigte sich nicht nur des politischen Systems in Gestalt der Parteiherrschaft der SED, sie zerschlug zugleich (und das im Gegensatz zu allen anderen ehemaligen sozialistischen Staaten) ihren Staatsapparat (Schmidt 1990, S. 65). Das Resultat waren Situationen der Norm- und Orientierungslosigkeit sowohl in der politisch-konzeptionellen Tätigkeit als auch im Handeln der "Massen", was letztlich dazu führte, daß man sich seiner politischen und ökonomischen Handlungsfähigkeit beraubte.

Erste Ansätze zur Beschreibung und Erklärung dieser Vorgänge nach dem politischen Umbruch in der DDR nach 1989 könnten anomietheoretische Überlegungen liefern. Bei der Erweiterung seines Konzepts der Anomie stützt Merton (1968) sich auf zwei Elemente kultureller und sozialer Strukturen, die von unmittelbarer Bedeutung sind. Zum einen sind es

"die kulturell festgelegten Ziele, Absichten und Interessen ... die allen Mitgliedern der Gesellschaft als legitime Zielsetzung dienen", zum anderen "die erlaubten Wege zum Erreichen dieser Ziele" (Merton 1968, S. 291).

Diese Wege sind normiert, an Sitten und Institutionen gebunden, sie haben eine Tradition und unterliegen einer ständigen Kontrolle. So besteht innerhalb bestimmter Toleranzen ein beständiges, variierendes Spannungsfeld zwischen kulturellen Zielen und den institutionalisierten Mitteln und Normen. Entsteht nun ein Ungleichgewicht zwischen den kulturellen Zielen und den sozial strukturierten Möglichkeiten diese zu erreichen, kann dieser Widerspruch zu anomischen Zuständen, zum Zusammenbruch der Normen, zur Normlosigkeit führen (Merton 1968, S. 292).

Dieser stark vereinfacht skizzierte Ansatz von Merton liefert erste Erklärungsmomente zur Analyse der Situation in den neuen Bundesländern kurz vor und während des sozialen Umbruchs.

Auch die Situation in den handlungsunfähigen Instanzen strafrechtlicher Sozialkontrolle läßt sich wohl am besten mit anomietheoretischen Axiomen beschreiben. Sie, die Kontrolleure des alten Systems, unterlagen nunmehr ebenso einem Mangel externer Kontrolle (Kerner 1991, S. 22), befanden sich in norm- und orientierungslosen Zuständen. Auflösungen, Umstrukturierungen und Neuaufbau einzelner Bereiche der Instanzen waren täglich zu beobachten. Diese Prozesse, ständig begleitet durch personelle Fluktuationen, wirkten demotivierend und beeinflußten die konkrete Tätigkeit der Kontrolleure.

Das Ergebnis und die Folgen dieser, auch aus den alten Bundesländern gesteuerten Zustände, lag mit dem Wahlergebnis im Frühjahr 1990, der Wirtschafts- und vor allem Währungsunion und letztlich mit dem Einigungsvertrag vor. Angesichts der sozialen Lage der vielen Krisenerscheinungen und Unberechenbarkeiten geht man gut ein Jahr nach dem Einigungsvertrag schon von einer "fortschreitenden 'Normalisierung' der Krise" in den neuen Bundesländern aus (Berger 1992, S. 128).

Diese Kurzbeschreibung der Situation in der DDR nach dem November 1989 ist wesentlich für die Analyse der weiteren Entwicklung in Deutschland, vor allem aus dem Blickfeld der fast klassisch anmutenden Transformation der Instanzen strafrechtlicher Sozialkontrolle.

2.2. Inhaltliche und strukturelle Aspekte der Implementation von Macht- und Herrschaftsinstrumentarien der Bundesrepublik

Der sich in den fünf neuen Bundesländern sprunghaft vollziehende Übergang von einem im wesentlichen zentralistisch organisierten und funktionierenden System zu einem auf pluralen Strukturen basierenden Staatsgebilde bedingt auch eine radikale Veränderung der Herrschafts- und Machtstrukturen einschließlich der Übernahme eines neuen Rechtssystems. Dieser Vorgang war und ist charakterisiert durch die Abschaffung und Ersetzung von strafrechtlichen Kontrollinstanzen der DDR und der strukturellen und teilweisen personellen Implementation des bundesdeutschen Kontrollsystems.

Ein generelles Problem dieses Prozesses besteht sicher darin, daß das historisch gewachsene, vielfältige und vom DDR-Kontrollsystem inhaltlich und strukturell sich unterscheidende Kontrollsystem der Bundesrepublik in gänzlich anderen historischen Kontexten entstand und heute den ökonomischen, politischen und sozialen Bedingungen der westlichen Bundesländer im wesentlichen entspricht, nicht aber denen der neuen Bundesländer in der jetzigen Umbruchssituation. Somit fehlt der Umgestaltung in weiten Bereichen eine Orientierung an inhaltlichen, den konkreten Problem- und Konfliktlagen in den neuen Bundesländern entsprechenden Konzeptionen. Ausdruck dieser partiellen Konzeptionslosigkeit sind z.B. die vorübergehenden Schließungen der Gerichte und Staatsanwaltschaften in Ostberlin, die Abschaffung der gesellschaftlichen Gerichte (Schieds- und Konfliktkommissionen) bei gleichzeitig fehlenden Alternativen zum Umgang mit Bagatelldelinquenz, der schon hilflos anmutende Versuch der Justiz im Umgang mit Formen der "Regierungskriminalität" aus DDR-Zeiten (überhaupt die vielfältigen Bemühungen zur insbesondere justitiellen Aufarbeitung von DDR-Vergangenheit) etc.

Folgende Ausgangsthese soll die Prozesse in den neuen Bundesländern näher beschreiben und Leitfaden der nachstehenden Ausführungen sein:

Die Reorganisation der Instanzen strafrechtlicher Sozialkontrolle folgt vorrangig der Zielstellung, Strukturen zur Erweiterung des bundesdeutschen Herrschaftssystems zu installieren, ohne dabei zunächst die Problem- und Konfliktlagen in den neuen Bundesländern in ihrer Komplexität verarbeiten zu können. Somit ist die Implementation des Systems strafrechtlicher Sozialkontrolle in den neuen Bundesländern in der 1. Phase nach dem Zusammenbruch des Herrschaftssystems der DDR ein Vorgang, der primär machtpolitischen Interessenlagen folgt und damit vorrangig der Machterhaltung und Machterweiterung des Herrschaftssystems der alten Bundesländer dient.

Die durchaus bestehenden sozialen Konflikte der Bürger wurden, wie insbesondere die Zeit nach dem November 1989 zeigt, da von einem funktionsunfähigen und desorientierten Kontrollsystem gesprochen werden kann, zumeist auf der Ebene geklärt, wo sie entstehen, ohne daß speziell für diese Zeit, wie allgemein prognostiziert, von chaotischen Zuständen ausgegangen werden mußte. Auch weiterhin werden die meisten sozialen, interaktiven und individuellen Problemlagen ohne den Eingriff oder die Inanspruchnahme der Staatsgewalt in Erscheinungsform der Polizei geregelt (vgl. auch Steinert 1988, S. 3).

Diese beschriebene Problematik, daß einerseits anstehende Sachfragen nicht geregelt werden bzw. objektiv nicht geklärt werden können und andererseits die Installation bzw. das Tätigwerden der Instanzen strafrechtlicher Sozialkontrolle legitimatorischen und machtdemonstrativen Interessenlagen folgt, soll an drei Beispielen verdeutlicht werden.

Der Umgang mit Bagatelldelikten war in der DDR sowohl juristisch als auch von der Struktur der zuständigen Instanzen völlig anders geregelt. Ein Großteil der sich nunmehr anstauenden Ermittlungsverfahren wurde in der DDR vor gesellschaftlichen Gerichten verhandelt bzw. im Vorfeld der Einleitung eines Ermittlungsverfahrens eher informell von der Polizei (Abschnittsbevollmächtigter - verantwortlicher Polizist im Wohngebiet) durch Vermerke im Diensttagebuch oder aber auch im Rahmen der Befugnisse der Leiter von Verkaufseinrichtungen zur Sanktionierung von Verfehlungen (meist Ladendiebstähle von geringem Wert) als Nichtstraftaten (Duft u.a. 1989) geregelt. Ohne im folgenden auf die vielfältigen Diskussionen bezüglich dieser Formen der Konfliktregelung im Bagatellbereich einzugehen, ist es jedoch eine bedenkliche Tatsache, daß durch die Abschaffung dieser Institutionen (vor allem der gesellschaftlichen Gerichte) bei gleichzeitig fehlenden Alternativen zum entkriminalisierenden Umgang mit Bagatelldelinquenz in den neuen Bundesländern, wesentlich mehr Bürger mit der Einleitung eines Ermittlungsverfahrens gegen sie konfrontiert sind als früher. In diesem Bereich ist eine deutliche Zunahme staatlich formeller Kontrolle zu verzeichnen, die zum einen zu Überlastungen vorrangig der Polizei aber auch der Staatsanwaltschaften und Gerichte führt, und zum anderen wird aus dieser Überlastung die Legitimation für eine weitere, vorrangig personelle Aufrüstung dieser Instanzen konstruiert.

Gleiches gilt auch für die Bedingungen im Bereich sozialer Hilfe und Unterstützung, besonders für Jugendliche. Deutlich wird dieser Umstand bei den veränderten Wirkungsbedingungen für das Jugendgerichtsgesetz. Fehlende personelle und materielle Ressourcen in den neuen Bundesländern verhindern das Wirksamwerden der entkriminalisierenden Normen dieses Gesetzes.

"Die Orientierung, eine Verfahrenseinstellung bei Einleitung erzieherischer Maßnahmen im Lebensraum des Jugendlichen anzustreben, ist derzeit vor praktische Probleme gestellt, die offensichtlich zwei gegenläufige Reaktionsweisen zur Folge haben: 1.) überwiegend Nonreaktion oder informelle Verarbeitung; 2.) bei polizeilicher Registrierung Tendenz zu formeller und stationärer Erledigung wegen fehlender Alternativen (erste Informationen zur Entwicklung der U-Haftzahlen legen diese Annahme nahe). Eine wesentliche Rolle bei diesen Problemen spielen die Überlastung der Jugendrichter und die damit zusammenhängenden langen Zeiträume zwischen Straftat und Gerichtsverfahren. Vor allem aber fehlen freie Träger, die die ambulanten Maßnahmen übernehmen können" (Korfes 1992).

In diesen Kontext ist auch das dritte Beispiel einzuordnen. Die massenhaft neu entstandenen sozialen Konfliktlagen der Bürger ziehen auch eine verstärkte Nutzung justitieller Strukturen zur Konfliktregelung außerhalb des Strafrechts nach sich. Dabei ist auffällig, daß sich die Dauer der Verfahren bis zu einer rechtskräftigen Entscheidung um ein Vielfaches verlängert hat. Die rechtskräftige Entscheidung, ein vollstreckbarer Titel ist aber oftmals Voraussetzung für innovative Tätigkeit oder aber auch "nur" individuelle Bedingung für einen weiterhin konfliktfreien und geregelten Lebensalltag. Diese ungeklärten Voraussetzungen zur Gestaltung der individuellen Lebensbedingungen führen zu weiteren Konflikten und Spannungen.

Wird zudem in Betracht gezogen, wieviel Kraft und Mittel die Justiz in die "Aufarbeitung" von DDR-Vergangenheit investiert, mit welch zweifelhaften juristischen Konstruktionen (vgl. Renzikowski 1992) Verantwortliche des DDR-Systems zur Verantwortung gezogen werden sollen und somit das Strafrecht vor eine Aufgabe gestellt wird, die es nicht bewältigen kann, dann bestätigt sich die eingangs aufgestellte These des funktionalen Zusammenhangs zwischen der Reorganisation des Systems sozialer Kontrolle in den neuen Bundesländern und der Ausweitung des Macht- und Herrschaftssystems der Bundesrepublik (alt).

2.3. Umbruchsspezifische Einflüsse auf das Entscheidungsverhalten der Instanzenvertreter

Diese geschilderten Tendenzen der Implementation des bundesdeutschen Kontrollsystems haben natürlich auch Auswirkungen auf die konkrete Tätigkeit der Instanzenvertreter, auf innerinstitutionelle Interaktionen zwischen den nunmehr gemeinsam arbeitenden Kollegen aus Ost und West und somit letztlich auch auf ihr Entscheidungsverhalten. Bisherige in den alten Bundesländern durchgeführte Untersuchungen zur Erklärung der Einstellungen, der Handlungsstile und des Entscheidungsverhaltens insbesondere von Richtern und Staatsanwälten (vgl. z.B. Pfeiffer/Oswald 1989; Oswald/Langer 1989) verweisen darauf, daß in starkem Maße Faktoren außerhalb des rechtlichen Handlungsrahmens zur Erklärung des Entscheidungsverhaltens bedeutsam sind. Zu ähnlichen Ergebnissen bezüglich des Entscheidungsverhaltens von ehemaligen DDR-Richtern kommt auch Svensson in ihrer Befragung von Richtern (Svensson 1990). Diese Orientierungen an nichtrechtlichen Momenten wurden in den genannten Untersuchungen im Zusammenhang mit der beruflichen Sozialisation und dem Karriereverhalten thematisiert. Gerade diese Einflüsse kommen in den neuen Bundesländern verstärkt zum Tragen. In bezug auf den Aufbau neuer Strukturen und den Ausbau eines neuen Kontrollsystems spielen insbesondere für Einstellungen und das konkrete Entscheidungsverhalten der Instanzenvertreter gruppendynamische Prozesse innerhalb der neu installierten Einrichtungen eine Rolle. Die Interaktionen und Kommunikationsbeziehungen innerhalb und zwischen den Instanzen gewinnen dabei zunehmend an Bedeutung. Die Zusammenarbeit zwischen Ost- und Westkollegen mit unterschiedlichen Berufsbiographien und Berufslagen (Beamtenstatus vs. Probezeit), sozialen Existenz- und Rahmenbedingungen, beeinflussen ebenso wie die Über- und Unterstellungsverhältnisse in entscheidendem Maß die Tätigkeit der Instanzenvertreter.

Aus diesen differenzierten Ausgangsbedingungen können Konflikte und Reibungen zwischen den Instanzenvertretern resultieren und bei den Ostvertretern einen stärkeren Anpassungs- und Konformitätsdruck erzeugen. Erste Belege für diese Tendenzen sind in Expertengesprächen mit Richtern, Staatsanwälten und Polizisten, die sowohl zu DDR-Zeiten als auch heute tätig waren bzw. sind (Pilotstudie zum DFG-Projekt 1991), zutage getreten.

Im weiteren seien spezielle Probleme der innerinstitutionellen Interaktion und der "Binnenkontrolle" (Busch/Funk/Kauß/Narr/Werkentin 1988), die sich als zentrale Konfliktfelder aus den Interviews mit Instanzenvertretern der Polizei, Staatsanwaltschaft und der Gerichte herauskristallisierten und auf die Schwierigkeiten im gegenwärtigen Prozeß hindeuten, erwähnt.

Die Instanzenvertreter, die sowohl zu DDR-Zeiten als auch heute noch in ihrem Beruf arbeiten, machten deutlich, daß sie das Verhältnis von Beamtenstatus auf der einen Seite und Probezeit auf der anderen als ungerecht empfinden. Daraus resultiere eine Schlechterstellung der ehemaligen Ostkollegen, die zu Spannungen im direkten Arbeitsbereich führen. Zudem sind nunmehr die Leitungspositionen hauptsächlich mit Beamten aus den alten Bundesländern besetzt, was die Statusprobleme der oftmals unter ihrer Qualifikation, fachlichen Kompetenz und nicht entsprechend ihrer Dienstzeit eingesetzten Ostkollegen noch erhöht. Diese Probleme korrespondieren mit vorhandener Rechtsunkenntnis bezüglich des zu bearbeitenden Gegenstandes als auch mit Unsicherheiten im Hinblick auf Dienstvorschriften, interne Strukturen etc. Der Druck "keine Fehler machen zu dürfen", erzeugt eine Form konformer Verhaltensweisen der aus der DDR übernommenen Instanzenvertreter, die nicht aus Überzeugungen resultiert, sondern Ausdruck einer möglichst "konflikt- und reibungsarmen" Anpassung sind. Dieser Druck erhöht sich auch dadurch, wie fast alle Befragten angaben, daß aufgrund ihrer beruflichen Tätigkeit zu DDR-Zeiten eine Weiterbeschäftigung in vielen Fällen noch unklar ist. Hinzu kommt, daß sich für fast alle Instanzenvertreter die sozialen Rahmenbedingungen derart verändert haben, daß aus Erwägungen der sozialen Sicherheit insbesondere im Hinblick auf die Familien, Konflikte und Widersprüche in der konkreten Tätigkeit unausgesprochen bleiben und Entscheidungen so getroffen werden, daß man möglichst nicht auffällt und somit den angenommenen Anforderungen und vermuteten Erwartungen entspricht.

Diese und weitere Problem- und Konfliktfelder verstärken die Unsicherheiten der Instanzenvertreter aus der ehemaligen DDR, lassen Mentalitätsunterschiede stärker zutage treten und bestimmen die formellen und informellen Über- und Unterstellungsverhältnisse.

In der Grundtendenz kann formuliert werden, daß mit der Schaffung der Instanzen strafrechtlicher Sozialkontrolle ein politisch selbstreferentes System installiert wurde, daß vorrangig zum Erhalt und zur Ausweitung der staatlichen Strukturen der Bundesrepublik und der damit notwendig verbundenen Legitimation von Machtinteressen fungiert.

3. Exkurs: Die neue Bürokratie als Kontrollfaktor im Einigungsprozeß

Mit der neuen Macht kam auch eine neue Bürokratie, deren proklamierte Zielstellung und Rechtfertigung sich aus den regelbedürftigen bzw. als solche definierten Zuständen in den neuen Bundesländern erklärt. Auch die neue Bürokratie entspricht bei ihrer Etablierung in den neuen Bundesländern der unter Punkt 2.2. formulierten Hypothese, indem sie dem "nicht deklarierten Druck funktionaler Imperative Rechnung" (Habermas 1985) trägt und dieses mit der reflektierten öffentlichen Meinung in Einklang zu bringen sucht. "'Symbolische Politik' ist das Ergebnis" (Habermas 1985). Auch dieser Prozeß verdeutlicht, daß die Ziele des Herbstes 1989 nach selbstbestimmtem politischen Agieren zu großen Teilen nicht realisiert wurden, und daß durchaus Parallelen zum Entstehungsprozeß der DDR nach ihrer Gründung gezogen werden können, da "die Methoden des Machterwerbs und seine Folgen für die Gesellschaft" zum "Absterben konkurrierender Phantasie" (Meuschel 1992) führten.

Inwieweit diese Bürokratie inhaltlich zur Konfliktregelung beiträgt bzw. gesellschaftliche Entwicklungszusammenhänge befördert oder aber selbst Ursache für ein viel größeres Konfliktpotential ist, kann hier nur als Frage hinsichtlich der Wirkungen der neuen Bürokratie auf die Bevölkerung der neuen Bundesländer fungieren. Jedoch ist letztlich auch eine dysfunktional wirkende Bürokratie nur unter großen Schwierigkeiten zu verändern.

Waren die administrativen und bürokratischen Zwänge schon zu DDR-Zeiten ein lästiges Element in der Gestaltung alltäglicher Lebensvorgänge, so sind sie nunmehr zum bestimmenden Faktor und lebensnotwendigen Teil individueller Existenzsicherung geworden. Dieser deutlich gewordene Umstand verändert jedoch in entscheidenem Maß die zur Verfügung stehenden Zeitbudgets der Bürger, zwingt sie, sich diesen bürokratischen Zwängen unterzuordnen. Die Komplexität und partielle Undurchschaubarkeit dieser Strukturen, die Unkenntnis und Unerfahrenheit der Bürger und Instanzenvertreter aus den neuen Bundesländern mit den neuen Verhältnissen lassen den Koloß Bürokratie (vgl. auch Schröter 1992) zu einer Macht erstarken, die die Organisation der individuellen Lebensgestaltung maßgeblich mitbestimmt und somit kontrolliert.

Das Erlernen neuer Lebenstechniken und Bewältigungsstrategien stellt sich als ein konflikthafter Prozeß dar, in dem die Aneignung der den neuen Existenzbedingungen adäquaten Verhaltensregulative als Zwang (Sicherung der individuellen Reproduktion) wirkt und somit auch selbstdisziplinierende Kontrollfunktionen erzeugt und damit einer allgemeinen Tendenz des Wandels von einer vorrangig äußeren, repressiven zu einer stärker inneren Kontrolle folgt.

4. Exkurs: Massenmediale Vereinigungsinterpretation und neue Zwänge

Die Zusammenhänge zwischen der Tätigkeit der Medien und ihrer Wirkung auf die Bürger in den neuen Bundesländern können im folgenden nur angedeutet und in Form hypothesenhafter Überlegungen dargestellt werden.

Die Informationen zum sozialen und politischen Wandel, zu seinen Ursachen und Wirkungen vermitteln sich fast ausschließlich und für den größten Teil der Bevölkerung über die "neuen" Medien. In der Grundtendenz sind dabei zwei inhaltliche Aspekte des Wandels innerhalb der Medien hervorzuheben. Die Veränderungen auf diesem Gebiet lassen sich beschreiben als erstens: der nahtlose Übergang von einer stark gefilterten und spärlichen Informationsvergabe zu einer kaum überschaubaren Informationsflut und zweitens: die Ersetzung einer parteiabhängigen durch eine vorrangig marktabhängige Medienlandschaft.

Die mühsame und meist nicht schmerzarme Auseinandersetzung mit der eigenen Vergangenheit findet ihre dankbar angenommene Unterstützung in einem schlüssigen Angebot massenmedialer Interpretationen, bis schließlich der Anteil eigener Sichtweisen, nunmehr auf ein Minimum reduziert, keine Rolle mehr spielt. Insbesondere in der in den neuen Bundesländern Spitzenauflagen erzielenden Boulevardpresse werden neue Freund- und Feindbilder produziert, die den größten Teil der ehemaligen DDR-Bevölkerung von "Schuld" und so auch von Verantwortung "freisprechen".

Dieser zu beobachtende Prozeß, eingebettet in die komplexe Veränderung grundlegender individueller Lebensbereiche, beinhaltet jedoch zwangsläufig auch ein konflikthaftes Erleben sozialer Wirklichkeit. Die von der eigenen Erfahrung und Sozialisation verschiedene Interpretation der Vergangenheit und der gegenwärtigen Situation führt zu Interaktions- und Kommunikationszwängen, deren Zielrichtung in der Findung einer neuen Identität oftmals weitab von der eigenen Biographie und Genese besteht. Diese Handlungszwänge, die sich als ständige Selbst- und Außenrechtfertigung in der Reaktion auf Fremddefinitionen entäußern, stellen eine für DDR-Bürger neue Form innerer Kontrolle dar, die in den meisten Fällen disziplinierend wirkt und konforme (angepaßte) Verhaltensweisen hervorbringt.

In diesem Zusammenhang sind auch die medienwirksam durchgeführten Prozesse, die sich direkt auf das alte Machtsystem der DDR beziehen (Mauerschützenprozeß, Prozesse gegen ehemalige Staats- und Parteifunktionäre, Rehabilitationsverfahren u.ä.m.) zu sehen. Diese Prozesse sind insofern kritisch zu bewerten, da einerseits alltagsrelevante Konfliktlagen des Umbruchsprozesses zunehmend der öffentlichen Beachtung entzogen werden und andererseits die Aufarbeitung von DDR-Vergangenheit mit strafjustitiellen Mitteln zu ihrer Institutionalisierung unter machtpolitischen Aspekten führt und somit einseitig unter diesen Diktionen erfolgt.

5. Die Funktionalität von Devianz im Vereinigungsprozeß

Bisher wurde versucht, die Installation (Neuaufbau bzw. Neustrukturierung) selbstreferentieller Systeme sozialer Kontrolle in den neuen Bundesländern zu beschreiben. Dabei stellte sich heraus, daß nach den Unübersichtlichkeiten und Desorientierungen unmittelbar nach dem sozialen und politischen Umbruch eine Phase eintrat, die eine Stabilisierung und Neuorientierung der Instanzen strafrechtlicher Sozialkontrolle zur Folge hatte. In dieser Phase ging und geht es vorrangig darum, die eigene Existenz zu legitimieren, was auch aus den orientierungslosen Zuständen nach dem Umbruch zu erklären ist. Innerhalb dieses Prozesses, wo viele Handlungen und Entscheidungen der Instanzen symbolischen Charakter tragen, spielt die Bestimmung von Devianz und ihre Definition als Kriminalität eine entscheidende Rolle, da das herrschende Devianzverständnis Ausgangspunkt und legitimatorische Grundlage aller Aktivitäten der neuen Instanzen ist. Durch die Übernahme eines komplexen Normensystems, einschließlich moralischer, ethischer, politischer Vorstellungen und Werte, wurde dem ostdeutschen Volk nicht nur die Möglichkeit einer kritischen Normengenese genommen, es wurde auch in die Position versetzt, sich mit einem fremden, teils diametralen System auseinanderzusetzen und faktisch im Nachgang eigene Vorstellungen zu Fragen von Konformität und Abweichung zu entwickeln, deren Ergebnisse nur in Übereinstimmung mit dem Transplantat stehen können.

Bevor die Funktionalität von Devianz (und seiner spezifischen Ausprägung der Kriminalität) im Zusammenhang mit der Tätigkeit der Instanzen sozialer Kontrolle beschrieben werden kann, ist es erforderlich, einige Probleme bei der Definition des Begriffs Devianz als auch die neue Dimension dieser Begriffsbestimmung in der heutigen Zeit zu umreißen.

Im folgenden soll kurz eine Ausgangsposition zur Definition von Devianz dargelegt werden, ohne auf die vielfältigen Bemühungen um eine Definition im einzelnen einzugehen.

Das gemeinsame Merkmal aller Versuche, Devianz zu definieren, ist jedesmal der Bezug zu Normen. Ob nun Devianz generell als Normverstoß, als registrierter Normbruch, als Normbruch nach dem Selbstverständnis des "Abweichers" o.ä. (vgl. hierzu Peters 1989, S. 20) beschrieben wird, immer sind es Normen, an denen sich die verschiedenen Definitionen orientieren (vgl. auch Wiswede 1979, S. 11-21; Kerner 1991, S. 1-4; Lüderssen/Sack 1974). Da menschliches Verhalten regelgeleitet ist, müssen dafür letztlich Normen auch kodifiziert werden; die Gesellschaft bestimmt also, welches Verhalten normgerecht, angepaßt oder konform bzw. aber auch abweichend ist. Somit liegt das Problem eigentlich nicht nur darin zu definieren, was Devianz ist, sondern in der Bestimmung der Normativa einer Gesellschaft[2], letztlich im wechselseitigen Prozeß der Herausbildung von Normen und ihrer tätigen Verarbeitung durch die Subjekte dieses Prozesses.

Das als abweichend definierte Verhalten ist dann in der Regel das Verhalten einer Minderheit und, da Normsetzung und -durchsetzung als Machtprozesse (Quinney 1975, S. 72-73) zu verstehen sind, das Verhalten von relativ machtlosen Personen (Peters a.a.O., S. 20) oder Gruppen der Gesellschaft.

Im Hinblick auf die Stabilität der Grenzbereiche zwischen abweichendem und konformen Verhalten schreibt A.K. Cohen selbst auf relativ stabile gesellschaftliche Systeme bezogen:

"Die Menschen sind sich selbst oft nicht sicher und können sich nicht einigen, was nun abweichendes Verhalten ist" (Cohen 1968, S. 28).

Diese fehlende Sicherheit hat, so paradox dies auch klingen mag, ein Großteil der deutschen Bevölkerung wiedererlangt, Freund und Feind, Gut und Böse, Kriminell und Nichtkriminell - alles läßt sich auf einmal trennscharf bestimmen. Man bedient sich vielfältiger Klischees, eines einheitlichen (altbundesdeutschen) Maßstabes, vermischt mit neuen, stark vereinfachten, handhabbaren Feindbildern und, darin sind sich die meisten Deutschen einig, einer naiven und infantilen Vergangenheitssicht. Jedoch läßt sich diese Trennung zwischen Normbruch und Konformität gerade in der heutigen Zeit nicht ganz so einfach vornehmen, wobei schon jetzt die Fragwürdigkeit und Instabilität dieser so schnell gezogenen Grenzen zunehmend deutlicher wird.

"What is and what is not criminal is defined by the laws of the state presently in force; consequently the meaning of the categories 'criminal' and 'crime' varies substantially between one society and another" (Trasler 1973, S. 67).

Vor diesem Hintergrund soll sich auf verschiedenen Ebenen der Frage genähert werden, was alles als Devianz im Einigungsprozeß verstanden werden kann. Mit einem bewußt weit gewählten Devianzverständnis sollen im folgenden kriminologisch relevante Konfliktfelder speziell des Einigungsprozesses angedeutet werden.

5.1. Die gesellschaftliche Ebene der Definition von Devianz

Mit der Vereinigung und dem nationalen und internationalen Zusammenbruch sozialistischer Systeme, waren vereinfacht gesagt, die "Gewinner" und "Verlierer" des geschichtlichen Prozesses bestimmt. Diese politische Stigmatisierung beinhaltet zum einen wiederum den partiellen Ausschluß großer Teile der Bevölkerung von Gestaltungsprozessen, zum anderen aber auch eine soziale Diskriminierung (berufliche Dequalifizierung, geringere Einkommen usw.). Diese Prozesse korrespondieren zudem mit einer breiten moralischen Abwertung ostdeutscher Vergangenheit. Sei es die partielle Gleichsetzung bzw. Gleichbewertung von DDR und Faschismus oder die generelle Bezeichnung der DDR als "Unrechtsstaat", all dies trägt zur flächendeckenden Stigmatisierung eines Großteils der Bevölkerung bei, wobei massenhafte Identitätsverluste durch Fremddefinition der eigenen Vergangenheit die Folge sind.

5.2. Die institutionelle Ebene der Definition von Devianz

Auf dieser Ebene, die sich nahtlos an die erste anschließt, werden all die Instanzen und ihre Vertreter aufgeführt, die aufgrund ihrer Machtnähe Entscheidungsbefugnisse in der DDR hatten. So werden alle Staatsfunktionäre, Mitglieder der SED, Angehörige des Ministeriums für Staatssicherheit und der Armee, Polizisten, Lehrer, Staatsanwälte, Richter u.a. aufgrund ihrer Mitgliedschaft oder ihres beruflichen Status in differenzierter Weise sozial diskriminiert. Dabei ist nicht das konkrete Verhalten des einzelnen in bestimmten Situationen zu DDR-Zeiten Grundlage der Bewertung, sondern vorrangig der Fakt einer Mitgliedschaft, so daß hier überwiegend formale und nicht inhaltliche Aspekte zum Tragen kommen. Die damit verbundenen Bemühungen, über Strafverfahren tatsächlich geschehenes Unrecht und somit auch DDR-Vergangenheit aufzuarbeiten, sind eher geeignet, über Möglichkeiten und Grenzen rechtsstaatlicher Verfahren zu meditieren, als auch nur einen Funken von Licht in die Komplexität deutsch-deutscher Vergangenheit zu bringen. Die normativen Elemente für diese Vorgänge sind politischer Natur, sie sind weniger getragen von juristischen Orientierungen, sondern folgen eher einem nicht definierten, aber weitgefächert suggerierten Syndrom im Umgang mit "Verlierern", "Schuldigen" und "Tätern".

5.3. Die normative Ebene der Definition von Devianz

Die Entscheidung zugunsten der jetzigen Entwicklung fiel mit dem Anschluß nach Art. 23 des Grundgesetzes, der den jetzt häufig beklagten Zeitfaktor, die Schnelligkeit der Vereinigung, bestimmte. Mit der Rechtsübernahme wurden fast diskussionslos so gut wie alle Straftatbestände des bundesdeutschen Strafrechts und somit eines im Vergleich zum DDR-Strafrecht sehr verschiedenen Konzepts strafrechtlicher Sozialkontrolle auch für die neuen Bundesländer übernommen.

Wird davon ausgegangen, daß sich Rechtssysteme organisch und adäquat zur gesellschaftlichen Wirklichkeit herausbilden und entwickeln, so sind, bei der unbestritten ökonomischen, politischen und sozialen Unterschiedlichkeit beider Teile Deutschlands, Konflikte vorprogrammiert.

Diese Rechtsübernahme folgte nicht inhaltlichen Aspekten, wie sie noch 1990 in Loccum bei einer Konferenz zur Rechtsangleichung eine Rolle spielten (vgl. Ewald 1990), sondern diente vorrangig der Ausweitung des Rechtssystems der Bundesrepublik. Die Chance zu einer Reform des bundesdeutschen Strafrechts, z.B. im Hinblick auf die Regelungen im Bereich der Bagatellkriminalität, bezüglich sozialer Maßnahmen für Haftentlassene, ihrer Reintegration (Arbeit, Wohnraum) oder aber im Hinblick auf die Gesellschaftlichen Gerichte als eine Form von Körperschaften zur alternativen Konfliktlösung, wurde somit vergeben. Geblieben sind ein paar Rudimente des DDR-Rechts (Schwangerschaftsabbruch, Rechtsabbiegepfeil u.ä.), die zudem zeitlich und räumlich begrenzt nur in den neuen Bundesländern zum Tragen kommen.

Die Analyse der Kontroll- und Devianzeinstellungen bei den Vertretern der Instanzen strafrechtlicher Sozialkontrolle deutet auf erste Anzeichen der partiellen Umbewertung und Neudefinition (bishin zur Reziprokdefinition) von Devianz hin. In bezug auf bestimmte Verhaltensweisen wird damit ein Normensystem entwickelt, das eine einfache Umbewertung zur Grundlage hat und keine kritische Auseinandersetzung mit konkreten Problemlagen impliziert.

Die auf diesen Ebenen angedeuteten implementierten Werte- und Normensysteme, mit denen die Bürger der neuen Bundesländer täglich in verschiedenen Formen konfrontiert sind, beinhalten, bei zunehmender Ablehnung dieser stigmatisierenden Klassifizierungen, politische und soziale Konfliktpotentiale, die in vielfältigen, auch sozial destruktiven Verhaltensweisen in Erscheinung treten werden. Somit übernehmen die Prozesse der Neu- bzw. Umdefinition von Verhalten die Funktion der Macht- und Systemstabilisierung, da durch die neugeschaffenen Devianzbereiche eine weitere legitimatorische Grundlage der Arbeit der Kontrollinstanzen hervorgebracht wurde, was zugleich impliziert, daß es als weniger notwendig erscheint, konflikthafte und widersprüchliche Entwicklungen der alten Bundesländer bzw. der Bundesrepublik zu problematisieren.

Anmerkungen

1 Vgl. für die wissenschaftliche Seite z.B. Brie 1981, 1985; Kost 1987; Ewald 1989.

2 Sumner versucht über den Begriff der "social censures" zu einer Erneuerung des Devianzkonzepts zu gelangen; Sumner 1991, S. 242-271.

Literatur

BERGER, P. A., "Was früher starr war, ist nun Bewegung" - oder: Von der eindeutigen zur unbestimmten Gesellschaft, in: Thomas, M. (Hrsg.), Abbruch und Aufbruch, Berlin 1992, S. 128 - 151

BRIE, M., Produktionsweise und gesellschaftliche Subjektivität - zu einigen Fragen der "Kapital"-Lektüre L. Althussers, Wissenschaftliche Zeitschrift der Humboldt-Universität, Gesellschaftswissenschaftliche Reihe, Berlin 1981, S. 567-573

BRIE, M., Entwicklungsstufen des sozialistischen Eigentums, Berlin 1985

BUSCH, H./FUNK, A./KAUß, U./NARR, W.-D./WERKENTIN, F., Die Polizei in der Bundesrepublik, Frankfurt/M. New York 1988

COHEN, A.K., Abweichung und Kontrolle, München 1968

DAHRENDORF, R., Zu einer Theorie des sozialen Konflikts, in: Zapf, W. (Hrsg.), Theorien des sozialen Wandels, Köln Berlin 1969, S. 108-123

DFG-PROJEKT, Der Wandel der sozialen und strafrechtlichen Kontrolle in den neuen Bundesländern, in: Sozialer Umbruch und Kriminalitätsentwicklung in der früheren DDR, Berlin Hamburg Tübingen 1991 (unveröffentlicht)

DUFT, H. u.a., Schulungsmaterial, Erläuterungen zum 5. Strafrechtsänderungsgesetz und zum Schadensersatzvorauszahlungsgesetz, Berlin 1989

EWALD, U., Deutsch-Deutsche Strafrechtsangleichung - Chancen für ein modernes Strafrecht?, in: Greive, W./ Pfeiffer, Ch. (Hrsg.), Die Rechtssysteme in der DDR und der Bundesrepublik. Probleme und Perspektiven der deutsch-deutschen Rechtsangleichung, Rehburg-Loccum 1990, S. 168-180

EWALD, U., Die Entstehung von Kriminalität in der Vermittlung von Individuellem und Gesellschaftlichem im Sozialismus und ihre Ausprägung in sozialen Strukturen (Thesen), Berlin 1989 (unveröffentlicht)

HABERMAS, J., Die Krise des Wohlfahrtsstaates und die Erschöpfung utopischer Energie, in: Derselbe, Die neue Unübersichtlichkeit, Frankfurt/M. 1985, S. 141-163

KERNER, H.-J. (Hrsg.), Kriminologie - Lexikon, Heidelberg 1991

KORFES, G., Gesellschaftlicher Umbruch und Diversion. Probleme einer diversionsorientierten Kriminalpolitik im Spannungsfeld von Transformation sozialer Strukturen und Veränderungen in den Lebenslagen Jugendlicher, Bielefeld 1992 (erscheint demnächst)

KOST, S., Reproduktionstheoretische Skizze zum Verhältnis von gesellschaftlichen Verhältnissen und individuellem Verhalten, in: Pädagogische Hochschule "Karl Friedrich Wilhelm Wander" Dresden, der Rektor (Hrsg.), Gesellschaftliche Verhältnisse und individuelles Verhalten - Dresdner Reihe zur Forschung, Dresden 1987, S. 2-15

LEKSCHAS, J./KOSEWÄHR, E., Kriminologie in der DDR, in: Kaiser, G./Kury, H./Albrecht, H.-J. (Hrsg.), Kriminologische Forschung in den 80er Jahren. Berichte aus der Bundesrepublik Deutschland, der Deutschen Demokratischen Republik, Österreich und der Schweiz, Kriminologische Forschungsberichte aus dem Max-Planck-Institut für ausländisches und internationales Strafrecht, Freiburg 1988, Bd. 34, S. 19 - 56

LORENZ, T., Die Rechtsanwaltschaft in der SBZ und in der DDR bis 1960, Neue Justiz 45, 1991, S. 523-527

LÜDERSSEN, K./SACK, F. (Hrsg.), Die selektiven Normen der Gesellschaft, Frankfurt/M. 1974

MERTON, R., Sozialstruktur und Anomie, in: Sack, F./König, R. (Hrsg.), Kriminalsoziologie, Frankfurt/M. 1968, S.283-313

MEUSCHEL, S., Legitimation und Parteiherrschaft in der DDR, Frankfurt/M. 1991

OLSCHINSKI, B., Strafvollzug in Deutschland vor und nach 1945, Neue Justiz 1992, S. 65-68

OSWALD, M./LANGER, W., Versuch eines integrierten Modells zur Strafzumessungsforschung: Richterliche Urteilsprozesse und ihre Kontextbedingungen, in: Pfeiffer, Ch./Oswald, M. (Hrsg.), Strafzumessung. Empirische Forschung und Strafrechtsdogmatik im Dialog, Band 1, Stuttgart 1989, S.197-228

PETERS, H., Devianz und soziale Kontrolle, Eine Einführung in die Soziologie abweichenden Verhaltens, München 1989

PFEIFFER, CH./OSWALD, M., Konzeption des Symposions, in: Pfeiffer, Ch./Oswald, M. (Hrsg.), Strafzumessung. Empirische Forschung und Strafrechtsdogmatik im Dialog, Stuttgart 1989, S.1-3

QUINNEY, R., Ansätze zu einer Soziologie des Strafrechts, in: Lüderssen, K./Sack, F., Abweichendes Verhalten II. Die gesellschaftliche Reaktion auf Strafrecht, Frankfurt/M. 1975, S. 44-86

RENZIKOWSKI, J., Zur Strafbarkeit des Schußwaffengebrauchs an der innerdeutschen Grenze, Neue Justiz 1992, S. 152-155

SCHMID, T., Staatsbegräbnis. Von ziviler Gesellschaft, Berlin 1990

SCHRÖTER, E., Verwaltungsführungskräfte aus Ost und West, in: Beiträge aus dem Fachbereich 1, Heft 26, 27, Berlin 1992 (erscheint demnächst)

STEINERT, H., Phasen der strafrechtlichen Kontrollpolitik, Kriminalsoziologische Bibliographie 15, 60/1988, Staat-Recht-Strafe, Geschichte und Theorie strafrechtlicher Sozialkontrolle in Österreich, Wien 1988, S. 3 - 15

SUMNER, C., Das Konzept der Devianz neu überdacht, Zu einer Soziologie der "censures", Kriminologisches Journal 23, 1991, S. 242-271

SVENSSON, R., Befragung von Staatsanwälten und Richtern der DDR nach der Wende, Studie 1990 (unveröffentlicht)

THOMAS, M. (Hrsg.), Abbruch und Aufbruch, Berlin 1992

THOMAS, M., Vernachlässigte Dimensionen soziologischer Analyse, Transformationsprozeß als soziologische Herausforderung, in: Thomas, M. (Hrsg.), Abbruch und Aufbruch, Berlin 1992, S. 108-127

TRASLER, G., Criminal Behavior, in: Eysenck, v., H.J. (Hrsg.), Handbook of Abnormal Psychology, 1973, p. 67-96

WALTER, M./FISCHER, W., Deliktsspezifische Selektionsprozesse bei der Strafverfolgung Jugendlicher im Ost-West-Vergleich, MschrKrim 74, 1991, S. 146-158

WATZLAWICK, P., Wie wirklich ist die Wirklichkeit?, München 1976

WERKENTIN, F., Gelenkte Rechtsprechung - Zur Strafjustiz in den früheren Jahren der DDR, Neue Justiz 45, 1991, S. 479-483

WISWEDE, G., Soziologie abweichenden Verhaltens, Stuttgart Berlin Köln Mainz 1979

WODERICH, R., Mentalitäten im Land der kleinen Leute, in: Thomas M. (Hrsg.), Abbruch und Aufbruch, Berlin 1992, S. 76-90.

Autorinnen und Autoren

Böllinger, Lorenz, Dr. iur., Dipl.-Psych., Professor für Strafrecht und Kriminologie am Fachbereich Rechtswissenschaft der Universität Bremen, Psychoanalytiker (DPV). Derzeitige Forschungsschwerpunkte: Drogenkontrolle, Kontrolle der Sexualität und Sexualdelinquenz.

Cohen, Stanley, Professor der Kriminologie an der Hebrew University in Jerusalem. Zu seinen wichtigsten Büchern gehören: Folk Devils and Moral Panics (1972); Psychological Survival (1972); Ausbruchsversuche - Identität und Widerstand in der modernen Lebenswelt (1977); Visions of Social Control (1985); Against Criminology (1988).

Cremer-Schäfer, Helga, Soziologin, Forschungsschwerpunkte: Sozialgeschichte sozialer Kontrolle, Politik sozialer Probleme, Medienanalysen, Biographieforschung.

Frehsee, Detlev, Dr. iur., Professor für Kriminologie und Strafrecht an der Universität Bielefeld, Arbeitsschwerpunkte: Jugendstrafrecht, alternative Sanktionen, ambulante Straffälligenhilfe, Strafrechtsbezüge des Kindesalters, Rechtsbezüge der Gewalt in Familien.

Funk, Albrecht, Privatdozent, Mitglied der Arbeitsgruppe Bürgerrechte und Polizei am Otto Suhr Institut der Freien Universität Berlin.

Gelsthorpe, Loraine, Dr., Lecturer am Institut für Kriminologie der Universität Cambridge. Wichtigste Veröffentlichungen: Women and Crime 1981; Gender Issues in Juvenile Justice 1985; Sexism and the Female Offender 1989; Feminist Perspectives in Criminology 1990. Ihre laufenden Arbeiten betreffen die Berücksichtigung von ethnischen und Geschlechtsmerkmalen in der Strafrechtsanwendung. Außerdem arbeitet sie mit verschiedenen nationalen Einrichtungen der ehrenamtlichen Straffälligenhilfe für Jugendliche.

Heiland, Hans-Günther, Jahrgang 1951, Dr. rer. pol., Universität Bremen Fachbereich 8/Soziologie, Akademischer Mitarbeiter im Institut für empirische und angewandte Soziologie (EMPAS). Forschungsgebiete: Makrosoziologie, Theorie und Empirie sozialer Probleme und sozialer Kontrolle, Kriminalsoziologie, Zeitreihenanalyse. Veröffentlichungen u.a.: Wohlstand und Diebstahl, Bremen 1983, Co-Autor von Economic Crisis and Crime, Straßbourg 1985 und Crime and Control in Comparative Perspectives, Berlin, New York 1991.

Keupp, Heiner, Jahrgang 1943, Professor für Sozialpsychologie an der Universität München. Arbeitsschwerpunkte: Gemeindepsychologie, Devianzforschung, soziale Netzwerke, Identitätsarbeit unter den Bedingungen der Risikogesellschaft. Letzte Buchveröffentlichungen: Soziale Netzwerke (1987); Psychosoziale Praxis im gesellschaftlichen Umbruch (1987); Riskante Chancen (1988); Verunsicherungen (1989); Handbuch Qualitative Sozialforschung (1991).

Kreissl, Reinhard, Dr. phil., Dipl.-Soz., Münchener Projektgruppe für Sozialforschung e.V., Dachauer Str. 189, 8000 München 19.

Lamott, Franziska, Jahrgang 1947. Studium der Soziologie und Psychologie in München. Promotion 1984 in Tübingen über Psychologie und Strafvollzug. Mitarbeiterin am Institut für Strafrecht der Universität München. Veröffentlichungen in den Bereichen Kriminologie, Frauenforschung, Kulturanalyse und Wissenschaftsgeschichte. Derzeit Stipendiatin der Deutschen Forschungsgemeinschaft mit einer disziplingeschichtlichen Arbeit über die Kriminologie der Jahrhundertwende.

Lautmann, Rüdiger, Jahrgang 1935, Dr. phil., Dr. iur., Professor für Soziologie an der Universität Bremen. Letzte Buchpublikationen: Die Gleichheit der Geschlechter und die Wirklichkeit des Rechts (1990); Männerliebe im alten Deutschland (1992).

Löschper, Gabi, Jahrgang 1954, Dr. phil., Dipl.-Psych., wissenschaftliche Angestellte im Aufbau- und Kontaktstudium Kriminologie, Universität Hamburg. Wichtige Veröffentlichungen: Aggressiv sind immer die anderen. Plädoyer für eine sozialpsychologische Perspektive in der Aggressionsforschung, ZfSozpsych 1982 (zs. mit A. Mummendey, M. Bronewasser und V. Linneweber); Anmerkungen zum Stand der Rechtspsychologie, KrimJ 1986; Relevanz psychologischer Urteilsforschung im Bereich der Rechtsprechung, ZfSozpsych 1989. Adresse: Aufbau- und Kontaktstudium Kriminologie, Universität Hamburg, Jungiusstr. 6, 2000 Hamburg 36.

Nienhaus, Ursula D., Dr., Jahrgang 1946, Historikerin, wissenschaftliche Mitarbeiterin am Frauenforschungs-, -bildungs- und -informationszentrum (FFBIZ), Berlin. Arbeiten zur frühen Sowjetunion, zur Verwaltungs-, Technik- und Frauengeschichte. Der Beitrag ist Teil eines projektierten größeren Forschungsvorhabens.

369

Quensel, Stephan, Dr. iur., Lehrstuhl für Resozialisation/Rehabilitation im Studiengang Sozialwissenschaften, Universität Bremen. Arbeitsschwerpunkte: Kriminologische Theorie und Geschichte sozialer Kontrolle insbesondere im Bereich der Psychiatrie, Drogenpolitik und der Gewalt-Spiele.

Sack, Fritz, Soziologe, Promotion 1963 Köln, Habilitation 1970 Köln; 1970-74 Professur "Soziologie" Universität Regensburg; 1974-1984 Professur "Soziologie des Abweichenden Verhaltens und der sozialen Kontrolle" Universität Hannover; seit 1984 Professur für "Kriminologie" am Aufbau- und Kontaktstudium Kriminologie der Universität Hamburg. Publikationen: Mitherausgeber und Mitverfasser des "Kleinen Kriminologischen Wörterbuchs", Heidelberg[3] 1993; "Kriminologie und Geschichtswissenschaft: Wege der Reflexion einer Disziplin", in: Zukunftsperspektiven der Kriminologie in der Bundesrepublik Deutschland, hrsg. v. J.J. Savelsberg, Stuttgart 1989, S. 71-141; "Staat, Gesellschaft und politische Gewalt: Zur "Pathologie" politischer Konflikte", Analysen zum Terrorismus, Bd. 4,2, Opladen 1984; "Probleme der Kriminalsoziologie", Bd. 12 des Handbuchs der empirischen Sozialforschung, hrsg. v. R. König, Stuttgart[2] 1978; Mitherausgeber: Kriminalsoziologie, Frankfurt/M. 1968.

Schetsche, Michael, Dipl. Pol., akademischer Mitarbeiter am Institut für empirische und angewandte Soziologie (Empas), Universität Bremen; Arbeitsschwerpunkte: Sexualsoziologie, Sexualpolitik; Kriminalpolitik.

Schumann, Karl. F., Dr. phil., Professor für Kriminologie, Universität Bremen, Monographien: Zeichen der Unfreiheit (1968); Der Handel mit Gerechtigkeit (1977); Jugendkriminalität und die Grenzen der Generalprävention (mit Berlitz, Guth, Kaulitzki, 1987); Positive Generalprävention (1989).

Smaus, Gerlinda, Dr. phil., Forschungs- und Lehrtätigkeit am Institut für Rechts- und Sozialphilosophie der Juristischen Fakultät der Universität des Saarlandes seit 1968. Mitglied des Wissenschaftlichen Beirats des Kriminologischen Journals und des Vorstandes der GIWK. Veröffentlichungen auf den Gebieten Strafrechtssoziologie, kritische Kriminologie, geschlechtsspezifische Aspekte der sozialen Kontrolle, Geschichte des Strafvollzugs.

Steinert, Heinz, Professor für Soziologie an der J.W.Goethe-Universität Frankfurt/Main und Leiter des Instituts für Rechts- und Kriminalsoziologie, Wien.

Taeger, Angela, Dr. phil., wissenschaftliche Assistentin am Historischen Seminar der TU Braunschweig; Arbeitsschwerpunkte: Strafrechtsgeschichte, Sozialgeschichte Frankreichs, Geschichte des 19. Jahrhunderts.

Thiel, Knuth, Jahrgang 1961, Dr. iur., seit 1991 als wissenschaftlicher Mitarbeiter beschäftigt an der Kriminologischen Forschungsstelle Berlin am Kriminalwissenschaftlichen Institut der Humboldt-Universität zu Berlin.

Voß, Michael, Diplom-Soziologe, Dr. rer. pol., Wissenschaftlicher Angestellter am Fachbereich Rechtswissenschaft der Johann Wolfgang Goethe-Universität Frankfurt am Main. Arbeitsschwerpunkte: Rechtssoziologie, Kriminalsoziologie, Soziologie sozialer Kontrolle. Neuere Veröffentlichung: Jugendkriminalität zwischen Normalisierung, Informalisierung und Strafverfahren, in: Ewald, U./Woweries, K. (Hrsg.), Entwicklungsperspektiven von Kriminalität und Strafrecht, Bonn 1992, S. 79 - 113.

Werkentin, Falco, Jahrgang 1944, Soziologe, Dr. rer pol., freier Publizist mit Schwerpunkt DDR-Justizgeschichte.

Jahrbuch für Rechtssoziologie und Rechtstheorie

Herausgegeben
in Verbindung mit
Erich Fechner,
Arthur Kaufmann,
Ulrich Klug,
Niklas Luhmann,
Peter Noll (†),
Heinrich Popitz,
Manfred Rehbinder,
Rüdiger Schott,
Paul Trappe

von Werner Maihofer
und Helmut Schelsky (†)

Lieferbare Bände:

Band 4
Lawrence Friedmann und
Manfred Rehbinder (Hrsg.)
**Zur Soziologie
des Gerichtsverfahrens**
1976. 428 S. Geb.
ISBN 3-531-09285-5

Band 6
Erhard Blankenburg,
Ekkehard Klausa und
Hubert Rottleuthner (Hrsg.)
**Alternative Rechtsformen
und Alternativen zum
Recht**
1979. 501 S. Kart.
ISBN 3-531-11504-9

Band 8
Volkmar Gessner und
Gert Winter (Hrsg.)
**Rechtsformen
der Verflechtung
von Staat und
Wirtschaft**
1982. 400 S. Kart.
ISBN 3-531-11571-5

Band 10
Ernst-Joachim Lampe (Hrsg.)
**Das sogenannte
Rechtsgefühl**
1985. 339 S. Kart.
ISBN 3-531-11720-3

Band 11
Erhard Blankenburg und
Rüdiger Voigt (Hrsg.)
**Implementationen von
Gerichtsentscheidungen**
1987. 434 S. Kart.
ISBN 3-531-11762-9

Band 12
Ernst-Joachim Lampe (Hrsg.)
**Persönlichkeit, Familie,
Eigentum**
Grundrechte aus der Sicht der
Sozial- und Verhaltenswissen-
schaften.
1987. 360 S. Kart.
ISBN 3-531-11949-4

Band 13
Dieter Grimm und
Werner Maihofer (Hrsg.)
**Gesetzgebungstheorie
und Rechtspolitik**
1988. 423 S. Kart.
ISBN 3-531-12012-3

Band 14
Ernst-Joachim Lampe (Hrsg.)
**Verantwortlichkeit
und Recht**
1989. 340 S. Kart.
ISBN 3-531-12055-7

Band 15
Detlef Frehsee, Gabi Löschper
und Karl F. Schumann (Hrsg.)
**Strafrecht,
soziale Kontrolle,
soziale Disziplinierung**
1993. Ca. 300 S. Kart.
ISBN 3-531-12377-7

WESTDEUTSCHER
VERLAG
OPLADEN · WIESBADEN

Aus dem Programm
Rechtswissenschaften

Michael Baurmann

Zweckrationalität und Strafrecht

Argumente für ein tatbezogenes Maßnahmerecht

1987. VIII, 308 S. Kart.
ISBN 3-531-11807-2

Traditionelle Vorstellungen von Schuld und Sühne, verdienter Strafe und gerechter Vergeltung sind in Mißkredit geraten. Soll das schuldvergeltende Strafrecht deshalb von einem resozialisierenden Maßnahmerecht abgelöst werden? Dem wird entgegengehalten, ein Maßnahmerecht bedrohe wichtige Persönlichkeitsrechte und degradiere den Betroffenen zu einem Objekt staatlicher Bevormundung und Manipulation. Diese Konsequenzen ergeben sich jedoch nicht zwangsläufig: In diesem Buch wird gezeigt, daß Autonomie und Freiheit der Person, die Rechte des einzelnen gegenüber der Gesellschaft sowie das Prinzip der Verhältnismäßigkeit auch durch ein Maßnahmerecht gewährleistet werden können.

Niklas Luhmann

Rechtssoziologie

3. Aufl. 1987. VIII, 385 S.
(WV studium, Bd. 1/2) Pb.
ISBN 3-531-22001-2

Grundlegung der soziologischen Theorie des Rechts als Normensystem und strukturelle Ordnung.

Inhalt: Vorwort zur 2. Auflage – Einführung – Klassische Ansätze zur Rechtssoziologie – Rechtsbildung: Grundlagen einer soziologischen Theorie – Recht als Struktur der Gesellschaft – Positives Recht – Sozialer Wandel durch positives Recht – Schluß: Rechtssystem und Rechtstheorie – Über den Verfasser – Bibliographie – Sachregister.

Karl Kroeschell

Deutsche Rechtsgeschichte

Band 1 (bis 1250)
10. Aufl. 1992. 334 S.
(WV studium, Bd. 8) Pb.
ISBN 3-531-22008-X

Band 2 (1250–1650)
8. Aufl. 1992. 334 S.
(WV studium, Bd. 9) Pb.
ISBN 3-531-22009-8

Band 3 (seit 1650)
1989. 332 S. Kart.
ISBN 3-531-22139-6

Thema des Bandes ist die deutsche Rechtsgeschichte seit dem Zeitalter von Absolutismus und Aufklärung. Vor dem Hintergrunde der bürgerlichen Gesellschaft des 19. Jahrhunderts und der Industriewelt unserer Tage werden die Wandlungen des Rechtslebens ebenso dargestellt wie die wichtigsten Strömungen des Rechtsdenkens. Wie in den beiden vorangegangenen Bänden kommt das Recht der Vergangenheit in Quellentexten selbst ausführlich zu Wort. Zur Vertiefung dient die Diskussion sachlicher und methodischer Forschungsprobleme.

WESTDEUTSCHER VERLAG
OPLADEN · WIESBADEN

MIX
Papier aus verantwortungsvollen Quellen
Paper from responsible sources
FSC® C105338

If you have any concerns about our products,
you can contact us on
ProductSafety@springernature.com

In case Publisher is established outside the EU,
the EU authorized representative is:
**Springer Nature Customer Service Center GmbH
Europaplatz 3, 69115 Heidelberg, Germany**

Printed by Libri Plureos GmbH
in Hamburg, Germany